EXPLORACIONES

Third Edition

Mary Ann Blitt

College of Charleston

Margarita Casas

Linn-Benton Community College

CENGAGE

Australia • Brazil • Mexico • Singapore • United Kingdom • United States

Exploraciones Third Edition
Mary Ann Blitt | Margarita Casas

Product Director: Marta Lee-Perriard

Senior Product Team Manager: Heather Bradley-Cole

Senior Product Manager: Lara Semones Ramsey

Product Assistant: Catherine E. Bradley

Senior Content Manager: Esther Marshall

Senior Marketing Manager: Sean Ketchem

Market Devlopment Manager: Patricia Velazquez

IP Analyst: Christine M. Myaskovsky

Sr. IP Project Manager: Betsy Hathaway

Manufacturing Planner: Fola Orekoya

Senior Designer & Cover Designer: Sarah B. Cole

Cover Image: Todor Tsvetkov/Getty Images

For product information and technology assistance, contact us at Cengage Learning Customer & Sales Support, 1-800-354-9706 or support.cengage.com.

For permission to use material from this text or product, submit all requests online at **cengage.com/permissions.** Further permissions questions can be emailed to **permissionrequest@cengage.com**

Library of Congress Control Number: 2018954590

ISBN: 978-0-357-03485-9 [Student Edition]

ISBN: 978-1-337-90684-5 [MindTap IAC]

ISBN: 978-1-337-91235-8 [Loose Leaf Edition]

Cengage
20 Channel Center Street
Boston, MA 02210
USA

Cengage is a leading provider of customized learning solutions with employees residing in nearly 40 different countries and sales in more than 125 countries around the world. Find your local representative at: **www.cengage.com**.

Cengage products are represented in Canada by Nelson Education, Ltd.

To learn more about Cengage platforms and services, register or access online learning solutions, or purchase materials for your course, visit **www.cengage.com**

Printed in the United States of America
Print Number: 02   Print Year: 2019

DEDICATORIA

To my parents and closest friends, I am forever grateful for your unconditional love and support

Para los estudiantes de español, que aprendan a apreciar el idioma y sus culturas
(Mary Ann)

In loving memory of my brother Luis Miguel Casas de la Peña. You made this a better world.
(Margarita)

Scope and Sequence

Chapter	Objectives	Vocabulary
CAPÍTULO 1 Hola, ¿qué tal? 	After completing the chapter, you will be able to: • Greet and say goodbye to people in formal and informal situations • Describe your classroom, your friends, and other people • Use numbers up to 100 and exchange telephone numbers • Spell names	**Exploraciones léxicas 1** Greetings, introductions, and goodbyes 4 Classroom 4 Alphabet 5 Numbers 0–100 9, 12 **Exploraciones léxicas 2** Descriptive adjectives 18
CAPÍTULO 2 ¿Cómo es tu vida? 	After completing the chapter, you will be able to: • Describe your family and talk about ages • Discuss your classes • Discuss your routine • Express ownership	**Exploraciones léxicas 1** Family members and pets 38 **Exploraciones léxicas 2** Academic subjects 52
CAPÍTULO 3 ¿Qué tiempo hace hoy? 	After completing the chapter, you will be able to: • Talk about the weather and seasons • Discuss clothing • Express likes and dislikes • Communicate dates and times • Tell what you and others are going to do in the near future	**Exploraciones léxicas 1** Seasons 74 Weather 74 Clothing 74 Colors 74 **Exploraciones léxicas 2** Days of the week 88 Months 88 Time 88

Scope and Sequence

Chapter	Objectives	Vocabulary
CAPÍTULO 4 **¿Dónde vives?** 	After completing the chapter, you will be able to: ▪ Describe your town or city ▪ Describe your home ▪ Tell where things are located ▪ Request information about the cost of things ▪ Use question words to ask for specific information	**Exploraciones léxicas 1** Places in a city 108 **Exploraciones léxicas 2** Rooms of a house 122 Furniture and appliances 122
CAPÍTULO 5 **¿Estás feliz en el trabajo?** 	After completing the chapter, you will be able to: ▪ Describe your feelings, emotions, and physical states ▪ Talk about ongoing actions ▪ Discuss abilities needed for certain jobs and professions	**Exploraciones léxicas 1** Adjectives of emotion and physical states 144 **Exploraciones léxicas 2** Jobs and professions 158
CAPÍTULO 6 **¿Cómo pasas el día?** 	After completing the chapter, you will be able to: ▪ Talk about your daily routine ▪ Talk about sports ▪ Talk about when and how often you do things ▪ Discuss events that occurred in the past	**Exploraciones léxicas 1** Personal routine 178 Parts of the body 178 **Exploraciones léxicas 2** Sports 192 Sporting equipment 192

Scope and Sequence

Chapter	Objectives	Vocabulary

Scope and Sequence

Chapter	Objectives	Vocabulary
CAPÍTULO 10 ¿Adónde vas a viajar? 	After completing the chapter, you will be able to: • Give and receive directions • Make travel arrangements • Book and talk about hotel accommodations • Suggest activities • Make informal and formal requests • Form complex sentences	**Exploraciones léxicas 1** Travel by train and airplane 318 **Exploraciones léxicas 2** Staying at a hotel 332
CAPÍTULO 11 ¿Es arte la moda? 	After completing the chapter, you will be able to: • Discuss clothing preferences • Discuss art • Make comparisons • Describe the state of objects and people • Give instructions • Talk about unplanned occurrences	**Exploraciones léxicas 1** Shopping for clothing 354 **Exploraciones léxicas 2** Art 368
CAPÍTULO 12 ¿Qué será de nuestro planeta? 	After completing the chapter, you will be able to: • Discuss the environment and the animal world • Talk about the future • Talk about what you have done • Express opinions • Express doubt and certainty	**Exploraciones léxicas 1** Geography and the environment 388 **Exploraciones léxicas 2** Animals 402

Scope and Sequence

To the student

Most people who study another language would like to be able to speak it. *Exploraciones* will help you do just that. You'll learn to talk about yourself, your community, and the world around you. You'll start out asking and answering questions, then you'll narrate events and make comparisons, and eventually you'll be able to express your opinions. At the same time, you'll read and listen to real-world samples of the language such as radio announcements, interviews, flyers, and magazine articles, and you'll write emails and blog entries in Spanish.

To become a successful language learner, it's important to learn to analyze the language and figure out the rules for yourself. In the grammar sections of *Exploraciones,* you'll be guided through a process of observing the language in use and recognizing the patterns. Eventually, you'll sharpen this skill and be able to use it beyond this textbook.

You can't learn a language without studying the cultures of the people who speak it. In every chapter, you'll learn about the practices of Spanish speakers from around the world and the countries they live in. This will enable you to make cultural comparisons, finding both similarities and differences between these cultures and your own. We hope that you'll find the study of the Spanish language exciting and fun, and that it opens many doors in your future explorations.

Organization of *Exploraciones*

Exploraciones has fourteen chapters, each consisting of two independent parts that are identical in organization. Each chapter starts with the chapter outline and provides a learning strategy. The remainder of each of the chapters is set up in the following manner:

Exploraciones léxicas
You will be introduced to vocabulary through illustrations and lists. Then, in the **A practicar** section, you will work through a series of activities that will require you to speak minimally at first and then progress to more open-ended communicative activities.

Conexiones culturales
This section has short cultural information pieces and tasks that encourage you to go beyond the reading. The accompanying online activities give you the opportunity to research various aspects of the Spanish-speaking world and to share some of your findings with your classmates!

Exploraciones gramaticales
Through a series of video vignettes, you will meet eight characters from different parts of the Spanish-speaking world. After watching the video you will be asked to analyze a segment of the video transcript to discover the patterns and rules of Spanish grammar in the **A analizar** section. This section is followed by **A comprobar,** in which you can compare your conclusions with the explanation of the rules. Then in the **A practicar** section, you will practice the grammar concept in a variety of activities.

Lectura
This section allows you to learn more about the culture of Spanish-speaking countries while improving your reading skills. Each section starts with a strategy to help you improve your reading in Spanish.

Redacción

At the end of each chapter, you will develop your writing skills through a process-writing exercise in which you are guided to brainstorm, write a draft, and revise it.

En vivo

In the first half of the chapter, you will improve your listening skills as you listen to audio segments that you are likely to hear in a Spanish-speaking country, such as commercials and public service announcements. In the second half of the chapter, you will enhance your reading skills through texts from a variety of sources such as magazines and websites.

Exploraciones de repaso

At the end of each chapter, there are two pages of review activities. The **Exploraciones de repaso: estructuras** provides a structured review of the grammar concepts from the chapter, while the **Exploraciones de repaso: comunicación** lets you practice the vocabulary and grammar through communicative partner activities.

Exploraciones literarias

Every other chapter includes a literary selection that will introduce you to different writers from throughout the Spanish-speaking world and a sample of their work. You will also learn the basics of literary analysis through the **Investiguemos la literatura** box accompanying each selection.

The **Learning Path** is the online guide that helps you become active participants in the learning process. By becoming more self-reliant, you can achieve success in your course and also move one step closer to becoming a lifelong learner.

The Learning Path encompasses these universal steps to learning:

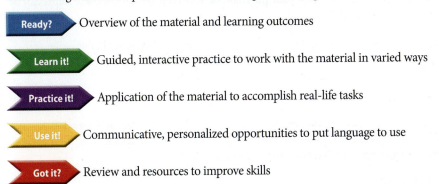

Ready? Overview of the material and learning outcomes

Learn it! Guided, interactive practice to work with the material in varied ways

Practice it! Application of the material to accomplish real-life tasks

Use it! Communicative, personalized opportunities to put language to use

Got it? Review and resources to improve skills

Study Suggestions

1. Study every day. For most students, it is more effective to study for 15–20 minutes 3 times a day than to spend one full hour on the subject.

2. Listen to the audio recordings. When studying the vocabulary, take time to listen to the pronunciation of the words. It will help your pronunciation, as well as help you learn to spell them properly.

3. Get help when you need it. Learning a foreign language is like learning math; you will continue to use what you have already learned and to build upon that knowledge. So, if you find you don't understand something, be sure to see your instructor or a tutor right away.

4. Participate actively in class. In order to learn the language, you have to speak it and learn from your mistakes.

5. Make intelligent guesses. When you are reading, listening to your instructor, or watching a video make intelligent guesses as to the meaning of words you do not know. Use the context, cognates (words that look or sound like English words), intonation, and if possible visual clues such as body language, gestures, facial expressions and images, to help you figure out the meaning of the word.

6. Study with a friend or form a study group. Not only might you benefit when your friend understands a concept that you have difficulty with, but you will have more opportunities to practice speaking as well as listening.

7. Find what works for you. Use a variety of techniques to memorize vocabulary and verbs until you find the ones that are best for you. Try writing the words, listening to recordings of the words, and using flash cards.

8. Review material from previous lessons. Because learning a language is cumulative, it is important to refresh your knowledge of vocabulary, verbs, and structures learned in earlier lessons.

9. Avoid making grammar comparisons. While it is helpful to understand some basic grammar concepts of the English language, such as pronouns and direct objects, it is important not to constantly make comparisons, but rather to learn the new structures.

10. Speak Spanish. Try to use Spanish for all your classroom interactions, not just when called on by the instructor or answering a classmate's question in a group activity. Don't worry that your sentence may not be structurally correct; the important thing is to begin to feel comfortable expressing yourself in the language.

Your components

Use your Student Edition and MindTap to succeed in your course! The MindTap online platform is mobile native and any of your activities can be accessed via your desktop or your mobile device when you have Internet access.

Use your MindTap Mobile App to gain access to your eReader, Flashcards, Pronunciation practice, and progress tracker. This app comes with your purchase of MindTap and any of these items can be accessed without a wireless connection.

Acknowledgments

We would like to express our most sincere gratitude and appreciation to everybody who has played a role in the making of *Exploraciones*, and to those who have supported us on this edition. In particular, we are grateful to the instructors and students who used *Exploraciones* in its previous edition and helped us to improve it.

We wish to thank everybody who has worked so hard at Cengage to make this project a success. In particular we would like to give thanks to Lara Semones, our Product Manager. A huge thanks goes to Esther Marshall—we do not know how the project would have been completed without her. Our thanks also go to Kim Beuttler, Learning Designer and content developer for the beginning of the project; Anika Bachhuber, Content Delivery Manager; Andrew Tabor, Subject Matter Expert; Sean Ketchem, Marketing Manager, Patricia Velazquez, Market Development Manager; Sarah Cole, for the beautiful Cover designs; Christine Myaskosky and Betsy Hathaway, along with Melissa Flamson and Veera Nagarajan, for obtaining the image, text, and video permissions; Katy Gabel, the Project Manager from Lumina Datamatics for her dedicated work and professional contribution; Beatriz Pojman and Jacqui Tabor for reviews and contributions to the program at the different stages. We also want to recognize and thank Peter Schott, Elyssa Healy, Carolyn Nichols, and John O'Brien in audio and video production. Our thanks also go to Kristen Chapron for her work on the MindTap online activities. For the development and production of MindTap, we would like to recognize the following Digital Development Team: Ralph Zerbonia, John Lambert, Maya Whelan, Zachary Hunt, Nancy Kindraka, Tamar Forman Gejrot, as well as our Quality Assurance team: Elena Demina, Kumar Santhosh, Garegin Yesayan.

Reviewers and Contributors

We would like to acknowledge the feedback and suggestions of professors from editions past and current.

Claudia Acosta, *College of the Canyons*

Maria Luisa Akrabova, *Metropolitan State University of Denver*

Susana Alaiz Losada, *Queensborough Community College*

Alma Alfaro, *Walla Walla University*

Frances Alpren, *Vanderbilt University*

Tim Altanero, *Austin Community College*

Elizabeth Amaya, *Millikin University*

Gunnar Anderson, *SUNY Potsdam*

Sandra Anderson, *College of DuPage*

Lisette Balabarca, *Siena College*

Susan Bangs, *Harrisburg Area Community College*

Vania Barraza, *University of Memphis*

Philip Benfield, *Horry Georgetown Technical College*

Patricia Betancourt, *Palm Beach State College*

Georgia Betcher, *Fayetteville Technical Community College*

Rosa Bilbao, *Alamance Community College*

Marie Blair, *University of Nebraska*

Stephanie Blankenship, *Liberty University*

Silvia Bliss, *Morrisville State College*

Amy Bomke, *Indiana University-Purdue University Indianapolis*

Graciela Boruszko, *Pepperdine University*

Julia Emilia Bussade, *University of Mississippi*

Oscar Cabrera, *Community College of Philadelphia*

Ana J. Caldero Figueroa, *Valencia College*

Wendy Caldwell, *Francis Marion University*

Aurelie Capron, *McKendree University*

Lindsey Carpenter, *Durham Technical Community College*

F. Eduardo Castilla Ortiz, *Missouri Western State University*

Esther Castro, *San Diego State University*

Thomas Claerr, *Henry Ford Community College*

Sheri Cochran-Alejo, *Utah State University / Cottonwood HS*

Judy Cortes, *California State University Monterey Bay*

David Counselman, *Ohio Wesleyan University*

Renata A. Creekmur, *Kennesaw State University*

Angela Cresswell, *Holy Family University*

Daniel D'Arpa, *Mercer County College*

Luis Delgado, *Olive-Harvey College*

Lisa DeWaard, *Clemson University*

Oscar Díaz, *Middle Tennessee State University*

Conxita Domenech, *University of Wyoming*

Dorian Dorado, *Louisiana State University*

Indira Dortolina, *Lone Star College - Cy Fair*

Hope Doyle D'Ambrosio, *Temple University*

Jabier Elorrieta, *New York University*

Luz Marina Escobar, *Tarrant County College – Southeast*

Erin Farb, *Community College of Denver*

Ronna Feit, *Nassau Community College*

Leah Fonder-Solano, *The University of Southern Mississippi*

Arlene Fuentes, *Southern Virginia University*

Elena Gandía García, *University of Nevada, Las Vegas*

Mónica García, *Sacramento State University*

Gerardo García-Muñoz, *Prairie View A&M University*

Margarita Garcia-Notario, *SUNY Plattsburgh*

Christina Garitselov, *State University of New York College at Brockport*

Deborah Gill, *Penn State DuBois*

Sara Goke, *Massasoit Community College*

Inmaculada Gómez Soler, *University of Memphis*

Arcides Gonzalez, *California University of Pennsylvania*

Marvin Gordon, *University of Illinois at Chicago*

Manuel Guzman, *Imperial Valley College*

Sergio Guzmán, *College of Southern Nevada*

Shannon Hahn, *Durham Technical Community College*

Patricia Harrigan, *Community College of Baltimore County*

Ruth Heath, *MCC Penn Valley*

Florencia Henshaw, *University of Illinois at Urbana-Champaign*

Todd Hernández, *Marquette University*

Suzanna Hernandez, *Wilson Community College*

Joshua Hoekstra, *Bluegrass Community and Technical College*

Esther Holtermann, *American Univesity*

Walter Hopkins, *Michigan State University*

Martine Howard, *Camden County College*

Casilde Isabelli, *University of Nevada, Reno*

Becky S. Jaimes, *Austin Community College*

Roberto Jiménez-Arroyo, *University of South Florida Sarasota-Manatee*

Hilda M. Kachmar, *St. Catherine University*

Esther Kahn, *North Virginia Community College*

Laura Kahn, *Suffolk Community College*

Brian Keady, *Linn-Benton Community College*

Kristin Kiely, *Francis Marion University*

Kelly Kingsbury Brunetto, *University of Nebraska-Lincoln*

Julie Kleinhans-Urrutia, *Austin Community College*

Melissa Knosp, *Johnson C. Smith University*

Bryan Koronkiewicz, *The University of Alabama*

Kevin Krogh, *Utah State University*

Barbara Kruger, *Finger Lakes Community College*

Carol Kuznacic, *Metropolitan Community College - Longview*

Luis Latoja, *Columbus State Community College*

Alejandro Lee, *Central Washington University*

Jessica Lee, *Utah State University*

Lucy Lee, *Truman State University*

Roxana Levin, *St. Petersburg College*

Clara Lipszyc-Arroyo, *Case Western Reserve University*

Regina Lira, *Imperial Valley College*

Domenico Maceri, *Allan Hancock College*

Jorge Majfud, *Jacksonville University*

Debora Maldonado-DeOliveira, *Meredith College*

Marilyn Manley, *Rowan University – Glassboro*

Donna Marques, *Cuyamaca College*

Carol Marshall, *Truman State University*

Karen Martin, *Texas Christian University*

Carlos Martinez, *New York University*

Francisco Martinez, *Northwestern Oklahoma State University*

Mercedes Meier, *Miami Dade College*

Marco Mena, *MassBay Community College*

Ana Menendez-Collera, *Suffolk County Community College Ammerman Campus*

Joseph Menig, *Valencia College*

Jerome Miner, *Knox College*

Nancy Minguez, *Old Dominion University*

Gabriela Miranda-Recinos, *Stephen F. Austin State University*

Geoff Mitchell, *Maryville College*

Cristina Moon, *Chabot College*

John Moran, *New York University*

José Morillo, *Marshall University*

Melissa Murphy, *University of Texas*

Jerome Mwinyelle, *East Tennessee State University*

Rosalinda Nericcio, *San Diego State University*

Christine Núñez, *Kutztown University*

Jeffrey Oxford, *Midwestern State University*

Yelgy Parada, *Los Angeles City College*

Anne Pasero, *Marquette University*

Tina Peña, *Tulsa Community College*

Teresa Perez-Gamboa, *University of Georgia*

Inma Pertusa, *Western Kentucky University*

Ana Piffardi, *Eastfield College*

Dolores Pons, *University of Michigan-Flint*

Joseph Edward Price, *University of Arizona*

Sofia Ramirez Gelpi, *Allan Hancock College*

Alma Ramirez-Trujillo, *Emory & Henry College*

Michelle F. Ramos Pellicia, *California State University San Marcos*

Gladys Robalino, *Messiah College*

Jennifer Rogers, *Metropolitan Community College - Blue River*

Marta Rosso-O'Laughlin, *Marta Rosso-O'Laughlin*

David Rubi, *Paradise Valley Community College*

Laura Ruiz-Scott, *Scottsdale Community College*

Jaime Sanchez, *Volunteer State Community College*

Josue Sanchez, *Paine College*

Alex Sandoval, *Coastal Carolina Community College*

Lester Sandres Rapalo, *Valencia College*

Bethany Sanio, *University of Nebraska-Lincoln*

Roman Santos, *Mohawk Valley Community College*

Sarah Schaaf, *College of Saint Benedict & Saint John's University*

Nina Shecktor, *Kutztown University*

Steven Sheppard, *University of North Texas*

Roger Simpson, *Clemson University*

Andrea M Smith, *Shenandoah University*

Michael Smith, *Norfolk State University*

Stuart Smith, *Austin Community College*

Alfredo Sosa-Velasco, *Southern Connecticut State University*
Stacy Southerland, *University of Central Oklahoma*
Maria Luisa Spicer-Escalante, *Utah State University*
Kathleen Sullivan, *Marquette University*
March Sustarsic Harvey, *Pikes Peak Community College*
Joe Terantino, *Kennesaw State University*
Silvina Trica-Flores, *Nassau Community College*
Luziris Turi, *Rice University*
Felix Versaguis, *North Hennepin Community College*

Bernardo Viano, *CUNY-Lehman College*
Oswaldo Voysest, *Beloit College*
Sandra Watts, *University of North Carolina at Charlotte*
Valerie Watts, *AB Technical Community College*
Carolyn Woolard, *Milligan College*
Renee Wooten, *Vernon College*
Valerie Wust, *North Carolina State University*
Mary Yetta McKelva, *Grayson County College*
Itzá Zavala-Garrett, *Morehead State University*

Our thanks also go to the Faculty Development Partners:

FALL 2017

Claudia Acosta *College of the Canyons*
Stephanie Blankenship *Liberty University*
Amy Bomke *IUPUI*
Julia Bussade *University of Mississippi*
Mónica García *Cal State Sacramento*
Marilyn Harper *Pelissippi State CC*
Bryan Koronkiewicz *The University of Alabama*
Kajsa Larson *Northern Kentucky U*
Cristina Moon *Chabot College*
Marilyn Palatinus *Pelissippi State CC*
Tina Peña *Tulsa CC*
Joseph Price *University of AZ*
Goretti Prieto Botana *University of Southern CA*
Michelle Ramos *Cal State San Marcos*
Eva Rodriguez González *UNM*
Borja Ruiz de Arbulo *Boston University*
Laura Sanchez *Longwood University*
Steven Sheppard *University of North TX*
Sandy Trapani *Univ of Missouri-St Louis*

SPRING 2018

Suzanne Buck *Central New Mexico CC*
Oscar Cabrera *Community College of Philadelphia*
Katie Chapman *University of Georgia*
Renata Creekmur *Kennesaw State University*
Hope D'Ambrosio *Temple U - Philadelphia*
Dorian Dorado *Louisiana State University*
Leah Fonder-Solano *University of Southern Mississippi*
Becky Jaimes *Austin CC*
Laura Levi Altstaedter *East Carolina Univeristy*
Geoff Mitchell *Central Texas College - Killeen*
John Moran *New York University*
Gabriela Recinos *Stephen F Austin State U*
Magda (Magdalena) Tarnawska Senel *University of California, Los Angeles*
Valerie Wust *North Carolina State University*
Maureen Zamora *Clemson University*

Learning Strategy

Study frequently

When learning a foreign language it is important to study every day. Aside from any written homework you may have, plan to spend some time each day learning the current vocabulary and verbs. For most students, it is more effective to study for 15–20 minutes three times a day than to spend a full hour on the subject. It might also be a lot easier for you to find time to study if you break it into smaller periods of time.

After completing the chapter, you will be able to:

- Greet and say goodbye to people in formal and informal situations
- Describe your classroom, your friends, and other people
- Use numbers up to 100 and exchange telephone numbers
- Spell names

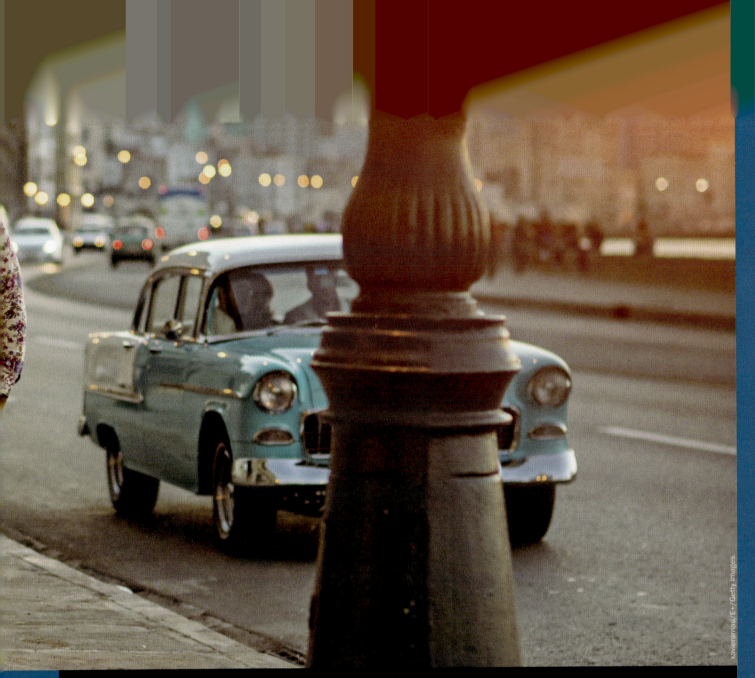

xavieramau/E+/Getty Images

Unos jóvenes en La Habana, Cuba

Este es el salón de clases de Mariana. ¿Qué hay en la clase?

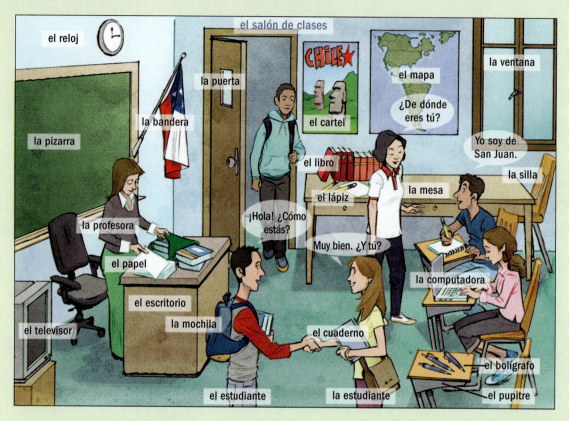

el reloj · el salón de clases · la ventana · el mapa · la puerta · la bandera · el cartel · ¿De dónde eres tú? · la pizarra · el libro · Yo soy de San Juan. · la silla · el lápiz · la mesa · ¡Hola! ¿Cómo estás? · la profesora · Muy bien. ¿Y tú? · el papel · la computadora · el escritorio · la mochila · el televisor · el cuaderno · el bolígrafo · el estudiante · la estudiante · el pupitre

Saludos formales

Buenos días.
Buenas tardes.
Buenas noches.
¿Cómo está (usted)?

Respuestas

Buenos días.
Buenas tardes.
Buenas noches.
Bien, gracias. /
 Mal. / Regular,
 gracias.
¿Y usted?

Saludos informales

¡Hola!
¿Cómo estás
 (tú)?
¿Qué tal?

¿Qué hay de
 nuevo?
¿Qué pasa?

Respuestas

¡Hola!
Bien, gracias. /
 Mal. / Regular,
 gracias. ¿Y tú?

Nada.

Nada.

Despedidas

Adiós.	Goodbye.
Chao.	Goodbye.
	(informal)
Hasta luego.	See you later.
Hasta mañana.	See you tomorrow.
Hasta pronto.	See you soon.
¡Nos vemos!	See you later!
¡Que tengas un	Have a nice day!
buen día!	(informal)

Presentaciones

¿Cómo te	What is your name?
llamas?	(informal)
Me llamo...	My name is . . .
Le presento	I'd like to introduce
a...	you to . . . (formal)
Te presento	I'd like to introduce
a...	you to . . . (informal)

Encantado(a).	Nice to meet you.
Mucho gusto.	Nice to meet you.
¿Cómo se	How do you
escribe...?	spell . . . ?

Palabras interrogativas

¿Cuándo?	When?
¿Cuántos(as)?	How many?
¿Dónde?	Where?
¿Qué?	What?
¿Quién?	Who?
¿Por qué?	Why?

INVESTIGUEMOS EL VOCABULARIO

Vocabulary often varies from one Spanish-speaking country to another. For example, here are three different terms for the word for *pen:*

el bolígrafo (Spain)　　　**la pluma** (Mexico)　　　**el lapicero** (Peru)

Another word that has variations is *computer:*

la computadora (Latin America)　　**el ordenador** (Spain)

A practicar

1.1 **Escucha y responde** Listen to the following list of common classroom items. If the item is in your classroom, give a thumbs up; if it is not, give a thumbs down.

1-1

1.2 **En la mochila** Indicate which of these items could go into a student's backpack:
la pizarra, el cuaderno, el papel, la silla, el bolígrafo, el escritorio, la puerta, los lápices

---

1.3 **Un poco de lógica** Match each question or statement with a logical response.

1. ¿Cómo te llamas?
2. ¿De dónde eres?
3. ¿Cómo estás?
4. ¿Qué hay de nuevo?
5. Te presento a Jairo.

a. Soy de California.
b. Me llamo Marcos.
c. Nada.
d. Mucho gusto.
e. Bien, gracias. ¿Y tú?

> **INVESTIGUEMOS EL VOCABULARIO**
> When making introductions, male speakers use the form **encantado**. Female speakers use the form **encantada**.

1.4 **Mucho gusto** Read the dialogue aloud with a partner. Then, read it again, substituting all the parts in italics with your own information or greetings/farewells.

Estudiante 1: *¡Hola!*
Estudiante 2: *¡Hola!*
Estudiante 1: Me llamo *Rafael*. ¿Y tú? ¿Cómo te llamas?
Estudiante 2: Me llamo *Carlos*.

Estudiante 1: Mucho gusto, *Carlos*. ¿De dónde eres?
Estudiante 2: Soy de *México*. ¿Y tú?
Estudiante 1: Yo soy de *Argentina*.
Estudiante 2: ¡Qué bien!
Estudiante 1: Bueno... *¡adiós!*
Estudiante 2: *¡Chao!*

> **INVESTIGUEMOS EL VOCABULARIO**
> According to the Real Academia, **ch, ll,** and **rr** are not independent letters, so they are not listed as part of the Spanish alphabet. Additional changes made to the alphabet are the names of the letters **v, w,** and **y.** However, it is common to hear the former letter names used as well.

El alfabeto

1-2

Letra	Nombre de la letra	Letra	Nombre de la letra	Letra	Nombre de la letra	Letra	Nombre de la letra
A	a	H	hache	Ñ	eñe	U	u
B	be	I	i	O	o	V	uve
C	ce	J	jota	P	pe	W	doble uve
D	de	K	ka	Q	cu	X	equis
E	e	L	ele	R	ere	Y	ye
F	efe	M	eme	S	ese	Z	zeta
G	ge	N	ene	T	te		

1.5 **Correo electrónico** You and your partner are in charge of your school's **Club Internacional**. You have information for half of the new members on this page, and your partner has the other half in Appendix B. Ask each other questions to complete the tables. You will need the following words: **arroba** (@) and **punto** (dot).

Modelo Estudiante 1: *¿Cuál es el correo electrónico de Pilar?*
Estudiante 2: *pilybonita@uden.es → p-i-l-y-b-o-n-i-t-a, arroba, u-d-e-n, punto, e-s*

Nombre	Correo electrónico
1. Marina	
2. Gabriel	gabmuñoz@inter.cl
3. Alejandro	
4. Valeria	valelapeña@clarotodo.pr

Conexiones... a la geografía

Piensa en el tema

In what continents of the world is Spanish spoken as the main language of at least one country?

Los países hispanos

Look at the map and write the names of all the Spanish-speaking countries that you can locate. Then indicate the region for each country you identified: North America (**América del Norte**), Central America (**América Central**), South America (**América del Sur**), the Caribbean (**el Caribe**), Europe (**Europa**), or Africa (**África**).

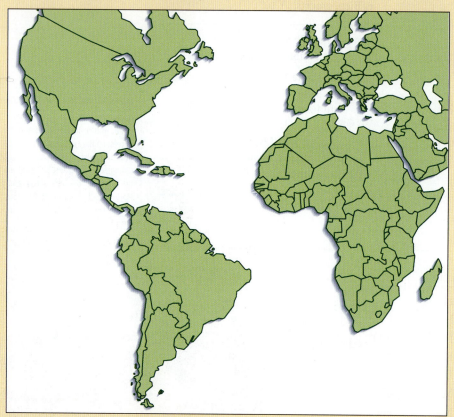

SA: You can learn more about these countries in **Appendix A: Exploraciones del mundo hispano**.

👥 Hablemos del tema

As you know, even though English is spoken in the United States, England, Canada, Australia, and many other countries, there are regional variations in accent, vocabulary, and sometimes even grammatical structures. For example, in the United States, English speakers say *truck,* but in Great Britain the word *lorry* is used. With a partner, brainstorm three to four examples of vocabulary variations. Then answer the following questions.

1. Are the variations understood in all regions of the United States and the different English-speaking countries?

2. Do the words mean something different in each country?

3. What categories do your examples refer to (food, clothing, idioms, etc.)?

4. Do you think the same variation occurs with Spanish? Why?

INVESTIGUEMOS LA MÚSICA

Find the song "La Gozadera" by Gente de Zona and Marc Anthony on the Internet and listen to it. What Latin American countries are named?

Piensa en el tema

What is one stereotype that you have heard about one group of people? Why do stereotypes exist?

Esterotipos

Cultural practices and products of Spanish-speaking countries vary from country to country. Putting aside preconceived ideas will help you gain a better understanding of these cultures. Work in groups of three or four to determine if the statements below are true or false.

1. All Latin Americans speak Spanish.
2. Flamenco is a popular dance throughout South America.
3. The majority of the population in Spanish-speaking countries is Catholic.
4. **Tortillas** are a typical dish in Spain.
5. Some indigenous people in Mexico and Guatemala still wear traditional clothing.
6. **Chiles** are a cooking staple in Paraguay, Uruguay, and Argentina.
7. Soccer is the most popular sport in South America.
8. Most Spanish-speaking families are large and have two to three generations living in one house.
9. Bullfighting is a popular sport in Cuba.
10. In most Spanish-speaking countries, the main meal is between 5:00 and 7:00 p.m.

Hablemos del tema

1. What are some stereotypes that you have heard that people in other countries have about U.S. citizens and their culture?
2. How would you correct someone who believes the stereotype is true?

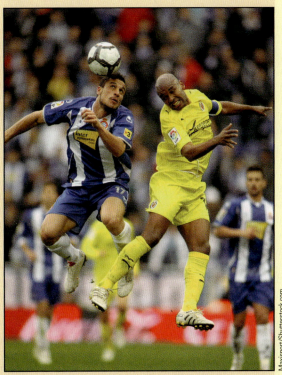

Maxisport/Shutterstock.com

Comunidad

If there are any international students or ESL students in your school that are native Spanish speakers, introduce yourself to one of them and find out where he or she is from. You may want to be conversation partners.

Exploraciones gramaticales

Throughout the program, you will be given examples of grammatical structures in Spanish and asked to discover the patterns of use based on those examples. This process not only helps you to remember how to use particular structures but will also help you to develop important skills such as inference and pattern recognition, which will make you a better language learner.

A analizar

Professor Tobar is in his classroom making sure he has everything ready for the first day of classes. Watch the video, and then read the passage, underline the vocabulary words, and answer the questions.

Este es el salón de clases. Hay muchos estudiantes en la clase. Hay una pizarra. No hay carteles, pero hay un mapa. Hay muchas sillas. También hay un escritorio, hay lápices y bolígrafos en el escritorio... ¡¿Dónde está la computadora?! Necesito hablar con el director.

1. Which words that you underlined are plural (refer to more than one item)? How do you know?
2. Find the word above that is similar to **lápiz**. What differences do you notice?

A comprobar

Gender and number of nouns

1. A noun (**sustantivo**) is a person, place, or thing. In order to make a noun plural:

   - add an -**s** to words ending in a vowel — libro → libros, silla → sillas
   - add an -**es** to words ending in a consonant — profesor → profesores, papel → papeles
   - change a final -**z** to -**c** and add an -**es** — lápiz → lápices

2. You will notice that some nouns lose an accent mark or gain an accent mark when they become plural. You will learn more about accent marks in **Capítulo 2.**

   salón → salones
   examen → exámenes

3. In Spanish, nouns have a gender. In other words, they are either masculine or feminine.

   The endings of nouns not referring to people often indicate a word's gender.

   Masculine nouns:
   - often end in -**o,** such as **el libro** and **el cuaderno**
   - can refer to a man, such as **el profesor** and **el estudiante**

   Feminine nouns:
   - often end in -**a,** such as **la silla** and **la pizarra**
   - can refer to a woman, such as **la profesora** and **la estudiante**

   There are some exceptions such as:

Masculine	Feminine
el día	la mano (hand)
el mapa	la foto
el problema	la moto

4. Here are the numbers from 0 to 20.

Los números							
0	cero	7	siete	14	catorce
1	uno	8	ocho	15	quince
2	dos	9	nueve	16	dieciséis
3	tres	10	diez	17	diecisiete
4	cuatro	11	once	18	dieciocho
5	cinco	12	doce	19	diecinueve
6	seis	13	trece	20	veinte

INVESTIGUEMOS LA GRAMÁTICA

Uno is never used in front of a noun. In front of a masculine noun, **uno** becomes **un** and in front of a feminine noun, it becomes **una**.

A practicar

1.6 **De singular a plural** Change the following vocabulary words from singular to plural.

Modelo cuaderno → *cuadernos*

1. mochila
2. lápiz
3. papel
4. pupitre
5. reloj
6. bandera
7. libro
8. cartel
9. televisor
10. examen

MARCELODLT/Shutterstock.com

1.7 **Género** Using the rules that you have learned, indicate whether the following words are masculine (**M**) or feminine (**F**).

	M	F
1. saludo	_____	_____
2. actriz	_____	_____
3. cafetería	_____	_____
4. rosa	_____	_____
5. doctor	_____	_____
6. teatro	_____	_____
7. día	_____	_____
8. supervisora	_____	_____
9. mapa	_____	_____
10. autor	_____	_____

1.8 **En la clase** Listen to Carolina describe how many of the following items are in her classroom. As you listen, write the number next to each item. Then tell how many of each of the items there are in your classroom.

Modelo You will hear: *Hay once escritorios.*
You will write: _____11_____ escritorios

1. _____ estudiantes
2. _____ pizarras
3. _____ sillas
4. _____ ventanas
5. _____ mapas
6. _____ computadoras

1.9 **Los útiles** Look at the pictures below and identify the classroom items you have learned, telling how many there are. Then work with a partner and take turns identifying the school supplies you each have. **¡OJO!** Pay attention to singular and plural forms of the vocabulary words.

1.10 **La clase de matemáticas** Work with a partner and take turns saying the following mathematical equations in Spanish and giving their solutions. You will need the following words: **más (+)**, **menos (–)**, and **son (=)**.

Modelo $6 + 10 =$
Seis más diez son dieciséis.

1. $4 + 5 =$
2. $16 - 6 =$
3. $20 - 2 =$
4. $7 + 9 =$
5. $3 + 12 =$
6. $11 - 4 =$
7. $13 + 1 =$
8. $14 + 5 =$

A analizar

Watch the video of Professor Tobar in his classroom again. Then read the paragraph below and answer the questions that follow.

> Este es el salón de clases. Hay muchos estudiantes en la clase. Hay una pizarra. No hay carteles, pero hay un mapa. Hay muchas sillas. También hay un escritorio; hay lápices y bolígrafos en el escritorio... ¡No hay una computadora! ¡¿Dónde está la computadora?! Necesito hablar con el director.

1. Write the word that comes before each of the following nouns. Do these words change according to the nouns that follow? Explain.

   _____ salón de clase   _____ escritorio

   _____ pizarra   _____ computadora

   _____ mapa   _____ director

2. What do you think **hay** means?

A comprobar

Definite and indefinite articles and **hay**

1. The definite article *the* is used with a specific noun or a noun that has previously been mentioned. In Spanish, the definite article indicates whether a noun is masculine or feminine as well as whether it is singular or plural.

   Artículos definidos

	masculino	femenino
singular	**el**	**la**
plural	**los**	**las**

   ¿De dónde es **el** profesor?
   *Where is **the** professor from?*

   ¿De dónde son **los** estudiantes?
   *Where are **the** students from?*

2. The indefinite articles *a/an* or *some* are used when referring to a noun that is not specific or that has not previously been mentioned. They also indicate gender and number.

   Artículos indefinidos

	masculino	femenino
singular	**un**	**una**
plural	**unos**	**unas**

   ¿Hay **una** ventana en el salón de clases?
   *Is there **a** window in the classroom?*

3. **Hay** means *there is* or *there are*. It is used with the indefinite article; however, the article is often omitted after **hay** in plural expressions.

   Hay un escritorio.   No hay lápices.
   There is a desk.   *There are no pencils.*

   Hay (unas) ventanas.   No hay una pizarra.
   There are (some) windows. *There isn't a board.*

4. When using **hay** with numbers, do not use an article. You already know numbers 0–20; numbers 21 through 101 are below.

¿Hay cinco libros?　　　　No hay tres libros.
Are there five books?　　*There aren't three books.*

21	veintiuno	28	veintiocho	60	sesenta
22	veintidós	29	veintinueve	70	setenta
23	veintitrés	30	treinta	80	ochenta
24	veinticuatro	31	treinta y uno	90	noventa
25	veinticinco	40	cuarenta	100	cien
26	veintiséis	50	cincuenta	101	ciento uno
27	veintisiete				

- Numbers below 30 are only one word, whereas numbers above 30 take the word **y** *(and),* for example, **treinta y uno.**
- With the numbers 21, 31, etc., **uno** changes to **un** when followed by a masculine noun **(treinta y un libros)** and **una** when followed by a feminine noun **(treinta y una sillas).**
- Note that **veintiún** has an accent over the letter **u.**

A practicar

1.11 **¿Lógico o no?** Read the statements and indicate whether they are logical or not.

1. Hay un cuaderno en la mochila.
2. No hay una puerta en la clase.
3. Hay una estudiante en la clase.
4. Hay cinco libros en el escritorio.
5. Hay papeles en la mesa.
6. Hay una pizarra en la silla.

1.12 **Los artículos** Read the paragraph and indicate whether you need the definite article or the indefinite article. Circle the correct answer.

David es estudiante en (**1.** una / la) universidad de los Estados Unidos. En su salón de clases hay (**2.** unos / los) carteles y (**3.** una / la) ventana. (**4.** Una / La) ventana es muy grande. En (**5.** una / la) mochila de David hay (**6.** unos / los) libros. También hay (**7.** un / el) cuaderno para (**8.** una / la) clase de español de David.

David es estudiante.

Monkey Business Images/Shutterstock.com

¿Cuántos hay? Look at the picture below and take turns answering the following questions.

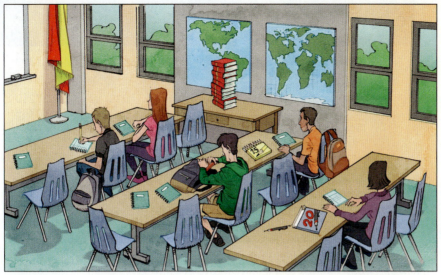

1. ¿Cuántos mapas hay?
2. ¿Cuántas sillas hay?
3. ¿Cuántos libros hay?

4. ¿Cuántos lápices hay?
5. ¿Cuántas banderas hay?
6. ¿Qué más hay? *(What else is there?)*

1.14 **¿Qué hay?** With a partner, take turns asking and answering the questions about the items in your classroom. If you have them in your classroom, tell how many there are. Remember, if there is only one item, you must use **un** or **una.**

Modelo ¿Hay mesas?
   Estudiante 1: *¿Hay mesas?*
   Estudiante 2: *Sí, hay una mesa. / Sí, hay dos mesas. / No, no hay mesas.*

1. ¿Hay relojes?
2. ¿Hay pizarras?
3. ¿Hay banderas?
4. ¿Hay mapas?

5. ¿Hay ventanas?
6. ¿Hay carteles?
7. ¿Hay computadoras?
8. ¿Hay sillas?

Christopher Futcher/Shutterstock.com

1.15 **El número, por favor** Imagine that you work at the college information desk. With a partner, take turns asking for different phone numbers. Use the directory in order to answer your partner's questions.

Modelo Estudiante 1:
El número para Karate, por favor.
Estudiante 2:
22-55-12-90

INVESTIGUEMOS EL VOCABULARIO

Phone numbers in most Spanish-speaking countries are often given in pairs. If a number is not even, only the first number is given separately, for example, 5-93-34-76.

Contáctenos

Oficina de admisión 2214 7300

Facultades
Ciencia y Tecnología 2297 7210
Psicología 2249 3765
Sociología 2278 4403
Humanidades y Filosofía 2251 2030
Arquitectura 2259 8215

Deportes y cultura
Fútbol 2264 3911
Karate 2255 1290
Volibol 2213 8616
Ballet folclórico 2233 0961
Grupo de teatro 2292 4718

1.16 **En la librería** It is the end of the year, and employees are taking inventory at the bookstore. Tell how many items they have using the verb **hay.**

1. 50 cuadernos
2. 85 diccionarios
3. 100 bolígrafos
4. 78 lápices
5. 21 computadoras
6. 94 paquetes de papel
7. 31 libros de español
8. 62 mapas
9. 49 calculadoras
10. 51 mochilas

M_a_y_a/Getty Images

Entrando en materia

Where do you buy your school supplies?

Comprando artículos escolares

◄)) Maricarmen will start school next week, and she is looking for supplies at good prices.
1-4 You are going to hear two commercials for stores where she can buy what she needs: the first one for Papelería El Gigante and the second one for La Bodega.

Vocabulario útil

los artículos escolares	*school supplies*	**gratis**	*for free*
la copiadora	*copier*	**la impresora**	*printer*
el descuento	*discount*		

Comprensión

Listen carefully and indicate where Maricarmen would get a better price for the following articles.

Maricarmen needs . . .   She should buy at . . .

1. cuadernos	Papelería El Gigante	La Bodega
2. lápices	Papelería El Gigante	La Bodega
3. papel	Papelería El Gigante	La Bodega
4. una computadora	Papelería El Gigante	La Bodega
5. bolígrafos	Papelería El Gigante	La Bodega
6. una mochila	Papelería El Gigante	La Bodega

Más allá

What supplies do you use for your classes? Using the vocabulary in this chapter, make a list in Spanish.

Nattika/Shutterstock.com

Lectura

Antes de leer

Look at the advertisement for a school. Using the cognates to help you, answer the questions.

LINGUAMAX

¡Cursos de lenguas con garantía de calidad!

Establecido en 1980, **Linguamax** ofrece clases de inglés y francés para adolescentes y adultos.

- Profesores certificados con mucha experiencia
- Clases con un máximo de 5 estudiantes
- Precios razonables

Los cursos comienzan el 1° de junio

Para más información llame al 951-23-45-67 o visite **Linguamax** en la Avenida Bolívar 203.

Obtenga un descuento del 10% al mencionar este anuncio.

---

1. When was the school established?
2. What classes are offered at the school?
3. Who can take classes?
4. What are three benefits of taking classes at this school?
5. When do classes begin?
6. How can you get more information?
7. How can you receive a discount?

Now look at the reading on the next page. The red, bold words are cognates. What do they mean?

Keith Dannemiller/Alamy Stock Photo

A leer

La escuela es para todos

En Latinoamérica y en España **la educación** es un **derecho** de los niños. En estos países la escuela **primaria** y la **secundaria** son **obligatorias.** En unos países la **preparatoria** es también obligatoria. Para satisfacer la **demanda,** muchas escuelas tienen dos **turnos:** unos niños **asisten** a la escuela por la mañana y otros niños asisten por la tarde.

right
these countries
last 3 years of high school
shifts/attend

[la educación es un
derecho de los niños]

Por lo **general**, los libros de texto son **gratuitos**, pero las familias **deben comprar** otros **útiles** escolares. También en muchos **casos** las **familias** necesitan comprar **uniformes** para los niños porque es **común** usarlos.

free
must buy
supplies

Niños en una escuela de Colombia

Comprensión

Indicate whether the following statements are true (**cierto**) or false (**falso**).

1. En Latinoamérica la escuela primaria es obligatoria.
2. Todos *(All)* los niños están en la escuela por la mañana.
3. Es necesario comprar *(to buy)* los libros para la escuela.
4. Muchos niños usan uniformes.

Después de leer

Even though school is free, there are many expenses associated with it, such as purchasing uniforms, lab coats, fees for special equipment, etc. What expenses are associated with K–12 in the United States? Can you think of any hidden expenses?

Estrategia

Study Frequently

It is impossible to memorize all the vocabulary words the night before the exam; instead, plan to spend 15–20 minutes two or three times a day memorizing the vocabulary.

Las descripciones

Características opuestas

bueno(a) / malo(a)
cruel / cariñoso(a)
generoso(a) / egoísta
idealista / realista
inteligente / tonto(a)
interesante / aburrido(a)
optimista / pesimista
liberal / conservador(a)
paciente / impaciente

serio(a) / cómico(a)
tímido(a) / sociable

Descripciones de la personalidad

agresivo(a)	*aggressive*
amable	*kind*
antipático(a)	*unfriendly*
atlético(a)	*athletic*
difícil	*difficult*
fácil	*easy*
famoso(a)	*famous*

honesto(a)	*honest*
nuevo(a)	*new*
perezoso(a)	*lazy*
pobre	*poor*
rico(a)	*rich*
simpático(a)	*nice*
trabajador(a)	*hardworking*

Descripciones físicas

corto(a)	*short (length)*
gordo(a)	*fat*
guapo(a)	*good-looking*

joven	*young*
largo(a)	*long*

Palabras adicionales

muy	*very*
pero	*but*
un poco	*a little*
también	*also*
y	*and*

INVESTIGUEMOS EL VOCABULARIO

Another word commonly used instead of **delgado** is **flaco.** The word **gordo** is often used in Spanish endearingly, such as between spouses, and parents sometimes call their children **gordito** or **gordita.** People often describe themselves using the diminutive as well: **Soy (un poco) gordito.**

A practicar

1.17 **Escucha y responde** Look at the picture and listen to the different adjectives. Write the letter **D** on one piece of paper and the letter **S** on another. If the adjective you hear describes Don Quijote, hold up the **D.** If it describes Sancho Panza, hold up the **S.**

1-5

1.18 Identificaciones Look around the classroom and identify someone who fits the following descriptions.

1. pelirrojo   3. joven   5. moreno   7. bajo
2. alto   4. guapo   6. rubio   8. delgado

1.19 Sinónimos Identify a word from the vocabulary list that has a similar meaning.

1. afectuoso   3. sincero   5. complicado   7. simple
2. introvertido   4. tolerante   6. atractivo   8. positivo

1.20 La personalidad y las profesiones Make a list of the ideal personality traits for the following professions.

Modelo profesor
paciente, interesante, inteligente

1. policía   3. actor   5. político
2. estudiante   4. espía *(spy)*   6. doctor

1.21 Veinte preguntas Follow the steps below to play "twenty questions."

Paso 1 In groups of three, write a list of names of famous men who are familiar to everybody in the group.

Paso 2 One person in the group chooses a name from the list but doesn't say which name it is. The other two members of the group guess the name by asking yes/no questions.

Modelo *¿Es* (Is he) *joven?*   *¿Es rubio?*   *¿Es alto?*

1.22 La fila Work with a partner to figure out the names of the people in the stands. One of you will look at this page, and the other will look at the picture in Appendix B. Take turns giving the name of a person and a description, so your partner will know who it is.

Piensa en el tema

What Hispanic artists are you familiar with?

La diversidad en la pintura

Diego Velázquez was a Spanish artist who made a living for many years painting portraits of the Spanish royal family. *Las meninas*, one of Velázquez's most famous paintings, depicts the princess Margarita accompanied by her ladies-in-waiting (**las meninas**). Which people do you think are part of the royal family and which are not? Who do you think the man in the doorway might be? Who do you think the painter in front of the canvas is?

A. Burkatovski/Fine Art Images/Superstock

👥 Hablemos del tema

Pick three different people in the painting and describe them in Spanish using vocabulary from the chapter. You might speculate what their personalities are like.

Piensa en el tema

What do you think that the word "Hispanic" means?

La diversidad en Latinoamérica

The people in the photos are all from Spanish-speaking countries, which means that they are all Hispanic (**Hispanos**). As you can see, Hispanic is not a race, but a concept based on cultural background. Why do you think there is such great ethnic diversity in Latin America?

Rigoberta Menchú, Guatemala, activista política

Paulina Rubio, México, cantante

Evo Morales, Bolivia, presidente

Yoenis Césppedes, Cuba, beisbolista

Keiko Fujimori, Perú, política

Lionel "Leo" Messi, Argentina, futbolista

Hablemos del tema

Work with a partner and take turns describing each one of the people in the photographs using two to three adjectives from the vocabulary. Then discuss the following questions.

1. Are you familiar with any of the people in the photos? Why are they famous?

2. Why do you think there is great ethnic diversity in Latin America?

3. The word *mestizo* is very important to the identity of many Hispanic people. *Mestizo* refers to a person whose parents are of two different ethnic backgrounds; however, it is most commonly used to refer to the descendants of European and indigenous peoples in the Americas. Is it also an important concept in the U.S. mainstream culture? Why?

A analizar

Rosa is going to introduce herself and her friend Santiago. After watching the video, read the following paragraph, paying attention to the words in bold.

> Yo **soy** Rosa y **soy** de México. Mi mejor amigo **es** de España y se llama Santiago. Yo **soy** muy sociable, pero Santiago no; él **es** un poco tímido, pero nosotros **somos** muy buenos amigos… ¿Y tú? ¿Cómo **eres** tú?

1. In the paragraph, who does **yo** refer to? Who does **él** refer to? Does **nosotros** refer to one person or more than one person?

2. The verb **ser** *(to be)* is used throughout the paragraph. Its forms are in bold. Write the appropriate form that is used with each of the following pronouns.

   yo _____   él _____

   tú _____   nosotros _____

3. Look at the following conversations, paying attention to the use of **tú** and **usted.** Both mean *you* in English. What do you think the difference is?

A comprobar

Subject pronouns and the verb ser

A pronoun replaces a noun in order to avoid repetition. The following are Spanish subject pronouns.

singular		plural	
yo	*I*	nosotros/nosotras	*we*
tú	*you (familiar)*	vosotros/vosotras	*you (familiar in Spain)*
usted	*you (formal)*	ustedes	*you*
él	*he*	ellos	*they (group of males or a mixed group)*
ella	*she*	ellas	*they (group of females)*

1. When addressing one person, Spanish speakers use either **tú** or **usted** (sometimes abbreviated **Ud.**). **Tú** is informal and shows familiarity. It is used with family, friends, classmates, and children. **Usted** is formal and shows respect or distance. It is used with people in a position of authority, older people, strangers, and people in a professional setting.

2. When referring to groups of females, use **nosotras** and **ellas,** and when referring to groups of males, use **nosotros** and **ellos.** When the groups are mixed, use the masculine forms **nosotros** and **ellos.**

3. In Spain, **vosotros** and **vosotras** are used to address a group of people and express familiarity, and follow the same rules as **nosotros** and **nosotras** with regard to gender. **Ustedes** is used to address a group of people and expresses respect. In Latin America, **ustedes** (sometimes abbreviated **Uds.**) is used to address any group of people, regardless of the relationship.

4. The verb **ser** means *to be.* Just as there are different forms of the verb *to be* in English (*I am, you are,* etc.), there are also different forms of the verb **ser** in Spanish. Changing a verb into its different forms to indicate who is doing the activity is called *conjugating.*

ser

yo	soy	*I am*	nosotros/nosotras	somos	*we are*
tú	eres	*you are*	vosotros/vosotras	sois	*you (all) are*
usted	es	*you are*	ustedes	son	*you (all) are*
él/ella	es	*he/she is*	ellos/ellas	son	*they are*

5. Use **ser**
   - to describe what someone is like.
     Él **es** alto, pero ellos **son** bajos.
     *He **is** tall, but they **are** short.*
   - to identify someone or something
     Yo **soy** Manolo.   *I **am** Manolo.*
   - to ask or say where someone is from.
     ¿De dónde **eres** tú?   Yo **soy** de Lima, Perú.
     *Where **are you** from?*   *I **am** from Lima, Peru.*

A practicar

1.23 **¿Tú o usted?** Which pronoun would you use **to address** each of the following people?

Modelo un niño → *tú*

1. un policía
2. un profesor
3. mamá
4. un amigo
5. el presidente
6. un estudiante en la clase de español

1.24 **Sustituciones** Which pronoun would you use **to talk about** the following people?

Modelo Rebeca → *ella*

1. Felipe
2. Silvia y Alicia
3. tu amigo y Ricardo
4. Regina

5. la señora Marcos
6. Javier y yo
7. Lola, Ana, Sara y Luis
8. Miguelito

1.25 **Parejas** Match the subject with the remainder of the sentence.

1. Yo
2. Rafael y Carlos
3. La profesora
4. Tú
5. Maite y yo

a. es joven.
b. somos trabajadores.
c. soy optimista.
d. eres inteligente.
e. son guapos.

1.26 **El verbo ser** Complete the paragraph with the necessary form of the verb **ser**.

¡Hola! Yo (1) _____ Antonio y (2) _____ de Santiago, Chile. Mis amigos (3) _____ Laura y Víctor. Nosotros (4) _____ estudiantes en la Universidad de Santiago. Laura (5) _____ estudiante de biología y Víctor y yo (6) _____ estudiantes de ciencias políticas. Y tú, ¿también (7) _____ estudiante?

1.27 **¿De dónde son?** In groups of three, look at the map and complete the following sentences telling where the different people are from. Then, find out from the other members of your group where they are from. Be sure to use the correct forms of the verb **ser**.

Modelo Carolina...
Carolina es de Chile.

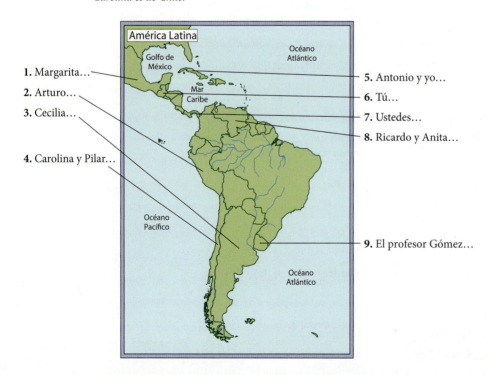

1. Margarita…
2. Arturo…
3. Cecilia…

4. Carolina y Pilar…

América Latina

Golfo de México
Océano Atlántico
Mar Caribe
Océano Pacífico
Océano Atlántico

5. Antonio y yo…
6. Tú…
7. Ustedes…
8. Ricardo y Anita…

9. El profesor Gómez…

A analizar

Watch the video in which Rosa introduces herself and Santiago. Then read the paragraph that follows and underline the adjectives.

Yo soy Rosa y soy México. Mi mejor amigo es de España y se llama Santiago. Yo soy muy sociable, pero Santiago no; él es un poco tímido, pero nosotros somos muy buenos amigos. Santiago es inteligente, muy simpático e idealista. Yo también soy inteligente y simpática pero no soy idealista. Soy realista, muy trabajadora y también soy liberal. Además, Santiago es alto, rubio y atlético, y yo soy baja y morena. Santiago y yo somos muy diferentes, pero lo importante es que somos buenos amigos.

Note the forms already filled in the chart and use the adjectives you underlined as well as what you learned about **encantado** and **encantada** in the box on page 5 to complete the chart.

masculine singular	masculine plural	feminine singular	feminine plural
simpático	_____	_____	_____
_____	inteligentes	_____	_____
_____	_____	idealista	_____
liberal	_____	_____	_____
_____	_____	_____	trabajadoras

A comprobar

Adjective agreement

Adjectives describe a person, place, or thing. In Spanish, adjectives must agree with the person or the object they describe, both in gender (masculine/feminine) and in number (singular/plural).

Singular masculine adjectives		singular	plural
ending in **-o**	masculine	simpático	simpáticos
	feminine	simpática	simpáticas
ending in **-a**	masculine	idealista	idealistas
	feminine	idealista	idealistas
ending in **-e**	masculine	sociable	sociables
	feminine	sociable	sociables
ending in a consonant*	masculine	ideal	ideales
	feminine	ideal	ideales
*exception: ending in **-or**	masculine	trabajador	trabajadores
	feminine	trabajadora	trabajadoras

Mi amigo es simpático, sociable e idealista.

Mi amiga también es simpática, sociable e idealista.

Mis amigos son simpáticos, sociables e idealistas.

INVESTIGUEMOS LA PRONUNCIACIÓN

For pronunciation purposes, **y** *(and)* becomes **e** when followed by a word beginning with the letter(s) **i** or **hi.**

A practicar

1.28 **¿Quién es?** Listen to the six descriptive statements and indicate which person is being described. In some cases, the description may apply to both. Place a check mark in the appropriate blanks. **¡OJO!** Pay attention to the adjective endings.

1-6

1. _____ Jennifer López   _____ Pitbull
2. _____ Mariana Pajón   _____ Lionel Messi
3. _____ Sofía Vergara   _____ George López
4. _____ Isabel Allende   _____ Gabriel García Márquez
5. _____ Christina Aguilera   _____ Gael García Bernal
6. _____ Penélope Cruz   _____ Mario López

1.29 **La atracción de los opuestos** Complete each sentence with an adjective that has the opposite meaning of the underlined word. **¡OJO!** Be sure the adjectives agree with the subject they are describing.

1. Fernando es <u>tímido</u> y su esposa es _____.
2. Mis amigas son <u>delgadas</u> y sus esposos son _____.
3. Marcos es <u>trabajador</u> y su esposa es _____.
4. Mis amigos son <u>cómicos</u> y sus esposas son _____.
5. Susana es <u>generosa</u> y su esposo *(spouse)* es _____.
6. Mi amigo es _____ y su esposa es _____.
   (Choose adjectives not used in the sentences above.)

1.30 **En el café** Work with a partner and take turns giving true/false statements about the people in the drawing. You should correct any false statements. **¡OJO!** Be sure the adjectives agree with the subject they are describing.

Modelo Estudiante 1: *Vicente es calvo.*
Estudiante 2: *Falso, él es rubio.*

1.31 **Los ideales** Complete the following statements expressing your own opinion regarding the ideal characteristics of each subject. Then compare your list with a partner's and come to an agreement on two characteristics for each.

1. La profesora ideal es… No es…
2. El estudiante ideal es… No es…
3. Los amigos ideales son… No son…
4. La madre *(mother)* ideal es… No es…
5. Los políticos ideales son… No son…
6. Las mascotas *(pets)* ideales son… No son…

1.32 **El horóscopo** Find your astrological sign below and read the descriptions. Choose two characteristics that describe you. You may use those listed for your sign or choose others that are more accurate. Then, talk to three classmates and find out their signs and the characteristics that describe them.

Modelo Estudiante 1: *¿Cuál es tu signo?*
Estudiante 2: *Yo soy Aries.*
Estudiante 1: *¿Cómo eres tú?*
Estudiante 2: *Yo soy extrovertido y muy emocional.*

Los signos zodiacales y la personalidad

Aries
21 de marzo – 20 de abril
extrovertido, obstinado

Leo
24 de julio – 23 de agosto
creativo, vanidoso

Sagitario
23 de noviembre –
21 de diciembre
idealista, indiscreto

Tauro
21 de abril – 21 de mayo
paciente, perezoso

Virgo
24 de agosto –
23 de septiembre
organizado, perfeccionista

Capricornio
22 de diciembre –
20 de enero
práctico, calculador

Géminis
22 de mayo – 21 de junio
intelectual, impaciente

Libra
24 de septiembre –
23 de octubre
activo, indeciso

Acuario
21 de enero –
19 de febrero
independiente, rebelde

Cáncer
22 de junio – 23 de julio
trabajador, emocional

Escorpión
24 de octubre –
22 de noviembre
introvertido, posesivo

Piscis
20 de febrero –
20 de marzo
generoso, dependiente

Lectura

Antes de leer

Write a list of names of famous contemporary U.S. citizens in the fields of pop culture, politics, movies, and sports. Why are they famous? Compare lists with a classmate. Together, try to come up with names of famous contemporary citizens of Spanish-speaking countries. What are their professions?

A leer

Algunos famosos de Latinoamérica

Muchas personas de países hispanos se distinguen en todas las áreas y es difícil escribir una lista corta. A continuación hay descripciones de algunas personas muy populares en el mundo contemporáneo.

Deportes

Manu Ginóbili (julio 1977), deportista *(athlete)* argentino, es un excelente jugador de básquetbol de la NBA de los Estados Unidos. Habla fluidamente español, inglés e italiano y tiene su propia página en Internet.

CP DC Press/Shutterstock.com

> Muchas personas de países hispanos se distinguen en todas las áreas y es difícil escribir una lista corta.

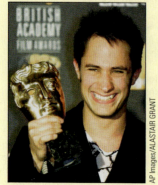

AP Images/ALASTAIR GRANT

teach reading

Cine

Gael García Bernal (noviembre 1978) es actualmente uno de los actores, productores y directores latinoamericanos más famosos, gracias a su participación en filmes como *Diarios de motocicleta* (2004), *Babel* (2006), *Neruda* (2016) y la serie *Mozart in the Jungle* (2015-2018). Un dato interesante es que Gael participó en campañas para **enseñar a leer** a los indígenas huicholes en el norte de México.

Música

Shakira Isabel Mebarak Ripoll (febrero 1977) es una **cantante** muy popular. Su **madre** es colombiana y su **padre** es de ascendencia libanesa. Es posible escuchar la influencia de los ritmos tradicionales colombianos y libaneses en su música. Es una de las artistas con más álbumes **vendidos** en Latinoamérica y participa muy activamente en su organización filantrópica *Pies descalzos*. Ahora Shakira es madre de dos niños y divide su tiempo entre su carrera musical y su familia.

singer
mother
father

sold

Política

Michelle Bachelet (septiembre 1951) fue *(was)* presidente de Chile del 2006 al 2010 y de 2014 a 2018. Bachelet fue la primera mujer presidente de Chile. Además, es doctora pediatra y habla cinco lenguas. Es muy popular entre los chilenos y *Forbes* la considera una de las mujeres más influyentes del mundo. Bachelet está interesada en tener **igualdad** entre hombres y mujeres en Chile.

equality

Comprensión

To which of the people mentioned in the reading does the statement refer?

1. Es famosa por su música.
2. Estudió medicina.
3. Es un actor popular.
4. Es atlético.
5. Es madre.
6. Juega al básquetbol.

Después de leer

What other famous people do you know from Spanish-speaking countries? Work with a partner to come up with a list of names, then choose one of the people on your list and write a short description of him/her. Read your description to the class and have them guess whom you are describing.

INVESTIGUEMOS LA MÚSICA

Find the Mocedades song "Eres tú" on the Internet and listen to it. Write down as many cognates as you can as well as words you recognize. What do you think the theme of the song is?

Redacción

Write a paragraph in which you describe yourself and your best friend.

Paso 1 Create a Venn diagram such as the one below. In the middle section where the circles overlap, write any adjectives that are common to both yourself and your best friend. Write any adjectives that are unique to yourself in the circle on the left and adjectives that are unique to your best friend in the circle on the right.

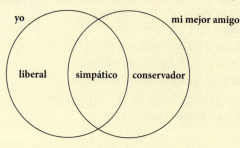

yo   mi mejor amigo

liberal   simpático   conservador

Estrategia

Be sure to brainstorm in Spanish rather than English to make the writing of the paragraph easier.

Paso 2 Write a sentence in which you introduce your reader to yourself and to your best friend.

Paso 3 Using the information you generated in **Paso 1,** continue your paragraph with two or three sentences in which you describe the qualities that you and your friend have in common and another two or three sentences where you describe the qualities that are unique to you and unique to your best friend.

Paso 4 Write a conclusion statement that wraps up the paragraph.

Paso 5 Edit your paragraph:

1. Do the adjectives agree with the person they describe?
2. Check your spelling, including accent marks.
3. Are there any sentences that could be joined with either **y** or **pero**?
4. Can you vary some of the sentences by using expressions like **también** and **los/las dos** *(both of us)*?

Syda Productions/Shutterstock.com

Entrando en materia

Look at the following sketches of people. Write down two or three adjectives that describe each person.

A   B   C   D   E   F

En busca de talento

A television network is looking for talent to participate in a new sitcom. The show requires several Hispanic characters, and they have a very specific idea of what they should look like. The descriptions that follow have been distributed to agents in the hopes of finding an exact match. Match the headshots to the descriptions.

NUEVO PROGRAMA BUSCA TALENTOS

Buscamos nuevos talentos para actuar en una comedia original. Es indispensable hablar español e inglés.

Leyre Morales Blanco

Edad: 5 años
Estatura: 1.10 mts.[1]
Descripción: Delgada, morena, pelo[2] largo. Leyre es tímida y seria, pero aventurera.

Rocío Leyva Zamora

Edad: 40 años
Estatura: 1.55 mts.
Descripción: Delgada, con pelo corto. Rocío es bonita, extrovertida y amable.

Aymar Ibañez Sodi

Edad: 12 años
Estatura: 1.50 mts.
Descripción: Alto para su edad, pelo negro y corto. Aymar es atlético, independiente y muy sociable. Es alérgico a los animales.

Florián González Calva

Edad: 75 años
Estatura: 1.60 mts.
Descripción: Bajo, calvo y un poco gordito. Carácter tímido y serio.

---

[1]meters   [2]hair

Comprensión

Which headshot corresponds to which description?

Más allá

Think of a person you know well and describe that person to your partner, who will draw a portrait according to your description. Be sure to include the person's name and key identifiers such as height, hair color, etc. Switch roles so that you each have a turn to describe and draw.

1.33 **¿Qué hay?** A student is in her room studying. Mention five items that are in the room, and then mention one thing that is not.

Modelo *Hay libros.*

Michal Popiel/Shutterstock.com

1.34 **Los famosos** Tell where the following famous people are from. Search online for information on anyone you don't know.

1. Enrique y Julio Iglesias
2. Ricky Martin
3. Salma Hayek
4. William Levy
5. Carlos Mencia
6. Shakira y Juanes

1.35 **Mi amiga Mónica** Complete the paragraph with the appropriate forms of the verb **ser** and the adjectives, as indicated by the words in parentheses.

¡Buenos días! Yo (**1.** ser) _____ Jacobo y ella (**2.** ser) _____
Mónica. Nosotros (**3.** ser) _____ estudiantes en la Universidad Central
de Venezuela. Mónica (**4.** ser) _____ estudiante de literatura, y es muy
(**5.** inteligente) _____ y (**6.** trabajador) _____. Las clases
(**7.** ser) _____ muy (**8.** difícil) _____, pero los profesores son
(**9.** bueno) _____ y (**10.** simpático) _____.

1.36 **Entrevista** Talk to three different classmates to gather the following information about them.

1. What are their first and last names and how are they spelled?
2. Where they are from?
3. What they are like? (two descriptions each)

1.37 **Diferencias** Working with a partner, one of you will look at the picture on this page, and the other will look at the picture in Appendix B. Take turns describing the pictures using the expression **hay,** numbers, and the classroom vocabulary. Find the eight differences.

Modelo Estudiante 1: *En A hay una computadora.*
Estudiante 2: *Sí. En B hay una silla.*
Estudiante 1: *No, en A no hay una silla.*

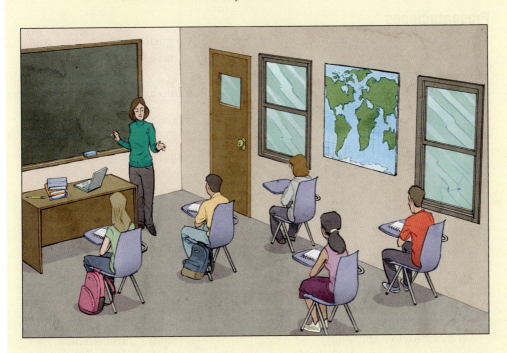

1.38 **Somos similares** Work with a partner to identify the personality traits that you have in common.

Paso 1 Make a list of seven to eight adjectives that describe your personality. **¡OJO!** Pay attention to the adjective endings.

Paso 2 Take turns describing your personalities using the adjectives on your lists. Be sure to use complete sentences. When you determine a trait that you both have in common, circle it on your lists.

Paso 3 Report to the class on how you are similar by sharing the characteristics that you have in common.

CAPÍTULO 1

🔊 Vocabulario 1

1-7

Saludos

(muy) bien	*(very) well*	mal	*bad*
Buenas noches.	*Good night.*	nada	*nothing*
Buenas tardes.	*Good afternoon.*	¿Qué hay de nuevo?	*What's new?*
Buenos días.	*Good morning.*	¿Qué pasa?	*What's going on?*
¿Cómo estás (tú)?	*How are you? (informal)*	¿Qué tal?	*How's it going?*
		regular	*so-so*
¿Cómo está (usted)?	*How are you? (formal)*	¿Y tú?	*And you? (informal)*
gracias	*thank you*	¿Y usted?	*And you? (formal)*
hola	*hello*		

Presentaciones

¿Cómo se escribe...?	*How do you spell . . . ?*	Mucho gusto.	*Nice to meet you.*
¿Cómo te llamas?	*What is your name?*	Le presento a...	*I'd like to introduce you to . . . (formal)*
Encantado(a).	*Nice to meet you.*	Te presento a...	*I'd like to introduce you to . . . (informal)*
Me llamo...	*My name is . . .*		

Despedidas

Adiós.	*Goodbye.*	Hasta pronto.	*See you soon.*
Chao.	*Goodbye. (informal)*	¡Nos vemos!	*See you later!*
Hasta luego.	*See you later.*	¡Que tengas un buen día!	*Have a nice day!*
Hasta mañana.	*See you tomorrow.*		

El salón de clases

la bandera	*flag*	la mochila	*backpack*
el bolígrafo	*pen*	el papel	*paper*
el cartel	*poster*	la pizarra	*chalkboard*
la computadora	*computer*	el (la) profesor(a)	*professor*
el cuaderno	*notebook*	la puerta	*door*
el diccionario	*dictionary*	el pupitre	*student desk*
el escritorio	*teacher's desk*	el reloj	*clock*
el (la) estudiante	*student*	el salón de clases	*classroom*
el lápiz	*pencil*	la silla	*chair*
el libro	*book*	el televisor	*television set*
el mapa	*map*	la ventana	*window*
la mesa	*table*		

Palabras interrogativas

¿Dónde?	*Where?*	¿Qué?	*What?*
¿Cuándo?	*When?*	¿Quién?	*Who?*
¿Cuántos(as)?	*How many?*	¿Por qué?	*Why?*

Los números   See pages 9, 12

Palabras adicionales

¿De dónde eres tú?	*Where are you from?*	Yo soy de...	*I am from . . .*
hay	*there is/there are*		

Vocabulario 2

Adjetivos para describir la personalidad

aburrido(a)	*boring*		interesante	*interesting*
agresivo(a)	*aggressive*		liberal	*liberal*
amable	*kind*		malo(a)	*bad*
antipático(a)	*unfriendly*		optimista	*optimistic*
atlético(a)	*athletic*		paciente	*patient*
bueno(a)	*good*		perezoso(a)	*lazy*
cariñoso(a)	*loving*		pesimista	*pessimistic*
cómico(a)	*funny*		pobre	*poor*
conservador(a)	*conservative*		realista	*realistic*
cruel	*cruel*		rico(a)	*rich*
egoísta	*selfish*		serio(a)	*serious*
famoso(a)	*famous*		simpático(a)	*nice*
generoso(a)	*generous*		sociable	*sociable*
honesto(a)	*honest*		tímido(a)	*timid, shy*
idealista	*idealistic*		tonto(a)	*dumb*
impaciente	*impatient*		trabajador(a)	*hardworking*
inteligente	*intelligent*			

Adjetivos para describir el aspecto físico

alto(a)	*tall*		guapo(a)	*good-looking*
bajo(a)	*short*		joven	*young*
bonito(a)	*pretty, cute*		moreno(a)	*dark-skinned/ dark-haired*
calvo(a)	*bald*			
delgado(a)	*thin*		pelirrojo(a)	*red-haired*
feo(a)	*ugly*		pequeño(a)	*small*
gordo(a)	*fat*		rubio(a)	*blond(e)*
grande	*big*		viejo(a)	*old*

Otros adjetivos

corto(a)	*short (length)*		largo(a)	*long*
difícil	*difficult*		nuevo(a)	*new*
fácil	*easy*			

Verbos

ser	*to be*

Palabras adicionales

el hombre	*man*		pero	*but*
la mujer	*woman*		un poco	*a little*
muy	*very*		también	*also*
el (la) niño(a)	*child*		y	*and*

Learning Strategy

Listen to and repeat vocabulary

When studying vocabulary, take time to listen to and repeat the pronunciation of the words. It will help your pronunciation, which in turn will help you learn to spell the words properly.

After completing the chapter, you will be able to:

- Describe your family and talk about ages
- Discuss your classes
- Discuss your routine
- Express ownership

andresr/E+/Getty Images

Familia colombiana

Esta es la familia de Hernán. ¿Cuántas personas hay en su familia?

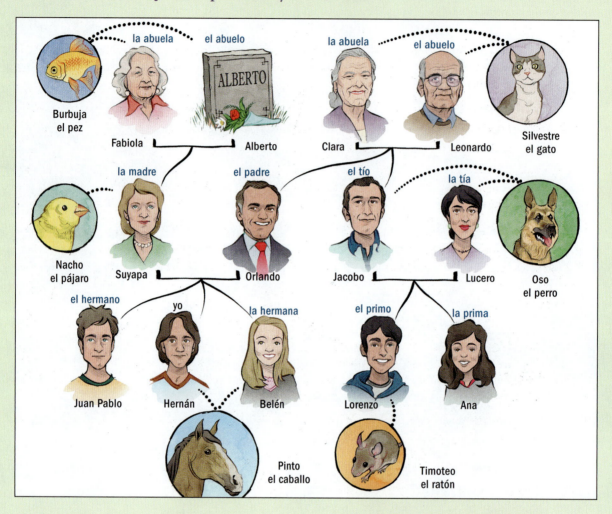

La familia

el (la) esposo(a)	*spouse*
el (la) hermanastro(a)	*stepbrother / stepsister*
el (la) hijo(a)	*son / daughter*
la madrastra	*stepmother*
el (la) medio(a) hermano(a)	*half brother / half sister*
el (la) nieto(a)	*grandson / granddaughter*
el padrastro	*stepfather*
la pareja	*couple; partner*
el (la) pariente	*relative*
el (la) sobrino(a)	*nephew / niece*
el (la) suegro(a)	*father-in-law / mother-in-law*

Palabras adicionales

el (la) (mejor) amigo(a)	*(best) friend*
la casa	*house*
¿Cómo se llama...?	*What is the name of . . . ?*
la mascota	*pet*
el (la) novio(a)	*boyfriend / girlfriend*

Estrategia

Listen to and repeat vocabulary

Be sure to listen to and repeat the pronunciation of the vocabulary words.

INVESTIGUEMOS EL VOCABULARIO

Remember that most of the words in the vocabulary can be used to refer to a female by changing the final **o** to an **a**. When talking about a mixed group, the masculine plural form is used:

hijos	*sons and daughters*
hermanos	*brothers and sisters*
padres	*parents*

La mascota is used for both male and female pets.

A practicar

2.1 **Escucha y responde** Listen to the following statements about Hernán's family. Based on the drawing, give a thumbs up if the statement is true or a thumbs down if it is false.

2-1

2.2 **¿Cómo se llama...?** Give the names of the following people using the information provided in the drawing on page 38.

1. la madre de Suyapa
2. el padre de Lorenzo
3. los padres de Orlando y Jacobo
4. la hermana de Juan Pablo
5. los tíos de Lorenzo
6. la mascota de Hernán

2.3 **¿Quién es?** Complete the following sentences about Hernán's family with the appropriate vocabulary word.

1. Suyapa es la _____ de Ana.
2. Fabiola es la _____ de Suyapa.
3. Hernán es el _____ de Orlando.
4. Belén es la _____ de Lorenzo.
5. Jacobo y Orlando son _____.
6. Hernán es el _____ de Jacobo.
7. Clara es la _____ de Leonardo.
8. Fabiola es la _____ de Juan Pablo.

2.4 **En busca de...** Circulate throughout the classroom and find students to whom the following statements apply. Find a different student for each statement. **¡OJO!** Remember that the masculine word is used in a generic sense. For example **¿Tienes hermanos?** is asking if you have any siblings, which could include sisters as well as brothers.

Modelo Tiene gatos. *(He/She has cats.)*
Estudiante 1: *¿Tienes gatos?* (Do you have cats?)
Estudiante 2: *No, no tengo gatos. / Sí, tengo un gato.*
(No, I don't have cats. / Yes, I have a cat.)

1. Tiene hijos.
2. Tiene hermanos.
3. Tiene primos.
4. Tiene caballos.
5. Tiene abuelos.
6. Tiene mascotas.
7. Tiene tíos.
8. Tiene sobrinos.

2.5 **Una familia** You and your partner each have half of the information about Sofía Navarro´s family. One of you will look at the drawing on this page, the other one will look at the drawing in Appendix B. Take turns asking the names of the different people.

Modelo
Estudiante 1: *¿Cómo se llama la madre de Sofía?*
Estudiante 2: *Se llama Gloria.*

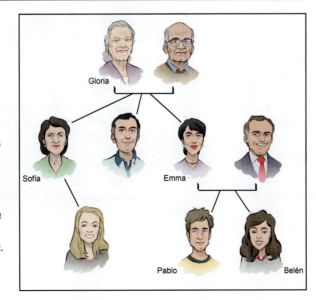

Gloria

Sofía

Emma

Pablo

Belén

INVESTIGUEMOS LA MÚSICA

Pimpinela is an Argentinian brother–sister duo whose songs are often conversations between a man and a woman. Find their song "Señorita" online and write down any family vocabulary words you hear in the song. Then, look up the words of the song online and check your understanding. To find lyrics, just type the word **letra** after the title of the song.

Piensa en el tema

1. Do you know how your first name or middle name was chosen?
2. Do you know the geographical, linguistic, or ethnic roots of your last name?

Los apellidos

Did you ever wonder why some Hispanic names seem long? In medieval Spain, people started using both their father's and mother's family names, and this custom later spread to the countries that Spain colonized.

Traditionally, a name in Spanish may consist of a first name (**nombre de pila**), which can include a middle name, and the father's family name (**apellido paterno**) followed by the mother's family name (**apellido materno**). Today there are many variations of this tradition, but Argentina is the only country where only one surname is generally used.

Following tradition, if Julia Méndez Prado and Eduardo Krause Mercado marry and have a child named Marcos, his full name would be Marcos Krause Méndez. If Marcos grows up and marries Laura Núñez García, what would be the full name of their child if her first and middle names are Marta Azucena?

👥 Hablemos del tema

What are the possible advantages and disadvantages of using two family names?

Andrew Bret Wallis/DigitalVision/Getty Images

Piensa en el tema

What are some reasons that young people choose to live with their parents rather than moving out on their own?

La importancia de la familia

People in Spanish-speaking countries tend to place a high value on family and dedicate a lot of time to nurturing relationships within their nuclear and extended families. It is not uncommon for someone to live with their parents until he or she decides to marry. While it is also common for young adults to live on their own, the economy seems to play a big role in these trends.

Pam McLean/Getty Images

Hablemos del tema

1. How might living with one's parents affect other aspects of a society, such as housing, jobs, eating habits, etc.? Does it have any impact on the life of college students?

2. What do you think are some advantages and disadvantages of living with one's parents until getting married?

1

Exploraciones **gramaticales**

A analizar ▶

Rosa talks to Paula about her family. After watching the video, read part of their conversation, and note the words in bold. Then answer the questions below.

Paula:	¿Es esta una foto de **tu** familia, Rosa?
Rosa:	Sí. Esa foto es del Día de la Madre. Aquí está **mi** hermano Miguel y aquí está **mi** hermana Susana con **su** esposo Jaime. Este es **su** hijo Tomás. Y ellos son **mis** padres...
Paula:	¡¿Y este gato en la mesa?!
Rosa:	Es Bibi, **nuestra** gata. Es cómica y muy cariñosa... ¡pero muy mala con **nuestro** pobre perro!

The words in bold are used to show possession.

1. What are the two ways of expressing *my* in Spanish in the conversation above? What is the difference between the two forms? Why do you think they are different?

2. What are the two forms of **nuestro** in the conversation? What is the difference between the two forms? Why do you think they are different?

3. In the conversation the word **su** has two different meanings. Find the two uses of **su** above. How are they different?

A comprobar

Possessive adjectives

mi(s)	*my*	**mi** hermano, **mis** hermanos
tu(s)	*your*	**tu** primo, **tus** primos
su(s)	*his, her, its, your*	**su** mascota, **sus** mascotas
nuestro(s), **nuestra(s)**	*our*	**nuestro** primo, **nuestros** primos, **nuestra** prima, **nuestras** primas
vuestro(s), **vuestra(s)**	*your*	**vuestro** tío, **vuestros** tíos, **vuestra** tía, **vuestras** tías
su(s)	*their, your*	**su** abuelo, **sus** abuelos

INVESTIGUEMOS LA GRAMÁTICA

The subject pronouns **tú, usted, vosotros,** and **ustedes** all mean *you*, but they each have a different possessive adjective. There are four possible ways to say *your*, depending on the pronoun you use.

tú → **tu(s)**
usted → **su(s)**
vosotros/vosotras → **vuestro(s)/vuestra(s)**
ustedes → **su(s)**

1. Similar to other adjectives, possessive adjectives agree in number (singular / plural) with the noun they modify (that is, the object that is owned or possessed).

   Mi familia es muy grande.
   My family is very large.

   Sus padres hablan italiano.
   His parents speak Italian.

2. **Nuestro** and **vuestro** agree in gender (masculine / feminine) as well as in number.

   Nuestra gata se llama Lili.
   Our cat is named Lili.

   ¿Cómo se llaman **vuestras hijas**?
   What are your daughters' names?

3. In Spanish, the 's does not exist. Instead, if you want to be more specific about who possesses or owns something, it is necessary to use **de** *(of)*. Notice that in this structure the item owned comes before the person who owns it.

Es la casa **de mi hermano.**
*It is **my brother's** house.*

Es **su** casa.
*It is **his** house.*

Ellas son las hijas **de Patricia.**
They are Patricia's daughters.

Ellas son **sus** hijas.
*They are **her** daughters.*

4. Just as there are contractions in English (can't, don't), there are also contractions in Spanish. However, these contractions are not optional. When using **de** in front of the masculine article **el,** it forms the contraction **del** (**de + el = del**).

Macarena es la esposa **del** profesor.
Macarena is the professor's wife.

De does not contract with the other articles.

Max es el perro **de la** familia Pérez.
Max is the Pérez family's dog.

A practicar

2.6 **Mi familia** Indicate whether each of the sentences requires **mi** or **mis.**

1. (Mi/Mis) madre es bonita.
2. (Mi/Mis) padre es alto.
3. (Mi/Mis) hermanas son cómicas.
4. (Mi/Mis) perro es pequeño.
5. (Mi/Mis) abuelos son simpáticos.
6. (Mi/Mis) amigos son inteligentes.

2.7 **Su familia** Complete the following paragraph with the correct form of **su** or **sus.**

Alberto, David y Óscar son hermanos y tienen un apartamento en Lima. **(1.)** _____ apartamento es pequeño, pero confortable. Alberto y David comparten *(share)* un cuarto *(bedroom)* y hay muchos carteles en **(2.)** _____ cuarto. **(3.)** _____ hermano, Óscar, tiene un cuarto pequeño. Él tiene dos gatos y un perro. **(4.)** _____ mascotas molestan *(bother)* mucho a **(5.)** _____ hermanos porque **(6.)** _____ perro siempre está en el sofá y **(7.)** _____ gatos siempre están en la mesa.

El perro siempre está en el sofá.

2.8 **¿Qué tienen?** With a partner, take turns completing the sentences to tell what your friends and family have. You may complete the sentences with a person (**un hermano, un novio,** etc.), a pet (**un perro, un gato,** etc.), or an object (**una casa, un auto, una clase,** etc.). Then describe the person, pet, or object using a possessive pronoun and an adjective, as in the model.

Modelo La profesora tiene...
La profesora tiene un gato. Su gato es bonito.

1. Yo tengo...
2. Mi amigo tiene...
3. Mi familia tiene...
4. Mis amigos tienen..
5. Mis padres tienen...
6. Mis abuelos tienen...

> **INVESTIGUEMOS LA GRAMÁTICA**
> You will learn the verb **tener** *(to have)* later in this chapter. It is conjugated in the following manner:
>
> | yo | **tengo** | nosotros(as) | **tenemos** |
> |---|---|---|---|
> | tú | **tienes** | vosotros(as) | **tenéis** |
> | él, ella | **tiene** | ellos, ellas | **tienen** |
> | usted | | ustedes | |

2.9 **Andrés y Ana** Andrés and Ana are siblings, and they have left their things in the living room. Tell whether the items belong to Andrés or Ana.

Modelo los CDs   *Los CDs son de Andrés.*

1. la pizza
2. los bolígrafos
3. el diccionario
4. la mochila
5. el cuaderno
6. los libros
7. los papeles
8. el cartel
9. la soda

2.10 **¿De quién es?** Andrés' mother is cleaning the living room where her children have left their things. She is unsure about what belongs to him and what belongs to his sister, Ana. With a partner, take turns playing Andrés and his mother. Look at the picture in Activity 2.9 to decide how Andrés answers her questions. Be sure to use the correct possessive adjective in the proper form.

Modelo Estudiante 1 (madre): *¿De quién (Whose) es el cuaderno?*
Estudiante 2 (Andrés): *Es su cuaderno.*
Estudiante 2 (madre): *¿De quién son los papeles?*
Estudiante 1 (Andrés): *Son mis papeles.*

1. ¿De quién es la mochila?
2. ¿De quién son los libros?
3. ¿De quién es el diccionario?
4. ¿De quién es el cartel?
5. ¿De quién son los bolígrafos?
6. ¿De quién es la soda?
7. ¿De quién es la pizza?
8. ¿De quién son los CDs?

2.11 **¿Cómo son?** Describe the following items that your family owns and ask your partner about the items his/her family owns.

Modelo el televisor
Estudiante 1: *Nuestro televisor es nuevo. ¿Cómo es su televisor?*
Estudiante 2: *Nuestro televisor es pequeño.*

1. la casa/el apartamento
2. el auto
3. la mascota
4. la computadora
5. los primos
6. la familia

Exploraciones gramaticales

A analizar

Watch the video again, and then read part of the conversation, paying attention to the endings of the words in bold. Then answer the questions.

> **Paula:** ¿Dónde **trabajan** ellos?
>
> **Rosa:** Mi madre **trabaja** en la universidad. Ella es profesora de historia. Y mi padre **trabaja** en una compañía internacional y viaja a los Estados Unidos con frecuencia.
>
> **Paula:** ¡Qué interesante! ¿Tú **trabajas** también?
>
> **Rosa:** No, yo no **trabajo**.

1. The words in **bold** are forms of the verb **trabajar**. What do you think the word **trabajar** means?

2. You have learned that the verb **ser** has different forms depending upon the subject. The verb **trabajar** also has different forms. Looking at the forms of the verb **trabajar** in the conversation, complete the following chart.

yo _____   nosotros(as) trabajamos

tú _____   vosotros(as) trabajáis

él, ella, usted _____   ellos, ellas, ustedes _____

A comprobar

Regular -ar verbs

1. An infinitive is a verb in its simplest form. It conveys the idea of an action, but does not indicate who is doing the action. The following are verbs in their infinitive form. You will notice that their English translations are all *to _____*.

ayudar	*to help*	**estudiar**	*to study*	**necesitar**	*to need*
bailar	*to dance*	**hablar (por**	*to talk (on*	**practicar**	*to practice; to*
buscar	*to look for*	**teléfono)**	*the phone)*	**(deportes)**	*play (sports)*
caminar	*to walk*	**limpiar**	*to clean*	**preguntar**	*to ask*
cantar	*to sing*	**llamar**	*to call*	**regresar**	*to return*
cocinar	*to cook*	**llegar (a)**	*to arrive (at)*	**tomar**	*to take; to drink*
comprar	*to buy*	**mandar (un**	*to send (a*	**(café)**	*(coffee)*
desear	*to want,*	**mensaje)**	*message)*	**trabajar**	*to work*
	to desire	**manejar**	*to drive*	**usar**	*to use*
enseñar	*to teach*	**mirar (la tele)**	*to look, to*	**viajar (a)**	*to travel (to)*
escuchar	*to listen*		*watch (TV)*		
esquiar	*to ski*	**nadar**	*to swim*		

2. Although it also means *to drink*, the verb **tomar** is used in many of the same ways that the verb *to take* is used in English.

tomar un examen *to take a test*	**tomar una siesta** *to take a nap*
tomar fotos *to take photos*	**tomar un taxi / un autobús** *to take a taxi / a bus*
tomar notas *to take notes*	**tomar vacaciones** *to take a vacation*

3. You learned that the verb **ser** must be conjugated in agreement with the subject. In other words, different forms of the verb indicate who the subject is. The verbs in the list on page 45 all end in **-ar** and are all conjugated in the same way. To form a present tense verb, the **-ar** is dropped from the infinitive and an ending is added that reflects the subject (the person doing the action).

llegar

yo	**-o**	lleg**o**	nosotros(as)	**-amos**	lleg**amos**
tú	**-as**	lleg**as**	vosotros(as)	**-áis**	lleg**áis**
él, ella, usted	**-a**	lleg**a**	ellos, ellas, ustedes	**-an**	lleg**an**

4. When using two verbs together that are dependent upon each other, the second verb remains in the infinitive.

> Él **necesita viajar** mucho.
> *He **needs to travel** a lot.*

> Ellas **desean estudiar** inglés.
> *They **want to study** English.*

However, notice that both verbs are conjugated in the following sentences because they are not dependent on each other.

> Yo **estudio** en la universidad y **trabajo** en un restaurante.
> *I **study** in the university and **work** in a restaurant.*

> Édgar **nada**, **esquía** y **practica** el tenis.
> *Édgar **swims**, **skis**, and **plays** tennis.*

5. When creating a negative statement, place the word **no** in front of the verb.

> Ella **no** baila bien.
> *She **doesn't** dance well.*

> No, yo **no** trabajo.
> *No, I **don't** work.*

6. In order to create a simple yes/no question, it is not necessary to use helping words. Simply place the subject after the verb and change the intonation, raising your voice at the end.

> ¿Estudias (tú) mucho?
> *Do you study a lot?*

> ¿Habla usted español?
> *Do you speak Spanish?*

A practicar

2.12 **Mi familia y yo** Indicate which of the two phrases best completes the sentences. **¡OJO!** You must decide which verb ending agrees with the subject.

1. Yo...

   a. miro la tele mucho   **b.** miran la tele mucho

2. Mis padres...

   a. manejamos un auto viejo   **b.** manejan un auto viejo

3. Mi esposo...

   a. baila bien   **b.** bailo bien

4. Mi hermana y yo...

   a. tomamos mucho café   **b.** toman mucho café

5. ¿Tú...?

   a. estudia mucho   **b.** estudias mucho

2.13 **La familia de Gabriela** Complete the paragraph with the appropriate form of the verb in parentheses.

Yo (**1.**) _____ (ser) Gabriela. Mi esposo se llama Nicolás y él (**2.**) _____ (trabajar) en un hospital. Él (**3.**) _____ (pasar – *to spend*) mucho tiempo en el trabajo. Nuestros dos hijos Dora y Ernesto (**4.**) _____ (estudiar) en la universidad. Mi esposo necesita (**5.**) _____ (trabajar) mucho, pero nosotros siempre (*always*) (**6.**) _____ (tomar) vacaciones en julio. La familia (**7.**) _____ (viajar) a Bariloche, Argentina, y nosotros (**8.**) _____ (esquiar). Yo no (**9.**) _____ (esquiar) muy bien, pero es muy divertido.

2.14 **El fin de semana** Working in pairs, find out if your partner does the following activities on the weekend.

Modelo hablar por teléfono
Estudiante 1: *¿Hablas por teléfono?*
Estudiante 2: *Sí, hablo por teléfono. / No, no hablo por teléfono.*

1. trabajar	**6.** bailar en un club
2. estudiar español	**7.** mirar la tele
3. limpiar la casa	**8.** cantar en un coro *(choir)*
4. tomar una siesta	**9.** cocinar para *(for)* amigos
5. practicar deportes	**10.** caminar con *(with)* el perro

2.15 **En los Estados Unidos** The following statements describe what some Spanish speakers in different countries often do. Using the **nosotros** form, state what we generally do in the United States.

Modelo Los colombianos practican fútbol.
   Nosotros practicamos fútbol americano.

1. Los argentinos hablan español.

2. Los chilenos estudian inglés.

3. Los españoles viajan a Francia de vacaciones.

4. Los mexicanos escuchan música en inglés y en español.

5. Los cubanos bailan salsa.

6. Los paraguayos esquían en Argentina.

Los cubanos bailan salsa.

2.16 **Un día ocupado** Fedra and Bruno are very busy. Look at the drawings and describe what they do on a typical day.

Modelo *Fedra y Bruno toman un café.*

1.

2.

3.

4.

5.

6.

2.17 **¡Yo también!** Place a check mark next to four of the following activities that you do. Then, find four different classmates, each of whom also does one of those activities. Be prepared to report to the class using the **nosotros** form.

_____ buscar un trabajo

_____ viajar con frecuencia *(frequently)*

_____ mirar la tele mucho

_____ trabajar en un restaurante

_____ cantar bien

_____ cocinar

_____ mandar muchos mensajes

_____ llamar a un amigo con frecuencia

_____ escuchar la radio

_____ usar la computadora

_____ nadar

_____ comprar muchos regalos *(gifts)*

_____ esquiar

_____ ¿?

2.18 **¿Quién?** Interview your partner to find out if he/she or someone he/she knows does the following activities. **¡OJO!** When asking the question you will need to use the **él/ella** form of the verb. When answering, be sure that the verb agrees with the subject.

Modelo viajar mucho
　　　　Estudiante 1: *¿Quién viaja mucho?*
　　　　Estudiante 2: *Mis padres viajan mucho. / Mi mejor amigo y yo viajamos mucho.*

1. manejar un auto nuevo

2. trabajar en un restaurante

3. practicar tenis

4. enseñar

5. estudiar biología

6. escuchar música clásica

7. cocinar bien

8. mandar muchos textos

Entrando en materia

¿Celebras tú el Día de la Madre? ¿y el Día del Niño?

Celebrando a la familia

🔊 You are going to hear a fragment of a radio show. Listen carefully as the announcers
2-2 discuss some special days.

Vocabulario útil

fecha fija	*fixed date*	**razón**	*reason*
mayo	*May*	**tercer domingo**	*third Sunday*
junio	*June*		

Estrategia

Before you listen, look at the **Vocabulario útil** and anticipate what the commercial might be about.

Comprensión

Listen to the radio announcers, and indicate whether the statements are true (**cierto**) or false (**falso**).

1. Hoy es 30 de mayo.
2. El 30 de mayo es el Día del Padre en Nicaragua.
3. En Nicaragua no celebran el Día de la Suegra.
4. En Argentina el Día de la Suegra es el 17 de octubre.
5. En Perú, Colombia y Ecuador no celebran el Día del Padre.

Más allá

1. Why do you think that El Día de la Suegra is celebrated in some Spanish-speaking countries?
2. The UN Declared May 15 the International Day of Families. What do you think would be the importance of this day?

El Día de la Madre es importante en muchos países.

PhotoAlto/Eric Audras/Getty Images

Lectura

Antes de leer

What does the modern American family look like? What do you think the modern Latin American family looks like?

A leer

La familia típica latinoamericana

Es difícil hablar de una familia típica latinoamericana, especialmente porque Latinoamérica es una región muy grande con muchos países. Sin embargo, en todas las sociedades las familias **cambian** para adaptarse a los tiempos modernos. La familia típica latinoamericana urbana tiene pocos hijos, y el hombre y la mujer trabajan. Las familias extendidas son muy importantes, pero en la mayoría de las casas no **viven** muchos familiares. Por ejemplo, en Chile vive un **promedio** de 3.2 personas por casa y en México viven 3.9. En Colombia y en México en el 74% de las casas viven solamente los padres y los hijos o una pareja sin hijos. Solo en el 24% de las casas viven otros miembros de la familia **como** abuelos, nietos u otros familiares. Ahora también hay muchas familias donde los hijos viven con solo uno de sus padres, o **ninguno**. También hay casas donde dos adultos viven **juntos** pero no están **casados**.

change
live
average
such as
neither
together
married

> las familias extendidas son muy importantes

Andy Dean Photography/Shutterstock.com

En varios países latinoamericanos el divorcio es **cada vez más frecuente**. En Chile el divorcio es legal desde 2004 y por eso aumentaron mucho entre el 2004 y el 2014, pero la situación es mejor ahora. En México la tasa de divorcios es 16%, y en Colombia 24%. Curiosamente, España tiene una de las tasas de divorcio más altas del mundo.

increasingly more frequent

Otra estadística interesante que habla de la importancia de la familia es la frecuencia con que las familias comen **juntas**. En toda Latinoamérica comer juntos es importante. En Argentina el 86% de las familias come junta, en contraste con Perú, donde solo el 69% come junta. En Estados Unidos el número es aproximadamente el 65%.

together

Monkey Business Images/Shutterstock.com

Sources: Sistema Nacional para el Desarrollo Integral de la Familia; Instituto Nacional de Estadística y Geografía; Instituto Nacional de Estadísticas; RevistaCredencial.com

Comprensión

Indicate whether the following statements are true (**cierto**) or false (**falso**). Correct any false statements.

1. Las mujeres latinoamericanas no trabajan.
2. La familia extendida es muy importante en Latinoamérica.
3. En la mayoría de las casas viven tres generaciones (los abuelos, los padres y los hijos).
4. En España pocos matrimonios terminan *(end)* en divorcio.
5. En Latinoamérica no es aceptable vivir juntos sin *(without)* estar casados.

Después de leer

 1. In groups of three or four, discuss the following questions in English.
- Did any information surprise you? Why?
- How does this information about Latin American families compare with U.S. families in general?

2. In the same groups, discuss the following questions in Spanish.
- ¿Es importante la familia para ti?
- ¿Qué personas consideras tú como parte de tu familia?
- ¿Qué actividades haces *(do you do)* con tu familia?

¿Cómo es tu universidad?

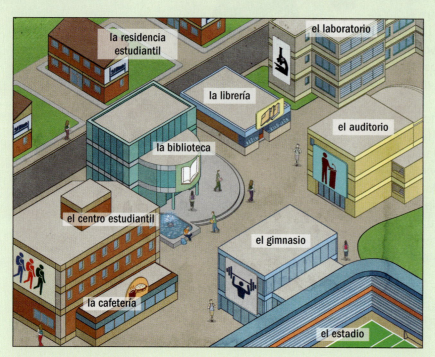

Las materias académicas	Academic subjects
Las ciencias naturales	*Natural sciences*
la biología	biology
la física	physics
la química	chemistry
Las ciencias sociales	*Social studies*
las ciencias políticas	political science
la criminología	criminology
la economía	economy
la historia	history
la geografía	geography
la psicología	psychology
Las humanidades	*Humanities*
el arte	art
la filosofía	philosophy
la música	music
el teatro	theater
la literatura	literature
Las lenguas	*Languages*
el alemán	German
el español	Spanish

el francés	French
el inglés	English
Las matemáticas	*Mathematics*
el álgebra	algebra
el cálculo	calculus
la geometría	geometry
la ingeniería	engineering
Otras clases o especializaciones	
la educación física	physical education
la expresión oral	speech
la informática	computer science
los negocios	business
el periodismo	journalism
la redacción	writing, composition
Palabras adicionales	
la carrera	major
el (la) compañero(a) de clase	classmate
el examen (los exámenes)	test
la nota	grade
el semestre	semester
la tarea	homework
el trimestre	trimester, quarter

Estrategia

Listen to and repeat vocabulary

When studying vocabulary, take time to listen to and repeat the pronunciation of the words included on the audio recordings. It will help your pronunciation, which in turn will help you learn to spell the words properly. You may want to download the audio files onto your MP3 player or cell phone so they will be more accessible.

A practicar

2.19 **Escucha y responde** Listen to the statements about activities that can be done at the university. Raise your right hand if the activity typically occurs in the classroom; raise your left hand if it typically occurs in another part of the campus, such as the cafeteria, gym, or stadium.

2.20 **Relaciones** Match each course from the first column with a related topic from the second column.

1. _____ periodismo
2. _____ ciencias políticas
3. _____ química
4. _____ alemán
5. _____ veterinaria
6. _____ informática

a. los animales
b. la computadora
c. los eventos internacionales
d. los elementos
e. los verbos
f. los presidentes

2.21 **En la universidad** Look at the list and determine where on campus students would do each activity.

1. tomar una siesta
2. escuchar un concierto
3. comprar libros
4. mirar un partido *(match)* de fútbol
5. tomar café con unos amigos
6. estudiar en silencio
7. usar un microscopio
8. practicar deportes

2.22 **Opiniones** With a classmate, take turns completing the sentences with a word from the vocabulary list and finishing the sentences logically.

1. Me gusta *(I like)* la clase de _____ porque *(because)* es...
2. No me gusta mucho la clase de _____ porque es...
3. El profesor/La profesora de la clase de _____ es...
4. Los exámenes en la clase de _____ son...
5. El libro para la clase de _____ es...
6. La tarea de la clase de _____ es...

2.23 **En la Universidad** Work with a partner and help each other to complete the crossword by explaining the words without saying them. One of you will look at the puzzle on this page with the horizontal words across, and your partner will look at the puzzle in Appendix B with vertical words.

Modelo Estudiante 1: Vertical 1: *Es un lugar en la universidad. Compro libros aquí (here).*
Estudiante 2: *Es la librería.*
Estudiante 2: Horizontal 5: *Es una clase. Estudio a Sócrates.*
Estudiante 1: *Es filosofía.*

INVESTIGUEMOS LA GRAMÁTICA

In order to talk about a specific class or a specific instructor, you can use the expressions **La clase de...** or **El profesor de...**
El profesor de historia es inteligente.
The history instructor is intelligent.

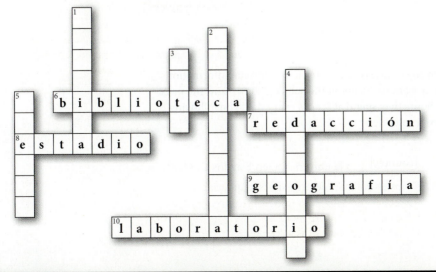

Piensa en el tema

Have you ever worn a uniform? Do you like them?

Las uniformes

In Spanish-speaking countries, elementary and secondary students in public schools commonly wear uniforms to school. While some private schools also mandate uniforms, they are usually optional.

Niñas cubanas en sus uniformes

👥 Hablemos del tema

1. What are the advantages and disadvantages of wearing a uniform?
2. Is it common for students to wear uniforms to school in the United States? Why?

Comunidad

Ask a student who grew up in a Spanish-speaking country for additional information about their school system. You may want to ask about the subjects they study, the price of textbooks, and the number of hours they spend at school every day. The following are some possible questions for your interview:

¿De dónde eres?

¿Es similar la universidad en ____[country]____ a la universidad en Estados Unidos?

¿Cuántas horas están en la escuela los estudiantes de primaria/secundaria?

Piensa en el tema

¿Cómo es el campus de tu universidad? ¿Es bonito?

La Universidad Nacional Autónoma de México

One of the largest universities in the world is the Universidad Nacional Autónoma de México (UNAM). The university is so large that the applicants used to take their admission exam in a sports stadium. Currently the exam is administered in many different places. UNAM is considered one of the best universities in the world and is free for Mexican citizens.

The Central University City Campus of UNAM is one of three universities in the world that was designated as a World Heritage site by UNESCO in 2007. It was designed by over 60 architects, engineers, and artists, and is an exceptional display of twentieth-century modernism. The campus has numerous impressive works of art and is known especially for its murals and mosaics.

Sources: Times Higher Education; UNESCO; www.topuniversities.com

> **INVESTIGUEMOS LA CULTURA**
>
> A World Heritage site is a landmark that has been recognized by the United Nations as being important to humanity because of its cultural, historical, or scientific significance. They are legally protected by international treaties.

bmszealand/Shutterstock.com

👥 Hablemos del tema

1. ¿Hay arte en tu universidad? ¿Dónde?
2. ¿Cuáles de los siguientes tipos de arte hay en tu campus?

   estatuas   murales   mosaicos   pinturas
3. ¿Cuántos estudiantes asisten *(attend)* a tu universidad?

Exploraciones gramaticales

A analizar

Paula and Santiago are talking about their classes. After watching the video, read Paula's comments, paying particular attention to the forms of the verb **tener** in bold. Then answer the questions below.

> **Tengo** dos clases de psicología este semestre y son muy difíciles. **Tengo** que estudiar mucho. Nosotros **tenemos** mucha tarea y hay varios estudiantes que **tienen** miedo de recibir una mala nota. ¿**Tienes** tú una clase difícil este semestre?

1. What does the verb **tener** mean?
2. Using the examples in the paragraph and what you know about verb conjugation, complete the chart with the forms of the verb **tener.**

   yo _____   nosotros, nosotras _____

   tú _____   vosotros, vosotras **tenéis**

   él, ella, usted _____   ellos, ellas, ustedes _____

3. Using context clues to help you, what does the expression **tener miedo** mean?

   a. to have to   **b.** to need   **c.** to be afraid

A comprobar

The verb **tener**

tener *(to have)*			
yo	**tengo**	nosotros(as)	**tenemos**
tú	**tienes**	vosotros(as)	**tenéis**
él, ella, usted	**tiene**	ellos, ellas, ustedes	**tienen**

*Notice that the original vowel **e** changes to **ie** in some of the forms. This is what is known as a stem-changing verb. You will learn more about stem-changing verbs in **Capítulo 3.**

1. There are a number of expressions in which the verb **tener** is used where *to be* would be used in English. The following are expressions with the verb **tener:**

tener… años	*to be . . . years old*
tener (mucho) calor	*to be (very) hot*
tener (mucho) cuidado	*to be (very) careful*
tener (mucho) éxito	*to be (very) successful*

tener (mucho) frío	*to be (very) cold*
tener ganas de + infinitive	*to feel like doing something*
tener (mucha) hambre	*to be (very) hungry*
tener (mucho) miedo	*to be (very) afraid*
tener (mucha) prisa	*to be in a (big) hurry*
tener que + infinitive	*to have to do something*
tener (mucha) razón	*to be right*
tener (mucha) sed	*to be (very) thirsty*
tener (mucho) sueño	*to be (very) sleepy*
tener (mucha) suerte	*to be (very) lucky*

2. Unlike adjectives, noun expressions do not change in gender and number.

   Mis hermanos tienen frío.
   My brothers are cold.

   Mi hermana tiene sueño.
   My sister is sleepy.

A practicar

2.24 **¿Qué tienen?** Match the sentences to the appropriate picture.

a.

b.

c.

d.

e.

f.

1. _____ Tenemos hambre.
2. _____ Tienen miedo.
3. _____ Tengo 5 años.

4. _____ Tiene sed.
5. _____ ¿Tienes sueño?
6. _____ Tiene prisa.

2.25 **¿Tienes ganas?** Read the list of activities that Carla will do this week and indicate whether each one is something she feels like doing (**tiene ganas de**) or has to do (**tiene que**).

1. estudiar para el examen de español
2. hablar con unos amigos en el centro estudiantil
3. trabajar por 18 horas
4. comprar los libros para sus clases en la librería
5. viajar a España
6. limpiar la casa
7. bailar en el club
8. mirar la tele con un amigo

2.26 **¿Cuántos años tienes?** Complete the paragraph with the correct forms of the verb **tener**.

Yo soy estudiante en la Universidad de Salamanca y (**1.**) _____ 20 años. Mis amigos Sara y Fernando (**2.**) _____ 19 años. Sara y yo (**3.**) _____ nuestros cumpleaños *(birthday)* en noviembre. Fernando (**4.**) _____ su cumpleaños en diciembre. ¿Y tú? ¿Cuántos años (**5.**) _____?

2.27 **¿Cuántos años tiene?** Ask your partner how old the following people are. If you are not sure, guess and use the expression **probablemente.**

Modelo tu profesor de inglés
   Estudiante 1: *¿Cuántos años tiene tu profesor de inglés?*
   Estudiante 2: *Mi profesor (probablemente) tiene 35 años.*

1. tú
2. tu mejor amigo
3. tu profesor de la clase de español
4. el presidente de los Estados Unidos
5. tu actor favorito (¿Cómo se llama?)
6. tu actriz favorita (¿Cómo se llama?)

2.28 **¿Qué tienen?** Describe the scenes using expressions with **tener.**

Modelo Ronaldo
   Ronaldo tiene razón.

1. Lola y yo

2. Marcia

3. yo

4. Isabel y Mar

5. tú

6. Rosario

2.29 **Entrevista** Interview a classmate using the questions below.

En la casa

1. ¿Tienes mucho sueño en la noche?
2. ¿Tienes ganas de invitar a amigos a tu casa?
3. ¿Quién tiene que cocinar?

En la universidad

4. ¿En qué clase tienes éxito en los exámenes?
5. ¿Tienes miedo de un profesor? ¿Cómo se llama?
6. ¿Para qué clases tienes que estudiar mucho?

Exploraciones gramaticales

A analizar ▶

Watch the video again in which Paula and Santiago talk about their classes, and then read part of their conversation and identify the adjectives. Then, answer the questions below.

Paula: Tengo dos clases de psicología este semestre y son muy difíciles. Tengo que estudiar mucho. Nosotros tenemos mucha tarea y hay varios estudiantes que tienen miedo de recibir una mala nota. ¿Tienes tú una clase difícil este semestre?

Santiago: Para mí, historia es una clase interesante pero muy difícil. ¡Tenemos exámenes muy largos! Afortunadamente tengo un buen profesor con mucha experiencia. Además es un hombre simpático e inteligente.

1. List all the adjectives you identified.

_____ _____ _____ _____

_____ _____ _____ _____

_____ _____ _____ _____

2. Where are the adjectives placed in relation to the nouns they describe? What are the exceptions?

A comprobar

Adjective placement

1. In Spanish, adjectives are generally placed *after* the nouns they describe.

> El cálculo es una clase **difícil**.
> *Calculus is a **difficult** class.*

> La señora Muñoz es una profesora **interesante**.
> *Mrs. Muñoz is an **interesting** professor.*

2. However, adjectives such as **mucho** (*a lot*), **poco** (*few*), and **varios** (*several*) that indicate quantity or amount are placed in front of the object.

> **Muchos** estudiantes estudian francés.
> ***Many** students study French.*

> Tengo **varios** libros para esta clase.
> *I have **several** books for this class.*

> Hay **pocos** estudiantes en clase hoy.
> *There are **few** students in class today.*

Note that **muy** is an adverb; therefore, it is not used with nouns.

3. **Bueno** and **malo** are likewise generally placed in front of the noun they describe. They drop the **o** when used in front of a masculine singular noun.

> Él es un **buen** estudiante.   Ellos son **buenos** estudiantes.
> *He is a **good** student.*   *They are **good** students.*

> Es una **mala** clase.   Son **malas** clases.
> *It's a **bad** class.*   *They are **bad** classes.*

4. When using more than one adjective to describe an object, use commas between adjectives and **y** (*and*) before the last adjective.

> Tengo un cuaderno pequeño **y** rojo.
> *I have a small, red notebook.*

> El profesor es un hombre honesto, serio **e** inteligente.
> *The professor is an honest, serious, **and** intelligent man.*

A practicar

2.30 **Mi clase de español** Listen to the statements about your Spanish class and indicate whether they are true (**cierto**) or false (**falso**).

2-4

Modelo *(you hear)* La clase de español tiene estudiantes simpáticos.
Cierto

2.31 **¿Cómo son?** Complete the sentences with a logical adjective from the list on the right.

Modelo Eva Longoria es una actriz... talentosa.
Eva Longoria es una actriz talentosa.

1. Javier Baez es un hombre...

2. Santana es un grupo...

3. Sofía Vergara es una mujer...

4. "Bésame mucho" es una canción *(song)*...

5. *Don Quijote de la Mancha* es un libro...

6. Buenos Aires es una ciudad...

7. Puerto Rico es una isla...

8. Manu Ginobili y Rudy Fernández son basquetbolistas...

a. largo.

b. atlético.

c. guapa.

d. musical.

e. argentina.

f. mexicana.

g. altos.

h. pequeña.

2.32 **Mis clases** With a classmate, complete each of the following sentences with the name of a class and an appropriate adjective.

> **¿RECUERDAS?**
>
> Remember that adjectives must agree in both number (singular and plural) and gender (masculine and feminine) with the object they describe.

Modelo En la clase de _____ hay un profesor _____.
En la clase de historia hay un profesor inteligente.

1. El profesor de _____ es un hombre _____.

2. La profesora de _____ es una mujer _____.

3. En la clase de _____ tenemos un libro _____.

4. En la clase de _____ hay unos estudiantes _____.

5. En la clase de _____ tenemos exámenes _____.

6. _____ es una clase _____.

7. En la clase de _____ tenemos tarea _____.

8. En la clase de _____ hay un estudiante _____.

2.33 **En busca de...** Circulate throughout the classroom and find eight different students to whom one of the following statements applies. Remember to ask for the names of your classmates because you will report the information to the class.

Modelo Tiene un libro nuevo
Estudiante 1: *¿Tienes un libro nuevo?*
Estudiante 2: *Sí, tengo un libro nuevo.*

1. Tiene una clase difícil.

2. Tiene mucha tarea este semestre.

3. Tiene un profesor rubio.

4. Tiene una computadora nueva.

5. Tiene pocos libros en la mochila hoy *(today)*.

6. Siempre *(Always)* tiene notas excelentes.

7. Tiene un muy buen profesor este semestre.

8. Tiene un compañero de clase muy inteligente.

2.34 **¿Cierto o falso?** Complete the statement below to form four true / false statements that describe the people and objects in the classroom. Then read your statements to your partner, who will tell you whether they are true (**cierto**) or false (**falso**). ¡OJO! Pay attention to the position of the adjective.

En la clase hay...

Modelo Estudiante 1: *En la clase hay un estudiante calvo.*
Estudiante 2: *Falso.*

2.35 **Hablemos de las clases** Interview a classmate with the following questions.

1. ¿Tienes muchas clases hoy *(today)*? ¿Qué clases tienes?
2. ¿Tienes un profesor muy simpático este semestre? ¿Cómo se llama?
3. ¿Tienes una clase con pocos estudiantes? ¿Cuántos estudiantes hay?
4. ¿Tienes una clase favorita? ¿Qué clase es?
5. ¿En qué clase tienes exámenes muy largos?
6. ¿En qué clase tienes tarea difícil?

2.36 **¿Tienes...?** Use different adjectives to talk about the following items with a partner. Possible adjectives: **inteligente, simpático, viejo, nuevo, grande, pequeño, difícil, fácil, interesante, aburrido, largo, corto.**

Modelo una computadora
Estudiante 1: *¿Tienes una computadora?*
Estudiante 2: *Sí, tengo una computadora nueva.*
Estudiante 1: *Yo tengo una computadora vieja. / Yo también tengo una computadora nueva.*

1. una casa / un apartamento
2. un auto
3. clases

4. profesores
5. una familia
6. un amigo

Lectura

Reading Strategy: Predicting

In addition to looking at the title and images to predict the content you might see in a text, look at the comprehension questions prior to reading. Predicting the content of a reading can help you determine what vocabulary might be in the article. What type of vocabulary would you expect to see in this reading?

Antes de leer

1. The title of this article is **"Otros sistemas universitarios."** Use your knowledge of cognates to deduce what it means, and then mention three ideas that you would expect to find in a text with this title.

2. Work with a partner to ask and answer the following questions.
   a. ¿Cuántas clases tienes este semestre?
   b. ¿Qué clases tomas?

A leer

Otros sistemas universitarios

world — Las universidades en diferentes partes del **mundo** usan diversos sistemas de educación. En muchas universidades de España y Latinoamérica los estudiantes no necesitan obtener un cierto número de créditos para graduarse. **En vez de** usar créditos tienen un "plan de estudios", que es una lista de las clases que los estudiantes tienen que tomar **cada** semestre. **A veces** las universidades combinan el plan de estudios con el sistema de créditos, especialmente para ayudar a los estudiantes internacionales.

Instead of

each

sometimes

La Universidad de Valencia, en España

Dominic Dähncke/Moment/Getty Images

> [en muchas universidades no hay clases de educación general]

En muchas universidades no hay clases de educación general. Un estudiante de literatura tiene diferentes clases de literatura y otras materias relacionadas, pero no necesita estudiar matemáticas ni ciencias si no son parte de su plan de estudios. En consecuencia, cuando un estudiante inicia **la licenciatura,** tiene que *bachelor's degree* especializarse inmediatamente en su área y toma casi todas sus clases en una sola **facultad.** Cuando un estudiante **termina** la licenciatura, puede usar el título *department / finishes* de licenciado.

En muchas partes del mundo la educación universitaria es un **derecho** y *right* es prácticamente **gratuita.** Argentina, Chile, Cuba, Ecuador, México, Uruguay y *free* Venezuela son los países hispanoamericanos donde la educación superior es gratuita en las instituciones públicas. Sin embargo, un estudiante **puede** asistir *can* a una universidad privada si lo prefiere y si tiene suficiente dinero.

Comprensión

Indicate whether the statements are true (**cierto**) or false (**falso**). Correct the false statements.

1. En muchas universidades hispanas no existen los créditos.
2. La lista de clases que los estudiantes necesitan tomar se llama "el plan de estudios".
3. Los estudiantes en Latinoamérica y España necesitan tomar clases de educación general.
4. Normalmente los estudiantes tienen clases en diferentes facultades.
5. Las universidades privadas son gratuitas.

Después de leer

1. In groups of two or three students, discuss the following questions in English.
   - How does the education system in Latin America compare to that of the United States?
   - What are the pros and cons of each system?
2. In the same groups, discuss the following questions in Spanish.
   - ¿Cuál es tu carrera?
   - ¿Qué clases deben *(should)* ser parte de tu plan de estudios?

La Universidad de Guanajuato en México

Redacción

Your instructor has assigned you a pen pal from a Spanish-speaking country. Follow the steps to write an email to your new pen pal.

Paso 1 Jot down a list of the members of your family.

Paso 2 Choose two family members. Beside each name write down his or her age and two adjectives that describe the person. Be sure to use different adjectives for each person so your paragraph will not be repetitive.

Paso 3 Jot down a list of the classes you are taking.

Paso 4 Choose one of the classes in the list and write an adjective to describe it (**fácil, difícil, aburrido, interesante,** etc.). Then jot down a series of phrases about it, including the following: how many students are in the class and what they are like, and who the professor is and what he or she is like.

Paso 5 Start your email with **Hola** or **¿Qué tal?** and introduce yourself. Write something about yourself, such as where you are from, your age, or what you are like.

Paso 6 State whether you have a large or small family. Then identify each of the members of your family are and give details about two of them using the ideas you generated in **Paso 2.**

Paso 7 Begin a second paragraph telling your friend that you are a student and where you are studying.

Paso 8 Tell your friend what classes you have this semester. Then introduce the class you brainstormed ideas for in **Paso 4,** giving your opinion of the class.

Paso 9 Using the information you generated in **Paso 4,** describe the class.

Paso 10 Finish the letter with **Hasta pronto** or **Tu amigo(a).**

Paso 11 Edit your letter:

1. Are there any sentences that are irrelevant to the topic? If so, get rid of them.
2. Are there any spelling errors?
3. Do adjectives agree with the person or object they describe?
4. Do verbs agree with the person doing the action?
5. Are there any sentences you can join using **y** or **pero?**

Entrando en materia

How many classes does a full-time student in the United States usually take?

Un plan de estudios

Look at the plan of study for a technical program from a school in Colombia.

Programas técnicos: Auxiliar de oficina

Plan de estudios

Semestre 1: Recepción de Información (336 horas, 7 créditos)
1. Desarrollo de habilidades comunicativas.
2. Utilización de los equipos de oficina.
3. Digitación de textos.
4. Manipulación y aplicación de herramientas informáticas I.
5. Formación Humana: Conciencia e identidad del ser integral.

Semestre 2: Procesamiento y disposición de la información (336 horas, 7 créditos)
1. Aplicación de técnicas de archivo.
2. Aplicación de las técnicas de correspondencia comercial.
3. Manipulación y aplicación de herramientas informáticas II.
4. Manejo de bases de datos en Access.
5. Construcción de valores para la vida, el liderazgo y la autonomía.

Semestre 3: Manejo de la información (288 horas, 6 créditos)
1. Aplicación de técnicas comerciales de oficina.
2. Servicio al cliente.
3. Etiqueta y protocolo empresarial.
4. El emprendedor y la empresa.

Semestre 4: Formación y práctica laboral (672 horas, 14 créditos)
1. Proyecto empresarial.
2. Práctica laboral.

Intensidad horaria semanal:
Estudia entre 14 y 16 horas semanales de clase presencial[1].

[1]contact hours

Comprensión

1. ¿Qué programa es?
2. ¿Cuántas clases hay en el primer *(first)* semestre? ¿y en el tercer *(third)* semestre?
3. ¿Cuántas horas de clases hay por semana?

Más allá

Choose another major or technical program and list classes you think would be appropriate for the first two semesters of study. Share what you wrote with a classmate.

StockLite/Shutterstock.com

2.37 **La Universidad de Puerto Rico** Complete the paragraph with the appropriate form of the verb or the possessive in parentheses.

(**1.**) _____ (mi) hermana Victoria y yo (**2.**) _____ (estudiar) en la Universidad de Puerto Rico. (**3.**) _____ (nuestro) clases son difíciles y nosotras (**4.**) _____ (tener) mucha tarea. Los profesores son muy amables y (**5.**) _____ (ayudar) mucho. Yo (**6.**) _____ (tener) tres clases: cálculo, biología e inglés. La clase de inglés es muy interesante, y yo (**7.**) _____ (hablar) bien. Victoria (**8.**) _____ (tener) cuatro clases: ella (**9.**) _____ (tomar) historia, filosofía, literatura y francés. (**10.**) _____ (su) clases favoritas son las de historia y de literatura.

2.38 **Así es mi familia** Add the adjectives in parentheses to the sentences. Be sure to put them in the proper place and in the proper form (masculine, feminine, singular, plural).

1. Tengo una familia. (interesante)
2. Tengo dos hermanas. (pequeño)
3. No tenemos mascotas. (mucho)
4. Tenemos un perro. (cariñoso)
5. Tenemos una gata. (perezoso)
6. Tengo parientes en la ciudad *(city)* donde vivo. (varios)

2.39 **¿Cómo son?** Using the descriptive adjectives in parentheses and the possessive adjectives (**mi, tu, su,** etc.), tell what the family members and pets of the people below are like. ¡**OJO!** Be sure to use the correct form of the possessive and descriptive adjectives.

Modelo Natalia tiene perros. (agresivo)   *Sus perros son agresivos.*
Mi hermano tiene una esposa. (rubio)   *Su esposa es rubia.*

1. Geraldo tiene una hermana. (simpático)
2. Mis abuelos tienen gatos. (cariñoso)
3. Nosotros tenemos un caballo. (viejo)
4. Tú tienes primos. (cómico)
5. Yo tengo una sobrina. (bonito)
6. Rufina tiene hijos. (grande)

Mi caballo es bonito.

2.40 En familia In groups of three, each student chooses a different photo to describe to the rest of the group. Imagine the following about the people in the photo: their names, what their relationship is, how old they are, what they are like, and what they are doing.

Photos To Go

2.41 Datos personales Working with a partner, look at the chart below while your partner looks at the chart in Appendix B. Take turns asking questions to fill in the missing information.

Modelo *¿Cuántos años tiene Diego?*   *Diego tiene veinte años.*
¿Qué parientes hay en la familia de Diego?   *Diego tiene dos hermanos.*
¿Qué clase tiene Diego?   *Diego tiene informática.*

Nombre	Edad	Familia	Clase
Diego	20	dos hermanos	informática
Alonso	18		química
Magdalena	22	un padrastro	
Cristina			historia
Pablo		dos hijos	arte
Gabriel		una hermana	
Rufina	41		

2.42 Buscando un amigo You are looking to find some new friends to do things with.

Paso 1 Circle five or six activities below that you like to do.

bailar en un club	**escuchar un concierto**	**nadar**
caminar en el parque	**esquiar**	**practicar deportes**
cantar karaoke	**hablar por teléfono**	**tomar café**
cocinar	**manejar una motocicleta**	**tomar fotos**
comprar ropa *(clothing)*	**mirar la tele**	**viajar**

Paso 2 Interview your partner to find out whether he/she does the activities that you have circled.

Paso 3 Decide whether you and your partner are compatible and would be good friends. Share your decision with the class.

CAPÍTULO 2

🔊 Vocabulario 1

2-5

La familia

el (la) abuelo(a)	*grandfather / grandmother*	el (la) nieto(a)	*grandson / granddaughter*
el (la) esposo(a)	*spouse*	el padrastro	*stepfather*
el (la) hermanastro(a)	*stepbrother / stepsister*	el padre (papá)	*father*
el (la) hermano(a)	*brother / sister*	la pareja	*couple; partner*
el (la) hijo(a)	*son / daughter*	el (la) pariente	*relative*
la madrastra	*stepmother*	el (la) primo(a)	*cousin*
la madre (mamá)	*mother*	el (la) sobrino(a)	*nephew / niece*
el (la) medio(a) hermano(a)	*half brother / half sister*	el (la) suegro(a)	*father-in-law / mother-in-law*
		el (la) tío(a)	*uncle / aunt*

Las mascotas

el caballo	*horse*	el (la) perro(a)	*dog*
el (la) gato(a)	*cat*	el pez	*fish*
el pájaro	*bird*	el ratón	*mouse*

Los verbos

ayudar	*to help*	mandar (un mensaje)	*to send (a message)*
bailar	*to dance*	manejar	*to drive*
buscar	*to look for*	mirar (la tele)	*to look, to watch (TV)*
caminar	*to walk*	nadar	*to swim*
cantar	*to sing*	necesitar	*to need*
cocinar	*to cook*	practicar (deportes)	*to practice; to play (sports)*
comprar	*to buy*	preguntar	*to ask*
desear	*to wish*	regresar	*to return*
enseñar	*to teach*	tomar (café)	*to take; to drink (coffee)*
escuchar	*to listen*	trabajar	*to work*
esquiar	*to ski*	usar	*to use*
estudiar	*to study*	viajar (a)	*to travel (a)*
hablar (por teléfono)	*to talk (on the phone)*		
limpiar	*to clean*		
llamar	*to call*		
llegar (a)	*to arrive (at)*		

Palabras adicionales

el (la) (mejor) amigo(a)	*(best) friend*	la mascota	*pet*
la casa	*house*	el (la) novio(a)	*boyfriend / girlfriend*
¿Cómo se llama...?	*What is the name of . . . ?*		

🔊 Vocabulario 2

2-6

Las materias académicas

el alemán	*German*		la geometría	*geometry*
el álgebra	*algebra*		la historia	*history*
el arte	*art*		las humanidades	*humanities*
la biología	*biology*		la informática	*computer science*
el cálculo	*calculus*		la ingeniería	*engineering*
las ciencias naturales	*natural science*		el inglés	*English*
las ciencias políticas	*political science*		las lenguas	*languages*
las ciencias sociales	*social science*		la literatura	*literature*
la criminología	*criminology*		las matemáticas	*mathematics*
la economía	*economy*		la música	*music*
la educación física	*physical education*		los negocios	*business*
el español	*Spanish*		el periodismo	*journalism*
la expresión oral	*speech*		la psicología	*psychology*
la filosofía	*philosophy*		la química	*chemistry*
la física	*physics*		la redacción	*writing, composition*
el francés	*French*		el teatro	*theater*
la geografía	*geography*		la veterinaria	*veterinary medicine*

Los lugares en la universidad

el auditorio	*auditorium*		el gimnasio	*gymnasium*
la biblioteca	*library*		el laboratorio	*laboratory*
la cafetería	*cafeteria*		la librería	*bookstore*
el centro estudiantil	*student center*		la residencia estudiantil	*residence hall*
el estadio	*stadium*			

Expresiones con *tener*

tener... años	*to be . . . years old*		tener (mucho) miedo	*to be (very) afraid*
tener (mucho) calor	*to be (very) hot*			
tener (mucho) cuidado	*to be (very) careful*		tener (mucha) prisa	*to be in a (big) hurry*
tener (mucho) éxito	*to be (very) successful*		tener que + infinitive	*to have to do something*
tener (mucho) frío	*to be (very) cold*		tener (mucha) razón	*to be right*
tener ganas de + infinitive	*to feel like doing something*		tener (mucha) sed	*to be (very) thirsty*
			tener (mucho) sueño	*to be (very) sleepy*
tener (mucha) hambre	*to be (very) hungry*		tener (mucha) suerte	*to be (very) lucky*

Palabras adicionales

la carrera	*major*		la nota	*grade*
el (la) compañero(a) de clase	*classmate*		poco	*few*
			el semestre	*semester*
el examen (los exámenes)	*exam test(s)*		la tarea	*homework*
			el trimestre	*trimester, quarter*
mucho	*a lot*		varios	*several*

PACO TORRENTE/AFP/Newscom

Gloria Fuertes
Nota biográfica

Gloria Fuertes (1917–1998) was a Spanish writer born in Madrid. She wrote her first poem at the age of 14 and published her first poems in 1935. She continued writing during the Spanish Civil War (1936–1939) while working as an accountant and a secretary. The civil war had a profound effect on her as she struggled to understand how modern civilizations could go to war over things of little importance and with no concern for the children destroyed by it. As a result, a large percentage of her works were written for children.

Antes de leer

1. What do you know about Somalia?
2. What would you expect a poet to write about children in Somalia?

Niños de Somalia

eat   Yo **como**

Tú comes

Él come

Nosotros comemos

Vosotros coméis

¡Ellos no!

Source: Gloria Fuertes, "Niños de Somalia." Used with permission from *Herederas de Gloria Fuertes*.

Kvini/Shutterstock.com

Después de leer

A. Comprensión

1. According to the poem, who eats? Who does not?
2. What do you think is the message of the poem?

B. Conversemos

1. The poem is very simple but has a strong message. Why do you think that Gloria Fuertes chose to write the poem so simply?
2. Do you enjoy reading poetry? Why?

Investiguemos la literatura: Interpretación

It is important to realize that there are often multiple interpretations of a literary piece. Each reader brings his or her own experiences to the reading, and these experiences influence his or her interpretation. So don't be afraid to express your ideas. Look for ways to support them with a part or parts of the text.

Learning Strategy

Understand before moving on

Learning a foreign language is like learning math: you will continue to use what you have already learned and will build upon that knowledge. Therefore, if you find you don't understand something, be sure to seek help right away. It is also a good idea to see a tutor for extra practice. For help with grammar topics, you can also watch the tutorials online.

After completing the chapter you will be able to:

- Talk about the weather and seasons
- Discuss clothing
- Express likes and dislikes
- Communicate dates and times
- Tell what you and others are going to do in the near future

Fernando Gonzalez / EyeEm / Getty Images

Mar de Plata, Argentina

¿Qué estación es? ¿Qué ropa llevas?

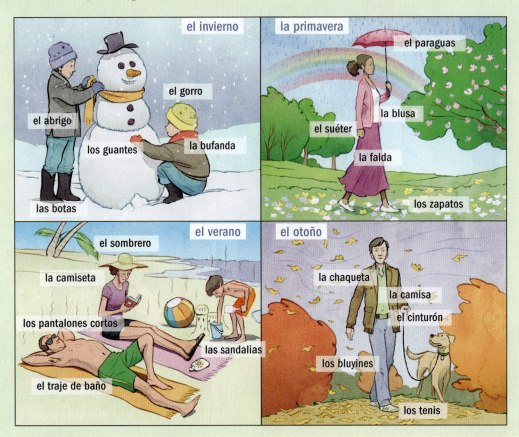

el invierno — el gorro — el abrigo — los guantes — la bufanda — las botas

la primavera — el paraguas — la blusa — el suéter — la falda — los zapatos

el verano — el sombrero — la camiseta — los pantalones cortos — las sandalias — el traje de baño

el otoño — la chaqueta — la camisa — el cinturón — los bluyines — los tenis

El tiempo

Hace (muy) buen tiempo.	*The weather is (very) nice.*
Hace (muy) mal tiempo.	*The weather is (very) bad.*
Hace (mucho) calor.	*It's (very) hot.*
Hace fresco.	*It is cool.*
Hace (mucho) frío.	*It's (very) cold.*
Hace (mucho) sol.	*It's (very) sunny.*
Hace (mucho) viento.	*It's (very) windy.*
Está nublado.	*It is cloudy.*
Está despejado.	*It is clear.*
Llueve.	*It's raining. / It rains.*
Nieva.	*It's snowing. / It snows.*

La ropa / Clothing

la bolsa	*handbag*

los calcetines	*socks*
la corbata	*tie*
el impermeable	*raincoat*
los lentes	*glasses*
los pantalones	*pants*
el (la) pijama	*pajamas*
el traje	*suit*
el vestido	*dress*

Verbos

llevar	*to wear; to carry; to take*
llevar puesto(a)	*to be wearing*
tomar el sol	*to sunbathe*

Palabras adicionales

cómodo(a)	*comfortable*

Los colores

amarillo(a)	*yellow*
anaranjado(a)	*orange*
azul	*blue*
blanco(a)	*white*
café	*brown*
gris	*gray*
morado(a)	*purple*
negro(a)	*black*
rojo(a)	*red*
rosado(a)	*pink*
verde	*green*

INVESTIGUEMOS EL VOCABULARIO

Many Latin Americans use the word **el clima** to refer to the weather.

The following are lexical variations for clothing items:

handbag	**el bolso** (Spain), **la cartera**	*tennis shoes*	**las zapatillas de deportes** (Spain), **los championes** (Paraguay, Uruguay)
jacket	**la chamarra** (Mexico)		
glasses	**las gafas** (Spain), **los anteojos**	*jeans*	**los pantalones de mezclilla** (Mexico), **los mahones** (Puerto Rico), **los vaqueros** (Spain)
socks	**las medias** (Central and South America)		
skirt	**la pollera** (Panama and South America)	*t-shirt*	**la bolera** (Bolivia, Chile), **la playera** (Mexico), **la remera** (Argentina, Paraguay, Uruguay)

A practicar

3.1 **Escucha y responde** You are going to hear a list of different articles of clothing. If you wear the clothing when it is hot, give a thumbs up. If not, give a thumbs down.

3-1

3.2 **¿Qué tiempo hace?** Which season do you associate with each of the weather conditions?

1. Hace viento.
2. Nieva.
3. Hace mucho calor.
4. Está despejado.
5. Hace fresco.
6. Llueve.
7. Hace mucho sol.
8. Hace mucho frío.

3.3 **Identificaciones** Find a classmate who is wearing one of the articles of clothing in the list. For number 10, choose another item of clothing. Then, report to the class who is wearing what.

1. unos calcetines blancos
2. una chaqueta
3. un suéter
4. unas botas
5. una camiseta
6. una falda
7. unos pantalones negros
8. un vestido
9. unos tenis
10. ¿?

INVESTIGUEMOS LA GRAMÁTICA

Notice that the indefinite article is used when talking about what you are wearing, not the definite article. Articles can be omitted altogether if the clothing item is plural.
Llevo pantalones y una camisa.

INVESTIGUEMOS LA MÚSICA

El Grupo Niche is a Colombian salsa band. Listen to their song "Gotas de lluvia" and write down any vocabulary words you hear.

3.4 **De vacaciones** With a partner, take turns asking about the weather in the following destinations and the clothing that you need.

Modelo Cancún / julio
Estudiante 1: *¿Qué tiempo hace en Cancún en julio?*
Estudiante 2: *Hace mucho calor y está despejado.*
Estudiante 1: *¿Qué ropa necesitas?*
Estudiante 2: *Necesito pantalones cortos, sandalias y un traje de baño.*

1. Buenos Aires / diciembre
2. Anchorage / abril
3. Miami / agosto
4. Londres / junio
5. La Habana / septiembre
6. Chicago / marzo

3.5 **Los regalos** A friend sent a care package for the rest of your friends but forgot to label who the items were for, so you and a classmate need to clarify. One of you will look at the drawing on this page, and the other at the drawing in Appendix B.

Modelo Estudiante 1: *¿Para quién (For whom) son los calcetines rojos?*
Estudiante 2: *Los calcetines rojos son para Emilia.*

Irma José Lola Ricardo Sara

Piensa en el tema

What colors do you associate with spring? What other items do you associate with this season?

De colores

Read the first verse of "De colores", a popular song that is well known in most Spanish-speaking countries.

> De colores, de colores se visten los **campos**[1] en la primavera
> De colores, de colores son los pajaritos que **vienen de afuera**[2]
> De colores, de colores es el **arco iris**[3] que vemos **lucir**[4]
>
> Y por eso los grandes amores de muchos colores me gustan a mí
> Y por eso los grandes amores de muchos colores me gustan a mí.

[1]*fields*   [2]*come from afar*   [3]*rainbow*   [4]*to shine*

sunsinger/Shutterstock.com

👥 Hablemos del tema

1. In your opinion, which of the following words best describe the song? Why?

   triste *(sad)*   alegre *(happy)*   nostálgica   rítmica   rápida   lenta *(slow)*

2. Go back to your list of associations for spring. Did any of the words appear in the song? If so, what words?

Piensa en el tema

¿Qué ropa usas para ir a la universidad?

La ropa

Clothing in different regions of the Spanish-speaking world varies widely depending on a number of factors, such as age, socioeconomic status, community size, and rural versus urban locations. The photographs below show two groups of college students in different situations. Study the photos and answer the questions that follow.

¿Dónde están los estudiantes?

Elige tres estudiantes en cada *(each)* foto. ¿Qué ropa llevan puesta y de qué color es?

¿Por qué la ropa de los estudiantes es diferente en las dos fotos?

Courtesy of Fernando Casas, ITESO

Pressmaster/Shutterstock.com

👥 Hablemos del tema

1. ¿Es similar tu ropa a la ropa que llevan los estudiantes en las fotos? Describe las similitudes *(similarities)* y diferencias.
2. ¿Tu ropa es diferente cuando *(when)* estás en una fiesta? ¿Cuáles son las diferencias?

A analizar

Nicolás is going to introduce himself and talk about his likes and dislikes. Watch the video, then read his introduction, paying particular attention to the verb **gustar,** and answer the questions that follow.

Me gusta la universidad y también **me gustan** las clases... son muy interesantes y mis profesores son buenos. ¡Pero no **me gusta** el frío en el invierno! ¡Tampoco **me gusta** caminar en la nieve ni llevar abrigo, gorro, guantes, bufanda, botas... ¡uy! **Me gustan** más el sol y el calor de Puerto Rico.

1. The verb **gustar** is used to express likes and dislikes. What do you think **me gusta** means?

2. Notice that **gusta** and **gustan** are both used. Now find the words that follow **gustan** each time it is used. How are these words different from the ones that follow **gusta**?

A comprobar

The verb **gustar**

1. The Spanish equivalent of *I like* is **me gusta,** which literally means *it pleases me.* The expression **me gusta** is followed by singular nouns.

> **Me gusta** *tu vestido.*
> **I like** *your dress. (Your dress **pleases me.**)*

> **Me gusta** *el verano.*
> **I like** *summer. (Summer **pleases me.**)*

2. When followed by a plural noun or multiple nouns, it is necessary to use **gustan.**

> **Me gustan** los zapatos negros.
> *I like black shoes. (Black shoes **please me.**)*

> **Me gustan** el otoño y la primavera.
> *I like spring and fall. (Spring and fall **please me**).*

3. When followed by a verb or a series of verbs, the singular form **gusta** is always used.

> Me **gusta** nadar y esquiar. *I like to swim and ski.*
> No me **gusta** llevar lentes. *I don't like wearing glasses.*

4. **Gustar** can also be used to ask about or tell what other people like.

me gusta(n)	*I like*	nos gusta(n)	*we like*
te gusta(n)	*you like*	os gusta(n)	*you like (plural, Spain)*
le gusta(n)	*he/she likes*	les gusta(n)	*they, you (plural) like*

> **¿Te gustan** mis botas?
> *Do you like my boots?*

> **Nos gusta** el otoño.
> *We like fall.*

5. Contrary to English, when using **gustar** with a noun, you must use the definite article as well.

> Le gustan **los bluyines.**
> *He likes **blue jeans**.*

6. When clarifying who *he, she,* or *they* are, the personal **a** is used in front of the word(s) that identifies the person.

> **A** Mario le gustan los pantalones cómodos.
> *Mario likes comfortable pants.*

> **A** mi hermano le gusta el inverno.
> *My brother likes winter.*

7. To express different degrees, use the terms **mucho** *(a lot),* **un poco** *(a little),* and **para nada** *(not at all).*

> Me gusta **mucho** el color rojo.
> *I like the color red **a lot**.*

> A Alba le gustan **un poco** las sandalias.
> *Alba likes the sandals **a little bit**.*

> ¡No nos gusta el frío **para nada**!
> *We don't like the cold **at all**!*

> **INVESTIGUEMOS EL VOCABULARIO**
>
> When using **gusta** with people, it has a romantic implication. In **Capítulo 8** you will learn the expression **caer bien,** which is used to say that you like a person.
>
> **Me gusta Juan.**
> *I like Juan (as a romantic interest).*

A practicar

3.6 **Me gusta el verano** Renata loves everything about summer in her home country, Argentina, but doesn't like anything about winter. Listen to her statements and indicate whether they are logical or not.

🔊 3-2

3.7 **Combinaciones lógicas** Indicate which phrases in the second column best complete those in the first column.

1. En el restaurante me gustan...	**a.** la clase de inglés.
2. En el restaurante no me gusta...	**b.** los menús variados.
3. En la universidad me gusta...	**c.** ayudar a mis hijos con su tarea.
4. En la universidad no me gustan...	**d.** el servicio malo.
5. En casa me gusta...	**e.** los exámenes difíciles.
6. En casa no me gustan...	**f.** las tareas domésticas (chores).

3.8 **¿Qué te gusta?** Complete the following mini-dialogues with **me** or **te** and **gusta** or **gustan.**

1. Elena: Sonia, ¿ _____ _____ comprar zapatos?

Sonia: Sí, _____ _____ mucho comprar zapatos.

Elena: ¿ _____ _____ los tenis?

Sonia: No, _____ _____ más las sandalias.

2. Hugo: ¿ _____ _____ esquiar, Raúl?

Raúl: No, para nada. No _____ _____ el frío.

Hugo: ¿ _____ _____ practicar deportes en verano?

Raúl: Sí, _____ _____ el golf y el tenis.

3.9 **¿Te gusta... ?** Circulate throughout the classroom and talk with ten different students about their likes and dislikes. Be sure to use some of the following expressions: **mucho, un poco,** and **para nada.**

Modelo bailar
> Estudiante 1: *¿Te gusta bailar?*
> Estudiante 2: *Sí, me gusta (mucho) bailar.*
> *No, no me gusta bailar (para nada).*

1. el color azul

2. las clases de ciencias

3. llevar tenis

4. la música rock

5. los caballos

6. hablar por teléfono y mandar mensajes

7. los chocolates

8. las novelas románticas

9. el invierno

10. ¿?

¿Te gusta el invierno?

3.10 Nuestros gustos Look at the pictures below and, using the expression **le(s) gusta(n),** tell what Octavio and Olivia like and don't like.

Modelo *A Octavio no le gusta estudiar.*

1.

2.

3.

4.

5.

6.

3.11 En común Choose four of the following items that you like. Then circulate throughout the classroom and interview your classmates to find out if they like the same things. For each of the items you chose, find at least one other classmate who shares your opinion.

Modelo Estudiante 1: *¿Te gusta cantar?*
Estudiante 2: *Sí, me gusta (mucho) cantar. / No, no me gusta cantar.*

_____ los colores pastel   _____ la primavera

_____ esquiar   _____ los deportes de invierno

_____ la ropa de verano   _____ el fútbol y el béisbol

_____ los bluyines de marca *(name brand)*   _____ nadar y tomar el sol

_____ llevar pantalones cortos   _____ ¿?

3.12 La universidad You are going to find out what both you and your partner like about your school.

Paso 1 Write a list of four to five items of clothing that you like to wear and one to two colors you like.

Paso 2 With a partner, take turns asking if the other likes the items on the list and check the items that you both like.

Paso 3 Using **Nos gusta(n)...,** report to the class the items you have in common.

Modelo *Nos gustan los bluyines y las camisetas.*

A analizar

Now watch again as Nicolás introduces himself and talks about his likes and dislikes. Then read his introduction and this time pay attention to the forms of the verb **vivir** that he uses.

> Me llamo Nicolás y soy de Puerto Rico. Mi familia **vive** en San Juan, bueno, mis padres **viven** en San Juan con mi hermana, pero yo **vivo** en Nueva York con mis tíos porque estudio en la Universidad de Nueva York. Nosotros **vivimos** en un apartamento en el Bronx.

Vivir is an **-ir** verb. Use what you have learned about **-ar** verbs on page 45 and the examples in the paragraph above to complete the chart.

yo _____   nosotros(as) _____

tú _____   vosotros(as) vivís

él, ella, usted _____   ellos, ellas, ustedes _____

A comprobar

Regular -er and -ir verbs

1. In **Capítulo 2** you learned the forms of verbs whose infinitives end in **-ar.** The following are regular **-er** and **-ir** verbs:

Los verbos -er			
aprender (a + *infinitive*)	*to learn (to do something)*	creer	*to believe*
		deber (+ *infinitive*)	*should (do something)*
beber	*to drink*		
comer	*to eat*	leer	*to read*
comprender	*to understand*	vender	*to sell*
correr	*to run*		

Los verbos -ir			
abrir	*to open*	escribir	*to write*
asistir (a)	*to attend*	recibir (un regalo)	*to receive (a gift)*
decidir	*to decide*	vivir	*to live*

2. Regular **-er** and **-ir** verbs follow a pattern very similar to regular **-ar** verbs.

beber					
yo	**-o**	beb**o**	nosotros(as)	**-emos**	beb**emos**
tú	**-es**	beb**es**	vosotros(as)	**-éis**	beb**éis**
él, ella, usted	**-e**	beb**e**	ellos, ellas, ustedes	**-en**	beb**en**

escribir					
yo	**-o**	escrib**o**	nosotros(as)	**-imos**	escrib**imos**
tú	**-es**	escrib**es**	vosotros(as)	**-ís**	escrib**ís**
él, ella, usted	**-e**	escrib**e**	ellos, ellas, ustedes	**-en**	escrib**en**

Remember the following rules:

a. To form negative sentences, the word **no** is placed in front of the conjugated verb.

Los niños **no comprenden** inglés. *The children **don't understand** English.*

b. When using two verbs together, the second verb stays in the infinitive.

Debemos **estudiar** en la biblioteca. *We should **study** in the library.*

Los estudiantes aprenden a **hablar** español. *The students are learning **to speak** Spanish.*

c. To form simple questions, place the subject after the conjugated verb and add the question marks at the beginning and end of the question.

¿Vive Alfredo en Bogotá? *Does Alfredo live in Bogota?*

A practicar

3.13 **¿Qué tienen?** Choose the most logical verb to complete the sentence.

1. Cuando tengo hambre _____ un sándwich.

a. como   **b.** creo   **c.** corro

2. Vanesa y Nelson tienen prisa y _____ a clase.

a. comprenden   **b.** escriben   **c.** corren

3. Cuando tienen calor, mis padres _____ las ventanas.

a. deciden   **b.** asisten a   **c.** abren

4. Belinda y yo tenemos éxito en la clase de cálculo y _____ buenas notas.

a. vendemos   **b.** recibimos   **c.** aprendemos

5. Cuando Leopoldo tiene sed, _____ agua.
a. debe   **b.** come   **c.** bebe

3.14 **Mis amigos y yo** Complete the sentences with the forms of the verbs indicated.

1. **(leer)** Mi amigo Gustavo y yo **(a.)** _____ muchos libros. Yo **(b.)** _____ novelas de ciencia ficción y él **(c.)** _____ novelas de suspenso.

2. **(vender)** Mi amiga Patricia y yo trabajamos en una tienda *(store)* y nosotros **(a.)** _____ ropa para mujeres. Yo **(b.)** _____ vestidos y Patricia **(c.)** _____ zapatos.

3. **(abrir)** En clase la profesora **(a.)** _____ su libro. Los estudiantes **(b.)** _____ sus libros también. A Elena no le gusta estudiar y no desea **(c.)** _____ su libro.

3.15 **Un día en la vida de Antonio** With a partner, take turns describing Antonio's activities. Use the -**er** and -**ir** verbs from this lesson as well as other verbs you have learned.

3.16 **En busca de...** Find classmates who do the following activities. Be sure to find a different person for each activity.

Modelo comprender francés
Estudiante 1: *¿Comprendes (tú) francés?*
Estudiante 2: *Sí, (yo) comprendo francés. / No, (yo) no comprendo francés.*

1. leer novelas románticas
2. recibir buenas notas
3. correr en la mañana
4. beber mucho café

5. vivir en un apartamento
6. escribir muchos mensajes de texto
7. asistir a conciertos
8. comer en la cafetería

3.17 **¿Qué hacen?** Tell your partner about the things you and others do. Choose a subject from the first column and combine it with a verb from the second column. Be sure to add a phrase from the parentheses to complete your sentence. **¡OJO!** Pay attention to the form of the verb.

yo	deber (estudiar, escribir la tarea, leer el libro)
mis compañeros de clase	recibir (buenas notas, muchos mensajes)
mis amigos y yo	asistir a (clase de español, muchos conciertos, muchas fiestas)
mi mejor amigo	vivir en (una casa, un apartamento, el campus)
mi profesor de español	comprender (el español, las matemáticas, el inglés)
mi familia	comer (en restaurantes, en la cafetería, mucha pizza)

3.18 **Entrevista** Take turns asking and answering the following questions.

1. Normalmente, ¿asistes a clases en el verano?
2. ¿Comprendes al profesor de español?
3. ¿Lees mucho? ¿Lees novelas o revistas *(magazines)*?
4. ¿Dónde vives? ¿Vives con otra persona?
5. ¿Bebes mucho café?
6. ¿Recibes muchos mensajes? ¿De quién? *(From whom?)*
7. ¿Debes escribir muchas composiciones para *(for)* tus clases? ¿Para qué clases?
8. ¿Crees que *(that)* aprender español es fácil o difícil? ¿Por qué?

3.19 **¿Qué debe hacer?** With a partner, come up with recommendations for what the following people should do. Use the verb **deber** and one of the following verbs.

aprender	asistir	buscar	comer	correr	decidir
estudiar	hablar	practicar	ser	trabajar	viajar

Modelo Carla tiene problemas con su novio.
Ella debe hablar con su novio.

1. Julio y Claudia tienen malas notas en sus clases.
2. A Mónica no le gusta su ropa pero no tiene dinero para comprar ropa nueva.
3. Me gusta el frío pero vivo en Puerto Rico.
4. El señor Ortíz desea estar más sano *(healthy)*.
5. Pablo y yo no tenemos muchos amigos.
6. La señorita García desea ser doctora.

3.20 **Yo también** Using some of the verbs below, tell your partner what you do. Your partner will tell you if he or she does the same activities or not. Then report to the class the activities that you and your partner both do.

abrir	aprender	asistir	beber	comer	comprender
correr	deber	decidir	leer	recibir	vender

Modelo correr
Estudiante 1: *Yo corro en el gimnasio.*
Estudiante 2: *¡Yo también! / Yo no corro. No me gusta correr.*

Estrategia

Understand before moving on

Do you feel comfortable using **gustar** as well as **-er** and **-ir** verbs? If there is anything you're still not sure about, now is a good time to check in with your instructor for help. For more support, you can also view the tutorials for **gustar**, **-er** verbs, and **-ir** verbs in iLrn.

ArtmannWitte/Shutterstock.com

Entrando en tema

¿Te gusta ir de compras *(to go shopping)*? ¿Dónde prefieres comprar ropa? ¿Por qué?

De compras

🔊 You are going to hear a commercial. Listen carefully and answer the comprehension
3-3 questions.

Vocabulario útil

ahora mismo	*right now*	**el precio**	*price*
barato(a)	*cheap*	**¿Vienes conmigo?**	*Would you come with me?*
de moda	*fashionable*		

Comprensión

1. ¿De qué es el anuncio?
2. ¿Qué ropa lleva puesta la chica? ¿Le gusta esa *(that)* ropa a su amigo?
3. ¿Qué otros artículos de ropa compra la chica?
4. ¿Cuánto cuesta *(costs)* la blusa?

👫 Más allá

With a partner, write your own commercial for a store. Keep it simple! Just give the name of the store, a couple of reasons to buy there, and three or four examples of items they sell. When you are finished, be prepared to present your commercial to the class.

Dmitry Kalinovsky/Shutterstock.com

Lectura

Antes de leer

The people in the photos below are wearing traditional clothing. With a classmate, match the photos with the country where you think they are from (**Argentina, Perú,** or **Cuba**). Then answer the questions below based on your own experience.

Don Tremain/Photodisc/Getty Images

Kobby Dagan/Shutterstock.com

Joel Shawn/Shutterstock.com

1. ¿Qué factores consideras para relacionar las fotografías con los países?
2. ¿Hay ropa tradicional en el estado / la región donde vives? ¿Cómo es?

A leer

La ropa tradicional

show

En el mundo hispano hay una gran variedad de trajes tradicionales que **muestran** la cultura y las tradiciones de cada región, y también reflejan su historia y su clima. En muchas culturas es posible determinar de qué región o comunidad es una persona solamente por el traje y los colores que lleva, como es el caso de Guatemala.

> En muchas culturas es posible determinar de dónde es una persona solamente por el traje

Nevertheless

cities

Sin embargo, no todas las personas llevan sus trajes tradicionales todo el tiempo. En las **ciudades** las personas prefieren usar ropa moderna como camisas, faldas, vestidos y bluyines. Muchos indígenas que van a vivir a las ciudades prefieren

avoid

no usar su ropa tradicional para **evitar** la discriminación, pero a muchos guatemaltecos les gusta llevar puesta su ropa tradicional. Lo más notable de los trajes guatemalecos son los huipiles que llevan las mujeres. Los huipiles son blusas **tejidas** de muchos colores y están decoradas con diferentes **bordados**. Los trajes guatemaltecos son realmente una **obra** de arte.

woven

embroidered figures

work

Meunierd/Shutterstock.com

Otro ejemplo de ropa tradicional es el de las blusas de las mujeres kuna yala, en la costa de Panamá. Sus blusas se llaman molas y están decoradas con **motivos** geométricos del océano y de animales, pero las molas **están cambiando** y ahora muchos **diseños** reflejan la interacción con el mundo moderno.

motifs

are changing

designs

La ropa indígena refleja las **creencias** y los **valores** de una comunidad, y muchas veces el estado civil o social de una persona. Para muchos indígenas la ropa tradicional es una parte vital de su identidad y una conexión a sus **antepasados**. ¿Qué valores refleja tu ropa?

beliefs

values

GeorgePeters/DigitalVision Vectors/Getty Images

ancestors

Comprensión

1. ¿Qué refleja la ropa tradicional?
2. ¿Qué ropa prefieren llevar las personas en las ciudades?
3. ¿Cómo se llaman las blusas que llevan las guatemaltecas?
4. ¿Qué son las molas? ¿Quiénes usan las molas?

Después de leer

With a partner, describe a traditional outfit that reflects the climate, culture, and history of a region of your country. What would the men wear? And the women? What colors are the outfits? What do the colors represent?

¿Cuál es la fecha? ¿Qué día es hoy?

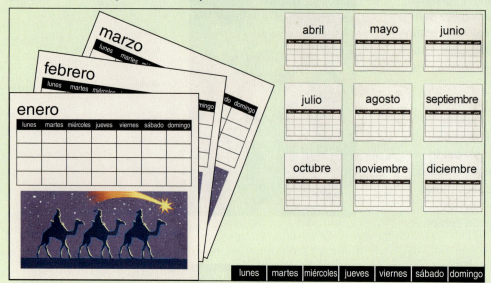

marzo
lunes | martes | mi...

febrero
lunes | martes | miércoles | ...

enero
lunes | martes | miércoles | jueves | viernes | sábado | domingo

abril	mayo	junio
julio	agosto	septiembre
octubre	noviembre	diciembre

| lunes | martes | miércoles | jueves | viernes | sábado | domingo |

Estrategia

Understand before moving on Be sure to seek help right away if you find you don't understand something, and take advantage of tutoring for extra practice.

Palabras adicionales

ahora	*now*	**la fecha**	*date*	**la medianoche**	*midnight*	**por la noche**	*in the evening*
el Año Nuevo	*New Year*	**el fin de semana**	*weekend*	**el mediodía**	*noon*	**por la tarde**	*in the afternoon*
el cumpleaños	*birthday*	**hoy**	*today*	**la Navidad**	*Christmas*	**terminar**	*to end*
el día feriado	*holiday*	**mañana**	*tomorrow*	**por la mañana**	*in the morning*	**todos los días**	*every day*

1. To ask someone the date, use the following expression:

   ¿Cuál es la fecha (de hoy)?   *What is the date (today)?*

2. To talk about dates in Spanish, use the phrase: es *[number]* de *[month]*. When referring to the first, use the word **primero** instead of **uno**.

   Es siete **de** julio.   *It is the seventh of July (July seventh).*

   Hoy es **primero** de marzo.   *Today is the **first** of March (March **first**).*

3. To talk about the day of the week, use the following expressions:

   ¿Qué día es hoy?   *What day (of the week) is it?*

   Hoy es miércoles   *Today is Wednesday.*

4. To tell time, use the verb **ser**. For one o'clock, use the singular form **es la una**. For any other hour, use the plural form **son las** *[number]*.

   ¿Qué hora es?   *What time is it?*

   Es la una.   *It's one o'lock.*

   Son las tres.   *It's three o'lock.*

5. To express minutes <u>before</u> the half hour, use the formula *[hour]* y *[minutes]*

   Son las dos **y** diez.   *It's 2:10.*   Son las nueve **y** cinco.   *It's 9:05.*

   To express minutes <u>after</u> the half hour, tell how many minutes are left before the next hour with the formula *[next hour]* **menos** *[minutes left until the next hour]*

   Son las nueve **menos** diez.   *It's 8:50. (ten minutes to nine)*

6. Use **cuarto** *(quarter)* for the quarter hour and **media** *(half)* for the half hour.

   Son las seis y **cuarto**.   *It's 6:15. (quarter after six)*

   Son las dos menos **cuarto**.   *It's 1:45 (quarter to two).*

   Son las cinco y **media**.   *It's 5:30.*

7. To express at what time of day something happens, use the preposition **a**.

   ¿A qué hora es la clase de español?   *At what time is Spanish class?*

   La clase de español es **a la una**.   *Spanish class is at one o'clock.*

8. To express that an event goes from a certain time to another specific time, use **de las... a las...**

   Trabajo **de las** 2:00 **a las** 5:00 de la tarde.   *I work from 2:00 to 5:00 in the afternoon.*

INVESTIGUEMOS EL VOCABULARIO

The names of months and days of the week are not capitalized.

To express a.m. and p.m. use the following expressions:

Son las ocho **de la mañana**.
*It is eight **in the morning**.*

Son las cuatro **de la tarde**.
*It is four **in the afternoon**.*

Son las once **de la noche**.
*It is eleven **at night**.*

menos ← 9 ← CUARTO → 3 → y

12

6

y media

A practicar

3.21 **Escucha y responde** Escribe la palabra **mes** en un papel y **día** en otro. Escucha la lista de meses y días. Si escuchas un mes, levanta el papel que dice **mes.** Si escuchas un día, levanta el papel que dice **día.** *(Write the word **mes** on one piece of paper and **día** on another. Listen to a list of months and days. If you hear a month, hold up **mes**; if you hear a day of the week, hold up **día**.)*

3-4

3.22 **En orden** Completa las secuencias con la palabra que falta. *(Complete the following sequences with the missing word.)*

1. enero, febrero, marzo, _____

2. viernes, sábado, _____

3. lunes, miércoles, _____

4. septiembre, octubre, _____

5. lunes, martes, _____

6. junio, julio, _____

7. jueves, sábado, _____

8. mayo, agosto, noviembre, _____

3.23 **¿Qué hora es?** Mira los celulares y di qué hora es. *(Look at the cell phones and tell what time it is.)*

1. 2. 3. 4. 5. 6.

3.24 **Entrevista** En parejas túrnense para preguntar y responder las siguientes preguntas. *(Working with a partner, take turns asking and answering the following questions.)*

1. ¿Cuándo es tu cumpleaños? Y el cumpleaños de tu mejor *(best)* amigo?

2. ¿Cuál es tu día feriado *(holiday)* favorito? ¿En qué mes es?

3. ¿Cuál es tu mes favorito? ¿Por qué?

4. ¿Qué días tienes clases? ¿A qué hora es tu primera clase de la semana?

5. ¿Trabajas? ¿Qué días trabajas? ¿A qué hora trabajas normalmente?

INVESTIGUEMOS EL VOCABULARIO

Here are the Spanish names of some popular celebrations in the United States: **Año Nuevo** (New Years), **el Día de la Rememoración** (Memorial's Day), **el Día de la Independencia** (Independence Day), **Navidad** (Christmas).

3.25 **Horarios** Trabaja con un compañero. Uno de ustedes va a usar el horario en esta página, y el otro va a usar el horario en el Apéndice B. Imaginen que estos son sus horarios y quieren encontrar una hora para estudiar juntos. *(Work with a partner. One of you will use the schedule on this page, and the other will use the schedule in Appendix B. Imagine that these are your schedules and that you want to find an hour to study together.)*

Modelo Estudiante 1: *¿Qué haces los lunes a las nueve de la mañana?*
Estudiante 2: *Tomo una clase de Economía. ¿Qué haces tú los martes a las dos de la tarde?*

INVESTIGUEMOS EL VOCABULARIO

In Spain and in many parts of Latin America, the 24-hour clock is used when posting hours for businesses and for schedules, such as school schedules, flight schedules, and movie and television schedules. To convert the 24-hour clock, subtract 12:00 from 13:00 and later, so that 14:30 would be 2:30 in the afternoon.

A

	lunes	martes	miércoles	jueves	viernes
9:00–9:50	Economía		Economía		Economía
10:00–10:50		Literatura		Literatura	
11:00–11:50	Educación Física	Química		Química	Educación Física
12:00–12:50	Cálculo	Cálculo	Cálculo	Cálculo	Cálculo
13:00–13:50					
14:00–15:30	Comer con la tía Lupe	Redacción	Comer con los abuelos	Redacción	Practicar fútbol
16:00–17:40	Expresión oral		Expresión oral	Tomar café con Lilian	

Piensa en el tema

What do you know about **el Día de los Muertos?**

El Día de los Muertos

El Día de los Muertos is one of the most important celebrations in Mexico and Central America. In Mexico, it is typical to see a variety of skulls and skeletons made of papier maché, clay, chocolate, or sugar. The art of José Guadalupe Posada (1852-1913) is also frequently used to decorate for this celebration on November 1st and 2nd. Posada was a Mexican journalist and artist who produced engravings depicting skeletons in everyday scenes, usually having fun. Posada's intention originally was satirical, as his work dealt with political and social issues, but his art became famous because of the Day of the Dead celebration.

Bridgeman-Giraudon/Art Resource, NY

👥 Hablemos del tema

Mira el grabado de arriba y responde las preguntas. Comparte tus respuestas con un compañero. (*Look at the engraving above and answer the questions. Share your responses with a partner.*)

1. Después de ver los esqueletos, ¿tienes miedo?
2. En tu opinión, ¿es el arte de Posada una buena representación de Halloween? ¿Por qué?

Piensa en el tema

¿Cuáles son las celebraciones más populares en Estados Unidos? ¿Por qué?

Días festivos

The following are celebrations in Spain or Latin America.

San Fermín	el 7 de julio	Los españoles corren *(run)* con los toros.
El Día de los Muertos	el 1 y 2 de noviembre	Los mexicanos decoran las tumbas de sus parientes.
El Día de los Inocentes	el 28 de diciembre	Los hispanos hacen bromas *(jokes)*.
El Carnaval	la semana antes del Miércoles de Cenizas *(Ash Wednesday)*	Los hispanos cantan y bailan en las calles.
San Juan	el 24 de junio	Los paraguayos juegan *(play)* con fuego *(fire)*.
El Año Nuevo	el 1º de enero	Los hispanos celebran la llegada del nuevo año.
La Tomatina	el último *(last)* miércoles de agosto	Los españoles pelean *(fight)* con tomates.
El Día del Estudiante	el 21 de septiembre	Los estudiantes argentinos tienen fiestas en el parque y juegan al fútbol.

> **INVESTIGUEMOS LA CULTURA**
>
> These are some other holidays commonly celebrated in most Spanish speaking countries: **El día de los Reyes Magos** (*Three King's Day*), **la Pascua** (*Easter*), **la Semana Santa** (*Holy Week*), **la Nochebuena** (*Christmas Eve*), **la Navidad** (*Christmas*).

Hablemos del tema

1. Are there similar celebrations in the United States? If so, when are they celebrated?
2. Which holidays or celebrations do you think are unique to the United States?

Los españoles corren con los toros durante el festival de San Fermín.

ValischkaPhoto/Moment Open/Getty Images

Comunidad

Find a native Spanish speaker in your community who is willing to answer your questions. Ask the person what holidays are celebrated in his/her country of origin and which are his/her favorites.

A analizar

Rosa y Paula hablan de su día. Después de ver el video, lee su conversación y observa las formas del verbo **ir.** Luego contesta las preguntas que siguen. *(Rosa and Paula talk about their day. After watching the video, read their conversation and observe the forms of the verb **ir.** Then answer the questions that follow.)*

Rosa:	¡Hola, Paula! ¿Cómo estás?
Paula:	Bien, ¿y tú, Rosa?
Rosa:	Bien. ¿Adónde **vas**?
Paula:	**Voy** a clase ahora. Después **voy** a la biblioteca porque tengo que estudiar para un examen de historia...
Rosa:	¿Y si tú y yo **vamos a comer** al Café Rústico? Tienen muy buenas pizzas.
Paula:	¡Qué buena idea... **vamos**!
Rosa:	¡Excelente! ¡Hasta luego!

1. The forms **voy, vas,** and **vamos** in the conversation are forms of the verb **ir.** Is the verb regular like **vivir** or irregular like **ser**? Explain why.

2. Using the forms presented in the conversation and what you already know about verbs, complete the chart.

ir

yo _____   nosotros _____

tú _____   vosotros vais

él, ella, usted _____   ellos, ellas, ustedes _____

3. Why do you think the verb **ir** is not conjugated in the phrase **necesito ir?**

A comprobar

The verb **ir**

ir *(to go)*

yo	**voy**	nosotros(as)	**vamos**
tú	**vas**	vosotros(as)	**vais**
él, ella, usted	**va**	ellos, ellas, ustedes	**van**

1. The verb **ir** is used to tell where someone goes and often requires the preposition **a** *(to)*. When asking where someone goes, the preposition **a** is added to the word **dónde (adónde).**

> **¿Adónde van** ustedes después de la clase?
> *Where do you go after class?*
> **Vamos** a la biblioteca. *We go to the library.*

2. In **Capítulo 2** you learned to form the contraction **del.** Similarly, when using the preposition **a** in front of a masculine definite article, it combines with **el** to form the contraction **al (a + el = al).** The **a** does not contract with the other articles.

> Los sábados yo voy **al** estadio con mis amigos.
> *Saturdays I go **to the** stadium with my friends.*

> Al mediodía mis amigos van **a la** cafetería.
> *At noon my friends go **to the** cafeteria.*

Remember that unlike in English, contractions are not optional in Spanish.

3. It is common to use the verb **ir** in the present tense to tell where someone is going at that moment.

Mi amiga **va** a la universidad ahora.
*My friend **is going** to the university now.*

Nosotros **vamos** al gimnasio.
*We **are going** to the gym.*

4. The verb **ir** is used in a variety of expressions.

ir de compras	*to go shopping*
ir de excursión	*to go hiking*
ir de paseo	*to go for a walk*
ir de vacaciones	*to go on vacation*

A practicar

3.26 **Las vacaciones de verano** Todos viajan este verano. Lee las siguientes oraciones y di qué países van a visitar. Sigue el modelo. *(Everyone is traveling this summer. Read the following sentences and tell which countries they will visit. Follow the model.)*

Modelo Adriana va a Santiago.
Adriana va a Chile.

Argentina	**Costa Rica**	**España**
Perú	**Puerto Rico**	**la República Dominicana**

1. Yo voy a San Juan.
2. Manuela va a Buenos Aires.
3. Jorge y Horacio van a San José.
4. Marina y yo vamos a Santo Domingo.
5. La familia Montalvo va a Lima.
6. Los hermanos Castro van a Madrid.

3.27 **Después de las clases** Completa el párrafo con la forma apropiada del verbo **ir.** *(Complete the paragraph with the appropriate form of the verb **ir**.)*

Después de *(After)* las clases mis compañeros **(1)** _____ a casa

y yo **(2)** _____ a la biblioteca con mi amigo Fernando. Nosotros

(3) _____ al café después para tomar algo. Luego él **(4)** _____

a su casa, y yo **(5)** _____ al centro estudiantil para trabajar. ¿Adónde

(6) _____ tú después de las clases?

3.28 **A clase** Usando el vocabulario de las clases del **Capítulo 2** y el verbo **ir,** explica a qué clase van las siguientes personas para hacer las actividades indicadas. *(Using class subject vocabulary from **Capítulo 2** and the verb **ir**, explain what class the following people are going to in order to do the indicated activities.)*

Modelo Tú aprendes a escribir bien.
Vas a la clase de redacción.

1. Yo estudio los mapas y aprendo las capitales.
2. Elisa tiene que hablar enfrente de sus compañeros de clase hoy.
3. Gael y Damián leen una novela de Mario Vargas Llosa.
4. Tú estudias los elementos y haces experimentos.
5. Valentín y yo aprendemos de las plantas y los animales.
6. La profesora Arango enseña las teorías de Freud.
7. Paolo es actor en el nuevo drama de la universidad.
8. Tú estudias los eventos importantes del pasado *(past)*.
9. Yo tengo que analizar figuras como el triángulo.
10. Germán y tú aprenden de Sócrates y Platón.

3.29 **¿Adónde van?** Usando la forma apropiada del verbo **ir,** di adónde van las siguientes personas. **¡OJO!** Usa la contracción **al** cuando sea necesario. *(Using the appropriate form of the verb **ir**, tell where the following people are going. ¡OJO! Remember to use the contraction **al** when necessary.)*

1. yo

2. el profesor Rosales

3. Ricardo y yo

4. tu amigo y tú

5. mis amigos

6. tú

3.30 **¿Adónde vas?** Escribe adónde vas para hacer las siguientes actividades. Usa palabras del vocabulario del **Capítulo 2** o el nombre del lugar. Luego busca compañeros que vayan a los mismos lugares. *(Write down where you go to do the following activities. Use vocabulary words from **Capítulo 2** or the name of the place. Then find classmates who go to the same places.)*

Modelo para *(in order to)* nadar

      Estudiante 1: *¿Adónde vas para nadar?*

      Estudiante 2: *Yo voy a City Fitness. / Voy al gimnasio. / Yo no nado.*

1. para comer

2. para estudiar

3. para tomar un café

4. para leer

5. para mirar la tele

6. para escuchar música

7. para caminar o correr

8. para bailar

A analizar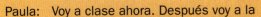

Mira el video de Rosa y Paula otra vez y después lee su conversación y observa las expresiones en negritas. Luego contesta las preguntas que siguen. *(Watch the video of Rosa and Paula again, and then read their conversation and look at the boldface expressions. Then answer the questions that follow.)*

Paula:	Voy a clase ahora. Después voy a la biblioteca porque tengo que estudiar para un examen de historia.
Rosa:	Yo también tengo que ir a la bibioteca hoy. **Voy a buscar** unos libros para una investigación. ¿Qué **vas a hacer** después?
Paula:	Nada. **Voy a comer** en la cafetería.
Rosa:	¿Y si tú y yo **vamos a comer** al Café Rústico? Tienen muy buenas pizzas.
Paula:	¡Qué buena idea… vamos!

1. Do the phrases in bold express past, present, or future?
2. What patterns do you notice?

A comprobar

Ir + a + *infinitive*

1. Similar to the English verb *to go,* the verb **ir** can be used to talk about the future. To tell what someone is *going to do,* use the following structure:

ir	**+**	**a**	**+**	***infinitive***
Voy		a		viajar.
Van		a		trabajar.

Vamos a estudiar esta noche.
We are going to study tonight.

Juan **va a ir** al café con Elena.
Juan is going to go to the café with Elena.

2. To ask what someone is going to do, use the verb **hacer** in the question. When responding, the verb **hacer** is not necessary.

¿Qué vas a hacer (tú)?
What are you going to do?

(Yo) Voy a estudiar (trabajar, comer, etcétera).
I am going to study (work, eat, etc.).

You will learn the forms of the verb **hacer** in **Capítulo 5.**

3. When telling where someone is going to go in the future, you must use the verb **ir** twice, once conjugated and once in the infinitive.

Mis amigos **van a ir** a la cafetería a las dos.
*My friends **are going to go** to the cafeteria at two.*

A practicar

3.31 **Un poco de lógica** Varias personas van a diferentes lugares en el campus. Selecciona la respuesta apropiada de la segunda columna para indicar lo que van a hacer allí. *(Various people are going to different places on campus. Select the appropriate answer from the second column to tell what they are going to do there.)*

1. Yo voy a la librería.
2. Raquel va al gimnasio.
3. Mis amigos van a la cafetería.
4. Sergio va a clase.
5. Paloma y yo vamos al estadio.
6. Agustina y Octavio van a la biblioteca.

a. Van a comer.
b. Vamos a mirar fútbol.
c. Voy a comprar un libro.
d. Va a tomar un examen.
e. Van a estudiar.
f. Va a correr.

3.32 **El cumpleaños de Merche** Hoy es el cumpleaños de Merche y va a tener un día muy ocupado. Usando **ir** + **a** + infinitivo, explica lo que va a hacer hoy y a qué hora. *(Today is Merche's birthday, and she is going to have a very busy day. Using **ir** + **a** + infinitive, tell what she is going to do today and what time she is going to do it.)*

3.33 **¿Qué vas a hacer mañana?** Trabaja con un compañero y túrnense para preguntar qué van a hacer mañana a las siguientes horas. *(Work in pairs and take turns asking what each one is going to do tomorrow at the following times.)*

Modelo 2:00 P.M.
  Estudiante A: *¿Qué vas a hacer mañana a las dos de la tarde?*
  Estudiante B: *(Yo) Voy a correr en el parque.*

1. 8:00 A.M.
2. 10:30 A.M.
3. 12:00 P.M.
4. 1:15 P.M.

5. 3:30 P.M.
6. 6:45 P.M.
7. 8:15 P.M.
8. 10:00 P.M.

3.34 **¿Qué vas a hacer?** Trabaja con un compañero para preguntarse sobre sus planes. *(Work with a partner to ask about each others' plans.)*

Modelo ahora
Estudiante 1: *¿Qué vas a hacer ahora?*
Estudiante 2: *Voy a comer en la cafetería, ¿y tú?*
Estudiante 1: *Voy a estudiar.*

1. esta *(this)* noche
2. mañana por la mañana
3. mañana por la noche
4. el sábado
5. el domingo
6. la próxima *(next)* semana
7. este verano
8. el próximo semestre

3.35 **De vacaciones** Es verano y vas a ir de vacaciones con un amigo. Mira el anuncio y con un compañero decidan cómo van a contestar las siguientes preguntas. *(It is summer, and you are going to go on vacation with a friend. With a classmate, look at the advertisement and decide how you will answer the following questions.)*

Modelo Estudiante 1: *¿Adónde vamos a ir?*
Estudiante 2: *Vamos a Puerto Rico.*
Estudiante 1: *No me gusta el calor. Vamos a...*

1. ¿Adónde van a ir?
2. ¿Cuándo van a viajar?
3. ¿Qué ropa van a necesitar?
4. ¿Qué van a hacer?
5. ¿Cuándo van a regresar?

Agencia de Viajes Vagabundo

San Juan, Puerto Rico (5 días) $950
Hotel Miramar ★ ★ ★ ★
Playa *(beach)* privada

Bariloche, Argentina (7 días) $1850
Hotel Nevada ★ ★ ★
Estación de esquí a 5 kilómetros

Cuzco, Perú (8 días) $1475
Hotel Tierra Andina ★ ★ ★ ★
En el centro, cerca del *(near)* mercado y tiendas *(stores)*

Madrid, España (9 días) $1995
Hotel Príncipe ★ ★ ★
Cerca de museos y teatros

3.36 **Tiempo libre** En parejas túrnense para preguntar lo que van a hacer en las siguientes situaciones. *(In pairs, take turns asking what you are going to do in the following situations.)*

Modelo Es domingo y no tienes mucha tarea.
Estudiante 1: *¿Qué vas a hacer?*
Estudiante 2: *Voy a tomar un café con mi amiga.*

1. Mañana no hay clases y no necesitas trabajar.
2. La clase de español termina a las diez y tu siguiente *(next)* clase es a las doce.
3. Es el día de tu cumpleaños.
4. Es sábado y hace buen tiempo.
5. Recibes un cheque de $50 por tu cumpleaños.
6. Es viernes por la noche.

Lectura

Reading Strategy: Skimming

Remember that skimming before reading helps you to identify some of the key points that will be addressed in a reading. With some readings, it is helpful to look for information such as names, places, and events. Skim through this article and look for the dates that are given. What celebration is associated with each of the dates?

Antes de leer

In many countries there are important celebrations and holidays that are unique to that country. Make a list of the holidays that are important in the United States. Which ones do you celebrate and why? Look back at the celebrations mentioned in **Conexiones culturales.** Do you know other celebrations from a Spanish-speaking country? The following reading is about Christmas, a particularly important celebration because the majority of the population in Spain and Latin America is Catholic.

A leer

La Navidad en algunos países hispanos

Muchas de las tradiciones en Latinoamérica son religiosas y tienen sus orígenes en tradiciones españolas. Una de estas tradiciones es la Navidad. Para muchos, la celebración de la Navidad se inicia *before* **antes** del 25 de diciembre. Desde noviembre es posible *Christmas carols* escuchar **villancicos** en los comerciales de televisión y

Fer Gregory/Shutterstock.com

> [...les gusta cantar villancicos, comer comida tradicional y romper piñatas.]

de la radio. En México y algunos países centroamericanos las fiestas inician el 16 de diciembre y continúan todas las noches hasta el 24 de diciembre. Estas fiestas se llaman *posadas*. En las posadas muchas personas visitan otras casas en la comunidad.

Durante estas fiestas, a las personas les gusta cantar villancicos y comer *food* **comida** tradicional. A los niños les gusta mucho romper piñatas. A veces *plays* también hay *pastorelas*, que son pequeñas **obras de teatro** con lecciones religiosas o morales.

En muchos países las personas van a la **iglesia** el 24 de diciembre (Nochebuena), comen con su familia y, a la medianoche, abren los regalos de Navidad. Las celebraciones de Navidad terminan el 6 de enero, el Día de los **Reyes Magos**. En algunos países los niños reciben regalos de los Reyes Magos, y todos comen la famosa **rosca** de reyes.

church

the Three Kings

ring-shaped bread

Rosca de reyes

Comprensión

Indica si las siguientes afirmaciones son ciertas o falsas. Corrige las oraciones falsas. *(Indicate whether the following statements are true or false. Correct any false statements.)*

1. En toda Latinoamérica las celebraciones de Navidad inician el 25 de diciembre.
2. Las pastorelas son fiestas en las que las personas cantan villancicos.
3. Es tradicional ir a la iglesia en Nochebuena.
4. En algunos países, los niños reciben regalos el Día de los Reyes Magos.
5. La rosca de reyes es una comida tradicional.

INVESTIGUEMOS LA MÚSICA
"Los peces en el río" is a simple Christmas carol. Find the version by the Gipsy Kings on the Internet and listen to it.

Después de leer

Responde las siguientes preguntas y después coméntalas con un compañero. *(Answer the following questions and then discuss your answers with a partner).*

¿Qué celebras en el invierno? ¿En qué fechas son las celebraciones?

En Jánuca celebramos con la familia.

Redacción

An international student from a Spanish-speaking country is going to attend your university. Write an e-mail to the student explaining what the climate in your area is like, what people often do, and advise him/her as to what clothing he or she will need.

Paso 1 Write down the current season. Then write a list of the types of weather you experience in your area during that time.

Paso 2 Jot down things people do in your area during that time.

istock.com/Chris Schmidt

Paso 3 Decide whether you are writing to a male or a female student. Then write down a list of clothing items that people wear in your area. Think about what they would wear to school, to go out, and to do any of the activities you wrote down in **Paso 2**.

Paso 4 Start your e-mail by greeting the student using the expression **Querido(a)** *(Dear)*. Remember to use **Querido** if it is a male student and **Querida** if it is a female student.

Paso 5 Begin your first paragraph by introducing yourself to the international student and telling him or her where you study. Then, using the information you generated in **Pasos 1** and **3,** tell him or her what season it is and what the weather is like in your area.

Paso 6 Using the information you generated in **Pasos 2** and **3,** begin a second paragraph and tell him or her what students usually wear to class. Then explain what kinds of activities people do in their free time and any particular clothing items he or she would need.

Paso 7 Conclude your letter with **Hasta pronto** or **Tu nuevo(a) amigo(a).**

Paso 8 Edit your e-mail:

1. Are your paragraphs logically organized or do you skip from one idea to the next?
2. Are there any short sentences you can combine by using **y** or **pero**?
3. Are there any spelling errors?
4. Do adjectives agree with the objects they describe?
5. Does each verb agree with its subject?

En vivo

Entrando en materia

¿En qué meses hay muchos anuncios para viajar?

Un anuncio de una agencia de viajes

Lee el anuncio y contesta las preguntas que siguen.

VUELO+HOTEL   VUELO   HOTELES   CRUCEROS   VACACIONES   DISNEYLAND PARIS

VACACIONES DE SEMANA SANTA

Muy pronto van a comenzar las vacaciones de Semana Santa. ¿Ya tiene usted reservaciones? ¿No? **¡No se preocupe!**[1] En la Agencia de Viajes Araucana tenemos paquetes familiares con todo incluído, **para que usted y su familia disfruten**[2] sus vacaciones. Nuestros precios son **los más bajos**[3] y nuestro servicio es **el mejor**[4]. Usted solo tiene que decidir adónde ir. Tenemos paquetes para destinos nacionales e internacionales para todos los **presupuestos**[5].

Opción 1: El Calafate, Argentina
(4 días/3 noches), desde 760,000 CLP (pesos chilenos)

Incluye:

Pasaje aéreo[6] desde Santiago
Traslados[7]
3 noches de **alojamiento**[8] en el Hotel Alto Calafate, con desayunos
Excursión Parque Nacional Perito Moreno

Opción 2: Viña del Mar, paquete **de lujo**[9]
(4 días/3 noches), desde 250,000 CLP (pesos chilenos)

Incluye:

Autobús desde Santiago
Traslados
3 noches de alojamiento en el Hotel del Mar, con desayunos
Entrada[10] al Casino Viña del Mar y a la discoteca del hotel

Opción 3: Patagonia Chilena (Punta Arenas)
(4 días/3 noches), desde 400,000 CLP (pesos chilenos)

Incluye:

Pasaje aéreo desde Santiago
3 noches de alojamiento en el Hotel Punta Arenas
Excursión de un día completo al Parque Nacional Torres del Paine

Opción 4: Machu Picchu, Perú
(6 días/5 noches), desde 430,000 CLP (pesos chilenos)

Incluye:

Pasaje aéreo Santiago-Cusco-Santiago
Tren a Aguascalientes y autobús a Machu Picchu
3 noches de alojamiento en el Hotel Cusco,
2 noches en el Hotel Machu Picchu
Tenemos descuentos para grupos de 3 personas o más

[1]Don't worry!   [2]so that you and your family can enjoy   [3]the lowest   [4]the best   [5]budgets
[6]airfare   [7]transfers   [8]lodging   [9]luxury   [10]admittance

Comprensión

1. ¿Cómo se llama la Agencia de Viajes?

2. ¿A qué lugares *(places)* es posible viajar con la agencia durante la semana santa?

3. ¿Cuál es el viaje más barato *(least expensive)*?

4. De los cuatro destinos, ¿cuál te gusta más y por qué?

👥 Más allá

Responde las siguientes preguntas y después comparte tus respuestas con un compañero.
(Answer the following questions and then share your responses with a partner).

1. ¿A dónde quieres viajar? ¿Por qué?

2. ¿Qué actividades hay?

3. ¿En qué mes es mejor *(better)* ir?

3.37 **Un día en el centro** Escoge el verbo apropiado y completa los espacios con la forma necesaria. *(Choose the appropriate verb and complete the sentences with the necessary form.)*

A Teresa le (**1.**) _____ (gusta/gustan) mucho comprar ropa y

(**2.**) _____ (tener/ser) que buscar un vestido porque ella

(**3.**) _____ (abrir/deber) asistir a un evento importante el viernes. Ella

(**4.**) _____ (ir/vivir) a una tienda *(store)* con ropa bonita. A Teresa le

(**5.**) _____ (gusta/gustan) los zapatos y al final compra unos zapatos y

un vestido elegante.

　　Después de sus compras, Teresa (**6.**) _____ (tener/ser) hambre. Ella y

su amiga van a (**7.**) _____ (comer/beber) en el restaurante Río Grande.

Ellas (**8.**) _____ (correr/creer) que el restaurante (**9.**) _____

(vende/leer) los mejores *(best)* tacos. Las dos chicas (**10.**) _____ (decidir/

recibir) comer tacos y (**11.**) _____ (deber/beber) agua.

3.38 **¿Qué van a hacer?** Di lo que van a hacer estas personas según el tiempo que hace donde viven. Debes usar el futuro (**ir** + **a** + infinitivo). *(Indicate what the following people are going to do according to the weather where they live. You should use the future [**ir** + **a** + infinitive].)*

　　1. Yo vivo en Antigua y hoy llueve.

　　2. Carla vive en Santo Domingo y hoy hace buen tiempo.

　　3. Yago y Matilde viven en Granada y hoy nieva.

　　4. Zoila y yo vivimos en Tegucigalpa y hoy hace calor.

　　5. Hugo y Marisabel viven en Caracas y hoy hace mal tiempo.

　　6. Cándido vive en Asunción y hoy hace mucho frío.

　　7. Yo vivo en Bogotá y hoy hace fresco.

　　8. Ulises vive en La Paz y hoy hace viento.

　　9. Renata y yo vivimos en San Juan y hoy hace sol.

　　10. ¿Dónde vives tú? ¿Qué tiempo hace? ¿Qué vas a hacer hoy?

3.39 **Explicaciones** Lee las oraciones y usa **gustar** para explicar por qué estas personas no hacen ciertas actividades. *(Read the sentences and then, using the verb **gustar**, explain why these people don't do certain activities.)*

Modelo Frank no estudia. → *No estudia porque no le gustan sus clases.*
　　　　Miguel y Ofelia no miran la tele. → *No miran la tele porque les gusta leer en la noche.*

　　1. Yo no como chocolates.

　　2. Tú no comes en restaurantes.

　　3. Laura y Ángel no limpian su casa.

　　4. Tomasa no lleva pantalones cortos.

　　5. Felipe no recibe muchos mensajes electrónicos.

　　6. Nuria y yo no estudiamos en la biblioteca.

3.40 **Descripción de fotos** Escoge una de las fotos y contesta las siguientes preguntas. *(Choose one of the photos and answer the following questions.)*

1. ¿Qué estación es?
2. ¿Qué tiempo hace?
3. ¿Cuál es la relación entre las personas?
4. ¿Qué ropa llevan?
5. ¿Qué hacen? *(What are they doing?)*

3.41 **Ocho diferencias** Trabaja con un compañero. Uno debe observar la ilustración aquí y el otro debe observar la ilustración en el Apéndice B. Túrnense para describir su ilustración y buscar las ocho diferencias. *(Work with a partner. One of you should look at the illustration on this page and the other should look at the illustration in Appendix B. Take turns describing the illustrations to find the eight differences.)*

3.42 **Mi agenda** Imagina que tu compañero y tú van a comer en un restaurante este fin de semana y necesitan hacer planes. Deben decidir en dónde van a comer y cuándo. *(Imagine that you and your partner are going to go out to eat this weekend and need to make plans. You need to decide where to eat and when.)*

Paso 1 On a piece of paper, jot down five restaurants where you like to eat.

Paso 2 Share with your partner the restaurants where you like to eat. Then between the two, decide where you will eat. You will also need to decide what day and time you will go out to dinner.

Paso 3 Share with the class your plans for the weekend.

CAPÍTULO 3

Vocabulario 1

La ropa y los accesorios

el abrigo	coat
la blusa	blouse
los bluyines	blue jeans
la bolsa	handbag
las botas	boots
la bufanda	scarf
los calcetines	socks
la camisa	shirt
la camiseta	T-shirt
la chaqueta	jacket
la corbata	tie
la falda	skirt
el gorro	cap
los guantes	gloves
el impermeable	raincoat

los lentes	glasses
los pantalones	pants
los pantalones cortos	shorts
el paraguas	umbrella
el/la pijama	pajamas
las sandalias	sandals
el sombrero	hat
el suéter	sweater
los tenis	tennis shoes
el traje	suit
el traje de baño	swimming suit
el vestido	dress
los zapatos	shoes

El tiempo — Weather

Está despejado.	It is clear.
Está nublado.	It is cloudy.
Hace buen tiempo.	The weather is nice.
Hace calor.	It's hot.
Hace fresco.	It's cool.
Hace frío.	It's cold.

Hace mal tiempo.	The weather is bad.
Hace sol.	It's sunny.
Hace viento.	It is windy.
Llueve.	It rains. / It's raining.
Nieva.	It snows. / It's snowing.

Las estaciones — Seasons

el invierno	winter
el otoño	fall

la primavera	spring
el verano	summer

Los verbos

abrir	to open
aprender (a + infinitive)	to learn (to do something)
asistir (a)	to attend
beber	to drink
comer	to eat
comprender	to understand
correr	to run
creer	to believe

deber	should, ought to
decidir	to decide
escribir	to write
leer (un periódico)	to read (a newspaper)
recibir (un regalo)	to receive (a gift)
vender	to sell
vivir	to live

Los colores

amarillo(a)	yellow
anaranjado(a)	orange
azul	blue
blanco(a)	white
café	brown
gris	gray

morado(a)	purple
negro(a)	black
rojo(a)	red
rosado(a)	pink
verde	green

Palabras adicionales

cómodo(a)	comfortable
llevar	to wear, to carry; to take

llevar puesto(a)	to be wearing

Vocabulario 2

Los días de la semana

el lunes	*Monday*	el viernes	*Friday*
el martes	*Tuesday*	el sábado	*Saturday*
el miércoles	*Wednesday*	el domingo	*Sunday*
el jueves	*Thursday*		

Los meses — **Months**

enero	*January*	julio	*July*
febrero	*February*	agosto	*August*
marzo	*March*	septiembre	*September*
abril	*April*	octubre	*October*
mayo	*May*	noviembre	*November*
junio	*June*	diciembre	*December*

Los verbos

ir	*to go*	ir de paseo	*to go for a walk*
ir de compras	*to go shopping*	ir de vacaciones	*to go on vacation*
ir de excursión	*to go hiking*	terminar	*to finish*

Palabras adicionales

ahora	*now*	la medianoche	*midnight*
el Año Nuevo	*New Year*	el mediodía	*noon*
el cumpleaños	*birthday*	la Navidad	*Christmas*
el día	*day*	la semana	*week*
el día feriado	*holiday*	por la mañana / tarde / noche	*in the morning / afternoon / evening*
la fecha	*date*		
el fin de semana	*weekend*		
hoy	*today*	todos los días	*every day*
mañana	*tomorrow*		

Diccionario personal

_____

_____

_____

_____

_____

_____

_____

Learning Strategy

Participate

Participate in class. You cannot learn another language simply by observing. You must be willing to use the language actively, and to learn from the mistakes you make.

After completing this chapter, you will be able to:

- Describe your town or city
- Describe your home
- Tell where things are located
- Request information about the cost of things
- Use question words to ask for specific information

¿Dónde vives?

La Gran Vía, en Madrid, España

El señor Ramírez tiene media hora para ir al banco y hacer otras diligencias *(errands)*. ¿Qué más puede hacer en el centro de la ciudad?

el parque
el centro comercial
la mezquita
la piscina
la tienda
la escuela
el supermercado
el teatro
el hospital
la sinagoga
la plaza
el museo
la farmacia
el club
calle Bolívar
el cine
el banco
el hotel
el restaurante
el correo
la iglesia
calle 18 de septiembre
calle Santiago

Otros lugares	**Other places**			**Palabras adicionales**	
el aeropuerto	airport	el negocio	business	la comida	food
el bar	bar	la oficina	office	depositar dinero	to deposit money
la calle	street	la playa	beach	mandar una carta /	to send a letter /
el edificio	building	el templo	temple	un paquete	a package
el mercado	market	el zoológico	zoo	la película	movie
				rezar	to pray

INVESTIGUEMOS EL VOCABULARIO

In **Capítulo 2** you learned the word **librería**. The suffix **-ería** is often used to indicate stores where certain products are sold. What is sold in the following stores?

chocolatería   **frutería**   **papelería**   **tortillería**

INVESTIGUEMOS EL VOCABULARIO

In the Spanish-speaking world, there are variations in the words that describe places to shop. For example, a department store could be referred to as **el almacén** or **la tienda de departamentos**. A supermarket could be **la bodega, el supermercado,** or **la tienda de autoservicio.**

A practicar

4.1 **Escucha y responde** Vas a escuchar una lista de lugares. Indica con el pulgar *(thumb)* hacia arriba si es un lugar para comprar. Si no es posible comprar en ese lugar, indica con el pulgar hacia abajo.

4-1

4.2 **¿Cierto o falso?** Indica si las oraciones son ciertas o falsas. Corrige las oraciones falsas.

1. En la playa compramos ropa.
2. En la discoteca miramos animales.
3. Nadamos en la piscina.
4. Miramos películas en el cine.
5. En el parque compramos medicinas.
6. Estudiamos y aprendemos en la tienda.
7. En la plaza rezamos.
8. Vamos al aeropuerto para depositar dinero.

4.3 **¿Con qué frecuencia... ?** Habla con ocho compañeros diferentes y pregúntales con qué frecuencia hacen una de las siguientes actividades.

Modelo ir a la playa
Estudiante 1: *¿Con qué frecuencia vas a la playa?*
Estudiante 2: *Voy a la playa una vez al año.*

1. comprar comida en el mercado
2. rezar en el templo
3. caminar en el parque
4. mirar películas en el cine
5. mandar cartas en el correo
6. depositar cheques en el banco
7. ir al zoológico
8. bailar en una discoteca

INVESTIGUEMOS EL VOCABULARIO

When saying how often you do something, use the word **vez** (plural **veces**).

una vez a la semana
once a week

dos veces al mes
two times a month

To say you never do something, use the word **nunca** in front of the conjugated verb.

Yo **nunca** voy al museo.
*I **never** go to the museum.*

4.4 **Conversemos** Entrevista a tu compañero. Túrnense con las siguientes preguntas.

1. ¿Cuál es tu supermercado favorito?
2. ¿Hay un banco cerca de *(nearby)* tu casa? ¿Cómo se llama?
3. ¿Te gusta ir al cine?
4. ¿Cuál es tu restaurante favorito?
5. ¿En qué tienda prefieres comprar ropa?
6. ¿Adónde prefieres ir con tus amigos?
7. ¿Te gusta ir a museos? ¿Cómo se llama tu museo favorito?
8. ¿Te gusta ir al parque? ¿Por qué?

Estrategia

Participate in class.

The activities on this page offer many opportunities to use Spanish actively in class and to learn from your mistakes instead of worrying about making one.

4.5 **Planes para el fin de semana** Trabaja con un compañero para descubrir cuáles son las actividades de Jazmín, Lila y Arturo durante el fin de semana y dónde las hacen. Uno de ustedes va a ver la información en esta página, y el otro va a ver la información en el Apéndice B.

Modelo Estudiante 1: *¿Qué hace Jazmín los sábados por la mañana?*
Estudiante 2: *Jazmín compra fruta.*
Estudiante 1: *¿Dónde compra fruta?*
Estudiante 2: *En el mercado.*

	Jazmín	**Lila**	**Arturo**
los sábados por la mañana	comprar fruta (mercado)		rezar (la sinagoga)
los sábados por la tarde		comprar ropa (el centro comercial)	
los sábados por la noche			mirar una película (el cine)
los domingos por la mañana	nadar (la playa)	visitar a un amigo (el hospital)	

Piensa en el tema

¿Hay museos en la región donde vives? ¿De qué son los museos?

Grandes museos

Las grandes ciudades del mundo generalmente tienen museos muy importantes. Dos museos de fama internacional son El Prado en Madrid, España, y el Museo del Oro *(Gold)* en Bogotá, Colombia. El Museo del Prado tiene una de las colecciones de arte más importantes del mundo, especialmente de pintores europeos de los siglos *(centuries)* XVI al XIX. El Museo del Oro tiene una colección impresionante de artículos prehispánicos hechos de *(made of)* oro y otros metales. El museo tiene instalaciones modernas y exposiciones con multimedia.

Pat_Hastings/Shutterstock.com

Courtesy of Margarita Casas

ꙮ Hablemos del tema

1. ¿Cuáles son algunos de los museos más importantes en los Estados Unidos? ¿Alguno es similar a El Prado o al Museo de Oro? ¿Cuál? ¿Por qué?
2. ¿Te gustan los museos? ¿Por qué?
3. ¿Cuál es tu museo favorito y por qué?
4. Además de los museos, ¿en qué otros lugares de una ciudad es posible aprender?
5. En tu opinión, ¿es necesario tener exhibiciones con multimedia en los museos? ¿Por qué?

Piensa en el tema

¿Hay parques cerca de *(nearby)* tu casa? ¿Te gustan?

Grandes parques

Los parques son un lugar indispensable en ciudades y pueblos. En los parques es posible caminar, correr, andar en bicicleta, disfrutar de *(enjoy)* la naturaleza y respirar aire puro. En las grandes ciudades los parques más importantes son un lugar favorito para ir con la familia.

En Madrid el parque más importante es el Parque del Buen Retiro, o simplemente el Retiro. Originalmente el Retiro eran los jardines *(gardens)* del palacio del rey *(king)*. El parque es muy grande y hay muchos jardines y monumentos. También hay muchas actividades.

En la Ciudad de México el parque más importante es Chapultepec. Chapultepec es el parque más grande de Latinoamérica. Además, en este parque están algunos de los museos más importantes de México, como el Museo Nacional de Antropología. También hay un castillo *(castle)*, un zoológico, un lago *(lake)*, y muchas oportunidades para hacer actividades diferentes.

El Retiro, Madrid, en invierno.

Parque de Chapultepec, en la Ciudad de México.

Hablemos del tema

1. ¿Cuál es el parque más importante de tu ciudad o pueblo? ¿y de tu estado?
2. ¿Cuál es el parque más famoso de Estados Unidos? ¿Por qué es famoso? ¿Qué actividades son populares en este parque?
3. ¿Te gusta visitar parques? ¿Por qué y con qué frecuencia?
4. En tu opinión, ¿por qué son importantes los parques?

Comunidad

Busca a una persona de un país *(country)* donde se habla español. Entrevista a la persona con estas preguntas. Después repórtale la información a la clase.

- ¿Dónde compras comida generalmente?
- ¿Dónde prefieres comprar ropa?
- ¿Son diferentes las tiendas en tu país?

A analizar

Nicolás y Santiago hablan de sus planes. Después de ver el video, lee parte de su conversación y observa las formas del verbo **poder.**

> **Nicolás:** ¿**Puedes** ir conmigo? Como está cerca del restaurante cubano, **podemos** comer después.
>
> **Santiago:** Uy, me gustaría, pero no **puedo.** Tengo que ir a la biblioteca ahora. Voy a estudiar con Paula para el examen de ciencias políticas.

1. Using your knowledge of verb conjugation and the forms in the conversation, complete the chart with the correct forms of the verb **poder.**

poder

yo _____	nosotros(as) _____
tú _____	vosotros (as) podéis
él, ella, usted _____	ellos, ellas, ustedes _____

2. Now look at the conjugated forms of **poder** above. Which forms have a stem (the first part of the verb) that is different from the infinitive? How do they change?

A comprobar

Stem-changing verbs (o → ue)

1. There are a number of verbs that have changes in the root or stem. They are called stem-changing verbs. Notice in the verbs below that the **o** changes to **ue** in all forms except the **nosotros** and **vosotros** forms. The endings are the same as other -**ar,** -**er,** and -**ir** verbs.

almorzar *(to eat lunch)*

yo	alm**ue**rzo	nosotros(as)	almorzamos
tú	alm**ue**rzas	vosotros(as)	almorzáis
él, ella, usted	alm**ue**rza	ellos, ellas, ustedes	alm**ue**rzan

volver *(to return)*

yo	v**ue**lvo	nosotros(as)	volvemos
tú	v**ue**lves	vosotros(as)	volvéis
él, ella, usted	v**ue**lve	ellos, ellas, ustedes	v**ue**lven

dormir *(to sleep)*

yo	d**ue**rmo	nosotros(as)	dormimos
tú	d**ue**rmes	vosotros(as)	dormís
él, ella, usted	d**ue**rme	ellos, ellas, ustedes	d**ue**rmen

Los turistas **duermen** en un hotel.
*The tourists **sleep** in a hotel.*

Gloria y yo **almorzamos** en un café.
*Gloria and I **eat lunch** in a café.*

The verbs listed below are also **o → ue** stem-changing verbs.

costar	*to cost*
devolver	*to return (something)*
encontrar	*to find*
llover	*to rain*
morir	*to die*
poder	*to be able to*
soñar (con)	*to dream (about)*

2. The verb **jugar** is conjugated similarly to the **o → ue** stem-changing verbs, changing the **u** of its stem to **ue**.

jugar *(to play)*

yo	**ju**e**go**	nosotros(as)	jugamos
tú	**ju**e**gas**	vosotros(as)	jugáis
él, ella, usted	**ju**e**ga**	ellos, ellas, ustedes	**ju**e**gan**

A practicar

4.6 **Un poco de lógica** ¿Qué verbo completa mejor la oración?

1. Matilde siempre _____ a casa después de trabajar.
   a. llueve   **b.** vuelve   **c.** almuerza

2. Los niños _____ con el perro en el parque.
   a. juegan   **b.** sueñan   **c.** encuentran

3. Nosotros _____ en el café.
   a. dormimos   **b.** volvemos   **c.** almorzamos

4. Renata no _____ un vestido bonito en la tienda.
   a. sueña   **b.** encuentra   **c.** vuelve

5. Mis amigos _____ mirar una película en el cine.
   a. juegan   **b.** cuestan   **c.** pueden

6. Mi esposo y yo _____ en un hotel en Montevideo.
   a. dormimos   **b.** podemos   **c.** encontramos

7. Yo _____ el libro a la biblioteca.
   a. encuentro   **b.** vuelvo   **c.** devuelvo

8. Hay un vestido bonito en esta tienda y _____ $75.
   a. cuesta   **b.** puede   **c.** duerme

INVESTIGUEMOS EL VOCABULARIO

When using the verb **jugar** to say that someone plays a sport, the preposition **a** is necessary. The verb **tocar** rather than **jugar** is used to say that someone plays an instrument.
Mis hermanos **juegan** al béisbol.
My brothers play baseball.

La ciudad es confusa.

4.7 **Nuestros sueños** Completa el siguiente párrafo con las formas necesarias del verbo **soñar.**

Todos tienen sueños *(dreams)* para el año nuevo. Yo **(1)** _____ con un trabajo y mi esposo **(2)** _____ con comprar un auto nuevo. Nosotros también **(3)** _____ con comprar una casa nueva. Mis hermanos **(4)** _____ con unas vacaciones en la playa. Y tú, ¿con qué **(5)** _____?

¿Sueñas con comprar un auto?

4.8 **¿Cuánto cuesta?** Estás en una tienda de ropa en España. Con un compañero túrnense para preguntar cuánto cuestan los objetos.

Modelo Estudiante 1: *¿Cuánto cuestan el sombrero negro y el cinturón?*
Estudiante 2: *El sombrero cuesta treinta y cinco euros y el cinturón cuesta veinte euros.*

1.

2.

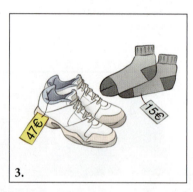

3.

4.

4.9 **¿Quién puede?** Usando el verbo **poder,** explícale a tu compañero quién puede o no puede hacer las siguientes actividades.

Modelo viajar este verano
Yo puedo viajar este verano.
Mi esposo no puede viajar este verano.

1. tocar el piano
2. bailar bien
3. jugar al golf
4. hablar francés
5. nadar
6. ir a bares
7. votar *(to vote)*
8. comer mucho
9. cocinar bien

4.10 **En busca de...** Busca a ocho compañeros diferentes que hagan una de las siguientes actividades.

1. Normalmente (dormir) ocho horas.
2. (Volver) a casa después de las clases.
3. (Almorzar) en un restaurante una vez a la semana.
4. (Jugar) al tenis.
5. (Soñar) con un auto nuevo.
6. (Poder) cantar muy bien.
7. (Devolver) ropa a la tienda con frecuencia.
8. (Encontrar) a amigos en el cine.

A analizar

Mira el video de Santiago y Nicolás otra vez. Después lee parte de su conversación y observa las formas del verbo **estar.**

> Nicolás: ¡Hola, Santiago! ¿Cómo **estás**?
>
> Santiago: **Estoy** muy bien, ¿y tú?
>
> Nicolás: Bien, pero no sé dónde **está** el correo y tengo que mandar este paquete a mis padres.
>
> Santiago: No **está** muy lejos. Mira, **estamos** en la calle San Pedro y el correo **está** en la calle Santa Rosa, enfrente del restaurante cubano.

1. You learned some of the forms of the verb **estar** in **Capítulo 1.** The boldfaced verbs are also forms of the verb **estar.** From what you have already learned and by looking at the examples above, fill in the following chart.

   estar

   yo _____   nosotros(as) _____

   tú _____   vosotros(as) _____

   él, ella, usted _____   ellos, ellas, ustedes _____

2. **Estar** is used in the conversation for two different purposes. Can you identify them?

A comprobar

The verb **estar** with prepositions of place

Las preposiciones de posición

a la derecha de	*to the right of*	**dentro de**	*inside*	**enfrente de**	*in front of, facing*
a la izquierda de	*to the left of*	**detrás de**	*behind*	**entre**	*between*
al lado de	*beside, next to*	**en**	*in, on, at*	**fuera de**	*outside*
cerca de	*near*	**encima de**	*on top of*	**lejos de**	*far from*
debajo de	*under*				

1. Notice that most of the prepositions include the word **de** *(of)*. You will remember from **Capítulo 2** that the **de** in front of a masculine noun combines with **el** to become **del (de + el = del)**, and that it does not contract with the other articles.

   Mi casa está al lado **del** café.
   My house is next to the café.

   El cine está a la derecha **de** la tienda.
   The movie theater is to the right of the store.

2. The verb **estar** is used to express position; therefore, it is used with all prepositions of place.

   estar *(to be)*

yo	**estoy**	nosotros(as)	**estamos**
tú	**estás**	vosotros(as)	**estáis**
él, ella, usted	**está**	ellos, ellas, ustedes	**están**

A practicar

4.11 **Actividades en la ciudad** Lee con atención las oraciones y luego indica qué actividades pueden hacer *(do)* las personas en el lugar donde están.

1. Yo estoy en la plaza.
2. Mis hijos están en la escuela.
3. Mi esposa está en la oficina.
4. Mis amigos están en el parque.
5. Mi madre y yo estamos en un café.

a. Estudian.
b. Tomamos un café.
c. Caminan.
d. Trabaja.
e. Escucho música.

4.12 **¿Dónde están?** Usa la forma apropiada del verbo **estar** y el vocabulario para explicar dónde están las diferentes personas. Luego explica qué hacen *(they do)* allí.

Modelo los niños

Los niños están en el zoológico y miran los animales.

1. Ricardo

2. mis amigos

3. la señora Montero

4. mis amigos y yo

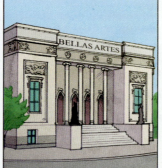

5. tú

6. tu perro y tú

4.13 **En la ciudad** Observa la ilustración e indica si las afirmaciones son ciertas o falsas, y corrige las falsas.

1. La farmacia está al lado del supermercado.
2. El supermercado está a la derecha de la farmacia.
3. El auto rojo está detrás de la avenida.
4. El auto verde está debajo del auto rojo.
5. La farmacia está entre un edificio y un mercado.
6. Varias personas están en la avenida.

4.14 **En la ciudad** Mira el plano, escucha la descripción de la ciudad e indica si cada oración es cierta o falsa. Corrige las oraciones falsas.

4-2

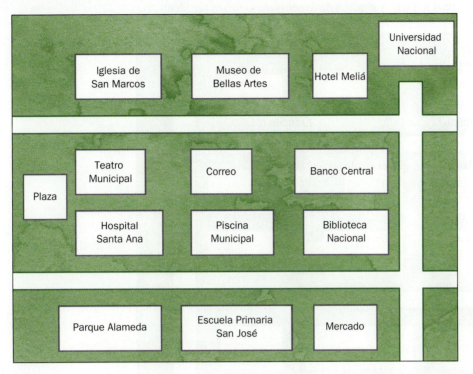

Universidad Nacional

Iglesia de San Marcos

Museo de Bellas Artes

Hotel Meliá

Teatro Municipal

Correo

Banco Central

Plaza

Hospital Santa Ana

Piscina Municipal

Biblioteca Nacional

Parque Alameda

Escuela Primaria San José

Mercado

4.15 **El plano** En parejas inventen tres oraciones más sobre el plano *(city map)*. Las oraciones pueden ser ciertas o falsas y deben incluir las preposiciones. Después van a leer las oraciones para la clase y los otros compañeros van a indicar si son ciertas o falsas.

4.16 **¿Dónde está... ?** En parejas túrnense para hacer y contestar preguntas sobre el dibujo. Usen todas las preposiciones posibles para cada pregunta.

Modelo el café

Estudiante 1: *¿Dónde está el café?*

Estudiante 2: *El café está al lado de la librería.*

1. el banco   **3.** el automóvil   **5.** el gimnasio   **7.** el parque

2. la librería   **4.** la bicicleta   **6.** el perro   **8.** la tienda

4.17 **Creando una ciudad** En parejas túrnense para decidir dónde están los edificios en el plano de abajo. Después de describir dónde están, escriban los nombres de los edificios en el plano. Al final tu plano y el plano de tu compañero deben ser idénticos.

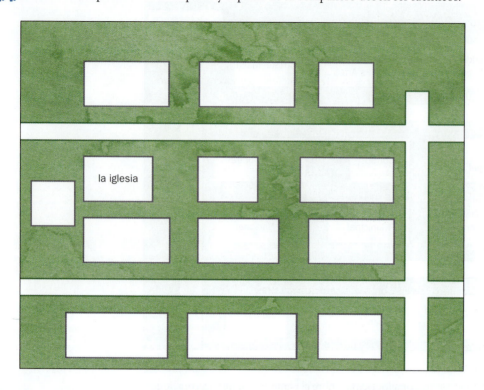

la iglesia

4.18 **¿Es cierto?** En parejas túrnense para hacer oraciones ciertas o falsas sobre las posiciones de los lugares y objetos en la ilustración. El otro estudiante debe indicar si la afirmación es cierta y corregir las afirmaciones falsas.

Modelo Estudiante 1: *Hay un auto lejos del banco.*
Estudiante 2: *Falso, está cerca del banco.*

Entrando en materia

¿Adónde van las personas en tu ciudad los fines de semana?

Turismo local en Ecuador

🔊 Escucha el reportaje *(news report)* sobre los esfuerzos *(efforts)* para promover el turismo
4-3 local en Ecuador.

Vocabulario útil

la comida	*food*	**los eventos**	*events*
compartir	*to share*	**las noticias**	*news*
disfrutar	*to enjoy*	**el portal**	*website*

Comprensión

Indica si las afirmaciones son ciertas o falsas. Corrige las oraciones falsas.

1. Según las noticias, a muchos habitantes de Quito les gusta pasar tiempo en las calles de la ciudad.
2. La Compañía de Turismo de Ecuador tiene un nuevo portal en Internet.
3. En el portal las personas pueden compartir recomendaciones.
4. El fin de semana hay un concierto en el cine frente a la plaza principal.
5. El locutor *(announcer)* piensa que el portal es una mala idea.

Noamfein/Ecuador/Dreamstime.com

Plaza de la Independencia en Quito, Ecuador

👥 Más allá

Piensa en un lugar en tu ciudad que te gusta visitar y uno que no te gusta. Después habla con un compañero y expliquen por qué (no) les gustan estos lugares.

Lectura

Antes de leer

1. ¿Qué hay en todas las grandes ciudades?
2. ¿Cómo imaginas que son las capitales de España y los países latinoamericanos?

A leer

Dos ciudades únicas de Latinoamérica

were / before

Las grandes ciudades latinoamericanas combinan lo moderno con lo histórico. Algunas de las ciudades **fueron** fundadas mucho **antes** de la llegada de los españoles, como es el caso de Cuzco, la capital del imperio Inca en Perú, y de la Ciudad de México, fundada por los aztecas con el nombre de Tenochtitlán. Hoy día en las dos ciudades se pueden ver ruinas de civilizaciones indígenas al lado de edificios coloniales de hasta 400 años de antigüedad. Por supuesto, en España y Latinoamérica también hay muchas ciudades modernas, con **rascacielos** y otras maravillas de la ingeniería, como **puentes** y avenidas de circulación rápida.

skyscrapers
bridges

[Un elegante ejemplo de modernidad se encuentra en Buenos Aires...]

Un elegante ejemplo de modernidad se encuentra en Buenos Aires, la capital de Argentina y su ciudad más importante. Buenos Aires tiene más de doce millones de habitantes y **fue** fundada en 1536 con el nombre original de "Puerto de Nuestra Señora Santa María del Buen Aire". Los **barrios** de la ciudad reflejan su pasado de inmigrantes. Es una ciudad cosmopolita y llena de cultura. Es famosa por sus monumentos, como

was

districts

Puerto Madero, en Buenos Aires

el Obelisco, y por tener la calle **más ancha** del mundo: la Avenida 9 de julio.

widest

Otra ciudad moderna y de **hermosa** arquitectura es Bogotá. La ciudad de Bogotá es la capital de Colombia y en 2006 fue declarada "capital del libro del mundo" por la UNESCO, gracias a las increíbles bibliotecas de la ciudad.

beautiful

La ciudad de Bogotá

Cada una de estas ciudades es especial por su arquitectura, sus monumentos, parques, restaurantes, cafés, tiendas y boutiques. Sin duda son muy atractivas para el turismo.

Comprensión

Contesta las preguntas.

1. ¿Qué combinan muchas de las ciudades de Latinoamérica?
2. ¿Cuál es el nombre de la capital del imperio Inca en Perú?
3. ¿Cómo se describe Buenos Aires?
4. ¿Por qué es famosa Buenos Aires?
5. ¿Por qué Bogotá fue declarada "la capital del libro del mundo"?

Después de leer

Piensa en tu ciudad/pueblo y contesta las preguntas.

1. ¿Qué actividades puedes hacer?
2. ¿Adónde van los turistas? ¿Por qué?
3. ¿Cuál es tu lugar favorito?

La ciudad de Cuenca, en Ecuador, es famosa por sus iglesias.

Esta es la casa de Lola. ¿Qué hay en su casa?

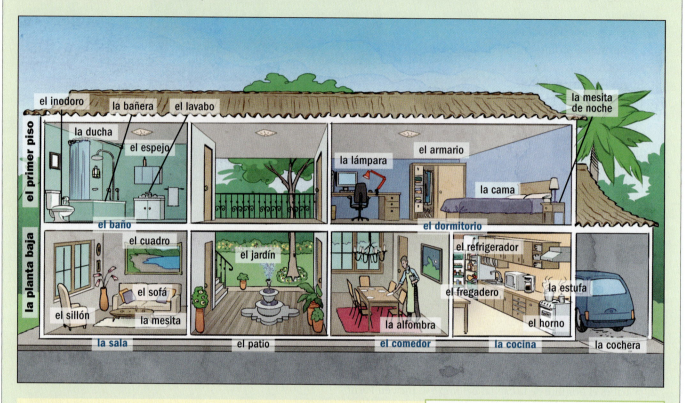

Los electrodomésticos *(Appliances)*

la cafetera	coffee maker
el electrodoméstico	appliance
la lavadora	washer
el lavaplatos	dishwasher
el (horno de) microondas	microwave (oven)
la secadora	dryer

Palabras adicionales

alquilar	to rent
el apartamento	apartment
las cortinas	curtains
la dirección	address
la flor	flower
la habitación	room
los muebles	furniture
las plantas	plants

INVESTIGUEMOS LA GRAMÁTICA

You learned in **Capítulo 2** that adjectives that express quantity, such as **mucho, poco,** and **varios,** are placed in front of the noun they describe. **Primero** is another adjective that precedes nouns. Notice that in the masculine singular form it becomes **primer** when in front of a noun.

Mi dormitorio está en el **primer** piso.
*My bedroom is on the **first** floor.*

Es la **primera** casa en la calle.
*It is the **first** house on the street.*

INVESTIGUEMOS EL VOCABULARIO

Notice that **el primer piso** refers to what people in the United States would call the second floor. In many Spanish-speaking countries the first floor is referred to as the ground floor, or **la planta baja.**

A practicar

4.19 **Escucha y responde** Vas a escuchar algunas oraciones. Indica con el pulgar hacia arriba si la oración es lógica. Si no es lógica, indica con el pulgar hacia abajo.

4-4

4.20 **¿Dónde están?** ¿En qué habitación de la casa están los siguientes muebles o aparatos?

1. el horno
2. el sillón
3. el lavabo
4. el lavaplatos
5. el armario
6. la cafetera
7. la mesita de noche
8. la cama
9. el inodoro

4.21 ¡Qué desastre! La casa es un desastre y no puedes encontrar nada. En parejas túrnense para preguntar dónde están los objetos perdidos *(lost)*.

Modelo la corbata
Estudiante 1: *¿Dónde está la corbata?*
Estudiante 2: *Está encima de la cama.*

<table>
<tr><td>

1. el teléfono
2. el libro
3. la bota
4. el suéter

</td><td>

5. el paraguas
6. el cuaderno
7. los peces
8. el gato

</td></tr>
</table>

INVESTIGUEMOS EL VOCABULARIO

While **el dormitorio** is a standard word for *bedroom*, there are many other terms:

el cuarto (Latin America)

la habitación (Mexico, Spain)

la pieza (Mexico, Chile)

la alcoba (South America)

la recámara (Latin America)

La sala is the most commonly used term for *living room,* but in Argentina and Chile it is called **el living.** In other countries it is called **el recibidor** or **el cuarto de estar.**

A refrigerator is **la nevera** or **la heladera** in South America but **el frigorífico** in Spain.

4.22 Adivinanza Mira la ilustración en la página anterior. Vas a elegir y a describir tres objetos en dos o tres oraciones. No debes mencionar el objeto en tu descripción. Usa **es para** para describir la función del aparato. En parejas túrnense para adivinar el objeto que el otro describe.

Modelo Estudiante 1: *Está en la cocina. Está debajo de la estufa. Es para cocinar.*
Estudiante 2: *¡Es el horno!*

4.23 Comparemos Trabaja con un compañero. Uno de ustedes debe observar la casa de Alberto en esta página y el otro va a observar la casa de Laura en el Apéndice B. Túrnense para describir las casas y encontrar las seis diferencias.

la casa de Alberto

Piensa en el tema

¿Qué palabras asocias con el concepto de una casa?

Refranes

Dos expresiones muy comunes en la cultura hispana son "Está usted en su casa", o "Mi casa es su casa". Son para dar la bienvenida *(to welcome)* a un visitante. Hay muchas expresiones en español que hablan de la casa. Otro ejemplo es "Candil *(lamp)* de la calle, oscuridad de su casa", una expresión que se usa para hablar de una persona que es muy amable con las personas fuera de su casa, pero no con las de su familia.

Los siguientes son otros refranes *(proverbs)* que se refieren a la casa. ¿Cuál de las fotos asocias con cada refrán? ¿Qué significan *(mean)* los refranes? ¿Estás de acuerdo con ellos? ¿Hay equivalentes en inglés?

(a)

(b)

(c)

(d)

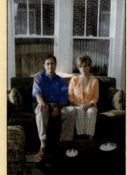

1. Casa sin hijos, higuera *(fig tree)* sin higos *(figs)*.
2. Cuando de casa estamos lejanos, más la recordamos *(remember)*.
3. En la casa en que hay un viejo, no faltará *(lack)* un buen consejo *(advice)*.
4. La ropa sucia *(dirty)* se lava *(wash)* en casa.

Hablemos del tema

1. ¿Cuáles son algunos refranes en inglés que hablan de la casa? ¿Qué valores reflejan?
2. ¿Reflejan valores similares o diferentes a los refranes en español?

Piensa en el tema

¿Cuál es tu edificio favorito en la ciudad donde vives? ¿Por qué?

Arquitectos españoles

Algunos de los arquitectos más famosos del mundo son españoles. Un ejemplo histórico es el de Antoni Gaudí (1852–1926) y un ejemplo moderno es el de Santiago Calatrava (1951– ...).

Gaudí era un hombre muy sencillo (*simple*) y religioso. Su obra maestra (*masterpiece*) es la Catedral de la Sagrada Familia, en Barcelona, que todavía está en construcción. Su arquitectura es considerada modernista, pero su estilo es único en el mundo.

Santiago Calatrava no es arquitecto sino (*but rather*) ingeniero, sus edificios se caracterizan por conjuntar (*bring together*) la ingeniería y la arquitectura. Calatrava es particularmente famoso por sus puentes (*bridges*), estaciones de trenes y estadios.

Casa Milá en Barcelona, una obra de Gaudí

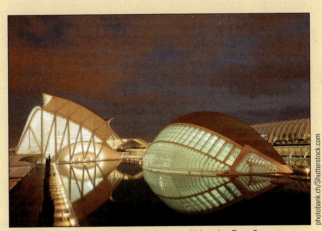

Museo diseñado por Santiago Calatrava, Valencia, España

👥 Hablemos del tema

1. Observa las fotos con ejemplos de la arquitectura de Gaudí y de Calatrava. ¿Qué estilo te gusta más?

2. ¿Tienes un arquitecto o un estilo arquitectónico favorito? ¿Quién o cuál?

A analizar ▶

Santiago habla con una señora sobre un apartamento que desea alquilar. Después de ver el video, lee parte de su conversación y contesta las preguntas que siguen.

Santiago:	¿Cómo es el apartamento?
Señora:	Bueno, la sala es bonita y muy grande. Hay un dormitorio con una cama matrimonial y un escritorio donde puede estudiar. También hay una cocina pequeña y un cuarto de baño con ducha y lavabo.
Santiago:	¿Qué electrodomésticos hay en la cocina?
Señora:	Hay una estufa, un refrigerador y una lavadora.
Santiago:	¿Cuánto cuesta al mes?
Señora:	$750 e incluye el gas pero no el agua.
Santiago:	¿Y cuál es la dirección?
Señora:	Está en la calle 8, número 53, cerca del hospital.

1. Punctuation for questions is different in Spanish and English. What is the difference?
2. Identify the interrogatives (question words) in the conversation. What do all of the question words have in common?

A comprobar

Interrogatives

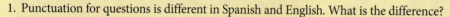

¿cómo?	*how?*	¿adónde?	*to where?*	¿quién(es)?	*who?*	¿cuántos(as)?	*how many?*
¿cuándo?	*when?*	¿de dónde?	*from where?*	¿qué?	*what?*	¿cuánto(a)?	*how much?*
¿dónde?	*where?*	¿por qué?	*why?*	¿cuál(es)?	*which?*		

*Notice that all question words have an accent.

1. In most questions:
   - the subject is placed after the verb.
   - the question word is often the first word of the question.
   - it is not necessary to have a helping word such as *do* or *does*.
   - it is necessary to have an inverted question mark at the beginning of the question and another question mark at the end.

interrogative + verb + subject		
¿Cuál	es	tu casa?
¿Dónde	vives	tú?

2. Prepositions (**a, con, de, en, por, para,** etc.) cannot be placed at the end of the question as is often done in English. They *must* be in front of the question word.

   ¿Con quién vives?
   Who (Whom) do you live with?

3. **Quién** and **cuál** must agree in number with the noun that follows, and **cuánto** and **cuántos** must agree in gender.

   ¿Cuántas habitaciones tiene la casa?
   How many rooms does the house have?

   ¿Quiénes son tus compañeros de casa?
   Who are your roommates?

4. There are two ways to express *What?* or *Which?*

When asking *which*, use **qué** in front of a noun and **cuál** in front of a verb or with the preposition **de.**

> **¿Qué** electrodomésticos necesitas?
> *What (Which) appliances do you need?*

> **¿Cuál** prefieres, el apartamento o la casa?
> **Which** do you prefer, the apartment or the house?

> **¿Cuál** de estos apartamentos te gusta?
> *Which of these apartments do you like?*

When asking *what*, use **cuál** with the verb **ser** with the exception of the question **¿Qué es?** *(What is it?)*. Use **qué** with all other verbs.

> **¿Cuál** es tu número de teléfono?
> *What is your phone number?*

> **¿Qué** buscas en la sala?
> *What are you looking for in the living room?*

A practicar

4.24 **La respuesta lógica** Lee las preguntas e indica cuál es la respuesta más lógica.

1. _____ ¿Cómo es la casa?
2. _____ ¿Cuántos baños hay?
3. _____ ¿Dónde está la casa?
4. _____ ¿Qué hay en la cocina?
5. _____ ¿Quién vive en la casa ahora?
6. _____ ¿Por qué venden la casa?

   a. Uno.
   b. Hay una estufa y un refrigerador.
   c. Ella tiene un nuevo trabajo en otra ciudad.
   d. Es pequeña, pero muy cómoda.
   e. Una madre con sus dos hijos.
   f. Está en el centro.

4.25 **¿Qué o cuál?** Indica si debes usar **¿Qué?** o **¿Cuál(es)?** para completar las preguntas.

1. ¿_____ dormitorio te gusta más?
2. ¿En _____ calle está el apartamento?
3. ¿_____ es tu casa, la casa blanca o la casa azul?
4. ¿_____ muebles hay en la sala?
5. ¿_____ son los electrodomésticos que necesitas?
6. ¿En _____ piso están los dormitorios?
7. ¿_____ de los apartamentos está más cerca?
8. ¿_____ es la dirección de la casa?

4.26 **Una conversación por teléfono** Imagina que escuchas parte de una conversación telefónica entre el señor Ruiz y Magdalena sobre un apartamento que él tiene para alquilar. Completa la conversación telefónica con las preguntas lógicas de ella. Inventa la última pregunta y la respuesta.

Señor Ruiz: ¿Bueno?
Magdalena: Buenos días. 1. ¿ _____?
Señor Ruiz: Estoy bien, gracias.
Magdalena: 2. ¿ _____?
Señor Ruiz: El apartamento está en la calle Montalvo.
Magdalena: 3. ¿ _____?
Señor Ruiz: Hay tres dormitorios.
Magdalena: 4. ¿ _____?
Señor Ruiz: Cuesta 2000 pesos al mes.
Magdalena: 5. ¿ _____?
Señor Ruiz: Usted puede visitar el apartamento hoy mismo.
Magdalena: 6. ¿...?
Señor Ruiz: _____ Bueno, adiós.

¿Bueno?

4.27 **Una casa** Mira la foto e inventa preguntas sobre la casa y las personas que viven allí. Después trabaja con un compañero y túrnense para preguntar y responder. Usen su imaginación para responder.

Modelo *¿Cuántas personas viven aquí?*

¿Dónde está la casa?

Sollina Images/Blend Images/Getty Images

4.28 **Información, por favor** Imagínate que trabajas en una oficina dónde alquilan apartamentos y necesitas completar el formulario con la información de un cliente nuevo. Debes hacerle algunas preguntas a tu compañero para completar el formulario. En donde dice preferencias, el cliente debe imaginar dos o tres características que quiere en una casa, por ejemplo, **Necesita tener dos baños.** Cuando terminen, cambien de papel *(change roles)*.

Modelo Nombre
　　　　Estudiante A: *¿Cómo se llama usted?*
　　　　Estudiante B: *Me llamo…*

FORMULARIO PARA ALQUILAR UN APARTAMENTO	
Nombre	
Edad *(Age)*	
Dirección	
Nombre de esposo(a)	
Número de hijos	
Trabajo	
Preferencias	

Exploraciones gramaticales

A analizar

Mira el video de Santiago otra vez y después lee esta parte de su conversación y observa las formas del verbo **preferir.**

Santiago:	Me gustaría ver *(see)* el apartamento.
Señora:	Bueno, mi esposo y yo **preferimos** recibir a las personas interesadas durante el fin de semana. ¿Qué día **prefiere** usted, el sábado o el domingo?
Santiago:	**Prefiero** el sábado por la mañana si es posible.
Señora:	Bueno, ¿qué tal el sábado a las once?
Santiago:	¡Perfecto! Hasta el sábado.

1. Using the examples from the conversation and your knowledge of conjugating stem-changing verbs, complete the table with the verb **preferir.**

   preferir

   yo _____   nosotros(as) _____

   tú _____   vosotros(as) _____

   él, ella, usted _____   ellos, ellas, ustedes _____

2. How do the **nosotros** and **vosotros** forms of the verb differ from the other forms?

A comprobar

Stem-changing verbs e → ie and e → i

1. In **Exploraciones gramaticales 1** you learned that some verbs have changes in the stem. Notice that in the verbs on this page the **e** changes to **ie** and that the endings are the same as other **-ar, -er,** and **-ir** verbs.

querer *(to want)*

yo	quiero	nosotros(as)	queremos
tú	quieres	vosotros(as)	queréis
él, ella, usted	quiere	ellos, ellas, ustedes	quieren

cerrar *(to close)*

yo	cierro	nosotros(as)	cerramos
tú	cierras	vosotros(as)	cerráis
él, ella, usted	cierra	ellos, ellas, ustedes	cierran

mentir *(to lie)*

yo	miento	nosotros(as)	mentimos
tú	mientes	vosotros(as)	mentís
él, ella, usted	miente	ellos, ellas, ustedes	mienten

The verbs listed below are also **e → ie** stem-changing verbs.

comenzar (a)	*to begin (to do something)*
nevar	*to snow*
empezar (a)	*to begin (to do something)*
pensar	*to think*
encender	*to turn on*
perder	*to lose*
entender	*to understand*
preferir	*to prefer*

Notice that when a stem-changing verb has more than one **e**, the one right before the ending (**-ar, -er, -ir**) changes.

Yo **prefiero** el apartamento grande.
I prefer the large apartment.

Él siempre **enciende** todas las luces.
He always turns on all the lights.

2. **Pensar en** means *to think about* and **pensar** + an infinitive means *to plan to do something.* In order to tell what you think about something, you would use the phrase **pensar que**.

> Ella **piensa** mucho **en** sus hijos.
> *She thinks about her children a lot.*
>
> Yo **pienso** buscar un apartamento.
> *I plan to look for an apartment.*
>
> **Pienso que** la casa es muy bonita.
> *I think that the house is very pretty.*

3. There are some **-ir** verbs in which the **e** in the stem changes to **i**. As with the **e → ie** stem-changing verbs, these verbs also change in all forms except **nosotros**

and **vosotros,** and the endings are the same as regular **-ir** verbs.

repetir *(to repeat)*			
yo	repito	nosotros(as)	repetimos
tú	repites	vosotros(as)	repetís
él, ella, usted	repite	ellos, ellas, ustedes	repiten

The verbs listed below are **e → i** stem-changing verbs like **repetir.**

competir	*to compete*	servir	*to serve*
pedir	*to ask for*	sonreír	*to smile*
reír	*to laugh*		

4. Notice that the verb **reír** requires an accent mark on the **i** when it is conjugated. The same rule applies for **sonreír.**

reír *(to laugh)*			
yo	**río**	nosotros(as)	**reímos**
tú	**ríes**	vosotros(as)	**reís**
él, ella, usted	**ríe**	ellos, ellas, ustedes	**ríen**

5. **Pedir** means *to ask for (something)* and **preguntar** means *to ask (a question).* The preposition *for* is part of the verb **pedir,** so you should not use **por** or **para** with it.

> Los niños **piden** permiso de sus padres.
> *Children ask permission from their parents.*
>
> Él **pregunta** si van a vender su casa.
> *He is asking if they are going to sell their house.*

A practicar

4.29 **En la tienda de muebles** Todos quieren comprar algo nuevo. ¿Para qué habitación son los objetos que quieren comprar?

1. Mi esposo y yo queremos comprar una cama.
2. Raúl quiere comprar un auto.
3. Carlota y Esteban quieren comprar una mesa con cuatro sillas.
4. Jimena quiere comprar un sofá.
5. Yo quiero comprar un horno de microondas.

4.30 **¿Qué piensan hacer más tarde?** Explica qué piensan hacer las personas, cuándo y dónde. Usa el verbo **pensar**.

Modelo mi hermana

Mi hermana piensa leer un libro en el patio a las dos y media.

1. yo

2. mi esposa

3. mis hijos

4. mi esposa y yo

5. mi abuelo

6. Y tú, ¿qué piensas hacer más tarde?

4.31 **Somos iguales** Marca cuatro de las siguientes oraciones que sean ciertas *(are true)* para ti. Después busca cuatro compañeros diferentes para quienes una de las oraciones también sea cierta.

__ Sirvo la comida en mi casa.

__ Quiero viajar a otro país.

__ Sonrío en las fotos.

__ No miento.

__ Enciendo la radio cuando estudio.

__ Normalmente empiezo a estudiar después de *(after)* las ocho de la noche.

__ A veces *(Sometimes)* pierdo la tarea.

__ Pienso comer en un restaurante hoy.

__ Entiendo otra lengua.

__ Pido ayuda con la tarea de español.

4.32 **Entrevista** En parejas túrnense para entrevistarse con las siguientes preguntas.

Los estudios

1. ¿Dónde prefieres estudiar?

2. Normalmente ¿a qué hora empiezas a estudiar?

3. ¿Entiendes al profesor de español?

4. ¿A veces pides ayuda con la tarea de español? ¿A quién?

El tiempo libre *(Leisure time)*

5. ¿Enciendes la tele por la noche? ¿Qué te gusta mirar?

6. ¿Compites en un deporte? ¿Cuál?

7. ¿Qué piensas hacer este fin de semana?

8. ¿Quieres viajar en el verano? ¿Adónde?

¿Adónde quieres viajar?

Lectura

Antes de leer

¿Hay casas interesantes donde vives? ¿Por qué son interesantes?

Soluciones a la vivienda

cave/boat

¿Puedes imaginar vivir en una **cueva** o llegar a tu casa en **barco**? Vamos a hablar de algunas soluciones creativas para hacer casas prácticas.

La casa-cueva

Una casa-cueva es una casa con una parte en una cueva. Tienen temperaturas perfectas para el verano y el invierno y por eso no usan mucha energía y protegen el **medio ambiente**. Las casas-cueva pueden tener todas las necesidades de la vida moderna, como cocinas modernas, baños e Internet. En España las casas-cueva se usan **desde hace miles** de años. Las

environment

for thousands

Casa-cueva en España

casas-cueva más famosas están cerca de la ciudad de Granada, y ahora son hoteles. Una gran **desventaja** de estas casas es que necesitan más espacio para **albergar** a una familia, a diferencia de otras soluciones como los edificios de apartamentos.

disadvantage

to house

Los Palafitos

Un palafito es una casa construida sobre pilares. Hay palafitos en Argentina, Chile, Colombia, Perú y Venezuela. Son comunes en zonas donde hay mucha agua una parte del año. En el caso de

Palafitos en Chile

Venezuela, los palafitos son unas de las **viviendas** más viejas del país. El nombre de Venezuela tiene su origen en el nombre Venecia, en Italia, porque estas casas **les recordaron** a los europeos de la ciudad italiana.

Estas casas permiten vivir en regiones donde de otra forma **sería** imposible. Las desventajas son problemas de **salud** a causa de la contaminación del agua o la humedad.

homes

reminded

would be

health

La ruca mapuche

Los mapuches son los habitantes originales del territorio que hoy es Chile. La Ruca es similar a una **cabaña**. Las rucas tradicionales son circulares. Son muy grandes pero tienen solo una habitación. A los lados están las camas y provisiones, y en el centro está la cocina. Ahora hay programas de etno-turismo donde los turistas pueden **hospedarse** con los mapuches para aprender sobre su cultura.

cabin

stay

Edwin Remsberg/Alamy Stock Photo

Ruca en Chile

Comprensión

Indica si las oraciones son ciertas o falsas. Escribe correcciones para las oraciones falsas.

1. Las casas-cueva son frías en invierno.
2. Hay casas-cueva que son hoteles.
3. Hay palafitos en toda Latinoamérica.
4. Los palafitos son una solución para vivir en lugares con mucha agua.
5. Las rucas tienen varias habitaciones.
6. Es posible visitar una ruca como turista.

Después de leer

¿Qué casas en el artículo te gustan más? ¿Por qué?

Redacción

You are going to write an email to a new friend in which you tell him or her about where you live. One approach to descriptive writing is to begin with a general idea and to then become more specific. That is what you will do in this email. In the first paragraph, you will discuss the town or city where you live; in the second paragraph you will describe your home in general, and in the last paragraph you will discuss your favorite room.

Paso 1 Jot down as many adjectives as you can think of that you would use to describe the town or city where you live. Write a list of the things your town or city has to offer: businesses, museums, public spaces, etc.

Paso 2 Jot down as many phrases as you can about your home in general. Think about the following questions: Do you live in an apartment or a house? Whom do you live with? How would you describe your home (big, old, comfortable, etc.)? What rooms does it have?

Paso 3 Decide which room you like best. Jot down as many phrases as you can about that room. Think about the following questions: Why is it your favorite room? What items do you like in that room? How much time do you spend there? What do you do there?

Paso 4 After your greeting, begin your first paragraph by telling where you live. Then develop the paragraph in which you describe your city or town using the ideas you generated in **Paso 1**.

Paso 5 Write a transition sentence in which you tell where your home is located, such as the street you live on or what you live near. Then, develop the rest of the paragraph in which you describe your home using the information you generated in **Paso 2.**

Paso 6 Begin your third paragraph with a transition sentence that connects the second paragraph with the new idea to be discussed (your favorite room).

> **Modelo** *Hay muchas habitaciones en mi casa, pero mi habitación favorita es la sala.*

Paso 7 Develop the rest of the paragraph using the ideas you generated in **Paso 3**. Be sure to have a concluding statement at the end of the third paragraph. At the end of your email, ask your new friend two or three questions about where he/she lives.

Paso 8 Edit your essay:

1. In each paragraph, do all of your sentences support the topic sentence?
2. Are your paragraphs logically organized or do you skip from one idea to the next?
3. Are there any short sentences you can combine by using **y** or **pero**?
4. Are there any spelling errors?
5. Do adjectives agree with the objects they describe?
6. Do verbs agree with their subjects?

En vivo

Entrando en materia

¿Qué información hay en los anuncios para apartamentos y casas en el periódico *(newspaper)* o en Internet?

Casas en venta

Estos son anuncios para unas casas en venta en Ponce, Puerto Rico.

URBANIZACIÓN COLINAS DEL VALLE

CASAS EN VENTA
En una de las mejores zonas de Ponce, cerca de parques y un centro comercial

Modelo Bugambilia
- 3 habitaciones
- 2 baños y medio
- cocina integral
- sala-comedor amplia
- acabados de lujo
- estacionamiento cubierto para un auto

Modelo Rosal
- 4 habitaciones
- 2 baños
- cocina con desayunador
- sala
- comedor
- acabados de lujo
- terraza
- estacionamiento para un auto

Todo lo que necesita para vivir cómodamente.

Visite nuestras casas modelos todos los días de 9:00 A.M. a 9:00 P.M.

Comprensión

1. ¿Qué crees que es un "medio baño"?
2. ¿Qué piensas que significa "estacionamiento cubierto"?
3. ¿Cuál de las dos casas prefieres? ¿Por qué?

Más allá

Imagina tu casa ideal. ¿Cómo es? ¿Dónde está? ¿Cuántos dormitorios y baños tiene? ¿Qué más hay? ¿Cuál es tu habitación favorita y por qué? Comparte la información con un compañero.

4.33 **En casa** Completa el párrafo con la forma apropiada del verbo entre paréntesis.

Toda la familia **(1.)** _____ (estar) en casa hoy. Mi esposa y yo **(2.)** _____ (estar) en la cocina. Nosotros siempre **(3.)** _____ (almorzar) a esta hora, y hoy yo **(4.)** _____ (pensar) preparar unos sándwiches. Los niños **(5.)** _____ (estar) en casa también. Ellos no **(6.)** _____ (poder) jugar en el jardín porque **(7.)** _____ (llover) hoy. Vicente **(8.)** _____ (dormir) en su habitación, y Marisa **(9.)** _____ (jugar) unos videojuegos en la sala. Después de *(After)* comer, mis hijos **(10.)** _____ (querer) ir al cine con sus amigos. Mi esposa y yo **(11.)** _____ (preferir) mirar una película aquí en casa.

4.34 **En tu salón de clase** Identifica dónde están las personas y objetos en tu salón de clase. Usa preposiciones diferentes.

Modelo al lado de
> *La pizarra está al lado de la ventana.*

1. enfrente de
2. cerca de
3. encima de
4. a la derecha de
5. dentro de
6. debajo de
7. entre
8. detrás de

La pizarra está cerca de la ventana.

4.35 **Comprensión de lectura** Imagínate que eres profesor y tienes que escribir cinco preguntas de comprensión para los estudiantes sobre este párrafo. ¡OJO! Las respuestas a las preguntas deben estar en el párrafo.

Soy Rómulo y vivo en Montevideo, Uruguay. Vivo en un apartamento en el centro de la ciudad con mi amigo Pablo. Nuestro apartamento no es muy grande pero es cómodo. Tiene dos dormitorios y un baño. También tiene una sala pequeña donde Pablo y yo miramos la tele. Mi habitación favorita es mi dormitorio. Allí *(There)* me gusta escuchar música y leer.

Me gusta leer en mi dormitorio.

4.36 **¡Adivina dónde estoy!** Vas a trabajar con un compañero. Uno de ustedes debe imaginar que está en un lugar en la casa o en la ciudad. El otro debe hacer hasta *(up to)* diez preguntas para adivinar *(to guess)* dónde está, pero la respuesta debe ser solo **sí** o **no.** Túrnense para contestar.

Modelo Estudiante 1: *¡Adivina dónde estoy!*   Estudiante 2: *¿Hay libros y mesas?*
Estudiante 2: *¿Comes en este lugar?*   Estudiante 1: *Sí.*
Estudiante 1: *No.*   Estudiante 1: *¿Estás en la biblioteca?*
    Estudiante 2: *Sí.*

4.37 **Seis diferencias** Trabaja con un compañero. Uno mira el dibujo aquí y el otro mira el dibujo en el Apéndice B. Túrnense para describirlos y encontrar las seis diferencias.

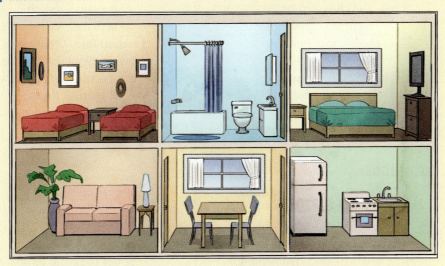

4.38 **Buscando un apartamento** Tú y un compañero van a decidir dónde quieren vivir.

Paso 1 Escribe una lista de lo que es importante para ti a la hora de decidir dónde quieres vivir. Luego mira los anuncios y decide cuál de los apartamentos prefieres.

Paso 2 Tu compañero y tú necesitan escoger *(choose)* uno de los apartamentos. Convence a tu compañero de vivir en la casa que tú prefieres.

Paso 3 Tomen una decisión y compártenla *(share it)* con la clase. Deben explicar por qué seleccionaron el apartamento.

Apartamento amueblado, un dormitorio grande con dos camas, baño con bañera y ducha, sala-comedor, cocina con lavadora, en la línea del autobús, $750 al mes	Cerca de la universidad, apartamento con dos dormitorios, baño con ducha, medio baño, sala amplia, cocina con espacio para comer, $950 al mes	Apartamento en tercer piso con balcón, dos dormitorios, baño con ducha, sala, comedor, cocina con lavaplatos, aire acondicionado, $875 al mes	Apartamento en planta baja, tres dormitorios, dos baños con ducha, sala-comedor, acceso a piscina y gimnasio, $1050 al mes	Apartamento muy céntrico con acceso a restaurantes y tiendas, dos dormitorios, un baño con bañera, sala, cocina grande, espacio reservado para un coche, $900 al mes

🔊 Vocabulario 1

4-5

Los lugares — *Places*

el aeropuerto	*airport*
el banco	*bank*
el bar	*bar*
el café	*cafe*
la calle	*street*
el centro comercial	*mall, shopping center*
el cine	*movie theater*
el club	*club*
el correo	*post office*
el edificio	*building*
la escuela	*school*
la farmacia	*pharmacy*
el hospital	*hospital*
el hotel	*hotel*
la iglesia	*church*

el mercado	*market*
la mezquita	*mosque*
el museo	*museum*
el negocio	*business*
la oficina	*office*
el parque	*park*
la piscina	*swimming pool*
la playa	*beach*
la plaza	*city square*
el restaurante	*restaurant*
la sinagoga	*synagogue*
el supermercado	*supermarket*
el teatro	*theater*
el templo	*temple*
la tienda	*store*
el zoológico	*zoo*

Los verbos

almorzar (ue)	*to have lunch*
costar (ue)	*to cost*
depositar	*to deposit*
devolver (ue)	*to return (something)*
dormir (ue)	*to sleep*
encontrar (ue)	*to find*
estar	*to be*
jugar (ue)	*to play*

llover (ue)	*to rain*
mandar una carta/ un paquete	*to send a letter / a package*
morir (ue)	*to die*
poder (ue)	*to be able to*
rezar	*to pray*
soñar (ue) (con)	*to dream (about)*
volver (ue)	*to come back*

Palabras adicionales

la carta	*letter*
la comida	*food*
el dinero	*money*

el paquete	*package*
la película	*movie*

Las preposiciones

a la derecha de	*to the right of*
a la izquierda de	*to the left of*
al lado de	*beside, next to*
cerca de	*near*
debajo de	*under*
dentro de	*inside*
detrás de	*behind*

en	*in, on, at*
encima de	*on top of*
enfrente de	*in front of, facing*
entre	*between*
fuera de	*outside*
lejos de	*far from*

Diccionario personal

_____

_____

🔊 Vocabulario 2

Habitaciones de la casa

el baño	*bathroom*		el dormitorio	*bedroom*
la cochera	*garage*		el jardín	*garden*
la cocina	*kitchen*		el patio	*patio*
el comedor	*dining room*		la sala	*living room*

Muebles y aparatos electrodomésticos

la alfombra	*carpet*		el (horno de) microondas	*microwave (oven)*
el armario	*closet, armoire*		el inodoro	*toilet*
la bañera	*bathtub*		la lámpara	*lamp*
la cafetera	*coffee maker*		el lavabo	*bathroom sink*
la cama	*bed*		la lavadora	*washer*
las cortinas	*curtains*		el lavaplatos	*dishwasher*
el cuadro	*painting, picture*		la mesita	*coffee table*
la ducha	*shower*		las plantas	*plants*
el espejo	*mirror*		el refrigerador	*refrigerator*
la estufa	*stove*		la secadora	*dryer*
la flor	*flower*		el sillón	*armchair*
el fregadero	*kitchen sink*		el sofá	*couch*
el horno	*oven*			

Los verbos

alquilar	*to rent*		pedir (i)	*to ask for*
cerrar (ie)	*to close*		pensar (ie)	*to think*
comenzar (ie) (a)	*to begin (to do something)*		perder	*to lose*
competir (i)	*to compete*		preferir (ie)	*to prefer*
empezar (ie) (a)	*to begin (to do something)*		reír (i)	*to laugh*
			repetir (i)	*to repeat*
encender	*to turn on*		querer (ie)	*to want*
entender (ie)	*to understand*		servir (i)	*to serve*
mentir (ie)	*to lie*		sonreír (ie)	*to smile*
nevar (ie)	*to snow*			

Palabras adicionales

el apartamento	*apartment*		el mueble	*furniture*
la dirección	*address*		la planta baja	*ground floor*
la habitación	*room*		el (primer) piso	*(first) floor*

Palabras interrogativas

¿adónde?	*to where?*		¿de dónde?	*from where?*
¿cómo?	*how?*		¿dónde?	*where?*
¿cuál(es)?	*which?*		¿por qué?	*why?*
¿cuándo?	*when?*		¿qué?	*what?*
¿cuánto(a)?	*how much?*		¿quién(es)?	*who?*
¿cuántos(as)?	*how many?*			

Three Lions/Getty Images

Juan Ramón Jiménez

Nota biográfica

Juan Ramón Jiménez (1881–1958) nace *(is born)* en Moguer, España. Estudia derecho *(law)* en la Universidad de Sevilla, pero decide no practicar. Con la ayuda del poeta modernista Rubén Darío, Jiménez publica su primer libro en 1900, cuando solo tiene 18 años. Durante su carrera trabaja como crítico literario y editor de varias revistas *(magazines)* literarias, y pasa *(spends)* tiempo en diferentes países como Francia, Portugal y Estados Unidos. Cuando empieza la Guerra *(War)* Civil, viaja a las Américas. Vive en Cuba, los Estados Unidos y más tarde en Puerto Rico, donde muere en 1958. Su poesía es muy visual, y el verde y el amarillo son los colores dominantes.

Antes de leer

1. ¿Con qué estación se asocian las canciones *(songs)* de los pájaros?
2. ¿Por qué migran los pájaros en el invierno?

Canción de invierno

Cantan. Cantan.
¿Dónde cantan los pájaros que cantan?

It has rained/branches — **Ha llovido**. Aún las **ramas**
without leaves — están **sin hojas** nuevas. Cantan. Cantan
los pájaros. ¿En dónde cantan
los pájaros que cantan?

cages — No tengo pájaros en **jaulas**.
No hay niños que los vendan. Cantan.
valley/Nothing — El **valle** está muy lejos. **Nada**...

know — Yo no **sé** dónde cantan
los pájaros -cantan, cantan-
los pájaros que cantan.

Aleksey Stemmer/Shutterstock.com

Source: Juan Ramón Jiménez, "Canción de Invierno," *Juan Ramón Jiménez para niños y niñas – y otros seres curiosos.* Ediciones de la Torre, 2010. By permission of the **Herederos de Juan Ramón Jiménez**.

The tone of a work refers to the attitude that a writer communicates towards a particular subject through the work. It can be playful, formal, angry, loving, etc. You can often identify the tone of a work by paying attention to the author's word choice. Does the author use words or expressions that are positive, negative, or neutral?

Después de leer

A. Comprensión

1. Do you think the poetic voice hears the birds' songs? Why?
2. What do you think the birds symbolize?
3. The poetic voice asks where the birds are singing. Where are they?
4. The poem is repetitive. What effect do you think the author was wanting to convey?
5. What is the tone of the poem?

B. Conversemos

 Habla con un compañero para compartir sus respuestas a las siguientes preguntas.

1. ¿Te gusta el poema? ¿Por qué?
2. ¿Qué estación crees que inspira más a los poetas? ¿Por qué?
3. ¿Conoces *(Do you know)* un poema en inglés o en español sobre una estación? ¿Cuál?

James Groves/Shutterstock.com

Learning Strategy

Guess intelligently

When you are listening to audio recordings or your instructor, or when watching a video, make intelligent guesses as to the meaning of words you do not know. Use context, intonation, and if possible, visual clues such as gestures, facial expressions, and images to help you figure out the meaning of words.

After completing this chapter, you will be able to:

- Describe your feelings, emotions, and physical states
- Talk about ongoing actions
- Discuss abilities needed for certain jobs and professions

En camino al trabajo, metro de Barcelona, España

Compassionate Eye Foundation/Morsa Images/Getty Images

Laura trabaja en el Café Simón. Es un lugar muy popular en el centro histórico de la ciudad. ¿Cómo están las personas en el café?

Los estados de ánimo

estar alegre	to be happy	**estar deprimido(a)**	to be depressed	**estar ocupado(a)**	to be busy

estar alegre	to be happy	**estar deprimido(a)**	to be depressed	**estar ocupado(a)**	to be busy
estar celoso(a)	to be jealous	**estar emocionado(a)**	to be excited	**Expresiones adicionales**	
estar confundido(a)	to be / confused	**estar frustrado(a)**	to be frustrated	**estar de acuerdo**	to agree
		estar interesado(a)	to be interested	**estar equivocado(a)**	to be wrong
estar contento(a)	to be happy, to / be content	**estar loco(a)**	to be crazy	**estar sano(a)**	to be healthy
		estar nervioso(a)	ro be nervous	**estar seguro(a)**	to be sure

A practicar

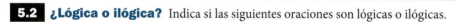

5.1 **Escucha y responde** Escucha los adjetivos. Indica con el pulgar hacia arriba *(thumbs up)* si es un adjetivo positivo o con el pulgar hacia abajo *(thumbs down)* si es un adjetivo negativo.

5-1

5.2 **¿Lógica o ilógica?** Indica si las siguientes oraciones son lógicas o ilógicas.

1. Vamos a tener un examen difícil y estamos felices.

2. Tus amigos te preparan una fiesta sorpresa y estás celoso.

3. Estamos preocupados porque nuestro hijo está muy enfermo.

4. Después de correr 15 kilómetros estás cansado.

5. Estás sano porque tienes una F en matemáticas.

5.3 **¿Cómo estás?** Trabaja con un compañero y túrnense para expresar sus
reacciones en estas situaciones.

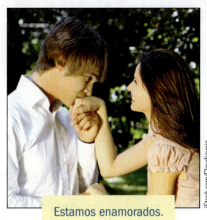

Modelo Tienes tres exámenes y recibes una A en todos.
Estudiante 1: *¡Estoy contento! ¿Y tú?*
Estudiante 2: *¡Yo estoy sorprendido!*

1. Vas de vacaciones a las islas Canarias y pierdes tu pasaporte.
2. Tú y tu novio se casan *(get married)* hoy.
3. Recibes un kilo de chocolates y los comes todos en un día.
4. Necesitas trabajar pero no puedes encontrar un trabajo.
5. Llegas tarde al aeropuerto y pierdes tu vuelo *(flight)*.
6. Hay una persona que no conoces *(that you don't know)* en la sala de tu casa.

Estamos enamorados.

 5.4 **Asociaciones** Habla con un compañero para explicar la emoción que asocian con
las situaciones de la lista. Explica por qué.

Modelo Estoy en la clase de matemáticas.
*Estoy frustrado porque no comprendo los problemas de matemáticas. / Estoy feliz porque
me gustan las matemáticas.*

1. Es lunes.
2. Es verano.
3. Estoy en la clase de historia.
4. Tengo un examen final.

5. Es el Día de San Valentín.
6. Llueve.
7. Estoy en el templo.
8. Estoy en la universidad.

 5.5 **¿Y tú?** Trabaja con un compañero y túrnense para completar las oraciones con
mucha información. En la última *(last)* oración ustedes deciden el estado de ánimo.

Modelo Cuando estoy cansado yo... ¿y tú?
Estudiante 1: *Cuando estoy cansada, yo duermo en mi sofá con mi gato, ¿y tú?*
Estudiante 2: *Yo también duermo, pero prefiero tomar una siesta en mi cama.*

1. Cuando estoy enamorado, yo... ¿y tú?
2. Cuando estoy triste, yo... ¿y tú?
3. Cuando estoy aburrido, yo... ¿y tú?

4. Cuando estoy enojado, yo... ¿y tú?
5. Cuando estoy enfermo, yo... ¿y tú?
6. Cuando estoy ___¿?___ , yo... ¿y tú?

 5.6 **Los chismes *(gossip)*** Imagina que tu compañero y tú están intercambiando
información sobre cómo están todos sus amigos. Pregúntense para completar la
información. Uno de ustedes va a ver la información en esta página, y el otro en el
Apéndice B. ¡**OJO**! Presta atención a la concordancia *(agreement)*.

Modelo Estudiante 1: *¿Cómo está Ramira?*
Estudiante 2: *Está contenta.*
Estudiante 1: *¿Por qué?*
Estudiante 2: *Porque va a ir de vacaciones a Venezuela.*

Nombre	¿Cómo está(n)?	¿Por qué?
Ramira	contento	Va a ir de vacaciones a Venezuela.
Emanuel y Arturo	ocupado	Tienen mucha tarea.
Gisela	enojado	Sus amigas no hablan con ella.
Alex		
Karina e Iliana		
Gerardo	preocupado	Va a tener varios exámenes difíciles.
Javier y Manuel		

Piensa en el tema

¿Quién es tu artista favorito? ¿Qué emociones sientes cuando observas su arte?

El arte y la emoción

Emociones fuertes *(strong)* como la tristeza, la depresión o la alegría pueden resultar en obras *(works)* de arte de una artista talentosa como la pintora mexicana Frida Kahlo (1907–1954).

Kahlo es famosa por sus autorretratos *(self-portraits)*, los que muestran su dolor *(pain)*. En la vida de Kahlo hay mucha tristeza y dificultades. A la edad *(age)* de 17 años, sufre un accidente y se fractura la espina dorsal *(spinal cord)* y varios huesos *(bones)*. Como resultado, pasa mucho tiempo en el hospital y no puede tener hijos. Frida sufrió dolor por el resto de su vida *(life)*.

Observa el cuadro de Frida Kahlo.
¿Qué emociones produce? ¿Qué colores usa?

El venado herido (1946), por Frida Kahlo

Archivart/Alamy Stock Photo

👥 Hablemos del tema

Trabaja con un compañero para completar las siguientes oraciones con sus opiniones.

1. La pintura de Frida Kahlo produce sentimientos de…
2. En mi opinión, el arte puede…
3. Me gusta el arte que…
4. No me gusta el arte que…
5. El arte (no) es importante para mí porque…

Piensa en el tema

Mira la foto. ¿Qué superstición explica el comportamiento *(behavior)* del hombre?

Supersticiones

En parejas hagan *(make)* una lista de cinco supersticiones populares en su cultura. Después lean la lista de supersticiones del mundo hispano. ¿Hay supersticiones similares a las que mencionaron ustedes?

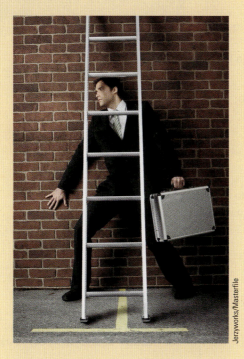

Jerzyworks/Masterfile

1. El martes 13 es un día de mala suerte.
2. Abrir un paraguas dentro de una casa trae mala suerte.
3. Romper un espejo trae siete años de mala suerte.
4. Cruzarse con un gato negro trae mala suerte.
5. Sentir comezón *(itch)* en la mano es señal de que va a recibir dinero.
6. Para tener un buen año con el dinero, uno debe usar calzoncillos *(underwear)* amarillos para recibir el año nuevo.

Si hay supersticiones parecidas *(similar)*, ¿cómo puedes explicar la similitud?

👥 Hablemos del tema

1. ¿Por qué hay supersticiones?
2. ¿Para qué sirven las supersticiones?
3. En general, pocas personas creen en las supersticiones, pero muchos modifican sus acciones "por si las moscas" *(just in case)*. ¿Tú haces o no haces algo *(something)* por una superstición?

Rubberball/Mark Andersen/Getty Images

A analizar ▶

Camila habla con Vanesa por teléfono. Después de ver el video lee parte de su conversación y observa los verbos en negritas. Luego contesta las preguntas que siguen.

Vanesa: ¡Hola, Camila! ¿Cómo estás?

Camila: Bien, pero estoy muy ocupada hoy.

Vanesa: ¿Por qué? ¿Qué **estás haciendo**?

Camila: Mis suegros van a llegar de Colombia esta noche y **estoy preparando** comida. Afortunadamente no tengo que limpiar la casa. Rodrigo está en casa hoy y **está limpiando** la sala y los baños.

Vanesa: ¿Y los niños?

Camila: **Están escribiendo** su tarea... Bueno, ¿y cómo estás tú, Vanesa?

Vanesa: ¡Estoy muy feliz!

1. How are the verbs in bold formed?

2. In **Capítulo 4,** you learned to use the verb **estar** to indicate location. Look at the conversation again. In what other two ways is the verb **estar** used here?

A comprobar

Estar with the present progressive

1. Remember that **estar** is an irregular verb:

estar *(to be)*			
yo	**estoy**	nosotros	**estamos**
tú	**estás**	vosotros	**estáis**
él, ella, usted	**está**	ellos, ellas ustedes	**están**

2. In **Capítulo 4,** you learned to use the verb **estar** to indicate location, and earlier in this chapter you learned to use it to express an emotional, mental, or physical condition.

Mis padres están felices.
*My parents **are** happy.*

Estoy cansado hoy.
*I **am** tired today.*

Estamos muy ocupados.
*We **are** very busy.*

3. The verb **estar** is also used with present participles to form the present progressive. The present progressive is used to describe actions in progress at the moment.

To form the present participle, add **-ando** (**-ar** verbs) or **-iendo** (**-er** and **-ir** verbs) to the stem of the verb.

hablar → habl**ando**
comer → com**iendo**
vivir → viv**iendo**

El profesor **está hablando** con Tito ahora.
*The professor **is talking** to Tito now.*

4. The present participle of the verb **ir** is **yendo.** However, it is much more common to use the present tense of the verb when the action is in progress.

Voy a la iglesia. / **Estoy yendo** a la iglesia.
*I'm **going** to church.*

You will recall from **Capítulo 4** that to say where someone is going in the future, it is necessary to use the verb **ir** in the present tense or to use the structure **ir** + **a** + *infinitive.*

Vamos (a ir) a una fiesta mañana.
*We **are going (to go)** to a party tomorrow.*

5. When the stem of an **-er** or an **-ir** verb ends in a vowel, **-yendo** is used instead of **-iendo.**

> leer → le**yendo**   oír *(to hear)* → o**yendo**
> traer *(to bring)* → tra**yendo**

6. Stem-changing **-ir** verbs have an irregular present participle. An **e** in the stem becomes an **i,** and an **o** in the stem becomes a **u.**

> mentir → m**i**ntiendo   pedir → p**i**diendo
> repetir → rep**i**tiendo   servir → s**i**rviendo
> dormir → d**u**rmiendo   morir → m**u**riendo

7. In the present progressive, the verb **estar** must agree with the subject; however, you will notice that there is only one form for each present participle. Because it is part of a compound verb, it does *not* change to agree in gender (masculine/feminine) or number (singular/plural) with the subject.

> Mis hijos están estudiando inglés.
> *My children are studying English.*

> Sandra está leyendo su libro de química.
> *Sandra is reading her chemistry book.*

A practicar

5.7 **¿Cierto o falso?** Escucha las afirmaciones sobre el dibujo e indica si cada oración es cierta o falsa.

5-2

5.8 **La fiesta** Estás en una fiesta en la casa de Dalia. Un amigo llama por teléfono y tú describes lo que está pasando en la fiesta. Usa los verbos entre paréntesis en la forma del presente progresivo para explicar lo que están haciendo todos.

Modelo yo (hablar por teléfono)
   Estoy hablando por teléfono.

1. Dalia (servir la comida)
2. Luis y Alfonso (comer pizza)
3. María Esther (beber una soda)
4. Felicia, Marciano y Mateo (jugar a las cartas)
5. Fernando (bailar con su novia)
6. los padres de Dalia (dormir)
7. la hermana de Dalia (leer una novela)
8. el hermano de Dalia (¿?)

5.9 **¿Qué están haciendo?** Trabaja con un compañero de clase y describan dos actividades que las personas de la lista están haciendo.

Miguel Cabrera, jugador de béisbol

Modelo Los estudiantes están en la biblioteca.
Están estudiando.
Están buscando libros.

1. El chef Pepín está en la cocina.
2. El presidente está en Camp David.
3. Juanes y Shakira están en el estudio.
4. El profesor de español está en la oficina.
5. Miguel Cabrera está en el parque.
6. Tú estás en la clase de biología.
7. Isabel Allende está en su oficina.
8. Sonia Sotomayor está en Washington, D.C.

5.10 **En la oficina** Describe lo que están haciendo las personas en la oficina. Usa el presente progresivo.

5.11 **Un amigo curioso** Trabaja con un compañero. Imaginen que uno de ustedes llama por teléfono a las siguientes horas y pregunta **¿Qué estás haciendo?** Túrnense para ser el amigo curioso y para responder.

Modelo 8:00 de la mañana
Estudiante 1: *Son las ocho de la mañana. ¿Qué estás haciendo?*
Estudiante 2: *Estoy tomando café.*

1. 9:00 de la mañana
2. mediodía
3. 2:00 de la tarde
4. 5:00 de la tarde
5. 8:00 de la noche
6. medianoche

¿Qué estás haciendo?

A analizar ▶

Mira el video otra vez. Después lee parte de la conversación entre Camila y Vanesa y observa los usos de los verbos **ser** y **estar**.

Camila: Mis suegros van a llegar de Colombia esta noche y **estoy** preparando comida. Afortunadamente no tengo que limpiar la casa. Rodrigo **está** en casa hoy y **está** limpiando la sala y los baños…

Vanesa: ¿Y cómo **son** tus suegros? ¿Tienes una buena relación con ellos?

Camila: Pues, sí, nos llevamos bien. **Son** simpáticos, en particular mi suegra. Ella también **es** maestra. Mi suegro **es** un poco difícil con la comida. Él **es** de Uruguay y no le gusta mucho la comida colombiana. Bueno, ¿y cómo **estás** tú, Vanesa?

Vanesa: ¡**Estoy** muy feliz! ¡Carlos Vives viene a dar un concierto!

Camila: ¿De veras? ¿Cuándo?

Vanesa: Va a **estar** en el auditorio municipal el once de mayo. ¿Quieres ir?

Camila: ¡Por supuesto! **Es** mi artista favorito. Oye, ¿qué hora **es**?

Vanesa: **Son** las tres y media.

1. What are the uses of **estar** you have learned so far? Find examples in the paragraph.

2. Look at the verb **ser** in the paragraph. What are the different ways in which it is used?

A comprobar

Ser and estar

1. The verb **ser** is used in the following ways:

  a. to describe characteristics of people, places, or things

    La profesora **es** inteligente.
    *The professor **is** intelligent.*

    Mi coche **es** muy viejo.
    *My car **is** very old.*

  b. to identify a relationship, occupation, or nationality

    Esta **es** mi novia; **es** peruana.
    *This **is** my girlfriend; she **is** Peruvian.*

    Ellos **son** mecánicos.
    *They **are** mechanics.*

  c. to express origin

    Yo **soy** de Cuba.
    *I **am** from Cuba.*

  d. to express possession

    Este libro **es** de Álvaro.
    *This book **belongs** to Álvaro.*

  e. to tell time and give dates

    Es tres de marzo y **son** las dos.
    *It **is** the third of March, and it **is** two o'clock.*

2. The verb **estar** is used in the following ways:

  a. to indicate location

    El perro **está** enfrente de la casa.
    *The dog **is** in front of the house.*

  b. to express an emotional, mental, or physical condition

    Estoy muy feliz.
    *I **am** very happy.*

    Mi madre **está** enferma hoy.
    *My mother **is** sick today.*

    Las secretarias **están** ocupadas.
    *The secretaries **are** busy.*

  c. in the present progressive

    Estoy estudiando.
    *I **am** studying.*

3. It is important to realize that the use of **ser** and **estar** with some adjectives can change the meaning of those adjectives. The use of **ser** indicates a characteristic or a trait, while the use of **estar** indicates a condition. Here are some common adjectives that change meaning:

estar aburrido(a) *to be bored*
ser aburrido(a) *to be boring*

estar alegre (feliz) *to be happy* (emotion)
ser alegre (feliz) *to be a happy person*

estar bueno(a)/ malo(a) *to be (taste) good/bad* (condition)
ser bueno(a)/malo(a) *to be good/bad* (general quality)

estar guapo(a) *to look handsome/pretty* (condition)
ser guapo(a) *to be handsome/pretty* (characteristic)

estar listo(a) *to be ready*
ser listo(a) *to be clever*

estar rico(a) *to be delicious*
ser rico(a) *to be rich*

Carlos **es** alegre.
Carlos is happy. (a happy person) (personality)

Graciela **está** alegre.
Graciela is happy. (emotion)

La fruta **es** buena.
Fruit is good. (general quality)

Los tomates **están** buenos.
The tomatoes are (taste) good. (present condition)

> **INVESTIGUEMOS LA GRAMÁTICA**
>
> While **estar** is generally used to indicate location, if you want to say where an event takes place, use **ser**.
> La fiesta **es** en la casa de Alejandro.
> *The party **is** at Alejandro's house.*

A practicar

5.12 **¿Es posible?** Mira la foto y lee las oraciones. Indica si son posibles o no.

1. Son amigos.
2. Están enojados.
3. Están en la universidad.
4. Son muy viejos.
5. Están hablando.
6. Son de Puerto Rico.

iStock.com/Alberto L. Pomares G.

5.13 **¿Cómo son o cómo están?** Indica qué expresiones pueden completar las oraciones correctamente. Hay más de una posibilidad para cada oración.

1. Yo estoy…
   - **a.** cansada
   - **b.** en clase ahora
   - **c.** estudiante
   - **d.** enamorado

2. Javier y Marta son…
   - **a.** mis amigos
   - **b.** enfermos
   - **c.** colombianos
   - **d.** enfrente de la clase

3. Madrid es…
   - **a.** en Europa
   - **b.** cosmopolita
   - **c.** muy bonita
   - **d.** la capital de España

4. El profesor de español está…
   - **a.** en la oficina
   - **b.** interesante
   - **c.** rubio
   - **d.** ocupado

5. Nosotros somos…
   - **a.** inteligentes
   - **b.** de Chile
   - **c.** hermanos
   - **d.** preocupados

6. Mis primos son...
   - **a.** profesores
   - **b.** cerca de la casa
   - **c.** guapos
   - **d.** estudiando

7. Tú estás...
   - **a.** mi amigo
   - **b.** contenta
   - **c.** inteligente
   - **d.** detrás del hotel

8. Mi hermano está...
   - **a.** hablando
   - **b.** listo
   - **c.** peruano
   - **d.** simpático

5.14 **Una foto** Trabajen en parejas para responder las preguntas sobre la foto. Inventen la información que no es evidente. **¡OJO!** Atención al uso de los verbos **ser** y **estar**.

1. ¿Quiénes son las personas en la foto?
2. ¿Cómo están hoy?
3. ¿Cómo son?
4. ¿De dónde son?
5. ¿Dónde están?
6. ¿Qué están haciendo?

Blend Images - GM Visuals/Getty Images

5.15 **¿Ser o estar?** Completa el párrafo con la forma apropiada del presente del indicativo de **ser** o **estar.**

Hoy **(1)** _____ primero de septiembre, el primer día de clases. **(2)** _____ las once y media y yo **(3)** _____ en la clase de inglés. Yo **(4)** _____ un poco nervioso porque es mi primera clase de inglés. Laura **(5)** _____ mi amiga y ella **(6)** _____ en la clase también. Nosotros **(7)** _____ muy interesados en aprender inglés. El profesor de la clase **(8)** _____ el señor Berg. Él **(9)** _____ alto, delgado y moreno. Es evidente que él **(10)** _____ simpático. Creo que va a **(11)** _____ un buen semestre.

5.16 **¿Cómo eres y cómo estás?** Pregúntale a tu compañero si esos adjetivos lo describen a él. Atención al uso de **ser** y **estar,** y a las formas de los adjetivos.

schwarzhana/Shutterstock.com

Modelo contento   Estudiante 1: *¿Estás contento?*
　　　　　　　　　　 Estudiante 2: *Sí, estoy contento. /*
　　　　　　　　　　 No, no estoy contento.
　　　　　 rico　　　 Estudiante 1: *¿Eres rica?*
　　　　　　　　　　 Estudiante 2: *Sí, soy rica. / No, no soy rica.*

1. enamorado	**6.** romántico
2. triste	**7.** enfermo
3. inteligente	**8.** atlético
4. tímido	**9.** preocupado
5. cansado	**10.** optimista

5.17 **Una historia interesante** Con un compañero de clase, escojan uno de los dibujos y describan la escena. Contesten las siguientes preguntas usando los verbos **ser** y **estar.** ¿Quiénes son las personas? ¿Cuál es su relación? ¿Dónde están? ¿Cómo están? ¿Qué está pasando? ¡Sean creativos!

Modelo *El hombre es Tomás y la mujer es Graciela. Son buenos amigos.*
　　　　　 Están en la sala de espera (waiting room) *del hospital porque la madre de Graciela*
　　　　　 está enferma.
　　　　　 Ellos están muy preocupados...

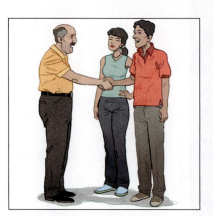

En vivo ◀))

Entrando en materia

1. ¿Quién es tu actor favorito y cómo es su personalidad?
2. Imagina que tienes la oportunidad de hablar con él. ¿Qué le preguntarías *(would you ask him)*?

Entrevista con un actor

◀)) Vas a escuchar un fragmento de una entrevista *(interview)* con el actor
5-3 Francisco Méndez.

Vocabulario útil

las admiradoras	*fans*
conociéndonos	*getting to know each other*
el maquillaje	*makeup*
los milagros	*miracles*
parecer	*to seem*

Comprensión

Escucha la entrevista y responde las preguntas.

1. ¿En qué evento están? ¿Dónde es el evento?
2. ¿Cómo es la personalidad de Francisco, según él *(according to him)*?
3. ¿Cómo está Francisco cuando debe hablar frente a muchas personas?
4. ¿Cómo es la novia de Francisco?
5. ¿Está Francisco enamorado de su novia?

👥 Más allá

Trabaja con un compañero. Uno de ustedes va a asumir la identidad de un actor, una actriz o un artista famoso. El otro estudiante va a pensar en cinco preguntas para entrevistar a la persona famosa.

Tengo muchos admiradores.

wassiliy-architect/Shutterstock.com

Lectura

Antes de leer

Contesta las preguntas.

1. En general, ¿qué necesitas para ser feliz?
2. En tu opinión, ¿en qué países son más felices las personas?

A leer

¿Quiénes son más felices?

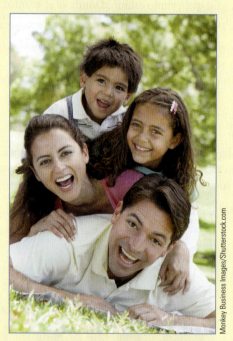

Monkey Business Images/Shutterstock.com

we know — Gracias a muchos estudios **sabemos** que la felicidad no depende directamente del dinero, **sino** de *but rather* — factores como las relaciones entre las personas y el grado en el que *free* — se sienten **libres**. Los estudios sobre la felicidad a veces tienen resultados diferentes, pero en muchas *research* — **investigaciones** los hispanos están entre las personas más felices del planeta. En estas páginas vas a leer sobre los resultados de tres estudios sobre la felicidad.

En un estudio de la Organización de las Naciones Unidas (ONU), los países escandinavos son los *among* — más felices del planeta. **Entre** los primeros 30 lugares están Costa Rica, México y Chile, seguidos por otros cuatro países

[los hispanos aparecen entre las personas más felices del planeta]

latinoamericanos. Los Estados Unidos están en el puesto 18. El estudio se basa en múltiples factores, como la situación económica, la generosidad y las oportunidades.

El segundo estudio es del Planeta Feliz *(Happy Planet Index)*. En los resultados del 2016, Costa Rica está en el primer lugar y México en el segundo. España y diez países latinoamericanos están entre los 25 países más felices del mundo. Un poco más abajo en la lista están Colombia, Panamá, Nicaragua, Ecuador y Uruguay. Los Estados Unidos están en el puesto 108, cerca del final de la lista, la cual incluye 140 países.

iStock.com/Jacob Wackerhausen

El tercer estudio es de *Global Research*, institución que en 2018 incluye un capítulo en su reporte acerca de cómo puede explicarse el alto índice de felicidad en Latinoamérica. Este reporte además explica gráficamente el impacto en cada país de las 4 razones por las que la gente se siente feliz: por seguridad económica, por sus relaciones con otras personas, por un buen sistema de salud, o por la libertad de hacer sus propias **elecciones** — *choices* en la vida. Entre los 30 países más felices de este estudio hay 8 países latinoamericanos. Esta investigación **concluye** que Latinoamérica es la — *concludes* región más feliz del mundo. Los Estados Unidos están en el lugar 18º en la lista.

Obviamente no hay concenso acerca de en qué país son más felices las personas, pero hay un factor que afecta la felicidad: estar **casado**. Las — *married* personas que están casadas consideran ser más felices.

Sources: Organización de Naciones Unidas, 2017; Happy Planet Index 2018, Global Research 2016

Comprensión

1. ¿Cuál es el tema del artículo?
2. Según la información, ¿cuáles son algunos factores que pueden afectar la felicidad?
3. Según el índice del Planeta Feliz, ¿qué países latinoamericanos están en la lista de los más felices?
4. ¿Hay similitudes entre la lista del Planeta Feliz y la lista de *Global Research*?
5. ¿Qué región del mundo es la más feliz?

Después de leer

Trabaja con un compañero y escriban una lista de cuatro o cinco cosas que pueden hacer para ser más felices. Después compartan *(share)* su lista con la clase.

Luisa es fotógrafa y celebra un aniversario de su graduación con sus compañeros. ¿Qué ocupaciones tienen ellos?

REUNIÓN DE LA GENERACIÓN DEL 98

la enfermera · el músico · el médico · la mesera · el mecánico · la fotógrafa · el pintor · la cocinera · el actor · el asistente de vuelo · el piloto · el científico · el policía · el deportista

INVESTIGUEMOS EL VOCABULARIO

In Latin America, **el (la) asistente de vuelo** refers to a flight attendant regardless of gender; however, in Spain **la azafata** is used for a female flight attendant and **el auxiliar de vuelo** is used for male flight attendants.

El (La) mesero(a) is used in Latin America to refer to a waiter/waitress; another word used in some South American countries is **el (la) mozo(a).** In Spain **el (la) camarero(a)** is used.

INVESTIGUEMOS LA GRAMÁTICA

(a) While most nouns ending in **-o** change to **-a** when referring to females, **el (la) piloto** and **el (la) modelo** do not.

(b) Professions ending in **-or** add an **a** to make them feminine: **contadora, diseñadora, escritora,** and **vendedora.**

(c) Professions ending in **-a** maintain the same spelling regardless of the gender of the person, such as **el (la) periodista** and **el (la) deportista.** However, **la mujer policía** is used for female police officers as **la policía** refers to the police force.

(d) Regardless of gender, **el ama de casa** requires the masculine article for pronunciation purposes. However, any adjectives would agree with the gender of the person: **Sara es el ama de casa perfecta.**

(e) When identifying a person's profession, the indefinite article is not used unless an adjective is added: **Eva es modelo. Adán es un buen actor.**

Las profesiones y ocupaciones

el (la) abogado(a)	lawyer	el (la) periodista	reporter
la actriz	actress	el (la) político(a)	politician
el (la) agente de viajes	travel agent	el (la) psicólogo(a)	psychologist
el amo(a) de casa	homemaker	el (la) secretario(a)	secretary
el (la) arquitecto(a)	architect	el (la) trabajador(a) social	social worker
el bailarín/la bailarina	dancer	el (la) vendedor(a)	salesperson
el (la) cantante	singer	el (la) veterinario(a)	veterinarian
el (la) contador(a)	accountant		
el (la) consejero(a)	counselor	**Palabras adicionales**	
el (la) dependiente	store clerk	el (la) cliente	client
el (la) diseñador(a)	designer	la entrevista	interview
el (la) escritor(a)	writer	ganar	to earn; to win
el (la) ingeniero(a)	engineer	la solicitud	application; want ad
el jefe/la jefa	boss		
el (la) maestro(a)	teacher	el sueldo	salary
el (la) modelo	model	el trabajo	job

A practicar

5.18 **Escucha y responde** Vas a escuchar una lista de profesiones. Indica con el pulgar hacia arriba si una persona que tiene la profesión mencionada lleva uniforme. Si no, indica con el pulgar hacia abajo.

5-4

5.19 **¿Dónde trabajan?** Relaciona a la persona con su lugar de trabajo.

1. _____ un dependiente
2. _____ un cocinero
3. _____ un pintor
4. _____ un actor
5. _____ un médico

a. un hospital
b. un teatro
c. un restaurante
d. una tienda
e. un estudio

INVESTIGUEMOS LA MÚSICA

Listen to the Spanish classic "Cuando seas grande" by Argentinian rocker Miguel Mateos. What does the teenager in the song want to be when he grows up?

5.20 **¿Qué hacen?** Trabaja con un compañero y escriban una actividad que hace cada una (each) de las siguientes personas en su trabajo.

Modelo mesero
           Un mesero sirve café.

1. maestro
2. secretario
3. enfermero
4. policía
5. ama de casa
6. deportista

5.21 **¿Cuál es su profesión?** Identifica las profesiones de las personas de la lista. Si no conoces a alguien (someone), puedes preguntarle a tus compañeros. Incluye toda la información adicional posible.

Modelo Jennifer López
           Estudiante 1: *¿Cuál es la profesión de Jennifer López?*
           Estudiante 2: *Es cantante. También es actriz en las películas* Selena, Gigli *y* El cantante.
                         Ella es de Puerto Rico.

1. Albert Pujols
2. Carolina Herrera
3. Diego Luna
4. Isabel Allende
5. Christina Aguilera
6. Antoni Gaudí
7. Carlos Santana
8. Michelle Bachelet

5.22 **Consejero** Imagina que eres consejero y debes recomendarles una profesión a algunos estudiantes, según sus clases favoritas y sus intereses. Túrnate con un compañero.

Modelo las matemáticas y la química
           Estudiante 1: *Me gustan las matemáticas y la química. ¿Qué profesión debo estudiar?*
           Estudiante 2: *Debes ser científico o ingeniero.*

1. los deportes y la clase de español
2. las clases de historia y de arte
3. la música y bailar
4. la biología y los animales
5. las fiestas y cocinar
6. las leyes (law) y la política

5.23 **Personas famosas** Trabaja con un compañero para completar la información. Uno de ustedes debe ver la tabla en esta página, y el otro debe ver la tabla en el Apéndice B. Túrnense para preguntar y responder.

Nombre	Profesión	País de origen
Alicia Alonso	bailarina	
Óscar de la Renta		República Dominicana
Andrea Serna	periodista, modelo	Colombia
Baruj Benacerraf		
Gabriela Mistral	escritora, maestra	
Luis Federico Leloir		Argentina

Conexiones culturales
Comparaciones

Piensa en el tema

1. ¿Cuántas horas a la semana trabajas?
2. ¿Piensas que en los Estados Unidos la gente trabaja mucho? ¿Crees que trabajan más en otros países?

¿Quién trabaja más?

La siguiente gráfica muestra las horas en promedio *(on average)* que las personas en diferentes países trabajan en un año. Mira la información y responde las preguntas.

Horas promedio de trabajo por persona (2017)

País	Horas
Alemania	1356
Canadá	1695
Chile	1954
Corea	2024
España	1687
Estados Unidos	1780
Francia	1514
Italia	1723
Japón	1710
México	2257
Noruega	1419

Source: Organization for Economic Cooperation and Development

1. En promedio, ¿cuántas horas trabajan al año en Chile y en México?
2. ¿Quiénes trabajan más: los españoles o los estadounidenses? ¿Cómo puedes explicar las diferencias?
3. El número de días de vacaciones varía mucho de un país a otro. Observa las estadísticas otra vez. ¿En qué país piensas que los trabajadores tienen más vacaciones?

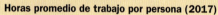 Hablemos del tema

1. ¿Por qué en algunos países la gente trabaja más horas?
2. La dedicación al trabajo puede ser un valor cultural. ¿Estás dispuesto a *(willing)* trabajar muchas horas, aunque *(even if)* no necesites el dinero?
3. ¿En qué profesiones es necesario trabajar muchas horas a la semana, típicamente?

Piensa en el tema

¿Cuáles son las carreras más populares en tu universidad? ¿Por qué son populares?

¿Qué carrera estudiar?

Hay algunas carreras que tienen mucha demanda entre los estudiantes universitarios. En Colombia, según un estudio del Observatorio Laboral para la Educación (OLE), estas son las carreras preferidas en las universidades colombianas porque es posible encontrar trabajo rápidamente y los sueldos son muy buenos.

1. Geología (geólogo)
2. Medicina (médico)
3. Ingeniería electromecánica (ingeniero electromecánico)
4. Ingeniería de minas *(mines)* (ingeniero en minas)
5. Estadística (especialista en estadística)

Source: Universia.net (2015)

👥 Hablemos del tema

Trabajen en grupos de cuatro o cinco estudiantes y preparen un resumen *(summary)* para presentar a la clase.

1. ¿Qué carrera están estudiando? ¿Por qué?
2. ¿Dónde quieren trabajar después de terminar sus estudios?
3. ¿Cuánto tiempo se necesita para conseguir un certificado/diploma/título?

PhotoAlto/Sigrid Olsson/Getty Images

Los trabajos en ingeniería tienen mucha demanda en Colombia.

Comunidad

¿Qué profesión te interesa? ¿Cómo puede ser una ventaja *(advantage)* hablar español en esa profesión? Crea *(Create)* un cartel con información básica (educación necesaria, sueldo, lugar de trabajo, destrezas *[skills]* necesarias, etc.) sobre la profesión. Incluye las ventajas de hablar español.

A analizar

Vanesa habla de su profesión. Después de mirar el video, lee el párrafo y observa las formas de los verbos.

Yo soy fotógrafa y trabajo para esta revista. ¡Me gusta mucho mi trabajo! Siempre llego a la oficina a las ocho y **pongo** todo en orden. Durante el día **conduzco** a diferentes lugares y **veo** a personas interesantes. Además tengo suerte porque **salgo** de viaje con frecuencia. **Traigo** la cámara, si la quieren ver.

1. Look at the paragraph again and find the first-person **(yo)** form of the following verbs.

   conducir   **poner**   **salir**   **traer**   **ver**

2. Do you notice a pattern in any of the **yo** forms of the verbs? What is it?

A comprobar

Verbs with changes in the first person

1. Some verbs in the present tense are irregular only in the first-person **(yo)** form. You have already seen the verb **hacer.** There are some common expressions that use the verb **hacer.**

hacer *(to do; to make)*	
hago	hacemos
haces	hacéis
hace	hacen

hacer la cama	*to make the bed*
hacer ejercicio	*to exercise*
hacer una fiesta	*to give a party*
hacer una pregunta	*to ask a question*
hacer la tarea	*to do homework*
hacer un viaje	*to take a trip*

2. The following verbs also have irregular first-person forms:

poner *(to put; to set)*	**pongo,** pones, pone, ponemos, ponéis, ponen
salir *(to go out, to leave)*	**salgo,** sales, sale, salimos, salís, salen
traer *(to bring)*	**traigo,** traes, trae, traemos, traéis, traen
conducir *(to drive)*	**conduzco,** conduces, conduce, conducimos, conducís, conducen
dar *(to give)*	**doy,** das, da, damos, dais, dan
ver *(to see)*	**veo,** ves, ve, vemos, veis, ven

> **INVESTIGUEMOS A LA GRAMÁTICA**
>
> When telling where someone is leaving from, it is necessary to use the preposition **de**.
>
> Salgo **de** la casa a las 7:00.
> *I leave the house at 7:00.*

3. The following verbs are not only irregular in the first-person form, but also have other changes:

decir *(to say, to tell)*	
digo	decimos
dices	decís
dice	dicen

venir *(to come)*	
vengo	venimos
vienes	venís
viene	vienen

seguir *(to follow; to continue)*	
sigo	seguimos
sigues	seguís
sigue	siguen

oír *(to hear)*	
oigo	oímos
oyes	oís
oye	oyen

A practicar

5.24 **¿Quién soy?** Decide cuál es la profesión de las personas que hacen las siguientes actividades.

> **Modelo** Les doy inyecciones a las mascotas.
> *el veterinario*

1. Hago las reservaciones para personas que quieren viajar.
2. Conduzco un coche con luces *(lights)* rojas y azules. No quieres conducir muy rápido cuando yo estoy cerca.
3. Les traigo la comida a los clientes en el restaurante.
4. Veo a muchas personas enfermas.
5. Escribo artículos, entrevisto a personas famosas y digo la verdad *(truth)*.
6. Oigo los problemas de muchas personas.
7. Muchas personas vienen a mi estudio y yo tomo fotos de ellas.
8. Pongo todo en orden en casa y salgo para comprar comida.

5.25 **Un día ocupado** Completa el párrafo usando los verbos de la lista en la primera persona singular **(yo)**.

conducir	hacer	poner	salir	tener	venir

Soy ama de casa y **(1)** _____ que hacer mucho trabajo todos los días.

Primero **(2)** _____ el almuerzo para mis hijos. A las 7:45 ellos suben al

(get into) auto y **(3)** _____ a la escuela. Después, voy al supermercado,

(4) _____ a casa y **(5)** _____ la comida en el refrigerador. Más tarde

(6) _____ otra vez a la escuela para recoger a mis hijos.

Soy ama de casa y siempre estoy ocupada.

5.26 **¿Qué hace Rocío?** Rocío es agente de viajes. Trabaja con un compañero para describir la rutina de Rocío. Incluyan todos los detalles posibles y usen verbos que conocen (*know*) y los siguientes verbos: **poner, oír, hacer, decir, salir, conducir.**

5.27 **¿Con qué frecuencia...?** Habla con seis compañeros de clase y pregúntale a cada uno con qué frecuencia hace una de las siguientes actividades. Después comparte la información con la clase.

siempre (*always*)   **casi siempre** (*almost always*)   **a veces** (*sometimes*)

casi nunca (*almost never*)   **nunca** (*never*)

Modelo hacer la cama

Estudiante 1: *¿Con qué frecuencia haces tu cama?*

Estudiante 2: *Siempre (A veces/Casi nunca/Nunca) hago mi cama.*

1. seguir las recomendaciones de tus amigos
2. salir los fines de semana
3. ver la televisión por la noche
4. venir tarde a la clase
5. dar respuestas correctas en clase
6. hacer la tarea para la clase de español

5.28 **Los estudios** Entrevista a un compañero de clase para saber (*to know*) más sobre sus hábitos.

1. ¿Qué coche conduces? ¿Tienes que conducir a la universidad?
2. ¿A qué hora vienes a la universidad? ¿A qué hora regresas a casa?
3. ¿Siempre (*Always*) traes el libro de español a clase? ¿Qué otros objetos traes a tus clases en tu mochila?
4. ¿Cuándo haces la tarea? ¿Dónde prefieres hacer la tarea?
5. ¿Pones música cuando estudias? ¿Qué tipo de música oyes cuando estudias?
6. ¿Sales con compañeros de clase? ¿Adónde van?

¿Dónde prefieres hacer la tarea?

A analizar ▶

Ve el video otra vez. Después lee la información y observa el uso de los verbos **saber** y **conocer**.

> Camila: Ahora, vamos a **conocer** al señor Fuentes.
>
> Óscar: Muchas gracias. ¿**Saben** cuál es mi profesión?
>
> Niños: ¡Policía!
>
> Óscar: ¡Exacto! Probablemente ustedes **saben** que mi trabajo es muy importante. **Conozco** a muchas personas que viven aquí y trabajo para protegerlos. Yo **conozco** muy bien la ciudad y las calles. Tengo un coche blanco y azul, y **sé** conducir muy bien. Puedo correr muy rápido si es necesario, y también **sé** hacer karate. ¡Es un trabajo muy interesante!

1. What is the first-person form of the verb **saber**? And the verb **conocer**?

2. The verbs **saber** and **conocer** both mean *to know*. Explain the difference in their uses above.

A comprobar

Saber and conocer

1. As with the other verbs in this chapter, **saber** and **conocer** are irregular in the first-person form.

saber	**sé**, sabes, sabe, sabemos, sabéis, saben
conocer	**conozco**, conoces, conoce, conocemos, conocéis, conocen

2. While the verbs **saber** and **conocer** both mean *to know*, they are used in different contexts.

   - **Saber** is used to express knowledge of facts or information as well as skills.
   - **Conocer** is used to express acquaintance or familiarity with a person, place, or thing.

   Notice the difference in meaning in the following sentences:

   Ana **conoce** Chile. *(familiarity)*
   Ana **sabe** dónde está Chile. *(fact)*

   Paco **conoce** a Diego. *(acquainted with)*
   Paco **sabe** dónde vive Diego. *(information)*

   Conozco la poesía de Neruda. *(familiarity)*
   Sé que Neruda es un poeta famoso. *(fact)*

3. When using **saber** to mean *to know how to do something*, it is followed by the infinitive.

   El ingeniero **sabe diseñar** edificios.
   *The engineer **knows how to design** buildings.*

   El cantante **sabe cantar**.
   *The singer **knows how to sing**.*

4. When expressing some knowledge or familiarity with general concepts or subjects, the verb **conocer** is used.

   El artista **conoce** el arte prehispánico.
   *The artist **knows** (is familiar with) pre-Hispanic art.*

   La enfermera **conoce** la medicina.
   *The nurse **knows** (is familiar with) medicine.*

5. When the recipient of the action (direct object) is a person or a pet, an **a** is used in front of the object. This is known as the **a personal** and is not translated into English. It is not necessary to use it with the verb **tener**; however, when using the verb **conocer** to tell that someone knows a person, it is necessary to use the **a personal**.

   La profesora **conoce a** los estudiantes.
   *The professor **knows** her students.*

   El jefe **conoce a** sus empleados.
   *The boss **knows** his employees.*

A practicar

5.29 **¿Lógica o ilógica?** Indica si las siguientes descripciones de profesiones son lógicas. Corrige las oraciones ilógicas.

1. La bailarina sabe jugar al fútbol.
2. El periodista conoce a muchas personas famosas.
3. El médico sabe dónde está la farmacia.
4. El contador sabe cantar bien.
5. El veterinario conoce a unos criminales.
6. La secretaria sabe usar la computadora.
7. El psicólogo conoce bien la cocina del restaurante.
8. El escritor conoce las obras *(works)* más importantes de la literatura.

5.30 **Oraciones incompletas** Indica qué opciones pueden completar las siguientes oraciones. Hay más de una posibilidad para cada oración.

1. El médico conoce...
   a. a sus pacientes.
   b. la medicina.
   c. dar inyecciones.
   d. el hospital.

2. El arquitecto sabe...
   a. al ingeniero.
   b. diseñar casas.
   c. dónde está la casa.
   d. la ciudad.

3. El científico conoce...
   a. las ciencias.
   b. cómo hacer el experimento.
   c. el laboratorio.
   d. que su trabajo es importante.

4. El consejero sabe...
   a. los problemas de sus clientes.
   b. escuchar bien.
   c. a sus clientes.
   d. a qué hora vienen los clientes.

5.31 **¿Saber o conocer?** Primero completen individualmente las siguientes oraciones con las formas necesarias de los verbos **saber** y **conocer.** Después túrnense para leer las definiciones y decir cuál es una profesión lógica.

Modelo Estudiante 1: *Yo ___sé___ tocar el piano.*
Estudiante 2: *Un músico.*

1. Yo _____ bien la ley *(law).*
2. Julio _____ pintar bien.
3. Matilde y Simón _____ a muchos médicos.
4. Fabio _____ al presidente.
5. Daniela y yo _____ tomar buenas fotos.
6. Yo _____ dónde están los buenos hoteles.
7. Mario y Luisa _____ bien a los animales en el zoológico donde trabajan.
8. Tú _____ cocinar muy bien.
9. Yo _____ bailar tango.
10. El señor Montero _____ a sus estudiantes.

Sandra Gligorijevic/Shutterstock.com

5.32 **Puerto Rico** Trabaja con un compañero y túrnense para preguntar si saben o conocen las siguientes cosas.

Modelo Puerto Rico
Estudiante 1: *¿Conoces Puerto Rico?*
Estudiante 2: *Sí, conozco Puerto Rico. / No, no conozco Puerto Rico.*

hablar español bien
Estudiante 1: *¿Sabes hablar español bien?*
Estudiante 2: *Sí, sé hablar español bien. / No, no sé hablar español bien.*

1. dónde está Puerto Rico
2. un puertorriqueño
3. la comida puertorriqueña
4. quién es el gobernador de Puerto Rico
5. San Juan
6. la historia de Puerto Rico
7. cuándo es el día de la independencia de Puerto Rico
8. bailar salsa

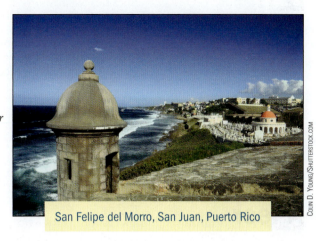

San Felipe del Morro, San Juan, Puerto Rico

COLIN D. YOUNG/SHUTTERSTOCK.COM

5.33 **¿Qué saben? ¿Qué conocen?** En parejas túrnense para completar las siguientes oraciones.

1. **a.** Nosotros conocemos…
   b. Nosotros sabemos…
2. **a.** Los periodistas conocen…
   b. Los periodistas saben…
3. **a.** Un jefe conoce…
   b. Un jefe sabe…
4. **a.** El presidente conoce…
   b. El presidente sabe…

5.34 **En busca de…** Decide qué verbo necesitas usar en cada oración y después busca a ocho compañeros diferentes que respondan positivamente a una de las siguientes preguntas. Después de responder deben contestar la pregunta adicional. Tomen notas para compartir las respuestas con la clase.

1. ¿(sabes/conoces) a una persona famosa? (¿Quién?)
2. ¿(sabes/conoces) un buen restaurante? (¿Cuál?)
3. ¿(sabes/conoces) hablar otra lengua (¿Cuál?)
4. ¿(sabes/conoces) a una persona de otro país *(country)*? (¿Qué país?)
5. ¿(sabes/conoces) el nombre del presidente de Argentina? (¿Cómo se llama?)
6. ¿(sabes/conoces) cocinar? (¿Cuál es tu especialidad?)
7. ¿(sabes/conoces) muy bien la ciudad donde vives? (¿Cuál es tu lugar favorito?)
8. ¿(sabes/conoces) cuál es la capital de Venezuela? (¿Cuál es?)

Lectura

Antes de leer

Piensa en una o dos profesiones que están desapareciendo (*disappearing*) y explica por qué.

A leer

Trabajos y oficios que están cambiando

changing

En un mundo que está **cambiando** muy rápidamente, los trabajos de la gente también cambian. De acuerdo a un estudio de la Universidad de Oxford, en los Estados Unidos el 47% de los trabajadores están en **peligro** de perder sus trabajos debido a los avances en la tecnología y la automatización.

danger

greater

En otros países el peligro es **mayor**, como en Argentina, donde el 67% de los **puestos** está en peligro según un estudio del Banco Mundial. Aquí te hablamos de algunos trabajos que están cambiando. Para algunos de estos trabajos no es necesario estudiar porque las personas aprenden su **oficio** de familiares, pero otros trabajos sí requieren de estudios universitarios.

positions

trade

still

El organillero: **Todavía** es posible encontrar a un organillero en los parques de una ciudad, tocando música con su organillo. Esta profesión, originada en Europa, ya es casi parte de la historia. Parece que la gente prefiere escuchar su propia música en sus estéreos personales.

John Mitchell/Alamy Stock Photo

fortune-teller

El adivinador: Va por el parque con un pajarito en una jaula. Cuando el cliente le paga al adivinador, el pájaro selecciona un papel que dice su suerte, igual que un horóscopo. Hay muchos otros tipos de adivinadores. En Bolivia, por ejemplo, los adivinadores se llaman yaitiris y son de la cultura aymará. Ellos adivinan con métodos tradicionales como el pájaro y la hoja de coca, pero ahora algunos de ellos usan nuevos métodos con objetos como papas, cerveza o huevos.

Courtesy of Margarita Casas

Repartidores: Van por toda la ciudad y llevan artículos de gran importancia a las casas de la gente. Hay muchos tipos de repartidores, pero los más importantes son los repartidores de agua potable, los que reparten el gas para cocinar y probablemente los que traen productos que la gente compra en el Internet.

Courtesy of Mary Ann Blitt

Contadores: Estos trabajadores están en peligro porque las nuevas tecnologías les permiten a muchas personas usar programas de computadora. **Sin embargo**, algunos expertos piensan que los contadores pueden usar la tecnología a su favor y darles nuevos servicios y consejos a sus clientes.

However

Wuthipong Pangjai/EyeEm/Getty Images

Maestros: Aunque todavía hay mucha demanda, es cada vez más común encontrar cursos enseñados por computadoras y crear programas para aprender casi **cualquier tema**. Incluso sin tecnologías modernas, en lugares remotos en donde no hay suficientes maestros, se usa la telesecundaria, una manera de enseñar con videos. Con este sistema, los estudiantes van a un salón de clases, donde ven las lecciones por televisión. Por supuesto, quienes tienen una computadora pueden aprender prácticamente todo gracias al Internet.

any topic

En la lista de trabajos en peligro, según el Banco Mundial, hay profesiones como historiadores, economistas y pilotos comerciales. Entre las profesiones que no están en peligro por ahora, están los trabajos relacionados con la salud, **como** médicos **cirujanos**, dentistas y psicólogos. Los ingenieros también están en la lista. No hay duda de que el futuro laboral va a ser muy diferente.

like
surgeons

Comprensión

Responde las preguntas de acuerdo a la información del texto.

1. ¿Por qué muchas profesiones están en peligro?
2. Según el artículo, ¿cuál es el país con más trabajos en peligro?
3. ¿Quiénes son los yaitiris?
4. ¿Están en peligro los maestros? ¿Por qué?
5. ¿Qué profesiones o carreras pueden tener un buen futuro?

††† Después de leer

1. ¿Estás de acuerdo *(Do you agree)* con el artículo?
2. ¿Crees que los maestros están en peligro? ¿Por qué todavía tiene demanda esta profesión?
3. ¿Qué carrera estás estudiando? ¿Piensas que la tecnología va a ayudar en tu profesión, o va a reemplazarla *(replace it)*?

Redacción

Write an email to a friend telling him/her about a new job.

Paso 1 Brainstorm a list of jobs that you think are interesting or exciting.

Paso 2 Pick one of the jobs from your list. Jot down as many things as you can about that job: Why do you find it interesting? Where do professionals in that field work? What do they do? What do they have to know? Who do they work with? How much do they work?

Paso 3 Write a list of emotions that you might feel if you were to have a job like the one you described in **Paso 2.**

Paso 4 Imagine that you have the job you described in **Paso 2.** Begin the email to your friend and ask how he/she is doing. Then say how you are feeling.

Paso 5 Continue your email telling your friend that you have a new job. Then write a paragraph in which you discuss various aspects of the job using the information you generated in **Paso 2.** Also, describe how you are feeling about the job using the list you created in **Paso 3.**

Paso 6 Conclude your email.

Paso 7 Edit your email:

1. Is your email logically organized with smooth sentence transitions?
2. Are there any short sentences you can combine by using **y** or **pero**?
3. Do verbs agree with the subjects?
4. Do adjectives agree with the nouns they describe?
5. Did you use **ser** and **estar** properly?
6. Are there any spelling errors?

En vivo

Entrando en materia

Cuando buscas un trabajo y lees solicitudes de trabajo, ¿qué requisitos *(requirements)* es común encontrar?

Solicitudes de trabajo

Aquí hay algunas solicitudes de empleo de un periódico de Colombia.

EMPLEO

ARQUITECTO. Empresa solicita Arquitecto o Diseñador. Hombres o mujeres, 25 a 35 años, experiencia programas 3d autocad, etc. Excelente presentación, disponibilidad de horario y para viajar. Interesados comunicarse al 3636-1111 (de 10:00 a 18:00 hrs).

DEPENDIENTE. Mujer honesta y responsable para trabajar en una óptica en Plaza Fancy, turno completo, sin experiencia y preparatoria terminada. Interesadas enviar curriculum vitae a: plazafancy@empleos.com. Sueldo base $4,000 + Comisión.

CAJERO. Administrador de pizzería, hombre, edad máxima 30 años, zona Ciudad Bugambilias. Contratación Inmediata. Comunicarse al: 3693-9393.

SUPERVISOR. Empresa en expansión ofrece oportunidad de trabajo de medio tiempo, de lunes a viernes. Buscamos personas mayores de 17 años para supervisar personal y atender líneas telefónicas. Para mayor información comunicarse al número 467676767 o enviar hoja de vida al correo electrónico empleo@gmail.com preguntar por la señorita Marciano.

Se Solicita Ama de Casa. Para atender señor solo. Tardes libres. Informes al 345-0900-2636.

CHOFER. Hotel solicita chofer de camioneta. Requisitos: Inglés indispensable, disponibilidad de horario para rotar turnos, actitud de servicio. Interesados presentar solicitud en Avenida Bolívar 7002, en horario de oficina.

ABOGADA. Bufete de abogados e inversionistas requiere abogada titulada. Responsabilidades: Examinar procesos civiles. Informes al 900 800-7000.

DENTISTA o pasante para trabajo en clínica dental de Ortodoncia. Turno completo, sexo femenino. Informes al 987-5567-8133 a mandar currículum o: ortodoncia@ortomax.com.

EJECUTIVO(A) de ventas con experiencia, auto compacto y disponibilidad para viajar, 25–35 años. Ofrecemos producto de primera necesidad para la industria hotelera, sueldo base más comisión, y prestaciones de ley. Interesados enviar c.v con foto a: gerencia@ hotelería.com.

ENFERMERA(O). General/técnica, indispensable cédula profesional. Edad: 25–45 años, estado civil indistinto, experiencia comprobable de tres años. Sueldo según aptitudes. Enviar curriculum a: recursoshumanos@ hospitalSanJose.com.

MESEROS y cantineros. Ambos sexos. Requisitos: experiencia mínima de 3 años, excelente presentación, disponibilidad de horario. Presentarse con currículum o solicitud elaborada en Restaurante Bar Arcoiris, centro histórico, teléfono 987-6543-4571.

RECEPCIONISTA. Empresa nacional solicita personal mixto para trabajar medio tiempo. Requisitos: responsable y con iniciativa, disponibilidad de horario. Buena presentación, edad 23 a 35 años, manejo de PC, paquete Office. Citas al Tel: 541-5959-6283, extensión 345.

SE solicita Instructor de Yoga. Experiencia mínima de un año, de 20 a 35 años, interesados llamar: 044-33 3403-3466.

Comprensión

1. ¿Qué tipo de trabajos ofrecen las solicitudes de empleo?
2. ¿Qué tipo de requisitos tienen?
3. ¿Qué diferencias hay entre estos anuncios y los de los Estados Unidos?

👫 Más allá

Trabaja con un compañero. Imaginen que uno de ustedes quiere uno de los trabajos de los anuncios. El otro estudiante va a hacerle preguntas lógicas para una entrevista de trabajo.

5.35 **Un día en la vida** Completa el siguiente párrafo con la forma necesaria del verbo entre paréntesis. En algunas oraciones debes escoger entre dos verbos. ¡OJO! Algunos de los verbos requieren el uso del presente progresivo.

Me llamo Romina. **(1)** _____ (Ser/Estar) de Cuzco, Perú, pero

(2) _____ (ser/estar) en Nueva York. **(3)** _____ (Ser/Estar) cocinera ¡y

me encanta mi trabajo! Ahora estoy **(4)** _____ (trabajar) en un restaurante

con un cocinero francés. Estoy **(5)** _____ (aprender) mucho con él.

Yo **(6)** _____ (saber/conocer) a mis clientes muy bien. Ellos **(7)** _____

(venir) al restaurante con frecuencia y **(8)** _____ (decir) que mi comida es la

mejor en Nueva York. Algún día quiero **(9)** _____ (ser/estar) dueña (*owner*)

de un restaurante andino. Yo **(10)** _____ (saber/conocer) cocinar muy bien...

¡yo **(11)** _____ (hacer) unos platos deliciosos! **(12)** _____ (Ser/Estar)

segura de que puedo tener éxito.

5.36 **Descripción personal** Conjuga el verbo en la primera persona (**yo**), y completa la oración de una forma original.

1. (Ser)...
2. Hoy (estar)...
3. (Venir) a la clase de...
4. Los fines de semana (salir)...
5. Yo no (saber)...
6. (Conocer) a...
7. No (hacer)...
8. (Conducir)...

5.37 **Mensajes de texto** Imagina que estás visitando la ciudad de Barcelona, en España, y escribes varios mensajes en tu teléfono celular para decirles a tus amigos lo que estás haciendo en ese momento. Usa el presente progresivo para hablar de tus actividades.

1. 10:30 a.m. – caminar por el parque Güell
2. 1:00 p.m. – comprar recuerdos en las Ramblas
3. 2:00 p.m. – almorzar en el Café 4Gats
4. 4:00 p.m. – visitar el mercado
5. 6:00 p.m. – ver cuadros en el Museo de Picasso
6. 8:00 p.m. – beber y comer en un restaurante de tapas

5.38 **En el trabajo** Explica lo que las siguientes personas saben y conocen según (*according to*) la profesión que tienen.

Modelo Isabel es veterinaria.
Ella conoce a las mascotas de sus clientes. Sabe cómo ayudar a los animales.

1. Leticia es mesera.
2. Ernesto es secretario.
3. Esmeralda es mujer policía.
4. Mario es deportista.
5. Alicia es ama de casa.
6. Marcelo es maestro.

5.39 **Descripción de fotos** Con un compañero describan las siguientes fotos. Deben determinar: a) quiénes son las personas en las fotos, b) qué relación tienen, c) cuáles son sus profesiones, d) qué están haciendo y e) qué emociones se muestran en las fotos. ¡Atención a los verbos **ser** y **estar**!

> **Modelo** *Marta no está contenta. Es escritora y está hablando por teléfono con el editor. Él necesita el libro en dos semanas.*

Darren Green/Shutterstock.com

Diego Cervo/Shutterstock.com

wavebreakmedia/Shutterstock.com

5.40 **Información, por favor** Trabaja con un compañero. Uno debe mirar la tabla en esta página y el otro debe mirar la tabla en el Apéndice B. Túrnense para preguntarse y completar la tabla con la información necesaria. Necesitan identificar sus profesiones, de dónde son, dónde están ahora y cómo están. Atención al uso de **ser** y **estar.**

Nombre	Profesión	Origen	Localización	Emoción
Carlota		Madrid	la casa	
Éric			el banco	frustrado
César	periodista	San Juan		cansado
Paloma	abogada		el correo	
Samuel		Managua	la oficina	
Camila	diseñadora			divertida

5.41 **¿Estás feliz?** Imagina que tu compañero y tú trabajan para una revista y deben escribir un test de felicidad para los lectores *(readers)*.

Paso 1 Escribe una lista de cinco a siete actividades que hace una persona feliz.

Paso 2 Comparte *(Share)* tu lista con tu compañero y seleccionen seis actividades que deben incluir en el test.

Paso 3 Tomen el test y descubran si son felices. Después compartan los resultados con el resto de la clase.

CAPÍTULO 5

Vocabulario 1

1-32

Los estados de ánimo y otras expresiones con el verbo *estar*

aburrido(a)	*bored*	equivocado(a)	*wrong*
alegre	*happy*	feliz	*happy*
asustado(a)	*scared*	frustrado(a)	*frustrated*
avergonzado(a)	*embarrassed*	interesado(a)	*interested*
cansado(a)	*tired*	loco(a)	*crazy*
celoso(a)	*jealous*	nervioso(a)	*nervous*
confundido(a)	*confused*	ocupado(a)	*busy*
contento(a)	*happy, content*	preocupado(a)	*worried*
deprimido(a)	*depressed*	sano(a)	*healthy*
emocionado(a)	*excited*	seguro(a)	*sure*
enamorado(a) (de)	*in love (with)*	sorprendido(a)	*surprised*
enfermo(a)	*sick*	triste	*sad*
enojado(a)	*angry*		

Palabras adicionales

la salud	*health*	estar listo(a)	*to be ready*
estar de acuerdo	*to agree*	ser listo(a)	*to be intelligent*

Diccionario personal

_____

_____

_____

_____

_____

_____

_____

_____

_____

◀)) Vocabulario 2

Las profesiones

el (la) abogado(a)	*lawyer*	el (la) ingeniero(a)	*engineer*
el actor	*actor*	el jefe/la jefa	*boss*
la actriz	*actress*	el (la) maestro(a)	*elementary/*
el (la) agente de viajes	*travel agent*		*high school teacher*
el amo(a) de casa	*homemaker*	el (la) mecánico(a)	*mechanic*
el (la) arquitecto(a)	*architect*	el (la) médico(a)	*doctor*
el (la) asistente de vuelo	*flight attendant*	el (la) mesero(a)	*waiter*
el bailarín/la bailarina	*dancer*	el (la) modelo	*model*
el (la) cantante	*singer*	el (la) músico(a)	*musician*
el (la) científico(a)	*scientist*	el (la) periodista	*journalist*
el (la) cocinero(a)	*cook*	el (la) piloto	*pilot*
el (la) consejero(a)	*adviser*	el (la) pintor(a)	*painter*
el (la) contador(a)	*accountant*	el policía/la mujer policía	*police officer*
el (la) dependiente	*clerk*	el (la) político(a)	*politician*
el (la) deportista	*athlete*	el (la) psicólogo(a)	*psychologist*
el (la) diseñador(a)	*designer*	el (la) secretario(a)	*secretary*
el (la) enfermero(a)	*nurse*	el (la) trabajador(a) social	*social worker*
el (la) escritor(a)	*writer*	el (la) vendedor(a)	*salesperson*
el (la) fotógrafo(a)	*photographer*	el (la) veterinario(a)	*veterinary*

Palabras adicionales

el (la) cliente	*client*	el sueldo	*salary*
la entrevista	*interview*	el trabajo	*job*
la solicitud	*application; want ad*		

Los verbos

conducir	*to drive*	hacer la tarea	*to do homework*
conocer	*to know, to be acquainted with*	hacer un viaje	*to take a trip*
		oír	*to hear*
dar	*to give*	poner	*to put; to set*
decir (i)	*to say, to tell*	saber	*to know (facts; how to do something)*
ganar	*to earn*	salir	*to go out, to leave*
hacer	*to do, to make*	seguir (i)	*to follow, to continue*
hacer la cama	*to make the bed*		
hacer ejercicio	*to exercise*	traer	*to bring*
hacer una fiesta	*to give a party*	venir (ie)	*to come*
hacer una pregunta	*to ask a question*	ver	*to see*

Learning Strategy

Study with a partner

Study with a friend or form a study group. Not only will you benefit when someone in your group understands a concept that you may have difficulty with, but you can also increase your own understanding by teaching others who need extra help. Group study will provide you with more opportunities to speak and listen to Spanish as well.

After completing this chapter, you will be able to:

- Talk about your daily routine
- Talk about sports
- Talk about when and how often you do things
- Discuss events that occurred in the past

¿Cómo pasas el día?

Preparándose para ir de excursión al Chimborazo, Ecuador

Es temprano por la mañana y la familia Cervantes comienza su día.

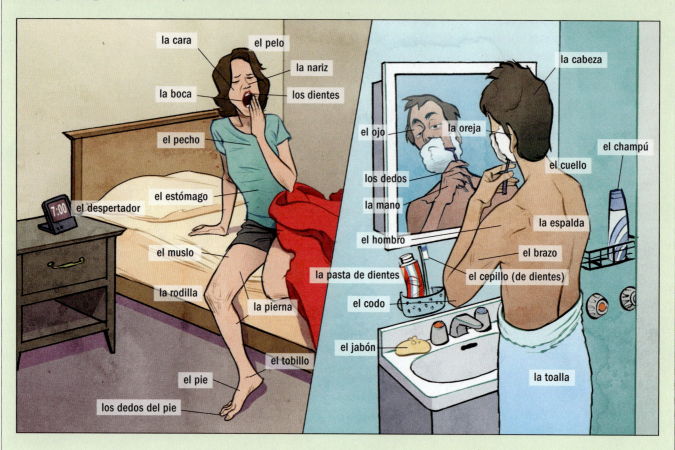

Verbos

En el baño

afeitarse	*to shave*
arreglarse	*to fix oneself up;*
	to get ready
bañarse	*to bathe, to take a bath*
cepillarse	*to brush*
ducharse	*to shower*
lavarse	*to wash*
maquillarse	*to put on makeup*
peinarse	*to comb or style one's hair*
secarse	*to dry oneself*

En el dormitorio

acostarse (ue)	*to go to bed, to lie down*
despertarse (ie)	*to wake up*
dormirse (ue)	*to fall asleep*
estirarse	*to stretch*
levantarse	*to get up*
ponerse (la ropa)	*to put on (clothing)*
quitarse (la ropa)	*to take off (clothing)*
sentarse (ie)	*to sit down*
vestirse (i)	*to get dressed*

Palabras adicionales

el cuerpo	*body*
divertirse (ie)	*to have fun*
tarde	*late*
temprano	*early*
verse	*to look at oneself*

> **INVESTIGUEMOS EL VOCABULARIO**
>
> In addition to **el pelo, el cabello** can also be used to refer to hair.

A practicar

6.1 **Escucha y responde** Vas a escuchar varias partes del cuerpo. Señala la parte del cuerpo que escuches.

6-1

6.2 **Asociaciones** ¿Qué ropa asocias con las siguientes partes del cuerpo?

1. los pies   3. la cabeza   5. el cuello

2. las piernas   4. las manos   6. la espalda y el pecho

6.3 **¿Qué parte del cuerpo es?** Completa las descripciones.

1. _____ está entre la cabeza y los hombros y sirve para mover la cabeza.

2. Tenemos dos _____, y cada uno tiene cinco dedos. Sirven para caminar y bailar.

3. Usamos _____ para hablar y para comer.

4. Tenemos dos _____ en la cara para ver.

5. _____ está en el brazo, entre la mano y el hombro.

6. Tenemos dos _____. Una está en el lado izquierdo de la cabeza, y la otra en el lado derecho.

7. Yo tengo _____ largo, rubio y rizado *(curly)*.

8. _____ es una parte que conecta la pierna con el pie.

6.4 **No corresponde** Trabaja con un compañero. Observen los grupos de palabras y túrnense para decidir cuál es diferente. Expliquen por qué.

Modelo la pierna   la toalla   el pie
la toalla, porque no sirve para caminar

1. los pies	las manos	el cuello
2. los dedos	la boca	la nariz
3. el pelo	el codo	la rodilla
4. el estómago	el diente	la espalda
5. el muslo	la oreja	el tobillo
6. el despertador	el champú	el jabón

6.5 **¿Cuándo?** Trabaja con un compañero y túrnense para explicar en qué situaciones una persona tiene que hacer las siguientes actividades.

Modelo ducharse con agua fría
Estudiante 1: *¿Por qué una persona tiene que ducharse con agua fría?*
Estudiante 2: *Tiene mucho calor.*

1. sentarse al frente de la clase
2. acostarse muy tarde
3. vestirse con ropa muy vieja
4. estirarse

5. levantarse muy temprano
6. afeitarse las piernas
7. dormirse a las seis
8. cepillarse los dientes

6.6 **Unos monstruos** Trabaja con un compañero. Uno debe mirar el dibujo en esta página, y el otro va a mirar el dibujo en el Apéndice B. Túrnense para describir los monstruos y encontrar las cinco diferencias.

INVESTIGUEMOS EL VOCABULARIO

In some Latin American countries, **el dentífrico** is used rather than **la pasta de dientes** to say *toothpaste*.
In Mexico, **rasurarse** is used to say *to shave* rather than **afeitarse,** and **bañarse** refers to both showering and bathing.

Piensa en el tema

Piensa en dos expresiones idiomáticas en inglés. ¿Qué significan realmente?

Expresiones idiomáticas

Una expresión idiomática es una frase que la gente de una cultura usa metafóricamente para comunicar algo. Por ejemplo, la frase "cuesta un ojo de la cara" significa que algo cuesta mucho dinero. Si una persona dice "¡Hoy en día *(Nowadays)* la gasolina cuesta un ojo de la cara!" significa que la gasolina cuesta mucho.

Dan Dalton/Getty Images

¿Qué? ¡Cuesta un ojo de la cara!

Las siguientes expresiones idiomáticas de la lengua española se relacionan con las partes del cuerpo. Léelas y determina si hay alguna expresión similar en inglés. Después habla con un compañero e inventen una situación en la que es lógico usar la expresión.

Modelo   echarle una mano (*to give a hand* - ayudar)
Mi familia tiene un restaurante y yo ayudo los fines de semana. Le echo una mano a mi familia en su restaurante.

Expresión idiomática	Traducción literal	Significado
No pegar ojo	*to not be able to glue one's eyes shut*	no dormir
Hablar por los codos	*speak through one's elbows*	hablar mucho
Dar la cara	*to give one's face*	enfrentar una situación
Ser codo	*to be an elbow*	no querer gastar su dinero
No tener pie ni cabeza	*to lack feet and head*	es ilógico
No tener pelos en la lengua	*not to have hairs on one's tongue*	decir las cosas de una forma muy directa

Hablemos del tema

1. ¿Usas expresiones idiomáticas con frecuencia?
2. ¿Piensas que las personas mayores *(older)* usan estas expresiones con más frecuencia que los jóvenes?
3. En tu opinión, ¿es importante aprender estas expresiones? ¿Por qué?

Piensa en el tema

¿Qué canciones para niños recuerdas? ¿De qué hablan?

Una canción infantil

Pin Pon fue originalmente un programa de televisión de Chile en el que un personaje *(character)* llamado Pin Pon les enseña a los niños buenos hábitos y valores *(values)*. La siguiente es una canción infantil de este programa. Pin Pon se conoce en muchos países latinoamericanos.

Carlos Restrepo/Shutterstock.com

Pin Pon es un **muñeco**   *doll*
con cara de cartón
se lava la carita
con agua y con jabón.

Se peina los cabellos
con peines de **marfil**   *ivory*
y aunque le den **tirones**   *tugs*
no llora ni hace así.

Como siempre **obedece**   *obeys*
lo que manda mamá
estudia las lecciones
antes de irse a acostar.

Y cuando las **estrellas**   *stars*
empiezan a **brillar**   *to shine*
Pin Pon se va a la cama
reza y se echa a soñar.

Hablemos del tema

1. La música se usa frecuentemente para ayudar a los niños a aprender. ¿Recuerdas canciones para aprender matemáticas, lenguas, u otra materia?
2. Como *(As)* leíste, Pin Pon era *(was)* un programa de televisión para niños. ¿Hay en los Estados Unidos programas para enseñar a los niños? ¿Cuáles?

Comunidad

Como la canción de Pin Pon, existen muchos libros para niños que enseñan a tener buenos hábitos de higiene. Pregunta en la biblioteca de tu comunidad si tienen un programa para leerles en español a los niños. Si tu biblioteca no tiene un programa, puedes ser voluntario en un programa bilingüe en un jardín de niños o en una escuela primaria. ¡Leer es una magnífica manera de practicar español!

1
Exploraciones **gramaticales**

A analizar

Camila habla con su consejera sobre su rutina. Después de ver el video, lee lo que Camila dice y observa las estructuras de los verbos.

> Todos los días **me despierto** a las seis, **me peino** rápidamente y **me visto.** Después de **arreglarme,** despierto a mi hijo y preparo su cereal [...] Acuesto al niño y después mi esposo y yo vemos la tele un poco. Antes **de acostarme, me baño.** Prefiero **bañarme** en la noche porque no tengo mucho tiempo en la mañana. **Me acuesto,** leo y **me duermo.**

1. What is the subject of the verbs in bold in the examples above?
2. What do you notice about the verbs in bold in the paragraph above?
3. Notice the different structures of the verbs **acostar** and **despertar** in the examples below. How are they different? Why do you think the structures are different?

   Todos los días **me despierto** a las seis... / **despierto** a mi hijo y preparo su cereal...

   Acuesto al niño... / **Me acuesto,** leo y me duermo.

A comprobar
Reflexive verbs

1. Many verbs used to discuss daily routines (**bañarse, despertarse, vestirse,** etc.) are known as reflexive verbs. Reflexive verbs are used to indicate that the subject performing the action also receives the action of the verb. In other words, these verbs are used to describe actions we do to ourselves.

   Ella **se pone** un vestido azul.
   *She **puts on** (herself) a blue dress.*

   Yo **me levanto** temprano.
   *I **get** (myself) **up** early.*

2. Reflexive verbs are conjugated in the same manner as other verbs; however, they must have a reflexive pronoun. The reflexive pronoun agrees with the subject of the verb.

   lavarse *(to wash oneself)*

yo	**me** lavo	nosotros	**nos** lavamos
tú	**te** lavas	vosotros	**os** laváis
él, ella, usted	**se** lava	ellos, ellas, ustedes	**se** lavan

The following verbs from the **Vocabulario** section are verbs with reflexive pronouns:

acostarse* (ue)	divertirse* (ie)	ponerse
afeitarse	dormirse* (ue)	quitarse
arreglarse	ducharse	secarse
bañarse	estirarse	sentarse* (ie)
cepillarse	lavarse	verse
despertarse* (ie)	levantarse	vestirse* (i)

*stem-changing verbs

3. The reflexive pronoun is placed in front of a conjugated verb.

   Nosotros **nos** acostamos tarde.
   We go to bed late.

   Yo **me** estoy durmiendo.
   I am falling asleep.

4. When using an infinitive, attach the reflexive pronoun to the end. The pronoun should agree with the subject. The pronoun can also be attached to the present participle, but you must add an accent to maintain the original stress.

> ¿Vas a bañar**te** ahora?
> *Are you going to bathe now?*

> Estoy lavánd**ome** la cara.
> *I am washing my face.*

5. Many verbs can be used reflexively or nonreflexively, depending on who (or what) receives the action.

> Gerardo **se lava** las manos.
> *Gerardo **washes** his (own) hands.*

> Felipe **lava** el coche.
> *Felipe **washes** the car.*

> (Felipe does not receive the action; the car does.)

Rebeca **se mira** en el espejo.
*Rebeca **looks at herself** in the mirror.*

Los niños **miran** a la maestra.
*The children **look at** the teacher.*

(The children do not receive the action; the teacher does.)

6. When using reflexive verbs, do not use possessive adjectives.

> Silvia se lava **el** pelo.
> *Silvia washes **her** hair.*

7. Some verbs have a slightly different meaning when used with a reflexive pronoun, such as **irse** *(to go away, to leave)* and **dormirse** *(to fall asleep).*

> Liz **se duerme** a las diez todas las noches.
> *Liz falls asleep at ten o'clock every night.*

> Liz **duerme** ocho horas cada noche.
> *Liz sleeps eight hours each night.*

A practicar

6.7 **Conclusiones lógicas** Empareja las columnas para hacer oraciones lógicas.

1. El despertador suena a las ocho y tú...
2. No hay agua caliente y por eso yo...
3. Empieza la clase de aeróbic y la profesora...
4. Son las once de la noche y nosotros...
5. Tengo que ir a una fiesta formal y yo...
6. Después de comer, ellos...

a. me pongo un vestido elegante.
b. se estira.
c. se cepillan los dientes.
d. te levantas y te vistes.
e. nos acostamos.
f. prefiero no ducharme.

6.8 **Mis hábitos** Habla con un compañero sobre tus hábitos. Conjuga el verbo en la forma apropiada y completa las oraciones.

Modelo Yo (lavarse) el pelo...
> Estudiante 1: *Yo me lavo el pelo con Champú Reina, ¿y tú?*
> Estudiante 2: *Yo me lavo el pelo con Champú Brillo.*

1. Los fines de semana yo (acostarse)...
2. Yo (estirarse) cuando...
3. A veces yo (dormirse) cuando...
4. Yo nunca (ponerse)...
5. En clase de español prefiero (sentarse)...
6. Yo (divertirse) cuando...

6.9 **Entrevista** Entrevista a un compañero con estas preguntas.

1. ¿A qué hora te despiertas de lunes a viernes? ¿Y los sábados o domingos?
2. Generalmente, ¿cuánto tiempo necesitas para arreglarte?
3. ¿En qué ocasiones te pones ropa elegante?
4. ¿A veces te duermes en clase? ¿En qué clase?
5. ¿Qué haces para divertirte?
6. ¿Prefieres bañarte o ducharte?

6.10 **Una mañana muy apurada** Completa el siguiente párrafo con la forma necesaria del verbo apropiado. **¡OJO!** Unos verbos son reflexivos y otros no.

Carmen **(1.)** _____ (despertar/despertarse) y **(2.)** _____ (mirar/mirarse) el reloj. ¡Las siete de la mañana! Los niños deben estar en la escuela a las ocho. Rápidamente va al cuarto de sus hijos y **(3.)** _____ (despertar/despertarse) a Carlos y Víctor. Ellos **(4.)** _____ (levantar/levantarse) y van al baño. Mientras los niños **(5.)** _____ (bañar/bañarse), Carmen **(6.)** _____ (preparar/prepararse) el desayuno *(breakfast)* para ellos. Cuando Carlos y Víctor entran en la cocina para desayunar, Carmen corre al baño y empieza a **(7.)** _____ (arreglar/arreglarse). Ella **(8.)** _____ (maquillar/maquillarse) y **(9.)** _____ (vestir/vestirse). Después Carmen **(10.)** _____ (llamar/llamarse) a sus hijos. Carlos y Víctor van al baño y **(11.)** _____ (cepillar/cepillarse) los dientes. Carmen **(12.)** _____ (peinar/peinarse) a los chicos y todos salen de la casa a las ocho menos diez.

6.11 **Las rutinas** ¿Qué están haciendo estas personas? Usa el presente progresivo.

1.

2.

3.

4.

5.

6.

6.12 **En busca de...** Busca a compañeros que hagan las siguientes actividades. Habla con una persona diferente para cada actividad de la lista. **¡OJO!** Tienes que decidir si debes usar la forma reflexiva del verbo o no y conjugarlo para preguntarles a tus compañeros. Luego comparte *(share)* la información con la clase.

Modelo (duchar/ducharse) en la noche
    Estudiante 1: *¿Te duchas en la noche?*
    Estudiante 2: *Sí, me ducho en la noche.*

1. (levantar/levantarse) temprano los fines de semana
2. preferir (vestir/vestirse) con ropa cómoda
3. (lavar/lavarse) la ropa una vez a la semana
4. normalmente (dormir/dormirse) siete horas
5. preferir (sentar/sentarse) al frente de la clase
6. (poner/ponerse) la mesa para comer
7. (quitar/quitarse) los zapatos cuando llega a casa
8. (cepillar/cepillarse) a una mascota

Exploraciones gramaticales

A analizar

Ve otra vez el video de Camila hablando con su consejera. Después lee lo que dice Camila y observa las expresiones de tiempo en negritas.

Todos los días me despierto a las seis, me peino rápidamente y me visto. **Después de** arreglarme, despierto a mi hijo y preparo su cereal. Mi mamá **siempre** llega a las siete y media y yo salgo para la escuela. Paso el día en la escuela enseñando y **a veces** tengo reuniones con los otros maestros o con los padres de los niños en la tarde. **Normalmente** llego a casa a las cinco y empiezo a preparar la comida. **Después** mi esposo limpia la cocina mientras yo juego con mi hijo. Acuesto al niño y **después** mi esposo y yo vemos la tele un poco. **Antes de** acostarme, me baño.

1. What form of the verb is used after the expressions **antes de** and **después de**?
2. What form of the verb is used with the other expressions of time?

A comprobar

Adverbs of time and frequency

1. One of the functions of an adverb is to tell when an action occurs. The following are common adverbs of time, some of which you have already seen:

a menudo	*often*
ahora	*now*
hoy	*today*
luego	*later*
mañana	*tomorrow*
más tarde	*later*
pronto	*soon*
todos los días	*every day*

Más tarde ellos van a arreglarse para salir.
Later they are going to get ready to go out.

Carmina está duchándose **ahora**.
Carmina is showering now.

Notice that it is possible to use the adverb either before or after the action.

2. The following adverbs of time usually come before the verb:

a veces*	*sometimes*
mientras*	*while*
normalmente	*normally, usually*
(casi) nunca	*(almost) never*
(casi) siempre	*(almost) always*
todavía	*still*
ya	*already*
ya no	*no longer*

*If you are using a subject in the sentence, these adverbs are placed in front of the subject.

A veces mi hermana se acuesta después de la medianoche.
Sometimes my sister goes to bed after midnight.

Mi padre **nunca** se afeita los fines de semana.
My father never shaves on the weekend.

3. To say what someone does before or after another activity, use the expressions **antes de** + *infinitive* and **después de** + *infinitive*.

> **Antes de acostarse, mi hijo lee un libro.**
> *Before going to bed, my son reads a book.*

> **Los niños necesitan cepillarse los dientes después de comer.**
> *The children need to brush their teeth after eating.*

Notice that in the English translations the present participle (-ing) is used. In Spanish, it is necessary to use the infinitive after a preposition (**a, con, de, para,** etc.).

4. **Antes** and **después** can also be used without the preposition **de;** however, the meaning changes slightly and they are translated as *beforehand* and *afterwards,* respectively. They are followed by the conjugated verb.

> **Normalmente como y después voy a la universidad.**
> *Normally I eat and afterwards I go to the university.*

> **Voy a acostarme, pero antes voy a lavarme la cara.**
> *I am going to go to bed, but beforehand I am going to brush my teeth.*

5. When saying how often you do something, use the word **vez** *(time)*.

> **Él se afeita una vez a la semana.**
> *He shaves once a week.*

> **Me cepillo los dientes tres veces al día.**
> *I brush my teeth three times a day.*

Notice that this adverbial expression comes after the activity.

A practicar

6.12 **¿Cierto o falso?** Habla con un compañero y dile *(tell him/her)* si las oraciones son ciertas o falsas para ti. Corrige las oraciones falsas para que sean *(so that they are)* ciertas.

1. Normalmente me seco el pelo con una secadora.
2. Me cepillo los dientes diez veces al día.
3. Me afeito todos los días.
4. Me ducho y luego me acuesto.
5. Escucho música mientras me arreglo.
6. Me visto después de cepillarme los dientes.
7. A menudo me despierto antes de escuchar el despertador.
8. Nunca me maquillo.

6.13 **¿Qué haces?** Completa las oraciones con las actividades que haces con la frecuencia indicada.

Modelo Siempre... *tomo café antes de la clase de español.*

1. Todos los días...
2. Una vez al día...
3. A veces...
4. Una vez al mes...
5. Una vez al año...
6. Ya no...
7. Casi nunca...
8. Nunca...

Siempre tomo café antes de la clase de español.

6.14 **¿Cuándo?** Mira las ilustraciones y explica cuándo las personas hacen una de las actividades en relación a la otra.

Modelo *Antes de ponerse un sombrero, se peina. / Después de peinarse, se pone un sombrero.*

 1.

 2.

 3.

 4.

 5.

 6.

6.15 **¿Con qué frecuencia?** Trabaja con un compañero y túrnense para preguntar con qué frecuencia hacen las actividades de la lista.

Modelo cepillarse los dientes
Estudiante 1: *¿Con qué frecuencia te cepillas los dientes?*
Estudiante 2: *Me cepillo los dientes tres veces al día.*

1. levantarse antes de las ocho
2. bañarse (en la bañera)
3. ponerse ropa elegante
4. cortarse el pelo
5. lavarse la cara
6. dormirse con la tele encendida *(turned on)*
7. afeitarse
8. acostarse tarde

6.16 **¿Qué haces antes?** Trabaja con un compañero y túrnense para contestar las preguntas sobre sus actividades anteriores.

Modelo antes de levantarse
Estudiante 1: *¿Qué haces antes de levantarte?*
Estudiante 2: *Antes de levantarme apago* (turn off) *el despertador y escucho un poco de música.*

1. antes de salir para la universidad
2. antes de tomar un examen
3. antes de hacer ejercicio
4. antes de comer
5. antes de salir con amigos
6. antes de acostarse
7. antes de hacer un viaje
8. antes de comprar un coche

6.17 **Opuestas** Elisa y Florencia son muy diferentes y comparten *(share)* un apartamento. En parejas túrnense para comparar sus hábitos y sus rutinas. Usen algunos de los adverbios de tiempo y verbos reflexivos.

Modelo *Elisa es muy organizada y siempre se levanta temprano, pero Florencia casi siempre se levanta tarde.*

Elisa

Florencia

6.18 **Entrevista** Trabaja con un compañero y túrnense para responder las preguntas y describir sus rutinas. Usen los adverbios de tiempo para explicar la secuencia de actividades.

1. ¿Cómo es tu rutina por la mañana?
2. ¿Cómo es tu rutina por la noche?
3. ¿Cómo es un día típico en la universidad?
4. ¿Cómo es un día típico en el trabajo?
5. ¿Cómo es un sábado típico?
6. ¿Cómo es un domingo típico?
7. ¿Cómo es una cita romántica típica?
8. ¿Cómo es una típica celebración de Año Nuevo?

6.19 **Una vida sana** En un grupo de tres a cuatro estudiantes van a decidir quién tiene la vida más sana.

Paso 1 Escribe una lista de siete a ocho hábitos y actividades que consideras sanas.

Paso 2 Comparte tu lista con los otros de tu grupo. Luego decidan seis o siete hábitos y actividades que piensan que son las más importantes para mantener una vida sana.

Paso 3 Pregúntense *(Ask each other)* con qué frecuencia hacen las actividades de la lista. Luego repórtenle a la clase quién tiene la vida más sana y por qué.

Entrando en materia

¿Qué le puedes decir a un niño que te pregunta por qué debemos lavarnos las manos?

Cómo mantenernos sanos

🔊 Vas a escuchar un fragmento de un programa para niños en donde hablan sobre buenos
6-2 hábitos de higiene personal.

Vocabulario útil

contagiarse	*to become infected*	**frotar**	*to rub*
enfermarse	*to become sick*	**los gérmenes**	*germs*
la enfermedad	*illness*	**la higiene**	*hygiene*
estornudar	*to sneeze*	**los resfriados**	*colds*
la época	*era, time of the year*	**toser**	*to cough*

topseller/Shutterstock.com

Comprensión

Escucha el fragmento del programa e indica si las afirmaciones son ciertas o falsas. Corrige
las falsas.

1. El invitado al programa es Jorge Encinos, un experto en salud.
2. El programa es acerca de las enfermedades de los niños.
3. Ahora es verano.
4. Para no contagiarse es importante no estar a menos de dos metros de una persona enferma.
5. Es importante beber mucha agua.

👫 Más allá

Habla con un compañero y describan lo que hacen para no resfriarse (*get sick with a cold*).

Lectura

Antes de leer

1. ¿Qué personas crees que toman siestas más frecuentemente y por qué?
2. ¿En qué países piensas que se toman siestas y por qué?

A leer

La siesta

La costumbre de dormir durante el día por media hora se originó en Roma, donde se usaba la expresión "hora sexta" para hablar del tiempo dedicado a dormir y **descansar** después de cinco horas de mucho trabajo. En España "la hora sexta" **se convirtió** en *la siesta.* En el horario tradicional la gente come con su familia al mediodía y después descansa un poco antes de volver a trabajar. Luego esta tradición se exportó a los países latinoamericanos.

Este tiempo es importante porque la comida al mediodía es la comida principal en muchos

to rest
became

> [recomiendan la siesta
>   como algo positivo]

healthy
to digest

de estos países, y es **saludable** tomar tiempo para **digerir** la comida. Además, nadie quiere salir a la calle durante estas horas porque hace mucho calor. Muchos estudios científicos recomiendan la siesta como algo positivo para la salud porque previene problemas cardiacos, ayuda a la digestión y disminuye

Casi nadie sale durante la hora de la siesta.

iStock.com/Matthew Dixon

el estrés. **Aunque** las personas no siempre duermen durante este tiempo, la interrupción de las labores les permite a las familias reunirse y pasar más tiempo juntas.

En algunos países hay compañías que entienden **el valor** de la siesta, y les dan a sus trabajadores un lugar para descansar por algunos minutos para incrementar su productividad. Desafortunadamente, la hora de la siesta es una costumbre que está desapareciendo en muchos países. Ahora la gente casi nunca tiene tiempo para descansar en las ciudades porque hay poco tiempo, mucho tráfico y los negocios prefieren no cerrar para tener algunos clientes más.

Although

value

La siesta coincide con las horas de más calor.

Kravchenko Marina/Shutterstock.com

Comprensión

1. ¿Cuál es el origen de la palabra *siesta*?
2. ¿Qué hacen las personas durante la hora de la siesta?
3. ¿Cuáles son los beneficios de tomar una siesta?
4. ¿Por qué está desapareciendo esta costumbre?
5. Según la información en el texto, ¿crees que la costumbre de la siesta va a desaparecer por completo? ¿Por qué?

Después de leer

Habla con un compañero para responder las preguntas.

1. ¿Duermes una siesta a veces? ¿Por qué?
2. ¿Piensas que es una buena idea dormir siestas?
3. ¿Cuáles son las ventajas *(advantages)* y las desventajas de dormir la siesta?

Igor Normann/Shutterstock.com

¡Es verano! Hace buen tiempo y algunas personas salen a disfrutar del buen tiempo.

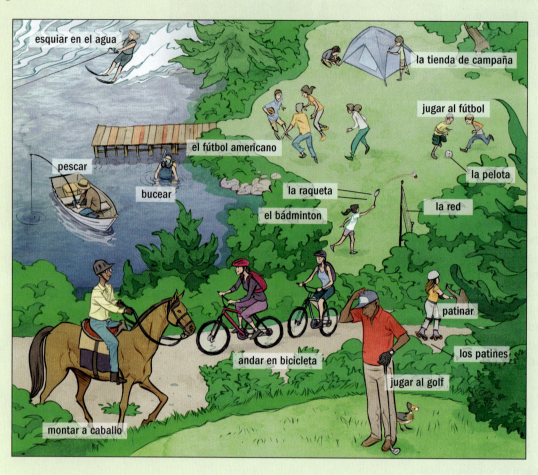

Los deportes

el atletismo	*track and field*
el básquetbol	*basketball*
el béisbol	*baseball*
la natación	*swimming*
el tenis	*tennis*
el voleibol	*volleyball*

Los pasatiempos

acampar	*to camp*
esquiar en tabla	*to snowboard*
hacer alpinismo	*to go mountain climbing*
ir de excursión	*to go hiking*
jugar al ping-pong	*to play ping-pong*

levantar pesas	*to lift weights*
patinar en hielo	*to ice skate*

Palabras adicionales

el (la) aficionado(a)	*fan (of a sport)*
el campo	*field*
la cancha	*court*
el equipo	*team; equipment*
la entrada	*ticket*
el (la) jugador(a)	*player*
el lago	*lake*
el partido	*game (sport), match*
el saco de dormir	*sleeping bag*

INVESTIGUEMOS EL VOCABULARIO

Here are two lexical variations:

el baloncesto (Spain)   *basketball*

el (la) fanático(a)   *fan*

A practicar

6.20 **Escucha y responde** Vas a escuchar una lista de actividades. En un papel escribe **deporte** y en otro **equipo.** Si escuchas el nombre de un deporte, levanta el papel que dice **deporte,** y si es equipo para jugar, levanta el papel que dice **equipo.**

6-3

6.21 ¿Qué actividad es? Identifica el nombre del deporte que se necesita para completar las oraciones.

INVESTIGUEMOS LA GRAMÁTICA

In Spanish, it is possible to say both **juego fútbol** and **juego al fútbol**. Also, volleyball can be spelled as **volibol** or **voleibol**.

1. Es necesario tener dos equipos de seis personas, una pelota y una red para jugar al _____.
2. Jugamos _____ con raquetas, una mesa, una red y pelotas pequeñas.
3. Cuando vamos a acampar dormimos en _____.
4. Para jugar al fútbol necesitamos dos _____ de once personas.
5. Es necesario tener una _____ para jugar tenis.
6. El deporte más popular en Europa y Latinoamérica es _____.

6.22 Relaciones Trabaja con un compañero y túrnense para relacionar las palabras de las dos columnas y explicar la relación.

1. la raqueta
2. esquiar en tabla
3. el partido
4. el voleibol
5. la cancha
6. el aficionado

a. el básquetbol
b. la entrada
c. patinar en el hielo
d. el equipo
e. la red
f. el campo

6.23 ¿Qué palabra no corresponde al grupo? Encuentra la palabra que no corresponda *(belong)*, y después compara tus respuestas con las de un compañero. Expliquen por qué no corresponde.

1. pescar	esquiar en el agua	acampar	bucear
2. la raqueta	la tienda de campaña	la pelota	la red
3. patinar en hielo	jugar al golf	jugar al hockey	esquiar en tabla
4. el fútbol	ir de excursión	el béisbol	el básquetbol
5. el aficionado	el saco de dormir	el partido	la cancha

6.24 En busca de... Busca a compañeros en tu clase que hacen las siguientes actividades en su tiempo libre. Deben dar información adicional al responder. Después repórtenle la información a la clase.

Modelo jugar al ping-pong
  Estudiante 1: *¿Juegas al ping-pong?*
  Estudiante 2: *Sí, juego al ping-pong en casa de mis amigos.*

1. jugar al fútbol
2. levantar pesas
3. acampar en el verano
4. ver golf en televisión

5. jugar bien al básquetbol
6. estar en un equipo deportivo
7. patinar en hielo
8. gustar ver fútbol americano

6.25 Actividades de verano Los organizadores de los eventos de verano para una pequeña ciudad están intercambiando información sobre el equipo que necesitan y las actividades que tienen planeadas. Trabaja con un compañero para completar la información. Uno de ustedes debe ver la información en esta página, y el otro debe ver la información en el Apéndice B.

Evento	Lugar del evento	Equipo/recursos que tienen	Equipo/recursos que necesitan
Torneo de fútbol		cancha	pelotas
Excursión a la playa	Playa Bonita		
Clases de natación	la piscina del parque		instructores
Torneo de ping-pong		seis mesas	
Torneo de voleibol	el estadio universitario	red	

Piensa en el tema

Los deportes atraen a deportistas internacionales. ¿Qué deportistas hispanos conoces? ¿Qué deportes juegan?

El béisbol

El béisbol es muy popular en todos los países de la región del Caribe. Cuba, la República Dominicana y Venezuela son famosos por aportar excelentes jugadores de béisbol a las grandes ligas de los Estados Unidos, como el dominicano David Ortiz. San Pedro de Macorís, en la República Dominicana, es un pequeño pueblo que tiene una gran importancia para el béisbol porque un número significativo de jugadores de la MLB son de aquí. Uno de los jugadores más conocidos de este pueblo es Sammy Sosa.

Debby Wong/Shutterstock.com

👥 Hablemos del tema

1. ¿Cómo crees que afecta a un pueblo pequeño tener tantos deportistas famosos?
2. ¿Conoces a beisbolistas hispanos? ¿Quiénes?
3. ¿Qué oportunidades puede encontrar un buen deportista en los Estados Unidos?
4. Los deportistas generalmente tienen buenos sueldos, pero sus carreras son cortas. ¿Cuáles son los problemas que pueden tener por esta situación?

Piensa en el tema

¿En qué deportes compite tu universidad? ¿Cómo atraen las universidades a buenos atletas?

Los deportes y la universidad

En muchos países de habla hispana se practican deportes en las universidades, pero juegan un papel diferente de los deportes en los Estados Unidos, donde los estudiantes obtienen créditos por practicar deportes en clases de educación física. En Latinoamérica, en general, los deportes son considerados un entretenimiento. En consecuencia, las personas no mencionan sus actividades deportivas en su curriculum vitae *(résumé)*, excepto los deportistas. Sin embargo *(However)*, la mayoría de las universidades tienen equipos deportivos que representan a su alma mater con orgullo *(pride)*.

Colin Underhill/Alamy Stock Photo

👥 Hablemos del tema

1. ¿Son importantes las actividades deportivas en tu universidad?
2. ¿Hay becas *(scholarships)* para deportistas en tu universidad?
3. ¿Son importantes las actividades deportivas en tu vida en general?
4. ¿Cuántas horas a la semana practicas deportes?

A analizar

Rodrigo habla con Óscar sobre el fin de semana. Después de ver el video, lee lo que dice Rodrigo y observa las formas de los verbos en negritas.

> **Óscar:** (Yo) Te **llamé** el sábado para invitarte al partido de fútbol, pero no **contestaste.**
>
> **Rodrigo:** Camila y yo **pasamos** el fin de semana en la casa de sus padres. Viven cerca de un lago, entonces mi suegro y yo salimos en el bote y **pescamos.** A mi suegra no le gusta pescar, así que Camila y ella **nadaron** y **tomaron** el sol. ¡Pero lo mejor del fin de semana fue la comida! ¡Mi suegra es muy buena cocinera y **preparó** unas comidas muy ricas!

1. The boldfaced verbs are in the preterite tense. Do they refer to events that have already happened or that are going to happen in the future?

2. All the boldfaced words are **-ar** verbs. Using the verbs in the paragraph as a model, fill in the blanks with the appropriate verb endings.

   -ar

yo	_____	nosotros(as)	_____
tú	-aste	vosotros(as)	-asteis
él, ella, usted	_____	ellos, ellas, ustedes	_____

A comprobar

The preterite of regular verbs

1. The preterite is used to discuss actions completed in the past.

   > **¿Jugaste** al tenis ayer?
   > *Did you **play** tennis yesterday?*
   >
   > No, **nadé** en la piscina.
   > *No, I **swam** in the pool.*

2. To form the preterite of regular **-ar**, **-er**, and **-ir** verbs, add these endings to the stem of the verb.

   hablar *(to speak, to talk)*

yo	hablé	nosotros(as)	hablamos
tú	hablaste	vosotros(as)	hablasteis
él, ella, usted	habló	ellos, ellas, ustedes	hablaron

INVESTIGUEMOS LA GRAMÁTICA

The endings for regular **-er** and **-ir** verbs are identical in the preterite. You will also notice that the **nosotros** form of **-ar** and **-ir** verbs in the preterite is the same as in the present tense.

comer *(to eat)*

yo	comí	nosotros(as)	comimos
tú	comiste	vosotros(as)	comisteis
él, ella, usted	comió	ellos, ellas, ustedes	comieron

escribir *(to write)*

yo	escribí	nosotros(as)	escribimos
tú	escribiste	vosotros(as)	escribisteis
él, ella, usted	escribió	ellos, ellas, ustedes	escribieron

3. -Ar and -er verbs that have stem changes in the present tense do not have a stem change in the preterite. You will learn about -ir stem-changing verbs later in this chapter.

cerrar (to close)

yo	cerré	nosotros(as)	cerramos
tú	cerraste	vosotros(as)	cerrasteis
él, ella, usted	cerró	ellos, ellas, ustedes	cerraron

volver (to return)

yo	volví	nosotros(as)	volvimos
tú	volviste	vosotros(as)	volvisteis
él, ella, usted	volvió	ellos, ellas, ustedes	volvieron

4. Verbs ending in **-car**, **-gar**, and **-zar** have spelling changes in the first-person singular (**yo**) in the preterite. Notice that the spelling changes preserve the original sound of the infinitive for **-car** and **-gar** verbs.

-car	c → qué
tocar	yo toqué, tú tocaste, él tocó,...
-gar	g → gué
jugar	yo jugué, tú jugaste, él jugó,...
-zar	z → cé
empezar	yo empecé, tú empezaste, él empezó,...

5. The third-person singular and plural of **leer** and **oír** also have spelling changes. An unaccented **i** always changes to **y** when it appears between two vowels. Notice the use of accent marks on all forms except the third-person plural.

leer (to read)

yo	leí	nosotros(as)	leímos
tú	leíste	vosotros(as)	leísteis
él, ella, usted	leyó	ellos, ellas, ustedes	leyeron

oír (to hear)

yo	oí	nosotros(as)	oímos
tú	oíste	vosotros(as)	oísteis
él, ella, usted	oyó	ellos, ellas, ustedes	oyeron

6. The following expressions are helpful when talking about the past:

anoche	last night
ayer	yesterday
la semana pasada	last week

A practicar

6.26 **El orden lógico** Héctor y Gustavo pasaron un muy buen fin de semana. Lee las oraciones sobre sus actividades y ponlas en un orden lógico.

_____ Héctor invitó a Gustavo a ir a la playa por el fin de semana.

_____ Los dos salieron para la playa.

_____ Héctor llamó a su mejor amigo, Gustavo.

_____ Gustavo llegó a la casa de Héctor a las siete.

_____ El viernes Héctor volvió a casa después de trabajar.

_____ Gustavo aceptó la invitación con mucho entusiasmo.

_____ Cuando llegaron a la playa, buscaron un hotel.

6.27 El sábado pasado Usa la información de los dibujos para describir lo que Beatriz hizo (*did*) el sábado pasado con su novio Arturo. Puedes usar los siguientes verbos u otros.

aceptar	beber	comer	comprar	ducharse	encontrarse (*to meet*)	ganar
hablar	invitar	lavarse	llamar	llegar	mirar	perder

INVESTIGUEMOS LOS VERBOS

You will learn irregular preterite verbs in **Capítulo 7**; however, you may want to use the verb **ir** in this lesson. It is conjugated in the following manner:

yo	**fui**	nosotros(as)	**fuimos**
tú	**fuiste**	vosotros(as)	**fuisteis**
él, ella usted	**fue**	ellos, ellas ustedes	**fueron**

6.28 ¿Qué hiciste? Trabaja con un compañero y túrnense para completar las siguientes oraciones para hablar de su fin de semana. Usen el pretérito. Pueden usar los verbos de la lista u otros verbos.

levantarse	trabajar	salir	estudiar	comer
limpiar	jugar	mirar	escribir	hablar por teléfono

Modelo Estudiante 1: *Anoche yo comí en un restaurante, ¿y tú?*
Estudiante 2: *Anoche yo cociné para mi familia.*

1. El fin de semana pasado yo...
2. El viernes por la noche yo...
3. El sábado yo...
4. El sábado por la noche yo...
5. El dómingo yo...
6. El domingo por la noche yo...

6.29 El verano pasado Trabaja con un compañero y túrnense para preguntar y contestar las preguntas sobre lo que hicieron (*you did*) el verano pasado.

1. ¿Trabajaste? ¿Dónde? ¿Cuántas horas a la semana?
2. ¿Viajaste? ¿Adónde? ¿Con quién?
3. ¿Tomaste clases? ¿Cuáles?
4. ¿Asististe a un evento (concierto, deporte, etc.)? ¿De qué? ¿Te gustó?
5. ¿Conociste a una persona? ¿A quién?
6. ¿Jugaste un deporte? ¿Cuál?

6.30 La semana pasada Escribe tres actividades que hiciste (*you did*) la semana pasada. Luego busca a tres compañeros diferentes que hicieron una de esas tres actividades también. **¡OJO!** Usa el pretérito.

Exploraciones **gramaticales**

A analizar

Ve el video otra vez. Después lee lo que Rodrigo dice y observa las formas de los verbos.

Fernando **consiguió** unas entradas para el partido de los Toros el sábado pasado. Nos invitó a Vicente y a mí. Fernando y Vicente son grandes aficionados de los Toros y **se vistieron** de rojo, pero yo **me vestí** de los colores de las Chivas, ya sabes, soy gran aficionado de ellos. Después de llegar al estadio y sentarnos, **pedimos** algo de comer. Ellos pidieron perros calientes, pero yo pedí nachos. Cuando empezó el partido nos levantamos y gritamos por nuestros equipos. Todos nos divertimos, pero creo que ellos se divirtieron más porque al final ganaron los Toros.

1. Which conjugations require a stem change?
2. What forms do not have stem changes?

A comprobar

Stem-changing verbs in the preterite

-Ir verbs that have stem changes in the present tense also have stem changes in the preterite; however, the change only occurs in the third-person singular and plural forms (**e → i** and **o → u**).

pedir *(to ask for, to request)*

yo	pedí	nosotros(as)	pedimos
tú	pediste	vosotros(as)	pedisteis
él, ella, usted	p**i**dió	ellos, ellas, ustedes	p**i**dieron

dormir *(to sleep)*

yo	dormí	nosotros(as)	dormimos
tú	dormiste	vosotros(as)	dormisteis
él, ella, usted	d**u**rmió	ellos, ellas, ustedes	d**u**rmieron

Yo **pedí** una quesadilla durante el partido.
Mis amigos **pidieron** tacos.

Todos **dormimos** en la tienda de campaña.
Mi hermano **durmió** en una hamaca.

Other common stem-changing verbs:

conseguir (i)	repetir (i)
divertirse (i)	seguir (i)
morir (u)	servir (i)
preferir (i)	vestirse (i)

¿Se **divirtieron** ustedes?
Sí, nos **divertimos** mucho.

¿Dónde **consiguieron** las entradas?
Alberto **consiguió** las entradas en el Internet.

A practicar

6.31 **Un poco de lógica** Decide si las siguientes oraciones son lógicas o no. Si no son lógicas, explica por qué.

1. Alfonso es aficionado al béisbol y consiguió entradas para un partido de su equipo favorito.
2. La mañana del partido se levantó, se vistió y después se bañó.
3. Como prefirió llegar antes de la primera entrada *(inning)*, salió de la casa muy tarde.
4. Sirvieron comida en el estadio y él pidió un taco y una soda.
5. Su equipo ganó y no se divirtió.
6. Cuando volvió a casa estaba cansado y se durmió inmediatamente.

6.32 **En los Juegos Panamericanos** Tomás es entrenador *(trainer)* y viajó con su equipo a los Juegos Panamericanos. Completa el siguiente párrafo con la forma apropiada del pretérito del verbo indicado. **¡OJO!** No todos los verbos tienen cambio en el radical.

El equipo de Tomás Gutiérrez (**1.**) _____ (competir) en los Juegos Panamericanos de verano. Antes de salir, Tomás llamó al Hotel Bahía y (**2.**) _____ (pedir) habitaciones para todos los jugadores. (**3.**) Las _____ (conseguir) a un buen precio. Cuando llegaron estaban muy cansados. (**4.**) _____ (pedir) servicio a la habitación y (**5.**) _____ (acostarse). Todos (**6.**) _____ (dormir) bien y (**7.**) _____ (despertarse) temprano para ir al estadio. (**8.**) Ellos _____ (jugar) bien y al final ganaron. Después del partido (**9.**) _____ (volver) al hotel. Tomás decidió quedarse en la habitación leyendo, pero los jugadores (**10.**) _____ (preferir) relajarse en el sauna. Luego se bañaron y (**11.**) _____ (vestirse) para salir a comer y a bailar. (**12.**) _____ (divertirse) mucho.

6.33 **Un día de fútbol** Isabel y Mónica son aficionadas al fútbol. En parejas describan el día que fueron a un partido. Incluyan los siguientes verbos: **acostarse, conseguir, divertirse, dormirse, preferir, sentarse, vestirse** y **volver.**

6.34 **En el pasado** Trabaja con un compañero y túrnense para conjugar el verbo en el pretérito y completar las oraciones de una forma original. Repórtenle la información a la clase.

Modelo Ayer yo (jugar)...
Estudiante 1: *Ayer jugué al voleibol con mis amigas, ¿y tú?*
Estudiante 2: *Yo no jugué nada, pero mi hermano jugó al básquetbol.*

1. Anoche yo (dormir)...
2. Este semestre yo (pedir) ayuda en la clase de...
3. El fin de semana pasado yo (almorzar)...
4. Una vez yo (competir) en...
5. Esta mañana yo (preferir)...
6. El semestre pasado yo (conseguir)...
7. Este semestre yo (comenzar)...
8. Una vez yo (perder)...

6.35 **Un evento** Entrevista a un compañero sobre la última vez que asistió a un evento (un partido, una obra de teatro, etcétera).

1. ¿A qué evento asististe?
2. ¿Con quién asististe al evento?
3. ¿Quién consiguió las entradas?
4. ¿Cómo se vistieron para el evento?
5. ¿Sirvieron comida? ¿Qué comida?
6. ¿Se divirtieron en el evento?
7. ¿A qué hora te acostaste?

6.36 **En busca de...** Pregúntales a ocho compañeros diferentes si hicieron las siguientes actividades. Deben dar información adicional cuando respondan. Después repórtenle la información a la clase.

Modelo reír mucho el fin de semana (¿Por qué?)
Estudiante 1: *¿Reíste mucho el fin de semana?*
Estudiante 2: *Sí, reí mucho.*
Estudiante 1: *¿Por qué?*
Estudiante 2: *Porque miré una película cómica.*

1. almorzar en un restaurante la semana pasada (¿Cuál?)
2. divertirse durante el fin de semana (¿Dónde?)
3. vestirse elegante recientemente (¿Por qué?)
4. dormir bien anoche (¿Cuántas horas?)
5. pedir ayuda en una clase este semestre (¿Qué clase?)
6. conseguir un trabajo nuevo durante el año pasado (¿Dónde?)
7. servir la cena *(dinner)* esta semana (¿Cuándo?)
8. perder algo recientemente (¿Qué?)

Lectura

Antes de leer

¿Qué deportes piensas que son populares en España y Latinoamérica? ¿Sabes el nombre de un deportista famoso de estos lugares?

A leer

Deportistas famosos

pride

A veces un deportista es más que un deportista: a veces los atletas son símbolos de **orgullo** nacional y les dan un ejemplo positivo a los jóvenes. Un buen ejemplo es Lionel Messi, uno de los jugadores más famosos de fútbol.

Lionel Messi (1987–) es probablemente el jugador de fútbol argentino más conocido en el mundo desde la época de Diego Maradona. Messi juega para el Club FC Barcelona y el equipo nacional de Argentina. Tiene también la nacionalidad española desde el año 2005. La FIFA nombró a Messi como el mejor jugador del mundo en 2009 y en 2013 pero su lista de

awards

reconocimientos es muy larga. Además, hay dos películas inspiradas en este jugador de fútbol: Messi (2014) y Messi (2017).

Maxisport/Shutterstock.com

> **a veces los atletas son símbolos de orgullo nacional**

was born

Leo, como se le conoce en España, **nació** en Rosario, Argentina. Su carrera como futbolista comenzó a los cinco años, cuando empezó a jugar en un club local. A los once años le diagnosticaron una deficiencia en la

growth

hormona del **crecimiento.** El River Plate —uno de los equipos más populares de la Argentina— estaba interesado en Messi, pero no quisieron pagar su tratamiento médico. En cambio, FC Barcelona se interesó en él de inmediato.

moved

Pagaron el tratamiento médico y Lionel y su familia **se mudaron** a Barcelona, donde Messi empezó a jugar para las categorías inferiores a los 13 años, jugando su primer partido con el equipo oficial a los 16 años.

Además de ganar el título del mayor número de goles en numerosas ocasiones, la revista *Time* lo nombró una de las 32 personas más influyentes en el año 2011 (fue el único deportista de la lista). Messi también es embajador

CARL DE SOUZA/Getty Images

oficial de la UNICEF y tiene una fundación (Fundación Leo Messi) para ayudar a los niños y adolescentes en situación de **riesgo** a realizar sus sueños.

risk

Mariana Pajón (1991–) es una deportista colombiana que practica el ciclismo. Su **hazaña** más conocida es conseguir una medalla en los Juegos Olímpicos de Londres 2012. La trayectoria de Pajón inició cuando ganó una **carrera** a los cuatro años, compitiendo contra niños de cinco y seis años. Mariana viene de una familia de deportistas: su padre practicaba el automovilismo y su madre la **equitación**.

feat

race

horseback riding

Además de la medalla de **oro** en Londres, Mariana ganó medallas de oro en los Juegos Olímpicos Panamericanos (2011), los Juegos Centroamericanos y del Caribe (2010), y los Juegos Sudamericanos (2010) y los Juegos Olímpicos de Río (2016). **Fue nombrada** la atleta del año de Colombia en 2011. En el año 2010, tan solo en los Estados Unidos, Pajón ganó el primer lugar en el *North American Continental Championship* y en la competencia de *Gator Nationals*.

gold

She was named

En Colombia Mariana Pajón estableció la fundación Pedaleando por un sueño en 2013. El objetivo de su fundación es darles oportunidades a los niños para ver el deporte como una oportunidad de **vida**.

life

Comprensión

1. ¿Qué deportes practican Lionel Messi y Mariana Pajón? ¿De dónde son?
2. ¿Por qué Messi se fue a vivir a Barcelona? ¿Cuál es uno de sus logros?
3. ¿Qué causas promueve *(promotes)* Messi con la UNICEF y con su fundación?
4. ¿Qué objetivo tiene la Fundación de Mariana Pajón?

Después de leer

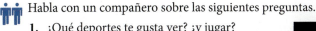

Habla con un compañero sobre las siguientes preguntas.

1. ¿Qué deportes te gusta ver? ¿y jugar?
2. ¿Por qué piensas que muchos deportistas tienen una fundación?

Neale Cousland/Shutterstock.com

Redacción

Write an email to afriend telling him or her about a sporting event.

Paso 1 Think of a sporting event you participated in, attended, or watched on TV. Then jot down a list of things you did. Think about the following questions: What was the event? When was it? Did you have to get tickets or make arrangements? Did you have to get up early or stay up late? What did you do before the event? What happened during the event? Did your team win or lose? What did you do after the event?

ESB Professional/Shutterstock.com

Paso 2 Begin your email with a greeting and ask how your friend is. Then, write a topic sentence using an expression of time to tell your friend when you participated in, attended, or watched the sporting event.

> *El 30 de julio yo...*
> *La semana pasada yo...*

Paso 3 Using the information you generated in **Paso 1,** recount the events of the day. In order to connect your ideas, use some of the expressions you learned in **Exploraciones gramaticales 2** in this chapter.

Paso 4 Write a concluding statement in which you tell how you felt at the end of the day. Then close your email.

Paso 5 Edit your email:

1. Do all of the sentences in each paragraph support the topic sentence?
2. Is the paragraph logically organized with smooth transitions between sentences?
3. Are there any short sentences you can combine with **y** or **pero**?
4. Do verbs agree with the subject? Are they conjugated properly?
5. Are there any spelling errors? Do the preterite verbs that need accents have them?

En vivo

Entrando en materia

¿Cuáles son los beneficios para los niños de asistir a un campamento *(camp)* de verano?

CAMPAMENTO DEPORTIVO RÍO GRANDE

Un campamento bilingüe en plena naturaleza

Participantes: De 6 a 16 años. Capacidad de 250 participantes.

Instalaciones: Zona rural a 30 kilómetros de San Juan. Las mejores infraestructuras: piscina, pistas deportivas, campo de béisbol, canchas de tenis, fútbol y básquetbol, zonas de aventura. Los participantes se alojan en cabañas.

Idioma: Bilingüe español e inglés.

Fechas: Durante junio y julio. Lunes a viernes.

Costo: $200 por semana. Consulte nuestros descuentos.

El Campamento Deportivo Río Grande es un campamento bilingüe y les ofrece a niños y adolescentes la oportunidad de divertirse practicando deportes.

Nuestro objetivo es ayudar a los participantes a desarrollar[1] sus habilidades deportivas mientras aprenden importantes lecciones de vida, como controlar sus emociones, reconocer sus fortalezas[2], perder con dignidad y ganar con clase. También utilizamos el deporte para abordar temas como la interculturalidad, el juego limpio, la colaboración, etcétera.

Jugar es la mejor forma de aprender inglés de una manera natural. Muchos deportes incorporan inglés en su terminología, dándonos un buen punto de partida[3].

Los participantes se dividen en grupos mixtos de niños y niñas de edades[4] similares. Los grupos tienen un máximo de 15 participantes y cada grupo tiene un monitor-educador que es responsable de coordinar las actividades y facilitar la interacción entre los participantes para asegurar que todos tengan la mejor experiencia posible.

Para más información, escríbanos a info@CDRG.com

Jose Luis Pelaez Inc/Blend Images/Getty Images

[1]*to develop*   [2]*strengths*   [3]*starting point*   [4]*ages*

Comprensión

1. ¿Qué aprenden los participantes en el campamento?

2. ¿Por qué es fácil incorporar lecciones de inglés en la práctica del deporte?

3. ¿Qué hacen los monitores-educadores?

Más allá

 Habla con un compañero sobre las siguientes preguntas.

1. ¿Asististe a un campamento de niño o adolescente? ¿Qué tipo de campamento?

2. ¿Crees que a los niños les guste ir a un campamento de verano? ¿Por qué?

3. Imagina que tienes que diseñar un campamento. ¿Qué tipo de campamento es? ¿Qué actividades hay?

6.37 **¿Quién lo hace?** Di *(Say)* quién hace las actividades de la lista.

Modelo cepillarse los dientes tres veces al día
Mi abuela se cepilla los dientes tres veces al día.

1. siempre levantarse temprano
2. vestirse a la moda *(in style)*
3. siempre quitarse los zapatos en casa
4. sentarse al frente de la clase
5. a veces dormirse en clase
6. maquillarse en el coche
7. afeitarse la cabeza
8. normalmente acostarse tarde

Las personas famosas se visten a la moda.

Denis Makarenko/Shutterstock.com

6.38 **El órden lógico** Explica el orden lógico de las dos actividades. Usa las frases **antes de** y **después de**.

Modelo ponerse el pantalón / ponerse los zapatos
Debes ponerte los pantalones antes de ponerte los zapatos. /
Debes ponerte los zapatos después de ponerte los pantalones.

1. hacer ejercicio / bañarse
2. maquillarse / lavarse la cara
3. comer / cepillarse los dientes
4. acostarse / ponerse la pijama
5. despertarse / levantarse
6. vestirse / ducharse
7. lavarse el pelo / secarse el pelo
8. arreglarse / salir

6.39 **De pesca** Completa la historia con la forma apropiada del pretérito del verbo entre paréntesis.

Esta mañana yo **(1.)** _____ (despertarse) temprano para ir de pesca con mis amigos Alfredo y César. (Yo) **(2.)** _____ (vestirse), **(3.)** _____ (comer) un poco de fruta, **(4.)** _____ (tomar) un café y **(5.)** _____ (salir) de casa. En media hora **(6.)** _____ (llegar) al lago y mis amigos **(7.)** _____ (llegar) un poco después.

Nosotros **(8.)** _____ (pasar) toda la mañana en el agua. Alfredo y yo **(9.)** _____ (pescar) unos peces bonitos. ¡Pobre César! Él no **(10.)** _____ (conseguir) pescar nada, pero **(11.)** _____ (divertirse) mucho. A las dos nosotros **(12.)** _____ (decidir) ir a comer. **(13.)** _____ (comer) en un restaurante cerca del lago; luego mis amigos **(14.)** _____ (volver) a sus casas y yo a la mía *(mine)*.

6.40 **Un pasado interesante** Trabaja con un compañero y túrnense para hacer y contestar las preguntas sobre las fotos. Deben usar el pretérito en todas las respuestas.

1.

a. ¿Qué hizo (*What did he do*) anoche?
b. ¿Por qué durmió en el coche?
c. ¿Qué pasó cuando se despertó?

2.

a. ¿Quién llamó?
b. ¿Qué pasó?
c. ¿Qué hizo la mujer después?

3.

a. ¿Adónde viajaron?
b. ¿Qué hicieron allí (*What did they do there*)?
c. ¿Qué pasó cuando regresaron?

6.41 **¿Qué hizo?** Dante es estudiante de secundaria pero no es muy aplicado. Trabaja con un compañero y túrnense para completar la información sobre lo que hizo (*what he did*) esta mañana. Uno de ustedes va a mirar la información en esta página y el otro va a mirar en el Apéndice B.

> **Modelo** Estudiante 1: *¿Qué hizo a medianoche?*
> Estudiante 2: *Se acostó.*

12:00	acostarse
7:00	
7:30	terminar de escribir la tarea
7:40	afeitarse en la ducha
8:00	
8:55	sentarse en la clase de geografía
9:35	
9:58	
10:10	pedir ir al baño
10:30	
11:00	levantar pesas en el gimnasio

6.42 **La semana pasada** Trabaja con un compañero para saber si ustedes le dedicaron más tiempo a la diversión o a las obligaciones.

Paso 1 Decidan si las siguientes actividades son divertidas u obligatorias. Añadan (*Add*) otras cuatro o cinco actividades que hacen en una semana típica y decidan si son divertidas u obligatorias.

asistir a clases	**estudiar**	**practicar un deporte**
cocinar	**leer**	**salir con amigos**
escribir un ensayo	**mirar la tele**	**trabajar**

Paso 2 Averigüen (*Find out*) cuánto tiempo pasaron la semana pasada haciendo las actividades de su lista. ¿Le dedicaron más tiempo a la diversión o a las obligaciones?

Paso 3 Repórtenle a la clase sus resultados dando algunos ejemplos.

🔊 Vocabulario 1
6-4

Los verbos reflexivos

acostarse (ue)	*to lie down; to go to bed*
afeitarse	*to shave*
arreglarse	*to fix oneself up; to get ready*
bañarse	*to bathe; to shower (Mex.)*
cepillarse	*to brush*
despertarse (ie)	*to wake up*
divertirse (ie)	*to have fun*
dormirse (ue)	*to fall asleep*
ducharse	*to shower*
estirarse	*to stretch*

irse	*to leave, to go away*
lavarse	*to wash*
levantarse	*to get up*
maquillarse	*to put on makeup*
peinarse	*to comb or style one's hair*
ponerse (la ropa)	*to put on (clothing)*
quitarse (la ropa)	*to take off (clothing)*
secarse	*to dry oneself*
sentarse (ie)	*to sit down*
verse	*to look at oneself*
vestirse (i)	*to get dressed*

Las partes del cuerpo

la boca	*mouth*
el brazo	*arm*
la cabeza	*head*
la cara	*face*
el codo	*elbow*
el cuello	*neck*
el dedo	*finger*
el dedo (del pie)	*toe*
el diente	*tooth*
la espalda	*back*
el estómago	*stomach*
el hombro	*shoulder*

la mano	*hand*
el muslo	*thigh*
la nariz	*nose*
el ojo	*eye*
la oreja	*ear*
el pecho	*chest*
el pelo	*hair*
el pie	*foot*
la pierna	*leg*
la rodilla	*knee*
el tobillo	*ankle*

Adverbios

a menudo	*often*
a veces	*sometimes*
ahora	*now*
antes de + infinitive	*before (doing something)*
después de + infinitive	*after (doing something)*
hoy	*today*
luego	*later*
mañana	*tomorrow*

más tarde	*later*
mientras	*while*
normalmente	*normally, usually*
(casi) nunca	*(almost) never*
pronto	*soon*
(casi) siempre	*(almost) always*
todavía	*still*
todos los días	*every day*
ya	*already*
ya no	*no longer*

Palabras adicionales

el cepillo (de dientes)	*(tooth) brush*
el champú	*shampoo*
el cuerpo	*body*
el despertador	*alarm clock*

el jabón	*soap*
la pasta de dientes	*toothpaste*
tarde	*late*
temprano	*early*
la toalla	*towel*

Vocabulario 2

6-5

Los deportes

el alpinismo	*mountain climbing*	el fútbol americano	*American football*
el atletismo	*track and field*		
el bádminton	*badminton*	el golf	*golf*
el básquetbol	*basketball*	la natación	*swimming*
el béisbol	*baseball*	el tenis	*tennis*
el fútbol	*soccer*	el voleibol	*volleyball*

El equipo

el equipo	*equipment, team*	la red	*net*
los patines	*skates*	el saco de dormir	*sleeping bag*
la pelota	*ball*	la tienda de campaña	*camping tent*
la raqueta	*racquet*		

Verbos

acampar	*to go camping*	ir de pesca	*to go fishing*
andar en bicicleta	*to ride a bicycle*	jugar al ping-pong	*to play ping-pong*
bucear	*to scuba dive*	levantar pesas	*to lift weights*
esquiar en el agua	*to water-ski*	montar a caballo	*to ride a horse*
esquiar en tabla	*to snowboard*	patinar	*to skate*
hacer alpinismo	*to climb mountains*	patinar en hielo	*to ice skate*
ir de excursión	*to hike*	pescar	*to fish*

Palabras adicionales

el (la) aficionado(a)	*fan (of a sport)*	la entrada	*ticket*
anoche	*last night*	el (la) jugador(a)	*player*
ayer	*yesterday*	el lago	*lake*
el campo	*field*	el partido	*game*
la cancha	*court*	la semana pasada	*last week*

Diccionario personal

_____

_____

_____

_____

_____

_____

_____

Augusto Monterroso

Nota biográfica

Augusto Monterroso (1921–2003) nació *(was born)* en Tegucigalpa, Honduras, pero optó por la nacionalidad guatemalteca de su padre. En 1936 su familia se fue a vivir a Guatemala, donde publicó sus primeros cuentos *(short stories)*. Trabajó contra *(against)* la dictadura de Jorge Ubico y en 1944 se exilió a México donde vivió el resto de su vida. Recibió muchos premios *(awards)* y formó parte de la Academia Guatemalteca de la Real Academia. Es conocido por sus microcuentos y es el autor del cuento más corto de la literatura: Cuando despertó, el dinosaurio todavía estaba allí.

Agence Opale/Alamy Stock Photo

Antes de leer

1. En tu opinión, ¿qué significa ser una persona auténtica?

La Rana que quería ser una Rana auténtica

frog
made an effort

Había una vez una **rana** que quería ser una Rana auténtica, y todos los días **se esforzaba** en ello.

Al principio se compró un espejo en el que se miraba largamente buscando su ansiada autenticidad. Unas veces parecía encontrarla y otras no, según el humor de ese día o de la hora, hasta que se cansó de esto y **guardó** el espejo en un **baúl**.

put away / trunk

self-worth
people
had no other option
approved

Por fin pensó que la única forma de conocer su **propio valor** estaba en la opinión de la **gente**, y comenzó a peinarse y a vestirse y a desvestirse (cuando **no le quedaba otro recurso**) para saber si los demás la **aprobaban** y reconocían que era una Rana auténtica.

sit-ups / jump
legs

Un día observó que lo que más admiraban de ella era su cuerpo, especialmente sus piernas, de manera que se dedicó a hacer **sentadillas** y a **saltar** para tener unas **ancas** cada vez mejores, y sentía que todos la aplaudían.

willing

pull off
managed
bitterness
chicken

Y así seguía haciendo esfuerzos hasta que, **dispuesta** a cualquier cosa para lograr que la consideraran una Rana auténtica, se dejaba **arrancar** las ancas, y los otros se las comían, y ella todavía **alcanzaba** a oír con **amargura** cuando decían que qué buena rana, que parecía **pollo**.

iStock.com/Antagain

Source: Augusto Monterroso, "La rana que quería ser una rana auténtica," La oveja negra y demás fábulas, p. 53. Ediciones Era, 1994.

Después de leer

A. Comprensión

1. ¿Dónde busca la Rana su autenticidad?
2. ¿Cómo determina su valor?
3. ¿Qué parte de su cuerpo admira la gente?
4. Al final, ¿qué hace la gente?
5. ¿Encuentra la Rana su autenticidad al final?
6. ¿Cuál es la ironía del cuento?

B. Conversemos

1. En tu opinión, ¿cuál es el error de la Rana?
2. ¿Por qué es difícil ser auténtico?
3. ¿Hay situaciones en qué tú no eres auténtico? ¿Por qué?

Learning Strategy

Try a variety of memorization techniques

Use a variety of techniques to memorize vocabulary and verbs until you find the ones that work best for you. Some students learn better when they write the words, others learn better if they listen to recordings of the words while looking over the list, and still others prefer to rely on flashcards.

After completing this chapter, you will be able to:

- Talk about food
- Order meals at a restaurant
- Use numbers above 100
- Avoid redundancies

Un bar de tapas en Sevilla, España

La señora Montero escoge frutas y verduras frescas y baratas en el mercado.

Alimentos	*Food*
el aceite	*oil*
la fruta	*fruit*
el maíz	*corn*
el tomate	*tomato*
la verdura	*vegetable*
el yogur	*yogurt*

Verbos

cortar	*to cut*
hornear	*to bake*

Los números mayores de cien	
cien	100
ciento uno	101
doscientos	200
trescientos	300
cuatrocientos	400
quinientos	500
seiscientos	600
setecientos	700
ochocientos	800
novecientos	900

mil	1000
dos mil	2000
un millón	1 000 000

Palabras adicionales

el almuerzo	*lunch*
la cena	*dinner*
el desayuno	*breakfast*
frito(a)	*fried*
los lácteos	*dairy products*
la rebanada	*slice*

INVESTIGUEMOS EL VOCABULARIO

The names of foods often vary throughout the Spanish-speaking world. Here are some of the variations:

el maíz (Spain; general term) = **el elote** (Mexico), **el choclo** (most South American countries)

la fresa (Spain, Mexico) = **la frutilla** (Argentina, Bolivia, Chile, Paraguay, Uruguay)

el plátano (Spain, Mexico) = **la banana** (Argentina, Paraguay, Uruguay); **el banano** (Central America, Colombia); **el guineo** (Dominican Republic, Puerto Rico)

la papa (Latin America) = **la patata** (Spain)

el durazno (Latin America) = **el melocotón** (Spain)

la mantequilla (most Spanish-speaking countries) = **la manteca** (Argentina, Paraguay, Uruguay)

A practicar

7.1 **Escucha y responde** Vas a escuchar algunas afirmaciones sobre diferentes frutas, verduras y otras palabras del vocabulario. Indica con el pulgar hacia arriba si la afirmación es cierta, y con el pulgar hacia abajo si es falsa.

7-1

7.2 **Relaciona las columnas** ¿Qué fruta o verdura corresponde a la descripción?

1. _____ Es una fruta roja, verde o amarilla. Es un regalo típico para los profesores.

2. _____ Es verde y la comemos en ensaladas.

3. _____ Es anaranjada y larga. Tiene vitamina A.

4. _____ Es una fruta tropical que se produce mucho en Hawaii.

5. _____ Es una fruta amarilla que crece en un árbol.

6. _____ Las usamos para hacer vino.

7. _____ Es un condimento que ponemos en los sándwiches.

8. _____ Es una fruta pequeña y roja.

a. la zanahoria
b. el plátano
c. la fresa
d. las uvas
e. la mostaza
f. la lechuga
g. la manzana
h. la piña

7.3 **Los ingredientes** Imagina que tu compañero y tú van a preparar las comidas de la lista. Decidan qué ingredientes deben comprar en el supermercado.

Modelo un sándwich

Para preparar un sándwich necesitamos pan, mayonesa, mostaza, queso y jamón.

1. una ensalada verde
2. una sopa de verduras
3. una quesadilla

4. un omelet
5. unos nachos
6. una ensalada de frutas

7.4 **Descripciones** Trabaja con un compañero. Túrnense para escoger y describir una fruta, una verdura o un ingrediente de la ilustración en la página 214. No deben decir el nombre de la comida.

Modelo Estudiante 1: *Es para hacer sándwiches. Necesitamos dos rebanadas.*
Estudiante 2: *El pan.*

7.5 **¿Con qué frecuencia?** Trabaja en un grupo de tres o cuatro compañeros y pregúntense con qué frecuencia hacen las actividades. Después deben reportar a la clase.

1. comer huevos
2. almorzar en la cafetería de la escuela
3. poner catsup en su comida
4. comer cereal

5. pedir papas fritas en un restaurante
6. comer un sándwich con queso
7. beber leche
8. comer verduras

7.6 **¿Cuánto cuesta?** Trabaja con un compañero. Uno de ustedes va a ver la información en esta página, y el otro debe ver el Apéndice B. Imagínense que están en dos supermercados diferentes en Chile y quieren comparar el precio *(price)* de varias frutas y verduras para decidir en dónde deben comprarlas. Llámense por teléfono para preguntar cuánto cuestan los productos y decidan quién los va a comprar.

Modelo Estudiante 1: *En Cruz del Sur un kilo de pepinos cuesta 850 pesos chilenos.*
¿Cuánto cuesta en tu supermercado?
Estudiante 2: *En el supermercado Líder cuesta 820 pesos chilenos. Yo voy a comprar los pepinos.*

Supermercado Cruz del Sur

	un kilo		un kilo	un kilo	
1650	1430	940	1269	4765	507

Piensa en el tema

¿Cuáles son algunos ejemplos de comidas que se relacionan con países específicos?

La comida como cultura

Algo muy particular de cada cultura es su comida. Hoy en día podemos comer productos que se producen o cultivan en cualquier parte del mundo. Sin embargo, a pesar de esta globalización de la comida, existen hábitos muy diferentes en las diversas regiones del mundo. Hay diferencias en la forma de preparar la comida, en los productos que se usan, dónde se compran y hasta dónde se come, con quién y a qué hora.

Identifica las costumbres de la lista con el país o la región donde se hace. Puedes repetir respuestas.

1. Se come mucha más carne que en cualquier otra región.
2. Producen vinos excelentes.
3. Consumen más refrescos que en los otros países hispanos y que en Estados Unidos.
4. Son famosos por sus jamones.
5. Su cocina está muy influenciada por la cocina italiana.
6. Tienen una gran variedad de papas y son muy importantes en su dieta.
7. Producen y comen una gran variedad de frutas tropicales, como piñas, mangos y papayas.

Argentina y Uruguay	**Centroamérica**
Argentina y Chile	**España**
Bolivia y Perú	**México**
el Caribe	

Hablemos del tema

1. Observa la lista nuevamente. ¿Son algunas de estas afirmaciones verdaderas para los Estados Unidos? ¿Cuáles?
2. Piensa en las diferencias regionales de los Estados Unidos. ¿Hay hábitos únicos de una región? Explica.

El ceviche es popular en muchos países.

Comida y cultura
Conexiones... a las artes culinarias

Piensa en el tema

¿Qué sabes de la comida de México y la de Perú?

La comida tradicional

La comida tradicional es parte importante de muchas culturas, pero hasta ahora la UNESCO solamente ha reconocido *(has recognized)* a cuatro cocinas *(cuisines)* tradicionales como Patrimonio de la Humanidad: la cocina mediterránea, la de Japón, la de Francia y la de México. Precisamente la denominación de la cocina mexicana como Patrimonio de la Humanidad en el año 2010 despertó interés en Perú por conseguir este gran reconocimiento. En los últimos años los peruanos se han dedicado a promover *(to promote)* su cocina. Perú está promoviendo su cocina a nivel internacional y, como los otros países, debe comprometerse *(be committed)* a proteger sus platillos tradicionales. Esto incluye el cultivo de los ingredientes, la venta en mercados de abasto *(wholesale food markets)*, y el apoyo *(support)* para crear restaurantes pequeños y medianos.

La cocina tradicional peruana incluye una gran variedad de platillos que varían de región a región. Algunos de los ingredientes básicos incluyen muchas variedades de papas (de las que hay más de dos mil variedades en Perú y Bolivia). También se usan varios tipos de maíz, cebollas, ajíes (chiles), quinoa y especias de la región.

Marcos Granda P. - Peru/Moment/Getty Images

Papas a la huancaina, un plato tradicional de Perú

Hablemos del tema

1. Obviamente, muy pocas cocinas en el mundo tienen la distinción de considerarse Patrimonio de la Humanidad. En tu opinión, ¿qué características deben tener estas cocinas para ser consideradas patrimonio de la humanidad?

2. ¿Cuál es tu cocina favorita y por qué? ¿Qué ingredientes abundan en esta cocina? ¿Es posible encontrarla en muchos restaurantes?

3. ¿Piensas que la comida mexicana que se vende en restaurantes de Estados Unidos es igual a la que se vende en México? ¿Por qué?

A analizar

Camila y Vanesa van a un café para hablar. Después de ver el video, lee parte de su conversación y observa las formas de los verbos en negritas.

> Camila: (Yo) **Fui** al supermercado para comprar la comida para la fiesta de mi hija. Por ser sábado, había mucha gente y **fue** imposible entrar y salir muy rápido. Y los precios... ¡Un kilo de jamón por veinte dólares!
>
> Vanesa: ¡Guau! ¡Qué caro!... mi día **fue** tranquilo. Por la mañana **fui** de compras y por la tarde un amigo y yo **fuimos** al nuevo restaurante para comer. La comida **fue** excelente y los precios **fueron** muy razonables.

1. The verbs **ser** and **ir** are irregular in the preterite, and they have the same conjugated forms. Look at the paragraph above and decide which of the verbs is a form of **ser** and which is a form of **ir**.

2. Using the forms in the paragraph above and what you learned about the preterite in **Capítulo 6**, complete the chart below with the appropriate forms of **ser / ir** in the preterite.

yo _____   nosotros _____

tú _____   vosotros _____

él, ella, usted _____   ellos, ellas, ustedes _____

A comprobar

Irregular verbs in the preterite

1. There are a number of verbs that are irregular in the preterite. The verbs **ser** and **ir** are identical in this tense.

ir *(to go)* / **ser** *(to be)*			
yo	**fui**	nosotros(as)	**fuimos**
tú	**fuiste**	vosotros(as)	**fuisteis**
él, ella, usted	**fue**	ellos, ellas, ustedes	**fueron**

2. The verbs **dar** and **ver** are conjugated similarly.

dar *(to give)*			
yo	**di**	nosotros(as)	**dimos**
tú	**diste**	vosotros(as)	**disteis**
él, ella, usted	**dio**	ellos, ellas, ustedes	**dieron**

ver *(to see)*			
yo	**vi**	nosotros(as)	**vimos**
tú	**viste**	vosotros(as)	**visteis**
él, ella, usted	**vio**	ellos, ellas, ustedes	**vieron**

Estrategia

Try different memorization techniques

Try some of these techniques to help memorize the verbs and see what works best for you: write out the conjugations, say the conjugations out loud while looking over the list, or make flashcards.

3. Other irregular verbs can be divided into three groups. Notice that there are no accents on these verbs and that they all take the same endings (with the exception of the third-person plural of the verbs with **j** in the stem).

Verbs with *u* in the stem: poner			
yo	puse	nosotros(as)	pus**imos**
tú	pus**iste**	vosotros(as)	pus**isteis**
él, ella, usted	pus**o**	ellos, ellas, ustedes	pus**ieron**

Other verbs with the same pattern			
andar	**anduv-**	saber	**sup-**
estar	**estuv-**	tener	**tuv-**
poder	**pud-**		

Verbs with *i* in the stem: hacer			
yo	hic**e**	nosotros(as)	hic**imos**
tú	hic**iste**	vosotros(as)	hic**isteis**
él, ella, usted	hiz**o**	ellos, ellas, ustedes	hic**ieron**

Other verbs with the same pattern	
querer	**quis-**
venir	**vin-**

Verbs with *j* in the stem: decir			
yo	dij**e**	nosotros(as)	dij**imos**
tú	dij**iste**	vosotros(as)	dij**isteis**
él, ella, usted	dij**o**	ellos, ellas, ustedes	dij**eron**

Other verbs with the same pattern			
conducir	**conduj-**	traducir	**traduj-**
producir	**produj-**	traer	**traj-**

4. The preterite of **hay** is **hubo** (*there was, there were*).

Hubo un accidente en la cocina.   ***There was*** *an accident in the kitchen.*
Hubo problemas en el restaurante.   ***There were*** *problems in the restaurant.*

> **INVESTIGUEMOS LA GRAMÁTICA**
>
> As with the present tense of **haber (hay)**, there is only one form in the preterite **(hubo)** regardless of whether it is used with a plural or singular noun.

A practicar

7.7 **En el restaurante** Lee las oraciones y observa los verbos subrayados (*underlined*) que están en el pretérito. Indica cuál es el infinitivo del verbo.

1. La familia Martínez <u>fue</u> al restaurante El Buen Gusto para comer.
2. El mesero <u>vino</u> a la mesa para darnos los menús.
3. El mesero <u>puso</u> el pan en la mesa.
4. Poco después el mesero <u>trajo</u> la comida.
5. El mesero le <u>dio</u> la cuenta (*bill*) al señor Martínez.

7.8 **Fechas importantes** Trabaja con un compañero para decidir en qué año ocurrieron los siguientes acontecimientos históricos y después túrnense para hacer oraciones completas con la información y el verbo en el pretérito.

Modelo Manuel de Falla (componer *to compose*) El amor brujo.   1915
Manuel de Falla compuso El amor brujo en 1915.

1. Hernán Cortés (estar) en México.   **a.** 1492
2. (Haber) una revolución en Cuba.   **b.** 1808
3. Napoleón (querer) conquistar España.   **c.** 1959
4. Cristóbal Colón (hacer) su primer viaje a las Américas.   **d.** 1519
5. Miguel Hidalgo (dar) el grito (*shout*) de independencia en México. **e.** 1810

7.9 **La semana pasada** Conjuga el verbo en el pretérito y luego completa la oración de una manera lógica. Después pregúntale a tu compañero lo que hizo.

Modelo yo (hacer)…

Estudiante 1: *La semana pasada hice una fiesta. ¿Qué hiciste tú?*
Estudiante 2: *La semana pasada yo hice la cena para mi familia.*

La semana pasada…

1. yo (conducir)…   5. uno de mis profesores (decir) que *(that)*…

2. mi amigo (estar)…   6. mis compañeros y yo (poder)…

3. mis amigos y yo (ir)…   7. yo (ver)…

4. yo (tener) que…   8. mis compañeros de clase (traer)…

7.10 **¿Qué pasó?** En parejas túrnense para describir lo que pasó en las escenas. Deben usar los siguientes verbos en el pretérito.

conducir   decir   hacer   ir   poner   querer   traer

1.

2.

3.

4.

7.11 **En busca de…** Pregúntales a ocho compañeros diferentes si hicieron una de las actividades de la lista. Si responden afirmativamente debes perdirles más información.

1. conducir a la universidad hoy (¿A qué hora?)

2. estar en una fiesta durante el fin de semana (¿Dónde?)

3. ir de compras recientemente (¿Qué compró?)

4. traer su almuerzo de la casa hoy (¿Qué comida preparó?)

5. tener un examen la semana pasada (¿En qué clase?)

6. poder hacer la tarea anoche (¿Para qué clase?)

7. ver una buena película recientemente (¿Cuál?)

8. hacer un viaje el año pasado (¿Adónde?)

INVESTIGUEMOS LA MÚSICA

Look online for the video "Ya no sé qué hacer conmigo" by the Uruguayan group Cuarteto de nos and watch to it. What preterite verbs do you recognize?

A analizar ▶

Ve el video otra vez. Después lee parte de su conversación y observa los usos de **por** y **para.**

Camila: Fui al supermercado **para** comprar la comida **para** la fiesta de mi hija. **Por** ser sábado, había mucha gente y fue imposible entrar y salir muy rápido. Y los precios... ¡todo fue muy caro, en particular la carne! Un kilo de jamón **por** veinte dólares...

Vanesa: ¡Guau! ¡Qué caro!... mi día fue tranquilo. **Por** la mañana fui de compras y **por** la tarde un amigo y yo fuimos al nuevo restaurante **para** comer. La comida fue excelente y los precios fueron muy razonables.

Camila: ¡Qué bueno! A ver si Rodrigo y yo vamos a ese restaurante **para** celebrar su cumpleaños.

Mesera: Aquí tengo sus cafés. ¿**Para** quién es el capuchino?

Camila: Es **para** mí. Gracias.

Mesera: Y el moca **para** usted.

1. Find all of the uses of **por** above and write the words that follow them. What different meanings does **por** express?
2. Now find all of the uses of **para** and write the words that follow them. What different meanings does **para** express?

A comprobar

Por and para and prepositional pronouns

1. **Por** is used to indicate:

   a. cause, reason, or motive *(because of, on behalf of)*

   Por la lluvia, no vamos a la piscina hoy.
   Because of *the rain, we are not going to the pool today.*

   Hicieron sacrificios **por** sus hijos.
   *They made sacrifices **on behalf of** their children.*

   b. duration, period of time *(during, for)*

   Van a estar en el restaurante **por** dos horas.
   *They will be in the restaurant **for** two hours.*

   c. exchange *(for)*

   Él compró las piñas **por** 15 pesos.
   *He bought the pineapples **for** 15 pesos.*

   Gracias **por** el regalo de cumpleaños.
   *Thank you **for** the birthday gift.*

   d. general movement through space *(through, around, along, by)*

   Pedro caminó **por** el mercado.
   *Pedro walked **through (by)** the market.*

   Para llegar a la piscina, tienes que pasar **por** el gimnasio.
   *To get to the pool, you have to pass **by** the gym.*

2. **Para** is used to indicate:

   a. goal, purpose *(in order to, used for)*

   Vamos al mercado **para** comprar fruta.
   *We are going to the market **(in order) to** buy fruit.*

   El pan es **para** hacer sándwiches.
   *The bread is **for** making sandwiches.*

b. recipient (for)

Ella compró un regalo **para** su amiga.
*She bought a gift **for** her friend.*

c. destination (to)

Salen **para** las montañas el sábado.
*They are going **to** the mountains Saturday.*

d. deadline (for, due)

La tarea es **para** mañana.
*The homework is **for** (**due**) tomorrow.*

e. contrast to what is expected (for)

Para estar a dieta, él come mucho.
***For** being on a diet, he eats a lot.*

3. The following are expressions that require **por** or **para**:

por ejemplo	*for example*	**por** fin	*finally*
por eso	*that's why*	**por** supuesto	*of course*
por favor	*please*		

para colmo	*to top it all off*	**para** siempre	*forever*
para nada	*not at all*	**para** variar	*for a change*

4. You already know how to use subject pronouns (**yo, tú, él,** etc.). Except for **yo** and **tú**, these same pronouns are used after prepositions.

mí	nosotros(as)
ti	vosotros(as)
él	ellos
ella	ellas
usted	ustedes

A **mí** me gustan las fresas. (emphasis)
I like strawberries.

Hizo una sopa para **nosotros**.
*He made a soup for **us**.*

5. Instead of using **mí** and **ti** with **con, conmigo** and **contigo** are used.

Vamos a comer **contigo**.
*We'll go to eat **with you**.*

> **INVESTIGUEMOS LA GRAMÁTICA**
>
> The negative of **con** is **sin** *(without)*, and it takes the same personal pronouns as the other prepositions.
>
> No quiero comer sin **ti**.

A practicar

7.12 **Una fiesta de cumpleaños** Jacinto llama a un proveedor de comida *(caterer)*. Lee las preguntas del proveedor e indica cuál es la respuesta más lógica.

1. ¿Por qué organiza la fiesta?
2. ¿Para cuándo necesita la comida?
3. ¿Para cuántas personas necesita comida?
4. ¿Cuándo van a llegar los invitados?
5. ¿Cuánto tiempo va a durar *(to last)* la fiesta?
6. ¿Cómo prefiere pagar por la comida?

a. El 15 de abril.
b. Con tarjeta de crédito.
c. Por la tarde.
d. Veinticinco.
e. Es el cumpleaños de mi esposa.
f. Por cuatro horas.

¿Para cuándo necesita la comida?

7.13 **En el supermercado** Completa el siguiente párrafo con **por** y **para**.

Ayer fui al supermercado (**1.**) _____ comprar la comida de la semana.

Siempre me gusta ir (**2.**) _____ la mañana porque hay menos personas, pero

ayer hubo mucha gente en el supermercado (**3.**) _____ un evento especial

(**4.**) _____ celebrar los 20 años del negocio. Tenían grandes especiales,

(**5.**) _____ ejemplo, queso manchego a 100 pesos (**6.**) _____ kilo.

Decidí comprar 2 kilos (**7.**) _____ hacer sándwiches durante la semana. A mi

esposo no le gusta el queso, (**8.**) _____ eso compré jamón (**9.**) _____

él. Al final compré toda la comida (**10.**) _____ la semana y ahorré *(saved)*

mucho dinero.

7.14 **Planes para el día** Fernando llama a su amiga Verónica. Completa la conversación con **por** o **para** o el pronombre preposicional apropiado. **¡OJO!** También es posible usar **conmigo** o **contigo.**

Vamos a tener un picnic.

Fernando: Hola, Verónica. Voy a ir a la playa mañana. ¿Quieres ir **(1.)** _____?

Verónica: ¡A **(2.)** _____ me gusta mucho la playa! ¡**(3.)** _____ (Por/Para) supuesto que voy **(4.)** _____!

Fernando: Vamos a salir temprano **(5.)** _____ (por/para) la mañana **(6.)** _____ (por/para) pasar *(to spend)* todo el día en la playa. También van a ir José, Pablo y Catarina con **(7.)** _____.

Verónica: ¡Qué bueno! ¿Qué quieres que lleve *(take)*?

Fernando: Vamos a tener un picnic, entonces puedes llevar algo **(8.)** _____ (por/para) comer.

Verónica: ¿A **(9.)** _____ te gusta el jamón?

Fernando: Sí, me gusta mucho, pero Catarina es vegetariana.

Verónica: Bueno, voy a llevar jamón y también puedo llevar queso **(10.)** _____ (por/para) **(11.)** _____. No tengo coche hoy. ¿Puedes venir **(12.)** _____ (por/para) **(13.)** _____?

Fernando: No hay problema. Paso **(14.)** _____ (por/para) **(15.)** _____ a las ocho.

Verónica: Bueno, voy a estar lista. ¡Hasta entonces!

7.15 **En la caja** Trabaja con un compañero. Imagínense que son compañeros de casa. Estudiante 1 acaba de *(just)* regresar del supermercado y Estudiante 2 acaba de regresar de la universidad. Respóndanse las siguientes preguntas.

Estudiante 1:

    1. ¿Qué hiciste (por/para) la mañana?
    2. ¿A qué hora saliste (por/para) la universidad?
    3. ¿Qué vas a preparar (por/para) la cena?

Estudiante 2:

    4. ¿Qué compraste (por/para) el desayuno de mañana?
    5. ¿Cuánto pagaste (por/para) el jamón?
    6. ¿Usaste la tarjeta de crédito (por/para) pagar?

¿Qué compraste?

7.16 **Oraciones incompletas** Trabaja con un compañero para completar las oraciones. Deben pensar en los usos diferentes de **por** y **para**.

1. a. Voy al supermercado por…

   b. Voy al supermercado para…

2. a. El chef prepara la comida por…

   b. El chef prepara la comida para…

3. a. Por ser un buen chef,…

   b. Para ser un buen chef,…

4. a. Quiero los huevos por…

   b. Quiero los huevos para…

5. a. El mesero fue a la cocina por…

   b. El mesero fue a la cocina para…

6. a. Tenemos una reservación por…

   b. Tenemos una reservación para…

INVESTIGUEMOS LA MÚSICA

Carlos Ponce is a Puerto Rican singer and actor. One of his hit songs is called "Rezo." What do you think the song will be about? Search online, listen to the song and compare your answers. What phrases do you hear with **por**? And with **para**?

7.17 **En la recepción** Con un compañero túrnense para explicar lo que hicieron Manuel y las otras personas según (according to) los dibujos. ¡OJO! Deben usar el pretérito y **por** o **para**.

7.18 **Una foto** Trabaja con un compañero y escojan una de las fotos para inventar una historia basada en la foto. Deben incluir varios usos de **por** y **para** en su historia.

Monkey Business Images/Shutterstock.com

Lewis Tse Pui Lung/Shutterstock.com

Entrando en materia

¿Qué comidas compras con frecuencia en el supermercado? Si alguien quiere ahorrar dinero en el supermercado, ¿qué debe hacer?

Las compras en el supermercado

◀)) Vas a escuchar un programa de radio producido por una organización de protección al
7-2 consumidor.

Vocabulario útil

ahorrar	*to save*	los derechos	*rights*
el azúcar	*sugar*	la envoltura	*wrappers, packaging*
caducar	*to expire*	la lata	*can (of food)*
congelado(a)	*frozen*	el sodio	*sodium*
congelar	*to freeze*	la temporada	*season*
dejarse llevar por impulsos	*to impulse buy*		

Es importante comprar frutas y verduras de la temporada.

Matthew Dixon/Shutterstock.com

Comprensión

Escucha el programa y responde las preguntas.

1. En general, ¿de qué hablan en este programa de radio?
2. ¿Cuál es la segunda estrategia?
3. ¿Por qué es buena idea hacer un menú para la semana?
4. ¿Por qué recomiendan comprar productos congelados y no en lata?

👤👤👤 Más allá

Trabajen en un grupo de tres o cuatro estudiantes y compartan las estrategias que usan para ahorrar en el supermercado. Compartan una de sus estrategias con la clase.

Lectura

Antes de leer

1. ¿Qué comidas consume tu familia durante el Día de Acción de Gracias? ¿Qué ingredientes se necesitan para prepararlas?

2. ¿Conoces una comida típica de algún país latinoamericano? ¿Qué comida es? ¿Qué ingredientes se necesitan para prepararla?

A leer

Los alimentos del Nuevo Mundo

people
where they used to live

Antes **la gente** comía solo los alimentos que se cultivaban en la zona donde **vivía.** Debido a las diferencias climáticas y geográficas, la dieta del Nuevo Mundo (el continente americano) era muy diferente a la de Europa.

Hoy en día, gracias a las nuevas técnicas de transporte y preservación de los alimentos, es posible comer productos que se **cosecharon** o produjeron a miles de kilómetros de distancia.

were harvested

[¿puedes imaginar el resto del mundo sin chocolate...?]

without
beef

¿Puedes imaginar tu dieta **sin** leche, sin queso, sin **carne de res** o sin naranjas ni plátanos? Estos son solo algunos de los alimentos que **no había** en el Nuevo Mundo. Por otra parte, ¿puedes imaginar el resto del mundo sin chocolate, vainilla, tomates, maíz, papas, chiles o **pavos**? La lista de productos americanos es larga y su importancia es económica, social y cultural. Un buen ejemplo es el de las papas, las cuales les **salvaron la vida** a millones de europeos durante el período de hambre que siguió a la Segunda Guerra Mundial en Europa.

were not available

turkeys

saved the lives

Las papas son originarias de Sudamérica.

iStock.com/Jmbatt

Si pensamos en la identidad cultural de algunos países, ¿puedes imaginar a Suiza o a Bélgica sin chocolates? ¿Puedes imaginar las típicas

El cacao y la vainilla son originarios de Mesoamérica.

Nattika/Shutterstock.com

pizzas italianas sin tomate? ¿o la **picante** comida de la India sin chiles?

spicy

El tomate y el maíz, la vainilla y el cacao se originaron en Mesoamérica, el territorio que hoy es parte de México y de Centroamérica. De hecho, las palabras *tomate* y *chocolate* vienen de las palabras del náhuatl *tomatl* y *xocolatl*. *Ahuacatl* y *chilli* también son palabras náhuatl para **aguacate** y chile, otros dos alimentos de América.

avocado

Un poco más al sur se originaron la papa y la quinoa, un cereal que puede ser la solución al problema del hambre en el mundo debido a su gran valor nutritivo.

Dos ingredientes centrales en muchos países en Asia son los chiles y los **cacahuates.** Los helados europeos son populares gracias al chocolate y la vainilla, y las papas a la francesa no pueden existir sin papas. Estos productos son solo una pequeña parte de las **aportaciones** del Nuevo Mundo para el resto del planeta.

peanuts

contributions

Comprensión

1. ¿Cuáles son cuatro productos originarios de las Américas?
2. ¿Qué frutos tomaron su nombre de la lengua náhuatl, la lengua de los aztecas?
3. ¿Qué es la quinoa y por qué es importante?
4. En tu opinión, ¿cuáles son tres productos de América que tienen mucha importancia en la economía mundial? ¿Por qué?
5. ¿Qué productos originarios de Europa son muy importantes en tu dieta?

Después de leer

 Habla con un compañero y respondan las siguientes preguntas.

1. ¿Qué factores externos ayudan a determinar la comida típica donde vives?
2. Ahora hay un movimiento para comer comida local. ¿Es posible comer 100% localmente? ¿Por qué?
3. Si decides comer localmente, ¿qué comidas que te gustan tienes que eliminar de tu dieta?

Exploraciones **léxicas**

El señor Buenrostro y su familia salen a comer en un restaurante para celebrar su cumpleaños.

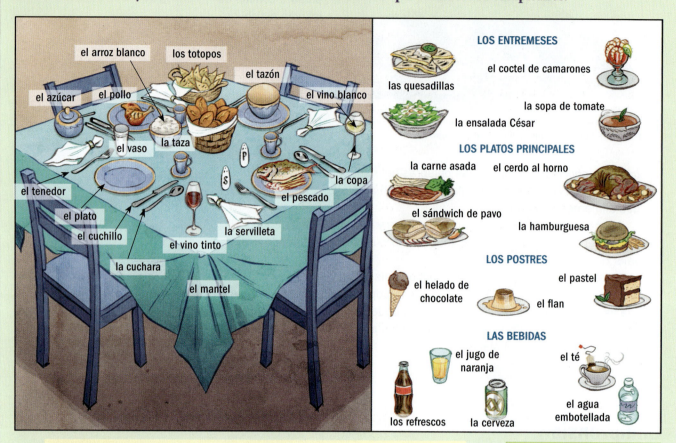

LOS ENTREMESES

- el coctel de camarones
- las quesadillas
- la sopa de tomate
- la ensalada César

LOS PLATOS PRINCIPALES

- la carne asada
- el cerdo al horno
- el sándwich de pavo
- la hamburguesa

LOS POSTRES

- el helado de chocolate
- el pastel
- el flan

LAS BEBIDAS

- el jugo de naranja
- el té
- los refrescos
- la cerveza
- el agua embotellada

(labels in table scene: el arroz blanco, los totopos, el tazón, el azúcar, el pollo, el vino blanco, el vaso, la taza, la copa, el pescado, el tenedor, el plato, el cuchillo, el vino tinto, la servilleta, la cuchara, el mantel)

Palabras adicionales

la cuenta	bill
la orden	order
la pimienta	pepper
la sal	salt
la vainilla	vanilla
me gustaría	I would like

Verbos

cenar	to eat dinner
dejar (una propina)	to leave (a tip)
desayunar	to eat breakfast
ordenar	to order

INVESTIGUEMOS LA GRAMÁTICA

The words **agua** and **azúcar** are feminine, and therefore any adjectives need to be in the feminine form; however, it takes the masculine article for pronunciation purposes.

A practicar

7.19 **Escucha y responde** Vas a escuchar los nombres de varias comidas y bebidas. En un papel dibuja un vaso y en otro un tenedor. Si escuchas una bebida, levanta el vaso y si escuchas una comida levanta el tenedor.

7-3

7.20 **¿Cuál es?** Contesta con la opción más lógica.

1. ¡Tengo mucha sed! Quiero _____.
   - **a.** arroz
   - **b.** un pastel
   - **c.** un refresco
   - **d.** un pollo
2. Mi entremés favorito es _____.
   - **a.** fruta
   - **b.** pimienta
   - **c.** un café
   - **d.** una quesadilla
3. Mi café necesita más _____.
   - **a.** taza
   - **b.** azúcar
   - **c.** cucharita
   - **d.** sal
4. Mi postre favorito es _____.
   - **a.** la cerveza
   - **b.** la leche con chocolate
   - **c.** el helado
   - **d.** el azúcar
5. Para cortar la carne necesito _____.
   - **a.** un cuchillo
   - **b.** una cuchara
   - **c.** una servilleta
   - **d.** la sal

INVESTIGUEMOS EL VOCABULARIO

Here are some terms for ethnic foods commonly served in restaurants:

comida china	Chinese food
comida griega	Greek food
comida italiana	Italian food
comida japonesa	Japanese food
comida mexicana	Mexican food

7.21 **Relaciones** Relaciona las siguientes palabras con una palabra de la lista. Después trabaja con un compañero para explicar la relación entre las palabras.

la carne   la copa   la cuchara   el plato principal   el postre   la sal   la taza   el vaso

Modelo el café... la bebida → *El café es una bebida.*

1. el cerdo
2. el pastel
3. el vino
4. la sopa
5. el jugo
6. la pimienta
7. la hamburguesa
8. el té

7.22 **Encuesta** Busca a seis compañeros que hacen las actividades de la lista. Pídeles información adicional y después reporta la información a la clase.

Modelo desayunar cereal todos los días (¿Cuál?)
Estudiante 1: *¿Desayunas cereal todos los días?*
Estudiante 2: *Sí, desayuno cereal todos los días. Me gusta desayunar Choco Krispis.*

INVESTIGUEMOS EL VOCABULARIO

In some countries, **la comida** is used to refer to the noon meal, which is the main meal of the day.

1. pedir postre cuando come en un restaurante (¿Qué postre te gusta más?)
2. su comida favorita es el desayuno (¿Qué come?)
3. saber hacer flan (¿Qué ingredientes necesita?)
4. comer sándwiches más de tres veces a la semana (¿Por qué?)
5. no tomar cerveza nunca (¿Por qué?)
6. cenar frente al televisor (¿Por qué?)

7.23 **En un restaurante** Trabaja con un compañero y túrnense para hacer el papel *(play the role)* de mesero y de cliente.

Mesero: Buenas tardes, (señor/señorita/señora). ¿Prefiere la sección de fumar o de no fumar?

Cliente: _____

Mesero: ¿Desea una bebida?

Cliente: _____

Mesero: ¿Qué desea ordenar como plato principal?

Cliente: _____

Mesero: ¿Le gustaría un postre?

Cliente: _____

Mesero: ¿Qué más desea?

Cliente: _____

Mesero: ¡Buen provecho! *(Enjoy!)*

INVESTIGUEMOS LA GRAMÁTICA

You learned **me gusta(n)**, **te gusta(n)**, etc., in **Capítulo 3**. To say what someone would like, it is common to say **me gustaría(n)**, **te gustaría(n)**, etc.

¿Desean una bebida?

7.24 **Comparemos** Trabaja con un compañero. Uno va a mirar el dibujo en esta página y el otro va a mirar el dibujo en el Apéndice B. Túrnense para describir los dibujos y encontrar las cinco diferencias.

Piensa en el tema

¿Qué comidas relacionas con la nacionalidad estadounidense? ¿Por qué?

La comida y la identidad nacional

En gran medida, la identidad de un pueblo se basa en compartir *(sharing)* un idioma, una historia y tradiciones; los platillos tradicionales son un ejemplo de esto. Aunque hay comidas que se comen con frecuencia en muchos países latinoamericanos, la comida típica de cada país depende de los productos que crecen *(grow)* o se producen en ese país, como en los siguientes ejemplos:

- En Centroamérica se come mucho el plátano, llamado banano allí, lo que refleja la economía de estos países. Hay muchos tipos de plátanos y gran variedad de recetas *(recipes)* para prepararlos.

- En otros países, como en Chile y en Ecuador, el pescado y los mariscos son muy importantes en la dieta de las personas. En la costa de Ecuador la fanesca (un plato que se hace con mariscos y granos) es especialmente popular durante la Cuaresma *(Lent)*.

- En los países andinos (Bolivia, Perú y Ecuador), de donde es originaria la papa, encontramos más de 4000 variedades de papas y muchos platos se preparan con ellas. El chuño, papas congeladas *(frozen)* y deshidratadas, es muy importante para los habitantes de la región.

- En países como Argentina, Uruguay y Paraguay se produce y se come mucha carne. En esta región el asado *(barbecue)* es una tradición familiar importante.

- El maíz es indispensable en muchos países del continente. En México y Centroamérica se conoce como maíz pero en Suramérica se le llama choclo. Es la base para hacer muchos platos típicos como pupusas, arepas y tamales.

Hay más de 4000 variedades de papas en los Andes.

Hablemos del tema

1. ¿Cuáles son comidas típicas de Estados Unidos? ¿Qué ingredientes se necesitan para prepararlas?

2. ¿Conoces una comida típica de algún país latinoamericano o de España? ¿Cuál?

Piensa en el tema

¿Dónde compras la comida? ¿Vas a tiendas especializadas?

¿Dónde se compra la comida?

En España y Latinoamérica siempre ha sido *(it has been)* muy común comprar algunos productos en diferentes tiendas especializadas en vez de conseguirlas en el supermercado. La siguiente es una lista de diferentes tipos de tiendas. ¿Qué productos crees que venden?

1. una tortillería
2. una heladería
3. una panadería
4. una frutería
5. una lechería
6. una carnicería
7. una chocolatería

Hablemos del tema

1. ¿Cuáles son las ventajas *(advantages)* de ir a las tiendas especializadas? ¿y las desventajas?
2. ¿Dónde compras tú esos *(those)* productos? ¿Puedes encontrar estas tiendas especializadas en donde vives?

Michael Blann/Exactostock-1527/Superstock

En una pescadería venden pescado.

Comunidad

Visita un supermercado de tu comunidad y busca la sección de comida de otras partes del mundo. Luego prepara un reporte usando las siguientes preguntas para guiarte.

- ¿Hay comida latinoamericana o española?
- ¿Qué productos encuentras?
- Mira las etiquetas *(labels)*. ¿De dónde son?
- ¿Te sorprende el número de productos de otros países? ¿Por qué?
- ¿Hay otras tiendas con comida de otros países? ¿Las conoces y las visitas?

A analizar ▶

Rosa y Santiago salen a comer en un restaurante. Después de ver el video lee parte de su conversación y observa los pronombres de objeto directo en negritas. Luego contesta las preguntas que siguen.

Mesero:	Buenas tardes. ¿Están listos?
Rosa:	Sí. Me gustarían los tacos de pescado, por favor.
Mesero:	Lo siento, no **los** tenemos ahora. Ya no hay más pescado.
Rosa:	¡Ay, qué lástima! Bueno, en ese caso quiero las enchiladas suizas. ¿Vienen con salsa verde o salsa roja?
Mesero:	Con salsa verde.
Rosa:	Perfecto, **las** voy a pedir.
Mesero:	¿Y para usted, caballero?
Santiago:	Tengo una pregunta, ¿la sopa de pollo tiene chile?
Mesero:	No, no **lo** tiene.
Santiago:	Bien, **la** voy a pedir entonces.

1. Pronouns take the place of a noun. In the above dialogue, the words in bold are direct object pronouns. Identify what each of the pronouns in the dialogue replaces.

2. What do **lo** and **la** mean in the dialogue above? And **los** and **las**?

3. Where are the pronouns in bold placed?

4. What pronoun would you use to replace **el arroz**? And **las cervezas**?

A comprobar

Direct object pronouns 1

1. A direct object is a person or a thing that receives the action of the verb. It tells to whom or to what something is being done.

   Juan pide **pollo.**
   Juan is ordering chicken. (The chicken is what is being ordered.)

   Elena invita a **Natalia** a comer.
   Elena is inviting Natalia to eat. (Natalia is who is being invited.)

2. In order to avoid repetition, the direct object can be replaced with a pronoun. In Spanish, the pronoun must agree in gender and number with the direct object it replaces.

¿Tienes **las tazas**?　　　*Do you have **the cups**?*
Sí, **las** tengo.　　　*Yes, I have **them**.*

In answering the question, it is not necessary to repeat the direct object, **las tazas**; instead it is replaced with the pronoun **las**.

3. The following are the third-person *[it, him, he, them or you (formal)]* direct object pronouns:

	singular		plural	
masculino	**lo**	*it, him, you (formal)*	**los**	*them, you*
femenino	**la**	*it, her, you (formal)*	**las**	*them, you*

4. The direct object pronoun is placed in front of the conjugated verb.

    ¿Comes carne?
    Do you eat meat?

    No, no **la** como.
    No, I don't eat it.

5. When using a verb phrase that has an infinitive or a present participle (-**ando**, -**iendo**), the pronoun can be placed in front of the conjugated verb, or it can be attached to the infinitive or the present participle.

La voy a invitar. / Voy a invitar**la**.
*I am going to invite **her**.*

¿**Lo** quieres comer? / ¿Quieres comer**lo**?
*Do you want to eat **it**?*

Él **lo** está sirviendo. / Él está sirviéndo**lo**.
*He is serving **it**.*

Notice that an accent is necessary when adding the pronoun to the end of the present participle. The accent will always fall on the **a** for -**ando** forms and on the **e** for -**iendo** forms.

A practicar

7.25 **En el restaurante** Lee la siguiente conversación e identifica el objeto o la persona que el pronombre reemplaza *(replaces).*

Sr. Ortega: ¿Quieres el menú?

Sra. Ortega: No, no <u>lo</u> (**1.**) necesito. Ya sé qué quiero.

Sr. Ortega: ¿Sí? ¿Vas a pedir el pollo como siempre?

Sra. Ortega: No, no <u>lo</u> (**2.**) quiero comer hoy. Voy a pedir la carne asada.

Sr. Ortega: Yo voy a pedir<u>la</u> (**3.**) también. ¿Pedimos una botella de vino?

Sra. Ortega: Sí, <u>la</u> (**4.**) podemos pedir.

Sr. Ortega: Bueno, estamos listos. ¿Dónde está el mesero? No <u>lo</u> (**5.**) veo.

Sra. Ortega: Allí está. ¿Por qué no <u>lo</u> (**6.**) llamas?

Sr. Ortega: ¡Señor!

7.26 **La semana pasada** Habla con un compañero sobre quién hizo las siguientes actividades en sus casas la semana pasada. Deben usar los pronombres de objeto directo y el pretérito cuando contesten las preguntas. Es posible responder con **nadie** *(no one).*

Modelo ¿Quién tomó leche?
    Estudiante 1: *¿Quién tomó leche?*
    Estudiante 2: *Yo la tomé. ¿Y en tu casa?*
    Estudiante 1: *Nadie la tomó.*

1. ¿Quién compró la comida?
2. ¿Quién preparó tu desayuno?
3. ¿Quién puso la mesa?
4. ¿Quién cocinó la cena?
5. ¿Quién sirvió la comida?
6. ¿Quién comió postre?
7. ¿Quién lavó los platos?
8. ¿Quién limpió la cocina?

¿Quién comió postre?

luxmiita/Shutterstock.com

7.27 ¿Quién lo hace? Trabaja con [...] preguntas sobre los dibujos con [...] directo para responder [...]

Modelo (Look at di[...])

Estudiante 1: ¿Quién come la ensa[...]
Estudiante 2: Eva **la** come.

1.

a. tomar/sopa **b.** comer/pan

2.

a. servir/tacos **b.** servir/hamburguesas

3.

a. necesitar/tenedor **b.** necesitar/cuchara

4.

a. tomar/cerveza **b.** tomar/refresco

7.28 Entrevista Túrnense para hacer y contestar las siguientes preguntas. **¡OJO!** Deben usar pronombres de objeto directo para reemplazar *(replace)* las palabras subrayadas *(underlined)* cuando contesten para evitar la repetición.

1. ¿Desayunaste esta mañana? ¿Tomaste <u>café</u>?

2. ¿Trajiste <u>el almuerzo</u> a la universidad? ¿Qué trajiste?

3. ¿A qué hora cenaste anoche? ¿Quién preparó <u>la cena</u>?

4. ¿Cocinaste esta semana? ¿Preparaste <u>verduras</u>?

5. ¿Comiste <u>postre</u> después de la cena anoche? ¿Qué comiste?

6. ¿Tomaste <u>refrescos</u> con el almuerzo? ¿Qué tomaste?

7. ¿Quién limpió <u>la cocina</u> en tu casa después de la cena anoche? ¿Lavó <u>los platos</u> a mano?

8. ¿Compraste <u>comida</u> en el supermercado esta semana? ¿Qué compraste?

7.29 ¿Para qué es? Trabaja con un compañero y túrnense para explicar lo que es posible hacer con las siguientes comidas o utensilios. Deben usar los pronombres de objeto directo y verbos diferentes en las respuestas y dar explicaciones completas.

Modelo el arroz

Estudiante 1: ¿Qué hacemos con el arroz?
Estudiante 2: Lo servimos con frijoles. / Lo ponemos en la paella. / Lo cocinamos en agua.

1. el refresco   3. la cuenta   5. el cuchillo   7. la sopa

2. el helado   4. la taza   6. los totopos   8. el mantel

Rosa: Gracias por invitar**me** a cenar aquí. **Me** conoces y sabes que este es mi restaurante favorito.

Santiago: Sí, **te** conozco muy bien, Rosa.

1. To whom do the pronouns **me** and **te** refer?
2. How would you translate the sentences above?

A comprobar

Direct object pronouns 2

In the last **Exploraciones gramaticales** section, you learned about some of the direct object pronouns. The following are all of the direct object pronouns.

	singular		plural	
first-person	**me**	*me*	**nos**	*us*
second-person	**te**	*you*	**os**	*you (plural)*
third-person	**lo, la**	*it, him, her, you (formal)*	**los, las**	*they, you (plural)*

1. Remember that pronouns are placed in front of the conjugated verb. They can also be attached to an infinitive or a present participle. Don't forget that an accent is necessary when adding the pronoun to the present participle.

El mesero **nos** ve.
*The waiter sees **us**.*

Te quiero invitar a cenar. / Quiero invitar**te** a cenar.
*I want to invite **you** to dinner.*

Ana **me** está llamando. / Ana está llamándo**me**.
*Ana is calling **me**.*

2. The following are some of the verbs that are frequently used with these direct object pronouns:

ayudar	felicitar *(to*	querer *(to love)*
buscar	*congratulate)*	saludar
conocer	invitar	*(to greet)*
creer	llamar	ver
encontrar	llevar *(to*	visitar
escuchar	*take along)*	

A practicar

7.30 **¿Qué significa?** Indica cuál es la traducción correcta.

1. No te entiendo.
   a. I don't understand you.   b. You don't understand me.
2. Mi madre me llama todos los días.
   a. My mother calls me every day.   b. I call my mother every day.
3. ¿Te esperan tus amigos?
   a. Are you waiting for your friends?   b. Are your friends waiting for you?
4. No nos ven.
   a. They don't see us.   b. We don't see them.

7.31 Algunas preguntas Indica cuál es la respuesta correcta.

1. ¿Quién me llama?
   a. Héctor te llama.   b. Héctor me llama.

2. ¿Te comprenden tus padres?
   a. Sí, te comprenden.   b. Sí, me comprenden.

3. ¿Me ayudas con la tarea?
   a. Sí, te ayudo.   b. Sí, me ayudas.

4. ¿Cuándo te invitan a comer?
   a. Te invitan a comer hoy.   b. Me invitan a comer hoy.

5. ¿Vas a visitarnos mañana?
   a. Sí, voy a visitarnos.   b. Sí, voy a visitarlos.

6. ¿El profesor los vio a ustedes?
   a. Sí, nos vio.   b. Sí, los vio.

7.32 En clase Contesta las preguntas referentes a los hábitos del profesor de español. Debes usar el pronombre **nos** en las respuestas.

Modelo ¿El profesor de español los invita a ustedes a fiestas?
Sí, nos invita a fiestas. / No, no nos invita a fiestas.

¿El profesor de español…

1. los comprende a ustedes?
2. los conoce bien?
3. los ayuda a ustedes con la tarea?
4. los escucha cuando ustedes tienen problemas?
5. los llama a casa?
6. los lleva a comer en un restaurante?
7. los saluda en el campus?
8. los ve fuera de la clase?
9. los invita a ser sus amigos en su página de Facebook?
10. los felicita cuando hacen un buen trabajo?

La profesora siempre nos ayuda.

7.33 ¡Ayuda! Completa la siguiente conversación con el pronombre **me, te** o **nos**.

Susana: Simón, ¡yo (1.) _____ necesito! ¡No entiendo francés!

Simón: ¿El profesor siempre habla con ustedes en francés?

Susana: Sí, solo nos habla en francés, pero no lo comprendemos a él, ni él (2.) _____ comprende a nosotros. ¿(3.) _____ ayudas con mi tarea?

Simón: Por supuesto. Yo (4.) _____ puedo ayudar esta tarde si quieres.

Susana: ¡Sí! Entonces ¿(5.) _____ vas a llamar luego?

Simón: Sí, yo (6.) _____ llamo después de trabajar.

Susana: ¡Qué bueno! ¡(7.) _____ quiero, Simón!

¿Necesitas ayuda con la tarea?

7.34 **Una noche en el restaurante** Trabaja con un compañero y túrnense para describir lo que pasó anoche en el restaurante. Deben completar lo que dijeron las diferentes personas en cada escena usando los pronombres de objeto directo **me, te** y **nos.**

7.35 **La telenovela** Imagínate que eres un actor de telenovelas *(soap operas)*. Túrnate con un compañero para leer las preguntas y las exclamaciones, y para responder de una manera original y dramática. Usen pronombres de objeto directo en las respuestas. ¡Sean creativos!

Modelo ¿Quieres a tu esposa?
Estudiante 1: *¿Quieres a tu esposa?*
Estudiante 2: *No, no la quiero, pero ella es muy rica.*

1. ¿Me quieres?
2. ¿Me vas a querer siempre?
3. ¿Quién te besa *(kiss)* cada noche?
4. ¡¿No nos vas a llevar contigo?!
5. ¡No me comprendes!
6. ¿Me estás engañando *(cheating on)*?
7. ¿Nos vas a abandonar?
8. ¡Nunca me escuchas!

¿Me quieres?

Photos To Go

7.36 **Preguntas personales** Entrevista a un compañero de clase con las siguientes preguntas.

Modelo Estudiante 1: *¿Quién te cree siempre?*
Estudiante 2: *Mi esposo (mi madre, mi mejor amigo, etc.) me cree siempre.*

1. ¿Quién te comprende?
2. ¿Quién te quiere mucho?
3. ¿Quién te invita a comer con frecuencia?
4. ¿Quién te llama por teléfono y habla y habla y habla… ?
5. ¿Quién te ayuda con la tarea de español?
6. ¿Quién te visita con frecuencia?
7. ¿Quién te escucha cuando tienes problemas?
8. ¿Quién te busca cuando necesita dinero?
9. ¿Quién los visita a ti y a tu familia con frecuencia?
10. ¿Quién los saluda a ti y a tus compañeros de clase todos los días?

Reading Strategy: Use background knowledge

Remember to think about what you already know about the topic before you begin to read. Look at the title and jot down some idea related to fast food.

Antes de leer

1. ¿Qué comidas se consideran "comida rápida" en los Estados Unidos?

2. ¿Existe una diferencia entre comida rápida y comida chatarra *(junk food)*? ¿Cuál?

A leer

La comida rápida en Latinoamérica

ago — Todos sabemos que la vida hoy es muy diferente a la vida **hace** cien años, especialmente en las grandes ciudades, donde la gente siempre tiene prisa

lack of time — ¿Cómo afecta esta **falta de tiempo** nuestros hábitos alimenticios?

Preparar comida consume mucho tiempo, así que mucha gente busca

save — soluciones para **ahorrar** ese tiempo. En muchos países hispanos es importante pasar tiempo con la familia y no

make sense — **tiene sentido** comer mientras se maneja. Para ahorrar tiempo, muchas amas de

homemade — casa compran comida rápida en locales especializados que venden comida **casera**. De esta manera no tienen que preparar comida, solamente deben servirla. Los locales de comida rápida venden platillos variados que cambian todos los días,

stewed — como diferentes variedades de sopa, carnes **guisadas**, ensaladas y hasta postres. Estos negocios pueden proveer comida muy similar a la que se elabora en casa a un precio razonable.

chains — Otra comida rápida popular es el pollo asado. Hay **cadenas** que lo venden muy barato, de manera similar a las grandes compañías en los Estados Unidos que venden hamburguesas.

La comida rápida también ofrece opciones

cravings — para satisfacer **antojos:** en cualquier pueblo o ciudad de Latinoamérica

stands — se encuentran **puestos** en la calle o pequeños locales donde se puede comprar comida económica de acuerdo al gusto local. Por ejemplo, en los países andinos

> [No tiene sentido comer mientras se maneja.]

Las pupusas son un ejemplo de comida típica salvadoreña.

(Perú, Ecuador y Bolivia) se venden papas en la calle, preparadas de mil maneras diferentes. En México los puestos generalmente venden tacos, tamales, o tortas. En El Salvador se venden pupusas, en Puerto Rico los pinchos y en el Paraguay el chipá. Aunque los ingredientes de la comida rápida no son necesariamente los mismos que los de la comida que se compra en los Estados Unidos, los resultados son **igual de apetecibles.**

El chipá paraguayo

equally appetizing

Comprensión

Indica si las siguientes afirmaciones son ciertas o falsas según la lectura. Corrige las ideas falsas.

1. En Latinoamérica la gente tiene mucho tiempo para cocinar.
2. La gente generalmente no come mientras conduce su automóvil en los países hispanos.
3. Los locales de comida rápida venden comida como hamburguesas y pizza.
4. El pollo asado es una comida popular.
5. Las papas pueden ser un tipo de comida rápida en algunos países como Perú y Bolivia.

Después de leer

Con un compañero túrnense para hacer y contestar las preguntas.

1. ¿Comes comida rápida o chatarra con frecuencia? ¿Por qué?
2. ¿Qué comidas rápidas prefieres?
3. ¿Qué más haces para ahorrar tiempo con la comida?

Redacción

Write a blog entry in which you discuss a favorite restaurant.

Paso 1 Think of a restaurant that you like. Jot down some basic information about the restaurant. Where is it located? What are its hours? What is the ambience of the restaurant like? What are the prices like? What kind of food do they serve? What do you recommend?

Paso 2 Think about a time that you visited the restaurant. When did you go and with whom? What did you and the others with you eat? How was the service? How was the food?

Paso 3 Using the information you generated in **Paso 1,** write a paragraph (in the present tense) in which you tell your readers about your favorite restaurant. Be sure to begin your paragraph with a sentence that will catch your readers' attention; a sentence such as *El Café Cielo es mi restaurante favorito* is not going to encourage someone to continue reading.

Paso 4 Using the information you generated in **Paso 2,** write a second paragraph in which you discuss a time you visited the restaurant. You will need to use the preterite.

Paso 5 Write a brief concluding paragraph in which you sum up your thoughts about the restaurant.

Paso 6 Edit your blog entry:

1. Do all of the sentences in each paragraph support the topic sentence?
2. Are there any short sentences you can combine with **y** or **pero**?
3. Do adjectives agree with the nouns they describe?
4. Do verbs agree with the subject? Did you use the correct forms of the preterite?
5. Are there any spelling errors? Do the preterite verbs that need accents have them?

INVESTIGUEMOS EL VOCABULARIO

Here are some terms for ethnic foods commonly served in restaurants:

comida china	*Chinese food*
comida griega	*Greek food*
comida italiana	*Italian food*
comida japonesa	*Japanese food*
comida mexicana	*Mexican food*

Entrando en materia

¿Lees los comentarios sobre los restaurantes antes de elegir un nuevo lugar para comer? ¿Por qué?

Una reseña de un restaurante

Vas a leer un blog que cada semana habla sobre un restaurante de la ciudad. Después de leer decide si la reseña (review) es positiva o negativa.

GUÍA GASTRONÓMICA: COMIDA CRIOLLA

Cuando Cristóbal Colón llegó a América, la historia del mundo cambió... y las opciones para comer se multiplicaron. Aquí en la ciudad gozamos de muchas opciones de cocina internacional, pero la comida tradicional y la cocina criolla siguen siendo las favoritas. El Criollo es un nuevo restaurante que abrió el mes pasado. Antes de hablar sobre los platillos que ofrecen, valdría la pena[1] recordar la diferencia entre la comida tradicional y la criolla, para que ustedes sepan qué esperar de este restaurante.

Si pensamos en la historia de Latinoamérica, recordaremos que los criollos eran hijos de europeos, pero nacieron[2] en el nuevo mundo y se criaron en él. Generaciones más tarde, los hijos de los criollos siguieron llamándose criollos, hasta que la palabra llegó a significar algo autóctono[3] o nacional (justamente en la época que los países latinoamericanos empezaron a independizarse de España). Algo similar ocurrió con la comida: con el intercambio de alimentos, nacieron nuevas cocinas locales que combinaban los nuevos alimentos con las prácticas culinarias locales.

Hoy en día se habla de comida tradicional y comida criolla como sinónimos, pero en realidad hay diferencias importantes. La comida tradicional es la que tradicionalmente consume un grupo cultural o etnográfico. Por ejemplo, se puede hablar de cocina tradicional judía[4]. La cocina criolla se basa en una mezcla tanto de ingredientes como de técnicas para cocinar. En Latinoamérica, la cocina criolla fusiona dos (o más) gastronomías con sus técnicas, tradiciones e ingredientes. En el caso de Latinoamérica, se mezclan tradiciones culinarias prehispánicas con las europeas, las que a su vez estaban mezcladas con las de la cultura árabe y judía, entre otras.

Ahora que está aclarada la diferencia, vale la pena mencionar que en El Criollo no van a encontrar las recetas típicas peruanas, sino platillos hechos[5] con ingredientes locales con un toque moderno. Las porciones son pequeñas, pero están elegantemente presentadas. El ambiente del local también es moderno, aunque un poco ruidoso[6]. El servicio, para ser honesto, es un poco lento[7], pero los precios son moderados en comparación con otros restaurantes de cocina criolla. Además, El Criollo tiene un estacionamiento muy amplio, así que es un buen lugar para citarse a comer con los amigos.

¿El veredicto? Pienso regresar a El Criollo para comer con mis amigos a un buen precio.

Papas a la huancaína; papas con una salsa picante de queso

bonchan/Shutterstock.com

[1]it would be worth it [2]were born [3]indigenous [4]Jewish [5]made [6]noisy [7]slow

Comprensión

Indica si las afirmaciones son ciertas o falsas y corrige las falsas.

1. Después de que Cristóbal Colón encontró el Nuevo Mundo, la comida se homogeneizó en todo el mundo y hubo menos variedad de platillos.
2. Los criollos eran los hijos de europeos que nacieron en América.
3. "Comida criolla" es sinónimo de "comida tradicional".
4. La cocina árabe influye en la gastronomía que trajeron los españoles a Latinoamérica.
5. El autor del blog piensa que los precios de la comida en El Criollo son buenos.
6. Al autor del blog no le gustó el restaurante.

👥 Más allá

Habla con un compañero sobre un restaurante que conoces bien. Descríbele el restaurante a tu compañero, explica qué tipo de comida sirven y finalmente di si lo recomiendas o no y por qué.

7.37 **El cumpleaños de mi esposa** Completa las siguientes oraciones con el pretérito del verbo entre paréntesis. **¡OJO!** No todos los verbos son irregulares.

Ayer **(1.)** _____ (ser) el cumpleaños de mi esposa. Para celebrar yo

(2.) _____ (hacer) una reservación en un restaurante elegante en el centro

de la ciudad. Nosotros **(3.)** _____ (tener) que conducir media hora, pero

valió la pena *(it was worth it)*. Cuando llegamos, **(4.)** _____ (ir) directamente

a la mesa. Nosotros **(5.)** _____ (ver) el menú y luego **(6.)** _____

(pedir) nuestra comida. Cuando el mesero **(7.)** _____ (traer) la comida, yo

(8.) _____ (estar) muy satisfecho con mi selección. Al terminar de comer

mi esposa **(9.)** _____ (querer) un postre y decidimos pedir un pastel. ¡El

pastel **(10.)** _____ (estar) delicioso! Después de comer **(11.)** yo _____

(pagar) la cuenta y **(12.)** _____ (dejar) una buena propina. Finalmente mi

esposa y yo **(13.)** _____ (volver) a casa.

7.38 **Una cena en restaurante** Lee el párrafo sobre una noche que Tomás y Jimena cenaron en un restaurante. Cambia las oraciones y usa los pronombres de objeto directo para evitar *(to avoid)* las repeticiones.

Modelo Ayer fue el cumpleaños de Jimena y Tomás decidió invitar a Jimena a cenar en un restaurante.
Ayer fue el cumpleaños de Jimena y Tomás decidió invitarla a cenar en un restaurante.

(1.) El mesero llegó con los menús y Tomás y Jimena miraron los menús.

(2.) A Jimena le gusta el pollo asado y decidió pedir pollo asado. **(3.)** Tomás prefirió el pescado y pidió pescado. **(4.)** Las ensaladas parecían *(seemed)* deliciosas y los dos quisieron ensaladas. **(5.)** Tomás vio al mesero y llamó al mesero.

(6.) El mesero recomendó el vino blanco, pero ellos no quisieron vino blanco; prefirieron pedir vino tinto. **(7.)** En poco tiempo la comida llegó y ellos disfrutaron *(enjoyed)* la comida. **(8.)** Al final el mesero trajo la cuenta y Tomás pagó la cuenta con su tarjeta de crédito.

7.39 **¿Por o para?** Lee las siguientes oraciones y substituye las palabras en cursiva con **por** o **para.**

1. Ayer Renato decidió ir a un restaurante *a* cenar.
2. A las ocho salió de su casa *al* restaurante.
3. *A causa de* no tener una reservación, no pudo sentarse inmediatamente.
4. Esperó *durante* media hora.
5. *Al* fin, un señor lo llevó a una mesa.
6. Tenían un especial: una pizza de queso *a* 50 pesos y decidió pedirla.
7. Luego pidió un helado *de* postre.

7.40 **Sondeo** En grupos de tres o cuatro contesten las siguientes preguntas. Luego compartan las respuestas con la clase.

1. ¿Prefieres comer en un restaurante o en casa? ¿Por qué?
2. ¿Cuántas veces a la semana almuerzas en restaurantes?
3. ¿Cuántas veces al mes cenas en restaurantes?
4. ¿Cuál es tu restaurante favorito? ¿Qué pides allí típicamente?
5. ¿Cuándo fue la última vez *(last time)* que fuiste a un restaurante? ¿Qué restaurante fue? ¿Qué pediste?

7.41 **La fiesta** Tu compañero y tú están planeando una cena para unos amigos, pero los invitados tienen algunas restricciones en su dieta. Uno de ustedes mira la información en esta página y el otro mira la información en el Apéndice B. Compartan la información sobre sus dietas y luego decidan qué van a servir del menú abajo.

> **aperitivo:** queso, totopos con salsa
>
> **primer plato:** ensalada con vinagreta, sopa de fideos *(noodles)*
>
> **segundo plato:** carne asada con papas fritas, fajitas con tortillas de maíz y verduras asadas
>
> **postre:** ensalada de frutas, pastel de chocolate
>
> **bebida:** té helado, limonada

Invitado	Restricción
Angélica	
Lucas	Es alérgico al chocolate.
Mateo	
Regina	Está a dieta.
Javier	
Gisa	No puede consumir gluten.

7.42 **La lista del supermercado** Trabaja con un compañero para crear una lista de supermercado. Tienen un presupuesto *(budget)* limitado y solo pueden comprar diez productos.

Paso 1 Escribe una lista de diez productos que quieres comprar. Debes incluir tres verduras, tres frutas y otros cuatro productos.

Paso 2 Compara tu lista con la de tu compañero y explica por qué quieres comprar ciertos productos. Luego pónganse de acuerdo *(agree)* en los diez productos que van a comprar.

Paso 3 Compartan *(Share)* la lista con la clase y expliquen algunas de sus decisiones.

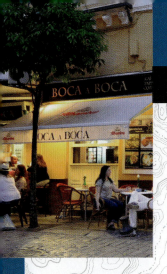

Vocabulario 1

Frutas

el durazno	peach		la piña	pineapple
la fresa	strawberry		el plátano	banana
la manzana	apple		la sandía	watermelon
el melón	melon		las uvas	grapes
la naranja	orange			

Verduras

el brócoli	broccoli		la papa	potato
la cebolla	onion		el pepino	cucumber
la lechuga	lettuce		el tomate	tomato
el maíz	corn		la zanahoria	carrot

Lácteos

la crema	cream		el queso	cheese
la leche	milk		el yogur	yogurt
la mantequilla	butter			

Otros alimentos Other foods

la catsup	ketchup		la mermelada	jam
el cereal	cereal		la mostaza	mustard
el huevo	egg		el pan	bread
el jamón	ham		el pepinillo	pickle
la mayonesa	mayonnaise			

Verbos

hornear	to bake

Palabras adicionales

el almuerzo	lunch		frito(a)	fried
la cena	dinner		los lácteos	dairy products
el desayuno	breakfast		la rebanada	slice

Los números

cien	100		setecientos	700
ciento uno	101		ochocientos	800
doscientos	200		novecientos	900
trescientos	300		mil	1000
cuatrocientos	400		dos mil	2000
quinientos	500		un millón	1 000 000
seiscientos	600			

Vocabulario 2

Los utensilios

la copa	wine glass		la servilleta	napkin
la cuchara	spoon		la taza	cup
el cuchillo	knife		el tazón	bowl
el mantel	tablecloth		el tenedor	fork
el plato	plate		el vaso	glass

La comida

el agua embotellada	bottled water		el pastel	cake
el arroz	rice		el pavo	turkey
el azúcar	sugar		el pescado	fish
la bebida	drink		la pimienta	pepper
el café	coffee		el pollo	chicken
el camarón	shrimp		el postre	dessert
la carne	meat		la quesadilla	quesadilla
el cerdo	pork		el refresco	soda
la cerveza	beer		la sal	salt
el chocolate	chocolate		el sándwich	sandwich
el coctel	cocktail		la sopa	soup
la ensalada	salad		los totopos	tortilla chips
el entremés	appetizer		la vainilla	vanilla
el flan	flan		el vino blanco	white wine
la hamburguesa	hamburger		el vino tinto	red wine
el helado	ice cream			
el jugo	juice			

Verbos

cenar	to eat dinner		querer	to love
dejar (una propina)	to leave (a tip)		llevar	to take along
desayunar	to eat breakfast		saludar	to greet
felicitar	to congratulate			

Palabras adicionales

al horno	baked		Me gustaría	I would like
asado(a)	grilled		la orden	order
la comida	food, lunch		el plato principal	main dish
la cuenta	bill			

Diccionario personal

_____

_____

Learning Strategy

Review material from previous chapters

It is important that you review the vocabulary and grammar from previous chapters because you will continue to use what you learned in the past. Make use of the MT Mobile flashcards for each chapter and review them often, go back to the **Prueba de repaso** section (in the online learning path) and the **Exploraciones de repaso** section of your textbook in earlier chapters to be sure you can still do the activities.

After completing the chapter you will be able to:

- Talk about household chores
- Talk about your hobbies and pastimes
- Tell what you used to do in the past

Caminando por el glaciar Perito Moreno, en la Patagonia argentina

Es sábado y la familia Carrillo está limpiando la casa. ¿Qué están haciendo?

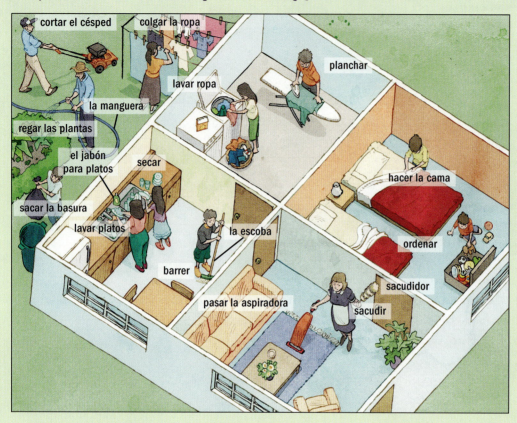

La limpieza	Cleaning	el trapo	cleaning cloth, rag	Verbos	
el bote de basura	*trash can*			**guardar**	*to put away*
el cortacésped	*lawn mower*	**Adjetivos**		**poner la mesa**	*to set the table*
la plancha	*iron*	**desordenado(a)**	*unorganized*	**recoger**	*to pick up*
los quehaceres	*chores*	**limpio(a)**	*clean*	**recoger la mesa**	*to clear the table*
la tabla de planchar	*ironing board*	**ordenado(a)**	*organized*	**trapear**	*to mop*
el trapeador	*mop*	**sucio(a)**	*dirty*		

A practicar

8.1 **Escucha y responde** Vas a escuchar una serie de quehaceres y de artículos de limpieza. Levanta la mano derecha si el quehacer o producto se relaciona con la cocina, y levanta la mano izquierda si se relaciona con el jardín.

8-1

8.2 **¿Con qué frecuencia?** En parejas túrnense para preguntar con qué frecuencia hacen ustedes u otra persona en su casa los quehaceres de la lista.

Modelo sacudir

Estudiante 1: *¿Con qué frecuencia sacudes en tu casa?*

Estudiante 2: *Sacudo una vez a la semana. / Yo no sacudo, pero mi esposo sacude una vez a la semana.*

1. lavar la ropa
2. planchar
3. barrer el piso de la cocina
4. pasar la aspiradora
5. cortar el césped
6. hacer las camas
7. limpiar los baños
8. sacar la basura

8.3 **Una fiesta** Imagina que vives en la casa de los siguientes dibujos. Tus amigos y tú van a dar una gran fiesta para toda la clase. Trabaja con un compañero y hablen de lo que necesitan hacer antes de la fiesta. Sean creativos.

Modelo *En la cocina tenemos que secar los platos.*

8.4 **Busca a alguien** Busca a compañeros que hacen las siguientes actividades. Después repórtale la información a la clase.

1. Lava la ropa una vez a la semana.
2. Nunca riega las plantas.
3. Hace su cama todos los días.
4. Detesta lavar los platos.

5. Cuelga la ropa para secarla.
6. Nunca corta el césped.
7. Vive con alguien que limpia el baño.
8. No le gusta planchar.

8.5 **Una entrevista** Trabaja con un compañero para contestar las preguntas y luego repórtale la información a la clase.

1. ¿Qué quehacer te gusta más? ¿Cuál te gusta menos?
2. En tu opinión, ¿qué quehacer es el más importante? ¿Cuál es el menos importante?
3. ¿Cuántas horas a la semana pasas limpiando u organizando tu casa? ¿Qué tienes que hacer?
4. ¿Crees que los niños deben ayudar en casa? ¿Qué quehaceres deben hacer?
5. ¿Piensas que los hombres y las mujeres deben compartir *(share)* la responsabilidad de limpiar la casa? ¿Por qué?

8.6 **Compañeros de casa** Javier, Marcos y Emanuel decidieron vivir juntos y quieren organizarse para hacer los quehaceres que les gustan. Trabaja con un compañero para completar la tabla. Uno de ustedes va a ver la información en esta página, y el otro debe ver la información en el Apéndice B. Primero completen el gráfico y después decidan quién va a hacer cada quehacer. Cada persona debe tener dos obligaciones.

Quehacer	Javier	Marcos	Emanuel	¿Quién va a hacerlo?
lavar los platos		No le gusta.		
limpiar los baños	No le gusta.		No le gusta.	
trapear la cocina	No le gusta.	Le gusta.		
pasar la aspiradora				
cortar el césped		No le gusta.	No le gusta.	
regar las plantas	No le gusta.		No le gusta.	

Conexiones culturales
Cultura

Piensa en el tema

¿Qué quehaceres relacionas con la ropa?

Gaturro

A pocas personas les gusta hacer los quehaceres de la casa, pero son inevitables. Por eso son también una experiencia que comparten *(share)* muchas culturas diferentes, con pequeñas variaciones en cómo se hacen.

Debido a que los quehaceres son una experiencia que muchos tenemos en común, son también un tema típico en algunos cómics. Aquí puedes ver una tira cómica de Gaturro, uno de los cómics argentinos más conocidos.

© Winta S.A.

Hablemos del tema

1. ¿Le molestan a Gaturro los quehaceres de la casa? ¿Por qué?
2. ¿A ti te gusta hacer algún quehacer de la casa? ¿Por qué?
3. ¿Cuánto tiempo pasas limpiando y ordenando tu casa?
4. ¿Por qué crees que en todo el mundo las mujeres tienden a *(tend to)* pasar más tiempo limpiando que los hombres?

Piensa en el tema

¿En qué gastas dinero para tener tu casa limpia?

Las aplicaciones para la limpieza

Hoy en día *(Nowadays)* hay una aplicación *(app)* para todo, incluyendo la limpieza de la casa. Muchas personas trabajan todo el día y no tienen energía para limpiar. Sin embargo, no contratan *(hire)* a una persona para limpiar porque les pone nerviosos tener un desconocido *(stranger)* en casa.

El mexicano Rodolfo Corcuera encontró esta dificultad cuando llegó a vivir a una nueva ciudad. Por eso creó "Aliada MX", una aplicación para encontrar a alguien para limpiar la casa. Después de ingresar *(entering)* información sobre el tamaño *(size)* de la casa y la localización, la aplicación puede calcular el costo del servicio.

Por supuesto, Aliada MX tiene la responsabilidad de asegurarse de *(ensure)* que la persona sea de confianza *(is trustworthy)*. Para trabajar en la compañía es necesario tener una cuenta *(account)* en el banco y un celular. El creador de la aplicación dice que esto no es un problema, porque el 70% de las personas que quieren trabajar ya *(already)* tiene un celular. Uno de los objetivos más importantes de Corcuera es aumentar los sueldos *(increase the earnings)* de las personas que limpian.

Hablemos del tema

1. ¿Usas aplicaciones para ayudarte a tener tu casa ordenada? ¿Por qué?
2. ¿Qué servicios contratas mediante aplicaciones? ¿Son confiables?

Oleksandr Malotkovych/Shutterstock.com

Exploraciones gramaticales

A analizar

Camila habla con Vanesa sobre los quehaceres. Después de ver el video, lee parte de lo que dice Camila y presta atención a los verbos en negritas.

Ahora que Rodrigo tiene un nuevo puesto *(position)* y yo también trabajo, estamos muy ocupados. Antes los dos **limpiábamos** la casa juntos los domingos. Él **barría** la cocina y **sacaba** la basura mientras yo **pasaba** la aspiradora y **sacudía.** Luego en la tarde yo **lavaba** y **secaba** la ropa, y él **limpiaba** el baño.

Using the examples above and your knowledge of verb conjugations, answer the questions.

1. What are the endings of the **-ar** verbs in bold? And the **-er/-ir** verbs?
2. The verbs in bold are in the imperfect tense. Does the imperfect describe actions in the past, present, or future?

A comprobar

The imperfect

1. To form the imperfect of regular verbs, add the following endings to the stem:

-ar verbs	**lavar** *(to wash)*
lav**aba**	lav**ábamos**
lav**abas**	lav**abais**
lav**aba**	lav**aban**

-er/-ir verbs	**barrer** *(to sweep)*
barr**ía**	barr**íamos**
barr**ías**	barr**íais**
barr**ía**	barr**ían**

2. The verbs **ser, ir,** and **ver** are the only irregular verbs in the imperfect.

ser *(to be)*			
yo	**era**	nosotros(as)	**éramos**
tú	**eras**	vosotros(as)	**erais**
él, ella, usted	**era**	ellos, ellas, ustedes	**eran**

ir *(to go)*			
yo	**iba**	nosotros(as)	**íbamos**
tú	**ibas**	vosotros(as)	**ibais**
él, ella, usted	**iba**	ellos, ellas, ustedes	**iban**

ver *(to see)*			
yo	**veía**	nosotros(as)	**veíamos**
tú	**veías**	vosotros(as)	**veíais**
él, ella, usted	**veía**	ellos, ellas, ustedes	**veían**

3. There are no stem-changing verbs in the imperfect. All verbs that have changes in the stem in the present or the preterite are regular.

Mi madre **cuelga** la ropa afuera.
Mi abuela también **colgaba** la ropa afuera.

Mi madre **prefirió** lavar los platos a mano ayer.
Mi abuela siempre **prefería** lavar los platos a mano.

4. The imperfect of the verb **haber (hay)** is **había.** Just as in the present tense **(hay),** there is only one form.

Siempre **había** platos en el fregadero.
There were *always plates in the sink.*

5. The imperfect is used to describe past habits or routines. In English, we frequently use the expressions *used to* or *would*. It is often used with expressions such as **siempre, todos los días, todos los años, con frecuencia, a menudo, normalmente, generalmente, a veces,** etc.

De niño, **era** mi responsabilidad sacar la basura.
*As a child, it **used to be** my responsibility to take out the trash.*

Todos los sábados **limpiábamos** la casa.
*Every Saturday we **would clean** the house.*

6. Another use of the imperfect is to describe an action in progress at a particular moment in the past where there is no emphasis on when the action began or ended.

¿Qué **hacías** a las tres?
*What **were you doing** at three o'clock?*

Yo **cortaba** el césped.
*I **was cutting** the lawn.*

INVESTIGUEMOS LA GRAMÁTICA

You will recall that the present progressive describes actions in progress in the present. It is also possible to use the imperfect of **estar** with the present participle.

Mi hermano **estaba planchando** su ropa.
*My brother **was ironing** his clothes.*

A practicar

8.7 **En tu adolescencia** Lee las siguientes oraciones e indica si son ciertas o falsas según tu experiencia de cuando eras adolescente.

1. No tenía que hacer quehaceres.
2. Sacaba la basura.
3. No me gustaba ordenar mi habitación.
4. Cortaba el césped.

5. Hacía la cama todos los días.
6. Ponía la mesa antes de comer.
7. Lavaba mi ropa.
8. No colgaba mi ropa.

Cuando era adolescente ayudaba a mis padres con los quehaceres.

8.8 **Mi niñez (childhood)** Cambia el verbo a la forma necesaria del imperfecto y completa las siguientes ideas con tus experiencias.

Modelo mi padre me (contar)…
Cuando era niña, mi padre me contaba cuentos.

Cuando era niño(a),…

1. yo (vivir)…
2. mis amigos y yo (comer) mucho…
3. mi familia (ir) con frecuencia a…

4. mis amigos (jugar)…
5. no me (gustar)…
6. mi mejor amigo(a) (ser)…
7. yo (tener) que…

8.9 **¿Qué hacían?** Cristina llamó a la casa de su amiga pero nadie contestó el teléfono. Con un compañero túrnense para identificar las actividades que hacían las personas en ese momento.

8.10 **Entrevista** Túrnense para entrevistar a un compañero sobre sus actividades mientras estaban en la escuela secundaria. Den mucha información al contestar las preguntas.

1. ¿Qué te gustaba hacer en las vacaciones cuando estabas en la escuela secundaria?
2. ¿Practicabas algún deporte? ¿Cuál?
3. ¿Quién cocinaba? ¿Qué comida preferías?
4. ¿Trabajaban tus padres? ¿Dónde?
5. ¿Salías con amigos los fines de semana? ¿Adónde iban?
6. ¿Cómo se llamaba tu mejor amigo? ¿Qué hacías con él?
7. ¿Qué quehaceres tenías que hacer?
8. ¿Qué hacías después de regresar de la escuela?

8.11 **Una encuesta** En grupos de tres o cuatro estudiantes van a descubrir quién tenía que trabajar más en su casa cuando era niño.

Paso 1 Con los compañeros del grupo decidan tres quehaceres más para añadir *(to add)* a la lista. Luego usen el imperfecto para preguntar quién en el grupo hacía las actividades en la lista cuando era niño.

cortar el césped	sacar la basura
limpiar el baño	_____
lavar los platos	_____
poner la mesa	_____

Paso 2 ¿Quién tenía más quehaceres cuando era niño? Repórtenle la información a la clase.

A analizar

Ve el video otra vez. Después lee parte de la conversación y observa las expresiones negativas en negritas.

> **Camila:** ¡Ay, Vanesa! Parece que **nunca** tengo el tiempo que necesito para limpiar la casa. Mis padres van a llegar el sábado para visitarnos ¡y la casa es un desastre! Sé que **no** voy a tener tiempo para limpiar **ni** mañana **ni** el viernes porque tengo mucho trabajo para la escuela. ¿Conoces a alguien que me pueda ayudar a limpiar?
>
> **Vanesa:** **No** conozco a **nadie,** pero puedo preguntarle a mi hermana.
>
> **Camila:** Sí, por favor. ¡Ya **no** tengo tiempo de hacer **nada**!

1. How many negative words are there in each sentence?
2. Where is the word **no** placed in relation to the verb it refers to in the sentences?

A comprobar

Indefinite and negative words

1. The following are the most commonly used negative and indefinite words.

Palabras negativas

nadie	*no one, nobody*
nada	*nothing*
nunca	*never*
jamás	*never*
tampoco	*neither, either*
ningún (ninguno), ninguna	*none, any*
ni… ni	*neither . . . nor*

Palabras indefinidas

alguien	*someone, somebody*
algo	*something*
siempre	*always*
también	*also*
algún (alguno), alguna	*some*
o… o	*either . . . or*

2. In Spanish, it is possible to use multiple negative words in one sentence. When a negative word follows the verb, it is necessary to place **no** or another negative word in front of the verb, making it a double negative.

> **No** plancho **nunca.**
> I **never** iron.

> **No** hay **ni** escoba **ni** aspiradora aquí.
> There is **neither** a broom **nor** a vacuum here.

> **Nunca** le das **nada** a **nadie.**
> You **never** give **anything** to **anyone.**

3. The negative words **jamás, nunca,** and **tampoco** can be placed directly before the verb. **Nada** and **nadie** can only be placed before the verb if it is used as the subject.

> **Nadie** está lavando ropa ahora.
> **No one** is washing clothes now.

> **Tampoco** hago la cama.
> I don't make my bed **either.**

> **Nada** es imposible.
> **Nothing** is impossible.

4. The indefinite words **algún, alguno(s), alguna(s),** and the negative words **ningún, ninguno(s), ninguna(s)** function similarly to the indefinite articles **un(os)** and **una(s).** Notice that they must agree in number and gender with the noun they refer to. When using the negative, the singular form is generally used.

> Tengo algunas camisas que planchar. ¿Y tú?
> No, no tengo **ninguna** camisa. (No, no tengo **ninguna.**)
>
> ¿Tienes trapos?
> No, no tengo **ningún** trapo.
> (No, no tengo **ninguno.**)

While it is correct to use **algunos(as)** in front of a plural noun, it is much more common to use **unos(as)** or to omit the article. **Algunos(as)** tends to be used more frequently as a pronoun: **Necesito plantas para el jardín. ¿Tiene algunas?**

A practicar

8.12 **¿Cierto o falso?** Mira el dibujo y decide si estas oraciones son ciertas o falsas.

1. No hay nadie en el comedor.
2. No hay ni platos ni vasos en la mesa.
3. Tampoco hay flores en la mesa.
4. Ninguna mascota está en el comedor.
5. No hay nada debajo de la mesa.
6. Nadie limpia el comedor.
7. El perro no come nada.
8. Hay algo al lado de la mesa.

8.13 **A contratar ayuda** Vas a entrevistar a una persona para limpiar la oficina donde trabajas, pero no es una buena candidata. Para saber qué respuestas dio durante la entrevista, contesta las siguientes preguntas de forma negativa.

1. ¿Siempre llega usted a tiempo *(on time)*?
2. ¿Alguien va a ayudarla a limpiar la oficina?
3. ¿Limpia ventanas y espejos?
4. No tenemos aspiradora. ¿Tiene usted una aspiradora?
5. ¿Tiene algunas cartas de recomendación?
6. ¿Necesita saber algo más sobre nuestra oficina?

No me gusta limpiar ni cocinas ni baños.

8.14 **Un sondeo** En grupos de cuatro o cinco estudiantes, túrnense para preguntar y averiguar *(find out)* quién hace las siguientes actividades. Luego repórtenle la información a la clase.

Modelo tiene una clase de biología
Estudiante 1: *¿Quién tiene una clase de biología?*
Estudiante 2: *Yo tengo un clase de biología.*

1. tiene una clase de ciencias y una clase de matemáticas este semestre
2. estudia con alguien
3. siempre estudia seis horas al día
4. copia la tarea de alguien
5. no entiende algo en alguna clase
6. siempre se sienta al frente de la clase

8.15 **Ayuda por favor** La madre de Jorge está limpiando la casa y necesita ayuda, pero él es muy perezoso. Completa la conversación con algunas de estas palabras negativas e indefinidas. **¡OJO! Algún** y **ningún** tienen varias formas.

| algo | alguien | algún | siempre | o |
| nada | nadie | ningún | nunca | ni |

Madre: Jorge, ¿puedes guardar **(1.)** _____ de estos libros?

Jorge: No, no quiero guardar **(2.)** _____ libro. Los voy a leer más tarde.

Madre: ¿Puedes ir a la cocina y traerme **(3.)** _____ para limpiar las ventanas?

Jorge: No, no puedo traerte **(4.)** _____ porque estoy ocupado.

Madre: ¿Puedes ayudarme a lavar los platos **(5.)** _____ a secarlos después?

Jorge: No quiero lavar los platos **(6.)** _____ secarlos, tengo que hacer la tarea.

Madre: ¿Vas a hacer la tarea con **(7.)** _____ de tu clase?

Jorge: No, no la voy a hacer con **(8.)** _____ . Voy a hacerla solo.

Madre: Entonces sí puedes hacer **(9.)** _____ quehaceres antes de hacerla.

Jorge: No puedo hacer **(10.)** _____ porque necesito tomar una siesta primero.

Madre: ¡Jorge! ¡**(11.)** _____ tienes una excusa y **(12.)** _____ ayudas en la casa!

8.16 **Preguntas personales** Entrevista a un compañero con las siguientes preguntas. Si es posible, continúa la conversación con la pregunta entre paréntesis.

1. ¿Vives con alguien? (¿Con quién?)
2. ¿Tienes un perro o un gato? (¿Cómo se llama?)
3. ¿Con qué frecuencia limpias la casa? (¿Alguien te ayuda?)
4. ¿Hay algún quehacer que no te gusta para nada? (¿Cuál?)
5. ¿Tienes que hacer algo hoy que no quieres hacer? (¿Qué es?)
6. ¿Siempre haces tu cama? (¿Por qué?)

¿Siempre haces tu cama?

8.17 **En casa** Mira los dibujos. Después escucha las oraciones y decide si son ciertas o falsas. Si son falsas, corrígelas. Después, usando las expresiones negativas e indefinidas, inventa tres oraciones y compártelas con un compañero, quien va a decidir si son ciertas o falsas.

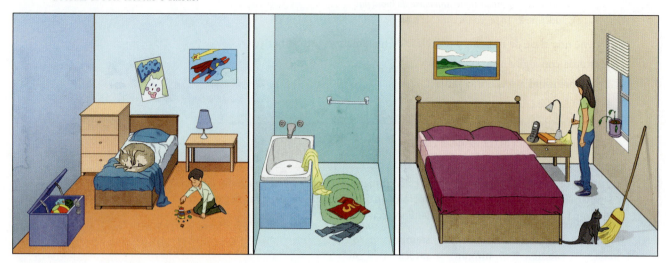

8.18 **¿Qué debo hacer?** Con un compañero túrnense para pedir consejos para conseguir los objetivos de la lista. Cuando das los consejos, menciona lo que debe o no debe hacer tu compañero usando una palabra afirmativa o negativa.

Modelo ser feliz

　　　　Estudiante 1: *¿Qué debo hacer para ser feliz?*
　　　　Estudiante 2: *Debes pasar más tiempo con alguien positivo.*

1. ahorrar *(save)* dinero
2. conocer a más personas
3. tener buenas notas
4. conseguir un nuevo trabajo
5. estar más sano
6. divertirme más

8.19 **De mal humor** Trabaja con un compañero y túrnense para hacer sugerencias *(suggestions)*. Cuando el primer estudiante propone algo, el segundo estudiante debe imaginar que está de mal humor *(bad mood)* y responder con expresiones negativas.

Modelo Estudiante 1: *Siempre estudio en la biblioteca. ¿Quieres ir conmigo?*
　　　　Estudiante 2: *No, gracias. Nunca estudio en la biblioteca.*
　　　　Estudiante 2: *Tengo ganas de salir a comer algo. ¿Quieres ir conmigo?*
　　　　Estudiante 1: *No, gracias. No tengo ganas de comer nada.*

Siempre estudio en la biblioteca.

Entrando en tema

En tu opinión, ¿cuáles son las labores domésticas más fastidiosas *(bothersome)*?

Un programa de televisión sobre la limpieza

◀)) Vas a escuchar un segmento de un programa de televisión donde se dan
8-3 recomendaciones para limpiar la casa.

Vocabulario útil

el bicarbonato	*bicarbonate (baking soda)*	**el polvo**	*dust*
		profundo(a)	*deep*
la cáscara	*skin of a fruit*	**quemado(a)**	*burnt*
las hojas	*leaves*	**reluciente**	*shining, sparkling*
el medio ambiente	*environment*	**el vinagre**	*vinegar*

Detesto planchar.

Chamille White/Shutterstock.com

Comprensión

Indica si las oraciones son ciertas o falsas según la información en el segmento. Corrige las oraciones falsas.

1. En este programa dan consejos para ahorrar *(to save)* dinero comprando productos de limpieza más baratos.

2. Al hombre le gustaba hacer los quehaceres cuando era niño.

3. Para ahorrar tiempo se pueden usar productos químicos más fuertes *(strong)* para limpiar el horno.

4. Para planchar la ropa más fácilmente se debe colgar inmediatamente después de plancharla.

👥 Más allá

Escribe tu propia lista de cinco consejos para hacer más fáciles algunas labores de la casa y compárala con la de un compañero. Después compartan sus mejores consejos con la clase.

Lectura

Antes de leer

¿Cómo se promueve (*promote*) la limpieza en tu ciudad? ¿y en tu universidad?

A leer

La ciudad es nuestra casa

"Tan limpio es quien limpia como quien no ensucia"
"Jugá limpio"
"Te quiero limpia"
"Cuento contigo"
"Ensuciar cuesta dinero"

beyond
welcoming

Todos estos son eslogans usados en diversas ciudades de países hispanos en sus campañas para mantener limpias las calles, pero muchas de estas campañas van **más allá** de limpiar. Uno de sus objetivos principales es educar a sus comunidades para mantener su ciudad limpia y **acogedora** para todos. No se trata simplemente de no tirar basura a la calle, aunque esto es importante. Entre las diversas campañas hay objetivos tan variados como pintar muros en barrios que lo necesitan, organizar asociaciones

[Ensuciar cuesta dinero]

neighbors

de **vecinos,** poner contenedores para reciclar y educar a las personas sobre cómo reciclar correctamente, separando

waste

desechos orgánicos de los materiales reciclables. Algunas ciudades también organizan campañas de voluntarios para recoger excrementos de perros, y promueven educar a los dueños para recoger los excrementos de sus mascotas usando bolsas de plástico.

Un caso en el que el trabajo de los ciudadanos va más allá de mantener la ciudad en orden es el de la Fundación Ciudad Limpia, en Chaco, Argentina. Entre sus muchos éxitos se cuentan los siguientes: recuperaron miles de libros y los donaron a bibliotecas; hicieron una campaña

to avoid

para **evitar** la contaminación de la

Contenedores para reciclar

ciudad con propaganda política ("Si ensucia... no lo voto"); dieron **charlas** en sus escuelas; recolectaron más de una **tonelada** de **pilas** para neutralizarlas; participaron en el cuidado de espacios públicos como parques y plazas; limpiaron grafiti y hasta ayudaron a un grupo de niños de las calles a encontrar oportunidades de educación para aprender un **oficio,** y les ofrecieron oportunidades de recreación deportiva. Todos estos objetivos fueron logrados con la participación de voluntarios de la región y con sus donaciones. Para los habitantes de esta provincia mantener limpia su ciudad significa mantener una comunidad que ofrece oportunidades para todos sus habitantes.

talks

ton / batteries

trade

Comprensión

Indica si las afirmaciones son ciertas o falsas y corrige las falsas.

1. El objetivo principal de las campañas de limpieza es recoger la basura.
2. Algunas campañas enseñan a las personas a reciclar.
3. Los voluntarios ayudaron a limpiar el grafiti en Chaco.
4. La Fundación Ciudad Limpia ayudó a niños de la calle.

Después de leer

1. ¿Qué problemas de limpieza hay en tu comunidad? ¿Qué puedes hacer para ayudar?
2. ¿Hay campañas de limpieza en tu comunidad? ¿Qué actividades proponen estas campañas? ¿Participaste alguna vez?

michaeljung/Getty Images

¿Participaste alguna vez en una campaña de limpieza?

Los tiempos cambian, así como también cambian las actividades favoritas de los
niños y de los adultos.

Estrategia

Review material from previous chapters

The theme for this section of the chapter is pastimes. It might be helpful to review the sports and hobbies vocabulary from **Capítulo 6** to discuss favorite activities.

Juegos y juguetes	Games and toys
el ajedrez	chess
el carrito	toy car
las cartas	cards
las damas	checkers
el dominó	dominos
el juguete	toy
el rompecabezas	puzzle

Verbos

Actividades al aire libre

andar en patineta/ motocicleta	to ride a skateboard/ motorcycle
hacer jardinería	to garden
ir de paseo	to go for a walk/ride
salir a (+ *infinitive*)	to go out to do something
volar una cometa	to fly a kite

Otras actividades

chatear	to chat on the Internet
contar (ue) (cuentos, historias, chistes)	to tell (short stories, stories, jokes)
cuidar a (niños)	to care for (children)
dibujar	to draw
navegar en Internet	to surf the Internet
pasar tiempo con	to spend time with
pelear	to fight, to argue
portarse (bien/mal)	to behave (well/badly)

Palabras adicionales

la niñera	babysitter
el permiso	permission
el piano	piano
el (teléfono) celular	cell phone

INVESTIGUEMOS EL VOCABULARIO:

Spanish terms for illustrated stories vary depending on how or where they are published and who their audiences are. For example, the Sunday comics are known as **tiras cómicas**. Weekly or monthly publications purchased independently are known as **historietas** or **tebeos** (Spain). In some places they are just called **cómics.** For adult readers, the term **novela gráfica** is used. If the cartoons are animated for television they are called **dibujos animados** or **caricaturas.** A movie for children is **película de animación,** but if the intended audience is older it might be **animé.**

A practicar

8.20 **Escucha y responde** Vas a escuchar una lista de actividades. Si es una actividad que tenemos que hacer con otra persona, indica con tu pulgar hacia arriba. Si es una actividad que se puede hacer solo indica con el pulgar hacia abajo.

🔊 8-4

8.21 ¿Cierto o falso? Mira el dibujo de **Exploraciones léxicas** e indica si las siguientes oraciones son ciertas o falsas. Corrige las oraciones falsas.

1. La abuela está jugando a los bolos.
2. Tres niños tocan la guitarra.
3. Una niña salta la cuerda en el jardín.
4. El padre juega videojuegos.
5. Un niño trepa un árbol.
6. Los gatos tejen.

8.22 ¿Qué dicen estos niños del tercer año? Completa las ideas con una palabra de la lista de vocabulario (no las necesitas todas). Si es un verbo debes conjugarlo.

andar	cometa	contar	cuento	dominó
juguete	pelear	permiso	saltar	videojuegos

Juanito: Mi mamá dice que soy malo cuando _____ con mis hermanas.

Anita: Los fines de semana mi hermanita _____ la cuerda con sus amigas.

Luisito: Mis hermanos y yo _____ chistes.

Mónica: Yo _____ en patineta en el parque cerca de mi casa.

Roberto: Cuando hace viento me gusta ir al parque y volar una _____.

Sarita: Si quiero salir con mis amigas, tengo que pedirle _____ a mi mamá o a mi papá.

Emilia: Yo prefiero jugar _____ con mis amigos en la computadora.

8.23 Asociaciones Con un compañero decidan qué palabra no pertenece al grupo y expliquen por qué.

1. el dominó — el ajedrez — el permiso — las damas
2. andar en patineta — dibujar — el juguete — volar
3. el rompecabezas — el carrito — el cuento — la muñeca
4. la niñera — las cartas — los bolos — las escondidas
5. andar en patineta — tocar el piano — volar una cometa — trepar árboles

8.24 Explicaciones Trabaja con un compañero y túrnense para explicar una palabra del vocabulario sin decirla. Su compañero debe escuchar y deducir qué palabra es.

8.25 Las actividades favoritas Irma y Mario tienen que cuidar a varios niños todo el sábado. Irma quiere ir de excursión con varios de los niños, pero Mario quiere cuidarlos en su casa porque tiene que trabajar. Habla con un compañero para saber qué actividades les gustan a los niños y después decidir cuáles son los tres niños que van a ir con Irma y quiénes se van a quedar con Mario. Un compañero debe mirar la tabla en el Apéndice B.

Modelo *¿Cuál es la actividad favorita de Manuela?*
¿A quién le gusta volar cometas?

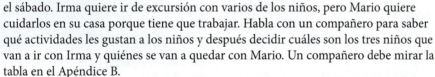

Niño	Actividad favorita	¿Con quién debe pasar el sábado?
Manuela	volar cometas	
Jimena	ir de paseo	
	nadar	
Alejandro		
Juan Carlos	dibujar	
Edmundo	trepar árboles	
	jugar juegos de mesa	

Piensa en el tema

1. Hay muchos géneros *(genres)* de música: música rock, pop, jazz, blues, country, música cristiana, música instrumental, rock pesado, rap, hip-hop. ¿Qué géneros te gustan?

La música

La música es un elemento cultural de todas las sociedades. Algunos géneros musicales se originaron en otros lugares del mundo y luego se popularizaron por todo el planeta. Cuando se habla de la música latina, realmente se está hablando de muchos diferentes géneros. Por ejemplo, el danzón es un género de música bailable que se originó en Cuba a finales del siglo XIX. Otro ejemplo es el tango, que se originó en Argentina y Uruguay. Uno de los más importantes artistas del tango, Enrique Santos Discépolo, lo definió como "un pensamiento *(thought)* triste que se baila".

A continuación hay una lista de otros géneros musicales que se escuchan en España y Latinoamérica.

- la salsa (popular en los países del Caribe, especialmente Cuba)
- el bolero (especialmente popular en España y México)
- el vallenato (originario de Colombia)
- los corridos (originarios de México)
- el reggaetón (originario de Puerto Rico)
- los sones (hay tipos diferentes de sones, en particular los cubanos y los mexicanos)
- el mambo (baile cubano)
- el merengue (originario de la República Dominicana, popular en el Caribe y Centroamérica)
- la cumbia (muy popular en Panamá, Venezuela, Perú y sobre todo en Colombia)
- la bachata (originaria de la República Dominicana)

👫 Hablemos del tema

1. ¿Conoces algunos de los géneros musicales de la lista? ¿Cuáles? ¿Te gustan?
2. ¿Conoces grupos o cantantes de los Estados Unidos que incorporen estos ritmos en su música? ¿Quiénes?

Una pareja baila tango en una calle de Buenos Aires.

Clasos/LatinContent Editorial/Getty Images

Piensa en el tema

1. ¿Te gusta mirar telenovelas *(soap operas)*? ¿Por qué?

2. Por lo general, ¿qué temas hay en las telenovelas en los Estados Unidos?

3. ¿Cuándo se transmiten *(are they televised)* en los canales principales? ¿Por qué piensas que se transmiten a esa hora?

La telenovela latinoamericana

Las telenovelas latinoamericanas se caracterizan por ser adictivas y muchas de ellas han tenido un gran éxito en todo el mundo. Estas telenovelas no son siempre programas cursis *(corny)* para amas de casa. De hecho *(In fact)*, muchas telenovelas se presentan en los mejores horarios de televisión, y algunas incluso promueven cambios sociales y ayudan a educar a la gente sobre temas de interés social como la salud, la educación y la ecología. En solo un año la compañía mexicana Televisa tenía al aire cinco telenovelas con el tema de la protección del medio ambiente *(environment)* como parte fundamental de la trama *(plot)*.

    Las telenovelas modernas también tocan temas fuertes, como la telenovela argentina "Vidas Robadas" (2008) que tenía como objetivo concientizar al público sobre la trata *(trafficking)* de personas. La historia, basada en un caso real, se trata del secuestro *(kidnapping)* de una muchacha joven a quién obligan a prostituirse. La serie ganó varios premios *(prizes)* y la Legislatura de Buenos Aires la declaró de interés social.

Sources: BBC; Televisa; El País

Hablemos del tema

1. ¿Por qué crees que las telenovelas latinoamericanas se transmiten en los mejores horarios?

2. ¿Cómo se comparan los temas de las telenovelas latinoamericanas con los de las telenovelas estadounidenses?

3. ¿Te gustaría *(you might like)* mirar una telenovela latinoamericana? ¿Por qué?

Clasos/LatinContent Editorial/Getty Images

Sherlyn de "Una familia con suerte", una telenovela con el tema de la ecología

A analizar

Santiago habla con Rosa sobre lo que debe comprar para su sobrina. Después de ver el video, lee parte de su conversación y presta atención al objeto indirecto en negritas.

> **Rosa:** ¿**Le** gustan los juegos de mesa?
>
> **Santiago:** Yo creo que sí, y sé que a sus padres **les** gusta jugarlos con ella.
>
> **Rosa:** Entonces **le** puedes comprar un juego de mesa a tu sobrina.
>
> **Santiago:** Sí, se lo voy a comprar. Gracias por tu ayuda.
>
> **Rosa:** ¿**Te** molesta si voy a la tienda contigo?
>
> **Santiago:** ¡Para nada! ¡Vamos!

1. You've learned that a direct object is a thing or person acted upon directly, for example, **Compré** <u>una cometa</u> or **Busco** <u>una niñera</u>. In the phrase **le puedes comprar un juguete,** **le** is the indirect object. What do you think an indirect object is?

2. Why is the verb **gustar** conjugated in the third-person plural form in the first sentence? Why is **gustar** singular in the second sentence? Who do the indirect object pronouns **le** and **les** refer to?

A comprobar

Indirect object pronouns

1. An indirect object is usually a person and tells **to whom** or **for whom** something is done.

> Él siempre le dice la verdad **a su novia.**
> *He always tells the truth **to his girlfriend.***
> (**to whom** the truth is told)

> **Le** compro un regalo **a mi amigo.**
> *I am buying a gift **for my friend.***
> (**for whom** the gift is bought)

2. When using the indirect object pronoun, it is possible to add **a** + *prepositional pronoun* or **a** + *noun* to either clarify or emphasize. Although it may seem repetitive, it is necessary to include the indirect object pronoun, even if the indirect object is clearly identified.

> Alberto **le** dio una cometa **a su sobrino.**
> *Alberto gave a kite **to his nephew.***

> Jorge **me** escribió **a mí.**
> *Jorge wrote **to me.** (not to someone else)*

3. Indirect object pronouns

yo	**me**	nosotros(as)	**nos**
tú	**te**	vosotros(as)	**os**
él, ella, usted	**le**	ellos, ellas, ustedes	**les**

4. As with the direct object pronoun, the indirect object pronoun is placed in front of a conjugated verb or can be attached to an infinitive or a present participle.

> **Le** pregunté cuánto cuesta.
> *I asked **him/her** how much it costs.*

> Voy a contar**te** un chiste.
> *I'm going to tell **you** a joke.*

> Mi hijo está mostrándo**le** su nueva patineta a su amigo.
> *My son is showing his new skateboard to his friend.*

5. The following are some of the verbs that are frequently used with indirect object pronouns:

contar (ue)	pedir (i)
dar	preguntar
decir (i)	prestar *to lend*
devolver (ue)	servir (i)
mostrar (ue) *to show*	

6. In **Capítulo 3** you learned the verb **gustar. Gustar** always takes the indirect object pronoun and is conjugated according to the subject that follows it.

A él **le gustan** los carritos.
*He **likes** the cars. (The cars are **pleasing to him**.)*

A los niños no **les gusta** esta historia.
The children don't like this story.

The following are verbs similar to **gustar.** They also take an indirect object pronoun and are conjugated according to the subject.

aburrir	*to bore*
caer bien / caer mal	*to like / dislike a person*
encantar	*to really like, to enjoy immensely*
fascinar	*to fascinate*
importar	*to be important*
interesar	*to interest*
molestar	*to bother*

Me encanta su nueva muñeca.
*I **love** her new doll. (Her new doll **delights me**.)*

¿**Te interesa** aprender a tejer?
*Does it **interest you** to learn to knit?*

A practicar

8.26 **¿Es lógico?** Lee las oraciones e indica si son lógicas o no.

1. A la niñera le caen bien los niños simpáticos.
2. A los abuelos les gusta comprar juguetes ruidosos *(noisy)* para sus nietos.
3. A los padres les interesa contratar a una niñera irresponsable.
4. A la maestra le caen mal los niños perezosos.
5. Al pediatra le importa la salud *(health)* de los adultos.

8.27 **Sondeo** En grupos de cuatro o cinco estudiantes, hablen sobre sus pasatiempos usando los verbos y las expresiones indicados. Cada estudiante debe escribir el número de estudiantes que contestan **sí** y el número que contestan **no.** Después repórtenle la información a la clase.

Modelo gustarle los juegos de mesa
Estudiante 1: *¿A quién le gustan los juegos de mesa?*
Estudiante 2: *Me gustan mucho.*
Estudiante 3: *No me gustan (para nada).*

	sí	no
molestarle los chistes de mal gusto	_____	_____
fascinarle leer las historietas	_____	_____
encantarle los rompecabezas	_____	_____
interesarle aprender tocar un instrumento	_____	_____
importarle ser activo	_____	_____
aburrirle los videojuegos	_____	_____
gustarle el ajedrez	_____	_____

8.28 **Oraciones incompletas** Selecciona la conclusión más lógica para las siguientes oraciones. Luego explica a quién se refiere el pronombre indicado.

1. A Rosa le gusta jugar a la mamá por eso…
2. Jorge fue a la tienda con su abuela y…
3. A Tomás le gusta jugar en el jardín por eso…
4. Llueve y los niños no pueden jugar afuera, entonces…
5. Cecilia y Eva van a acostarse y…
6. A Rebeca le encanta la música por eso…

a. ella **le** compró un carrito.
b. su tía **le** enseña a tocar el piano.
c. su papá **les** va a leer un cuento.
d. sus abuelos **le** van a regalar una muñeca.
e. su papá **le** dio una cometa.
f. su madre **les** trae unos juegos de mesa.

8.29 **Tu mejor amigo** Entrevista a un compañero sobre su mejor amigo.

 Modelo ¿Le sirves una bebida a tu mejor amigo cuando te visita? *Sí, le sirvo una bebida.*

1. ¿Le cuentas tus secretos a tu mejor amigo?
2. ¿Le prestas dinero a tu mejor amigo?
3. ¿Siempre le dices la verdad a tu mejor amigo?
4. ¿Le das regalos a tu mejor amigo?
5. ¿Le pides consejos *(advice)* a tu mejor amigo?
6. ¿Le escribes mensajes de texto a tu mejor amigo?

8.30 **La cena** Completa la conversación entre una abuela y su nieto. Usa pronombres de objeto indirecto. Luego explica qué pasó usando el pretérito de los verbos indicados.

1.

desear, pedir

2.

dar, gustar, decir

3.

mostrar

8.31 **Entrevista** Entrevista a un compañero con las siguientes preguntas.

1. ¿Quién te importa mucho? ¿A quién le importas mucho?
2. ¿A quién le dices siempre la verdad? ¿Quién te dice siempre la verdad a ti?
3. ¿A quién le pides ayuda con la tarea de español? ¿Quién te pide ayuda a ti?
4. ¿A quién le escribes cartas o mensajes electrónicos? ¿Quién te escribe a ti?
5. ¿A quién le pides consejos *(advice)*? Normalmente, ¿te dan buenos consejos? ¿Alguien te pide consejos a ti?
6. ¿Quién te da regalos en tu cumpleaños? ¿A quién le das regalos de cumpleaños?
7. ¿Qué les prestas a tus amigos? ¿Siempre te devuelven tus cosas? ¿Qué te prestan tus amigos a ti?
8. ¿Quién te cae bien? ¿A quién le caes muy bien?

A analizar

Ve el video otra vez. Después lee las siguientes oraciones de la conversación y presta atención a los pronombres en negritas.

> **Rosa:** Entonces le puedes comprar un juego de mesa a tu sobrina.
>
> **Santiago:** Sí, **se lo** voy a comprar. Gracias por tu ayuda.

1. What do each of the pronouns in bold refer to?
2. Which pronoun is the direct object in the second sentence? Which one is the indirect object?

A comprobar

Double object pronouns

Remember the direct and indirect object pronouns.

Direct object pronouns	
me	nos
te	os
lo, la	los, las

Indirect object pronouns	
me	nos
te	os
le	les

1. When using both object pronouns with the same verb, the indirect object comes before the direct object.

¿Quién **te lo** dio?	*Who gave it to you?*
Paulina **me lo** dio.	*Paulina gave it to me.*

2. When using both the direct and the indirect object pronouns, the same rules for placement of single object pronouns apply. They are both placed before a conjugated verb or can be attached to the end of an infinitive or a present participle. The two pronouns <u>cannot</u> be separated. You will notice that an accent is added when two pronouns are attached to an infinitive or a present participle.

   La profesora **nos lo** va a explicar.
   La profesora va a explicár**noslo.**
   *The professor is going to explain **it to us.***

   Gerardo **me las** está mostrando.
   Gerardo está mostrándo**melas.**
   *Gerardo is showing **them to me.***

3. When using the third-person indirect object pronoun together with the direct object pronoun, change the pronoun from **le** or **les** to **se**.

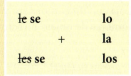

~~le~~ se		lo
	+	la
~~les~~ se		los

—¿**Le** prestas tu ropa a tu amiga?
—*Do you lend your clothing to your friend?*

—Sí, **se la** presto.
—*Yes, I lend **it to her.***

—¿Su niñera **les** dio un videojuego?
—*Their babysitter gave **them** a video game?*

—Sí, **se lo** dio para la Navidad.
—*Yes, she gave **it to them** for Christmas.*

Estrategia

Review material from previous chapters

You will be combining indirect and direct object pronouns in this section. It will be helpful to review the direct object pronouns from **Capítulo 7.**

A practicar

8.32 **Identificaciones** Lee las conversaciones e indica a qué o a quién se refieren los pronombres subrayados (*underlined*).

> **Modelo** Arsenio: ¿Me muestras tu historieta?
> Emilio: Sí, <u>te</u> <u>la</u> muestro.
> **te** *es* **tú** *(Arsenio);* **la** *es la* **historieta**

1. Isaura: ¿Me prestas tus muñecas?

   Aimée: Sí, <u>te</u> <u>las</u> presto.

2. Eduardo: ¿Les pediste permiso a tus padres?

   Enrique: No, no <u>se</u> <u>lo</u> pedí.

3. Gonzalo: ¿Tus padres te dieron los videojuegos?

   Javier: Sí, <u>me</u> <u>los</u> dieron.

4. Luz: Maestra, ¿nos vas a contar la historia de Pinocho?

   Maestra: Sí, <u>se</u> <u>la</u> voy a contar.

8.33 **Respuestas lógicas** Decide qué respuesta corresponde a la pregunta.

1. ¿Les prestas tu teléfono celular a tus amigos?
2. ¿Tus padres te dan regalos para tu cumpleaños?
3. ¿Me muestras tu colección de muñecas?
4. ¿Tu profesor te da ayuda?
5. ¿Me prestas tu patineta?
6. ¿Le muestras la tarea a la profesora?

a. Sí, me los dan.
b. No, no te la presto.
c. Sí, me la da.
d. Sí, se la muestro.
e. No, no se lo presto.
f. Sí, te la muestro.

8.34 **Buenos amigos** Trabaja con un compañero y túrnense para preguntar y responder. **¡OJO!** Deben usar pronombres de objeto directo e indirecto al responder.

> **Modelo** prestarme tu lápiz
> Estudiante 1: *¿Me prestas tu lápiz?*
> Estudiante 2: *Sí, te lo presto. / No, no te lo presto.*

1. prestarme tu coche
2. darme cinco dólares
3. explicarme la gramática
4. contarme tus secretos

5. decirme la verdad
6. mostrarme tu tarea
7. darme tu libro de español
8. prestarme tu tarjeta de crédito

¿Me prestas tu bolígrafo?

Duplass/Shutterstock.com

8.35 Prestado Cuando era niño Elián siempre les prestaba sus juguetes a todos. Túrnate con un compañero para preguntarse a quiénes se los prestaba. Respondan las preguntas usando los pronombres de objeto directo e indirecto.

> **Modelo** ¿A quién le prestaba la pelota?
> Estudiante 1: *¿A quién le prestaba la pelota?*
> Estudiante 2: *Se la prestaba a Ariel.*

1. ¿A quién le prestaba la patineta?
2. ¿A quién le prestaba los videojuegos?
3. ¿A quién le prestaba el teléfono celular?
4. ¿A quién le prestaba las cartas?
5. ¿A quién le prestaba los libros?
6. ¿A quién le prestaba la cometa?
7. ¿A quién le prestaba la guitarra?
8. ¿A quién le prestaba el carrito?

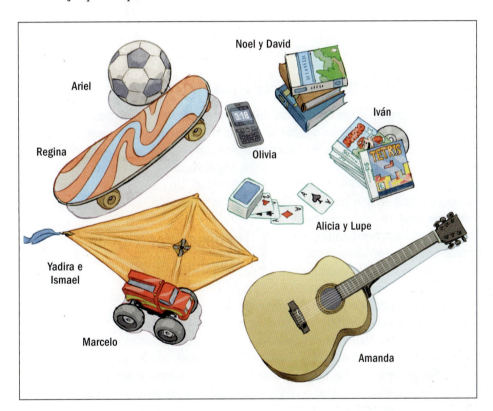

8.36 En la escuela secundaria Trabaja con un compañero y túrnense para preguntarse sobre su experiencia en la escuela secundaria con las siguientes preguntas. Deben contestar usando los pronombres de objeto directo e indirecto.

1. ¿Quién te escribía notas en clase?
2. ¿A quién le escribías correos electrónicos con frecuencia?
3. ¿A quién le prestabas dinero?
4. ¿Quién te pedía consejos?
5. ¿A quién le contabas tus secretos?
6. ¿Quién te daba regalos para tu cumpleaños?
7. ¿Quién te pedía ayuda con la tarea?
8. ¿A quién le decías mentiras?

Lectura

Antes de leer

¿Cuáles son tus pasatiempos favoritos? ¿Cuáles eran tus pasatiempos favoritos cuando eras niño?

A leer

Todos necesitamos un pasatiempo

distract

Hay muchas razones para tener un pasatiempo. Para empezar, es divertido tenerlo. Además, los pasatiempos ayudan a reducir el estrés y nos **distraen** de los problemas de la vida diaria. En muchos casos, un pasatiempo puede reducir síntomas de depresión y eliminar energía negativa. Si el pasatiempo

involves / health

involucra actividad física también puede mejorar **la salud.** Un pasatiempo ofrece la oportunidad de unir más a una familia, y puede enseñarles a los niños lecciones importantes como tener disciplina y mejorar sus habilidades para resolver problemas y para enfocarse. Algunos pasatiempos también nos hacen conocer nuevas personas con intereses similares, quienes pueden convertirse en buenos amigos.

[Un pasatiempo ayuda a reducir el estrés.]

ages

Por todas estas razones, los pasatiempos son comunes en todos los grupos sociales y entre las personas de todas las **edades**. ¿Cuáles son los más populares? Esto depende más de la edad de las personas que de su

Nevertheless

nacionalidad. **Sin embargo,** varios estudios indican que en algunos países se tiene preferencia por ciertos deportes o pasatiempos. Aquí se presentan algunos de los favoritos en varios países hispanos.

El dominó

Este juego es popular en muchas partes del mundo, pero en la República Dominicana, Venezuela, Cuba y otros países del Caribe existe una pasión por este juego. En la República Dominicana el dominó es considerado un juego nacional. Aunque es más popular entre hombres que entre mujeres, este juego atrae a personas de todos los sectores de la sociedad.

Un grupo de amigos cubanos se divierte jugando dominó.

Juegos de mesa

Se juegan en España y por toda Latinoamérica. Son una forma divertida de pasar el tiempo en familia y con amigos. Algunos requieren **destrezas,** otros son simplemente divertidos. ¿Cuáles son los más populares? Además del ajedrez y del dominó, están las cartas, el juego de la **oca** y las damas. **Además de** los juegos de mesa a muchos adultos les encantan el soduko, los rompecabezas y los juegos de palabras, como los **crucigramas** y el Scrabble.

skills

snakes and ladders / Aside from

crosswords

Coleccionistas

Coleccionar objetos es naturaleza humana. Por muchos años **la filatelia** —coleccionar **sellos** postales— fue un pasatiempo obligado de muchas generaciones, pero hoy en día la industria del correo está en decadencia y los jóvenes prefieren coleccionar objetos como tarjetas de deportistas, historietas, cucharas, **conchas,** monedas… ¡las posibilidades son infinitas!

stamp collecting / stamps

Armando un rompecabezas con el abuelo

Dmytro Zinkevych/Shutterstock.com

shells

El fútbol

Una sola estadística sobre el fútbol puede ser elocuente: 3.4 billones de personas vieron la última Copa del Mundo. Según la FIFA, 270 millones de personas en el mundo juegan al fútbol de forma regulada. Por cada persona que lo practica, hay muchas más que lo siguen. En la lista de los diez países que venden más entradas para ver fútbol en los estadios aparecen México, España y Brasil. Quizás se trate de la industria del entretenimiento más grande del mundo… si el fútbol **fuera** un país, sería la 17 economía más grande del planeta.

were

Comprensión

1. ¿Cuáles son dos razones por las que los pasatiempos son buenos para la salud?
2. ¿Cuáles son dos habilidades que los niños pueden aprender mediante pasatiempos?
3. ¿En qué países es muy popular el dominó?
4. ¿Cuál es un ejemplo de un juego de palabras?
5. ¿Qué es la filatelia y de quién era un pasatiempo favorito?
6. Según el artículo, ¿cuál es el pasatiempo más popular de los que se listan?

Después de leer

1. ¿Sabes jugar dominó? ¿Te gustan los rompecabezas y los crucigramas? ¿Juegas con ellos?
2. El dominó es el juego nacional de la República Dominicana. En tu opinión, ¿cuál es el juego nacional de los Estados Unidos y por qué?

Redacción

Write a blog entry about your childhood memories.

Paso 1 Decide whether you would like to write about your childhood or adolescence. Then write a list of some of the activities you used to enjoy doing during that time of your life. Do not write down specific things you only did once, such as a trip to the beach one summer. Rather, write down things that you used to do often, such as playing on a basketball team.

Paso 2 Look over your list and pick one item that you feel you can expand upon. Create a simple mind map and write down ideas related to the activities.

ser muy bueno — siempre ganar — **jugar al básquetbol** — jugar con mi hermanito — mi hermanito llorar

Paso 3 Write a list of the things you used to have to do. Did you particularly dislike any of the chores?

Paso 4 Look at the idea you selected in **Paso 2** and write a topic sentence that would tell your readers something about what you were like when you were younger.

> **Modelo** *Yo era un adolescente muy activo.*

Paso 5 Tell your reader some of the things you used to do when you were younger. Then develop the remainder of the paragraph, giving some of the details of one of your activities using the information you developed in **Paso 2.**

Paso 6 Write a transition statement that connects the first paragraph to the second, in which you are going to tell your reader about some of the things you used to have to do when you were younger. Then, using the information you generated in **Paso 3,** develop that paragraph.

Paso 7 Conclude your entry with a few questions encouraging your readers to add their own comments about their childhood.

Paso 8 Edit your entry:

1. Do all of your sentences in each paragraph support the topic sentence?
2. Do you have smooth transitions between sentences? Between paragraphs?
3. Do verbs agree with the subjects? Are they conjugated properly?
4. Are there any spelling errors? Do you have accents on the **-er** and **-ir** imperfect forms?

En vivo

Entrando en materia

1. ¿Qué tipo de negocios hay en los centros comerciales?
2. ¿Quiénes los frecuentan más? ¿Vas tú con frecuencia? ¿Por qué?
3. ¿Qué ideas piensas que un nuevo centro comercial puede presentar para atraer nuevos negocios?

El nuevo centro comercial Siglo 22

El siguiente es un anuncio que busca inversionistas *(investors)* para poner sus negocios en un nuevo centro comercial. ¿Qué ideas piensas que se van a presentar para atraer nuevos negocios?

Siglo[22]

¿Sabía usted que el pasatiempo favorito de muchas personas es comprar y salir con los amigos y la familia? ... y hay un lugar que puede atraer a todo tipo de clientela:

¡El Centro Comercial Siglo 22 abre sus puertas!

Excelente oportunidad de inversión

patrimonio designs ltd/ Shutterstock.com

- Si usted es inversionista y está buscando oportunidades para abrir un nuevo negocio, no busque más. Apresúrese[1] a llamarnos antes de que se agoten[2] los nuevos locales[3] comerciales del Centro Comercial Siglo 22.

- El nuevo centro comercial es el más grande de la ciudad y se convertirá en el más visitado. Está localizado en una zona de fácil acceso, rodeada de hoteles de categoría y otros comercios bien establecidos. El centro cuenta con[4] una serie de servicios que atraerán[5] a un gran número de personas, aumentando sus posibilidades de obtener clientela.

- Para asegurar la afluencia de clientes, la plaza cuenta con seis salas cinematográficas de lujo[6], dos tiendas departamentales de gran prestigio y dos centros de videojuegos con las máquinas más modernas del mercado. Además hay un boliche[7], numerosas boutiques, restaurantes y tiendas especializadas... ¡Solamente hace falta su negocio!

• locales de 80 m^2 hasta 2000 m^2	• diseño vanguardista
• todos los servicios[8]	• asesoría de mercadotecnia[10]
• amplio estacionamiento[9]	• financiamiento flexible

Lo invitamos a una sesión informativa el próximo 24 de abril, en donde se hablará de los negocios que más demanda tienen. Hablarán también representantes de algunas de las franquicias[11] más exitosas del país.

Para mayores informes, envíenos un mensaje a Siglo22@localesenventa.com.

[1]*Hurry* [2]*are taken* [3]*establishments* [4]*has* [5]*will attract* [6]*luxury* [7]*bowling alley*
[8]*utilities* [9]*parking* [10]*marketing* [11]*franchises*

Comprensión

1. ¿Qué quieren vender con este anuncio?
2. ¿Cómo se llama el nuevo centro comercial?
3. ¿Qué tipo de entretenimiento hay en este centro comercial?
4. ¿De qué van a hablar en la sesión informativa de abril?

Más allá

Trabaja con un compañero. Imaginen que uno de ustedes es un inversionista y el otro quiere convencerlo *(convince him/her)* de abrir una tienda en este centro comercial y le da muchas razones para invertir. El inversionista debe escuchar y hacer preguntas lógicas.

8.37 Repetitivo Remplaza los objetos directos con pronombres para evitar repeticiones. Haz los cambios necesarios a los objetos indirectos.

Modelo El 2 de mayo es el cumpleaños de Pablito y va a celebrar <u>su cumpleaños</u> en casa.
El 2 de mayo es el cumpleaños de Pablito y lo va a celebrar en casa / va a celebrarlo en casa.

1. Tiene muchos amigos y quiere invitar a <u>sus amigos</u> a su fiesta.

2. Su mamá escribe las invitaciones para sus amigos y <u>les</u> manda <u>las invitaciones</u> a <u>sus amigos.</u>

3. Los amigos de Pablito quieren comprar regalos y llevar<u>le</u> <u>los regalos</u> a <u>Pablito</u> el día de la fiesta.

4. Los padres de Pablito compran una patineta y <u>le</u> dan <u>la patineta</u> la mañana de su cumpleaños.

5. El día de la fiesta los amigos de Pablito llegan con regalos y <u>le</u> dan <u>los regalos</u> a <u>él</u>.

6. Pablito recibe muchos juguetes de sus amigos y <u>les</u> muestra <u>los juguetes</u> a <u>sus padres.</u>

8.38 ¿A quién...? Combina los elementos para hacer oraciones completas indicando a quién le gustan (molestan / interesan / etc.) los siguientes temas o personas.

Modelo gustar / las películas de terror
A Stephen King le gustan las películas de terror.

1. interesar / la política

2. encantar / el invierno

3. molestar / los cigarros

4. fascinar / las ciencias

5. importar / mucho el dinero

6. aburrir / las personas que hablan mucho

7. caer bien / los niños

8. importar / tener buenas notas

A Stephen King le gustan las películas de terror.

Featureflash Photo Agency/Shutterstock.com

8.39 Mi vida en el pueblo Ricardo habla de su niñez en un pueblo. Completa el párrafo con la forma apropiada del imperfecto del verbo entre paréntesis.

Cuando yo (**1**) _____ (ser) niño mi familia y yo (**2**) _____ (vivir) en un pueblo. (Yo) (**3**) _____ (conocer) a todos los niños en la escuela y (**4**) _____ (tener) muchos amigos. Después de las clases mis amigos y yo siempre (**5**) _____ (ir) al parque para jugar al fútbol. José (**6**) _____ (ser) muy competitivo y no le (**7**) _____ (gustar) perder. Él siempre (**8**) _____ (pelear) con nosotros si no (**9**) _____ (ganar). De todas formas yo (**10**) _____ (divertirse) con mis amigos.

8.40 **Hace 50 años** Mucho ha cambiado *(has changed)* en los últimos 50 años. Trabaja con un compañero para explicar las diferencias entre hoy y el pasado. Deben usar el presente y el imperfecto.

Modelo el transporte

Estudiante 1: *Hoy muchas familias tienen dos o más coches, pero en el pasado muchas familias solo tenían un coche.*

Estudiante 2: *Es cierto, y hoy la gasolina cuesta mucho, pero en el pasado no costaba mucho.*

1. la familia   **3.** la comunicación   **5.** los pasatiempos

2. el trabajo   **4.** la comida   **6.** los restaurantes

8.41 **Regalos** Imagina que necesitas comprar regalos para el cumpleaños de los hijos gemelos *(twins)* de un amigo (un niño y una niña). Encontraste buenos regalos en un sitio web, pero no dan los precios. Llamas y preguntas cuánto cuestan los juguetes para decidir qué les vas a comprar. Tu compañero debe mirar el Apéndice B para dar los precios. No puedes gastar más de $50.

Modelo *¿Cúanto cuesta el muñeco azul?*
Cuesta $32.

Panda Vector/Shutterstock.com

8.42 **¿Cómo eran?** En parejas van a hablar de las actividades de su niñez.

Paso 1 Decidan si las siguientes actividades son activas o sedentarias. Luego añadan *(add)* 4 actividades más que hacen los niños y también clasifíquenlas.

andar en patineta	leer historietas	trepar árboles
dibujar	saltar la cuerda	volar cometas
jugar videojuegos	tocar el piano	

Paso 2 Pregúntense si hacían las actividades en su lista para determinar si eran niños activos o tranquilos.

Paso 3 Repórtenle sus resultados a la clase.

CAPÍTULO 8

Vocabulario 1

8-5

La limpieza

la basura	*trash, garbage, litter*
el bote de basura	*trash can*
el cortacésped	*lawn mower*
la escoba	*broom*
el jabón para platos	*dish soap*
la manguera	*hose*

la plancha	*iron*
los quehaceres	*chores*
el sacudidor	*duster*
la tabla de planchar	*ironing board*
el trapeador	*mop*
el trapo	*cleaning cloth, rag*

Verbos

barrer	*to sweep*
colgar (ue)	*to hang*
cortar (el césped)	*to cut; to mow (the lawn)*
guardar	*to put away*
hacer la cama	*to make the bed*
lavar platos	*to wash the dishes*
lavar ropa	*to do laundry*
ordenar	*to tidy up, to straighten up*

pasar la aspiradora	*to vacuum*
planchar	*to iron*
poner la mesa	*to set the table*
recoger (la mesa)	*to pick up (to clear the table)*
regar (ie)	*to water*
sacar la basura	*to take the trash out*
sacudir	*to dust*
secar	*to dry*
trapear	*to mop*

Adjetivos

desordenado(a)	*disorganized*
limpio(a)	*clean*

ordenado(a)	*organized*
sucio(a)	*dirty*

Diccionario personal

_____

_____

_____

_____

_____

_____

_____

_____

_____

_____

_____

🔊 Vocabulario 2

Juegos y juguetes   *Games and toys*

el ajedrez	*chess*	el juego de mesa	*board game*
el carrito	*toy car*	el juguete	*toy*
las cartas	*playing cards*	la motocicleta	*motorcycle*
el chiste	*joke*	la (el) muñeca(o)	*doll*
el cuento	*(short) story*	el osito de peluche	*teddy bear*
la cuerda	*(jumping) rope*	la patineta	*skateboard*
las damas	*checkers*	el rompecabezas	*puzzle*
el dominó	*dominos*	el videojuego	*video game*
las escondidas	*hide and seek*		
la historieta	*comic book*		

Verbos

aburrir	*to bore*	mostrar (ue)	*to show*
andar en	*to ride*	navegar en Internet	*to surf the Internet*
caer (bien / mal)	*to like / dislike a person*	pasar tiempo con	*to spend time with*
chatear	*to chat (online)*	pelear	*to fight; to argue*
contar (ue)	*to tell (a story); to count*	portarse (bien / mal)	*to behave (well / badly)*
cuidar a (niños)	*to care for (children)*	prestar	*to lend*
dibujar	*to draw*	salir a + infinitive	*to go out to (infinitive)*
encantar	*to really like, to enjoy immensely*	saltar la cuerda	*to jump rope*
fascinar	*to fascinate*	tejer	*to knit*
hacer jardinería	*to garden*	tocar (el piano / la guitarra)	*to play (the piano / the guitar)*
importar	*to be important*	trepar (un árbol)	*to climb (a tree)*
interesar	*to interest*	volar una cometa	*to fly a kite*
ir de paseo	*to go for a walk / ride*		
jugar a los bolos	*to go bowling*		
jugar a las escondidas	*to play hide and seek*		
molestar	*to bother*		

Palabras adicionales

la niñera	*babysitter*	el piano	*piano*
el permiso	*permission*	el (teléfono) celular	*cell phone*

Diccionario personal

_____

_____

_____

_____

_____

_____

fototext/Alamy Stock Photo

Ana María Matute

Nota biográfica

Ana María Matute (1925–2014) nació en Barcelona. De niña se enfermaba con frecuencia y pasó mucho tiempo recuperándose *(recovering)* con sus abuelos en un pueblo en las montañas. El pueblo la influenció mucho y está presente en varias obras *(works)*. Cuando Matute tenía diez años la Guerra *(War)* Civil Española comenzó. La primera novela que publicó muestra la realidad española después de la guerra desde *(from)* la perspectiva infantil, y en la mayoría de sus obras vemos la inocencia del niño que enfrenta *(confronts)* el mundo adulto. Recibió varios premios *(awards)* incluyendo el Premio Miguel de Cervantes, el reconocimiento *(recognition)* máximo para escritores hispanos que contribuyen a la literatura en español.

Antes de leer

1. Cuando eras niño, ¿había momentos cuando tus padres querían silencio en la casa? ¿Por qué?

Investiguemos la literatura: El verso

The theme of a literary text refers to the underlying ideas, what the piece is really about. To find it, look for patterns and ideas that are restated in different parts of the work. It is not the subject of the work but rather a view of the human experience and attitude. Some common themes include growing up, love, death, and nature.

Música

Composer

noise

slippers / bursts

Las dos hijas del Gran **Compositor** –seis y siete años– estaban acostumbradas al silencio. En la casa no debía oírse ni un **ruido**, porque papá trabajaba. Andaban de puntillas, en **zapatillas**, y solo a **ráfagas** el silencio se rompía con las notas del piano de papá.

Y otra vez silencio.

iStock.com/praetorianphoto

Un día, la puerta del estudio quedó mal cerrada, y la más pequeña de las niñas se acercó **sigilosamente** a la **rendija**; pudo ver cómo papá, a ratos, se inclinaba sobre un papel y anotaba algo.

silently / slit

La niña más pequeña corrió entonces en busca de su hermana mayor. Y **gritó**, gritó por primera vez en tanto silencio:

shouted

—¡La música de papá, no te la creas...! ¡Se la inventa!

Después de leer

A. Comprensión

1. ¿Por qué hay tanto silencio en la casa?
2. ¿Qué hace la niña más pequeña cuando ve que la puerta del estudio no está cerrada?
3. ¿Qué descubre *(discovers)* la niña más pequeña?
4. ¿Cuál es el tema del cuento?

B. Conversemos

1. ¿Cómo piensas que reacciona la hermana cuando la niña pequeña le dice de su descubrimiento?
2. Cuando eras niño, ¿descubriste algo sorprendente *(surprising)* de tus padres?

chris_tina/Shutterstock.com

Learning Strategy

Avoid translating

Because language structures are different, it is difficult to translate word for word from English to Spanish without making a lot of mistakes. Instead, try to express your ideas using the vocabulary and grammatical structures that you already know in Spanish. Keep it simple!

After completing this chapter, you will be able to:

- Talk about holidays and celebrations
- Give the details of an accident
- Describe past events in detail

El Día de los Muertos en la Ciudad de México

Durante todo el año hay celebraciones para divertirse y pasar tiempo con la familia y los amigos.

Celebraciones

el bautizo	baptism
la boda	wedding
las posadas	a nine-day celebration before Christmas
los quince años	a girl's 15th birthday celebration
el santo	saint's day

Palabras adicionales

el brindis	toast
las decoraciones	decorations
los desfiles	parades
el festejo	party, celebration
los fuegos artificiales	fireworks

los novios	bride and groom
la quinceañera	a girl celebrating her 15th birthday
la serenata	serenade

Verbos

besar	to kiss
casarse (con)	to get married (to)
celebrar	to celebrate
cumplir años	to turn (x) years old
decorar	to decorate
disfrutar	to enjoy
escoger	to choose
romper	to break
terminar	to finish

INVESTIGUEMOS LA CULTURA

As there is a heavy influence of Catholicism in Spain and Latin America, Hispanics often celebrate their saint's feast day. So a man named Francisco would have a celebration similar to a second birthday on October 4.

A practicar

9.1 **Escucha y responde** En un papel dibuja un pastel y en otro una bandera. Si escuchas una palabra relacionada con un cumpleaños, levanta el pastel. Si es una palabra relacionada con la celebración del Día de la Independencia, levanta la bandera. Levanta los dos si la palabra está relacionada con las dos celebraciones.

9-1

INVESTIGUEMOS EL VOCABULARIO

The following expressions are commonly used to ask if someone had a good time and to respond.
¿Te la pasaste bien?
Sí, me la pasé bien.
No, me la pasé mal.
Also, note that the first person **(yo)** form of the verb **escoger** in the present tense is irregular **(escojo)**.

9.2 **¿Qué es?** Relaciona las palabras en la segunda columna con las oraciones en la primera columna.

1. _____ Los usamos para decorar.

2. _____ Lo comemos después de apagar las velas.

3. _____ La rompemos para obtener muchos dulces.

4. _____ Las mandamos a los amigos cuando vamos a dar una fiesta.

5. _____ Son las dos personas que se van a casar.

6. _____ Los comemos durante las fiestas y las celebraciones.

7. _____ Lo servimos para el brindis del Año Nuevo.

8. _____ Muchas personas caminan por la calle y hay música.

a. la piñata

b. el champán

c. los globos

d. el pastel

e. el desfile

f. los bocadillos

g. las invitaciones

h. los novios

INVESTIGUEMOS EL VOCABULARIO

While in most of Latin America **bocadillos** means *appetizers*, in Spain a **bocadillo** is a sandwich on a baguette.

9.3 **¿Qué celebraron las siguientes personas?** Completa las oraciones con una palabra apropiada del vocabulario.

1. Mi hermana se casó con su novio y tuvieron _____ muy grande.

2. Mi mejor amiga cumple quince años hoy y va a tener una fiesta de _____.

3. En una ceremonia en la iglesia le dimos un nombre a nuestro hijo. Fue su _____.

4. En muchos países predominantemente católicos las nueve fiestas antes de la Navidad se llaman _____.

5. ¡Terminé mis estudios en la universidad! Celebro mi _____ hoy.

6. Mis padres se casaron hace treinta años. Mañana es su _____.

7. Hoy es el cumpleaños de mi novia y quiero darle _____ con un grupo de mariachis.

8. Para celebrar el Año Nuevo y la Independencia, muchas veces hay _____ por la noche. ¡Son espectaculares!

INVESTIGUEMOS LA MÚSICA

Listen to the song "Abriendo Puertas" by Cuban-American singer Gloria Estefan. The song talks about the New Year. What is the tone of the song? What are some of the things the New Year will bring?

9.4 **En busca de...** Busca a ocho compañeros y pregúntales si hicieron las siguientes actividades. Pide información adicional para reportársela a la clase. Usa el pretérito.

Modelo participar en una serenata alguna vez (¿Cuándo?)
Estudiante A: *¿Participaste en una serenata alguna vez?*
Estudiante B: *Sí, participé una vez.*
Estudiante A: *¿Cuándo?*
Estudiante B: *El 15 de abril, porque fue el cumpleaños de mi novia.*

1. tener una fiesta en su último *(last)* cumpleaños (¿Cuándo?)

2. darle un regalo a alguien recientemente (¿A quién?)

3. preparar una fiesta para niños recientemente (¿Por qué?)

4. cenar en un restaurante para celebrar su cumpleaños (¿Cuál?)

5. asistir a una boda recientemente (¿De quiénes?)

6. preparar un pastel de cumpleaños para un amigo (¿Qué tipo?)

7. romper una piñata en una fiesta (¿Qué fiesta?)

8. tener más de quince invitados en una celebración (¿Qué celebración?)

9.5 **Las tradiciones** Hay muchas tradiciones interesantes para recibir el Año Nuevo. Trabaja con un compañero. Uno de ustedes va a ver la ilustración en esta página, y el otro va a describir la ilustración en el Apéndice B. Describan sus ilustraciones (sin ver la otra) para encontrar las seis diferencias.

Piensa en el tema

¿Sabes de una tradición controversial? ¿Qué se hace y dónde?

Una tradición controversial

Las corridas de toros *(bullfights)* son una tradición milenaria. Durante la Edad Media *(Middle Ages)* la aristocracia en España se divertía toreando *(bullfighting)* a caballo. En el siglo XVIII se abandonó esta tradición y empezaron a torear a pie. Las corridas de toros todavía son parte de la cultura de España y de varios países en Hispanoamérica, como México, Colombia, Ecuador y Perú. Sin embargo, torear está prohibido en algunas regiones de estos países. Por ejemplo, en Cataluña, en España, no se permiten las corridas de toros desde el año 2012. En otros países, como en Cuba, están prohibidas en todo el país.

Hay gente contra el toreo.

El toreo en su forma tradicional es controversial y es probable que en el futuro más países lo prohíban. Hoy en día existen diversos eventos con toros como exhibiciones acrobáticas que no involucran matar *(kill)* al animal ni hacerle daño *(harm)*.

Para algunos, torear es un arte.

👥 Hablemos del tema

1. ¿Cuál es tu opinión sobre las corridas de toros?
2. ¿Celebras tú alguna tradición antigua? ¿Cuál? ¿Cuándo es y qué se hace?

Piensa en el tema

¿Sabes qué es un carnaval? ¿Alguna vez fuiste a uno? ¿Qué hacía la gente?

Carnavales

En Latinoamérica hay algunos carnavales que tienen fama internacional. Por ejemplo, el Carnaval de Panamá es un evento muy esperado *(anticipated)* en ese país. El carnaval dura cuatro días y cinco noches y en algunas ciudades de Panamá, como en Las Tablas, hay desfiles con carros alegóricos *(floats)*. Además, miles de personas se reúnen al aire libre para celebrar los culecos, bailes populares en los que se arroja *(throw)* agua sobre los participantes.

Otro ejemplo es el Carnaval de Montevideo en Uruguay. Es el carnaval más largo del mundo y tiene un sabor *(flavor)* original, gracias a la influencia africana. En este festival hay muchos desfiles. Hay grupos musicales que tocan el candombe, una música y baile de origen africano que es un aspecto cultural importante de Uruguay. También hay grupos de teatro que se conocen como murgas y actúan en la calle. Las murgas también tocan música y se burlan *(make fun of)* de situaciones políticas o sociales.

Una murga del Carnaval de Montevideo

ᴛᴛ Hablemos del tema

1. ¿En qué celebraciones de tu país hay carros alegóricos? ¿Cuándo y dónde es el evento?
2. El carnaval es una celebración originada en la religión. ¿Qué eventos en tu país tienen un origen religioso?
3. ¿Qué celebraciones hay en tu comunidad que tengan un origen pagano?

Comunidad

Entrevista a una persona de un país hispano. Pregúntale sobre los festejos que son importantes en su país. ¿Cuándo se celebran? ¿Qué hace la gente? ¿Cuál es su celebración favorita? Repórtale la información a la clase.

A analizar

Santiago habla de algunos recuerdos del Año Nuevo.
Después de ver el video lee los siguientes párrafos y observa
los diferentes usos del pretérito y el imperfecto.

> **Era** muy guapa, con el pelo largo y negro. **Llevaba**
> un vestido rojo y **estaba** sentada en el sofá...
> [Ella] se llamaba Fátima.
>
> **Me acerqué** a ella... Le **pedí** bailar conmigo y
> **aceptó**. **Pasamos** el resto de la noche hablando. Al
> final de la noche, le **pedí** su número de teléfono y
> me lo **dio**.

1. In which of the paragraphs does Santiago give a description? Is the preterite or the imperfect tense used?

2. In which of the paragraphs does Santiago tell what happened? Is the preterite or the imperfect tense used?

A comprobar

A comparison of the preterite and the imperfect

Imperfect

1. As you learned in **Capítulo 8** the imperfect is used to express past actions in progress or habitual actions in the past.

   > Todos **bailaban** en la fiesta.
   > *Everyone **was dancing** at the party.*

   > Siempre **tenía** una piñata en mis fiestas.
   > *I always **used to have** a piñata at my parties.*

2. The imperfect is also used to describe conditions, people, and places in the past. When you are telling a story, it communicates background information or details. The order in which these sentences occur is often unimportant.

   > **Era** medianoche y **llovía**.
   > *It **was** midnight, and it **was raining**.*

   > Ella **tenía** quince años y **era** alta.
   > *She **was** fifteen and **was** tall.*

   > **Se llamaba** Lourdes.
   > *Her **name was** Lourdes.*

   > La sala **estaba** decorada con globos.
   > *The living room **was** decorated with balloons.*

Preterite

1. Unlike the imperfect, the preterite focuses on the beginning or the ending of actions in the past.

   > Los invitados **empezaron** a llegar a las ocho.
   > *The guests **began** to arrive after eight o'clock.*

   > El grupo de música **tocó** hasta la medianoche.
   > *The band **played** until midnight.*

2. When narrating a story, the preterite is used to relate the events that advance the story. Essentially, each action is completed before the next action begins.

   > Él **entró** en el café, **pidió** un café con leche, lo **tomó** y le **pagó** al mesero.
   > *He **entered** the café, **ordered** a coffee with milk, **drank** it, and **paid** the waiter.*

   > Sandra **cortó** el pastel y se lo **sirvió** a los invitados.
   > *Sandra **cut** the cake and **served** it to the guests.*

A practicar

9.6 **Los cumpleaños** Sandra celebra su cumpleaños todos los años, pero el año pasado fue una ocasión especial porque celebró sus quince años. Lee las oraciones y decide cuáles se refieren a las celebraciones cuando era niña y cuáles se refieren a su fiesta de quince años. **¡OJO!** Presta atención a los verbos.

1. Bailó el vals con su novio.
2. Rompía una piñata.
3. Sus padres la despertaban con "Las mañanitas".
4. Su madre le compró un vestido elegante.
5. Había un payaso *(clown)* con globos.
6. Su padre hizo un brindis durante la fiesta.

9.7 **La fiesta sorpresa** Completa las siguientes oraciones con la forma necesaria del pretérito o del imperfecto del verbo indicado, según el caso.

Descripciones:

1. _____ (ser) el ocho de agosto.
2. _____ (ser) mi cumpleaños.
3. Ya _____ (tener) treinta años.
4. _____ (ser) las siete de la tarde.

5. Yo _____ (llevar) ropa de trabajo.
6. Yo _____ (estar) un poco triste.
7. No _____ (haber) luces *(lights)* en la casa.

Acciones principales:

1. Yo _____ (abrir) la puerta.
2. Yo _____ (encender) la luz.
3. Mis amigos _____ (gritar *to shout*): "¡Sorpresa!"

4. Mi novio me _____ (besar).
5. Nosotros _____ (comer) pastel.
6. Todos me _____ (dar) regalos.

9.8 **¡Qué sorpresa!** Trabaja con un compañero. Observen la ilustración y túrnense para describir lo que pasaba cuando los padres de Claudia llegaron a casa.

Vocabulario útil: **fumar** *to smoke*

9.9 **¿Qué pasó?** Este es el comienzo de una historia. Son las descripciones de la escena. En parejas completen el párrafo con cuatro o cinco oraciones para contar lo que pasó. **¡OJO!** Deben usar el pretérito porque van a narrar las accciones principales de la historia.

> Era el 10 de junio, el día de la boda de Alejandra y Rafael.
> Rafael llevaba un traje negro y estaba frente a la iglesia.
> Todos los invitados esperaban la llegada de la novia.
> A las 10:00...

9.10 **Una entrevista** Piensa en la última fiesta en que estuviste. Después trabaja con un compañero y túrnense para entrevistarse con las preguntas de la lista. Van a necesitar el pretérito y el imperfecto.

Descripciones:

1. ¿Qué ropa (llevar) tú?

2. ¿Cuántas personas (haber) en la fiesta?

3. ¿Cómo (ser) el lugar de la fiesta?

4. ¿Cómo (estar) tú ese día?

Acciones principales:

1. ¿A qué hora (llegar) tú a la fiesta?

2. ¿Qué (hacer) después de llegar?

3. ¿(Pasar) algo interesante en la fiesta?

4. ¿A qué hora (volver) a tu casa?

9.11 **La fiesta** Este grupo de jóvenes estaba en una fiesta cuando sacaron la foto que aparece a continuación. Trabaja con un compañero para inventar los detalles del evento. Primero describan la fiesta usando el imperfecto (¿Qué tiempo hacía? ¿Cuántas personas había? ¿Qué ropa llevaban?). Después cuenten qué pasó en la fiesta usando el pretérito y las expresiones **primero, después, luego** y **entonces.**

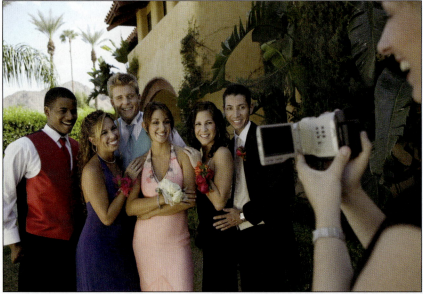

© Photos To Go

A analizar

Ve el video de Santiago otra vez. Después lee las oraciones del video y observa los verbos.

> Invitamos a muchos amigos, decoramos la sala con globos y preparamos unos bocadillos. Los primeros invitados llegaron mientras yo ponía la mesa... Unos (invitados) comían mientras otros hablaban.

1. Identify the verb tense in each of the sentences above.

2. Explain why that particular tense was used.

A comprobar

Uses of the preterite and the imperfect

When telling a story or relating a past event, the action usually can be expressed in one of three ways:

1. Imperfect - Two simultaneous actions

When there are two actions going on at the same time in the past, they are both in progress, and therefore both verbs will be conjugated in the imperfect. The conjunctions **mientras** and **y** are often used in these sentences. This can be visually represented in the following manner:

$$\approx$$

Él **escuchaba** mientras ella **hablaba**.
*He **listened** while she **spoke**.*

Todos **bailaban** y **cantaban**.
*Everyone **was dancing** and **singing**.*

2. Preterite - A series of completed actions

When there is a series of separate and complete actions in the past, the verbs will all be conjugated in the preterite. This series of completed actions can be visually represented in the following manner with each arrow corresponding to a different verb (action):

↓   ↓   ↓   ↓   ↓

La señora Cisneros **llevó** el pastel a la mesa. Los niños **cantaron** "Las mañanitas" y después Rosita **apagó** las velas. La señora **cortó** el pastel y se lo **sirvió** a los niños.
*Mrs. Cisneros **took** the cake to the table. The children **sang** "Las mañanitas," and then Rosita **blew out** the candles. Mrs. Cisneros **cut** the cake and **served** it to the children.*

3. Imperfect and Preterite - One action in progress when another begins

In the past, when an action is in progress and a second action begins or is completed, both the preterite and the imperfect are used. The imperfect is used for the action in progress, and the preterite is used for the new action that began or interrupted the first action. This can be visually represented in the following manner:

Mientras **terminábamos** las preparaciones, los invitados **empezaron** a llegar.
*While we **were finishing** the preparations, the guests **began** to arrive.*

Todos **se divertían** en la fiesta cuando **llegó** la policía.
*Everyone **was having fun** at the party when the police **arrived**.*

A practicar

9.12 **Fotos y descripciones** Empareja las oraciones con las fotos.

1. En 2015 tuve un hijo.
2. En 2015 tenía dos hijos.

a.    **b.**

3. Mientras Sara hablaba por teléfono tomaba café.
4. Mientras Susana hablaba por teléfono le sirvieron un café.

a.    **b.**

5. Gema leía cuando Rocío le hizo una pregunta.
6. Rosendo leía mientras Gilda hacía una llamada.

a.    **b.**

9.13 **La fiesta de cumpleaños** El sábado pasado Felipe celebró su cumpleaños. Para saber lo que pasó, completa las oraciones con la forma apropiada del verbo entre paréntesis. **¡OJO!** Presta atención al uso del pretérito y el imperfecto.

Dos acciones simultáneas

1. Alicia y Ernesto bailaban mientras el grupo musical (tocar) un vals.
2. Mientras sus padres hablaban, Carlitos (dormir).

Dos acciones consecutivas

3. Jimena se rió cuando Rudy le (contar) un chiste.
4. Hugo se levantó e (hacer) un brindis por el cumpleaños de Felipe.

Una acción en progreso cuando comienza una nueva acción

5. El mesero le sirvió pastel a Jimena mientras ella (hablar) con Rudy.
6. Mientras los invitados comían el pastel, Delia le (dar) un regalo a Felipe.

9.14 **¡Acción!** Túrnense para escoger y actuar una de las oraciones de cada par *(pair)* sin decirle a su compañero cuál están actuando. El otro estudiante debe decidir cuál de las dos oraciones está presentando su compañero. Después decidan cómo actuar las otras oraciones.

1. **a.** Se estiró y se levantó.

   b. Se estiraba mientras se levantaba.

2. **a.** Escribía su tarea cuando sonó el teléfono y lo contestó.

   b. Escribía su tarea mientras hablaba por teléfono.

3. **a.** Se sentó y leyó un libro.

   b. Estaba sentado y leía un libro.

4. **a.** Mientras dibujaba una flor dijo: "Me gusta".

   b. Dibujó una flor y dijo: "Me gusta".

5. **a.** Tomó una copa de champán y se durmió.

   b. Se dormía mientras tomaba una copa de champán.

6. **a.** Bailaba mientras comía su pastel de cumpleaños.

   b. Comió su pastel de cumpleaños y bailó.

9.15 **Cuéntame** Trabaja con un compañero y miren las siguientes fotos. Túrnense para describir lo que pasó o lo que pasaba usando los verbos indicados. **¡OJO!** Presten atención al uso del pretérito y del imperfecto.

1.

a. llevar el pastel, cantar

b. apagar *(to blow out)* las velas, cortar

2.

a. pegarle a *(to hit)*, mirar

b. romper, correr

3.

a. tocar un vals, bailar

b. terminar, aplaudir

4.

a. casarse, salir

b. salir, tirar *(to throw)* arroz

9.16 **Los quince años** Mayra celebró sus quince años ayer. Completa las oraciones para explicar lo que pasó ese día. ¡OJO! Presta atención al uso del pretérito y del imperfecto.

Modelo Por la mañana Mayra se cortó el pelo mientras su familia...
organizaba los últimos detalles de la fiesta.

1. Eran las tres de la tarde cuando Mayra...
2. Mientras ella se arreglaba, sus padres...
3. Cuando Mayra llegó a la iglesia, sus amigos...
4. Cuando la misa *(mass)* terminó, todos...
5. Los invitados empezaron a llegar a la fiesta mientras...
6. Mientras el grupo musical tocaba el vals, Mayra...
7. Después de que cortaron el pastel,...
8. Cuando la fiesta terminó...

Estrategia

Avoid translating

Remember that language structures are different and that it is difficult to translate from English to Spanish. Try to express your ideas using the vocabulary and grammatical structures that you already know in Spanish. Keep it simple!

9.17 **Unas fiestas** Trabaja con un compañero y escojan una de las secuencias para relatar lo que pasó con muchos detalles. Usen el pretérito y el imperfecto e inventen un final. Para elegir entre el pretérito y el imperfecto, piensen en lo siguiente: ¿es una serie de acciones consecutivas, es una acción en progreso cuando comienza una nueva acción, o son dos acciones simultáneas?

1.

2.

3.

Entrando en materia

¿De qué hablan generalmente los programas sobre personas famosas?

La farándula (Show Business)

🔊 Vas a escuchar un segmento de un programa sobre personas famosas. Los locutores
9-2 (announcers) hablan sobre un gran evento.

Vocabulario útil

los aretes	*earrings*	**las perlas**	*pearls*
el collar	*necklace*	**recién casados**	*just married*
la estrella	*the star*	**la reseña**	*report*
lujoso(a)	*luxurious*		

Comprensión

Escucha el segmento del programa y responde las preguntas.

1. ¿Cómo se llama el programa de radio?

2. ¿De qué evento hablan?

3. ¿Cuántos invitados asistieron? ¿Quién es una persona famosa que fue a la recepción?

4. ¿Qué ropa llevaba la novia?

5. ¿Qué pasó durante el brindis?

6. ¿Invitaron los novios a los locutores a su boda?

👥 Más allá

Trabaja con un compañero. Imaginen que uno de ustedes es
reportero de televisión y está reportando información sobre una
boda importante. El otro estudiante va a imaginar que está en
el estudio de televisión y debe hacerle preguntas adicionales al
reportero.

Fue una boda muy elegante.

infinity21/Shutterstock.com

Lectura

Reading Strategy: Guess meaning from context

When you come across a word you do not know that is not a cognate, try using context to help you guess the meaning of the word; in other words, use the text around the word to help you determine what it might mean. Look at the words underlined in the text. What do you think they mean?

Antes de leer

¿Conoces alguna celebración de un país hispano? ¿Qué celebración? ¿Qué se hace?

A leer

El Día de los Muertos

Latinoamérica es famosa por sus numerosas y variadas celebraciones. Muchas de ellas son de origen religioso, y otras son el resultado de la mezcla de tradiciones de diferentes grupos culturales. Entre las celebraciones más conocidas de México está el Día de los Muertos, festividad que celebraban los mayas, los aztecas y otras culturas mesoamericanas antes de la llegada de los españoles. Estas culturas precolombinas creían que existía la vida después de la muerte, así que

buried **enterraban** a sus familiares con objetos

jewelry como artículos de cerámica y **joyas.** También pensaban que los muertos podían regresar a este mundo un día al año. La celebración ocurría aproximadamente a la mitad del año, se piensa que en julio o agosto. Cuando los europeos llegaron e impusieron su religión, insistieron en cambiar la fecha al primero de noviembre, el Día de Todos los Santos en la religión católica. Los españoles

esperaban que eventualmente los indígenas comenzaran a observar esta celebración católica y abandonaran

> [Creían que los muertos podían regresar un día al año.]

beliefs sus **creencias.** Esto nunca ocurrió: las creencias europeas se mezclaron con las de los indígenas. Hoy en día el Día de los Muertos se celebra en todo México y los países de Centroamérica.

El Día de los Muertos se celebra en México y Centroamérica.

Courtesy of Mary Ann Blitt

Según la tradición, se piensa que el Día de los Muertos es cuando los muertos regresan a este mundo. Ellos son **bienvenidos** por todos. Sus familias limpian sus tumbas, llevan flores y preparan comidas especiales para este día.

welcomed

La parte más típica de la celebración mexicana es la creación de **ofrendas** con todo lo que le gustaba a la persona cuando vivía: música, comida, flores y otros elementos tradicionales, como velas y **cempasúchitl.** Un elemento esencial de la celebración es el pan de muertos, un pan que se prepara solamente para esta ocasión. El Día de los Muertos no es un día triste, sino un día para celebrar a los **seres queridos** que han muerto, en compañía de las personas que todavía están con nosotros.

offerings

marigolds

loved ones

Comprensión

Decide si las afirmaciones son ciertas o falsas, y corrige las falsas.

1. Todas las celebraciones de Latinoamérica se originan en la religión.
2. Los aztecas creían que después de esta vida no había nada.
3. Los españoles crearon la celebración del Día de los Muertos para ayudar a convertir a los aztecas al catolicismo.
4. El Día de los Muertos combina creencias mesoamericanas y europeas.
5. Muchas familias limpian las tumbas de sus familiares en este día.
6. El pan de muertos se come durante todo el año en honor a los muertos.

Después de leer

Durante la celebración del Día de los Muertos en México se escriben *calaveras,* poemas cómicos que narran cómo le llega la muerte a una persona. Lee la siguiente calavera. En tus palabras, ¿qué ocurre en el poema? Con un compañero escriban una calavera original. Después compártanla con la clase.

Calaverita para alumnos

Era un día como **cualquiera**
La flaca paseaba por una escuela
Y entre los alumnos ella buscaba
Alguien que **fuera** su compañera.

Tan concentrada estaba
Que no vio un **escalón**,
La pobre flaca **tropezó**
Y por las **escaleras** ella **rodó**.

La flaca enojada y un tanto **apenada**
Por las **carcajadas**
No tuvo de otra
Más que la escuela
Llevarse al **panteón**.

any other
The Skinny One (Death)

would be

step
tripped
stairs / rolled

embarrassed
laughter

cemetery

Source: https://calaveraliterarias.com.mx/calaveras-literarias-de-famosos/

En la ciudad hay que tener mucho cuidado y prestar atención al tráfico.

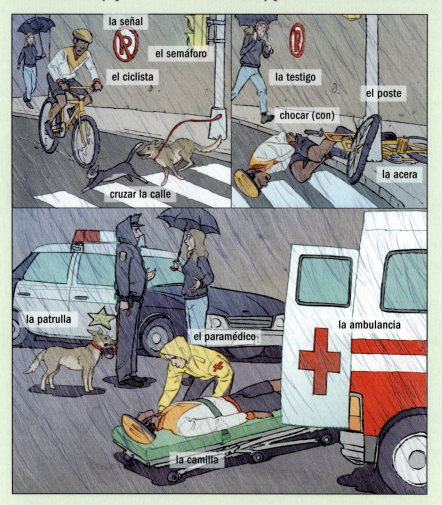

la señal
el semáforo
el ciclista
cruzar la calle
la testigo
el poste
chocar (con)
la acera
la patrulla
el paramédico
la ambulancia
la camilla

INVESTIGUEMOS LA GRAMÁTICA

The verb **caer** means *to fall*, while the reflexive form **caerse** means *to fall down* or *to fall over*.
El árbol **cayó** encima del coche. *The tree **fell** on the car.*
Julio **se cayó** mientras esquiaba. *Julio **fell (down)** while skiing.*

INVESTIGUEMOS EL VOCABULARIO

Some countries refer to parking meters as **estacionómetros.** Other common terms for *driver* are **el automovilista** and **el chofer.** Likewise, the verb **aparcar** is used in some countries rather than **estacionarse.**

Palabras adicionales

la carretera	*highway*
el coche	*car*
el (la) conductor(a)	*driver*
el cruce	*crosswalk*
la esquina	*corner*
el límite de velocidad	*speed limit*
la multa	*fine, ticket*
el parquímetro	*parking meter*
el peatón (la peatona)	*pedestrian*
el puente	*bridge*
el servicio de emergencia	*emergency service*

Los verbos

atravesar (ie)	*to cross*
atropellar	*to run over*
bajar de	*to get out of (a vehicle)*
caer(se)	*to fall (down)*
dañar	*to damage*
distraerse	*to get distracted*
esperar	*to wait*
estacionarse	*to park*
pararse	*to stop*
pasarse un semáforo en rojo	*to run a red light*
pasarse una señal de PARE	*to run a stop sign*
subir a	*to get into (a vehicle)*
tropezar (ie)	*to trip*

Expresiones adicionales

de repente	*suddenly*
estar dañado(a)	*to be damaged*
estar herido(a)	*to be injured*

A practicar

9.18 **Escucha y responde** Vas a escuchar algunas ideas sobre el tráfico en la ciudad y los accidentes. Si la idea es lógica, indícalo con el pulgar hacia arriba. Si la idea no es lógica, señala con el pulgar hacia abajo.

9–3

9.19 **¿Qué palabra es más lógica?** Escoge la palabra que completa la oración lógicamente.

1. El policía me dio una (patrulla/multa) por conducir a exceso de velocidad.

2. Cuando el semáforo está en rojo, es necesario (pararse/pasarse).

3. El ciclista (atravesó/atropelló) la calle con cuidado.

4. Los peatones deben caminar por la (señal/acera).

5. El automovilista (se cayó/se distrajo) y no vio a los peatones en (el cruce/el semáforo).

6. Hay mucho tráfico en la (carretera/esquina) hoy.

9.20 **El testigo** Mira el dibujo del accidente en la página 298. Lombardo se pegó en la cabeza y no está seguro de lo que le pasó. Lee las declaraciones que Lombardo le dio al paramédico y decide si son ciertas o falsas. Corrige las oraciones falsas.

1. Iba en mi bicicleta cuando un perro atravesó la calle enfrente de mí.

2. Para no atropellar al perro, di vuelta a la izquierda y choqué con una señal.

3. Por suerte, había una ambulancia estacionada en la calle.

4. Un testigo llamó por teléfono para informarle a la policía de mi accidente.

5. En la calle no había señales de tráfico.

6. Afortunadamente mi bicicleta no está dañada.

9.21 **Una conversación** Habla con un compañero sobre las preguntas. Después repórtenle su conversación a la clase.

1. ¿Cuándo conseguiste tu licencia de conducir? ¿Chocaste el coche de tus padres cuando estabas aprendiendo a conducir?

2. Cuando conduces un auto, ¿respetas a los peatones? Cuando caminas por la calle, ¿te respetan los automovilistas?

3. ¿Respetas siempre todas las señales de tráfico y el límite de velocidad?

4. ¿Es difícil estacionarse donde vives? ¿Es caro?

5. ¿Siempre atraviesas la calle en los cruces o en las esquinas?

6. ¿Prefieres conducir, andar en bicicleta o usar el transporte público? ¿Por qué?

9.22 **Contradicciones** Tu compañero y tú son testigos de un accidente, pero hay diferencias entre sus dos versiones. Uno de ustedes va a observar la ilustración en esta página y el otro va a observar la ilustración en el Apéndice B. Encuentren las cinco diferencias.

Piensa en el tema

Piensa en la ciudad en la que vives. ¿Tiene un automóvil la mayoría de la gente? ¿Por qué?

¡Tantos vehículos!

¿Sabías que en los Estados Unidos hay más de 800 vehículos motorizados por cada mil habitantes? Este número incluye automóviles, camiones y autobuses. Observa la información que sigue sobre el número de vehículos por cada mil habitantes en algunos países de habla hispana.

Argentina 314	Guatemala 68	Perú 73
Chile 184	Guinea Ecuatorial 13	Puerto Rico 635
Costa Rica 177	México 275	Uruguay 200
Ecuador 71	Nicaragua 57	
España 593	Panamá 132	

Information from NationMaster, 2014

Hablemos del tema

1. ¿Cuáles son las ventajas de tener un automóvil? ¿Y las desventajas?

2. ¿Por qué crees que Estados Unidos es uno de los países que más autos tiene? ¿Cuáles son las implicaciones económicas de tener tantos vehículos en un país?

3. ¿Qué piensas que hacen las personas para viajar en los países donde hay menos automóviles?

4. ¿Cuáles son las consecuencias para el planeta de tener más automóviles? ¿Y menos?

Con un buen sistema de transporte público los automóviles son menos necesarios, como en Santiago de Chile.

Piensa en el tema

1. ¿Cuál es la carretera más larga de Estados Unidos?

2. ¿Qué estados atraviesa?

3. ¿Siempre es fácil conducir por ella? ¿Por qué?

La carretera panamericana

Uno de los grandes proyectos de la ingeniería moderna es la construcción de una carretera para comunicar a todos los países de América, desde Alaska hasta Argentina. Este proyecto está casi completado. Se llama la carretera Panamericana y es un sistema colectivo de carreteras que recorren más de 48 mil kilómetros. Solamente falta un pequeño tramo *(stretch)* para completarla, pero es un tramo difícil para los ingenieros, y además muchas personas no quieren una carretera en ese lugar.

La carretera Panamericana pasa por montañas, selvas *(jungles)* y desiertos, y ofrece vistas increíbles. Como resultado de pasar por diferentes zonas con climas y terrenos variados, la carretera no es uniforme. En algunas épocas *(times)* del año se cierran porciones porque son peligrosas a causa de la lluvia o la nieve.

ullstein bild/Getty Images

La carretera Panamericana en Perú

Hablemos del tema

1. ¿Con qué frecuencia viajas por carretera?

2. ¿Qué efectos tienen las grandes carreteras en el medio ambiente y en la economía?

Exploraciones gramaticales

A analizar ▶

Óscar habla con un señor que fue testigo de un accidente. Después de ver el video lee las siguientes oraciones de su conversación y observa los diferentes usos de los verbos.

> Me **sentía** feliz porque hacía sol.
>
> Me **sentí** muy mal cuando vi que la señora en el coche negro estaba herida.
>
> **Había** un señor en la otra acera.
>
> **Hubo** un accidente.

1. Look at the first set of sentences. Which sentence communicates an ongoing emotion? Which sentence communicates a change in emotion? Explain.

2. Based on the second set of sentences, explain how the meaning of **haber** changes with the use of the imperfect or preterite.

A comprobar

Preterite and imperfect with emotions and mental states

You learned in the first part of the chapter that past actions in progress are expressed in the imperfect, and that the preterite is used to relate new or completed actions in the past. The same concept is applied to emotions or mental states.

> Era un día bonito y ella **se sentía** feliz.
> *It was a beautiful day and she **felt** happy.*
> (an ongoing emotion)

> Cuando escuché la noticia, **me sentí** mal.
> *When I heard the news, I **felt** bad.*
> (a change in emotion)

1. The following verbs are often used to express a change in emotion or feeling and are usually used with the preterite:

aburrirse	*to become bored*
alegrarse	*to become happy*
asustarse	*to become frightened*
enojarse	*to become angry*
frustrarse	*to become frustrated*
sorprenderse	*to be surprised*

> **Me asusté** cuando vi el accidente.
> *I was (**became**) frightened when I saw the accident.*

> Los testigos **se alegraron** cuando descubrieron que nadie estaba herido.
> *The witnesses **were** (**became**) happy when they discovered that nobody was hurt.*

2. The verb **sentirse** is a stem-changing verb and is often used to express how one feels.

> Hoy **me siento** bien.
> *I feel fine today.*

> **Se sintieron** tristes cuando se fue.
> *They felt sad when he left.*

3. It is also common to use the verb **ponerse** (*to become*) to express a change of emotion.

> **ponerse** + *adjective* (**triste, feliz, furioso, nervioso,** etc.)

> Cuando se mudó mi amigo **me puse** triste.
> *When my friend moved, I **became** sad.*

4. The verbs **conocer, saber, haber, poder,** and **querer** are not action verbs but rather they refer to mental or physical states. As with action verbs, using them in the imperfect implies an ongoing condition, whereas using them in the preterite indicates the beginning or completion of the condition.

	imperfect	preterite
conocer	knew, was acquainted with	met
saber	knew (about)	found out
haber	there was/were (descriptive)	there was/there were (occurred)
poder	was able to (circumstances)	succeeded in
no poder	was not able to (circumstances)	failed to
querer	wanted	tried to
no querer	didn't want	refused to

Cuando llegué no **conocía** a nadie, pero más tarde **conocí** a Inma.
*When I arrived, I didn't **know** anyone, but later I **met** Inma.*

A practicar

9.23 **Reacciones lógicas** Indica qué verbo completa mejor la oración.

1. Cuando vi el coche pasarse el semáforo en rojo, yo...   **a.** me alegré
2. Cuando chocó con mi coche, yo...   **b.** me asusté
3. Cuando vi el daño a mi coche, yo...   **c.** me sorprendí
4. Cuando la policía le dio una multa al otro conductor, él...   **d.** me puse triste
5. Cuando recibí el cheque del seguro *(insurance)*, yo...   **e.** se enojó

9.24 **¿Cómo estaba?** Explica cómo estaba Renato ayer, según sus actividades. Usa el imperfecto y expresiones con **tener** o **estar**.

Modelo Desayunó cuatro huevos, cereal, dos plátanos y un vaso de leche.
Tenía hambre.

1. Se puso un suéter, guantes y un gorro.
2. Mientras conducía, escuchaba música.
3. Tenía un examen de álgebra.
4. Visitó a su abuela en el hospital.
5. Salió con su novia a cenar.
6. Estaba en una fiesta.
7. Se acostó muy tarde.
8. Tuvo una pesadilla *(nightmare)*.

9.25 **¿Cuándo fue?** Con un compañero túrnense para preguntar sobre la última vez *(last time)* que sintieron las siguientes emociones. Deben explicar las circunstancias de la situación. ¡Atención al uso del pretérito y del imperfecto en las explicaciones!

Modelo asustarse
Estudiante 1: *¿Cuándo fue la última vez que te asustaste?*
Estudiante 2: *Me asusté el lunes porque no podía encontrar mi composición.*

¿Cuándo fue la última vez que... ?

1. enojarse
2. aburrirse
3. ponerse triste
4. alegrarse
5. preocuparse
6. frustrarse
7. ponerse nervioso
8. sorprenderse

9.26 **Una entrevista** Trabaja con un compañero y túrnense para responder las preguntas sobre los siguientes temas.

1. Tus amigos

   a. ¿Cuándo conociste a tu mejor amigo? ¿Qué hacían?

   b. ¿Supiste algo interesante de tu mejor amigo recientemente? ¿Qué?

2. Tus clases y tu universidad

   a. ¿Conocías a alguien en la clase de español antes de este curso? ¿A quién?

   b. ¿Ya sabías hablar español cuando comenzaste a estudiar en esta universidad? ¿Por qué?

3. Tu vida diaria

   a. ¿Hiciste ayer algo que no querías hacer? ¿Qué?

   b. ¿Hubo un buen concierto en tu comunidad recientemente? ¿De qué?

INVESTIGUEMOS EL VOCABULARIO

In **Capítulo 6** you learned to use the word **ya** to mean *already* and *any more*. When used in a question, it can mean *yet*.

¿**Ya** llegaron?
Have they arrived yet?

¿**Ya** terminaste la tarea?
Have you finished your homework yet?

9.27 **Mini-conversaciones** Completa las conversaciones con la forma del pretérito o del imperfecto del verbo indicado, según el caso.

1. —Cuando salí para la universidad esta mañana, _____ (haber) mucho hielo *(ice)* en las calles.

   —Sí, y escuché en la radio que _____ (haber) muchos accidentes.

2. —¿ _____ (Saber) tú que Manuel tuvo un accidente la semana pasada?

   —Sí, lo _____ (saber) cuando llegué a la oficina.

3. —¿ _____ (Poder) tú conseguir *(get)* el coche de tu hermano?

   —No, él no _____ (querer) prestármelo.

4. —Fui a una fiesta el sábado.

   —¿ _____ (Conocer) a alguien?

   — Yo ya _____ (conocer) a muchas de las personas en la fiesta, pero _____ (conocer) a una chica que se llama Dora.

9.28 **Cuéntame** Yadira tuvo un accidente el fin de semana pasado y les narra el incidente a sus amigos. Cuenta lo que pasó cambiando los verbos en negritas al pretérito o al imperfecto, según sea necesario.

> **Es**[1] sábado por la noche. **Estoy conduciendo**[2] a casa y **estoy**[3] muy nerviosa porque **hay**[4] mucha lluvia y no **puedo**[5] ver bien. De repente un animal **cruza**[6] la calle enfrente de mi coche y yo **me sorprendo**[7]. No **sé**[8] qué tipo de animal **es**[9], pero no **quiero**[10] atropellarlo. **Intento** *(try)*[11] frenar *(to brake),* pero no **puedo**[12] controlar el coche. El coche **empieza**[13] a salirse de la calle y **me asusto**[14]. Afortunadamente solo **termino**[15] en una zanja *(ditch)* y no **choco**[16] con nada.

9.29 **El accidente de Teo** Describe lo que le pasó a Teo. Usa el pretérito y el imperfecto, y los verbos indicados, según el caso.

Vocabulario útil: **el cigarrillo** *cigarette* **la cima** *top (of the mountain)* **la serpiente** *snake*

1. haber, conocer, sentirse

2. ofrecer, querer

3. saber, poder, alegrarse

4. ver, asustarse, caerse

5. estar triste, querer, poder

Exploraciones gramaticales

A analizar ▶

Después de ver el video otra vez, lee parte de su conversación y observa los verbos en el pretérito y el imperfecto.

Óscar: Buenas tardes, señor. ¿Usted **fue** testigo del accidente?

Señor: Sí, señor...

Óscar: ¿Qué **hacía** usted cuando **ocurrió** el accidente?

Señor: Siempre **caminaba** por la calle Sol con mi perrito en las tardes. **Me gustaba** porque **podía** llegar fácilmente al parque, pero la semana pasada **decidí** cambiar mi ruta porque ahora hay mucho tráfico.

Óscar: Sí, señor, pero ¿qué **hacía** usted en la calle Naranjos hoy?

Señor: **Caminaba** con mi perrito Negrito. **Me sentía** feliz porque **hacía** sol. Mientras **caminaba, miraba** las flores en los jardines. De repente oí un ruido terrible y vi que **hubo** un accidente. **Me sentí** muy mal cuando **vi** que la señora en el coche negro **estaba** herida.

Óscar: ¿Sabe usted qué **pasó**?

Señor: No **pude** ver mucho porque no **llevaba** mis gafas puestas, pero me parece que el coche negro **se pasó** el semáforo en rojo...

1. Write a list of the circumstances in which you would use the preterite and in which you would use the imperfect.

2. Can you find any examples of the uses you listed in the dialogue above?

A comprobar

Preterite and imperfect: A summary

You have already learned that the preterite is the narrative past and is used to express an action or condition that is *beginning* or *ending*, while the imperfect is the descriptive past that is used to express an action or condition *in progress (middle)*. Here is an overview of how the two tenses are used:

Preterite

1. A past action or series of actions that are completed as of the moment of reference

   Vi el accidente y **llamé** a la policía.

2. An action that is beginning or ending

   Sara **empezó** a estudiar a las siete.

   Vivimos en Madrid por tres años.

3. A change of condition or emotion

   Tuve miedo cuando escuché el ruido (*noise*).

Imperfect

1. An action or condition in progress with no emphasis on the beginning or end of the action

   Llovía y hacía viento.

2. A habitual action

   Siempre **leía** antes de acostarme.

3. A description of a physical, emotional, or mental condition

   Era alto y moreno y **tenía** el pelo largo.

   Estaba muy nervioso.

4. Other descriptions, such as time, date, and age

   Eran las tres de la tarde.

   Era el primero de octubre.

   Tenía sesenta años.

A practicar

9.30 **Esquí en Bariloche** Pon las siguientes oraciones en el orden correcto para contar lo que hizo Rogelio.

1. _____ El invierno pasado cumplió 20 años y fue a Bariloche para esquiar con sus amigos.

2. _____ Cuando Rogelio era niño, iba a esquiar con su familia durante las vacaciones de invierno.

3. _____ Mientras Rogelio bajaba la pista *(slope)* un chico cruzó enfrente de él y se asustó y se cayó.

4. _____ El primer día de esquí, Rogelio y sus amigos se levantaron temprano, se vistieron y fueron a la pista.

5. _____ Hablaban y se reían mientras esperaban su turno para subir *(to go up)* la montaña.

6. _____ Rogelio estaba frustrado y tenía frío, entonces se quitó los esquíes y regresó al hotel para tomar un chocolate caliente.

9.31 **Un accidente en bicicleta** Mayda habla sobre un accidente que tuvo con su bicicleta. Completa las oraciones con la opción apropiada para saber lo que pasó.

1. Tenía una bicicleta roja cuando...
   a. era niña.   **b.** fui niña.

2. Cuando salía con mi bicicleta, siempre...
   a. tenía mucho cuidado.   **b.** tuve mucho cuidado.

3. Ese día...
   a. hacía mucho sol.   **b.** hizo mucho sol.

4. Yo iba por la calle cuando...
   a. un coche se pasaba una señal de PARE. **b.** un coche se pasó una señal de PARE.

5. Me atropelló porque...
   a. no podía parar.   **b.** no pude parar.

6. Cuando el conductor vio que estaba herida...
   a. se preocupaba.   **b.** se preocupó.

7. Él me hablaba mientras...
   a. esperábamos la ambulancia.   **b.** esperamos la ambulancia.

9.32 **Un accidente** Completa el siguiente párrafo con la forma necesaria del pretérito o del imperfecto del verbo indicado.

Esta mañana (**1.**) _____ (haber) un accidente a las ocho y media. En ese

momento yo (**2.**) _____ (caminar) por la calle Montalvo con mi amiga Reina.

De repente, nosotros (**3.**) _____ (oír) un ruido *(noise)* y (**4.**) _____

(ver) que un coche acababa de *(just)* chocar contra un árbol. Un hombre mayor

(**5.**) _____ (bajar) del coche. Él (**6.**) _____ (estar) muy pálido y

(**7.**) _____ (tener) una herida en la cabeza. Nosotros lo (**8.**) _____

(ayudar) a sentarse en la acera. Mientras él (**9.**) _____ (descansar *to rest*),

Reina (**10.**) _____ (llamar) a una ambulancia. Nosotros (**11.**) _____

(estar) muy preocupados por él, pero (**12.**) _____(calmarse) un poco cuando

(**13.**) _____ (llegar) la ambulancia. Los paramédicos lo (**14.**) _____

(poner) en la camilla y lo (**15.**) _____ (llevar) al hospital.

9.33 **Experiencias personales** Habla con un compañero sobre tus experiencias y túrnense para completar las oraciones. Presta atención al uso del pretérito y del imperfecto.

1. Una vez mientras iba en un coche...
2. Cuando conseguí la licencia de conducir...
3. La primera vez que hice un viaje largo en coche...
4. Una vez que yo (mi madre, mi hermano) conducía...
5. Vi un accidente y...
6. Conozco a alguien que tuvo un accidente porque...

9.34 **El venado** *(The deer)* Con la ayuda de un compañero describan lo que les pasó a Margarita y a Marián. Usen el pretérito y el imperfecto e incluyan muchos detalles. Inventen lo que pasó al final.

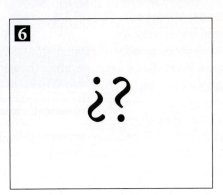

Lectura

Reading Strategy: Guess meaning from context

Remember to use context to help you guess the meaning of words that you do not know and that are not cognates. Look at the first three lines of the reading. The word **relato** appears twice in the first paragraph. Using the context, what do you think it means?

Antes de leer

1. ¿Cuál es la diferencia entre una leyenda y un cuento?

2. ¿Qué es una leyenda urbana? ¿Conoces alguna leyenda urbana? ¿Cuál?

A leer

Leyendas urbanas

incidents
tries

Una leyenda se puede definir como un relato que no se puede verificar que se basa en personas, **hechos** o lugares que realmente existen o existieron. Es decir, es un relato fantástico que **intenta** explicar el origen de algo como un volcán o una montaña. Otro tipo de leyenda es para dar una lección.

En contraste, las leyendas urbanas son historias relativamente modernas que no intentan explicar el presente. Generalmente son historias con elementos increíbles que circulan sin ninguna evidencia de que sean verdaderas. Tienen relevancia en una comunidad porque **se supone** que son eventos que le **ocurrieron** a alguien de esa comunidad. Ocasionalmente están basadas en un hecho que realmente ocurrió, pero se cuenta de forma muy distorsionada.

supposedly
happened

Hay muchas y muy variadas leyendas urbanas que se escuchan hoy en día. Curiosamente, muchas veces las mismas historias se escuchan en países diferentes. A veces el escenario de la historia es España, a veces Ecuador, Paraguay, Puerto Rico o cualquier otro país. A continuación se cuenta la leyenda de *La muchacha de la curva,* leyenda urbana de la que existen numerosas versiones.

Hay una leyenda sobre la aparición de los volcanes Popocatépetl e Iztaccíhuatl, en México.

J Marshall - Tribaleye Images/Alamy Stock Photo

La muchacha de la curva

Era una noche **obscura** y llovía muy fuerte. Un automovilista conducía solo por la carretera cuando vio a una muchacha **pidiendo un aventón**. La chica estaba **empapada** y **tiritaba**. Él se paró y la dejó subir a su automóvil. Le preguntó adónde iba. La muchacha le dio una

dark
hitchhinking
soaked / shivering

[**"¡Es ella!", exclamó.**]

dirección cerca de allí, y el automovilista la llevó hasta su casa. **Se despidió** de ella y la vio caminar hacia la puerta. Después continuó su camino.

said goodbye

Al día siguiente el hombre decidió regresar para buscar a la muchacha para saber si estaba bien. Cuando llegó a la casa de la muchacha, **tocó** a la puerta. Una mujer vieja le abrió. El hombre preguntó por la muchacha y la mujer respondió que allí no vivía ninguna joven. Sin embargo, la mujer invitó al hombre a entrar. En la sala, el hombre vio una fotografía de la muchacha en la **pared**. "¡Es ella!", exclamó.

knocked

... un automovilista vio a una muchacha...

Annette Shaff/Shutterstock.com

wall

La mujer le dijo al hombre: "Era mi hija. **Hace veinte años** ella iba conduciendo por la carretera. Estaba muy obscuro y llovía. Entonces llegó a la curva donde usted la encontró. Esa noche llovía tanto que ella no vio las señales. Su auto **resbaló** y mi hija perdió el control y chocó. Murió inmediatamente. Ahora, cada año, el mismo día, en el mismo lugar y a la misma hora en que ocurrió el accidente, mi hija aparece y le pide a algún conductor que la **traiga** a casa, que es adonde ella iba esa noche".

Twenty years ago

slid

bring

Comprensión

1. ¿Qué intentan explicar las leyendas tradicionales?
2. ¿Qué es una leyenda urbana?
3. ¿Por qué piensas que las mismas historias se escuchan en diferentes países?
4. En la leyenda de la chica de la curva, ¿qué hizo el automovilista cuando vio a una chica pidiendo un aventón?
5. ¿Qué supo el automovilista al final de la historia?

Después de leer

Comparte con un compañero una leyenda que conozcas. Después decidan si es una leyenda tradicional o una leyenda urbana y expliquen por qué.

INVESTIGUEMOS LA MÚSICA

Spanish singer Julio Iglesias's song "Pájaro Chogüí" recounts a Paraguayan legend. Listen to the song and tell what the legend is.

Redacción

A magazine has asked readers to write in and tell about a day that was particularly memorable. ¡OJO! You will need to use the preterite and the imperfect.

Paso 1 Think about an event that was particularly memorable. It might be a special day, such as a birthday or your wedding, or it might be a day something terrible happened, such as an accident.

Paso 2 Jot down a list of phrases that set the scene. Consider how you were feeling as the day began, where and when the event took place, and what the weather was like.

Paso 3 Write a list of chronological events that took place that day.

Paso 4 Begin your story using the information you generated in **Paso 2** to set the scene.

Paso 5 Write a few paragraphs that narrate the story using the information you generated in **Paso 3**. Be sure to elaborate on the chronological development of the event by adding details, such as descriptions and emotions.

Paso 6 Conclude your account telling how the event ended and how you felt at the end.

iStock.com/Tamera Rees

Paso 7 Edit your essay:

1. Is the information clearly organized?
2. Did you include ample details?
3. Is the narration logically organized with smooth transitions between sentences?
4. Are there any short sentences you can combine with **y** or **pero**?
5. Do verbs agree with the subject? Are they conjugated properly?
6. Did you use the preterite and the imperfect accurately?
7. Are there any spelling errors? Do the preterite verbs that need accents have them?

Entrando en materia

Cuando eres peatón en las calles de la ciudad, ¿qué haces para caminar seguro *(safely)*? ¿Qué debes hacer para tomar un autobús?

Aviso para peatones

Vas a leer una información publicada para enseñar a los peatones a caminar seguros.

Aprenda a caminar seguro por ciudad y por carretera

¡Bienvenido a nuestra ciudad! Estamos orgullosos de ser una de las urbes latinoamericanas con mejores servicios para peatones, ciclistas y automovilistas, pero es importante que todos hagan su parte para evitar accidentes. A continuación le decimos la forma indicada de proceder en algunas de las situaciones más frecuentes.

SEGURIDAD PEATONAL Las zonas peatonales están claramente indicadas con líneas blancas, también conocidas como pasos de cebra[1]. Cuando hay zonas peatonales disponibles se debe caminar por ellas y nunca cruzar a la mitad[2] de la calle. Si no hay una zona peatonal se debe esperar a cruzar en las esquinas. Es obligación de los automovilistas no invadir las zonas peatonales y prestar atención a los peatones.

ESTACIONAMIENTOS Si un automóvil entra o sale de un estacionamiento, debe cederle[3] el paso a los peatones que circulan por la acera.

PARADAS DE AUTOBUSES El sistema de autobuses ofrece paradas claramente indicadas. Los autobuses no pueden recoger pasajeros en ningún otro lugar. En estas paradas también se indican los números de las rutas que pasan por allí. Usted puede comprar pases mensuales[4] para tomar autobuses y el metro. Estos pases se pueden adquirir en los quioscos de periódicos o en las tabaquerías. Si usted no tiene un pase, debe pagar con el cambio exacto a la hora de abordar el autobús. El conductor no puede darle cambio[5].

Radu Razvan/Shutterstock.com

CICLISTAS Cuando no hay vías para ciclistas, los ciclistas deben circular por la calle, como los otros vehículos, nunca por la acera. Los automovilistas deben tratar a los ciclistas como a otros vehículos motorizados. Es obligación del ciclista llevar un casco[6] como medida de seguridad, así como luces[7] y ropa que lo haga claramente visible, aún en condiciones de lluvia y niebla[8].

[1]*zebra* [2]*in the middle* [3]*yield* [4]*monthly* [5]*change* [6]*helmet* [7]*lights* [8]*fog*

Comprensión

Lee las siguientes oraciones e indica si son ciertas o falsas, según la lectura.

1. Cuando no hay una zona peatonal, los peatones pueden cruzar a la mitad de la calle.
2. Cuando un automóvil sale de un estacionamiento, los peatones deben cederle el paso.
3. Los autobuses solamente recogen pasajeros en las paradas establecidas.
4. Con los pases para autobuses se puede usar el sistema del metro también.
5. No se le puede pagar al chofer del autobús por el pasaje.
6. Los ciclistas deben conducir por la acera para evitar el peligro de los automóviles.

Más allá

Ahora escribe una lista de tres consejos para andar en bicicleta por la ciudad. Después compártelos con tus compañeros. ¿Hay algo que aparezca en todas las listas de consejos?

Modelo *Los ciclistas deben llevar ropa clara porque los conductores pueden verlos mejor.*

9.35 **Una fiesta de quince años** Completa el párrafo con la forma necesaria del pretérito o del imperfecto del verbo entre paréntesis.

El sábado pasado yo (**1.**) _____ (ir) a una fiesta de quince años.

(**2.**) _____ (Haber) muchas personas y yo (**3.**) _____ (conocer) a

Rosaura. Yo (**4.**) _____ (hablar) con la quinceañera, Zulema, cuando la

(**5.**) _____ (ver) entrar. (**6.**) _____ (Ser) muy guapa y (**7.**) _____

(llevar) un vestido azul. Zulema me (**8.**) _____ (decir) que (**9.**) _____

(ser) su prima. Yo (**10.**) _____ (querer) conocerla y Zulema nos

(**11.**) _____ (presentar). Yo le (**12.**) _____ (pedir) bailar y ella

(**13.**) _____ (aceptar). Nosotros (**14.**) _____ (bailar) toda la noche y

(**15.**) _____ (divertirse) mucho. Ahora Rosaura es mi novia.

9.36 **Un día en el parque** Decide cuál es la relación de las dos acciones. Luego combínalas en una oración usando la forma apropiada del pretérito o del imperfecto.

Modelo Hacer sol / Mateo estar aburrido en casa
Hacía sol y Mateo estaba aburrido en casa.

1. Mateo querer jugar en el parque / Él invitar a su amigo Ariel a jugar
2. Ariel pedirle permiso a su mamá / Ella decirle que sí
3. Los niños hablar y reír / Ellos caminar al parque
4. Mateo y Ariel llegar al parque / Ellos decidir trepar un árbol
5. Ariel trepar el árbol / Mateo mirarlo
6. Una rama *(branch)* romperse / Ariel caerse
7. Ariel no poder levantarse / Él llorar *(to cry)*
8. Mateo asustarse / Él correr a buscar a la mamá de Ariel

9.37 **El Año Nuevo** Ramiro habla de la fiesta del Año Nuevo. Completa sus oraciones para contar lo que pasó. Deben usar el pretérito y el imperfecto.

1. Cuando era niño siempre...
2. El año pasado decidí hacer una fiesta y...
3. Los invitados empezaron a llegar mientras yo...
4. Me alegré mucho cuando...
5. Algunas personas bailaban mientras otras...
6. Cuando el reloj dio la medianoche *(chimed midnight)*, todos...

Fuegos artificiales sobre Chichén Itzá

9.38 **Una historia interesante** Con un compañero escojan fotos diferentes y describan lo que pasó usando las preguntas como guía. ¡**OJO!** Presten atención al uso del pretérito y del imperfecto.

1. ¿Dónde estaban? ¿Por qué?
2. ¿Qué hacían?
3. ¿Qué pasó?
4. ¿Cómo se resolvió la situación?

9.39 **El periodista** Un periodista habla con un testigo sobre el accidente que vio. Trabaja con un compañero. Uno de ustedes es el periodista y hace las siguientes preguntas prestando atención al uso del pretérito y del imperfecto. El otro es el testigo y mira los dibujos en el Apéndice B para responder.

1. ¿Qué tiempo (hacer)?
2. ¿Quién (conducir) el coche rojo?
3. ¿A qué hora (ocurrir) el accidente?
4. ¿Qué (pasar)?
5. ¿(Haber) testigos?
6. ¿Cuándo (llegar) la ambulancia?

9.40 Con un compañero van a organizar una fiesta.

Paso 1 Decidan qué van a celebrar. Luego necesitan planear todos los detalles:

- ¿Dónde y cuándo va a ser la celebración?
- ¿A quiénes van a invitar?
- ¿Cómo van a decorar?
- ¿Qué van a ofrecerles a los invitados para beber y comer?
- ¿Qué actividades va a haber en la fiesta (música viva, baile, juegos, etcétera)?
- ¿A qué hora va a empezar y a terminar su fiesta?

Paso 2 Repórtenle a la clase los detalles de su fiesta.

CAPÍTULO 9

🔊 Vocabulario 1

9–4

En la fiesta

los banderines	*streamers*		música	*band*
los bocadillos	*snacks*		la invitación	*invitation*
el brindis	*toast*		el invitado	*guest*
el champán	*champagne*		los novios	*bride and groom*
las decoraciones	*decorations*		el pastel	*cake*
el desfile	*parade*		la piñata	*piñata*
los dulces	*candies*		la quinceañera	*girl celebrating her fifteenth birthday*
el festejo	*party, celebration*		el regalo	*gift*
los fuegos artificiales	*fireworks*		la serenata	*serenade*
los globos	*balloons*		la vela	*candle*
el grupo de	*music group/*			

Las celebraciones

el aniversario	*anniversary*		los quince años	*a girl's fifteenth birthday celebration*
el bautizo	*baptism*			
la boda	*wedding*		el santo	*saint's day*
la graduación	*graduation*			
las posadas	*nine-day celebration before Christmas*			

Verbos

besar	*to kiss*		decorar	*to decorate*
brindar	*to toast*		disfrutar	*to enjoy*
casarse (con)	*to get married (to)*		escoger	*to choose*
celebrar	*to celebrate*		romper	*to break*
cumplir años	*to turn (x) years old*		terminar	*to finish*

Diccionario personal

_____

_____

_____

_____

_____

_____

_____

_____

_____

🔊 Vocabulario 2

En la calle

la acera	*sidewalk*
la ambulancia	*ambulance*
la camilla	*stretcher*
la carretera	*highway*
el (la) ciclista	*cyclist*
el coche	*car*
el (la) conductor(a)	*driver*
el cruce	*crosswalk*
la esquina	*corner*
el límite de velocidad	*speed limit*
la multa	*fine, ticket*
el paramédico	*paramedic*

el parquímetro	*parking meter*
la patrulla	*police car*
el peatón (la peatona)	*pedestrian*
el poste	*post*
el puente	*bridge*
el semáforo	*traffic light*
la señal	*sign*
el servicio de emergencia	*emergency service*
el (la) testigo	*witness*

Los verbos

aburrirse	*to become bored*
alegrarse	*to become happy*
asustarse	*to become frightened*
atravesar (ie)	*to cross*
atropellar	*to run over*
bajar de	*to get out of (a vehicle)*
caer(se)	*to fall (down, over)*
chocar (con)	*to crash (into something)*
cruzar	*to cross*
dañar	*to damage*
distraerse	*to get distracted*
enojarse	*to become angry*

esperar	*to wait*
estacionarse	*to park*
frustrarse	*to become frustrated*
pararse	*to stop*
pasarse un semáforo en rojo	*to run a red light*
pasarse una señal de PARE	*to run a stop sign*
sentirse	*to feel*
sorprenderse	*to be surprised*
subir a	*to get into (a vehicle)*
tropezar (ie)	*to trip*

Expresiones adicionales

de repente	*suddenly*
estar dañado(a)	*to be damaged*
estar herido(a)	*to be injured*

Diccionario personal

_____

_____

_____

_____

_____

Learning Strategy

Use Spanish every time you talk in class

Try to use Spanish for all your classroom interactions, not just when called on by the instructor or answering a classmate's question in a group activity. Don't worry that your sentences may not be structurally correct; the important thing is to begin to feel comfortable expressing yourself in the language. You might even initiate a conversation with your instructor or another classmate before or after class.

After completing this chapter, you will be able to:

- Give and receive directions
- Make travel arrangements
- Book and talk about hotel accommodations
- Suggest activities
- Make informal and formal requests
- Form complex sentences

¿Adónde vas a viajar?

El viaje en tren a Machu Picchu, en Perú

Panther Media GmbH/ Alamy Stock Photo

Exploraciones **léxicas**

La señora Torres prefiere viajar por avión, pero su esposo va a tomar el tren.

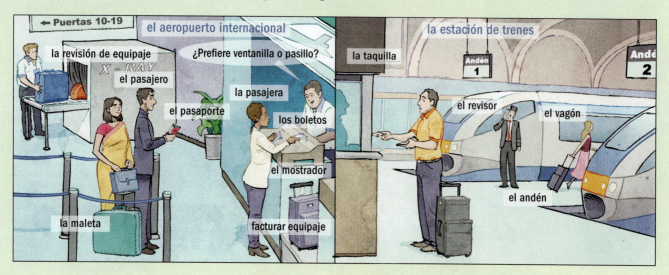

Para viajar en avión o tren

el (la) agente de seguridad	security agent
el cinturón de seguridad	safety (seat) belt
la clase turista	economy class
el coche cama	sleeping car
la conexión	connection
el equipaje de mano	carry-on bag
la escala	layover
la litera	bunk bed
la parada	stop
el pase de abordar	boarding pass
la primera clase	first class

la puerta (de salida)	gate
el reclamo de equipaje	baggage claim
el vuelo	flight

Verbos

abordar	to board
aterrizar	to land
despegar	to take off
doblar	to turn
pasar por seguridad	to pass through security
perder	to miss (a flight, a train)
seguir derecho	to go straight

Palabras adicionales

a tiempo	on time
la aduana	customs
el asiento	seat
la estación de autobuses	bus station
la llegada	arrival
retrasado(a)	delayed
la sala de espera	waiting room
la salida	departure
la visa	visa

> ### INVESTIGUEMOS EL VOCABULARIO
> In Latin America, a plane or train ticket is **un pasaje** or **un boleto; un boleto** also refers to a ticket for an event. However, in Spain, a train or a plane ticket is **un billete,** and a ticket for an event is **una entrada.**

A practicar

10.1 **Escucha y responde** Vas a escuchar una serie de ideas sobre viajar por tren o por avión. Indica con el pulgar hacia arriba si son lógicas, y con el pulgar hacia abajo si son ilógicas.

10-1

10.2 **A viajar** Escribe la palabra lógica del vocabulario que mejor complete la oración.

En el aeropuerto:

1. Debemos obtener un _____ antes de subir a un avión.

2. En el mostrador de la aerolínea un dependiente nos pregunta si preferimos ventanilla o _____.

3. Antes de _____ y de aterrizar debemos ponernos _____.

En la estación de trenes:

4. Este tren va directamente a su destino, no hace ninguna _____.

5. Compramos un boleto en _____ y después caminamos al _____ para abordar el tren.

6. _____ nos pide nuestros boletos en el tren.

7. Llevamos nuestra ropa en _____ cuando viajamos.

10.3 **Asociaciones** Trabaja con un compañero y relacionen las palabras de las dos
columnas y expliquen la relación entre ellas.

1. _____ retrasado	**a.** el equipaje
2. _____ la taquilla	**b.** el revisor
3. _____ la ventanilla	**c.** a tiempo
4. _____ aterrizar	**d.** la salida
5. _____ facturar	**e.** el boleto
6. _____ el asistente de vuelo	**f.** la escala
7. _____ la llegada	**g.** el pasillo
8. _____ la conexión	**h.** despegar

 10.4 **Conversación** Trabaja con un compañero para contestar las preguntas.

1. ¿Alguna vez viajaste por tren? ¿Cuándo? ¿Adónde? ¿Te gustó la experiencia? ¿Por qué?
2. ¿Alguna vez viajaste en autobús? ¿Adónde fuiste? ¿Te dieron un buen servicio?
3. ¿Viajas por avión con frecuencia? ¿Por qué?
4. ¿Qué te gusta y qué no te gusta de viajar por avión?
5. ¿Qué es necesario hacer para tener un buen viaje por avión? ¿Y por tren?
6. ¿Piensas que trabajar en un avión o un tren es un buen trabajo? ¿Por qué?
7. ¿Cuáles son las ventajas *(advantages)* de viajar por tren? ¿Por avión? ¿Por autobús?

 10.5 **Situaciones** Trabaja con un compañero y túrnense para hablar sobre las
fotografías. Usen las preguntas de la lista e inventen todos los detalles.

¿Quiénes son las personas y dónde están?   ¿Adónde van a viajar?
¿Qué están haciendo y por qué?   ¿Cómo crees que va a ser su viaje?

 10.6 **¿Vamos por tren o por avión?** Imagina que tu compañero y tú están estudiando
en Quito, Ecuador, y quieren viajar este fin de semana. Deben decidir si van a viajar
por avión a Cuenca, o por tren a Latacunga. Uno de ustedes puede ver la información
para viajar por avión en esta página y el otro va a ver la información para viajar por
tren en el Apéndice B. Intercambien la información y decidan cómo van a viajar y a
qué hora. Compartan *(Share)* toda la información antes de decidir.

> **INVESTIGA LA MÚSICA**
>
> Charly García is a famous rock
> singer from Argentina. Look for his
> song "No voy en tren, voy en avión"
> on the Internet. Why do you think he
> prefers to travel by plane?

AEROPUERTO INTERNACIONAL DE QUITO

Ruta Quito–Cuenca:	Salida	Llegada	Regreso*	Precio por pasajero
	4:35 AM	5:27 AM	6:00 AM	$129,00
	7:50 AM	8:40 AM	1:30 PM	$138,00
	10:00 PM	10:50 PM	11:00 PM	$145,99

*Horario de regreso el día siguiente

Piensa en el tema

1. ¿Para qué sirve un pasaporte?
2. ¿Cuándo es necesario tener una visa?

Las visas

A veces es necesario obtener una visa para visitar ciertos países. El requisito depende de la nacionalidad del viajero y del tiempo que va a estar de visita en otro país. En general, los ciudadanos *(citizens)* de los Estados Unidos no necesitan visa para ir a la mayoría de los países hispanoamericanos si su visita va a durar *(last)* menos de tres meses, pero hay excepciones. Por ejemplo, Paraguay les pide visa a los estadounidenses. Es posible conseguirla en el aeropuerto al llegar *(upon arriving)*. Es necesario completar un formulario, mostrar el pasaporte y pagar una cuota *(fee)*.

Según un estudio del 2018, el mejor pasaporte del mundo les permite viajar a sus ciudadanos a 166 países diferentes sin necesitar una visa. Entre los países hispanos, España es el mejor pasaporte, con 163 países, seguido por Argentina y Chile, que pueden entrar a 154 países sin visa. México es cuarto en la lista con 142 países, y Uruguay queda en quinto lugar con 139 países.

Source: Passport Index

El Palacio de Gobierno, en Asunción, en Paraguay

👥 Hablemos del tema

1. ¿Tienes pasaporte? ¿Por qué?
2. Si has viajado *(if you have traveled)* a otros países, ¿tuviste que conseguir una visa?
3. ¿Es fácil conseguir un pasaporte en Estados Unidos? ¿Qué es necesario?
4. Basándote en la información del texto, ¿cuántos países crees que puede visitar una persona de Estados Unidos sin necesidad de conseguir una visa?

Piensa en el tema

Para ti, ¿es importante viajar? ¿Con qué frecuencia viajas?

El negocio del turismo

De acuerdo con la UNWTO *(United Nations World Tourism Organization),* más de 60 millones de personas visitan España cada *(every)* año. La cifra fue de más de 82 millones en el 2017. México, por su parte, recibió casi 40 millones de turistas en el 2017. Estos son los dos países hispanos más visitados en el mundo, pero hay muchos otros países hispanos que tienen ingresos *(income)* económicos muy importantes gracias al turismo. En Costa Rica, Cuba y la República Dominicana el turismo es también parte fundamental de su economía.

A continuación puedes leer algunas estadísticas sorprendentes sobre el turismo:

- En 2017 aproximadamente 1235 millones de viajeros visitaron un país extranjero *(foreign).*
- Se calcula que aproximadamente el 10% del total de puestos de trabajo en el mundo están relacionados con el turismo. En el año 2017 el turismo representó aproximadamente el 3.8% de la economía mundial.

Source: World Travel and Tourism Council

Maxime Bessieres/Alamy Stock Photo

Aeropuerto internacional Juan Santamaría, en Alajuela, Costa Rica

👥 Hablemos del tema

1. ¿Qué efecto piensas que tiene el turismo en países que reciben a muchos visitantes extranjeros?
2. ¿Cuánto dinero gastas tú, más o menos, cuando vas de vacaciones?
3. ¿Conoces a alguien que trabaja en turismo? ¿Qué hace? ¿Le gusta su trabajo?

A analizar ▶

Santiago va a viajar con Nicolás a Puerto Rico. Ve el video y
después lee parte de su conversación. Observa el uso de
los pronombres **que** y **quien** y contesta las preguntas
que siguen.

> **Nicolás:** A mis padres siempre les gusta conocer
> a las personas con **quienes** estudio en
> Nueva York. Además, mi hermana quiere
> conocer al amigo guapo **que** está en las
> fotos conmigo.
>
> **Santiago:** ¡Puerto Rico es un país **que** siempre he
> querido *(have wanted)* conocer!
>
> **Nicolás:** Estoy seguro que te va a gustar. Tiene playas **que** son
> muy bonitas y varios lugares turísticos **que** debes conocer.

1. How are **que** and **quien** used in the sentences above?

2. Look at the nouns immediately preceding each use of **que** and **quienes**.
   How do you determine whether you should use **que** or **quien**?

A comprobar

Relative pronouns and adverbs

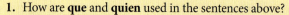

1. The relative pronouns **que** and **quien** are used to
   combine two sentences with a common noun or
   pronoun into one sentence.

   > Rodrigo tiene un coche.
   > *Rodrigo has a car.*
   >
   > El coche no consume mucha gasolina.
   > *The car doesn't consume a lot of gas.*
   >
   > Rodrigo tiene un coche **que** no consume
   >   mucha gasolina.
   > *Rodrigo has a car **that** doesn't use much gas.*

2. **Que** is the most commonly used relative pronoun.
   It can be used to refer to people or things.

   > Este es el tren **que** va a Córdoba.
   > *This is the train **that** goes to Córdoba.*
   >
   > El hombre **que** tiene la camisa azul es el conductor.
   > *The man **that** has the blue shirt is the driver.*

3. In English, the relative pronoun can sometimes be
   omitted; in Spanish, however, it must be used.

   > Los boletos **que** compraste son para primera clase.
   > *The tickets **(that)** you bought are for first class.*

4. **Quien(es)** refers only to people and is used after a
   personal **a** or a preposition (**a, con, de, para, por, en**).

   > Esta es la señora **a quien** le debes dar el boleto.
   > *This is the lady **to whom** you should give the ticket.*
   >
   > Las personas **con quienes** viajo están en mi clase.
   > *The people **with whom** I am traveling are in my class.*

5. **Quien(es)** may replace **que** when the dependent clause
   is set off by commas.

   > Los pasajeros, **quienes/que** viajan en este vuelo,
   >   ya abordaron.
   > *The passengers, **who** are traveling on this flight,
   >   already boarded.*

6. When referring to places, you will need to use the
   relative adverb **donde**.

   > La parada **donde** debes esperar está al otro lado de
   >   la calle.
   > *The stop **where** you should wait is on the other side of
   >   the street.*

Notice that the words **donde, que,** and **quien(es)** do
not have accents.

A practicar

10.7 **¿Es lógico?** Lee las oraciones e indica si son lógicas o no.

1. El pasajero es la persona que viaja.
2. La taquilla es el papel que necesitas para abordar el avión.
3. El andén es el lugar donde debes esperar el autobús.
4. El revisor, quien trabaja en el aeropuerto, necesita ver el pasaporte.
5. El asistente de vuelo es la persona a quien le debes pedir la bebida.
6. Un vuelo que hace escala es directo.

10.8 **Ciudad del Este** Completa el siguiente párrafo con los pronombres relativos **que** y **quien(es).**

Matilde es la amiga con (**1.**) _____ paso mucho
tiempo los fines de semana. El fin de semana pasado
decidimos visitar a una amiga (**2.**) _____ vive en
Ciudad del Este. Nos encontramos en la estación de autobuses
(**3.**) _____ está en el centro. Allí compramos los
boletos y subimos al autobús (**4.**) _____ estaba
estacionado. El autobús estaba lleno y tuve que sentarme al
lado de una señora (**5.**) _____ viajaba con su hijo,
(**6.**) _____ lloró todo el viaje.

Después de unas horas llegamos a Ciudad del Este y vimos
a nuestra amiga Pilar, (**7.**) _____ estaba muy contenta
de vernos. Cuando llegamos a la casa, Teresa y Daniela, las
chicas con (**8.**) _____ vive Pilar, abrieron la puerta.
Pasamos horas conversando en la sala; nos contamos historias de
nuestras familias, de los chicos con (**9.**) _____
salimos, de las clases (**10.**) _____ tenemos este
semestre... de todo. Finalmente, a las dos de la mañana decidimos
(**11.**) _____ era hora de acostarnos.

Matilde es la amiga con quien fui a Ciudad
del Este.

© Photos to Go

10.9 **Oraciones cortas** Trabaja con un compañero y usen los relativos **donde, que** y **quien(es)** para combinar las dos oraciones.

Modelo Tengo una maleta. La maleta es muy grande.
Tengo una maleta que es muy grande.

1. Tengo el boleto. Compré el boleto en la taquilla.
2. Los pasajeros subieron al autobús. El autobús llegó a la parada.
3. Zacarías es un amigo. Yo voy a viajar con Zacarías.
4. El revisor les pidió los boletos a los pasajeros. Los pasajeros viajaban en tren.
5. El agente miró mi pasaporte. El agente estaba sentado detrás del mostrador.
6. Ella es la agente. Puedes hablar con ella.
7. Aquí está el asiento. El asiento corresponde a tu boleto.
8. Tienes que ir a la aduana. En la aduana van a revisar tu equipaje.

10.10 **Oraciones incompletas** Trabaja con un compañero para completar las siguientes oraciones de una forma original. Usen los pronombres relativos **que** o **quien(es)**.

Modelo Tuve una clase...
Estudiante 1: *Tuve una clase que fue muy difícil, ¿y tú?*
Estudiante 2: *Tuve una clase que no me gustó.*

1. Tengo un boleto...
2. Conozco a una persona...
3. Tengo un amigo...
4. Mi mejor amigo es la persona...
5. Hay muchas personas...
6. Vi una película...
7. Tengo un profesor...
8. Tengo unos amigos...

10.11 **Definiciones** Trabaja con un compañero y túrnense para dar una definición de una de las siguientes palabras. El otro estudiante debe decidir cuál es la palabra que se está definiendo. Deben usar **donde, que** y **quien(es)**.

Modelo el asistente de vuelo → *Es la persona que sirve refrescos en un avión.*
el asiento → *Es el lugar donde te sientas en el avión o el tren.*

el boleto	el pase de abordar	el pasajero
el revisor	el andén	la taquilla
el piloto	el equipaje	la litera

La asistente de vuelo es la persona que ayuda a los pasajeros en un avión.

Pressmaster/Shutterstock.com

10.12 **A conocernos** Trabaja con un compañero y túrnense para preguntar y responder. Comiencen sus respuestas con las palabras entre paréntesis y usen los relativos **donde, que** y **quien(es)**, como en el modelo. Deben explicar sus respuestas.

Modelo ¿Qué día de la semana estás más ocupado? (el día de la semana)
Estudiante 1: *¿Qué día de la semana estás más ocupado?*
Estudiante 2: *El día de la semana que estoy más ocupado es el lunes porque tengo cuatro clases.*

1. ¿Qué música te gusta? (la música)
2. ¿Con quién hablas cuando tienes problemas? (la persona)
3. ¿Qué materia es muy difícil para ti? (la materia)
4. ¿Qué día feriado te gusta más? (el día feriado)
5. ¿Para quiénes compras regalos? (las personas)
6. ¿Qué tienda prefieres para comprar ropa? (la tienda)
7. ¿Qué profesión te parece *(seems)* interesante? (la profesión)
8. ¿A quién le dices tus secretos? (la persona)

2

Exploraciones gramaticales

A analizar

Ve el video otra vez. Después lee parte de la bienvenida *(welcome)* que el asistente de vuelo les da a los pasajeros y contesta las preguntas que siguen.

> Por favor, **pongan** su equipaje de mano debajo de sus asientos, o en los compartimientos en la parte superior de la cabina, y **tengan** cuidado si abren los compartimientos durante el vuelo. **Suban** las bandejas plegables *(tray tables)*, regresen sus asientos a su posición vertical y pónganse el cinturón de seguridad. Por favor, **miren** hacia el frente y **escuchen** con atención las instrucciones sobre lo que deben hacer en caso de emergencia.

1. The verbs in bold are commands. What are the infinitives for those verbs?
2. What do you notice about how the verbs are conjugated?

A comprobar

Formal and **nosotros** commands

1. When we tell someone to do something, we use commands, known as **mandatos** in Spanish. Formal commands are used with people you would address with **usted** and **ustedes**; however, these personal pronouns must be left out when using commands. To form these commands, drop the **-o** from the present tense first person (**yo** form) and add the opposite ending [-**e(n)** for -**ar** verbs, and -**a(n)** for -**er** and -**ir** verbs].

present tense first person		formal command
hablo	→	habl**e(n)**
hago	→	hag**a(n)**
sirvo	→	sirv**a(n)**

   Pida más información en el mostrador.
   Ask for more information at the counter.

   Facturen su equipaje primero.
   Check your bags first.

   *Notice that verbs that have a stem change or are irregular in the present tense follow the same pattern in formal commands.

2. Negative formal commands are formed by placing **no** in front of the verb.

   No pierdan los pasaportes.
   ***Don't lose** the passports.*

3. Infinitives that end in -**car** and -**gar** have spelling changes in order to maintain the same sound as the infinitive. Infinitives that end in -**zar** also have a spelling change.

-**car**	buscar → bus**que(n)**
-**gar**	llegar → lle**gue(n)**
-**zar**	empezar → empie**ce(n)**

4. The following verbs have irregular command forms.

dar	**dé (den)**
estar	**esté(n)**
ir	**vaya(n)**
saber	**sepa(n)**
ser	**sea(n)**

5. To make suggestions with *Let's,* use commands in the **nosotros** form. **Nosotros** commands are very similar to formal commands. Add **-emos** for **-ar** verbs, and **-amos** for **-er** and **-ir** verbs.

infinitive	formal command	*nosotros command*
sacar	saque(n)	saqu**emos**
beber	beba(n)	beb**amos**
venir	venga(n)	veng**amos**

Estamos atrasados. **¡Corramos!**
*We are late. **Let's run!***

Salgamos por la mañana.
***Let's leave** in the morning.*

6. The **nosotros** forms of the irregular verbs are also similar to the formal commands.

dar	**demos**
estar	**estemos**
saber	**sepamos**
ser	**seamos**

7. Ir has two different **nosotros** command forms. The present tense **vamos** is commonly used with affirmative commands, and **vayamos** is used with negative commands.

¡Vamos a Perú!
***Let's go** to Peru!*

No vayamos en tren.
***Let's not go** by train.*

8. -Ar and **-er** verbs with stem changes do not change in **nosotros** commands. However, **-ir** verbs do have a stem change (**o→u** and **e→i**).

infinitive	present tense	*nosotros command*
cerrar	cerramos	c**e**rremos
volver	volvemos	v**o**lvamos
pedir	pedimos	p**i**damos
dormir	dormimos	d**u**rmamos

A practicar

10.13 **¿Qué hago?** Pablo y Verónica van a hacer su primer viaje internacional y un amigo les explicó lo que tienen que hacer. Ordena sus instrucciones lógicamente.

_____ Pasen por la aduana.

_____ Compren el boleto.

_____ Lleguen al aeropuerto dos horas antes del vuelo.

_____ Consigan un pasaporte.

_____ Facturen las maletas.

_____ Confirmen el vuelo el día anterior.

10.14 **¿Qué dicen?** Trabaja con un compañero y túrnense para dar un mandato lógico de lo que las siguientes personas dirían *(would say).* Usen los verbos entre paréntesis.

Modelo el agente de la aduana a un turista (abrir) *Abra su maleta.*

1. un asistente de vuelo a los pasajeros (poner)

2. un agente de seguridad a un pasajero (venir)

3. un agente de viajes a un cliente (conseguir)

4. un agente en el aeropuerto a un pasajero (ir)

5. un piloto a los asistentes de vuelo (volver)

6. un policía a un automovilista (conducir)

7. un guía a un grupo de turistas (mirar)

8. un revisor en el tren a un pasajero (comprar)

10.15 **Instrucciones** Imagina que estás en el hotel y le preguntas al recepcionista cómo llegar a varios destinos. Mira el plano y lee las instrucciones. Debes indicar dónde estás al final.

1. Siga derecho por la calle Guevara. Doble a la izquierda en la calle Picasso. Siga derecho hasta la calle República. Está enfrente.

2. Siga derecho por la calle Bolívar hasta la calle República y doble a la derecha. Pase la biblioteca y, en la calle Constitución, doble a la derecha otra vez. Está a la izquierda.

3. Siga derecho por la calle Bolívar hasta la calle Córdoba. Doble a la derecha. Cruce la calle Picasso y luego doble a la izquierda en la calle Colón. Pase el parque y está a la derecha.

10.16 **Perdidos** Trabaja con un compañero e imagínense que son turistas y no conocen la ciudad. Túrnense para preguntarse y responderse cómo llegar del hotel a los diferentes lugares. Usen el plano de la Actividad 10.15.

Modelo el café

Estudiante 1: *¿Cómo llego al café?*

Estudiante 2: *Atraviese la calle y vaya a la calle Bolívar. Camine hasta la calle Córdoba. Doble a la derecha y siga una cuadra más. El café está en la esquina de la calle Córdoba y la calle Picasso.*

1. el museo
2. la playa
3. el banco
4. el restaurante
5. la catedral
6. la biblioteca
7. el correo
8. el teatro
9. la plaza

10.17 **¿Qué recomiendas?** Trabaja con un compañero para darle recomendaciones a cada una de las siguientes personas. Usen los mandatos formales.

Modelo El señor Sánchez va a salir de viaje.

Estudiante 1: *Lleve poco equipaje.*

Estudiante 2: *Sí, y llegue a tiempo al aeropuerto.*

1. La señorita Laredo siempre se aburre en los vuelos largos.

2. La señora Ramírez tiene miedo de viajar en avión.

3. Los señores Márquez siempre tienen mucha hambre cuando viajan.

4. El señor Vargas siempre olvida cosas *(things)* cuando viaja.

5. La señora Castro va a viajar en tren por primera vez.

6. Los señores Gómez van a viajar con sus hijos pequeños en autobús.

7. Está nevando y la aerolínea canceló el vuelo de Miguel.

8. José Ramón está viajando de México a Madrid y el pasajero a su lado ronca *(snores)*.

10.18 **Un viaje** Trabaja con un compañero y hagan planes para hacer un viaje. Usen los mandatos en la forma de **nosotros** para expresar sus deseos.

Modelo adónde quieren ir
Estudiante 1: *Vamos a Cancún.*
Estudiante 2: *¡Buena idea! / No vayamos a Cancún, vamos a Puerto Rico.*

1. adónde quieren ir
2. cuándo quieren salir
3. cuánto dinero quieren llevar
4. cómo quieren viajar
5. dónde quieren dormir
6. qué quieren hacer
7. qué recuerdos *(souvenirs)* desean comprar

10.19 **Una escena** Trabaja con un compañero para escoger una de las fotos e inventar un diálogo. Usen mandatos en la conversación.

Entrando en materia

Imagina que un amigo va a viajar por avión por primera vez y no sabe cómo prepararse. ¿Qué le recomiendas?

Un mensaje de la Secretaría de Transporte

🔊
10-2 Anticipando un gran número de pasajeros debido al *(due to)* período de vacaciones, la Secretaría de Transporte preparó el mensaje que vas a escuchar a continuación.

Vocabulario útil

la cuota	*fee*	**las joyas**	*jewelry*
el dolor de cabeza	*headache*	**el (la) menor de edad**	*minor, underage*
la etiqueta	*label*	**el tamaño**	*size*

Sveta San/Shutterstock.com

Comprensión

Escucha el mensaje y responde las preguntas.

1. ¿Cuántas maletas puede llevar un pasajero como equipaje de mano si viaja por avión?
2. ¿Qué artículos se recomienda llevar en el equipaje de mano?
3. ¿Por qué recomiendan tomar agua?
4. ¿Cuál es el tamaño máximo de geles o líquidos en el equipaje de mano?
5. ¿Qué necesitan los menores de edad para viajar?
6. ¿Con cuánto tiempo de anticipación recomiendan llegar antes de un vuelo internacional?

👥 Más allá

¿Prefieres viajar en avión, coche, autobús o por tren? Explícale a un compañero por qué.

Lectura

Antes de leer

¿Qué sitios de Latinoamérica o España piensas que son los más populares entre los turistas? ¿Por qué?

A leer

¿Adónde ir de vacaciones?

Los países en donde se habla español ofrecen una cantidad impresionante de atractivos turísticos, como su geografía, su cultura y las actividades deportivas. El turismo es importante para la economía de muchos países hispanos. Considera lo siguiente:

around
- España recibe **alrededor** de 80 millones de visitantes al año. Esta cifra es más significativa porque la población total de España es de aproximadamente unos 46 millones de habitantes.
- En México, tan solo en la ciudad de Cancún, hay alrededor de 30 000 habitaciones para turistas. Esta ciudad recibe casi cinco millones de visitantes cada año.
- En Costa Rica el turismo es la mayor fuente de ingresos y le da trabajo a más del 13% de la población del país.

En este espacio vamos a describir tres destinos turísticos que son poco conocidos entre los turistas estadounidenses.

Bariloche, Argentina

Esta ciudad está en la Patagonia argentina, en una zona montañosa. Casi inmediatamente después de su fundación empezaron a llegar los primeros turistas. Bariloche se hizo popular con la construcción de los medios de transporte: en 1912 llegó el primer avión a este lugar y los trenes llegaron en 1934. En esta época se iniciaron en esta zona los deportes invernales como el esquí y el snowboard.

Ramiro Olaciregui/Moment/Getty Images

landscapes
Hoy en día Bariloche es una hermosa ciudad turística, rodeada de **paisajes** increíbles; es ideal para practicar deportes invernales y para hacer innumerables

actividades en el verano, como ir de excursión, visitar museos, montar a caballo y practicar el rafting.

Cartagena, Colombia

Cartagena es una ciudad especial por muchas razones. Su centro histórico fue declarado Patrimonio de la Humanidad por la UNESCO en 1985. Debido a su localización y por ser puerto y **bahía**, en Cartagena se guardaban el **oro** y otros tesoros antes de llevarlos a España. En consecuencia, la ciudad prosperó mucho, pero desafortunadamente también **atrajo** los ataques frecuentes de piratas. Por eso, a finales del siglo XVIII, había 19 kilómetros de **murallas** que la protegían. Algunos muros llegaron a tener 15 metros de ancho y 12 metros de alto.

bay / gold

attracted

walls

javarman/Shutterstock.com

Cartagena fue también el principal puerto al que llegaron los **esclavos** traídos de África, lo que explica la rica influencia africana en la música y el arte de la región.

slaves

Cartagena es actualmente el puerto de exportación más importante de Colombia, y le ofrece al turista una bellísima ciudad histórica, hoteles de primera clase, una **gastronomía** única, museos de interés y una vida nocturna espectacular.

cuisine

Henryk Sadura/Shutterstock.com

El Sunzal, El Salvador

Para los fanáticos de surfear, El Sunzal es un nombre **mundialmente reconocido**. La industria del turismo de El Salvador es la que más rápido se está **desarrollando** en Centroamérica. Además de playas bonitas, El Salvador tiene volcanes y montañas, parques nacionales y oportunidades para hacer ecoturismo. También ofrece atracciones históricas, como Joya de Cerén, una comunidad que se conoce como "la Pompeya de Centroamérica" porque fue cubierta por una erupción volcánica en el año 600 antes de Cristo.

recognized worldwide

developing

¿Cuál de estos tres lugares te gustaría visitar?

Comprensión

1. ¿Dónde está Bariloche y cuándo se hizo popular?
2. Aparte de los deportes invernales, ¿qué otras actividades ofrece Bariloche?
3. ¿Por qué fue importante Cartagena durante la época colonial?
4. ¿Por qué la mayor parte de Cartagena está dentro de murallas?
5. ¿Cuáles son los atractivos de El Salvador para los turistas?

Después de leer

Piensa en una ciudad fascinante que visitaste alguna vez, y escribe una lista de ideas por las que piensas que es una ciudad especial. Comparte tus ideas con un compañero y escucha las suyas.

El señor y la señora Buendía acaban de llegar a su hotel en Bogotá. Se van a quedar cuatro días y esperan tener unas vacaciones fabulosas.

el alojamiento	lodging
disponible	available
el (la) gerente	manager
la habitación sencilla / doble / triple	single / double / triple room
el Internet inalámbrico	wireless Internet
la sala de conferencias	conference center
el servicio a la habitación	room service
el (la) turista	tourist

de lujo	luxurious
Verbos	
alojarse	to lodge, to stay (in a hotel)
bajar	to go down, to take (something) down
hacer el check out	to check out
quedarse	to stay
registrarse	to check in
subir	to go up, to take (something) up

INVESTIGUEMOS EL VOCABULARIO

In Latin America, **la camarera** is a maid; in Spain, however, **la camarera** is a waitress.
Many expressions used today incorporate English words such as **hacer el** *check out* and **wifi**.

A practicar

10.20 **Escucha y responde** Vas a escuchar cinco comentarios. Indica con el pulgar hacia arriba si lo dice el recepcionista y con el pulgar hacia abajo si lo dice el huésped.

10.21 **En el hotel** Completa las ideas con las palabras del vocabulario que aparecen abajo. No necesitas usarlas todas.

alojamiento	huéspedes	ascensor	sauna	centro de negocios
recepción	recepcionista	botones	habitación	camarera

1. Para entrar en nuestra _____ necesitamos una llave.

2. Cuando llegamos a un hotel, hablamos con el _____.

3. El _____ es la persona que lleva nuestras maletas a la habitación.

4. Los _____ de la habitación 415 desean pedir un taxi.

5. Nuestra habitación está en el décimo *(tenth)* piso. ¿Hay _____?
Preferimos no usar las escaleras porque tenemos muchas maletas.

6. ¡Qué habitación tan limpia! Debemos recordar darle una buena propina a la

_____.

10.22 **Relaciona las palabras** Empareja una palabra de la primera columna con una de la segunda. Después trabaja con un compañero y túrnense para comparar sus respuestas y explicar la relación entre las dos palabras.

Modelo la toalla
la camarera
La camarera trae las toallas a la habitación.

1. _____ la habitación   **a.** el recepcionista
2. _____ el botones   **b.** la puerta
3. _____ el ascensor   **c.** el sauna
4. _____ la recepción   **d.** las maletas
5. _____ la sala de conferencias **e.** las escaleras
6. _____ la llave   **f.** sencilla
7. _____ el huésped   **g.** el turista

10.23 **Entrevista** Trabaja con un compañero para responder las siguientes preguntas.

1. ¿Cuándo fue la última vez que te alojaste en un hotel? ¿Por qué te quedaste en el hotel? ¿Recuerdas cuánto pagaste por la habitación?

2. De los hoteles que conoces, ¿qué hotel te gusta más y por qué?

3. En tu opinión, ¿quién tiene el trabajo más difícil en un hotel (el recepcionista, el botones o el camarero)? ¿Por qué?

4. En tu opinión, ¿qué servicios o artículos son muy importantes en una habitación? ¿Y en el hotel?

10.24 **¿Qué hotel elegir?** Imagina que tu compañero y tú están planeando unas vacaciones en Costa Rica y hablan por teléfono para elegir *(choose)* un hotel. Hay solamente dos hoteles que tienen habitaciones disponibles. Uno de ustedes va a mirar la información en esta página y el otro debe mirar el Apéndice B. Pregúntense sobre los servicios y decidan al final en qué hotel van a quedarse.

Hotel Monteverde Natural

Descripción:	20 habitaciones disponibles, independientes y rodeadas de jardines
Servicios:	baño privado, agua caliente, televisor en todas las habitaciones, vista al Parque Nacional. Desayuno continental incluído en el precio.
Precio:	120.000 colones (habitación doble)
Notas:	Para acceder a las habitaciones se debe caminar por senderos y subir escalones. No hay servicio de botones.

Piensa en el tema

¿Prefieres los hoteles modernos o los hoteles en edificios históricos? ¿Por qué?

Los paradores

En España hay hoteles muy originales que se llaman paradores. Los paradores son hoteles ubicados *(located)* en castillos *(castles),* monasterios, fortalezas u otros edificios históricos. De esta manera, los españoles conservan sus monumentos nacionales y artísticos y los convierten en un atractivo turístico. Los paradores tienen precios razonables y un estándar de servicio muy alto.

Un parador muy famoso es el Parador San Francisco, en Granada. El edificio data del siglo *(century)* XIV, y sirvió como convento en el siglo XV. Este parador es uno de muy pocos en España que recibe la clasificación de Parador Museo.

White Star/Monica Gumm/imageBROKER/AGE Fotostock

El Parador San Francisco en Granada, España

Hablemos del tema

¿Qué lugar de tu país o del mundo quieres conocer? ¿Por qué?

Piensa en el tema

¿Qué factores consideras antes de elegir un hotel para alojarte?

Hoteles únicos

Los hoteles no siempre son una opción disponible cuando se quiere visitar lugares remotos o diferentes. Por ejemplo, los visitantes que desean pasar la noche en las islas artificiales de los uros en el lago Titicaca, en Perú, deben pasar la noche con una familia en una casa hecha en su totalidad de totora, la planta con la que también están hechas las islas. Los viajeros al Valle Sagrado pueden quedarse en una cápsula, pero tienen que escalar la montaña primero para llegar.

Para otra visita excepcional, es posible quedarse en el Tubohotel en Tepotzlán, México. Las habitaciones están hechas *(made)* de enormes tubos de plástico en forma de pirámide. El hotel tiene dos edificios separados con duchas, inodoros y lavabos.

Otro ejemplo de un hotel poco usual es el Hotel de Sal en el Salar de Uyuni, en Bolivia. Este hotel está hecho completamente de sal, incluyendo los muebles del hotel.

Hotel de Sal en el Salar de Uyuni, Bolivia

Alberto Loyo/Shutterstock.com

Hablemos del tema

1. ¿Sabes de hoteles poco convencionales en los Estados Unidos? ¿Por qué son diferentes y dónde están?
2. De todos los hoteles mencionados, ¿cuál te gusta más para visitarlo y por qué?

Exploraciones gramaticales

A analizar ▶

Rosa y Paula se quedaron en un hotel y Rosa está haciendo su maleta. Ve el video y después lee su conversación. Observa las formas de los verbos en negritas y contesta las preguntas.

Rosa:	Necesito mis zapatos rojos. **Mira** debajo de la cama, por favor.
Paula:	No están aquí.
Rosa:	¿Ay, dónde pueden estar?
Paula:	¡Los encontré!
Rosa:	¡Ay, qué bueno!
Paula:	**Toma... Espera,** no la **cierres.** Aquí está tu pañuelo.
Rosa:	¡Ay, gracias Paula! Ya estoy lista. **Llama** al botones, por favor. ¡Mi maleta pesa mucho!
Paula:	Ay, Rosa, tú y tus zapatos. ¡La próxima vez no **traigas** tantos zapatos!

In the conversation above, the informal (**tú**) commands are in bold.

1. How are the affirmative commands formed?
2. How are the negative commands formed?

A comprobar

Informal commands

1. Informal commands are used with people you would address with **tú.** To form the affirmative informal commands, use the third-person singular (**él/ella**) of the present tense.

infinitive	affirmative *tú* command
bajar	baja
correr	corre
subir	sube

   Llama el hotel para hacer una reservación.
   Call the hotel to make a reservation.

   Pide servicio a la habitación.
   Ask for room service.

   Notice that stem-changing verbs keep their changes in the informal command forms.

2. The following verbs have irregular forms for the affirmative informal commands.

decir	**di**	salir	**sal**
hacer	**haz**	ser	**sé**
ir	**ve**	tener	**ten**
poner	**pon**	venir	**ven**

   Haz la cama, por favor.   *Make the bed, please.*

3. When forming negative informal commands use the formal **usted** commands and add an -**s.**

infinitive	*usted* command	negative *tú* command
ayudar	**ayude**	**no ayudes**
poner	**ponga**	**no pongas**
conducir	**conduzca**	**no conduzcas**
decir	**diga**	**no digas**
ir	**vaya**	**no vayas**

   No dejes la llave en la puerta.
   Don't leave the key in the door.

   No cuelgues las toallas sucias.
   Don't hang up the dirty towels.

4. In Spain, **ustedes** commands are formal. To give commands to two or more friends or family members, the Spanish use the informal **vosotros** commands. **Vosotros** affirmative commands are formed by dropping the **-r** from the infinitive and replacing it with a **-d.** Negative commands are formed by using the base of the **usted** commands and adding the opposite **vosotros** ending (**-éis, -áis**).

infinitive	affirmative *vosotros* command	negative *vosotros* command
cerrar	cerr**ad**	**no cerréis**
hacer	hac**ed**	**no hagáis**
ir	**id**	**no vayáis**

A practicar

10.26 **¿Lógico o ilógico?** La familia Domínguez está de viaje y se queda en un hotel. Lee los siguientes mandatos que la señora Domínguez le da a su hijo de 5 años e indica si son lógicos o no. Corrige los mandatos ilógicos.

1. No hagas mucho ruido *(noise)*.
2. Salta en la cama.
3. Busca tu traje de baño para ir a la piscina.
4. No corras por el pasillo.
5. Ve a la recepción por toallas.
6. Pierde la llave.
7. No duermas en la cama.
8. No juegues en el ascensor.

10.27 **La nueva empleada** Íngrid tiene un nuevo trabajo como camarera en un hotel y Gabino, otro camarero, le da consejos sobre lo que debe y no debe hacer. Escribe los mandatos informales necesarios para completar las recomendaciones de Gabino.

1. _____ (Llegar) al trabajo a tiempo.
2. _____ (Saludar) a los huéspedes en los pasillos.
3. _____ (Dejar) abierta la puerta mientras limpias la habitación.
4. _____ (Hacer) la cama antes de limpiar el cuarto.
5. _____ (Recoger) las toallas sucias para lavarlas.
6. _____ (Poner) toallas limpias en el baño todos los días.
7. No _____ (abrir) las maletas de los huéspedes.
8. No _____ (fumar *to smoke*) en las habitaciones.
9. No _____ (entrar) a la habitación sin tocar *(to knock)*.
10. No _____ (hablar) por celular durante las horas de trabajo.
11. No _____ (traer) comida a las habitaciones.
12. No _____ (salir) del trabajo temprano.

10.28 **Te lo pido** Habla con ocho compañeros diferentes y usa mandatos para pedirles que hagan una de las siguientes actividades.

1. saltar como un conejo *(rabbit)*
2. cerrar los ojos
3. escribir su nombre en la pizarra
4. contar hasta veinte en español
5. bailar
6. dibujar una flor
7. subir un pie
8. apagar y encender la luz

10.29 **Un conflicto moral** Cuando tomamos decisiones, a veces hay un conflicto en la conciencia. Trabaja con un compañero y túrnense para hacer el papel *(play the role)* de la conciencia.

Modelo Estudiante 1 (el diablo): *¡Toma la cerveza!*
Estudiante 2 (el ángel): *¡No tomes la cerveza!*

1.

2.

3.

4.

5.

6.

10.30 **Tengo un problema** Trabaja con un compañero para dar dos mandatos informales lógicos (uno afirmativo y otro negativo) para cada una de las siguientes situaciones.

1. La mascota de tu compañero de casa es un lobo *(wolf)*.
2. Una amiga tiene problemas en su matrimonio.
3. A un amigo no le gusta su trabajo.
4. Tu hermano quiere hacer un viaje, pero no sabe adónde ir.
5. Un compañero de clase recibe malas notas en los exámenes de español.
6. Una amiga quiere perder peso *(weight)*.
7. Un amigo tiene dolor de cabeza *(headache)*.
8. Tu vecino *(neighbor)* siempre tiene fiestas hasta las tres de la mañana.

A analizar ▶

Ve el video otra vez. Después lee parte de su conversación y observa los mandatos en negrita y la posición de los pronombres.

Rosa: **Ayúdame,** ¿sí?
Paula: Claro. ¿Qué necesitas?
Rosa: Necesito mis zapatos rojos. Mira debajo de la cama, por favor.
Paula: No están aquí.
Rosa: Ay, ¿dónde pueden estar? **Búscalos** en el baño.
Paula: ¡Los encontré!
Rosa: ¡Ay, qué bueno! **Dámelos,** por favor.
Paula: Toma....
Espera, **no la cierres.** Aquí está tu pañuelo.

1. Identify the direct object pronouns in the conversation above.

2. Where are the pronouns in relation to the verbs?

A comprobar

Commands with pronouns

1. When using affirmative commands, the pronouns are attached to the end of the verb.

> **Ponla** en el armario.   **Hazlo** ahora mismo.
> ***Put it** in the closet.*   ***Do it** now.*

2. When using negative commands, the pronouns are placed directly before the verb.

> Compra los chocolates, pero **no los comas.**
> *Buy the chocolates, but **don't eat them.***
>
> Es mi suéter; **no te lo pongas.**
> *It's my sweater; **don't put it on.***
>
> Cerrad vuestras maletas; **no las dejéis** abiertas.
> *Close your suitcases; **don't leave them** open.*

3. When adding the pronoun(s) creates a word of three or more syllables, an accent is added to the syllable where the stress would normally fall.

lava	lávalos
limpia	límpiala
da	dámelo

> Hagan las maletas y **pónganlas** en el coche.
> *Pack the suitcases and **put them** in the car.*
>
> Busca la llave y **tráemela.**
> *Look for the key and **bring it to me.***

> **INVESTIGUEMOS LA ORTOGRAFÍA**
>
> When using a reflexive verb in the **nosotros** affirmative command, the **s** at the end of the verb is dropped.
> ¡Vámonos!
> Acostémonos ahora.

A practicar

10.31 **¿Te ayudo?** Imagina que un amigo y tú están de vacaciones en un hotel. Tu amigo te hace varias preguntas. Mira sus preguntas y escoge la respuesta lógica. Presta atención al objeto directo.

1. ¿Pongo tu maleta allí *(there)*?
2. ¿Pido más toallas?
3. ¿Cierro la puerta?
4. ¿Pongo las llaves allí?
5. ¿Cierro tus maletas?
6. ¿Pido servicio a la habitación?

a. Sí, ciérrala.
b. No, no las cierres.
c. Sí, ponla allí.
d. No, no las pongas allí.
e. Sí, pídelo.
f. No, no las pidas.

10.32 De salida Félix y Óscar fueron de vacaciones y se quedaron en un hotel. Ahora tienen que salir del hotel. Félix ya está listo pero Óscar no. Completa las ideas de Félix con el mandato informal y el pronombre.

¡Óscar! ¡**(1.)** _____ (Despertarse)! Tenemos que salir del hotel en 30 minutos.

¡Mira! Toda tu ropa está en el piso. **(2.)** _____ (Recogerla) y **(3.)** _____

(ponerla) en tu maleta. Tu cepillo de dientes y tu desodorante están en el baño; no

(4.) _____ (olvidarlos). Y tus zapatos, ¿dónde están? No **(5.)** _____

(dejarlos); **(6.)** _____ (buscarlos) debajo de la cama. ¡No **(7.)** _____

(mirarme) así! ¡Vamos, **(8.)** _____ (levantarse), tenemos prisa!

10.33 El gerente Trabaja con un compañero y túrnense para imaginar que trabajan como gerente de un hotel y contestar las preguntas de los empleados usando mandatos formales y los pronombres apropiados.

Modelo ¿Tengo que sacar la basura?
> *Sí, sáquela ahora. / No, no la saque ahora, puede sacarla más tarde.*

La camarera

1. ¿Tengo que hacer las camas?

2. ¿Qué hago con las toallas sucias?

3. ¿Dónde pongo las toallas limpias?

4. ¿Está bien si tomo vacaciones este mes?

El botones

5. ¿Ayudo a estos *(these)* huéspedes?

6. ¿Dónde pongo las maletas de los huéspedes?

7. ¿Les llevo la comida a los huéspedes?

8. ¿Está bien si bebo un café ahora?

10.34 ¿Qué dicen? Usa los verbos indicados en forma de mandato formal o informal y los pronombres apropiados para decir lo que las personas quieren en cada ilustración.

Modelo hacer (la cama) → *Hágala*.

1. llevar las maletas, subir las maletas

2. apagar *(to shut off)* la tele, no ver la tele

3. limpiar el baño, colgar las toallas

4. poner la maleta, abrir la maleta

5. secarse, vestirse

6. tomar la llave, divertirse

10.35 **Consejos** Trabaja con un compañero y túrnense para pedir y dar consejos *(advice)*. Contesten las preguntas con mandatos informales y los pronombres necesarios.

> **Modelo** Roberto dejó su MP3 en mi casa. ¿Le devuelvo *(to return)* el MP3?
> Estudiante 1: *Roberto dejó su MP3 en mi casa. ¿Le devuelvo el MP3?*
> Estudiante 2: *Sí, devuélveselo. / No, no se lo devuelvas.*

1. Encontré el diario de mi novia. ¿Lo leo?

2. Puedo obtener las respuestas para el examen de matemáticas. ¿Las obtengo?

3. El jueves es el cumpleaños de Patricia y hay una gran fiesta. Tengo un examen en la clase de biología el viernes. ¿Estudio biología?

4. Tengo un buen amigo que quiere usar mi coche, pero tiene un mal récord de conducir. ¿Le presto mi coche?

5. Vi al novio de María besando a otra chica. ¿Le digo algo a María?

6. Quiero ir a esquiar con mis amigos pero tengo que trabajar. Puedo decirle a mi jefe que estoy enfermo. ¿Le miento?

7. Tengo que comprar un regalo para mi abuela, pero quiero comprar una nueva camisa para mí. No tengo dinero para los dos. ¿Me compro la camisa?

8. Rafael quiere copiar mi tarea para la clase de inglés. ¿Le doy mi tarea?

10.36 **Cuida la casa** Imagina que amigo se va de vacaciones por dos semanas y tú vas a cuidar su casa. Trabaja con un compañero y túrnense para preguntar y responder sobre las responsabilidades en la casa. Respondan usando un mandato informal y los pronombres necesarios.

> **Modelo** el gato
> Estudiante 1: *¿Le doy de comer al gato?*
> Estudiante 2: *Sí, dale de comer.*

1. el césped	3. el pájaro	5. el correo	7. las ventanas
2. las plantas	4. los perros	6. el periódico	8. las luces

10.37 Trabaja con un compañero e imagínense que están de viaje y llegan a un hotel. Túrnense para decirle al otro lo que debe o no debe hacer.

> **INVESTIGUEMOS LA MÚSICA**
>
> David Bisbal, Ha*Ash, and Reik collaborated on the song "Te mueves tú se mueven todos". Listen to it, and identify the different commands. What do they want the listeners to do?

Lectura

Antes de leer

Aparte de los hoteles, ¿qué diferentes tipos de alojamiento *(lodging)* conoces?
¿Por qué unos tipos de alojamiento son más caros que otros?

A leer

Opciones de alojamiento

to choose

Cuando vamos de viaje, a la hora de **elegir** un hotel probablemente lo primero en que pensamos es en el precio, pero hay otros factores importantes como la privacidad y los servicios disponibles. Para seleccionar mejor nuestro alojamiento es importante entender la clasificación internacional.

Hoteles: Un hotel es un edificio entero con habitaciones para los huéspedes. El precio depende del lujo y de los servicios que se ofrecen. Casi todos los países clasifican los hoteles con un sistema de cinco **estrellas;** mientras más estrellas tiene un hotel, es mejor. Los hoteles de cuatro y cinco estrellas siempre tienen aire acondicionado y **calefacción** en las habitaciones, y además tienen tiendas, restaurantes y otras **instalaciones de calidad.** Un hotel de cinco estrellas tiene habitaciones muy grandes, pero un hotel de una o dos estrellas tiene habitaciones muy pequeñas. Aunque la mayoría de los países usan el sistema de estrellas para clasificar los hoteles, hay diferencias de un país a otro. Por ejemplo, un hotel de tres estrellas en España puede ser muy diferente a un hotel de tres estrellas en Costa Rica. Algunos países usan categorías adicionales, como "Gran Turismo", "Diamante" o "Turismo

stars

heat

high-quality facilities

Un hotel de lujo en El Salvador

[**mientras más estrellas tiene un hotel, es mejor**]

Andre Nantel/Shutterstock.com

Mundial" para distinguir los hoteles más lujosos y exclusivos.

Moteles: En general, los moteles están situados fuera de los núcleos urbanos y cada habitación tiene una entrada independiente. Las áreas comunes (salones, comedores, etcétera) son más pequeñas que las de los hoteles.

Hostales y pensiones: Los hostales y pensiones no cumplen con requisitos de los hoteles como tener habitaciones grandes y un restaurante. Sin embargo, siempre tienen agua caliente, recepción y un salón social con televisión, y al menos un baño por cada cinco habitaciones.

Albergues juveniles: Uno de los alojamientos más económicos que existe son los albergues juveniles. **Pese a** su nombre, no son solamente para jóvenes; personas de todas las edades pueden hacerse miembros y quedarse allí por la noche. Normalmente ofrecen literas en cuartos para varias personas, y a veces uno debe traer sus propias **sábanas.** Por lo general hay una cocina para el uso de los huéspedes y, sobre todo, hay muchas oportunidades para conocer a personas de otros países. Los albergues casi siempre tienen también un salón de televisión, sala de estar y cuarto de **lavandería.**

J.D. Dallet/AGE Fotostock

Un hostal en España

Despite

sheets

laundry

Comprensión

Indica si las oraciones son ciertas o falsas. Corrige las afirmaciones falsas.

1. Los hoteles de tres estrellas siempre tienen aire acondicionado.
2. Los mejores hoteles que hay en todo el mundo son los de cinco estrellas.
3. Los hostales y pensiones ofrecen baños privados en cada habitación.
4. Los moteles son iguales a los hoteles, pero más baratos.
5. Los albergues juveniles no tienen baños privados.
6. Los albergues juveniles no son solamente para jóvenes.

Después de leer

Imagina que tú y tu compañero van a viajar a y deben decidir qué tipo de alojamiento van a usar: un hotel, un motel, un hostal o un albergue juvenil. Hablen de las ventajas y desventajas de cada uno y, al final, decidan cuál prefieren.

Redacción

Imagine you have just returned from an all-inclusive vacation that you booked with a travel company. Write a review on the travel company's website about your experience.

Paso 1 Decide whether you plan to write a positive or a negative review. Then jot down some ideas to include in your review. Think about the following: How was the trip? Did you have any problems with the airline (lost luggage, delayed flights, etc.)? If you had any problems, how were they taken care of? How was the hotel? Were the installations satisfactory (pool, gym, restaurant, etc.)? Were the hotel employees helpful?

Paso 2 Brainstorm some suggestions you would give to people planning to take this trip in the future. Would you recommend they use this company?

Paso 3 Write your initial paragraph in which you tell about your experience on the trip using the information you generated in **Paso 1**.

Paso 4 Write a second paragraph in which you give your recommendations to future clients using the information you generated in **Paso 2**.

Paso 5 Edit your review:

1. Do you have smooth transitions between sentences? Between the two paragraphs?
2. Do verbs agree with the subject?
3. Did you use preterite and imperfect appropriately?
4. Do your adjectives agree with the items they describe?
5. Have you used the proper forms for any commands?
6. Are there any spelling errors? Do you have accents where needed?

PlusONE/Shutterstock.com

En vivo

Entrando en materia

Cuando un estudiante decide estudiar en otro país, una opción muy popular es quedarse con una familia. En tu opinión, ¿cuál es una ventaja *(advantage)* de quedarse con una familia?

Alojamiento para estudiantes de idiomas

El siguiente es un folleto *(brochure)* que explica las opciones que tienen los estudiantes para alojarse durante sus estudios en España. Léelo y responde las preguntas que siguen.

OPCIONES DE ALOJAMIENTO

Estimado estudiante: Felicitaciones por haber sido aceptado en el programa de español. Para asegurar que todos los estudiantes tengan la mejor experiencia posible, ofrecemos las siguientes tres formas de alojamiento.

Residencia universitaria

Les recomendamos las residencias a los estudiantes que quieren mantener una total independencia y vivir en un ambiente estimulante y divertido con otros estudiantes de varias partes del mundo. Las ventajas de vivir en una residencia son que el desayuno y la comida están incluídos de lunes a viernes, para que te concentres en tus estudios. Hay teléfono en cada habitación y acceso gratuito a Internet inalámbrico. Además se ofrece servicio de limpieza por un precio muy económico. Si deseas un baño privado, también están disponibles por solamente 40 euros adicionales por semana.

Con esta opción podrás conocer a muchos estudiantes locales y extranjeros[1] que también se hospedan en nuestras residencias.

Hospedaje con familias

Esta es la mejor forma de alojamiento para conocer la cultura española más de cerca. Todas las familias anfitrionas[2] están seleccionadas cuidadosamente para asegurar una experiencia positiva. Además, todas las casas están localizadas cerca de la universidad. Con esta opción es posible conocer mejor la cultura y la gastronomía del país, ya que muchas familias cocinan platillos tradicionales. El precio incluye el uso de lavadora y secadora de ropa. Generalmente este tipo de alojamiento culmina en amistades para toda la vida. También

es una opción económica y se puede contratar por el número de semanas que el estudiante prefiera.

Todas las familias ofrecen una habitación con baño privado.

Condominios

Esta es la mejor opción si deseas tener mayor privacidad. Los condominios son pisos[3] económicos con un dormitorio, un baño y una cocineta. Están amueblados y el precio incluye el servicio de limpieza una vez a la semana. Entre las ventajas están que los estudiantes pueden cocinar sus propias comidas y comer cuando lo deseen.

Los condominios están cerca del metro, por lo que el acceso a la universidad es rápido y económico. El alquiler puede contratarse por mes, y si se necesitan más días existe la opción de alargar la estancia[4] a una tarifa especial por cada día extra.

Para más información sobre las tres opciones y el precio de cada una, contacta a la oficina de alojamiento: alojamiento@estudiosdeespanol.es

[1]foreign   [2]host   [3]apartments   [4]stay

Comprensión

1. ¿Qué comidas no están incluídas en el alojamiento en residencias?
2. ¿Qué se debe hacer para tener un baño privado en una residencia?
3. ¿Por cuánto tiempo se puede alquilar una habitación con una familia?
4. ¿Qué tipo de comida ofrecen las familias?
5. ¿Cómo pueden llegar los estudiantes a la universidad si se hospedan en un condominio?

👥 Más allá

Habla con un compañero sobre la opción que prefieren y expliquen por qué.

10.38 **¿Qué tiene que hacer?** Imagina que trabajas en un hotel y hay un nuevo empleado. Dile lo que tiene que hacer usando mandatos formales de los verbos indicados.

Modelo subir → *Suba las toallas extras a la habitación.*

1. llegar
2. ser
3. llevar
4. colgar
5. hacer
6. lavar
7. poner
8. ayudar

Robert Kneschke/Shutterstock.com

10.39 **Sugerencias** Un amigo va a viajar en avión por primera vez. Completa las sugerencias para él usando los mandatos informales. **¡OJO!** Hay mandatos afirmativos y negativos.

1. No _____ (tener) miedo.
2. _____ (Sentarse) al lado de la ventanilla.
3. _____ (Poner) los líquidos en el equipaje que vas a facturar.
4. No _____ (llegar) tarde al aeropuerto.
5. _____ (Ir) a la sala de espera después de conseguir el pase de abordar.
6. No _____ (levantarse) durante el despegue.
7. _____ (Beber) mucha agua durante el vuelo.
8. Si es posible, _____ (dormir) durante el vuelo.
9. No _____ (traer) mucho equipaje de mano.
10. _____ (Llevar) comida si vas a tomar un vuelo largo.

10.40 **La recepcionista** Usa las palabras **donde, que** y **quien(es)** para formar una oración incorporando la segunda oración a la primera.

Modelo Hay muchas personas. Esas personas se quedan en el hotel.
Hay muchas personas que se quedan en el hotel.

1. Hay una nueva recepcionista en el hotel. Yo trabajo en el hotel.
2. La mujer se llama Florinda. El gerente contrató a la mujer.
3. Florinda tiene mucha experiencia. Consiguió la experiencia en un centro turístico.
4. Hay otro recepcionista. Ella va a trabajar con el otro recepcionista.
5. Ella va a ayudar a las personas. Las personas llegan al hotel.
6. A ella le gusta hablar con los huéspedes. Los huéspedes vienen de diferentes partes del mundo *(world)*.

10.41 **Al viajar** Entrevista a un compañero con las siguientes preguntas.

1. ¿Con qué frecuencia viajas?
2. ¿Prefieres viajar en avión o en coche? ¿Por qué?
3. ¿Alguna vez viajaste en tren? ¿Adónde fuiste?
4. ¿Alguna vez viajaste en primera clase? ¿Vale la pena (*Is it worth it*) pagar más para viajar en primera clase?
5. ¿Qué haces para pasar el tiempo durante el viaje?
6. ¿Te sientes nervioso antes de viajar? ¿Por qué?
7. ¿Prefieres visitar lugares turísticos o lugares poco conocidos? ¿Por qué?

¿Alguna vez viajaste en tren?

10.42 **En la agencia de viajes** Trabaja con un compañero. Uno de ustedes es el agente de viajes y mira la información en esta página. El otro es el cliente y mira la información en el Apéndice B. El cliente llama al agente de viajes para comprar un boleto. El agente de viajes debe intentar encontrar el mejor boleto para el cliente según sus preferencias y pedirle su información (nombre, teléfono, etcétera) y su tarjeta de crédito.

El agente de viaje

Los siguientes asientos para Santiago, Chile están disponibles *(available)*:

- Vuelo 514–Sale el jueves a la 1:00 de la tarde con una escala en Caracas, y llega a las 11:15 de la noche. Hay un asiento en el pasillo. ($675)

- Vuelo 386–Sale el jueves a las 8:20 de la mañana directo a Santiago, y llega a las 4:05 de la tarde. Hay un asiento en la ventanilla. ($750)

- Vuelo 624–Sale el miércoles a las 2:45 de la tarde directo a Santiago, y llega a las 10:30 de la noche. Hay un asiento en la ventanilla. ($775)

10.43 **Un compañero de viaje** Tu compañero y tú van a decidir si pueden viajar juntos *(together)*.

Paso 1 Decide qué importancia tiene lo siguiente cuando viajas.

1 – no es importante   2 – es importante   3 – es muy importante

una habitación separada en un hotel   el horario del vuelo
acceso a buenos restaurantes   el costo
tener una variedad de actividades planeadas contar con un guía *(guide)*

Paso 2 Escribe otros tres factores que consideras importante cuando viajas.

Paso 3 Habla con tu compañero para saber qué considera importante. ¿Creen que pueden viajar juntos? Repórtenle a la clase su decisión y expliquen por qué.

CAPÍTULO 10

🔊 Vocabulario 1

10-4

De viaje

a tiempo	*on time*	la llegada	*arrival*
la aduana	*customs*	el (la) pasajero(a)	*passenger*
el asiento	*seat*	el pasillo	*aisle*
el boleto	*ticket*	la primera clase	*first class*
la clase turista	*economy class*	retrasado(a)	*delayed*
la conexión	*connection*	la sala de espera	*waiting room*
el equipaje	*luggage*	la salida	*departure*
el equipaje de mano	*carry-on bag*	la ventanilla	*window*
la estación de autobuses	*bus station*		

En el aeropuerto

el aeropuerto internacional	*international airport*	el pase de abordar	*boarding pass*
el (la) agente de seguridad	*security agent*	la puerta (de salida)	*gate*
el cinturón de seguridad	*safety (seat) belt*	el reclamo de equipaje	*baggage claim*
la escala	*layover*	la revisión de equipaje	*luggage screening*
la maleta	*suitcase*	la visa	*visa*
el mostrador	*counter*	el vuelo	*flight*

En la estación de tren

el andén	*platform*	el (la) revisor(a)	*controller*
el coche cama	*sleeping car*	la taquilla	*ticket window*
la litera	*bunk*	el vagón	*car, wagon*
la parada	*stop*		

Los verbos

abordar	*to board*	pasar por seguridad	*to go through security*
aterrizar	*to land*		
despegar	*to take off*	perder	*to miss (a flight, a train)*
doblar	*to turn*		
facturar equipaje	*to check luggage*	seguir derecho	*to go straight*

Diccionario personal

_____

_____

_____

_____

_____

◀)) Vocabulario 2

El hotel

el alojamiento	*lodging*	la llave	*key*
el ascensor	*elevator*	la recepción	*reception (desk)*
el (la) botones	*bellhop*	el (la) recepcionista	*receptionist*
el (la) camarero(a)	*housekeeping*		
el centro de negocios	*business center*	la sala de conferencias	*conference center*
las escaleras	*stairs*	el sauna	*sauna*
el (la) gerente	*manager*	el servicio a la habitación	*room service*
el (la) huésped	*guest*		
el Internet inalámbrico	*wireless Internet*	el transporte	*transportation*
		el (la) turista	*tourist*

Verbos

alojarse	*to lodge, to stay (in a hotel)*	quedarse	*to stay*
		registrarse	*to check in*
bajar	*to go down, to take something down*	subir	*to go up, to take something up*
hacer el *check out*	*to check out*		

Palabras adicionales

disponible	*available*	(la habitación) sencilla	*single (room)*
(la habitación) doble	*double (room)*	(la habitación) triple	*triple (room)*
de lujo	*luxurious*		

Diccionario personal

_____

_____

_____

_____

_____

_____

_____

_____

_____

Courtesy of Bentley Historical Library, University of Michigan

Enrique Anderson Imbert
Nota biográfica

Enrique Anderson Imbert (1910–2000) nació en Córdoba, Argentina, y fue profesor en la Universidad de Tucumán. En 1947 viajó a los Estados Unidos, donde trabajó durante varios años como profesor en la Universidad de Michigan, y luego en Harvard. Escribió cuentos, novelas y ensayos, y fue muy respetado como crítico literario. Entre sus obras literarias, es más conocido por sus "microcuentos", cuentos muy breves en los cuales mezcla (mixes) la fantasía y el realismo mágico.

Investiguemos La Literatura: Magical Realism

Magic realism (**el realismo mágico**) is a literary movement that originated in Latin America. The author incorporates magical (or exaggerated) elements into a story that otherwise appears to be realistic, presenting them as though they are normal.

Antes de leer

1. Cuando viajas, ¿te gusta hablar con pasajeros que no conoces? ¿Por qué?
2. Si estás de viaje y la persona a tu lado quiere hablar pero tú no quieres, ¿qué haces?

La sala de espera

maleta
jewelry

Costa y Wright roban una casa. Costa asesina a Wright y se queda con la **valija** llena de **joyas** y dinero. Va a la estación para escaparse en el primer tren. En la sala de espera una señora se le sienta a la izquierda y le da conversación.

annoyed / pretends
yawn

Fastidiado, Costa **finge** con un **bostezo** que tiene sueño y que se

JopsStock/Shutterstock.com

dispone a dormir, pero oye que la señora, como si no **se hubiera dado cuenta**, sigue conversando. Abre entonces los ojos y ve, sentado, a la derecha, el **fantasma** de Wright. La señora atraviesa a Costa de lado a lado con la mirada y charla con el fantasma, quien contesta con gestos de simpatía. Cuando llega el tren Costa quiere levantarse, pero no puede. Está paralizado, **mudo**; y observa **atónito** cómo el fantasma **agarra** tranquilamente la valija y se aleja con la señora hacia el andén, ahora hablando y riéndose. Suben y el tren parte. Costa los sigue con los ojos. Viene un hombre y comienza a limpiar la sala de espera, que ha quedado completamente desierta. Pasa la aspiradora por el asiento donde está Costa, invisible.

hadn't realized

ghost

speechless
astonished / grabs

Después de leer

A. Comprensión

1. ¿Por qué Costa va a la estación de tren?
2. ¿Por qué le molesta la señora que está a su lado? ¿Qué hace Costa?
3. ¿Con quién habla la señora?
4. ¿Qué hace la señora al final?
5. ¿Qué aprendemos sobre Costa al final del cuento? ¿Por qué?

B. Conversemos

1. ¿Cómo explicas el final del cuento?
2. ¿Por qué piensas que el cuento se llama *La sala de espera*?
3. ¿Te gustó el cuento? ¿Por qué?

Learning Strategy

Find ways to use your language in real-life settings

Seek out international students from Spanish-speaking countries or, if possible, visit a local restaurant or shop where you may have the opportunity to initiate a conversation with native speakers of Spanish. Explore opportunities to travel or to study abroad. Using the language in different social interactions will help increase your proficiency as well as your confidence.

At the end of this chapter, you will be able to:

- Discuss clothing preferences
- Discuss art
- Make comparisons
- Describe the state of objects and people
- Give instructions
- Talk about unplanned occurrences

Quinceañeras en La Habana, Cuba

Esta semana hay buenas rebajas en los centros comerciales y muchos clientes van de compras.

Las telas	Fabrics
el algodón	cotton
la lana	wool
el lino	linen
la mezclilla	denim
la piel	leather
la seda	silk

Adjetivos

apretado(a)	tight
barato(a)	cheap, inexpensive
caro(a)	expensive
cómodo(a)	comfortable
de marca	name brand

(estar) a la moda	(to be) fashionable
(estar) rebajado(a)	(to be) on sale
hecho(a) a mano	handmade

Verbos

ahorrar	to save
elegir (i)	to choose
gastar	to spend
hacer juego	to match
probarse (ue)	to try on
quedar	to fit

Expresiones útiles

¡Qué bien te queda esa falda!	That skirt really fits you well!
¡Qué caro!	How expensive!

¡Qué color tan bonito!	What a pretty color!
¡Qué lindos zapatos!	What pretty shoes!
¡Qué pantalones tan elegantes!	What elegant pants!

Palabras adicionales

la oferta	sale (event, reduction of prices)
por ciento	percent
la prenda	garment
la talla	size (clothing)
la venta	sale (transaction)

INVESTIGUEMOS LA GRAMÁTICA

The verb **quedar** can be used with an adjective or an adverb to tell how a piece of clothing fits someone or looks on someone. Like the verb **gustar**, it requires the indirect object pronoun and is conjugated in the third-person singular or plural in agreement with the subject.

El vestido **me queda** muy bonito.	The dress **looks** pretty **on me.**
Los pantalones **te quedan** bien.	The pants **fit you** well.

A practicar

11.1 **Escucha y responde** Vas a escuchar seis ideas relacionadas con las compras. Indica con el pulgar hacia arriba si es lógica, y con el pulgar hacia abajo si es ilógica.

11-1

11.2 **La palabra que falta** Lee las siguientes oraciones y completa las ideas con una palabra lógica del vocabulario.

1. ¡Mira! Estas blusas están rebajadas. Tienen un _____ del 20%.

2. ¡Qué cara! Voy a necesitar mi _____ para pagar la blusa.

3. Los bluyines generalmente están hechos de _____.

4. La falda me _____ muy bien. ¡Voy a comprarla!

5. No me gustan los estampados a rayas ni a cuadros. Prefiero la ropa _____.

6. Mi sobrino es muy alto. Creo que le voy a comprar la talla _____, pero mi sobrina no es muy pequeña ni muy alta; ella necesita una camiseta de talla _____.

INVESTIGUEMOS LA GRAMÁTICA

Demonstrative pronouns are used to mean *this* and *that*. **Este** is used when the item is near the speaker, **ese** is used when the item is near the person being spoken to, and **aquel** is used when it is far away from both of them. As with articles, they have feminine, masculine, and plural forms:

este estos esta estas

ese esos esa esas

aquel aquellos aquella aquellas

Este vestido es muy elegante.
This dress is very elegant.

Me gustan **esas** botas.
*I like **those** boots.*

11.3 **Una conversación desordenada** Trabaja con un compañero para decidir el orden correcto de la conversación. Después lean el diálogo cambiando las palabras en cursivas para hacer una conversación original.

Dependiente

1. ¿Desea algo más?

2. Puede pagar en la caja, y gracias por su compra.

3. Tenemos *unos zapatos* muy *elegantes* y están rebajados.

4. Buenas tardes. ¿Puedo ayudarlo?

5. ¿Cuál es su *número*?

6. Sí, claro. ¿Cómo le quedan?

Cliente

a. Uso *el número 39 o 39 ½*.

b. No, es todo. ¿Dónde pago?

c. ¿Puedo probármelos?

d. Me quedan *bien. ¡Me los llevo!*

e. Sí, por favor. Busco *unos zapatos negros, formales.*

f. Muy amable, adiós.

Estrategia

If you work with Spanish-speaking customers, try to have a conversation with them in Spanish to increase your proficiency as well as your confidence.

11.4 **Conversemos** Conversa con un compañero y hablen de sus opiniones sobre las compras de ropa. Piensen en lo siguiente: ¿Les gusta vestir a la moda? ¿Dónde prefieren comprar ropa y por qué? ¿Qué estilos y telas prefieren? ¿Cómo prefieren pagar por sus compras? ¿Cuándo fue la última vez que fueron de compras? ¿Adónde fueron y qué compraron?

11.5 **Diferencias** Trabaja con un compañero para encontrar las ocho diferencias. Uno de ustedes va a mirar la ilustración en esta página y el otro va a mirar el dibujo en el Apéndice B. Túrnense para describir la escena y encontrar las diferencias.

INVESTIGUEMOS LA MÚSICA

Estrellas de la Academia is a group of young singers who have participated in a TV show similar to *American Idol*. "Bazar" is a cover of a song by Flans, a Mexican pop group made up of three women. Find the song online and listen to it. What items of clothing does the woman look for? What happens afterwards?

Piensa en el tema

Piensa en un grupo cultural que puedes reconocer gracias a su ropa. ¿Quiénes son? ¿Qué ropa llevan?

La moda de las cholitas

En todo el mundo existen grupos étnicos y culturales que son fácilmente reconocibles por vestirse de una forma particular. Uno de estos grupos es el de las cholitas, mujeres mestizas o indígenas bolivianas. Según parece, la historia de las cholitas comenzó durante la época colonial, cuando muchas mujeres indígenas inmigraron a las ciudades.

Estas campesinas *(country people)* querían adaptarse a la vida de la ciudad y comenzaron a vestirse elegantemente y a usar el típico sombrero de bombín *(bowler)* que usaban las europeas en esos tiempos, aunque solo las mujeres casadas tenían derecho a usarlo. Otros elementos indispensables de la vestimenta de las cholas eran, y siguen siendo, la pollera (falda), blusa, manta *(poncho)* y zapatos bajos. Mientras que la moda de las mujeres europeas cambió mucho a través de los años, las cholitas continúan usando su elegante moda, aunque ha habido *(there have been)* algunos pequeños cambios.

Diego Grandi/Alamy Stock Photo

Cholitas en La Paz, Bolivia

👥 Hablemos del tema

1. ¿Por qué crees que las cholitas siguen usando esta moda?
2. ¿Cómo refleja esta vestimenta el clima o la vida de las mujeres en Bolivia?

Piensa en el tema

1. ¿Puedes nombrar a cinco diseñadores famosos?
2. ¿Te gusta vestir la ropa de algún diseñador o de alguna marca en particular? ¿Por qué?

La moda y la ropa tradicional

El arte inspira más arte, como es evidente en la colección de ropa del diseñador mexicano Armando Mafud. Su colección está inspirada en los artistas mexicanos Diego Rivera, Frida Kahlo, Rodolfo Morales y Rufino Tamayo. Mafud también está muy orgulloso (*proud*) de las tradiciones de su país, en particular las del estado de Oaxaca, y por ello ha incorporado diseños bordados (*embroidered*) basados en estas tradiciones. Retomar diseños ancestrales de otras culturas ha sido en los últimos años una tendencia importante en la moda para Mafud y para otros diseñadores.

Armando Mafud es solo uno de muchos diseñadores exitosos de Latinoamérica. Curiosamente, en los últimos años la ciudad de Nueva York se ha convertido en un lugar que atrae a muchos diseñadores latinoamericanos y de otras partes del mundo. Una de las razones es la Semana de la Moda. En el 2016, por ejemplo, la diseñadora Eliana Paco presentó su colección de ropa típica de la mujer mestiza aymara (cholitas) durante este evento.

Victor Chavez/WireImage/Getty Images

Un diseño de Armando Mafud

Hablemos del tema

1. ¿Por qué piensas que algunos diseñadores reflejan (*reflects*) su cultura en la ropa que diseñan?
2. ¿Por qué piensas que la Semana de la Moda se ha hecho muy importante para los diseñadores?
3. ¿Por qué crees que algunas personas estén dispuestas (*willing*) a pagar mucho dinero para llevar ropa de diseñadores? En tu opinión, ¿vale la pena?
4. Para ti, ¿qué es lo más importante a la hora de decidir qué ropa comprar?

A analizar

Paula acompaña a Rosa a la tienda para buscar un traje. Después de ver el video lee parte de su conversación y observa los verbos en negritas.

Paula:	En esta tienda **se venden** trajes de buena calidad a buen precio.
Rosa:	Este traje **se ve** muy bonito y está rebajado.
Paula:	¡Qué bien! Debes probarte ese. Busca una blusa que combine con él. Mira este traje. **Se puede** combinar con una blusa azul claro.
Rosa:	¡Me gusta!
Paula:	Bueno, ya tienes un traje. Ahora lo que más te gusta... vamos a buscar zapatos.
Rosa:	¡Ay, sí! ¡Ya sé donde **se venden** los mejores zapatos!

1. In what singular and plural forms (persons) are the verbs conjugated?

2. What pronoun is used in all of the highlighted verbs? Does the pronoun have a reflexive meaning like the verbs **sentarse** and **lavarse**?

3. Look again at the verb forms. How do you decide whether to use the singular or the plural form?

A comprobar

Se constructions

1. The pronoun **se** is used when the person or thing performing an action is either unknown or unimportant. The verb is then conjugated in the third-person form. The singular form is used with singular nouns and the plural form with plural nouns. Notice that the subject can either precede or follow the verb.

> En esa tienda no **se aceptan** tarjetas de crédito.
> *In that store credit cards **are not accepted.***

> Esta ropa **se hace** en Guatemala.
> *This clothing **is made** in Guatemala.*

2. In English, when the subject of a sentence is not a specific person, we use constructions like "People think . . ." or "They say . . .". In Spanish, general statements like these are made with the pronoun **se** followed by a verb conjugated in third-person singular.

> **Se dice** que no es necesario pagar mucho para tener ropa bonita.
> ***They say** that it is not necessary to pay a lot to have nice clothing.*

En la clase **se aprende** sobre los tejidos de la gente indígena.
*In the class **you learn** about the weavings of the indigenous people.*

Se **ve** que ella sabe vestirse bien.
***One can see** that she knows how to dress well.*

3. When using a helping verb such as **deber** or **poder** that is followed by an infinitive and a noun, the verb is conjugated in agreement with the noun because it is the subject. If there is no noun, then the verb is always singular.

> Se **pueden** ver los nuevos vestidos en la vitrina.
> ***One can** see the new dresses in the display window.*

> No **se debe** ir de compras ahora.
> ***One should** not go shopping now.*

A practicar

11.6 **Un poco de lógica** Mira los siguientes pasos para ir de compras y decide cuál es un orden lógico.

a. _____ Se buscan prendas.

b. _____ Se paga con tarjeta de crédito o con dinero en efectivo.

c. _____ Se pide la opinión del amigo.

d. _____ Se espera en la cola *(line)* para pagar.

e. _____ Se prueba la ropa en el probador.

f. _____ Se va a la tienda con un amigo.

g. _____ Se llevan las compras a casa.

11.7 **Opiniones** Trabaja con un compañero y túrnense para responder las preguntas y dar su opinión.

1. ¿Dónde se encuentra la mejor ropa?

2. ¿Dónde se gasta mucho dinero en ropa? ¿Y dónde se gasta poco?

3. ¿Dónde se venden zapatos baratos?

4. ¿Qué se puede hacer para ahorrar dinero cuando se compra ropa?

5. ¿Qué se debe hacer para prolongar la vida de la ropa?

6. ¿Cómo se puede saber qué ropa le queda mejor a una persona según su figura?

11.8 **A la moda** Lee el siguiente artículo con consejos para estar a la moda y luego comenta lo que se debe hacer y lo que no se debe hacer. Usa una construcción con **se**.

Consejos para estar a la moda

Para estar a la moda no se tiene que gastar mucho dinero en ropa de marca, pero sí es necesario tener algunas prendas básicas en el armario. ¿Qué se debe hacer para estar segura de tener la ropa esencial?

- Buscar una blusa blanca de estilo clásico, preferiblemente de algodón.
- Usar bluyines de un corte clásico cómo el tipo recto[1].
- Elegir un traje elegante en un color neutro de lino o de algodón.
- Encontrar suéteres de lana para la temporada fría.
- Conseguir un vestido negro del corte que mejor le queda a su figura.
- Comprar un impermeable para lucir a la moda cuando hace fresco o llueve.
- Obtener un blazer; es versátil para situaciones formales o informales.
- Tomar en cuenta[2] la comodidad y el estilo a la hora de comprar zapatos.

[1]*straight leg*   [2]*Take into account*

11.9 **La boda perfecta** Una tienda de vestidos de novia creó este folleto (*brochure*) para explicar cómo tener una boda perfecta. Trabaja con un compañero y túrnense para explicar los pasos necesarios usando una construcción con **se.**

11.10 **¿Qué se hace?** Trabaja con un compañero y túrnense para escoger una de las siguientes palabras y explicar qué se hace con ese artículo o prenda. Tu compañero debe escuchar e indicar cuál es la palabra que explicaste. Usen una construcción con **se.**

Modelo los zapatos
Se ponen en los pies. Muchas veces se hacen de piel.

la bolsa	la caja	la corbata	la seda
la bufanda	el cinturón	la mezclilla	la tarjeta de crédito

11.11 **¿Cómo se hace?** Trabaja con un compañero y escojan una de las siguientes metas (*goals*), o inventen su propio tema y escriban un mínimo de cinco acciones que se pueden hacer para lograrlo (*achieve it*). Usen una construcción con **se.**

Modelo perder peso
Se va al gimnasio todos los días. Se camina en el parque. Se comen muchas frutas y verduras. Se toman menos refrescos. Se pide comida saludable en los restaurantes.

1. hacerse millonario
2. conquistar a un hombre o a una mujer
3. conseguir una A en la clase de español
4. hacer una cena romántica perfecta
5. conseguir un buen trabajo
6. tener una fiesta sorpresa para alguien
7. terminar los estudios universitarios en tres años
8. comprar un coche nuevo

INVESTIGUEMOS LA MÚSICA

Laura Pausini, an Italian singer, has recorded numerous songs in Spanish. Search online, listen to her song, "Cuando se ama," and write down the **se** constructions that you hear.

A analizar ▶

Ve el video de Paula y Rosa en la tienda otra vez. Después, lee parte de su conversación y observa las expresiones de comparación.

> **Paula:** Creo que el traje negro es **más bonito que** el traje azul.
>
> **Rosa:** Tienes razón, y el traje negro es **más cómodo que** este. ¡Y [el traje negro] también cuesta **menos que** este traje!
>
> **Paula:** Bueno, ya tienes un traje. Ahora lo que más te gusta... vamos a buscar zapatos.

1. Look at the statements about the black suit. In Spanish, tell how the black suit compares to the blue suit.

2. What words are used to make the comparisons?

A comprobar

Comparisons

1. Comparisons of equality

The following construction is used to compare two people or things that have equal qualities:

> **tan** (*as*) + adjective/adverb + **como** (*as*)
>
> **tanto(s)**
> **tanta(s)** } (*as much, many*) + noun + **como** (*as*)
>
> verb + **tanto como**

Adjective: La blusa roja es **tan bonita como** la azul.
*The red blouse is **as pretty as** the blue one.*

Adverb: Yo no canto **tan bien como** mi esposo.
*I don't sing **as well as** my husband.*

Noun: Ella tiene **tantos zapatos como** Esmeralda.
*She has **as many shoes as** Esmeralda.*

Verb: Él trabaja **tanto como** ella.
*He works **as much as** she does.*

2. Comparisons of inequality

The following constructions are used to compare two people or things that have unequal qualities:

> **más** (*more*)/**menos** (*less*) + adjective + **que** (*than*)
> noun
> adverb
>
> verb + **más/menos** + **que**

Adjective: La seda es **más cara que** el algodón.
*Silk is **more expensive than** cotton.*

Noun: Pilar compró **menos ropa que** su hermana.
*Pilar bought **less clothing than** her sister.*

Adverb: Pancho conduce **más rápido que** Iván.
*Pancho drives **faster than** Iván.*

Verb: El sombrero **cuesta menos que** los guantes.
*The hat **costs less than** the gloves.*

3. The following adjectives and adverbs do not use **más** or **menos** in their constructions:

bueno/bien	→	**mejor**	*better*
joven	→	**menor**	*younger*
malo/mal	→	**peor**	*worse*
viejo (age of a person)	→	**mayor**	*older*

Aquí tienen **mejores precios que** allí.
*Here they have **better prices than** there.*

Diana es **menor que** Federico.
*Diana is **younger than** Federico.*

4. Superlatives

Superlatives are used when someone or something is referred to as *the most, the least, the best,* etc. This is expressed through the following construction:

el/la/los/las +	(noun) +	**más/menos** +	adjective
Es **la**	blusa	**más**	bonita.
Son **los**	zapatos	**menos**	caros.

Este traje es **el traje más caro** de esta tienda.
*This suit is **the most expensive suit** in the store.*

Esta talla es **la más grande.**
*This size is **the biggest.***

Notice that it is possible to leave out the subject.

As with the other comparisons, when using **bueno/ bien, malo/mal, joven,** and **viejo** (age), you must use the irregular constructions **mejor, peor, menor,** and **mayor.**

Esta tienda tiene **las mejores** ofertas.
*This store has **the best** sales.*

5. The preposition **de** is often used with superlatives to express *of.*

Este vestido es el más bonito **de** todos.
*This dress is the prettiest **of** all.*

Son las mejores ofertas **del** año.
*They are the best sales **of** the year.*

INVESTIGUEMOS LA GRAMÁTICA

When **más** or **menos** is used with numbers or quantities it is followed by **de**, not **que**.

La falda cuesta menos **de** veinte dólares.
*The skirt costs less **than** twenty dollars.*

A practicar

11.12 **¿Qué piensas?** Lee las siguientes oraciones e indica si estás de acuerdo o no. Debes explicarle tus razones a la clase.

1. Una camisa a cuadros es más bonita que una camisa a rayas.
2. Pagar en efectivo es mejor que pagar con una tarjeta de crédito.
3. La ropa rebajada no es tan buena como la ropa a precio normal.
4. El precio de la ropa es menos importante que la calidad *(quality)*.
5. Las mujeres gastan *(spend)* tanto dinero en la ropa como los hombres.
6. La ropa hecha *(made)* en El Salvador es más cara que la ropa hecha en los Estados Unidos.
7. Una chaqueta de piel cuesta tanto como una chaqueta de lana.
8. La ropa de marca es mejor que la ropa sin marca.
9. Comprar ropa en Internet es más fácil que comprar en una tienda.
10. La moda es menos importante para los hombres que para las mujeres.

¿Quién gasta más en ropa?

AboutLife/Shutterstock.com

11.13 **A comparar** Mira las vitrinas *(display windows)* de una tienda. Trabaja con un compañero y túrnense para comparar dos artículos, usando las expresiones **más… que, menos… que** y **tan… como.** Pueden usar estos adjetivos o seleccionar otros: **bonito, feo, barato, caro, largo, corto, grande, pequeño, elegante.**

Modelo *La blusa rosada es más cara que la camisa a rayas.*

11.14 **Opiniones** Trabaja con un compañero y túrnense para expresar sus opiniones sobre los siguientes temas. Escojan dos ideas dentro de cada categoría y compárenlas.

Modelo la ropa — estilos
    Estudiante 1: *La ropa lisa es más bonita que la ropa estampada.*
    Estudiante 2: *En mi opinión las camisas a rayas son tan bonitas como las camisas lisas.*

1. la ropa
- telas
- prendas
- tiendas de ropa

2. la educación
- universidades
- clases
- profesores

3. el tiempo libre
- restaurantes
- grupos de música
- deportes

11.15 **Comparaciones de grupo** En grupos de tres o cuatro, contesten las siguientes preguntas sobre los miembros de su grupo.

¿Quién es más alta?

1. ¿Quién es el mayor?
2. ¿Quién es el menor?
3. ¿Quién es el más alto?
4. ¿Quién es el más bajo?
5. ¿Quién es el mejor artista?
6. ¿Quién es el mejor atleta?
7. ¿Quién tiene el pelo más largo?
8. ¿Quién tiene la familia más grande?

11.16 **El mundo hispanohablante** Decide cuál de los tres países, ciudades o conceptos en cada *(each)* lista es el más grande, pequeño, antiguo *(old)*, etcétera. Usa los adjetivos en paréntesis para crear cada superlativo.

Modelo (grande) Santiago / Buenos Aires / Ciudad de México
La Ciudad de México es la más grande.

1. (grande) México / Argentina / Chile
2. (pequeño) El Salvador / Nicaragua / Honduras
3. (antiguo) la civilización maya / la civilización azteca / la civilización inca
4. (nuevo) Perú / Panamá / Cuba
5. (poblado) *(populated)* Argentina / Colombia / Venezuela
6. (alto) Cuzco / Quito / Santiago

11.17 **El mejor** Trabaja con un compañero y túrnense para expresar sus opiniones usando las palabras indicadas y los superlativos. **¡Ojo!** Las formas de **bueno** y **malo** son diferentes.

Modelo interesante / libro
Estudiante 1: *El libro más interesante es* Don Quijote.
Estudiante 2: *En mi opinión los libros más interesantes son los libros de Harry Potter.*

1. rápido / coche
2. caro / restaurante
3. guapo / actor o actriz
4. difícil / materia
5. tonta / película
6. talentoso / grupo musical
7. malo / programa de televisión
8. bueno / equipo de fútbol americano

¿Cuál es el libro más interesante?

Entrando en materia

¿Alguna vez viste una transmisión *(broadcast)* de radio o de televisión en vivo? ¿Cuál crees que es el objetivo de transmitir en vivo desde un centro comercial?

Control remoto con ofertas

🔊 El Centro Comercial Condesa contrató a una estación de radio para hacer un control
11-2 remoto y atraer clientes nuevos. Vas a escuchar un segmento de este control remoto.

Vocabulario útil

la cita	*appointment*	**el (la) radioescucha**	*listener*
el control remoto	*live radio event*	**el reto**	*challenge*
gratis	*free*	**transmitir**	*to broadcast*

Comprensión

Escucha el segmento y responde las preguntas.

1. ¿Por cuánto tiempo van a transmitir desde el centro comercial?
2. ¿Qué cantante va a regalar su último CD?
3. ¿Qué premio van a recibir las personas después de cumplir con el reto?
4. ¿Cuál es uno de los descuentos incluidos en el libro de cupones?
5. ¿Cuál es el reto para poder conseguir el premio?

👥 Más allá

Trabaja con un compañero e imaginen que trabajan para una estación de radio y van a hacer un control remoto. ¿Desde dónde van a transmitir? ¿Cómo van a atraer a muchas personas? Compartan sus ideas con la clase.

Natursports/Shutterstock.comcom

Lectura

Reading Strategy: Identify the organization of the text

It is helpful to understand how a text is organized. Many types of readings are organized sequentially; for example, a recipe tells you sequentially what you must do in order to prepare a dish. Some texts are organized chronologically, in other words, in the order in which events took place. After reading this article decide whether it is sequential or chronological and why you think so.

Antes de leer

Trabaja con un compañero para responder las siguientes preguntas.

1. Basándote en lo que sabes sobre los cognados, ¿qué piensas que significa **escandalosa**? Explica en español.
2. ¿Por qué razones se puede clasificar alguna ropa como escandalosa?

A leer

Las tapadas: una moda escandalosa

Durante la época colonial en Lima, la capital de Perú, **nació** *(was born)* una moda que fue producto de la **competencia** *(competition)* entre las mestizas (de descendencia indígena y europea) y las criollas (descendientes de europeos). Por una parte, las criollas preferían usar vestidos europeos que acentuaban su **cintura.** *(waist)* Por su parte, las mestizas, quienes eran generalmente de talla más grande, comenzaron a usar sayas, unas faldas muy **amplias** *(wide)* y muy largas que llegaban hasta los pies. Estas faldas eran de seda y generalmente de color azul, café, negro o verde. Las mujeres que seguían esta moda también usaban un **manto** *(cloak)* que les **tapaba** *(covered)* parte de la cara, la cabeza y la parte superior del cuerpo, **por lo que** *(so that)* solamente era posible verles un ojo. Con esta moda, las mestizas **ocultaban** *(hid)* sus defectos y era imposible distinguir a una mujer de otra. En otras palabras, este traje hacía a las mujeres completamente anónimas, ya que no era posible distinguir la identidad de la mujer. Se conocen muchas historias de **tapadas** *(covered ones)* que "atraparon" a sus

Hulton Archive/Getty Images

La moda de las tapadas

[estos vestidos les dieron a las tapadas de Lima una gran libertad en esta época]

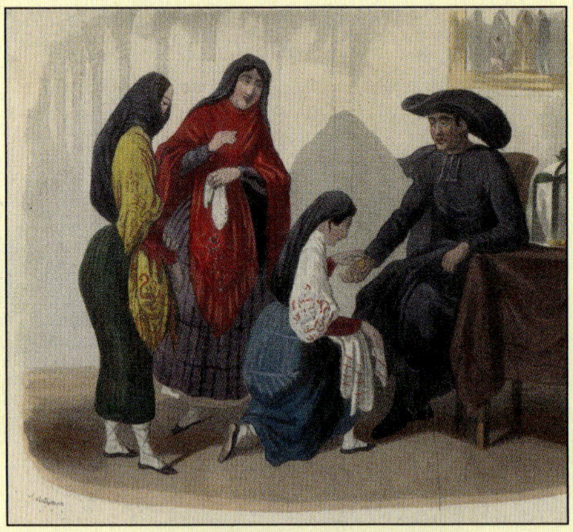

propios esposos **coqueteando** con ellas. Hay que recordar que sus caras estaban tapadas, así que los hombres no sabían que estaban hablando con sus esposas. El anonimato de estos vestidos les dio a las tapadas de Lima una gran libertad en esa **época**: podían beber alcohol en público, ir a las corridas de toros y pasear por la ciudad.

own / flirting

at that time

El **comportamiento** de las tapadas fue considerado obsceno, y desde 1561 tanto los **virreyes** del Perú como la Iglesia Católica quisieron prohibir el uso de su vestimenta e impusieron multas a las mujeres que usaban el manto. Sin embargo, la prohibición aumentó su popularidad. A finales del siglo XIX, con la llegada de la moda francesa, finalmente empezaron a **desaparecer** la saya y el manto.

behavior
viceroys

to disappear

Las tapadas fueron el tema de muchas obras de arte y también de varias comedias del dramaturgo Manuel Ascencio Segura. Además, participaron en el inicio de la revolución peruana, ayudando a pasar mensajes a los revolucionarios, usando sus trajes para no ser identificadas. Como se puede ver, la moda de las tapadas tuvo una singular importancia en la historia del Perú.

Comprensión

Indica si las siguientes afirmaciones son ciertas o falsas y corrige las falsas.

1. Las criollas y las mestizas de Lima usaban una moda diferente en la época colonial.
2. Las mestizas, en general, eran mujeres más pequeñas que las criollas.
3. Las criollas usaban un manto para cubrir sus defectos.
4. La moda de las tapadas les permitió tener más libertad.
5. La moda de las tapadas desapareció en el siglo XVI.

Después de leer

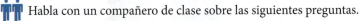 Habla con un compañero de clase sobre las siguientes preguntas.

1. ¿Te parece escandalosa la moda de las tapadas? ¿Por qué?
2. ¿Hay alguna moda actual que te parezca *(that seems to you)* escandalosa? ¿Por qué?
3. Piensen en ropa que en otra época o en otra cultura se considera (consideraba) escandalosa. ¿Por qué es (era) escandalosa?

¿Te parecen escandalosas?

A Gabriela le encanta el arte y va a todas las exhibiciones que ofrece el museo de arte de su ciudad

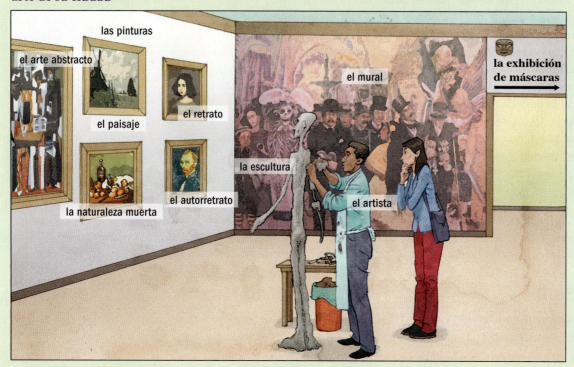

las pinturas

el arte abstracto

el paisaje

el retrato

la naturaleza muerta

el autorretrato

el mural

la exhibición de máscaras

la escultura

el artista

El arte

la galería	gallery
el grabado	engraving; print
la luz	light
el (la) modelo	model
la obra	work (of art, literature, theater, etc.)
el óleo	oil painting
la paleta	palette
el pincel	paintbrush
la tinta	ink

Verbos

apreciar	to appreciate; to enjoy
diseñar	to design
esculpir	to sculpt
exhibir	to exhibit
pintar	to paint
posar	to pose

Adjetivos

abstracto(a)	abstract
claro(a)	light, pale
complicado(a)	complex

cubista	cubist
extraño(a)	strange, odd
impresionista	impressionist
obscuro(a)	dark
pastel	pastel
realista	realistic
sencillo(a)	simple
surrealista	surrealist
tradicional	traditional
vanguardista	revolutionary; avant-garde

A practicar

11.18 **Escucha y responde** Escribe "A" en un pedazo de papel y "B" en otro. Después vas a escuchar una serie de adjetivos para describir el arte que aparece en la Actividad 11.22 en la siguiente página. Para cada adjetivo, levanta el papel correspondiente si la descripción se refiere a la foto A o a la B.

11-3

11.19 **¿Cuál es la palabra?** Completa con una palabra lógica del vocabulario.

1. En _____ se exhiben muchas obras de arte.

2. No puedo escribir porque no hay _____ en mi bolígrafo.

3. Cuando un artista pinta un cuadro de él mismo, el cuadro es un _____.

4. Una pintura hecha sobre una pared (wall) tiene el nombre de _____.

5. Muchas ciudades tienen en sus calles _____ de personas famosas.

6. Un _____ es una persona que posa para un artista.

11.20 **La lógica** Las siguientes ideas son ilógicas. Corrígelas de manera que sean lógicas.

Modelo El artista compró muchas de sus obras en la exhibición.
El artista <u>vendió</u> muchas de sus obras.

1. Muchas galerías asisten a exhibiciones de arte.
2. El escultor posa para una escultura.
3. La naturaleza muerta es un cuadro en el que aparecen animales muertos.
4. Un muralista es una obra que el artista pinta en una pared.
5. El pintor usa la paleta para pintar en el pincel.
6. Un cuadro surrealista es un cuadro en el que un pintor se pinta a sí mismo.

11.21 **¡A adivinar!** Trabaja con un compañero y túrnense para elegir una palabra del vocabulario y explicársela a tu compañero sin decirla. El estudiante que escucha la explicación puede hacer preguntas.

Modelo Estudiante 1: *Es la persona que posa para el artista.*
Estudiante 2: *Es el modelo.*

11.22 **Un análisis de arte** Trabaja con un compañero para hablar sobre dos pinturas muy diferentes. Usen las siguientes preguntas para ayudar con su análisis.

¿En qué estilo se pintó? ¿Qué emoción evoca? ¿Qué hay en la pintura?

¿Qué colores usó el artista? En tu opinión, ¿qué quiere decir el artista?

Mujeres en la playa, por Joaquín Sorolla

Erich Lessing/Art Resource, NY

Sandías con luna, por Luis Casas

© Luis Guillermo Casas Velasco

11.23 **Una exhibición de arte** Un museo local quiere montar una exhibición con obras de diferentes artistas hispanos, pero solo tiene el presupuesto *(budget)* para tres artistas diferentes. Tu compañero y tú deben compartir la información sobre los artistas y después decidir qué artistas presentar. Estén preparados para explicar por qué.

INVESTIGUEMOS LA MÚSICA

Listen to the Spanish pop group Mecano's song "'Eungenio' Salvador Dalí." In what ways does the person express admiration for the artist and his work?

Artista	Medio	País	Año	Nombre del cuadro y estilo
1. Oswaldo Guayasamín	pintura		1967	
2. Mario Carreño	pintura	Cuba		
3. Joan Miró		España	1961	*Blue I*, abstracto
4. Marisol Escobar		Venezuela		
5. Diego Rivera	murales			*Baile en Tehuantepec*, cubista
6. Roberto Matta			1941	*Sin título*, abstracto

Piensa en el tema

1. ¿Qué productos de artesanía son típicos del estado en donde vives?

2. Imagina que quieres darle un regalo representativo de tu cultura a una persona de otro país. ¿Qué regalo elegirías *(would you choose)*? ¿Por qué?

Las artes y el orgullo nacional

El arte no se limita a la pintura y a las esculturas que se exhiben en los grandes museos. La mayoría de las culturas tiene expresiones artísticas muy particulares. En esta sección vamos a explorar las molas y los alebrijes.

En las islas de San Blas, Panamá, existe un grupo indígena conocido como los kunas, quienes son famosos por sus molas, una forma de arte textil hecho por las mujeres kunas. Las molas se hacen con fragmentos de tela de colores vivos, y muchas veces tienen diseños abstractos y geométricos. Antes las molas se usaban solamente para vestir, pero hoy en día se usan también como artículos decorativos.

En México, en el estado de Oaxaca, algunos artistas especializados se dedican a crear animales fantásticos hechos de madera *(wood)*. Los artesanos tallan la madera y la pintan en colores brillantes. Los alebrijes casi siempre son una combinación de diferentes partes de animales. Por ejemplo, un alebrije puede tener el cuerpo de una jirafa, las patas (pies de un animal) de un caballo, la cabeza de un pájaro y la cola *(tail)* de un gato. No hay dos iguales.

Una mola

Un alebrije de Oaxaca

👥 Hablemos del tema

1. ¿Qué tienen en común las molas y los alebrijes?

2. ¿Cuál te gusta más y por qué?

3. Hoy en día hay menos artesanos. ¿Por qué piensas que están desapareciendo *(disappearing)*?

Piensa en el tema

¿Qué personas aparecen en los billetes de Estados Unidos? ¿Por qué?

Reconocimiento al arte de escribir

Hay muchas culturas diferentes dentro de los países hispanos, pero el orgullo *(pride)* por sus artistas es muchas veces internacional. Las grandes obras de arte, inclusive las de la literatura, unen *(unite)* a la gente de todos estos países.

Es imposible mencionar a todos los grandes artistas, entre los que hay numerosos escritores. Sin embargo, siempre se debe mencionar a Pablo Neruda (1904–1973), ganador del Premio Nobel de Literatura y autor de algunos de los poemas más hermosos *(beautiful)* que se han escrito en español. El poeta chileno también estuvo comprometido con ideales políticos y sociales que lo hicieron muy popular entre los latinoamericanos. Aún *(Even)* a treinta años de su muerte, Pablo Neruda era tan querido que para celebrar los cien años de su nacimiento *(birth)*, algunos de los cantantes más populares de España y Latinoamérica le dedicaron un disco de homenajes *(tributes)* a Neruda y a su poesía: "Neruda en el Corazón".

Billetes con el retrato de Sor Juana Inés de la Cruz

Otra autora importante, muy anterior a Neruda, fue la poetisa mexicana Sor Juana Inés de la Cruz (1648–1695), quien decidió hacerse monja *(nun)* para poder seguir estudiando. Sor Juana escribió poesía, teatro y ensayos. Quizás su poema más conocido es uno en el que les reclama a los hombres su doble estándar para juzgar *(to judge)* a la mujer y al hombre. El gobierno de México ha honrado la memoria de Sor Juana, poniendo su retrato en uno de los billetes *(bills)* del país.

Hablemos del tema

Habla con un compañero sobre las siguientes preguntas.

1. ¿Hay autores en la literatura escrita en inglés que sean reconocidos y admirados por todos los países en donde se habla inglés? ¿Quiénes son y por qué se hicieron tan importantes?
2. ¿Qué artistas famosos han visto homenajeados en el dinero de algún país?
3. ¿Qué otras formas existen para dar un homenaje público a un artista?

Comunidad

Entrevista a una persona de España o Latinoamérica sobre sus artistas favoritos de su país. ¿Quiénes son? ¿Qué tipo de arte hacen? Después repórtale a la clase.

A analizar

Vanesa se encuentra con Camila para tomar un café. Después de ver el video lee parte de su conversación y observa las palabras en negritas.

Vanesa: El museo tiene una nueva exposición. Este mes van a tener una colección de obras de Picasso. ¿Te interesa ir conmigo el sábado?

Camila: ¡Por supuesto! Estoy muy **interesada** en las obras de Picasso, especialmente las de su período rosado.

Vanesa: Entonces, ¿a qué hora vamos?

Camila: ¡Ay, se me olvidó que el sábado estoy **ocupada**! ... ¿Sabes si el museo está **abierto** el viernes por la tarde?

Vanesa: Sí, solo está **cerrado** los lunes. Podemos ir a las cinco si quieres.

1. The words in bold are adjectives. Identify the verb that each of the adjectives is derived from.

2. Except for **abierto,** the adjectives in bold are derived from **-ar** verbs. What is the adjective form of **sorprender**? And **aburrir**?

A comprobar

Estar with the past participle

1. Past participles are verb forms that can be used as adjectives. To form the past participle, place **-ado** on the end of the stem of **-ar** verbs and **-ido** on the stem of **-er** and **-ir** verbs.

hablar	habl**ado**
beber	beb**ido**
vivir	viv**ido**

The following verbs have irregular past participles:

abrir	**abierto**	hacer	**hecho**
cubrir	**cubierto**	morir	**muerto**
decir	**dicho**	romper	**roto**
despertar	**despierto**	poner	**puesto**
devolver	**devuelto**	ver	**visto**
escribir	**escrito**	volver	**vuelto**

INVESTIGUEMOS LA GRAMÁTICA

Notice that the common irregular participles end in **-to** or **-cho.** Other irregular past participles end in **-so**, such as **imprimir** → **impreso** *(printed)*.

2. The past participle can be used as an adjective to indicate condition and is often used with the verb **estar.** You have already learned some of them, such as **aburrido, cansado,** and **preocupado.** Like other adjectives, they must agree in gender and number with the nouns they describe.

Los estudiantes **están interesados** en el arte.
*The students **are interested** in art.*

La galería no **está abierta** los lunes.
*The gallery **is** not **open** on Mondays.*

3. As is common with most adjectives in Spanish, a past participle can also be placed after the noun it describes.

Me gustan más sus obras **pintadas**.
*I like his **painted** works better.*

Salvador Dalí es un pintor **conocido**.
*Salvador Dalí is a **well-known** painter.*

A practicar

11.24 **Mi salón de clases** Mira alrededor de tu salón de clases e indica si las oraciones son ciertas o falsas.

1. Hay una ventana rota.
2. Las luces están apagadas.
3. Hay algo escrito en la pizarra.

4. La puerta está abierta.
5. Las sillas están hechas de plástico.
6. Todos los estudiantes están despiertos.

11.25 **La casa** Entrevista a un compañero con las siguientes preguntas.

1. ¿Está hecha tu cama? ¿Quién la hizo?
2. ¿Está ordenado tu cuarto? ¿Por qué?
3. ¿Están abiertas las ventanas de tu casa? ¿Por qué?
4. ¿Están encendidas las luces de tu casa? ¿Por qué?
5. ¿Está lavada tu ropa? ¿Quién la lava?
6. ¿Están muertas las plantas en tu casa? ¿Por qué?
7. ¿Tienes algo que está roto? ¿Qué es?
8. ¿Tienes algo hecho en otro país? ¿Qué es y de dónde es?

Mis plantas no están muertas.

Monkey Business Images/Shutterstock.com

11.26 **¿Qué ves?** Túrnense con un compañero para preguntar si ven lo siguiente. **¡OJO!** Recuerden que el participio necesita concordar con el objeto que se describe.

Modelo algo abierto
Estudiante 1: *¿Ves algo abierto?*
Estudiante 2: *Sí, la puerta está abierta. / No, no hay nada abierto.*

1. algo escrito en inglés
2. algo hecho de metal
3. alguien casado
4. algo colgado en la pared

5. algo roto
6. alguien cansado
7. algo pintado de rojo
8. algo encendido

11.27 **La clase de arte** Lee las siguientes oraciones sobre una clase de arte y explica las condiciones de los sujetos usando el verbo **estar** y el participio pasado del verbo subrayado *(underlined)*.

Modelo La planta del profesor <u>murió</u>.
   La planta del profesor está muerta.

1. Cuando el profesor entró en la clase, <u>encendió</u> las luces y <u>cerró</u> la puerta.
2. Él <u>colgó</u> su suéter.
3. Luisa <u>se sentó</u> al lado de Julián.
4. Ella <u>tiene mucho interés</u> en Julián.
5. Pero Julián <u>se ocupa</u> de su pintura.
6. Inés, la chica al lado de Julián, <u>se aburre</u> en la clase.
7. Ella <u>se durmió</u> en la clase.
8. El profesor <u>escribió</u> la tarea en la pizarra.
9. Al escribir la tarea, <u>rompió</u> la tiza *(chalk)*.
10. El profesor <u>se frustró</u> y terminó la clase temprano.

11.28 **Preocupado** Imagina que es medianoche y no puedes dormir porque estás muy preocupado. Trabaja con un compañero y túrnense para preguntar si su pareja hizo lo siguiente. Respondan con el verbo **estar** y el participio pasado. **¡OJO!** Recuerden que el participio necesita concordar con el objeto que se describe.

Modelo ¿Abriste la ventana?

Estudiante 1: *¿Abriste la ventana?*

Estudiante 2: *Sí, está abierta. / No, no está abierta.*

1. ¿Estás despierto?
2. ¿Apagaste las luces en la sala?
3. ¿Cerraste la puerta?
4. ¿Encendiste la alarma?
5. ¿Colgaste tu ropa?
6. ¿Guardaste los platos limpios?
7. ¿Preparaste el almuerzo para mañana?
8. ¿Escribiste el cheque para el alquiler?

11.29 **El teatro** Túrnate con un compañero para describir el escenario del teatro usando los participios como adjetivos. Busquen las cinco diferencias.

Vocabulario útil: **el perchero** *coat rack* **vivo** *alive*

A analizar ▶

Ve el video de Vanesa y Camila otra vez. Después lee parte de su conversación y observa las estructuras de los verbos en negritas.

Vanesa:	Disculpa que haya llegado tarde. **Se me perdieron** las llaves, y no pude salir de casa sin ellas… Este mes van a tener una colección de obras de Picasso. ¿Te interesa ir conmigo el sábado?
Camila:	¡Por supuesto! …
Vanesa:	Entonces, ¿a qué hora vamos?
Camila:	¡Ay, **se me olvidó** que el sábado estoy ocupada! …
Camila:	Bueno, ¿nos vamos?
Vanesa:	Sí. Señorita, ¿cuánto le debo?
Mesera:	Seis cincuenta, por favor.
Vanesa:	¿Dónde está mi dinero? ¡Ay, **se me quedó** la billetera en casa! ¿Te molesta pagar?

1. What are the different ways that you have learned to use the pronoun **se**? How do you think it is used here?

2. In which person (1st, 2nd, or 3rd) have the highlighted verbs been conjugated? Why?

3. What pronouns appear before the verbs?

A comprobar

Se to indicate accidental occurrences

1. Earlier in the chapter, you learned to use the pronoun **se** in order to indicate that the subject is either unknown or unimportant. To indicate unintentional or accidental occurrences, you will use a similar construction that also includes the indirect object pronoun.

> **se** + indirect object pronoun + verb

Se me rompió el plato.	*I broke the plate (accidentally).*
A Diego **se le** perdieron las llaves.	*Diego lost his keys (unintentionally).*

Notice that the verb agrees with subject (**el plato** and **las llaves**) and that the person affected by the event becomes the indirect object (**me** and **A Diego… le**).

2. The following are common verbs used with this construction.

acabar	*to finish*	**caer**	*to fall*
Se me acabó la gasolina.	*I ran out of gas.*	**Se les cayeron** los libros.	*They dropped their books.*
apagar	*to turn off*	**descomponer**	*to break down (a machine)*
Se les apagó la computadora.	*They shut off the computer.*	**Se me descompuso** el coche.	*My car broke down.*

> **INVESTIGUEMOS LA GRAMÁTICA**
>
> The base of the verb **descomponer** is **poner**, and therefore it is conjugated like **poner**.
>
> Se les **descompuso** la computadora.
> El coche está **descompuesto**.
>
> There are other verbs that function similarly, such as **exponer** (*to expose*), **oponer** (*to oppose*), and **suponer** (*to suppose*).

olvidar	*to forget*	**quedar**	*to remain (behind)*
A ella **se le olvidó** el lápiz.	*She forgot her pencil.*	**Se me quedó** el dinero en casa.	*I left the money at home.*
perder	*to lose (an object)*	**romper**	*to break*
Se nos perdió la tarea.	*We lost our homework.*	**¿Se te rompió** el vaso?	*Did you break the glass?*

A practicar

11.30 **El pintor olvidadizo** El pintor no pudo terminar su obra porque le ocurrieron muchos accidentes. Combina los elementos de las dos columnas para formar oraciones lógicas.

1. Al pintor se le olvidó...
2. Al pintor se le apagaron...
3. Al pintor se le acabaron...
4. Al pintor se le rompieron...
5. Al pintor se le perdió...
6. Al pintor se le quedó...

a. las luces
b. los pinceles
c. el número de teléfono del modelo
d. la paleta
e. las pinturas
f. el óleo en casa

11.31 **Un mal día** Completa el párrafo con la forma apropiada del verbo entre paréntesis.

¡Ayer tuve una exposición de mi arte en una galería y todo me salió mal *(went wrong)*! Primero **(1.)** _____ (perder) las obras de cerámica que tenía que llevar a la galería. **(2.)** _____ (olvidar) que las puse en un lugar seguro. Por fin las encontré y salí para la galería. A medio camino *(On the way)* **(3.)** _____ (acabar) la gasolina. ¡Tuve que caminar un kilómetro a la gasolinera más cercana! Al llegar descubrí que la billetera *(wallet)* **(4.)** _____ (quedar) en casa. Afortunadamente tenía dinero en mi pantalón y pude pagar la gasolina. Llegué a la galería tarde. Mientras llevaba las piezas del coche a la sala de exposición, **(5.)** _____ (caer) una y **(6.)** _____ (romper). Por fin comenzó la exposición y vendí unas piezas. Por lo menos la noche terminó bien.

11.32 **¿Qué pasó?** Trabaja con un compañero para describir cada situación y explicar lo que les pasó a las personas.

Modelo *El hombre pintaba un mural cuando se le acabó la pintura, pero no tenía dinero para comprar más.*

11.33 **No se hizo** Estas personas no pudieron hacer su trabajo por diferentes razones. Explica lo que les pasó usando el verbo indicado con el **se** accidental.

Modelo el piloto / descomponer
Al piloto se le descompuso el avión.

1. la profesora / acabar
2. los estudiantes / olvidar
3. el ama de casa / romper
4. el periodista / descomponer

5. los cocineros / caer
6. el pintor / perder
7. las bailarinas / quedar
8. los actores / apagar

11.34 **En busca de...** Hazles las siguientes preguntas a diferentes compañeros. Busca a alguien que responda afirmativamente a la primera pregunta. Después hazle la pregunta entre paréntesis. Usa la expresión **alguna vez** en la pregunta.

Modelo acabar la tinta en medio de un proyecto (¿Qué?)
Estudiante 1: *¿Alguna vez se te acabó la tinta en medio de un proyecto?*
Estudiante 2: *Sí, se me acabó la tinta en medio de un proyecto.*
Estudiante 1: *¿Qué proyecto?*
Estudiante 2: *Una composición para la clase de inglés el semestre pasado.*

1. descomponer el coche a la mitad del camino *(on the way somewhere)* (¿Dónde?)
2. romper algo valioso *(valuable)* (¿Qué?)
3. perder algo importante (¿Qué?)
4. apagar la computadora en medio de una tarea importante (¿Qué tarea fue?)
5. quedar en casa algo importante durante algún viaje (¿Qué?)
6. olvidar el nombre de alguien en el momento de hacer una presentación *(introduction)* (¿De quién?)
7. quemar *(burned)* la comida (¿Qué?)
8. olvidar el cumpleaños de alguien (¿Qué hiciste?)

11.35 **Excusas** Hay muchos problemas en la clase de arte. Túrnate con un compañero para dar excusas y explicar lo que pasó. Usen los siguientes verbos.

acabar   apagar   caer   descomponer   olvidar   perder   quedar   romper

Modelo ¿Por qué no estuviste en clase?
Se me olvidó poner el despertador.
Se me perdieron las llaves del coche.

1. ¿Por qué no tienes la tarea?
2. ¿Por qué no trajiste el libro?
3. ¿Por qué no estudiaste para el examen?
4. ¿Por qué no terminaste la pintura?
5. ¿Por qué no llegó el modelo?
6. ¿Por qué llegó tarde el profesor?

¡Se me olvidó que tenemos un examen hoy!

Lectura

Antes de leer

Contesta las preguntas.

1. ¿Qué artistas conoces? Tienes un artista favorito? ¿Quién?
2. ¿Conoces a algún artista de España o Latinoamérica? ¿Quién? ¿Te gusta su arte?
3. En tu opinión, ¿qué se necesita para ser artista?

A leer

Remedios Varo

Armonía de Remedios Varo, 1956

Christie's Images Ltd./SuperStock

Una de las grandes artistas del siglo XX fue la pintora española Remedios Varo, **nacida** *(born)* en 1908 en Anglés, España. Como muchos artistas, Remedios Varo se interesó desde muy joven en la pintura. Su padre, un ingeniero, la **apoyó** *(supported)* y la enseñó a dibujar. Cuando Remedios cumplió quince años, su padre la ayudó a ingresar a la Academia de San Fernando en Madrid, a pesar de la oposición de su madre.

En la Academia de San Fernando, Remedios conoció a su futuro esposo, Gerardo Lizárraga, y los dos se **mudaron** *(moved)* a París cuando finalizaron sus estudios en la Academia. Posteriormente se fueron a vivir a Barcelona, donde Remedios trabajó en publicidad.

> Una de las grandes artistas del siglo XX fue la pintora española Remedios Varo.

El segundo esposo de Remedios Varo fue Benjamín Peret, un poeta que la introdujo a un grupo de artistas surrealistas encabezado por Andrés Bretón. El surrealismo tuvo un gran impacto en la obra de Varo a partir de ese momento.

La Guerra Civil española la hizo emigrar nuevamente a Francia, en donde vivió hasta 1941, año de la invasión nazi. Ese año Remedios se exilió definitivamente en México, país en el que se exiliaron muchos artistas europeos, incluyendo a Leonora Carrington, otra pintora surrealista que se hizo muy amiga de Remedios Varo. En México Varo pudo dedicarse por completo al arte, pintando sus mejores cuadros con el **apoyo** de su pareja, el austriaco Walter Gruen, un **sobreviviente** de los campos de concentración.

support

survivor

Remedios Varo

La obra de Remedios Varo se distingue por un estilo muy característico con figuras humanas estilizadas. En sus cuadros se combinan elementos **oníricos** y místicos con su gran interés científico y su búsqueda del **conocimiento** a través de la filosofía y la psicología. En sus obras también se pueden ver recuerdos de la infancia de la pintora, como los horrores de la **guerra**.

dreamlike

knowledge

war

Remedios regaló la mayoría de sus cuadros porque para ella el valor de la pintura estaba en el proceso de la creación artística. En 1963 la artista murió de un ataque cardiaco a la edad de 54 años.

Sources: Analitica.com; LatinArtMuseum.com

Comprensión

1. ¿Cuándo se interesó por el arte Remedios Varo? ¿Cómo la apoyó su padre?
2. ¿En qué países vivió Varo después de salir de España a consecuencia de la guerra?
3. ¿Qué papel (*role*) tuvieron las parejas de Remedios Varo en su vida?
4. ¿Qué movimiento artístico la influenció más?
5. ¿Cuáles son algunos elementos de la obra de Remedios Varo?
6. ¿Qué hizo con la mayoría de sus cuadros?

Después de leer

Mira la obra "Armonía" en el artículo y habla con un compañero sobre las preguntas.

1. ¿Qué elementos de la obra de Remedios Varo están presentes en esta obra?
2. En tu opinión, ¿qué quiere comunicar con esta obra?
3. ¿Te gusta? ¿Por qué?

www.remediosvaro.org

Redacción

Write a simple analysis of a painting by a Hispanic artist.

Paso 1 Look at some paintings by Hispanic artists on the Internet and find one that you like. Find out a little bit about the artist: Where is he/she from? When was he/she born? If no longer living, when did he/she die? What is the artist's style? What themes are prevalent in his/her work?

> Look through the **Exploraciones del mundo hispano** in Apéndice B for names of Hispanic artists.

Paso 2 Look at the painting you have chosen. What is the name of the painting? When did the artist paint it? What is in the painting? What colors did the artist use?

Tupungato/Shutterstock.com

Paso 3 Now think about why you like the painting. What drew you to it? What emotions does it evoke? What message do you think the artist wants to communicate?

Paso 4 Write an introductory paragraph about the artist you have chosen using the information you generated in **Paso 1.**

Paso 5 In a second paragraph describe the painting that you have chosen using the information in **Paso 2.** Remember that your reader is not looking at the painting, so be sure to give plenty of details.

Paso 6 Write a concluding paragraph in which you discuss your thoughts about the painting using the ideas you generated in **Paso 3.**

Paso 7 Edit your analysis:

1. Do you have smooth transitions between sentences? Between the two paragraphs?
2. Do verbs agree with the subject? Are they conjugated correctly?
3. Did you use the preterite and the imperfect appropriately?
4. Do adjectives agree with the people or items they describe?

Entrando en materia

¿Alguna vez has asistido a una exhibición de arte? ¿Te gustó? ¿Por qué?

Nota de prensa (*Press release*)

Vas a leer una nota de prensa de una muestra de arte. ¿Qué información piensas que se va a dar?

Muestra de arte hispanoamericano "Por 525 años"

Con motivo del 525 aniversario de descubrimiento de América, el Museo de Arte Moderno de la ciudad de Bogotá ha organizado una muestra sobre la visión de los artistas acerca de la identidad hispanoamericana. La exhibición tendrá lugar[1] del 7 al 31 de octubre y la entrada será gratuita.

Bajo el título "Por 525 años", la muestra ofrece un panorama de artistas de toda Latinoamérica acerca del impacto del descubrimiento de América en 1492, y de la conquista en la identidad de los pueblos americanos y en su realidad actual. La muestra incluye a autores reconocidos y consolidados de todo el continente, como es el caso de Diego Rivera (México), Antonio Berni (Argentina) y Oswaldo Guayasamín (*Ecuador*), así como a nuevas voces[2] de artistas que contribuyen con nuevas perspectivas.

Esta exhibición colectiva es el testimonio de artistas que encuentran en el arte la voz de su identidad, pero también la crítica social a un fenómeno que trajo injusticias que persisten en nuestros países. Son, en resumen, un espejo de América Latina hace 525 años, pero también ahora.

Sunshine Pics/Alamy Stock Photo

La muestra reúne a 25 artistas de quince nacionalidades diferentes que se expresan a través de diferentes medios como pintura, escultura, instalaciones de multimedia y video.

[1]*will take place*   [2]*voices*

Comprensión

1. ¿Cómo se llama la exhibición? ¿Qué representa el título? ¿Quién la organiza?
2. ¿Qué información se da sobre los artistas que participan en la exhibición?
3. ¿Cuáles son algunos temas que se tocan con el arte de la exhibición?
4. ¿Qué tipos de arte se presentan en la exhibición?

Más allá

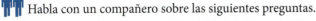 Habla con un compañero sobre las siguientes preguntas.

1. ¿Conoces a alguno de los artistas mencionados en el artículo? ¿Quién?
2. ¿Qué piensas que puede haber en una obra que habla de la identidad hispanoamericana y la Conquista?
3. ¿Te interesa ir a la exhibición? ¿Por qué?

11.36 **¿Qué piensas?** Felipe habla de sus clases de arte. Escribe sus opiniones usando superlativos y los elementos indicados. **¡OJO!** En #6 necesitas usar el pretérito.

> **Modelo** la pintura / popular / las artes
> *La pintura es la más popular de las artes.*

1. El Prado / museo / grande / de España
2. Fernando Botero / artista / talentoso
3. el impresionismo / estilo / interesante
4. *David* / escultura / conocido
5. *La Mona Lisa* / pintura / famoso
6. Salvador Dalí / pintor / excéntrico

11.37 **Descripciones** Completa las oraciones con la forma apropiada del participio pasado de los verbos entre paréntesis.

1. Los artistas Frida Kahlo y Diego Rivera estaban _____ (casar).
2. Hay muchos libros _____ (escribir) sobre el arte latinoamericano.
3. El pintor Francisco Goya está _____ (morir).
4. La artesanía de Latinoamérica está _____ (hacer) a mano.
5. La pintora Carmen Lomas Garza es una artista _____ (conocer).
6. Diego Velázquez estaba _____ (interesar) en pintar la vida típica en España.
7. Hay varios cuadros de Pablo Picasso _____ (exhibir) en los museos de Nueva York.
8. Mucha de la cerámica de las civilizaciones antiguas está _____ (romper).

11.38 **¡Qué día!** Usando el **se** accidental y el verbo entre paréntesis, explica lo que le pasó a Valentina ayer.

> **Modelo** Se levantó tarde. (olvidar)
> *Se le olvidó poner el despertador.*

1. Todas sus notas para la reunión se mojaron *(got wet)*. (caer)
2. Su bolígrafo no escribía y no pudo tomar notas en la reunión. (acabar la tinta)
3. Tampoco pudo tomar notas con su lápiz. (romper)
4. No tuvo los reportes para su jefe. (olvidar)
5. A la hora de almorzar no pudo comer nada. (quedar)
6. El coche se paró camino a su casa. (descomponer)
7. No pudo llamar a nadie con su celular. (apagar)
8. No pudo entrar cuando llegó a su casa. (perder)

11.39 **Un pedido** Trabaja con un compañero. Imaginen que uno de ustedes es vendedor y el otro es un cliente. El cliente necesita ropa para un viaje a la playa y debe ver la página del catálogo que aparece a continuación *(below)* y llamar para hacer un pedido. Debes comprar tres prendas. El vendedor necesita ver el Apéndice B para contestar las preguntas del cliente y conseguir su información (nombre, teléfono, etcétera) y su tarjeta de crédito.

Modelo Estudiante 1: *Buenas tardes.*
Estudiante 2: *Buenas tardes. Necesito una camiseta de algodón azul en talla extra grande.*
Estudiante 1: *Lo siento. No la tenemos en talla extra grande.*
Estudiante 2: *¿Qué colores tienen en talla extra grande?*

11.40 **A la moda** Trabaja con un compañero para decidir quién en la clase está más a la moda.

Paso 1 Con un compañero completen las siguientes oraciones.

Alguien que está a la moda lleva...
Alguien que está a la moda no lleva...

Paso 2 Compartan sus ideas con el resto de la clase y decidan entre todos cuáles son las características de una persona a la moda.

Paso 3 En parejas decidan quién creen que está más a la moda en la clase y por qué. Repórtenle a la clase su conclusión.

CAPÍTULO 11

🔊 Vocabulario 1

11-4

En la tienda

la caja	*cash register*	el probador	*dressing room*
el (dinero en) efectivo	*cash*	la tarjeta de crédito	*credit card*
el número	*size (shoe)*	las telas	*fabrics*

Telas

el algodón	*cotton*	la mezclilla	*denim*
la lana	*wool*	la piel	*leather*
el lino	*linen*	la seda	*silk*

Estilos

a cuadros	*plaid*	estampado(a)	*patterned*
a rayas	*striped*	liso(a)	*solid*
de lunares	*polka-dot*		

Verbos

ahorrar	*to save*	probarse (ue)	*to try on*
elegir (i)	*to choose*	quedar	*to fit*
hacer juego	*to match*		

Adjetivos

apretado(a)	*tight*	(estar) rebajado(a)	*(to be) on sale*
barato(a)	*cheap, inexpensive*	(extra) grande	*(extra) large*
caro(a)	*expensive*	hecho(a) a mano	*handmade*
cómodo(a)	*comfortable*	liso(a)	*solid*
de marca	*name brand*	mediano(a)	*medium*
(estar) a la moda	*(to be) fashionable*	pequeño(a)	*small*

Expresiones útiles

¡Qué bien te queda esa falda!	*That skirt really fits you well!*	¡Qué lindos zapatos!	*What pretty shoes!*
¡Qué caros!	*How expensive!*	¡Qué pantalones tan elegantes!	*What elegant pants!*
¡Qué color tan bonito!	*What a pretty color!*		

Comparaciones

mayor	*older (age)*	menor	*younger*
mejor	*better*	peor	*worse*

Palabras adicionales

por ciento	*percent*	la prenda	*garment*
el descuento	*discount*	la talla	*size (clothing)*
la oferta	*sale (event, reduction of prices)*	la venta	*sale (transaction)*

Vocabulario 2

El arte

el arte abstracto	*abstract art*
el (la) artista	*artist*
el autorretrato	*self-portrait*
la escultura	*sculpture*
la exhibición	*exhibit*
la galería	*gallery*
el grabado	*engraving; print*
la luz	*light*
la máscara	*mask*
el (la) modelo	*modelo*
el mural	*mural*
la naturaleza muerta	*still life*
la obra	*work (of art, literature, theater, etc.)*
el óleo	*oil painting*
el paisaje	*landscape*
la paleta	*palette*
el pincel	*paintbrush*
la pintura	*painting*
el retrato	*portrait*
la tinta	*ink*

Verbos

acabar	*to finish*
apagar	*to turn off*
apreciar	*to appreciate; to enjoy*
descomponer	*to break down (a machine)*
diseñar	*to design*
esculpir	*to sculpt*
exhibir	*to exhibit*
olvidar	*to forget*
pintar	*to paint*
posar	*to pose*
quedar	*to remain (behind)*
romper	*to break*

Adjetivos

abstracto(a)	*abstract*
claro(a)	*light, pale*
complicado(a)	*complex*
cubista	*cubist*
extraño(a)	*strange, odd*
impresionista	*impressionist*
obscuro(a)	*dark*
realista	*realistic*
sencillo(a)	*simple*
surrealista	*surrealist*
tradicional	*traditional*
vanguardista	*revolutionary; avant-garde*

Diccionario personal

_____

_____

_____

_____

_____

Learning Strategy

Use a good dictionary

While you should not look up every Spanish word that you don't understand, a good bilingual dictionary is essential. Ask your instructor for some recommendations for print and online dictionaries that include complete entries, idiomatic expressions, and pronunciation. When you look up an English word, be sure to choose the form that you need, such as a noun or an adjective. If the entry has a number of definitions, cross-check the one you think you need in the Spanish-English section to confirm your choice.

After completing this chapter, you will be able to:

- Discuss the environment and the animal world
- Talk about the future
- Talk about what you have done
- Express opinions
- Express doubt and certainty

¿Qué será de nuestro planeta?

iStock.com/Mimadeo

Vacas en un campo en Tarifa, España

La naturaleza nos ofrece las vistas más bellas del planeta y cada uno de sus componentes es vital para preservar el balance del medio ambiente.

El medio ambiente	*The environment*
el cambio climático	climate change
la contaminación	contamination, pollution
la deforestación	deforestation
los desechos industriales	industrial waste
la ecología	ecology
el esmog	smog
la naturaleza	nature
el petróleo	oil
el reciclaje	recycling
los recursos naturales	natural resources

Los verbos	
destruir	to destroy
hacer erupción	to erupt
preservar	to preserve
proteger	to protect
reciclar	to recycle

Otros lugares	
la bahía	bay
el desierto	desert
el llano	plains
la pampa	grasslands
la península	peninsula
la selva	jungle
el valle	valley

Palabras adicionales	
el árbol	tree
el cactus	cactus
la cascada	cascade, waterfall
la catarata	large waterfall
rodeado(a) por	surrounded by
la Tierra	Earth

INVESTIGUEMOS LA GRAMÁTICA

The verb **destruir** is conjugated similarly to the verb **oír.**

La contaminación **destruye** la naturaleza. Las compañías **destruyeron** el bosque.

INVESTIGUEMOS EL VOCABULARIO

The singular and plural forms of **cactus** are the same.

Hay muchos **cactus** en el desierto.

La pampa is a quechua word meaning "flat surface" and is widely used in southeastern South America to refer to a wide plain where there are no trees.

A practicar

¿RECUERDAS? In **Capítulo 6** you learned the term for lake, **el lago**.

12.1 **Escucha y responde** Vas a escuchar varias ideas. Indica con el pulgar hacia arriba si la idea es lógica, y con el pulgar hacia abajo si es ilógica.

12-1

12.2 Un poco de lógica Indica cuál de las palabras completa la oración lógicamente.

1. Me encanta ir a la (costa / colina) y disfrutar del mar y de la arena.
2. En (el llano / la selva) hay muchos insectos y animales exóticos.
3. El (valle / cielo) está entre montañas.
4. Unas de las (cataratas / pampas) más impresionantes son las del Niágara y las de Iguazú.
5. En un (bosque / desierto) hay muchos árboles.
6. Las (olas / cascadas) son muy grandes hoy.
7. El (reciclaje / petróleo) es un recurso natural no renovable *(renewable)*.
8. Una península está rodeada *(surrounded)* por (el mar / el valle) por tres lados.

12.3 ¿Cuál es diferente? Trabaja con un compañero para indicar qué palabra no corresponde *(belongs)* a cada grupo. Expliquen por qué.

1.	el cielo	la catarata	el río	la cascada
2.	la costa	la bahía	la pampa	la península
3.	el llano	las palmeras	el pasto	el árbol
4.	las montañas	las colinas	la selva	el volcán
5.	la nube	el medio ambiente	la ecología	la naturaleza
6.	las olas	el mar	el valle	la arena

12.4 Opiniones Trabaja con un compañero para discutir si están de acuerdo o no con las siguientes afirmaciones, o si son verdaderas en el caso de ustedes. **¡OJO!** Expliquen por qué.

1. Me preocupa la ecología y por eso reciclo plásticos, papeles y aluminio.
2. Utilizo el transporte público para usar menos gasolina.
3. La contaminación del aire es un gran problema en mi comunidad.
4. Uso toda el agua que quiero porque se puede procesar y reciclar.
5. Una persona sola no puede hacer nada por la ecología.
6. Una persona tiene el derecho *(right)* de hacer lo que quiera con su propiedad privada.
7. Es importante conservar nuestros recursos naturales.

INVESTIGUEMOS LA MÚSICA

Look online for the song "¿Dónde jugarán los niños?" by the Mexican group Maná. Listen to the song and determine what the message is.

12.5 Las descripciones Trabaja con un compañero. Uno de ustedes (Estudiante 1) va a describirle el dibujo en esta página a su compañero (Estudiante 2), quien debe dibujar lo que escucha sin ver la ilustración. Después el Estudiante 2 debe describir el dibujo en el Apéndice B, y el Estudiante 1 va a dibujarlo. Al terminar comparen el original y el nuevo dibujo.

Piensa en el tema

Imagina que eres un pintor de paisajes *(landscapes)*. ¿Qué tipo de paisaje prefieres pintar? ¿Por qué?

El arte y la naturaleza

Algunos artistas se dedican a plasmar *(to create)* los paisajes de su tierra. Estos artistas reciben el nombre de paisajistas. Uno de los paisajistas más famosos de México fue Gerardo Murillo (1875–1964). Murillo es más conocido como "Dr. Atl", que significa "agua" en náhuatl.

Murillo recibió una beca *(scholarship)* del gobierno de México para estudiar en Europa y consiguió un doctorado en Filosofía y Derecho de la Universidad de Roma en 1898. Su estancia en Europa influyó en él por el contacto que tuvo con el arte del Renacimiento *(Renaissance)* italiano y con el movimiento impresionista de ese tiempo. Después de regresar a México, comenzó a pintar activamente y a enseñar arte. Murillo tenía otros intereses que combinó con el arte: En 1920 estudió vulcanología. Por su interés en los volcanes, los pintó en numerosos cuadros. Aquí aparece una reproducción de uno de sus paisajes, inspirado en el volcán Paricutín.

Paricutín Erupting, (oil on canvas)/Atl, Dr. (Gerardo Murillo) (1875-1964)/ CHRISTIES IMAGES/Private Collection/Bridgeman Images

Erupción del Paricutín

👥 Hablemos del tema

Habla con un compañero sobre las siguientes preguntas.

1. ¿Qué pueden ver en la pintura de Murillo?
2. ¿Conocen algún paisajista famoso de los Estados Unidos o de algún otro país?
3. Imaginen que son fotógrafos famosos y les piden hacer una exhibición que represente la geografía de su país. ¿Qué lugares eligen fotografiar? (Mencionen al menos ocho diferentes.)

La diversidad geográfica
Conexiones... a la geografía

Piensa en el tema

¿Conoces algún parque nacional? ¿Cuál es? ¿Qué hay en el parque?

Los parques nacionales

En muchos países hispanos hay parques nacionales espectaculares gracias a su geografía. Entre los más bellos están los parques al sur de Argentina y Chile. Uno de los más conocidos es el Parque Nacional Los Glaciares, el segundo más grande de Argentina. Fue creado en 1937 y declarado Patrimonio de la Humanidad por la UNESCO en 1980.

En Chile también hay numerosos parques nacionales, entre los que se distingue el Parque Nacional Torres del Paine, en la región antártica chilena. Aunque fue fundado en 1959, recibió su nombre actual en 1970, y en 1978 la UNESCO lo nombró Reserva Mundial de la Biosfera.

En los dos parques hay glaciares impresionantes. Los glaciares son masas de hielo compactado que tardan miles de años en formarse. Son una importante fuente de agua potable *(drinkable)*, pero la mayoría de los glaciares del mundo está desapareciendo a una velocidad alarmante.

Inge Johnsson/Alamy Stock Photo

Glaciar Perito Moreno, en la Patagonia argentina

Busca otros parques nacionales y aprende más sobre El Salvador, Ecuador, Paraguay y Venezuela en la sección **Exploraciones del mundo hispano** en el Apéndice A.

Hablemos del tema

1. ¿Has visitado algún glaciar? ¿Cuál? ¿Dónde está?
2. En el estado donde vives, ¿cuáles son los elementos geográficos más relevantes?

A analizar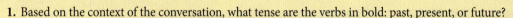

Rosa habla con sus amigos sobre sus planes para su viaje a Costa Rica. Después de ver el video lee parte de su conversación y observa las formas de los verbos.

Paula:	¿Cuándo van a ir?
Rosa:	**Saldré** para México el día después de que terminen los exámenes finales, y **me quedaré** dos o tres días con mi familia. Luego mi hermano y yo **saldremos** para Costa Rica y **nos quedaremos** allí por dos semanas.
Nicolás:	¿**Se quedarán** en un lugar o piensan viajar a diferentes lugares?
Rosa:	Todavía no tenemos planes concretos, pero queremos conocer todo lo que podamos en dos semanas, así que **estaremos** unos días en San José, luego **viajaremos** al Parque Nacional Santa Rosa. ¡Y, por supuesto, **iremos** a ver el volcán Arenal!
	¡**Será** un viaje fantástico!

1. Based on the context of the conversation, what tense are the verbs in bold: past, present, or future?

2. Using the examples in the paragraph above and what you already know about verb conjugation, complete the following verb charts.

yo _____   nosotros _____   yo _____   nosotros _____

tú _____   vosotros viajaréis   tú _____   vosotros seréis

él, ella, usted _____   ellos, ellas, ustedes _____   él, ella, usted _____   ellos, ellas, ustedes _____

A comprobar

Future tense

1. You already know how to use the future construction **ir** + **a** + infinitive. It is often used in spoken Spanish and generally refers to something that will happen in the near future. It is also common to use the present tense to express near future.

   Voy a pescar en el lago este fin de semana.
   I'm going to fish at the lake this weekend.

   Salgo para las montañas mañana.
   I'm leaving for the mountains tomorrow.

2. Another way to express what will happen is to use the future tense; however, it tends to be a little more formal and is generally used to refer to a more distant future. To form the future tense, add the endings to the infinitive (rather than to the verb stem, as is done with most other verb tenses). Note that -**ar**, -**er**, and -**ir** verbs take the same endings.

hablar			
yo	hablar**é**	nosotros(as)	hablar**emos**
tú	hablar**ás**	vosotros(as)	hablar**éis**
él, ella, usted	hablar**á**	ellos, ellas, ustedes	hablar**án**

volver			
yo	volver**é**	nosotros(as)	volver**emos**
tú	volver**ás**	vosotros(as)	volver**éis**
él, ella, usted	volver**á**	ellos, ellas, ustedes	volver**án**

ir			
yo	iré	nosotros(as)	iremos
tú	irás	vosotros(as)	iréis
él, ella, usted	irá	ellos, ellas, ustedes	irán

El grupo **irá** a la isla primero.
*The group **will go** to the island first.*

Esquiaremos en las montañas este invierno.
*We **will ski** in the mountains this winter.*

The following are irregular stems for the future tense:

decir	**dir-**	querer	**querr-**
haber	**habr-**	saber	**sabr-**
hacer	**har-**	salir	**saldr-**
poder	**podr-**	tener	**tendr-**
poner	**pondr-**	venir	**vendr-**

Allí **podrán** ver el volcán.
*There **they will be able to** see the volcano.*

3. Remember that when using the verb **haber** to express the existence of something, it is used in its singular form regardless of whether it is followed by a singular or a plural noun.

Habrá 20 personas en la excursión.
***There will be** 20 people on the excursion.*

A practicar

12.6 **Predicciones para el futuro** Lee las siguientes predicciones para el año 2050 y decide si estás de acuerdo o no. Explica tu respuesta.

1. Todos los teléfonos se reciclarán.
2. Será ilegal tener más de un automóvil por familia para preservar recursos.
3. Habrá tanques de oxígeno en los edificios públicos.
4. No existirán muchos de los animales que existen hoy en día.
5. El agua potable *(drinkable)* costará más que la gasolina.
6. La gente tendrá menos aparatos eléctricos.
7. Los edificios se harán con materiales reciclados.
8. Los científicos podrán clonar animales que se extinguieron hace mucho tiempo.

Muchos animales estarán en peligro de extinción.

12.7 **Nace un ecologista** Toño quiere ser más ambientalista en el año nuevo y hace una lista de sus resoluciones. Usa el futuro simple para completar las ideas.

1. Yo _____ (usar) menos electricidad y _____ (apagar) las luces al salir de un cuarto.
2. (Yo) les _____ (decir) a mis amigos que deben comprar solamente productos ecológicos.
3. En el supermercado mi esposa y yo _____ (pedir) solamente bolsas de papel o _____ (tener) bolsas de tela reusables.
4. Nosotros no _____ (conducir) un coche que consuma mucha gasolina; _____ (comprar) uno más económico.
5. (Yo) les _____ (explicar) a mis hijos que es importante reciclar y ellos _____ (aprender) a proteger el medio ambiente.
6. Yo no _____ (llevar) a mis hijos a la escuela en coche; nosotros _____ (poder) conversar mientras caminamos juntos a la escuela.

12.8 **Después del curso** Entrevista a un compañero sobre lo que hará después de terminar el curso (semestre, trimestre, etcétera). Pídele información adicional si da una respuesta positiva.

Modelo seguir estudiando el español (¿Dónde?)
Estudiante 1: *¿Seguirás estudiando español?*
Estudiante 2: *Sí, seguiré estudiando español.*
Estudiante 1: *¿Dónde?*
Estudiante 2: *Tendré otra clase en esta universidad.*

1. hacer un viaje (¿Adónde?)

2. buscar un trabajo (¿Qué tipo de trabajo?)

3. obtener un título *(diploma)* (¿En qué carrera?)

4. volver a la universidad para el próximo curso (¿Qué clases tomará?)

5. salir con amigos para celebrar (¿Adónde?)

6. casarse (¿Cuándo?)

7. ir a visitar a su familia (¿Dónde?)

8. mudarse *(to move)* (¿Adónde?)

12.9 **En el año 2050** Túrnense para hacer predicciones sobre el año 2050 en las siguientes categorías. Tu compañero te dirá también lo que piensa. Decidan el tema para la última y sean originales.

Modelo la salud
Estudiante 1: *Los científicos encontrarán una medicina para curar el cáncer.*
Estudiante 2: *Es posible, pero habrá nuevas enfermedades.*

1. la escuela	3. la casa	5. las vacaciones	7. el dinero
2. el trabajo	4. la familia	6. los amigos	8. ¿?

12.10 **¿Qué pasará?** Con un compañero, túrnense para explicar dónde están las personas y lo que están haciendo. Después inventen una pequeña historia sobre lo que las personas harán más tarde.

Modelo *Ellos están en la playa y están tomando el sol. Más tarde empezará a llover y tendrán que correr al hotel. Se secarán y se arreglarán porque saldrán a cenar y a bailar por la noche.*

INVESTIGUEMOS LA MÚSICA

Find Mexican pop singer Paulina Rubio's song "Volverás" on the Internet and listen to it. What will her ex do?

1.

2.

3.

4.

5.

6.

A analizar

Después de ver el video otra vez lee parte de la conversación. Observa los verbos en negritas y contesta las preguntas al final.

> Rosa: ¿Alguno de ustedes **ha ido** a Costa Rica?
>
> Santiago: Nunca **he estado** en Centroamérica pero tengo muchas ganas de ir. ¿Tú **has visto** otros países en Centroamérica?
>
> Rosa: Sí. Mi hermano y yo **hemos viajado** a Guatemala, a Nicaragua y a Honduras y ahora queremos ir a Costa Rica. Todos los que **han ido** dicen que es un país increíble con playas y bosques hermosos.

1. In **Capítulo 11** you learned to use past participles as adjectives with the verb **estar**. Identify the past participles in the conversation between Rosa and Santiago.

2. In this conversation, participles are used with the verb **haber**. How is **haber** conjugated?

3. Based on the context of the conversation, do you think the verbs express past, present, or future?

A comprobar

Present perfect

1. The present perfect is used to express actions that we have and have not done. It combines the present tense of the verb **haber** with the past participle.

haber			
yo	**he**	nosotros(as)	**hemos**
tú	**has**	vosotros(as)	**habéis**
él, ella, usted	**ha**	ellos, ellas, ustedes	**han**

2. You will remember from **Capítulo 11** that to form the regular past participles, you need to add **-ado** to the end of the stem of **-ar** verbs, and **-ido** to the stem of **-er** and **-ir** verbs.

hablar	habl**ado**
beber	beb**ido**
vivir	viv**ido**

The following verbs have accents in their past participles:

creer	**creído**	oír	**oído**
leer	**leído**	traer	**traído**

These are the irregular past participles you learned in **Capítulo 11.**

abrir	**abierto**	hacer	**hecho**
cubrir	**cubierto**	morir	**muerto**
decir	**dicho**	romper	**roto**
despertar	**despertado***	poner	**puesto**
devolver	**devuelto**	ver	**visto**
escribir	**escrito**	volver	**vuelto**

*Note the past participle of **despertar** is not irregular when it is used in the present perfect, unlike when it is used as an adjective with the verb **estar**.

3. When using the past participle with **estar,** it must agree in gender and number with the subject because it functions as an adjective. However, when using the participle with **haber,** it is part of the verb and does not agree with the subject.

> Ella **ha trabajado** mucho esta semana.
> Ellos **han ido** a la costa.

4. When using direct object, indirect object, or reflexive pronouns, they are placed in front of the conjugated form of **haber.**

> No **se** han despertado todavía.
> Ya **lo** he visto.

5. In Spanish, the present perfect is generally used as it is in English to talk about something that has happened or something that someone has done. It is usually either unimportant when it happened or it has some relation to the present.

> ¿Alguna vez **has ido** a las montañas?
> *Have you ever gone to the mountains?*
>
> **He perdido** el mapa y no sé dónde estamos.
> *I've lost the map and don't know where we are.*

6. The following expressions are often used with the present perfect:

alguna vez	*ever*
no... todavía	*not . . . yet, still . . . not*
nunca	*never*
recientemente	*recently*
ya	*already*

> **Ya** hemos ido a esa playa.
> *We have **already** gone to that beach.*
>
> **No** han llegado **todavía.**
> *They have **not** arrived **yet.***
>
> ¿**Alguna vez** has escalado una montaña?
> *Have you **ever** climbed a mountain?*

INVESTIGUEMOS LA GRAMÁTICA

In Spain, it is much more common to use the present perfect rather than the preterite when referring to anything that happened that same day.

Hemos nadado en el mar esta mañana.
*We **swam** in the sea this morning.*

A practicar

12.11 **¿Son ambientalistas?** Lee lo que dice Adela sobre sus actividades y las de sus amigos y familiares. Decide si las diferentes actividades son buenas para el medio ambiente o no. Explica tu respuesta.

1. Yo siempre he comprado agua en botellas de plástico.
2. Mis amigos y yo hemos empezado a reciclar papel.
3. Esta semana mis amigos han ido a la universidad en autobús cada día.
4. Mi hermano siempre se ha bañado por veinte minutos.
5. Este año mis padres han puesto un jardín con verduras al lado de la casa.
6. Mi tío siempre ha preferido tener un coche grande.
7. Mis padres y yo siempre hemos pedido bolsas de plástico en el supermercado.
8. Este verano he abierto las ventanas por la noche en vez de *(instead of)* encender el aire acondicionado.

12.12 **¿Qué has hecho?** Trabaja con un compañero para completar las siguientes oraciones con información sobre sus experiencias personales.

Modelo He ido a...
He ido a Puerto Rico. / He ido a una isla.

1. He estado en...
2. He vivido en...
3. He roto...
4. He escrito...
5. He hecho...
6. He visto...
7. He comido...
8. He comprado...

12.13 De campamento Martín y su amigo Gerardo están en un campamento en la tundra argentina. Completa su historia con la forma necesaria del presente perfecto para cada verbo en paréntesis.

Este es nuestro quinto día de excursión. Hasta ahora, **(1.)** _____ (caminar) más de 100 kilómetros, pero no **(2.)** _____ (ver) ningún animal salvaje, excepto un grupo de castores *(beavers)* que **(3.)** _____ (destruir) muchos árboles. Es una lástima ver tantos árboles destruidos. Hace mucho frío por la noche y por eso yo no **(4.)** _____ (dormir) bien y me siento muy cansado. Además, yo tampoco **(5.)** _____ (comer) muy bien porque Gerardo trajo una comida enlatada *(canned)* horrible. Sin embargo, debo admitir que nosotros **(6.)** _____ (divertirse) mucho. A Gerardo le encanta la fotografía y **(7.)** _____ (tomar) muchas fotos para compartir a nuestro regreso. ¿Alguna vez **(8.)** _____ (hacer) tú este tipo de excursión?

12.14 ¿Quién lo ha hecho? Trabaja con un compañero y túrnense para preguntar y contestar quién ha hecho las siguientes actividades. Si pueden, mencionen otros datos sobre la persona.

Modelo cantar desde *(since)* su niñez
　　　　Estudiante 1: *¿Quién ha cantado desde su niñez?*
　　　　Estudiante 2: *Christina Aguilera.*

1. escribir más de quince novelas
2. recibir varios Premios Golden Globe
3. hacerse famoso como comediante
4. jugar para los Red Sox y los Twins
5. tener más de 70 canciones en la posición número uno en *Billboard*
6. vender más de 30 millones de álbumes
7. ganar las elecciones presidenciales dos veces
8. dirigir películas

a. Christina Aguilera
b. Sofía Vergara
c. Carlos Santana
d. Enrique Iglesias
e. Alfonso Cuarón
f. Michelle Bachelet
g. George López
h. Isabel Allende
i. David Ortiz

12.15 Sondeo En grupos de tres o cuatro estudiantes hagan un sondeo *(survey)* para saber quién ha hecho las siguientes actividades. Túrnense para hacer las preguntas y después repórtenle sus resultados a la clase.

Modelo trepar un árbol en un bosque
　　　　¿Quién ha trepado un árbol en un bosque?

1. hacer surf en el océano
2. ver una catarata
3. explorar una selva
4. esquiar en las montañas
5. acampar en un bosque
6. ir de vacaciones a una isla
7. estar en un desierto
8. correr al lado del mar

12.16 En busca de... Pregúntales a ocho personas diferentes si alguna vez han hecho las siguientes actividades. Pídeles información adicional para reportársela a la clase. Recuerda que necesitas buscar a alguien que conteste que sí.

¿Alguna vez... ?
1. nadar en el mar (¿Dónde?)
2. ver un volcán (¿Dónde?)
3. ir a una isla (¿Cuál?)
4. navegar en un río (¿En cuál?)
5. escalar una montaña (¿Cuál?)
6. estar en una isla (¿Cuál?)
7. perderse en un bosque (¿Qué hizo?)
8. estar en una selva (¿Dónde?)

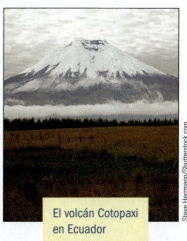

El volcán Cotopaxi en Ecuador

Steve Herrmann/Shutterstock.com

12.17 **Este año** Entrevista a tu compañero sobre lo que ha hecho este año.

Modelo leer un libro (¿Cuál?)
Estudiante 1: *¿Has leído un libro este año?*
Estudiante 2: *Sí, he leído un libro.*
Estudiante 1: *¿Cuál?*
Estudiante 2: *Leí* Cien años de soledad.

1. hacer un viaje (¿Adónde?)
2. escribir una carta (¿A quién?)
3. visitar a unos amigos o parientes (¿Qué hicieron?)
4. mudarse *(to move)* (¿Adónde?)
5. tener una fiesta (¿Cuándo?)
6. comprar un coche (¿Qué coche?)
7. ir a un concierto (¿De quién?)
8. encontrar un nuevo trabajo (¿Dónde?)

 12.18 **Hechos** Trabaja con un compañero y túrnense para hablar de lo que han hecho con respecto a los siguientes temas. Ustedes deciden el último tema.

Modelo compras
Estudiante 1: *Yo he comprado una casa.*
Estudiante 2: *¿De veras? Yo he comprado un coche nuevo este año.*

1. estudios
2. trabajos
3. viajes
4. relaciones
5. comida
6. deportes
7. hazañas *(feats)*
8. ¿?

 12.19 **¿Qué ha pasado?** Trabaja con un compañero y túrnense para describir los dibujos. Expliquen dónde están las personas y lo que ha pasado. Usen el presente perfecto y den muchos detalles.

Modelo *Ella está en la playa con un amigo. El amigo ha ido a nadar y ella se ha dormido y se ha quemado.*

1.

2.

3.

4.

5.

6.

Entrando en materia

El futuro del mundo son los niños, por eso es importante enseñarles a cuidar nuestro planeta. En tu opinión, ¿a qué edad podemos empezar a enseñarles a los niños sobre el reciclaje? ¿Cuáles son tres ideas que se le pueden enseñar fácilmente a un niño acerca de reciclar?

Programa educativo para niños

◀)) Vas a escuchar un segmento de un programa de televisión acerca de cómo y qué
12-2 enseñarles a los niños sobre el reciclaje.

Vocabulario útil

el envase	*container*
la envoltura	*packaging*
la pila	*battery*
el vidrio	*glass*

Comprensión

Indica si las ideas son ciertas o falsas según la información que escuchaste. Corrige las ideas falsas.

1. El Día Mundial del Reciclaje se celebra el 17 de mayo en todo el mundo.
2. Los niños están listos para aprender a separar el reciclaje a la edad de cinco años.
3. Los padres son el mejor ejemplo para que los niños aprendan.
4. El vidrio se debe poner en el contenedor azul.
5. Recuperar materiales significa que deben usarlos otra vez.
6. Una estrategia para reducir es comprar en envases de plástico.

ᵀᵀ Más allá

Los consejos que leíste son para enseñar a niños pequeños. ¿Qué se debe hacer para informar a más adultos sobre el reciclaje? Habla con un compañero para encontrar cinco recomendaciones. Después compartan sus recomendaciones con la clase.

Phovoir/Shutterstock.com

Lectura

Antes de leer

1. ¿Alguna vez has visitado un parque nacional? ¿Cuál?
2. ¿Puedes nombrar algunos parques nacionales famosos en los Estados Unidos?
3. ¿Por qué es importante mantener los parques nacionales?

A leer

Los parques nacionales de Costa Rica y de Ecuador

Costa Rica fue uno de los primeros países en Latinoamérica en reconocer la importancia de proteger los recursos naturales. Desde 1970 casi el 25% de su territorio ha sido declarado parque nacional o zona de protección.

Costa Rica es un país que se distingue por su respeto a la ecología y a la preservación del medio ambiente. Su sistema de parques nacionales refleja la

> **es un país que se distingue por su respeto a la ecología y a la preservación del medio ambiente**

Una cascada en La Paz, Costa Rica

preocupación por conservar la flora y la fauna del país. El éxito de sus parques nacionales es evidente en los *beautiful* **hermosos** paisajes de este país: cascadas cristalinas, playas, montañas y ríos para explorar, así como sitios arqueológicos e históricos.

El éxito de sus parques nacionales ha sido posible gracias a que los costarricenses consideran el **ambientalismo** una responsabilidad nacional. En este pequeño país *environmentalism* existen 205 especies de mamíferos, 845 especies de aves, 160 especies de anfibios, *fresh water* 218 especies de reptiles y 1013 especies de peces de **agua dulce**.

Los parques nacionales de Costa Rica también son de gran importancia económica porque se han convertido en centros de atracción para los turistas que *developed* visitan Costa Rica. El país ha **desarrollado** una importante infraestructura hotelera para satisfacer la demanda de este turismo sin dañar el medio ambiente. Costa Rica es, sin duda, un ejemplo a seguir en materia de ecología.

Ecuador también tiene una **red** importante de reservas ecológicas y parques nacionales públicos y privados. De entre todos sus parques, el más conocido es el Parque Nacional Galápagos, establecido en 1959. Las islas se formaron **hace** más de ocho millones de años, y fueron descubiertas accidentalmente en 1535. Por mucho tiempo las Galápagos fueron utilizadas por piratas ingleses como **escondite**. Las islas se hicieron famosas debido a Darwin, quien concibió su teoría de la evolución gracias a lo que observó en estas islas.

En la actualidad el Parque Nacional Galápagos está compuesto por más de 30 islas y tiene una extensión de 693 700 hectáreas. En él abundan especies endémicas, es decir, que no existen en ninguna otra parte del mundo. Debido al delicado equilibrio de las islas, hay **guías** de **comportamiento** muy específicas para los visitantes. Por ejemplo, no es posible visitar las islas sin un guía especializado; no se debe acercar a ningún animal a menos de dos metros para no alterar su comportamiento; no se debe traer a las islas ningún organismo vivo, y jamás se deben comprar **recuerdos** que incluyan partes de animales. A pesar de estas rigurosas reglas, las Galápagos están en la lista de Patrimonio Universal en **peligro,** y hay quien piensa que eventualmente se prohibirá el acceso a los visitantes.

network

hace... años
years ago

hideout

guides / behavior

souvenirs

danger

Pelícanos en las islas Galápagos

Comprensión

1. ¿Qué porcentaje del territorio de Costa Rica está ocupado por parques nacionales y zonas protegidas?

2. ¿Cómo muestra Costa Rica el respeto por el medio ambiente?

3. ¿Dónde es evidente el éxito de los parques nacionales?

4. ¿Por qué los parques nacionales tienen importancia económica?

5. ¿Cuándo se estableció el Parque Nacional Galápagos?

6. ¿Por qué se hicieron famosas las Galápagos?

7. ¿Cuáles son dos reglas importantes que se deben seguir cuando se visitan las islas?

8. En tu opinión, ¿tienen los Estados Unidos una estrategia de conservación similar a la de Costa Rica? Explica las semejanzas y diferencias.

ᴛᴛ Después de leer

Costa Rica es uno de los países latinoamericanos que más se esfuerza *(makes an effort)* por proteger su ecología. Trabaja con un compañero y hablen sobre estrategias que se pueden o deben usar en los Estados Unidos para proteger el medio ambiente. Después repórtenle sus sugerencias a la clase.

Algunos de los animales de la ilustración no pertenecen a una granja. ¿Cuáles son?

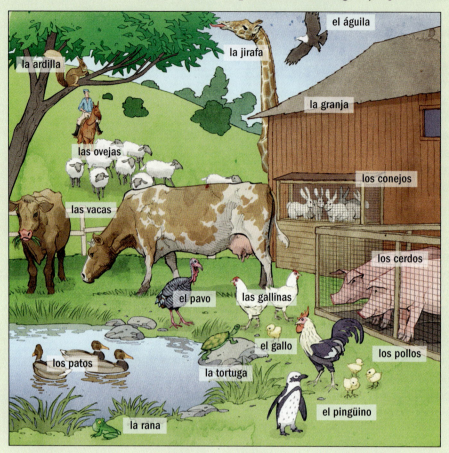

INVESTIGUEMOS EL VOCABULARIO

Although a gender (**el** or **la**) is assigned to a species, we cannot assume the gender of the animal by the name. You can specify the gender of a specific animal by saying that it is **macho** *(male)* or **hembra** *(female)*. For example, the generic term for *squirrel* is **la ardilla,** but we can talk about **una ardilla macho** or **una ardilla hembra.** For very common domesticated animals such as cats and dogs, it is common to change the ending: **perra, gata,** etc.; however, a few animals have different names, based on their gender:

caballo	**yegua**
toro	**vaca**
gallo	**gallina**

Los animales

la ballena	whale
la cebra	zebra
el cocodrilo	crocodile
el elefante	elephant
el gorila	gorilla
el jaguar	jaguar
el león	lion
la llama	llama
el lobo	wolf
el mono	monkey

el oso	bear
la serpiente	snake
el tiburón	shark
el tigre	tiger
el toro	bull
el venado	deer
el zorro	fox

Clasificaciones

los anfibios	amphibians
las aves	birds

los mamíferos	mammals
los peces	fish
los reptiles	reptiles

Palabras adicionales

cazar	to hunt
la caza	hunting
domesticado(a)	domesticated
la jaula	cage
estar en peligro	to be
de extinción	endangered
salvaje	wild

A practicar

12.20 **Escucha y responde** Escucharás algunas ideas sobre el hábitat de los animales. Indica con el pulgar hacia arriba si piensas que una idea es cierta, y con el pulgar hacia abajo si es falsa.

12-3

12.21 Identificaciones Indica a qué grupo corresponden los siguientes animales.

anfibio **ave** **mamífero** **pez** **reptil**

Modelo gorila *mamífero*

1. el cocodrilo
2. el pingüino
3. el zorro
4. el tiburón

5. el águila
6. la serpiente
7. la llama
8. la gallina

9. la ballena
10. la rana

12.22 La personalidad de los animales Trabaja con un compañero y túrnense para elegir un animal de la ilustración o de la lista de vocabulario. Cada estudiante debe dar información sobre el animal sin decir cuál es. Su compañero va a escuchar la descripción y a decir qué animal es.

Modelo Estudiante 1: *Es un animal pequeño que vive en la selva. Le gustan los plátanos.*
Estudiante 2: *Es un mono.*

12.23 Asociaciones ¿Qué sabes de estos animales? Trabaja con un compañero y túrnense para relacionar un animal con una palabra de la primera lista y explicar la relación.

gallinas **bosque** **mar** **pasto** **poner huevos**
ratones **domesticado** **salvaje** **desierto**

Modelo pandas – extinción
Los pandas son animales en peligro de extinción. Hay muy pocos en el mundo.

1. osos
2. leones
3. zorros

4. delfines
5. tortugas
6. serpientes

7. coyotes
8. vacas

12.24 Entrevista Entrevista a un compañero con las siguientes preguntas.

1. Aparte de tus mascotas, ¿cuál es tu animal favorito? ¿Por qué?
2. ¿Piensas que los derechos de los animales son importantes? ¿Por qué?
3. ¿Con qué frecuencia vas al zoológico? ¿Qué animales prefieres visitar?
4. ¿Te gustaría *(Would you like)* vivir con muchos animales en una granja? ¿Por qué?
5. ¿Te gustaría hacer un safari? ¿Por qué?
6. ¿Qué animales piensas que son los más inteligentes? ¿Por qué?
7. ¿Crees que los animales piensan y sienten? ¿Por qué lo crees?

12.25 Donaciones Imagina que un compañero y tú trabajan para el *World Wildlife Fund.* Uno de ustedes va a trabajar con la tabla en esta página, y el otro va a completar la tabla en el Apéndice B. Compartan la información para saber qué animales han recibido más donaciones y después decidan para qué animal deben hacer la siguiente campaña (para el animal que tiene menos donaciones).

ESPECIE	DONACIONES	PAÍS/ REGIÓN
1. El pingüino imperial	$200 340	Argentina/Chile/Antártica
2. El orangután	$1 050 450	
3. El jaguar	$503 789	
4. El oso frontino		Venezuela
5. El cóndor andino		Zonas montañosas de Sudamérica
6. El oso polar		

Piensa en el tema

¿Qué historias conoces en las que los animales son los protagonistas?

Una fábula

Los animales han sido usados para protagonizar cuentos para niños, fábulas y otras historias. El escritor guatemalteco Augusto Monterroso utilizó animales para escribir fábulas modernas que muchas veces tenían crítica social y de un humor cínico. Monterroso (1921–2003) nació en Honduras, pero su familia era de Guatemala y allí creció. Debido a cuestiones políticas, tuvo que exiliarse en 1944. Al principio vivió en Chile y Bolivia, y finalmente se mudó a México, en donde vivió la mayor parte de su vida. Es famoso por sus cuentos cortos, y es también el autor del cuento más corto de la historia de la literatura universal. La siguiente fábula es una de las más conocidas de Monterroso.

"El burro y la flauta" by Augusto Monterroso. Courtesy of International Editors.

La fábula del Burro y la Flauta

El Burro y la Flauta

Tirada en el campo[1] estaba desde hacía tiempo una Flauta que ya nadie tocaba, hasta que un día un Burro que paseaba por ahí resopló[2] fuerte sobre ella haciéndola producir el sonido[3] más dulce de su vida, es decir, de la vida del Burro y de la Flauta.

Incapaces[4] de comprender lo que había pasado, pues la racionalidad no era su fuerte[5] y ambos creían en la racionalidad, se separaron presurosos[6], avergonzados de lo mejor que el uno y el otro habían hecho durante su triste existencia.

[1]*field* [2]*puffed* [3]*sound* [4]*Incapable* [5]*strength* [6]*quickly*

Hablemos del tema

1. ¿Por qué crees que Monterroso eligió a un burro como el protagonista de la historia?
2. ¿Tiene importancia en la historia que el Burro y la Flauta creían en la racionalidad? Explica por qué.
3. En tu opinión, ¿cuál es el mensaje de esta fábula? Explica.
4. Comparte con un compañero una fábula que conozcas.

El reino animal
Comparaciones

Piensa en el tema

En tu opinión, ¿en qué tipo de región geográfica viven muchas especies de animales o insectos? ¿Por qué?

La biodiversidad

Se calcula que existen de 5 a 50 millones de especies diversas en nuestro planeta, aunque hasta la fecha solo se han descrito alrededor de 1,4 millones. El número total de especies conocidas en cada país es muy diferente. Algunos países son mucho más biodiversos que otros. Por ejemplo, en Colombia hay 1821 especies de aves, más que cualquier otro país del mundo, mientras que en Ecuador se encuentra el Parque Nacional Yasuní, la región con más biodiversidad en todo el planeta.

La siguiente tabla muestra los países más ricos por su biodiversidad.

**Los países con más biodiversidad en el mundo
(país y número de especies)**

Plantas	Anfibios	Reptiles	Mamíferos
Brasil, 55 000	Brasil, 516	México, 707	Indonesia, 519
Colombia, 45 000	Colombia, 407	Australia, 597	México, 439
China, 30 000	Ecuador, 358	Indonesia, 529	Brasil, 421
México, 26 000	México, 282	Brasil, 462	China, 410
Australia, 25 000	Indonesia, 270	India, 433	República Democrática del Congo, 409

Source: Instituto Nacional de Ecología, México

Los piqueteros de patas azules son una especie única de las islas Galápagos.

👥 Hablemos del tema

Habla con un compañero sobre las siguientes preguntas.
1. ¿Les sorprende la información de la tabla? ¿Por qué?
2. ¿Creen que estos números están cambiando? ¿Cómo serán en el futuro?
3. ¿Cuáles son algunas especies que viven solamente en el territorio de los Estados Unidos?

A analizar

Camila habla con sus alumnos (estudiantes) sobre algunos animales en peligro de extinción. Después de ver el video, lee parte de su conversación y observa los verbos en negritas.

Camila:	Todos [estos animales] están en peligro de extinción. Quiere decir que es posible que algún día **no existan.**
Alumna:	Pero no es justo que **se mueran.**
Camila:	Estoy de acuerdo... muchos animales ya no tienen donde vivir.
Alumna:	No creo que puedan vivir en mi casa.
Camila:	Tienes razón... Es mejor que **estén** en la naturaleza.

1. The verbs in bold are in the subjunctive. What verb form is similar?
2. Look at the expressions that precede the verbs in the subjunctive. What do they all have in common?

A comprobar

Subjunctive with impersonal expressions

Until now, all the verb tenses you have studied (present, preterite, imperfect, future, etc.) have been in the indicative. The indicative is an objective mood that is used to state facts and to talk about things that you are certain have occurred or will occur.

Las águilas están en peligro.   *Eagles are endangered.*

In contrast, the subjunctive is a subjective mood that is used to convey uncertainty, anticipated or hypothetical events, or the subject's wishes, fears, doubts, and emotional reactions.

Es terrible que las águilas desaparezcan.   *It is terrible (that) the eagles may disappear.*

The present subjunctive

1. You will notice that the subjunctive verb forms are very similar to formal commands. To form the present subjunctive, drop the **-o** from the first-person **(yo)** present tense form and add the opposite ending. Add the **-er** endings for **-ar** verbs, and the **-ar** endings for **-er** and **-ir** verbs.

hablar		**comer**		**vivir**	
hable	hablemos	coma	comamos	viva	vivamos
hables	habléis	comas	comáis	vivas	viváis
hable	hablen	coma	coman	viva	vivan

2. Verbs that are irregular in the first-person present indicative have the same stem in the present subjunctive.

> Es importante que **conduzcas** con cuidado porque hay venados.

3. Stem-changing **-ar** and **-er** verbs follow the same pattern as in the present indicative, changing in all forms except the **nosotros** and **vosotros** forms.

> Es bueno que **podamos** hacer algo, pero es necesario que todos **piensen** en el medio ambiente.

4. Stem-changing **-ir** verbs follow the same pattern as in the present indicative; however, there is an additional change in the **nosotros** and **vosotros** forms. The additional stem change is similar to that in the third-person preterite (**e → i** and **o → u**).

> Es mejor que nosotros **durmamos** en la casa y que los animales **duerman** afuera.

For complete verb charts of the stem-changing and irregular subjunctive verbs, please see Appendix H.

5. You will recall that the formal commands of verbs whose infinitives end in **-car, -gar,** and **-zar** have spelling changes. These same spelling changes occur in the subjunctive as well.

> Es necesario que todos **busquemos** una solución.

> Es malo que el gallo **empiece** a cantar tan temprano.

6. The subjunctive of the following verbs is irregular: **dar (dé), estar (esté), haber (haya), ir (vaya), saber (sepa),** and **ser (sea).** You will notice that once again the subjunctive form is similar to the formal command forms.

> Es imposible que **vayas** a la granja mañana.

> Es horrible que **haya** tantos animales en peligro de extinción.

7. Impersonal expressions do not have a specific subject and can include a large number of adjectives: **es bueno, es difícil, es importante, es triste,** etc. They can be negative or affirmative.

The following are impersonal expressions:

es buena/mala idea	es mejor	es recomendable
es horrible	es necesario	es ridículo
es imposible	es posible	es terrible
es increíble	es probable	es una lástima (*it's a shame*)
es justo (*it's fair*)	es raro	es urgente

8. When using an impersonal expression to express an opinion or an emotional reaction, it is necessary to use the subjunctive with it. While in English the conjunction *that* is optional, in Spanish, it is necessary to use the **que** between the clauses.

> **Es importante que protejamos** a los animales.
> ***It is important that we protect*** *animals.*

> **Es una lástima que haya** animales en peligro de extinción.
> ***It's a shame (that) there are*** *animals in danger of extinction.*

INVESTIGUEMOS LA GRAMÁTICA

When there is no specific subject, the infinitive is generally used after the impersonal expression.
Es imposible ver a todos los animales.
It is impossible to see *all the animals.*

A practicar

12.26 **Es lógico** Combina las dos columnas para crear ideas lógicas.

1. No es necesario que yo...
2. Es importante que nosotros...
3. Es urgente que los políticos...
4. Es mejor que tú...
5. Es increíble que unos animales...

a. hagan leyes (*laws*) para proteger la ecología.
b. se extingan rápidamente.
c. compre ropa o zapatos de piel.
d. pensemos en las otras criaturas que también viven en la tierra.
e. sigas las regulaciones de la caza.

12.27 **¿Es buena idea?** Un amigo vive en un apartamento y va a adoptar una nueva mascota. Lee las siguientes afirmaciones, indica si son buenas ideas o no, y completa las oraciones con la forma necesaria del subjuntivo del verbo entre paréntesis.

(No) Es buena idea que él...

1. _____ (buscar) un animal de un refugio *(shelter)*.

2. _____ (decidir) si quiere un perro o un gato.

3. le _____ (pagar) un depósito al propietario *(owner)* del apartamento.

4. _____ (adoptar) un perro grande.

5. _____ (consultar) con su compañero de casa.

6. _____ (tener) prisa al tomar su decisión.

INVESTIGUEMOS LA MÚSICA

Joaquín Sabina is one of the more famous contemporary Spanish composers and musicians. Listen to his song "Es mentira." What are the lies mentioned in the song? Why does the person lie?

12.28 **En un zoológico loco** Trabaja con un compañero y túrnense para hablar sobre sus reacciones o recomendaciones sobre la ilustración. Usen expresiones impersonales y el subjuntivo.

Modelo *Es raro que no haya hielo* (ice) *en la jaula de los pingüinos.*

Para más información sobre Guinea Ecuatorial ve **Exploraciones del mundo hispano** en el Apéndice A.

12.29 **El safari** Un amigo va a hacer un safari en Guinea Ecuatorial. Túrnate con un compañero para completar las siguientes ideas con sus recomendaciones. **¡OJO!** Recuerden que deben usar el subjuntivo.

1. Es buena idea que...
2. Es necesario que...
3. Es importante que...
4. Es recomendable que...
5. Es mala idea que...
6. Es probable que...
7. Es imposible que...
8. Es increíble que...

12.30 **Consejos para un amigo** Trabaja con un compañero para darle al menos seis consejos a una persona que piensa asistir a tu universidad. Usen expresiones impersonales diferentes y el subjuntivo. Después compartan los consejos con la clase.

Modelo *Es buena idea que viva cerca de la universidad.*

Exploraciones **gramaticales**

A analizar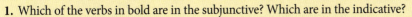

Ve el video de Camila y sus alumnos otra vez. Después lee parte de su conversación y observa los verbos en negritas.

Camila:	Es cierto que todos **son** animales, pero tienen algo más en común. Todos están en peligro de extinción... muchos animales ya no tienen donde vivir.
Alumna:	Y no creo que **puedan** vivir en mi casa.
Camila:	Tienes razón. Dudo que **estén** felices viviendo en casas.
Alumna:	Pues yo creo que **puedo** tener un gorila en el jardín de mi casa.
Camila:	No pienso que tu jardín **sea** el lugar adecuado para un gorila.

1. Which of the verbs in bold are in the subjunctive? Which are in the indicative?

2. What expressions precede the verbs in the subjunctive? And in the indicative? How can you explain this difference?

A comprobar

Subjunctive with expressions of doubt

1. When expressing doubt or uncertainty about an action or a condition, you must use the subjunctive. The following are some common expressions of doubt that require the use of the subjunctive:

Dudar *(to doubt)* que	No estar seguro(a) que
No creer que	No ser cierto/verdad/
No pensar que	obvio/evidente que
No suponer	
(to suppose) que	

Dudo que la cebra **corra** más rápido que el león.
I doubt that the zebra *runs* faster than the lion.

No pensamos que los elefantes **duerman**.
We don't think that the elephants *are sleeping*.

2. When using the expressions below to affirm a belief or express certainty, you must use the indicative.

Creer que	Estar seguro(a) que
Pensar que	Ser cierto/verdad/
Suponer que	obvio/evidente que

Supongo que a veces la caza **es** necesaria.
I suppose that sometimes hunting *is necessary*.

Es obvio que necesitamos hacer algo.
It is obvious that we need to do something.

3. When using the verbs **pensar** and **creer** in a question, it is common to use the subjunctive in the dependent clause as you are not affirming a belief.

¿Crees que **haya** suficiente comida para los animales?
*Do you think **there is** enough food for the animals?*

INVESTIGUEMOS LA GRAMÁTICA

While the expression **dudar** always requires the subjunctive, there is variation in its use with **no dudar.** Some speakers will use the subjunctive *(doubt)* or the indicative *(certainty)*, depending on their intention. You might prefer to use an expression of certainty like **estoy seguro(a)** or **es cierto** if you mean that you are completely sure about something.

A practicar

12.31 **¿Qué animal es?** Lee los comentarios de los alumnos de Camila y decide a cuál de los animales se refiere cada uno.

el águila	**el oso polar**	**la serpiente**
el toro	**la tortuga**	**la vaca**

1. Creo que vive en el desierto.
2. Es obvio que produce leche.
3. Dudo que sea muy rápida.
4. No creo que le gusten las temperaturas muy altas.
5. No es cierto que le moleste el color rojo.
6. Pienso que es el símbolo de los Estados Unidos.

12.32 **Oraciones incompletas** Completa las oraciones con la frase apropiada. **¡OJO!** Algunas oraciones necesitan el subjuntivo y otras no.

1. Creo que el caballo...
   a. es un animal fuerte *(strong)*.   **b.** sea un animal fuerte.

2. Dudo que la tortuga...
   a. corre rápido.   **b.** corra rápido.

3. Supongo que las gallinas...
   a. tienen miedo del zorro.   **b.** tengan miedo del zorro.

4. Estoy seguro que el camello...
   a. no necesita agua.   **b.** no necesite agua.

5. No pienso que la oveja...
   a. come carne.   **b.** coma carne.

6. No es cierto que los pingüinos...
   a. saben volar *(to fly)*.   **b.** sepan volar.

7. No creo que el elefante...
   a. salta.   **b.** salte.

8. Es obvio que el cocodrilo...
   a. no puede sacar la lengua *(tongue)*.   **b.** no pueda sacar la lengua.

12.33 **En clase** Completa el siguiente párrafo con la forma apropiada del verbo entre paréntesis. **¡OJO!** Algunos verbos requieren el subjuntivo y otros el indicativo.

Miguel: Profesor, ¿es verdad que **(1.)** _____ (haber) muchos animales en peligro de extinción?

Profesor: Sí, es cierto. Es obvio que muchas personas no **(2.)** _____ (pensar) en el medio ambiente y no creen que sus acciones **(3.)** _____ (afectar) el mundo mucho. Yo creo que todos **(4.)** _____ (deber) hacer nuestra parte.

Miguel: Dudo que yo **(5.)** _____ (poder) cambiar las cosas *(make a difference)*.

Profesor: No creo que **(6.)** _____ (saber) todo lo que *(that)* puedes hacer. Es cierto que tú **(7.)** _____ (ser) solo una persona, pero hay muchas organizaciones que buscan voluntarios.

12.34 **En el reino animal** Trabaja con un compañero para decidir si son ciertas las siguientes oraciones. Luego usen las expresiones de duda para expresarle sus creencias (beliefs) a la clase. **¡OJO!** Usa el subjuntivo solo si tienes duda.

> **Modelo** La cebra es blanca y negra.
> *Es obvio que la cebra es blanca y negra.*
> El pez puede vivir fuera del agua.
> *No creo que el pez pueda vivir fuera del agua.*

1. El hipopótamo es carnívoro.
2. Se escucha a un león rugir (to roar) a cinco millas.
3. La boa vive en África.
4. Una tortuga puede vivir más de cien años.
5. A los gorilas les gusta tomar una siesta por la tarde.

6. Todos los osos duermen en el invierno.
7. El tigre es el más grande de los felinos.
8. Las rayas de cada cebra son únicas.
9. El gallo canta para despertar a las gallinas.
10. Algunas ardillas pueden medir (measure) hasta un metro.

12.35 **¿Qué piensas?** Túrnate con un compañero para expresar sus opiniones acerca de las circunstancias en los dibujos. Usen expresiones de duda o certeza.

> **Modelo** *Es obvio que la niña quiere comprar el perro.*
> *Dudo que la madre le compre el perro.*

1.

2.

3.

4.

5.

6.

12.36 **En mi opinión** En grupos de tres, expresen sus opiniones sobre los siguientes temas usando el subjuntivo o el indicativo con las expresiones **(no) creer, (no) dudar, (no) pensar, (no) suponer, (no) estar seguro que** y **(no) ser cierto/evidente/verdad/obvio que.**

> **Modelo** la crueldad con los animales
> *Pienso que el abuso de los animales es un crimen. Ellos no pueden protegerse.*
> *No creo que sean buenas las personas que son crueles con los animales.*

1. ser vegetariano
2. la caza
3. la extinción de algunos animales
4. usar pieles de animales

5. la corrida de toros
6. los zoológicos
7. el problema de los gatos y perros callejeros (stray)
8. las peleas de gallos o de perros

Lectura

Reading Strategy: Identify the main idea

To help you figure out the main idea of a text, it might help to identify the main idea of each paragraph first. As you read through the text, write one sentence that summarizes the ideas in each paragraph. When you have finished, look at all of the paragraph summaries that you wrote. What do you think the main idea of the article is?

Antes de leer

1. ¿Conoces alguna historia sobre animales fantásticos? ¿Cuál?
2. ¿Cuáles son otros animales fantásticos de los que has oído?
3. ¿Por qué crees que hay historias sobre animales fantásticos? ¿Piensas que existen o existieron? Explica por qué.

A leer

Animales fantásticos

Los animales han inspirado la creatividad y la imaginación de los hombres por mucho tiempo, pero a veces la realidad parece más increíble que la imaginación, como se ve en algunos animales que viven en nuestro planeta. Cada año se descubren creaturas que parecen sacados de libros de ciencia ficción, en especial algunos organismos que viven en las profundidades de los océanos.

Una interpretación artística del Chupacabras

Por mucho tiempo se ha hablado de animales que

prove

nadie ha podido **comprobar** que existan. Algunos ejemplos conocidos son los de un tipo de dinosaurio que supuestamente vive en Escocia (el monstruo del lago Ness), el Yeti (el abominable hombre de las nieves), el de Sasquatch (similar al Yeti) y el cada vez más célebre Chupacabras.

[se dice que es una mezcla de coyote o perro sin pelo, de rata, y hasta de canguro]

La historia del Chupacabras se inicia en los años 90, cuando empiezan a aparecer numerosos animales muertos sin **sangre,** como caballos, ovejas, **cabras,** gallinas y perros. El primer **avistamiento** del Chupacabras se reportó en Puerto Rico, pero en la actualidad hay personas que dicen haberlo visto en lugares tan alejados como Argentina, Colombia y Chile. Sin embargo, la mayoría de los reportes siguen siendo de Puerto Rico, la República Dominicana, México y los Estados Unidos.

blood
goats / sighting

Según las personas que dicen haberlo visto, el Chupacabras es una **mezcla** de animales diferentes: se dice que es una mezcla de coyote o perro sin pelo, de rata, y hasta de canguro. Algunos le encuentran parecido con las gárgolas de la mitología europea. En lo que todos están de acuerdo, es en que el Chupacabras tiene forma humanoide y **mide** aproximadamente un metro de altura. También es cierto que el interés acerca del Chupacabras ha dado como resultado una gran cantidad de publicidad y de artículos para el mercado: es fácil encontrar camisetas, tazas, libros y sombreros con la imagen del Chupacabras. Su existencia real seguirá siendo un misterio, pero su aparición en el cine, en la televisión, en los cómics, en videojuegos, en las leyendas urbanas y hasta en la música, no es ficticia.

mix

measures

Comprensión

Contesta las preguntas según la lectura.

1. ¿Cuáles son algunos animales fantásticos?
2. ¿Cuándo y dónde comenzó la historia del Chupacabras? ¿Por qué?
3. ¿En qué países hay reportes de un animal como el Chupacabras?
4. ¿En qué productos se puede ver el Chupacabras hoy en día *(today)*?

Después de leer

En parejas escriban una lista de otros animales que han despertado la imaginación de la gente, y algunas películas o programas de televisión famosos que se inspiran en animales. Después inventen una idea para una película en la que un nuevo animal sea el protagonista de la historia. ¿Qué ocurre en la película? ¿Cómo termina?

Ruslan Kudrin/Shutterstock.com

Redacción

An editorial in a newspaper is an opinion piece. Imagine that you work for a newspaper and have been asked to write an editorial in which you express your opinion on an animal issue or an environmental issue.

Estrategia

Use a good dictionary

When you look up the Spanish translation for an English word, pay attention to the parts of speech in order to choose the appropriate form. If the entry has a number of options, look up some of the words in the Spanish-English section to be sure that you choose the proper word.

Paso 1 Pick one of the following topics about which you have an opinion: water conservation, recycling, vegetarianism, hunting, or zoos. Or you may choose to come up with your own topic.

Paso 2 In order to write a good argument, it is important to think of both sides of the issue. Write down a list of pros and cons related to the issue.

Paso 3 Pick two of the items you wrote in **Paso 2** that support your view on the issue. Then jot down other ideas related to each of the points you have chosen.

Matt Antonino/Shutterstock.com

Paso 4 Write a topic sentence in which you express your opinion on the issue you have chosen to write about. Decide which of the points you chose in **Paso 3** you would like to begin your argument with, and then write your first paragraph using the information you generated. You may want to mention an opposing argument and refute it in your paragraph. **¡Ojo!** Remember that your Spanish is not as sophisticated as your English, so be sure to keep your ideas simple.

Paso 5 Write a transition sentence that will introduce your second point. You may think about using expressions such as **además de** *(besides),* **por otra parte** *(moreover),* or **aparte de** *(aside from).*

Paso 6 Using the information you generated on the second point in **Paso 3,** write your second paragraph.

Paso 7 Write a concluding paragraph in which you restate your opinion and summarize your arguments. When restating your opinion, you should not use the same sentence you began your essay with. Instead, find another way to express your point of view.

Paso 8 Edit your paragraph:

1. Do all of the sentences in each paragraph support your topic sentence? If not, get rid of them.
2. Do you have smooth transitions between sentences and between paragraphs?
3. Do verbs agree with the subject? Are they conjugated correctly?
4. Did you use any expressions that require you to use the subjunctive?

Entrando en materia

¿Cuáles son algunos ejemplos de especies de animales que están en peligro de extinción?

Blog

Lee el siguiente artículo sobre algunos animales que están en peligro.

Dos especies animales en peligro de extinción

De acuerdo a noticias recientes, muchos científicos piensan que estamos en una etapa[1] de extinciones masivas de las especies que habitan el planeta. Aunque las extinciones no son algo nuevo, muchos piensan que esta ola de extinciones es producto del cambio climático originado por la actividad humana.

Según un estudio reciente, casi la mitad[2] de los mamíferos de la Tierra están en peligro de extinción, así como una cuarta parte de las especies de aves. Es necesario que todos hagamos nuestra parte para ayudar a estas especies, pues su extinción puede afectar muy negativamente el equilibrio del planeta. Sin embargo, es posible que algunos de estos animales ya no puedan recuperarse, como es el caso de las siguientes dos especies.

La vaquita marina: Es una especie de mamífero marino que existe solamente en México, en el golfo de California. La población de vaquitas marinas empezó a reducirse a causa de la pesca ilegal de otra especie que también está en peligro, la totoaba (corvina blanca), pero que se vende por mucho dinero en varios países de Asia. Las vaquitas quedan atrapadas en las redes[3] de los pescadores y mueren. Aunque se han hecho muchos esfuerzos por rescatarlas[4], se piensa que quedan solamente alrededor de treinta vaquitas.

Alona K/Shutterstock.com

El churrete ventriblanco: También conocido como remolinera ventriblanca, es otra especie a punto de extinguirse. Vive en las montañas del centro de Perú, no muy lejos de Lima. Se calcula que quedan entre 50 y 250 ejemplares adultos. Estas aves generalmente viven en pequeños grupos de entre 3 y 7 aves. Llegan a medir unos 24 cms. de largo y construyen sus nidos[5] en el suelo[6], lo cual probablemente ha contribuido a que la especie se encuentre en peligro.

MadBird Illustration/Shutterstock.com

Estas son solo dos especies americanas en peligro, pero la lista incluye a más de 700 especies y es necesario educar a las masas para lograr[7] salvar, o al menos reducir la velocidad a la que están desapareciendo. La extinción de una puede resultar en la extinción de diez más, en plagas[8], o en mil otras catástrofes que afectarán también al ser humano.

Source: http://www.animalesenextincion.info

[1]*stage* [2]*half* [3]*nets* [4]*to rescue them* [5]*nests* [6]*ground* [7]*to be able to* [8]*plagues*

Comprensión

Indica si las afirmaciones son ciertas o falsas, según la información del texto. Corrige las oraciones falsas.

1. Ahora están ocurriendo más extinciones de animales.
2. Proporcionalmente, hay más aves en peligro que mamíferos.
3. La actividad de los humanos parece ser responsable por el cambio climático.
4. La vaquita marina es un pez que se vende muy caro en países de Asia.
5. Quedan unas cien vaquitas marinas.
6. El churrete ventriblanco vive en Lima, Perú.
7. El churrete es una especie de reptil que vive en el suelo.
8. Proteger otras especies animales es una manera de proteger también al ser humano.

👥 Más allá

Investiga qué especies están en peligro en tu región. Elige una y comparte la información con un compañero. ¿Qué se puede hacer para ayudarla?

12.37 **Hablemos de mascotas** Completa la conversación con el presente perfecto del verbo entre paréntesis.

Viviana: ¿Qué animales **(1.)** _____ (tener) tú de mascota?

Magda: Yo nunca **(2.)** _____ (adoptar) animales. Mi familia siempre **(3.)** _____ (vivir) en apartamentos, así que no había espacio para mascotas, ¿y tú?

Viviana: Yo **(4.)** _____ (tener) ratones, pollos, conejos, gatos, perros y un pájaro, pero desde que mi esposo y yo nos mudamos a esta ciudad, no **(5.)** _____ (volver) a adoptar mascotas. No tenemos tiempo para cuidarlas, así que nosotros **(6.)** _____ (decidir) esperar. Yo siempre **(7.)** _____ (decir) que no es justo tener una mascota si no tienes tiempo para ella.

12.38 **En el zoológico** Éric va a ir al zoológico con su esposa y sus dos hijos mañana. Completa las oraciones usando los verbos entre paréntesis en el futuro y da una conclusión lógica.

Modelo Yo (comprar)...
Compraré comida para los animales.

1. Mi familia y yo (ir)...
2. Mi esposa (hacer)...
3. Los niños (poder)...
4. Mi hija (ver)...
5. Yo (tener)...
6. Todos (estar)...
7. Los animales (dormir)...
8. El zoológico (cerrarse)...

Les daré de comer a los monos.

Muellek Josef/Shutterstock.com

12.39 **Viaje a Costa Rica** Fabricio va a hacer un viaje a Costa Rica con su amigo Marcelo. Usa los diferentes elementos para completar sus comentarios. Debes decidir entre el indicativo y el subjuntivo del verbo subrayado _(underlined)_. **¡OJO!** No olvides usar **que** en las oraciones.

Modelo no creo / Costa Rica / <u>tener</u> / desierto
No creo que Costa Rica tenga desierto.

1. es buena idea / yo / <u>llevar</u> / un traje de baño / para ir a la costa
2. supongo / <u>haber</u> / volcanes activos
3. es verdad / los costarricenses / <u>cuidar</u> / la naturaleza de su país
4. es posible / nosotros / <u>navegar</u> / en kayak / en el río Sarapiquí
5. no pienso / Marcelo / <u>conocer</u> / el Valle Central
6. no creo / Marcelo y yo / <u>viajar</u> / a la selva
7. es probable / yo / <u>ver</u> / muchos animales
8. es cierto / Costa Rica / <u>ofrecer</u> / muchas oportunidades para divertirse

12.40 **En contacto con la naturaleza** Habla con un compañero sobre sus experiencias con la naturaleza.

1. ¿Te gusta pasar tiempo en contacto con la naturaleza? ¿Por qué?

2. ¿Cuándo fue la última vez que estuviste en contacto con la naturaleza? ¿Dónde? ¿Qué hiciste?

3. ¿Alguna vez has visitado un parque nacional? ¿Cuál? ¿Qué viste en el parque?

4. ¿Adónde irás en el futuro para disfrutar de la naturaleza?

5. En tu opinión, ¿es importante que hagamos algo para preservar la naturaleza? ¿Por qué?

6. ¿Crees que el esfuerzo *(effort)* de una persona es suficiente para lograr *(achieve)* un cambio? ¿Por qué?

12.41 **La granja** Mira uno de los dibujos y tu compañero va a mirar el otro en el Apéndice B. Túrnense para describir las granjas y encontrar las cinco diferencias.

12.42 **¿Somos ambientalistas?** Van a descubrir quién se preocupa más por el medio ambiente.

Paso 1 En grupos de tres, escriban una lista de cinco a siete actividades que se pueden hacer para preservar el medio ambiente.

Paso 2 Compartan su lista con el resto de la clase y decidan entre todos cuáles son las seis actividades más importantes.

Paso 3 En los grupos de tres, pregúntense para saber quiénes hacen las seis actividades. Descubran quién es la persona de su grupo que hace más para preservar el medio ambiente y repórtanle a la clase sus resultados.

🔊 Vocabulario 1
12-4

El medio ambiente *The environment*

el árbol	*tree*	la ecología	*ecology*
la arena	*sand*	el esmog	*smog*
el cactus	*cactus*	la naturaleza	*nature*
la cascada	*cascade, waterfall*	la nube	*cloud*
		la ola	*wave*
la catarata	*large waterfall*	la palmera	*palm tree*
el cielo	*sky*	el pasto	*grass, pasture*
el cambio climático	*climate change*	el petróleo	*oil*
		el reciclaje	*recycling*
la contaminación	*contamination, pollution*	los recursos naturales	*natural resources*
la deforestación	*deforestation*	rodeado(a) por	*surrounded by*
los desechos industriales	*industrial waste*	el volcán	*volcano*

Lugares

la bahía	*bay*	la montaña	*mountain*
el bosque	*forest*	la pampa	*grasslands* (in South America)
la colina	*hill*		
la costa	*coast*	la península	*peninsula*
el desierto	*desert*	el río	*river*
la isla	*island*	la selva	*jungle*
el llano	*plains*	la Tierra	*Earth*
el mar	*sea*	el valle	*valley*

Verbos

destruir	*to destroy*	proteger	*to protect*
hacer erupción	*to erupt*	reciclar	*to recycle*
preservar	*to preserve*		

Diccionario personal

_____

_____

_____

_____

_____

_____

_____

_____

Vocabulario 2

12-5

Los animales

el águila (*f.*)	*eagle*		el mono	*monkey*
la ardilla	*squirrel*		el oso	*bear*
la ballena	*whale*		la oveja	*sheep*
la cebra	*zebra*		el pato	*duck*
el cerdo	*pig*		el pavo	*turkey*
el cocodrilo	*crocodile*		el pingüino	*penguin*
el conejo	*rabbit*		el pollo	*chick*
el elefante	*elephant*		la rana	*frog*
la gallina	*hen*		la serpiente	*snake*
el gallo	*rooster*		el tiburón	*shark*
el gorila	*gorilla*		el tigre	*tiger*
el jaguar	*jaguar*		el toro	*bull*
la jirafa	*giraffe*		la tortuga	*turtle*
el león	*lion*		la vaca	*cow*
la llama	*llama*		el venado	*deer*
el lobo	*wolf*		el zorro	*fox*

Clasificaciones

los anfibios	*amphibians*		los peces	*fish*
las aves	*birds*		los reptiles	*reptiles*
los mamíferos	*mammals*			

Palabras adicionales

cazar	*to hunt*		la jaula	*cage*
la caza	*hunting*		el macho	*male*
domesticado(a)	*domesticated*		estar en peligro	*to be*
la granja	*farm*		de extinción	*endangered*
la hembra	*female*		salvaje	*wild*

Diccionario personal

_____

_____

_____

_____

_____

_____

_____

_____

EDUARDO LONGONI/picture-alliance/dpa/Newscom

Mario Benedetti
Nota biográfica

Mario Benedetti (1920–2009) nació en Paso de los Toros, Uruguay, pero de niño él y su familia se mudaron a Montevideo. Aunque tuvo que dejar la escuela a los catorce años y trabajar para ayudar a su familia, terminó sus estudios por su cuenta *(on his own)*. A causa de un golpe de estado *(military overthrow of the government)* en 1973, tuvo que salir de su país y vivió en el exilio en Argentina, Perú, Cuba y España. Diez años más tarde pudo regresar al Uruguay, donde continuó escribiendo. Mario Benedetti publicó más de 80 libros, incluyendo poemas, cuentos, novelas, ensayos y dramas, y recibió numerosos premios internacionales por su trabajo. Murió el 19 de mayo del 2009, y este día fue declarado de luto *(mourning)* nacional en Uruguay.

Antes de leer

1. ¿Crees que es importante aprender otros idiomas? ¿Por qué?
2. ¿Qué es lo más difícil de aprender otros idiomas?

El hombre que aprendió a ladrar

*discouragement /
to give up
to bark*

training / beat himself up 5

to cry

would lie down

astute 20

Lo cierto es que fueron años de arduo y pragmático aprendizaje, con lapsos de **desaliento** en los que estuvo a punto de **desistir.** Pero al fin triunfó la perseverancia y Raimundo aprendió a **ladrar.** No a imitar ladridos, como suelen hacer los chistosos o se creen tales, sino verdaderamente a ladrar. ¿Qué lo había impulsado a ese **adiestramiento**? Ante sus amigos **se autoflagelaba** con humor: "La verdad es que ladro por no **llorar**". Sin embargo, la razón más valedera era su amor casi franciscano hacia sus hermanos perros. Amor es comunicación.

¿Cómo amar entonces sin comunicarse?

Para Raimundo representó un día de gloria cuando su ladrido fue por fin
10 comprendido por Leo, su hermano perro, y (algo más extraordinario aún) él comprendió el ladrido de Leo. A partir de ese día, Raimundo y Leo **se tendían** por lo general en
15 los atardeceres, bajo la glorieta, y dialogaban sobre temas generales. A pesar de su amor por los hermanos perros, Raimundo nunca había imaginado que Leo tuviera
20 una tan **sagaz** visión de mundo.

Dmitry A/Shutterstock.com

Por fin, una tarde se animó a preguntarle, en varios sobrios ladridos: Dime Leo, con toda franqueza: ¿qué opinas de mi forma de ladrar? La respuesta de Leo fue **escueta** y sincera: Yo diría que lo haces bastante bien, pero tendrás que mejorar. Cuando ladras, todavía se te nota el acento humano.

Mario Benedetti, "El hombre que aprendió a ladrar," La sirena viuda. Suma de Letras, 2000. © Fundación Mario Benedetti, c/o Schavelzon Graham Agencia Literaria. Used with permission. www.schavelzongraham.com.

Investiguemos la literatura: la metáfora

A metaphor is a figure of speech in which an object or an idea is used in place of another, implying that there is a similarity between the two. For example, *The snake took every last thing I had.* The implication is that the person that took the things is like a snake. An extended metaphor is a metaphor that continues beyond the initial sentence; it can sometimes be an entire work.

Después de leer

A. Comprensión

1. ¿Por qué quiso aprender a ladrar Raimundo?
2. ¿Cuál fue el momento de gloria para Raimundo?
3. Según Leo, ¿por qué todavía tiene que mejorar Raimundo?
4. Este cuento es una metáfora extendida. ¿Cuál es la comparación?

B. Conversemos

1. En el cuento se dice "Amor es comunicación". Explica la importancia de esta cita. ¿Estás de acuerdo? ¿Por qué?
2. ¿Piensas que tener un acento extranjero *(foreign)* es malo? ¿Por qué?

Learning Strategy

Find ways to gain exposure to the language outside of the classroom

You can take many small steps to accelerate your progress in class. For example, listen to the songs in the **Investiguemos la música** suggestions. Watch a Spanish-language film. Read a magazine or newspaper published in Spanish. All of these activities will help you to increase your vocabulary, and become more familiar with expressions used by native speakers and increase your cultural knowledge.

After completing this chapter, you will be able to:

- Talk about relationships
- Talk about popular culture
- Express desires and give recommendations
- Discuss emotional reactions to events

¿Es tu vida una telenovela?

La filmación de una telenovela

National Geographic Creative/Alamy Stock Photo

Las relaciones románticas pueden evolucionar de maneras muy diferentes,
algunas más tradicionales que otras.

enamorarse (de)

la cita

proponer matrimonio

el anillo

el compromiso

la madrina

el padrino

la ceremonia

los recién casados

la luna de miel

dar a luz

estar embarazada

el nacimiento

¡Feliz aniversario!
25 años

las bodas de plata

INVESTIGUEMOS EL VOCABULARIO

The function of **los padrinos** varies from one Spanish-speaking country to another. Their roles are generally different from those of the best man and maid of honor, and are often similar to that of godparents. For more information read **Tradiciones nupciales** on p. 436.

Relaciones de pareja

las bodas de oro	50th wedding anniversary	**la unión libre**	common-law union	**odiar**	to hate
el divorcio	divorce	**viudo(a)**	widowed	**querer**	to love
el estado civil	civil status	**Verbos**		**romper (con)**	to break up (with)
el noviazgo	engagement, courtship	**abrazar**	to hug	**separarse (de)**	to separate (from)
la pareja	couple; partner	**amar**	to love	**Etapas de la vida**	
el (la) prometido(a)	fiancé(e)	**comprometerse (con)**	to get engaged (to)	**la adolescencia**	adolescence
la recepción	wedding reception	**divorciarse (de)**	to divorce	**la juventud**	youth
la relación	relationship	**extrañar (a)**	to miss (a person)	**la madurez**	maturity
soltero(a)	single, unmarried	**llevarse (bien/mal)**	to get along (well/ poorly)	**la muerte**	death
		nacer	to be born	**la niñez**	childhood
				la vejez	old age

A practicar

13.1 **Escucha y responde** Vas a escuchar una serie de afirmaciones. Indica con el pulgar hacia arriba si la afirmación te parece lógica y con el pulgar hacia abajo si la afirmación es ilógica.

13-1

INVESTIGUEMOS LA MÚSICA

Find the song "Amar y querer" online. The classic version is by José José, but there are other versions. Listen to it and explain the difference between **amar** and **querer.**

13.2 **Diferencias** Trabaja con un compañero para decidir qué palabra no corresponde al grupo y expliquen por qué.

1. enamorarse	divorciarse	amar	llevarse bien
2. la ceremonia	el anillo	comprometerse	proponer matrimonio
3. dar a luz	estar embarazada	extrañar	el nacimiento
4. romper	separarse	divorciarse	abrazar
5. el padrino	los novios	el noviazgo	la madrina
6. viudo	casado	el prometido	la pareja

13.3 **Un poco de lógica** Trabaja con un compañero para relacionar las palabras de las dos columnas y explicar la relación.

Modelo el anillo – el novio
        El novio le da un anillo a la novia durante la ceremonia.

1. nacer	**a.** la juventud
2. la ceremonia	**b.** estar embarazada
3. separarse	**c.** el anillo de compromiso
4. soltero	**d.** la pareja
5. la unión libre	**e.** recién casados
6. la luna de miel	**f.** divorciarse
7. comprometerse	**g.** viudo
8. la adolescencia	**h.** los padrinos

INVESTIGUEMOS LA GRAMÁTICA

In Spanish, there are numerous verbs that consist of a root verb and a prefix, such as **conseguir**, which consists of the root of **seguir**, and **sonreír**, whose root is **reír**. The root of the verb **proponer** is **poner**; therefore, it is conjugated in the same way as **poner: propongo, propuse, he propuesto**, etc. Some other similar verbs are:

oponer	**detener**
posponer	**mantener**
suponer	**obtener**

13.4 **Entrevista** Trabaja con un compañero y túrnense para responder las preguntas. Den mucha información.

1. ¿Cuándo fue la última vez que fuiste a una boda? ¿Cómo y dónde fue la boda? ¿Había muchas personas? ¿Te gustó la ceremonia? ¿Hubo una fiesta después? ¿Qué había para comer y beber?

2. ¿Tienes un amigo o pariente que esté comprometido? ¿Por cuánto tiempo han sido novios? ¿Cuándo van a casarse?

3. ¿Has ido de luna de miel? ¿Adónde fuiste y por cuánto tiempo? Si no has ido, habla de la luna de miel de algún amigo o pariente, o de la luna de miel que quieres para ti si te casas un día.

13.5 **La historia de una relación** Trabaja con un compañero y túrnense para narrar los eventos de la relación en los dibujos de la página anterior. Usen el pretérito y el imperfecto y den muchos detalles.

13.6 **Una relación** La siguiente es una historia ilustrada de cómo evolucionó la relación entre Mercedes y Juan Sebastián. Trabaja con un compañero y túrnense para describir sus dibujos (numerados del 1 al 8) y completar la historia. Uno de ustedes va a describir las imágenes en esta página, y el otro las del Apéndice B.

Piensa en el tema

Mira la foto que aparece abajo. ¿Qué crees que sean los tunos?

Las tunas

Entre los jóvenes españoles de ahora la palabra "cortejar" *(to court)* se usa poco. Quizás es porque la práctica de tener muchos detalles *(gestures)* con la persona amada ya no es una práctica popular.

Tunos españoles

Horizons WWP/TRVL/Alamy Stock Photo

No siempre fue así. En el siglo XIII existían unos grupos de cantantes llamados tunas y sus integrantes eran los tunos, unos estudiantes jóvenes que no tenían dinero suficiente para pagar su alojamiento y comida y ganaban dinero cantando en las tabernas. Por las noches usaban su talento para enamorar a las mujeres. La costumbre era muy popular y evolucionó durante muchos años. Las tunas como las conocemos hoy son del siglo XIX y fueron adoptadas, con algunas variaciones, en las colonias españolas de Latinoamérica, donde se conocen como estudiantinas.

Hoy en día ser parte de una tuna no es una forma de ganarse la vida *(make a living)*. Las tunas de hoy son grupos de jóvenes a quienes les gustan la música, las tradiciones, los viajes y la vida nocturna. Todavía visten trajes medievales y recorren las calles interpretando canciones populares con sus guitarras, en eventos culturales, o dando alguna serenata.

Los tunos son una excepción y una reliquia de un pasado romántico. En España los jóvenes de ahora prefieren decir "te quiero" a decir "te amo". Hablan de "ligar" *(to flirt)*, no de "cortejar". ¿Serán solo los jóvenes españoles los que han abandonado el romanticismo?

Source: "El arte de cortejar alrededor de la [sic] planeta," Reader's Digest Argentina
La Tuna, Universidad Politécnica de Valencia, http://tuna.upv.es

INVESTIGUEMOS LA MÚSICA

Look online for the song "Amor a la antigua" by Mexican vocalist Pedro Fernández. According to Fernández, what are the things that make up old-fashioned love?

Investiga en Internet sobre los tunos de hoy en día. Puedes buscar con la palabra **tuna** y una ciudad universitaria de España como Granada, Sevilla o Salamanca.

Estrategia

Gain Exposure to the Language
Listen to some of the songs in the **Investiguemos la música** suggestions throughout the textbook to improve your listening comprehension.

👥 Hablemos del tema

1. ¿Cómo ha cambiado el cortejo en tu generación comparada con el cortejo en la generación de tus padres? ¿Y la de tus abuelos?

2. En general, ¿qué prácticas de tus padres o abuelos ya no se usan?

3. En tu opinión, ¿hay algo que deba cambiar todavía?

El cortejo

Conexiones... a la sociología

Piensa en el tema

¿Qué actividades asocias con una boda típica?

El noviazgo quechua

Las relaciones personales pueden variar de un país a otro, especialmente donde hay una mezcla de culturas. En algunos países latinoamericanos las costumbres del cortejo *(courtship)* reflejan la mezcla de tradiciones europeas con las indígenas.

En Perú, en la superficie *(surface)*, las bodas parecen ser la tradicional boda católica: hay una ceremonia y una recepción con música, comida y bailes. A consecuencia de la globalización, muchas de las bodas de esta región tienen elementos típicos occidentales, como el vestido blanco con un velo, o música que no es tradicional de la región, como un grupo de mariachi u otro tipo de música extranjera.

Sin embargo, en algunas regiones quechuas de Perú también es posible ver un tipo de boda más tradicional. Las diferencias más grandes entre un matrimonio quechua

Un novio en Puno, Perú

y un matrimonio moderno en Perú o en Ecuador no se encuentran durante la celebración de la boda, sino en las tradiciones anteriores a la celebración. Muchos pueblos quechuas siguen una tradición inca llamada *sirvinakuy*, que en quechua significa "servirse el uno al otro". Según esta tradición, los padres de la pareja hacen una alianza basada en los intereses de los jóvenes. Se dice que una pareja entra en un período de *sirvinakuy* cuando uno de ellos se va a vivir a la casa de los padres del otro. Durante esta época la pareja vive y duerme junta, ayudando a los padres de él o de ella, y los jóvenes ayudan a los padres. Después de un tiempo se decide si la relación funciona y es entonces cuando se celebra la boda. Si el *sirvinakuy* no funciona, se separan.

Hablemos del tema

En la sección **Exploraciones del mundo hispano** en el Apéndice A busca cuáles son otras comunidades indígenas del Perú e investígalas en Internet.

Habla con un compañero sobre las siguientes preguntas.

1. ¿Cuáles son las ventajas y las desventajas de *sirvinakuy*? ¿Y las desventajas?

2. ¿Cómo se conocen las parejas en tu círculo social?

3. En los Estados Unidos hay muchas agencias que ayudan a conocer a otras personas solteras. Este método no es tan común en Hispanoamérica. ¿Por qué crees que existe esta diferencia?

Comunidad

Entrevista a una persona hispana sobre alguna boda a la que haya asistido. Pregúntale sobre las tradiciones que usaron y lo que se hizo durante la boda. Después repórtale a la clase.

A analizar

Santiago habla con Paula sobre como conoció a su novia María Luisa. Después de ver el video lee parte de su conversación y observa los verbos en negritas.

> **Paula:** Me cae bien tu novia. Por cierto, ¿cómo se conocieron?
>
> **Santiago:** **Nos conocimos** en la escuela primaria. Luego, en la escuela secundaria, **nos hablamos** más y **nos entendimos** mejor. Me acuerdo que **nos besamos** por primera vez la noche de la graduación. Empezamos a salir, y ahora que termine mis estudios **vamos a casarnos.**
>
> **Paula:** ¡Qué emoción!

1. Who is the subject for each of the verbs in bold?

2. The word **nos** is an object pronoun. In the conversation above, who does it refer to?

A comprobar

Reciprocal verbs

1. In **Capítulo 6** you learned to use reflexive pronouns when the subject of the sentence does something to himself or herself.

> Ellos **se miran** en el espejo.
> They **look at themselves** in the mirror.

2. In English, the expressions *each other* and *one another* express reciprocal actions. Use plural reflexives to express a reciprocal action in Spanish.

> Ellos **se miran** con amor.
> They **look at each other** with love.

3. Only the plural forms (**nos, os,** and **se**) are used to express a reciprocal action because the action must involve more than one person.

> Los novios **se besaron.**
> The bride and groom **kissed each other.**

> Mi amiga y yo **nos escribimos.**
> My friend and I **write to each other.**

4. It is usually evident from the context whether the verb is reflexive or reciprocal. If clarification is needed, **el uno al otro** can be used. The expression must agree with the subjects; however, if there are mixed sexes, the masculine form is used for both.

> Se lavaron el pelo **el uno al otro.**
> They washed **each other's** hair.

> Nos peinamos **la una a la otra.**
> We did **each other's** hair.

> Todos se respetan **los unos a los otros.**
> They all respect **each other.**

5. When used in the infinitive form after another verb, the pronoun can be attached to the verb or placed in front of the conjugated verb.

> **Nos** vamos a amar para siempre.
> We will love **each other** forever.

> Quieren comprender**se.**
> They want to understand **each other.**

A practicar

13.7 **¿Lógico o ilógico?** Indica si las siguientes oraciones son lógicas o no.

1. Los amigos se escuchan.
2. Los amigos se hablan cuando hay un problema.
3. Los amigos se odian.
4. Los amigos se ayudan con frecuencia.
5. Los amigos normalmente no se entienden.
6. Los amigos se insultan.

13.8 **Pedro y Sara** Describe la evolución de la relación de Pedro y Sara usando los verbos recíprocos.

Modelo Pedro le escribió cartas de amor a Sara. Sara le escribió cartas de amor a Pedro.
Pedro y Sara se escribieron cartas de amor.

1. Pedro conoció a Sara en la fiesta. Sara conoció a Pedro en la fiesta.
2. Pedro le habló a Sara. Sara le habló a Pedro.
3. Pedro entendió bien a Sara. Sara entendió bien a Pedro.
4. Pedro empezó a llamar a Sara por teléfono. Sara empezó a llamar a Pedro por teléfono.
5. Pedro abrazó y besó a Sara. Sara abrazó y besó a Pedro.
6. Pedro se enamoró de Sara. Sara se enamoró de Pedro.
7. Pedro se casó con Sara. Sara se casó con Pedro.

13.9 **En la recepción** Trabaja con un compañero y túrnense para explicar lo que pasa en la recepción. **¡OJO!** Algunos de los verbos son recíprocos y otros son reflexivos.

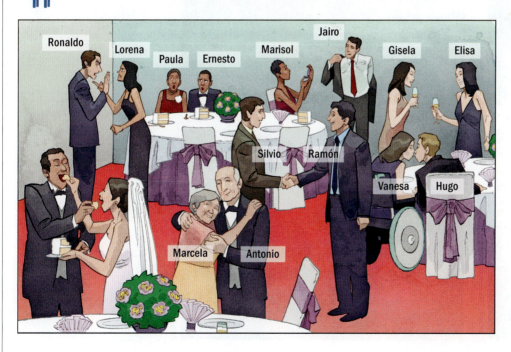

13.10 **Tu mejor amigo y tú** Trabaja con un compañero y usen las siguientes preguntas para entrevistarse sobre su relación con su mejor amigo.

1. ¿Dónde y cuándo se conocieron tu mejor amigo y tú?
2. ¿Por qué se hicieron mejores amigos?
3. ¿Con qué frecuencia se hablan por teléfono?
4. ¿Con qué frecuencia se ven? ¿Dónde se encuentran?
5. ¿En qué ocasiones se dan regalos?
6. ¿Con qué frecuencia se escriben mensajes?
7. ¿Se pelean de vez en cuando? ¿Por qué?
8. ¿Alguna vez se han dejado de *(stopped)* hablar?

13.11 **Una historia de amor** Trabaja con un compañero y elijan una fotografía. Usando algunos de los verbos recíprocos indicados, narren la historia de amor de la pareja: ¿Dónde se conocieron? ¿Qué se dijeron? ¿Por qué se enamoraron? ¿Cómo va a ser su futuro? Luego léanle su historia a la clase para que sus compañeros decidan a cuál de las fotos corresponde.

conocerse	besarse	enamorarse	comprometerse
casarse	separarse	hablarse	divorciarse

A analizar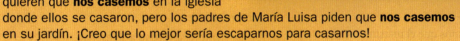

Ve otra vez el video en el que Santiago habla sobre sus planes para casarse. Después lee parte de su conversación y observa los verbos en negritas.

Santiago: Pues, yo prefiero tener una boda sencilla, pero María Luisa quiere que **tengamos** una boda grande y elegante. Nuestros amigos esperan que **haya** una gran fiesta después de la boda, pero yo quiero que **sea** pequeña y que **tengamos** una luna de miel fantástica. Mis padres quieren que **nos casemos** en la iglesia donde ellos se casaron, pero los padres de María Luisa piden que **nos casemos** en su jardín. ¡Creo que lo mejor sería escaparnos para casarnos!

Paula: ¡Ay, no! ¡Yo quiero asistir a tu boda!

1. The verbs in bold are subjunctive forms. What are the expressions that come before these verbs?
2. In the first sentence, how does the verb structure in **prefiero tener** differ from that in **quiere que tengamos**?

A comprobar

Subjunctive with expressions of desire

1. When expressing the desire to do something, use a verb of desire such as **querer** or **preferir** followed by an infinitive.

   Prefiero ir a la recepción contigo.
   I prefer to go to the reception with you.

   Él quiere comprar un anillo para su novia.
   He wants to buy a ring for his girlfriend.

2. When expressing the desire for someone else to do something, you use a verb of influence plus **que** followed by the subjunctive.

   Prefiero que vayas a la recepción conmigo.
   I prefer (that) you go to the reception with me.

   Ella quiere que su novio le compre un anillo.
   She wants her boyfriend to buy a ring for her.

3. Notice that when there are two different subjects and the verb of influence in the main clause is in the indicative, the verb in the second clause (dependent clause) is in the subjunctive.

4. There are other verbs besides **querer** and **preferir** that express desire or influence. These verbs also require the use of the subjunctive when there are different subjects in the two clauses.

desear	*to desire*
esperar	*to hope, to wish*
insistir (en)	*to insist (on)*
mandar	*to order*
necesitar	*to need*
pedir	*to ask for, to request*
recomendar	*to recommend*
sugerir	*to suggest*

   Edwin **espera que vayan** a Puerto Rico para la luna de miel.
   Edwin hopes (that) they will go to Puerto Rico for the honeymoon.

   Sus padres **recomiendan que viajen** a México.
   His parents recommend (that) they travel to Mexico.

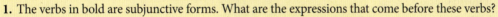

Main clause		Dependent clause
(Yo) Prefiero	que	(tú) **vayas** a la recepción conmigo.
Ella quiere	que	su novio le **compre** un anillo.

5. **Ojalá** is another way to express hope. This expression does not have a subject and therefore does not change forms. It always requires the use of the subjunctive in the dependent clause; however, the use of **que** is optional.

> **Ojalá (que)** los recién casados sean muy felices.
> *Hopefully the newlyweds will be very happy.*

INVESTIGUEMOS EL VOCABULARIO

The word **ojalá** originated from the Arabic expression *God (Allah) willing*. There are many words of Arabic influence in Spanish due to the Muslim rule of Spain from 711 to 1492.

A practicar

13.12 **La recepción** Durante la recepción de una boda los invitados hicieron un brindis con sus deseos para los recién casados. Relaciona las dos columnas para averiguar *(find out)* cuáles fueron los deseos.

1. Ojalá que los novios...
2. Queremos que los padres de los recién casados...
3. Esperamos que el matrimonio de los nuevos esposos...
4. Le recomiendo a la novia que...
5. Le sugerimos al novio que...
6. Insisto en que los invitados...

a. los ayuden durante su matrimonio.
b. hagan otro brindis por los novios.
c. siempre se amen.
d. le diga siempre la verdad a su esposo.
e. sea muy largo y muy feliz.
f. no vea fútbol cada fin de semana.

13.13 **El consejero matrimonial** Juanita y Pablo consultaron a un consejero matrimonial y tomaron notas de sus consejos, pero las notas están incompletas. Ayúdalos a completarlas usando los verbos en paréntesis en el subjuntivo.

Para el esposo:

Sinceramente, deseo que usted **(1.)** _____ (solucionar) sus problemas con su esposa.

Espero que **(2.)** _____ (ayudar) con los quehaceres de la casa.

Insisto en que usted **(3.)** _____ (mantener) una buena comunicación con su esposa.

Para la esposa:

Necesito que usted **(4.)** _____ (venir) a mi oficina dos veces por semana con su suegra.

Le pido que no le **(5.)** _____ (mentir) a su esposo.

También le recomiendo que **(6.)** _____ (leer) mi libro sobre matrimonios con problemas.

Para los dos:

Les sugiero que **(7.)** _____ (encontrar) tiempo para salir juntos.

Les pido que no me **(8.)** _____ (pagar) con tarjeta de crédito.

Recomiendo que hablen con un consejero matrimonial.

13.14 **Entre la gente** Mira los dibujos y completa las oraciones de una manera lógica.

El hombre espera que...
La mujer quiere que...
Sus amigos desean que...

La chica desea que...
Los padres piden que...
El muchacho espera que...

La mujer insiste en que...
El hombre prefiere que...
El niño necesita que...

Las chicas esperan que...
Los chicos desean que...
Ojalá que...

13.15 **Expectativas** A veces las personas que nos rodean *(around us)* esperan algo de nosotros. Entrevista a un compañero de clase usando las siguientes preguntas.

1. ¿Qué te piden tus amigos que hagas?
2. ¿Qué quiere tu mejor amigo que hagas?
3. ¿Qué esperas tú que tus amigos hagan?
4. ¿Qué te recomienda el profesor de español?
5. ¿Qué le sugieres tú al profesor de español?
6. ¿Qué sugiere tu médico que hagas?
7. ¿Qué insiste tu jefe que hagas?
8. ¿Qué quieres tú que hagan tus compañeros de trabajo?

> **INVESTIGUEMOS LA MÚSICA**
>
> Find the song "A Dios le pido" by Colombian artist Juanes and listen to it. Make a list of the verbs in the subjunctive. What does he ask of God?

13.16 **Preferencias** Trabaja con un compañero para hablar de lo que quieren que hagan sus amigos y familiares en las situaciones indicadas. ¡OJO! Usen el subjuntivo.

Modelo Vas a casarte.
> Estudiante 1: *Quiero que mi novia tenga un día muy especial. ¿Y tú?*
> Estudiante 2: *Yo quiero que venga mi hermana de California.*

1. Es tu cumpleaños.
2. Estás enfermo.
3. Tu pareja te va a proponer matrimonio.
4. Acabas de *(just)* tener un bebé.
5. Tu pareja se va de viaje por dos semanas.
6. Acabas de mudarte a una casa nueva.

13.17 **Querida Teresa** Teresa trabaja para un periódico dándoles consejos a las personas que le escriben con sus problemas. Trabaja con un compañero y túrnense para hacer el papel *(role)* de Teresa y contestar las cartas con sus recomendaciones. Usen el subjuntivo y los siguientes verbos.

esperar   insistir   mandar   necesitar   pedir   recomendar   sugerir

Querida Teresa: Soy estudiante de inglés y quiero aprender a hablar bien. La clase es muy difícil y tengo malas notas en la clase. ¿Qué me recomienda? –Perdido

Querida Teresa: Mi esposo y yo hemos estado casados por 15 años, pero recientemente hemos tenido problemas. La semana pasada él mencionó la posibilidad de divorciarnos. Lo quiero mucho. ¿Qué debo hacer? –Casada y enamorada

Querida Teresa: Mi novio me propuso matrimonio y vamos a casarnos este verano. El problema es que no tenemos mucho dinero para la boda. ¿Qué podemos hacer? –Pobre y comprometida

Querida Teresa: Me han ofrecido un nuevo trabajo en otro estado. Es un muy buen trabajo y me van a pagar más, pero mi esposa no quiere que nos mudemos *(move)*. ¿Qué hago? –Entre la espada y la pared

Querida Teresa: Mi hija tiene 16 años y ahora está muy rebelde. No quiere ir a clases ni hacer la tarea. Sale con sus amigos y siempre llega muy tarde. Creo que está usando drogas. ¿Qué me sugiere? –Preocupada

13.18 **Todos tienen problemas** Trabaja con un compañero para hacer los papeles *(roles)* del consejero y del cliente. Escojan una de las fotos. El cliente debe explicar su problema y el consejero va a darle recomendaciones usando el subjuntivo y los verbos a continuación. Luego escojan otra foto y cambien de papel.

esperar   insistir   mandar   necesitar   pedir   recomendar   sugerir

Entrando en materia

Uno de los eventos más importantes en la vida de muchas personas es su boda, y por eso la celebran con una gran fiesta y numerosos invitados. ¿Qué consejos le darías *(would you give)* a una persona que está planeando su boda?

Planeando una boda

◀)) Vas a escuchar una presentación de una experta en bodas. Escucha y responde las
13-2 preguntas de Comprensión.

Vocabulario útil

acompañar	*to accompany*	la herramienta	*tool*
anunciar	*to announce*	posteriormente	*later*
auto-invitarse	*to self-invite*	el presupuesto	*budget*
el costo	*cost, expense*	la utilidad	*usefulness*
enterarse	*to find out*		

Comprensión

1. ¿Qué tipo de curso se ofrece?
2. ¿Qué se debe hacer antes de anunciar una boda en las redes sociales?
3. ¿Por qué es buena idea enviar un mensaje a las personas que no se va a invitar?
4. ¿Dónde se puede encontrar una lista de los servicios que se necesitan en una boda?
5. ¿Qué información puede dar su página de Internet después de escoger servicios?

🕴🕴 Más allá

Imagínate que estás ayudando a tu compañero a planear un evento importante, como un gran cumpleaños, o un aniversario. Hazle algunas preguntas sobre sus ideas para el evento para poder ayudarlo con los preparativos.

Una boda es un gran evento.

iofoto/Shutterstock.com

Lectura

Antes de leer

¿Cuáles son algunas tradiciones relacionadas con una boda en los Estados Unidos?

A leer

Tradiciones nupciales

En muchos aspectos las bodas típicas en España y Latinoamérica son muy semejantes a las bodas que se realizan en los Estados Unidos: la novia lleva un vestido blanco con un velo y el novio se viste de traje. Los familiares y amigos de los novios asisten a la ceremonia y luego a una recepción, y la iglesia se decora con flores y velas. Sin embargo, hay algunas tradiciones que son particulares a ciertas regiones del mundo hispanohablante.

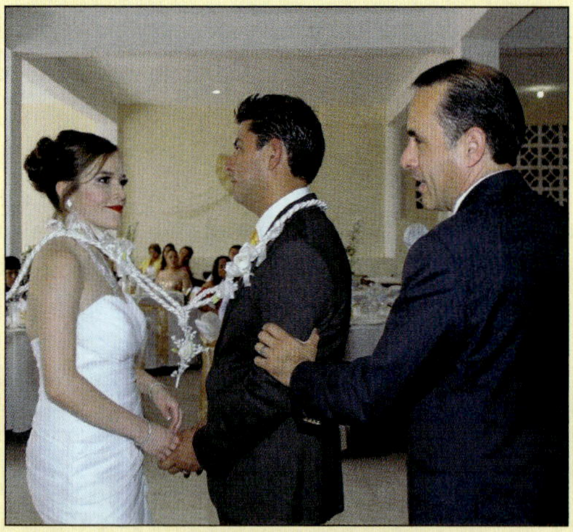

wedding cord

El lazo: Durante la ceremonia en México es tradicional que una pareja casada ponga un lazo en figura de ocho sobre la cabeza de los novios, representando la unión entre los dos. Los aztecas tenían una

El lazo representa la unión entre los dos.

tied

for certain

práctica semejante en la que **amarraban** las puntas de las túnicas de los novios, pero no se sabe **a ciencia cierta** cuál es el origen de esta costumbre porque también forma parte de la ceremonia nupcial en España, Bolivia y Guatemala.

> [hay algunas tradiciones que son particulares a ciertas regiones del mundo hispanohablante]

Las arras: En España, Venezuela, Panamá, Puerto Rico y México el novio le regala a la novia 13 arras, unas **monedas** de oro que

coins

to lack

simbolizan la prosperidad y su promesa de que no le va a **faltar** nada. En algunos países las familias de los novios también intercambian arras.

Hay semejanzas y diferencias en las tradiciones de bodas.

Los anillos: El anillo es un símbolo muy importante del amor que se tiene la pareja y representa la fidelidad que se prometen el uno al otro. En España y en la mayor parte de Latinoamérica se intercambian los anillos durante la ceremonia, pero en Argentina y Chile se <u>entregan</u> en una fiesta donde se celebra el compromiso de los novios. En Chile se lleva el anillo en la mano derecha hasta el día de la boda, cuando lo cambian a la mano izquierda.

Los padrinos: El padrino es una figura muy importante en la boda, aunque su función varía un poco entre Latinoamérica y España. En España se acostumbra que el padrino de la boda sea el padre de la novia y que la lleve al altar. En algunas comunidades él le regala **el ramo** de flores a la novia durante la ceremonia.

bouquet

En México hay entre cinco y ocho padrinos que **se encargan** de diferentes partes de la ceremonia. Los padrinos de lazo, por ejemplo, le ponen el lazo a la pareja durante la ceremonia, y las madrinas de ramo se encargan de los ramos de flores: uno para ofrecerle a la Virgen de Guadalupe y el otro que la novia **lanza** en la recepción. Típicamente los padrinos ayudan con los gastos económicos de la boda, por ejemplo, la madrina del pastel es responsable de comprar el pastel.

are responsible

tosses

La procesión: En la mayoría de los países latinoamericanos el padre de la novia la lleva al altar para entregársela a su esposo, pero en Chile los padres y madres de los novios participan en la procesión y los acompañan junto al altar durante la ceremonia. En Argentina los acompañan el padre de la novia y la madre del novio solamente.

A pesar de las grandes semejanzas en las tradiciones que rodean las bodas, sobreviven algunas diferencias regionales que reflejan los valores culturales de cada grupo.

Sources: ArtículosInformativos.com.mx; Boston Bridal Shows; Bodas.net

Comprensión

Indica si las ideas son ciertas o falsas y corrige las ideas falsas.

1. En España y Latinoamérica la novia generalmente viste un vestido blanco.
2. Las arras son un símbolo de amor.
3. La costumbre de poner un lazo en forma del número ocho se originó entre los aztecas.
4. En los países hispanohablantes los padrinos y madrinas de una boda ayudan con los gastos.
5. En Chile y Argentina el anillo se entrega en una fiesta antes de la boda.
6. En toda Latinoamérica el padre entrega a la novia en el altar.

Después de leer

1. ¿Cuáles son otras tradiciones que has visto o que conoces?
2. ¿Piensas que han cambiado las tradiciones en los últimos años? ¿Cómo?

En la televisión hay una gran variedad de programas para todos los gustos.

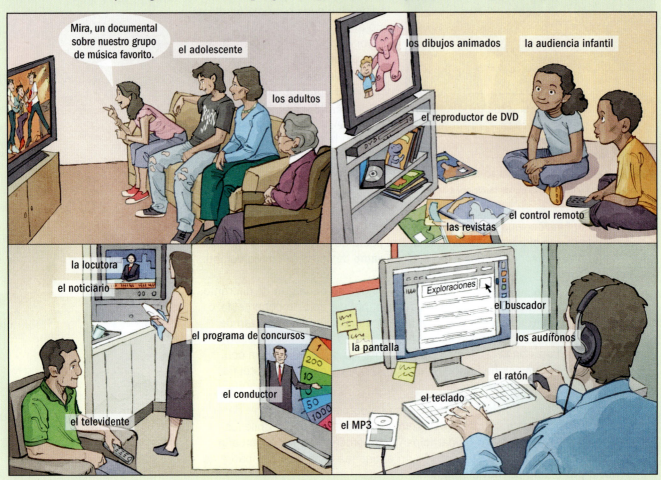

Los programas de televisión

la comedia	comedy
el drama	drama
el documental	documentary
la telenovela	soap opera
el programa...	
de horror	horror show
de misterio	mystery show
deportivo	sports show
de telerrealidad	reality show

La tecnología

la aplicación	app

las redes sociales	social networks
la tableta	tablet

El cine

la butaca	seat
el éxito de taquilla	box office hit
las golosinas	candy
las palomitas de maíz	popcorn

Verbos

censurar	to censor
chatear	to chat
hacer clic (en)	to click (on)
limitar	to limit

transmitir	to broadcast
transmitir en directo	to stream

Palabras adicionales

el canal	channel
la clasificación	rating (for adults, for the whole family, etc.).

A practicar

13.19 **Escucha y responde** Escucha las palabras y decide si se relacionan con el cine o con la televisión. Indica con el pulgar hacia arriba si la idea se refiere al cine, y el pulgar hacia abajo si se refiere a la televisión.

13-3

13.20 **¿Cierto o falso?** Indica si las oraciones son ciertas o falsas y corrige las ideas falsas.

1. C F Un locutor es una persona que habla en los anuncios de televisión o radio.
2. C F Generalmente las telenovelas son programas infantiles.
3. C F Los conductores de un programa de televisión son los choferes de los actores.
4. C F Es posible transmitir en directo una película.
5. C F Cuando mandamos un correo electrónico escribimos con el ratón.
6. C F La clasificación de un programa de televisión depende del tipo de audiencia.

13.21 **¿Qué es?** Trabaja con un compañero y túrnense para elegir una palabra de vocabulario y explicársela a su compañero sin decírsela.

13.22 **Relaciones** Trabaja con un compañero y relacionen las dos columnas para crear ideas lógicas. Expliquen la relación entre las dos palabras.

Modelo transmitir   en directo
Es posible transmitir videos en directo por Internet.

1. el ratón
2. el locutor
3. la audiencia infantil
4. las aplicaciones
5. las revistas
6. las palomitas de maíz

a. los programas deportivos
b. los artículos
c. la tableta
d. las golosinas
e. los programas infantiles
f. el teclado

13.23 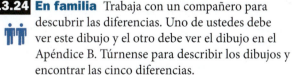 **Opiniones** En grupos de tres van a dar sus opiniones sobre las siguientes afirmaciones. ¿Están de acuerdo o no? Justifiquen sus respuestas.

1. La televisión es el medio de entretenimiento más importante.
2. Hay demasiados programas para adultos en horarios para toda la familia.
3. Los jóvenes de hoy prefieren la transmisión en directo para ver sus programas.
4. La televisión hace que los televidentes no piensen ni sean creativos.
5. No es necesario limitar el tiempo que los niños ven televisión o juegan en la computadora.
6. La tecnología de los DVD va a desaparecer muy pronto.

13.24 **En familia** Trabaja con un compañero para descubrir las diferencias. Uno de ustedes debe ver este dibujo y el otro debe ver el dibujo en el Apéndice B. Túrnense para describir los dibujos y encontrar las cinco diferencias.

INVESTIGUEMOS LA MÚSICA

Listen to Guatemalan singer Ricardo Arjona's song "Frente al televisor." What is he watching on TV? Why is he watching television?

Piensa en el tema

¿Qué películas extranjeras has visto? ¿Te gustaron?

El cine latinoamericano

En los últimos veinte años el cine latinoamericano ha producido películas excepcionales, muchas de las cuales han sido muy exitosas en los Estados Unidos. Por ejemplo, *El laberinto del fauno* (traducida al inglés como *Pan's Labyrinth*) es un filme dirigido por Guillermo del Toro, un cineasta mexicano que desde el inicio de su carrera ha creado películas con una temática relacionada con la Guerra Civil Española. En 2018 su película *The Shape of Water* (en español *La forma de agua*) recibió 60 nominaciones y ganó 21 premios *(awards)* entre ellos el Óscar por mejor película y mejor director y el Golden Globe por mejor director.

Otro director de fama internacional es Alfonso Cuarón, cuya película *Gravity* ganó siete Óscares en el 2014, incluyendo el Óscar al mejor director. También dirigió una de las películas de Harry Potter.

Alejandro Gonzáles Iñárritu es también un director reconocido. Su película más conocida en los Estados Unidos es *The Revenant*, por la que ganó un Óscar en 2016. Curiosamente, los tres directores son buenos amigos.

Los tres amigos: Alfonso Cuarón, Alejandro González Iñárritu y Guillermo del Toro

El secreto de sus ojos (Argentina)	*Amores perros* (México)
Relatos salvajes (Argentina)	*Neruda* (Chile)
El hijo de la novia (Argentina)	*No* (Chile)
Biutiful (México)	*María llena de gracia* (Colombia)
El laberinto del fauno (México)	*El abrazo de la serpiente* (Colombia)
La misma luna (México – Estados Unidos)	

👥 Hablemos del tema

1. ¿Qué actores o directores conoces que sean de un país hispano?

2. El cine de Hollywood tradicionalmente ha estereotipado a los actores hispanos, dándoles casi siempre papeles de personas muy humildes *(from humble backgrounds)* o de criminales. ¿Crees que esto esté cambiando? ¿Cómo afecta esto la percepción del público acerca de los hispanos? Da ejemplos y explica tu respuesta.

3. Argentina, España y México son los países hispanos que más películas producen y frecuentemente colaboran entre ellos coproduciendo. ¿Qué ventajas hay de esta colaboración? ¿Tiene los Estados Unidos una estrategia similar?

INVESTIGUEMOS EL VOCABULARIO

"¡De película!" is an expression that means that something is very cool, for example, *¡La fiesta estuvo de película!* Used as adjectives with **estar** or in an exclamation with **qué,** the following are some other ways to say that something is cool.

padre (Mexico)
guay (Spain)
chévere (numerous countries in Latin America)
copado (Argentina, Uruguay)
sólido (Panama)
bacán (Chile Colombia)

¡Qué padre! *How cool!*
¡Ese coche está chévere! *That car is cool!*

¡De película!
Comparaciones

Piensa en el tema

1. ¿Crees que los programas de televisión que se producen en Estados Unidos sean populares en otros países? ¿Por qué?

2. ¿Has visto programas de televisión de otros países? ¿Cuáles? ¿Te gustaron?

La televisión

Es muy común que un programa que tuvo éxito en un país se adapte para producirse en otro país. Por ejemplo, el programa de *Betty la Fea* era originalmente una telenovela colombiana. Fue tan exitosa que se hicieron nuevas versiones en varios países, incluyendo una versión en chino. La adaptación estadounidense se transmitió en un formato más típico del país, con episodios semanales en vez de diarios. Otros programas que fueron adaptados para los televidentes estadounidenses son *La reina del sur* (The Queen of the South), *Juana la virgen* (Jane the Virgin), *Gran Hotel* (Grand Hotel) y *Mujeres asesinas* (Killer Women).

También se han adaptado programas estadounidenses para el público hispano, por ejemplo, *100 mexicanos dijeron* (Family Feud), *Gran hermano* (Big Brother), *Amas de casa desesperadas* (Desperate Housewives) y *La voz* (The Voice).

Kate del Castillo, protagonista en *La reina del sur*

Clasos/LatinContent Editorial/Getty Images

 Hablemos del tema

Habla con un compañero sobre las siguientes preguntas.

1. ¿Creen que los programas tienen diferencias importantes cuando son adaptados a otro país? ¿Por qué?

2. ¿Por qué piensan que se hacen adaptaciones en vez de usar el programa original?

> **Estrategia**
>
> **Gain exposure to the language**
>
> Watch a Spanish-language film. In addition to increasing your vocabulary, you will become more familiar with structures and expressions used by native speakers and increase your knowledge about the culture.

Comunidad

En la mayoría de las ciudades de los Estados Unidos es posible recibir al menos un canal de televisión en español. Elige un segmento de la programación (de una o dos horas) y analízalo. ¿Qué tipo de programas hay? ¿Quiénes son los patrocinadores? ¿A qué audiencia se dirigen? ¿Te gustó alguno de los programas? ¿Por qué? ¿Crees que estos programas ayuden a la población hispana de la comunidad? ¿Por qué?

A analizar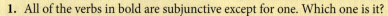

Camila y Rodrigo hablan de sus planes para mañana. Después de ver el video, lee parte de su conversación y observa los verbos en negritas.

> **Camila:** ¡Qué semana! Me alegra que por fin **sea** el fin de semana y que **podamos** relajarnos.
>
> **Rodrigo:** Estoy de acuerdo. Por cierto, Óscar me llamó hoy y quiere que asista a un partido de fútbol mañana. ¿Te molesta que **vaya** con él?
>
> **Camila:** Claro que no. Es más, creo que voy a llamar a Vanesa a ver si quiere ir al cine conmigo. Acaba de salir una nueva película que quiero ver, *Amor eterno*, y sé que a ti no te gusta **ver** películas románticas.

1. All of the verbs in bold are subjunctive except for one. Which one is it?
2. Why do you think the verb form is not subjunctive?
3. What do the expressions in front of the other verbs in bold have in common?

A comprobar

Subjunctive with expressions of emotion

1. When expressing an emotion or feeling about something, it is necessary to use the subjunctive if there are two different subjects. Again, the verb in the main clause is in the indicative, and the verb in the dependent clause is in the subjunctive.

Main clause		Dependent clause
Me alegra	que	el programa **se transmita** por la noche.
Él tiene miedo de	que	el gobierno **censure** la programación.

2. Some verbs that express emotion are:

estar contento de	to be glad; to be pleased
estar triste de	to be sad
sentir	to be sorry, to regret
tener miedo de / temer	to fear

Temo que haya demasiados programas violentos.
I am afraid that there are too many violent programs.

Los niños **están contentos de** que su madre les permita ver los dibujos animados.
*The children **are glad** that their mother allows them to watch cartoons.*

3. Other verbs that express emotion are:

aburrir	to bore	**gustar**	to like
alegrar	to make happy	**molestar**	to bother
encantar	to love	**preocupar**	to worry
enojar	to make angry	**sorprender**	to surprise

You will recall that the verbs **gustar, encantar,** and **molestar** require the use of the indirect object. The other verbs in this list also require the use of the indirect object.

Me sorprende que haya tantas películas malas.
It surprises me that there are so many bad movies.

Al director **le preocupa** que los actores no lleguen a tiempo.
The director is worried the actors won't arrive on time.

Notice that you must use the personal **a** if you identify the indirect object.

4. If there is only one subject, the **que** is not necessary and the infinitive is used with the expression of emotion rather than the subjunctive.

> Estoy contento de **ayudar** con el documental.
> *I am happy to help with the documentary.*

> Sentimos no **poder** asistir al estreno.
> *We regret not being able to attend the debut.*

> **INVESTIGUEMOS LA GRAMÁTICA**
>
> In **Capítulo 9** you learned that the reflexive verbs **alegrarse, enojarse, preocuparse,** etc., are used to express a change in emotion or feeling. These verbs would also require the subjunctive; however, the preposition **de** is necessary before **que.**
>
> Me alegro de que **vayas** a casarte.
> *I am happy that you are going to get married.*

A practicar

13.25 **Un poco de lógica** Lee las siguientes oraciones e indica si las reacciones son lógicas o no. Corrige las oraciones ilógicas.

1. Me alegra que no transmitan mi programa favorito hoy.
2. A los productores les preocupa que el programa no tenga éxito.
3. Los padres temen que sus hijos miren dibujos animados.
4. A los actores les molesta que la compañía vaya a cancelar su programa.
5. Nos sorprende que el público se ría durante la serie cómica.
6. Elisa siente que el abuelo no pueda visitarla este año.

13.26 **En el foro** Hoy están grabando una telenovela y hay muchas emociones en el foro *(set)*. Completa las oraciones con la forma apropiada del verbo entre paréntesis. **¡OJO!** Algunos verbos están en el subjuntivo y otros en el infinitivo.

1. Al director le enoja que los actores _____ (hacer) muchos errores y que _____ (tener) que repetir las escenas.
2. A Rosalía le preocupa que Pedro _____ (ir) a olvidar lo que tiene que decir.
3. A Bernardo le alegra _____ (poder) participar en la telenovela.
4. A Gustavo no le gusta que su papel *(part)* no _____ (ser) más importante.
5. A Vicente le encanta _____ (besar) a Lupita, pero a ella le molesta que él no _____ (cepillarse) los dientes.
6. A todos les sorprende que el director _____ (frustrarse).

13.27 **Oraciones incompletas** Trabaja con un compañero y túrnense para completar las siguientes oraciones. **¡OJO!** Las oraciones deben tener dos sujetos diferentes.

1. Al profesor de español le molesta que...
2. Al presidente le preocupa que...
3. El director está triste de que...
4. Los niños se sienten mal de que...
5. A los estudiantes de español les sorprende que...
6. Mi familia está contenta de que...
7. A los reporteros les gusta que...
8. Los comediantes temen que...

> **INVESTIGUEMOS LA GRAMÁTICA**
>
> You learned in **Capítulo 9** that the reflexive form of the verb **sentir** means *to feel* and is used with an adverb or an adjective. This would also require the subjunctive if there are two subjects.
>
> **Me siento** mal de que no puedas ir al cine con nosotros.
> *I feel bad that you can't come to the movie theater with us.*

13.28 Hablando de la tele Trabaja con un compañero para expresar sus opiniones sobre la televisión.

sorprender   gustar   molestar   preocupar   temer   enojar   aburrir

Modelo alegrar
> Estudiante 1: *Me alegra que haya una gran variedad de programas.*
> Estudiante 2: *Me alegra que se puedan bloquear los programas inapropiados para los niños.*

13.29 Programas de televisión Túrnate con un compañero para explicar lo que pasa en los programas y las reacciones emocionales de los personajes.

Vocabulario útil:

el dragón *dragon*   **el extraterrestre** *extraterrestrial*   **la princesa** *princess*
engañar *to cheat on*   **el ladrón** *thief*   **el príncipe** *prince*

Modelo *El jugador corre a primera base. A sus compañeros de equipo les alegra que pueda correr tan rápido. Al otro jugador le preocupa que llegue a la base.*

1.

2.

3.

4.

5.

6.

13.30 Los noticiarios Imagínate que escuchas las siguientes noticias en un noticiario. Trabaja con un compañero y túrnense para expresar una reacción. Usen el subjuntivo y una expresión de duda o de emoción, o una expresión impersonal. Expliquen sus reacciones.

Modelo Un ciudadano dice que vio un fantasma en la biblioteca.
> *Me sorprende que haya fantasmas en la biblioteca porque la construyeron en 2018.*

1. Van a cancelar el Super Tazón *(Super Bowl)* este año.

2. Los científicos creen que han encontrado una cura para el cáncer.

3. Hay un huracán de categoría 4 en el Atlántico.

4. El presidente dice que la economía va a mejorar el próximo año.

5. El departamento de salud va a empezar un estudio sobre los hábitos de los ratones.

6. Hay unos audífonos que permiten escuchar los pensamientos de las otras personas.

A analizar

Después de ver el video otra vez lee parte de la conversación y observa los verbos en negritas.

Rodrigo: ¿Qué quieres ver, mi amor?

Camila: Quiero ver un programa que **sea** cómico.

Rodrigo: Hay una película cómica que **parece** divertida. Comienza en una hora.

Camila: ¿No hay nada que **comience** ahora?

Rodrigo: No, no hay ningún programa que **sea** cómico, pero hay un drama que **tiene** unos actores muy buenos.

You will notice that some of the verbs in bold are in the indicative and others are in the subjunctive. Using what you have already learned about the use of the subjunctive, what do you think determines this difference?

A comprobar

Subjunctive with adjective clauses

1. Adjective clauses are dependent clauses used to describe a noun. They often begin with **que** or **quien.** When using an adjective clause (underlined in the examples below) to describe something that the speaker knows exists the indicative is used.

   > Quiero ver la telenovela que **comienza** a las ocho. En ese programa hay un conductor que **es muy cómico.**

2. However, when using an adjective clause (underlined in the examples below) to describe something that the speaker does not know exists or believes does not exist, the subjunctive is used.

   > Quiero ver una telenovela que **sea** intrigante.
   > *I want to see a soap opera that is intriguing.*

   > ¿Hay un buen programa que **comience** ahora?
   > *Is there a good show that starts now?*

   > No hay ningún canal que **tenga** un documental esta noche.
   > *There is no channel that has a documentary tonight.*

3. Some common verbs used with adjective clauses that can require either the subjunctive or the indicative are: **buscar, necesitar,** and **querer.**

   > Busco un televisor que **tenga** una pantalla grande.
   > *I am looking for a television that has a big screen.*

   > Busco el televisor que **tiene** una pantalla grande.
   > *I am looking for a television that has a big screen.*

In the first sentence the person does not have a specific television in mind and does not necessarily know if one exists, while in the second sentence he/she is looking for a specific television.

4. When asking about the existence of something, it is also necessary to use the subjunctive, as you do not know whether or not it exists.

   > ¿Conoces a alguien que no **mire** la tele?
   > *Do you know anyone who doesn't watch TV?*

   > ¿Hay alguna película que **sea** romántica?
   > *Is there a romantic movie?*

5. When using negative words, such as **nadie** or **ninguno,** to express doubt as to the existence of something, it is necessary to use the subjunctive in the adjective clause.

   > No conozco a nadie que no **mire** la tele.
   > *I don't know anyone who doesn't watch TV.*

   > No hay ninguna película que **sea** romántica.
   > *There is no movie that is romantic.*

INVESTIGUEMOS LA GRÁMATICA

When you do not have a specific person in mind or do not know if someone exists, it is not necessary to use the personal **a** in the main clause, except with **alguien** or **nadie.**

La estación de radio **busca un locutor** que pueda trabajar por la noche.
¿**Conoces a alguien** que busque trabajo?

A practicar

13.31 **¿Estás de acuerdo?** Lee las oraciones e indica si estás de acuerdo o no. Explica por qué.

1. Hoy en día no hay nadie que tenga televisor en blanco y negro.
2. La producción de programas de televisión es una profesión que paga bien.
3. Me aburren las comedias que hay en la televisión.
4. Prefiero mirar programas que tengan mucha acción.
5. No hay ningún canal local que ofrezca buena programación.
6. Es importante que los niños no vean programas que tengan contenido para adultos.

13.32 **Un nuevo teléfono celular** Hoy en día hay aplicaciones para todo en los teléfonos. Conjuga los verbos entre paréntesis en el subjuntivo para completar las ideas. Después indica si estás de acuerdo o no con la afirmación.

Quiero una aplicación que...

1. (poder) entender lo que dicen los animales.
2. (simular) que se puede encender y apagar una vela.
3. (servir) para abrir y cerrar el coche automáticamente.
4. (traducir) del inglés al español.
5. (calentar) el teléfono para no tener las manos frías.
6. (poner) gatos en tus fotos.

13.33 **¿Qué buscas?** Explica lo que buscan las personas en los dibujos. ¡OJO! Recuerda que necesitas usar el subjuntivo.

Modelo *El muchacho busca un programa que sea cómico y que comience a las siete.*

1.

2.

3.

4.

5.

13.34 **Un invento increíble** Trabaja con un compañero para diseñar un invento y dibujarlo. Luego completen las siguientes oraciones para explicarle su invento a la clase.

Queremos inventar un(a) _____ que...
Nuestro invento tendrá _____ que...

Modelo *Queremos inventar un televisor que tenga un refrigerador con refrescos. Nuestro invento tendrá un microondas que esté conectado al televisor y que cocine mi comida mientras miro la tele. El televisor tendrá un control remoto que también sirva como teléfono.*

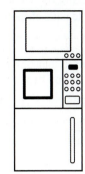

13.35 **Lo que quiero** Trabaja con un compañero para completar las oraciones con sus preferencias personales.

Modelo Este fin de semana quiero ir a un lugar...
　　　Estudiante 1: *Cuando (yo) salga este fin de semana quiero ir a un lugar que tenga buena música.*
　　　Estudiante 2: *¿De veras? Yo quiero ir a un lugar que sea económico.*

1. Quiero ver una película que...
2. Quiero ir a un restaurante que...
3. Deseo comprar un coche que...
4. Espero tener un trabajo que...
5. En mis próximas vacaciones quiero ir a un lugar que...
6. Pienso comprar una casa que...
7. Quiero tener una mascota que...
8. En el futuro deseo tomar una clase que...

¿RECUERDAS?

When having a conversation with your partner, you might want to respond with one of the following expressions:

¿De veras?　*Really?*

¡No me digas!　*You don't say!*

¿En serio?　*Seriously?*

13.36 **Quiero saber** Trabaja con un compañero y túrnense para hacer y contestar las preguntas. Si responde positivamente, identifiquen a la persona a quien conocen y añadan un poco más de información.

Modelo no tiene televisor
　　　Estudiante 1: *¿Conoces a alguien que no tenga televisor?*
　　　Estudiante 2: *No conozco a nadie que no tenga televisor. / Sí, mi prima no tiene televisión porque usa su computadora para transmitir en directo.*

¿Conoces a alguien que... ?

1. ver telenovelas
2. no tener teléfono celular
3. nunca ir al cine
4. poder escribir programas de computadora
5. leer historietas
6. chatear mucho por Internet
7. no saber usar una computadora
8. ver los noticiarios todos los días

No conozco a nadie que no tenga televisor.

Monkey Business Images/Shutterstock.com

Lectura

Antes de leer

1. ¿Te interesan las telenovelas? ¿Cuáles son sus características generales?

2. Hoy en día se transmiten menos telenovelas en los Estados Unidos. ¿Por qué piensas que no son tan populares como antes?

3. ¿Conoces alguna telenovela latinoamericana? ¿En qué son diferentes a las de los Estados Unidos?

A leer

Las telenovelas latinoamericanas: más que un entretenimiento

Las telenovelas latinoamericanas son la columna vertebral de muchas **emisoras** de televisión en Latinoamérica. Se transmiten en todos los horarios y satisfacen la demanda de todas las audiencias. Quienes creen que las telenovelas son solo para amas de casa deben **echar un vistazo** a los distintos subgéneros que han nacido en las últimas décadas: telenovelas históricas para los más intelectuales, telenovelas para niños, telenovelas de problemática social, y hasta telenovelas para los hombres. Según los productores, este género **promueve** cambios sociales, ayuda a educar a la gente sobre temas de interés social, como el cáncer, el machismo o la inmigración, y hasta ha ayudado a salvar vidas.

stations

take a look at

promotes

[este género promueve cambios sociales]

Las telenovelas latinoamericanas se transmiten en todo el mundo.

Joe Cavaretta/MCT/Newscom

Las telenovelas latinoamericanas han evolucionado mucho desde su aparición. Al principio casi todas las telenovelas eran la típica historia de **Cenicienta,** en donde una mujer <u>humilde</u> se enamoraba de un amor imposible — generalmente un hombre rico de buena familia. La protagonista debía **luchar** contra innumerables problemas, pero al final se quedaba con el hombre de sus sueños. Aunque todavía hoy en día se producen telenovelas de este tipo, también es cierto que se producen muchas otras con una temática más

Cinderella

struggle

interesante que atrae a televidentes muy diversos. A veces se convierten en fenómenos sociales, como fue el caso del grupo musical RBD, creado en la telenovela *Rebelde,* y que hizo **giras** por todo el mundo, atrayendo multitudes y llenando estadios.

tours

Una gran ventaja del formato de la telenovela latinoamericana es que tiene una duración limitada, generalmente alrededor de seis meses, lo que la hace mucho más versátil que la telenovela estadounidense. Es común que muchos de estos culebrones (otro nombre con que se conoce a las telenovelas) se traduzcan a docenas de otros idiomas y rompan récords de audiencia en países tan diferentes como Rusia, China y Rumania. Se transmiten en más de cien países alrededor del mundo y son considerados una gran **fuente** de empleo que promueve la economía de los países que las producen.

source

Este fenómeno ha cruzado las **fronteras** y ahora varias compañías estadounidenses de video de transmisión en directo trabajan activamente con directores mexicanos y españoles para producir telenovelas. Se transmiten a más de 95 millones de personas en todo el mundo y parecen tener éxito con el público en los Estados Unidos. Sin embargo, las telenovelas siguen transformándose para adaptarse a nuevos públicos y a nuevas modalidades de transmisión. Las telenovelas tradicionales están poco a poco convirtiéndose en mini-series dramáticas muchas veces producidas por equipos internacionales. Por la velocidad de estas transformaciones es fácil imaginar que en diez años será difícil reconocer este género.

borders

Comprensión

1. ¿Cuáles son dos diferencias importantes entre las telenovelas de los Estados Unidos y las telenovelas latinoamericanas?
2. ¿Qué temas de interés social han tratado algunas telenovelas?
3. Según el texto, ¿qué se creó *(created)* a partir de la telenovela *Rebelde*?
4. ¿Cómo afectan la economía las telenovelas?
5. En tu opinión, ¿qué hace populares a estas historias en tantos países con culturas tan diferentes?
6. En tu opinión, ¿de qué puede tratar una telenovela dirigida a niños?

👥 Después de leer

Trabaja con un compañero y piensen en el tema de una telenovela que pueda tener éxito en los Estados Unidos. ¿Cómo se llamará la telenovela? ¿De qué tratará? ¿Quiénes serán los personajes principales y cómo serán sus personalidades?

"Más sabe el diablo" se transmitió en más de 70 países.

Music4mix/Shutterstock.com

Redacción

Write a dramatic scene for a soap opera or a TV drama. It should be written as a script with stage directions in parentheses.

Paso 1 Think of a dramatic situation that would involve two people, such as a marriage proposal or a breakup. Then brainstorm where the scene would take place. Jot down some ideas, such as where the two characters are, what is around them, and what they are doing.

Paso 2 Think about what might be said in a conversation of this nature and jot down some key sentences and questions along with some responses to those statements / questions.

Paso 3 Write a short paragraph in which you describe the scene using the information generated in **Paso 1.**

Paso 4 Using the information you generated in **Paso 2,** create a dramatic dialogue between the two characters. Because communication involves more than words, you will need to indicate gestures, tone, actions, etc., as stage directions in parentheses.

Paso 5 Edit your script:

1. Are the stage directions clear?
2. Read the dialogue out loud. Does it flow? Does it seem natural?
3. Do adjectives agree with the person or object they describe?
4. Do verbs agree with the subject?
5. Did you use subjunctive forms where necessary?
6. Do you have a **personal a** where necessary? And indirect object pronouns?
7. Did you check your spelling, including accents?

Phovoir/Shutterstock.com

Entrando en materia

Las fotonovelas son un pasatiempo popular que ha sobrevivido a pesar de la competencia de otros medios de entretenimiento. ¿Cuál piensas que es la definición de una fotonovela?

Artículo informativo

Lee el artículo sobre las fotonovelas y contesta las preguntas que siguen.

LAS FOTONOVELAS

El formato de la fotonovela se ha adaptado para hacer publicaciones educativas.

Como su nombre lo dice, las fotonovelas son novelas narradas visualmente a partir de fotografías. En México las fotonovelas tuvieron su origen en las historietas del siglo XIX, las cuales eran versiones ilustradas de obras populares de la literatura europea. Algunas personas piensan que el origen de las fotonovelas está en la mercadotecnia[1] porque, al parecer, se incluían pequeños segmentos ilustrados de relatos románticos en los paquetes de cigarrillos. Para saber cómo continuaba la historia tenían que seguir comprándolos semana tras semana.

Desde el siglo XIX hasta hoy en día, las fotonovelas se han publicado en numerosos episodios. La fotonovela moderna tiene objetivos tan variados como el entretenimiento, la educación y la política. El tiraje[2] de un ejemplar puede ser de hasta 250 mil copias, por lo que llegan a un enorme y variado público de lectores. Debido al tiraje tan elevado, se puede hablar

de que circulan en el país alrededor de 30 millones de historietas y fotonovelas cada mes.

Dentro de la comunidad mexicoamericana en los Estados Unidos la fotonovela tiene una manifestación distinta y proporciona un canal para que la comunidad exprese sus preocupaciones sociales a través de un lenguaje visual innovador. Activistas y grupos religiosos también han recurrido a la fotonovela como una herramienta[3] de organización para informar, educar y hacer proselitismo.

Aunque las fotonovelas parecen simples, esta impresión es engañosa[4]. Los argumentos[5] tienden a ser melodramáticos, con temas como el ascenso social a la riqueza, los secretos de familia sobre amores prohibidos entre personas de diferentes clases sociales, etcétera. En los últimos años los argumentos han tratado de temas sociales, o incluso de elementos sobrenaturales, como fantasmas[6].

Sources: Public Broadcasting Service; Crónica.com.mx © The Fotonovela Production Company. www.fotonovelacompany.com

[1]marketing [2]print run [3]tool [4]deceiving [5]plots [6]ghosts

Comprensión

1. ¿Cómo se cree que se originaron las fotonovelas?
2. ¿Cuántas copias se llegan a publicar de cada fotonovela?
3. ¿Qué tipo de objetivos tiene la historieta moderna?
4. ¿En qué aspectos es diferente la fotonovela mexicoamericana?
5. ¿Cómo han usado las historietas algunos grupos religiosos o de activistas?

👥 Más allá

Trabaja con un compañero y diseñen una mini-fotonovela didáctica en la que expliquen en menos de ocho imágenes cómo hacer algo. Preséntenle la fotonovela a la clase imaginando que son fotografías.

13.37 **La tele** Completa el párrafo con la forma apropiada del verbo entre paréntesis. **¡OJO!** Tendrás que usar el subjuntivo, el indicativo o el infinitivo.

Los Marino no quieren que su hijo Édgar (**1.**) _____ (ver) la tele mucho.

Prefieren que (**2.**) _____ (pasar) más tiempo jugando afuera y leyendo.

A Édgar le molesta que sus padres (**3.**) _____ (apagar) la tele después

de una hora y que no le (**4.**) _____ (permitir) verla más. Esta noche él

quiere (**5.**) _____ (ver) una película que (**6.**) _____ (empezar)

a las ocho. Entonces Édgar les pide a sus padres que le (**7.**) _____ (dar)

permiso para verla. Su padre le dice que sí, pero insiste en que (**8.**) _____

(terminar) su tarea primero. A Édgar le alegra (**9.**) _____ (poder) ver la

película y promete terminar su tarea.

13.38 **Relaciones** Mira los dibujos y explica lo que pasa. Usa la forma recíproca de los verbos indicados en el presente del indicativo.

1.

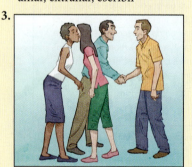

amar, extrañar, escribir

2.

pelear, gritar *(to yell)*, mirar

3.

conocer, dar la mano, besar

4.

¡Gracias, mi amor!

dar, decir

13.39 **Lo que se busca** Completa las oraciones con la forma apropiada del verbo entre paréntesis y con una conclusión lógica.

1. Al buscar una pareja algunas personas buscan a alguien que (ser)...

2. Al salir en una cita hay personas que buscan un lugar que (tener)...

3. Al casarse algunas parejas quieren tener una boda que (costar)...

4. Algunos recién casados prefieren vivir en un lugar que les (ofrecer)...

5. Después de tener hijos, a veces los padres necesitan un trabajo que les (permitir)...

6. Si la pareja se divorcia, es buena idea conseguir un abogado que (ser)...

13.40 **Una telenovela** Las siguientes fotos son de varias escenas de telenovelas. Trabaja con un compañero para elegir una e inventar los detalles. Piensen en lo siguiente: ¿Quiénes son los protagonistas? ¿Cuál es la trama (*plot*)? ¿Qué pasa en esta escena? ¿Cómo se va a resolver la situación? Usen diferentes ejemplos del subjuntivo en la descripción.

13.41 **¿Cuál es la pregunta?** Trabaja con un compañero. Uno de ustedes debe ver las preguntas en esta página, y el otro debe verlas en el Apéndice B. Esta actividad es una competencia y para obtener puntos debes adivinar (*guess*) la pregunta <u>exacta</u> que tiene tu compañero. Para ayudarte, tu compañero te va a decir la respuesta a la pregunta. Tienes tres oportunidades para adivinar cada pregunta.

Modelo ¿Qué es extrañar?
Estudiante 1: *Es cuando no estás con una persona y estás triste. Piensas mucho en la persona.*
Estudiante 2: *¿Qué es extrañar?*

Puntos	Preguntas
10	¿Qué es la luna de miel?
20	¿Qué es divorciarse?
30	¿Qué es un soltero?
40	¿Qué es un nacimiento?
50	¿Qué hacemos en la adolescencia?
100	¿Qué es enamorarse?

13.42 **Y el premio es para...** Van a decidir cuál es el mejor programa de televisión.

Paso 1 Con un compañero, decidan cuáles son las características que hacen que un programa de televisión merezca (*deserves*) un premio (*award*).

Paso 2 Compartan su lista de características con la clase y entre todos elijan tres.

Paso 3 Con tu compañero, hablen de algunos programas que piensan que reúnen las características. Decidan el programa que quieren nominar.

Paso 4 Todos los grupos van a nominar un programa y explicar por qué lo nominaron. Después la clase votará por el mejor programa de televisión.

🔊 Vocabulario 1
13-4

Relaciones de pareja

el anillo	*ring*
las bodas de oro	*50th wedding anniversary*
las bodas de plata	*25th wedding anniversary*
la ceremonia	*ceremony*
la cita	*date*
el compromiso	*engagement*
el divorcio	*divorce*
el estado civil	*civil status*
la luna de miel	*honeymoon*
la madrina	*maid of honor, godmother*

el noviazgo	*engagement, relationship*
el padrino	*best man, godfather*
la pareja	*couple*
el (la) prometido(a)	*fiancé(e)*
la recepción	*wedding reception*
el (la) recién casado(a)	*newlywed*
soltero(a)	*single, unmarried*
la unión libre	*common-law union*
viudo(a)	*widowed*

Verbos

abrazar	*to hug*
amar	*to love*
comprometerse (con)	*to get engaged (to)*
dar a luz	*to give birth*
desear	*to desire, to wish*
divorciarse (de)	*to divorce*
enamorarse (de)	*to fall in love (with)*
esperar	*to hope*
estar embarazada	*to be pregnant*
extrañar (a)	*to miss (a person)*
insistir (en)	*to insist (on)*

llevarse (bien/mal)	*to get along (well/poorly)*
mandar	*to order*
nacer	*to be born*
odiar	*to hate*
proponer matrimonio	*to propose matrimony*
querer	*to love*
romper (con)	*to break up (with)*
separarse (de)	*to separate (from)*
sugerir (ie)	*to suggest*

Etapas de la vida

la adolescencia	*adolescence*
la juventud	*youth*
la madurez	*maturity*
la muerte	*death*

el nacimiento	*birth*
la niñez	*childhood*
la vejez	*old age*

Diccionario personal

_____

_____

_____

_____

_____

_____

◀)) Vocabulario 2
13-5

Los programas de televisión

la comedia	*comedy*
el drama	*drama*
el documental	*documentary*
la telenovela	*soap opera*

el programa...	
de horror	*horror show*
de misterio	*mystery show*
deportivo	*sports show*
de telerrealidad	*reality show*

La televisión

la audiencia (infantil)	*audience (of children)*
el canal	*TV channel*
la clasificación	*rating* (for adults, for the whole family, etc.)
el conductor	*TV host*
el control remoto	*remote control*
el documental	*documentary*
los dibujos animados	*cartoons*

el (la) locutor(a)	*announcer*
el noticiario	*news*
el programa de concursos	*game show*
el reproductor de DVD	*DVD player*
la telenovela	*soap opera*
el televidente	*television viewer*

La tecnología

la aplicación	*app*
los audífonos	*headphones*
el buscador	*search engine*
el MP3	*MP3 player*
la pantalla	*screen*

el ratón	*mouse*
las redes sociales	*social networks*
el tablero	*keyboard*
la tableta	*tablet*

El cine

la butaca	*seat*
el éxito de taquilla	*box office hit*
las golosinas	*candy*

las palomitas de maíz	*popcorn*

Verbos

censurar	*to censor*
chatear	*to chat*
hacer clic (en)	*to click (on)*
limitar	*to limit*

temer	*to fear*
transmitir	*to broadcast*
transmitir en directo	*to stream*

Palabras adicionales

el (la) adolescente	*adolescent*
el (la) adulto(a)	*adult*
el canal	*channel*

la revista	*magazine*
el televidente	*television viewer*

Learning Strategy

Think in Spanish

When speaking, try to think in Spanish and speak spontaneously rather than translating from English. If you find you need to use a word that you don't know, instead of saying it in English or looking it up in the dictionary, try explaining the concept using other Spanish words. With a little practice, this skill will become easier.

After completing this chapter, you will be able to:

- Discuss health issues with a doctor
- Express opinions regarding migration
- Discuss hypothetical situations
- Express condition, purpose, and time
- Tell what had happened prior to other events in the past

©fitopardo.com/Moment Open/Getty Images

Guardavidas en Acapulco, en México

Los servicios de salud son muy importantes en todas las comunidades.

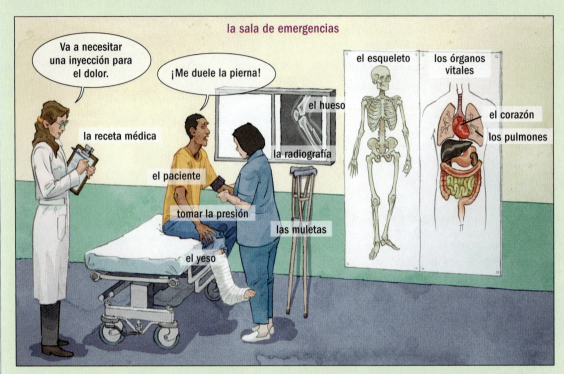

la sala de emergencias

Va a necesitar una inyección para el dolor.

¡Me duele la pierna!

el esqueleto

los órganos vitales

el hueso

la receta médica

la radiografía

el corazón

los pulmones

el paciente

tomar la presión

las muletas

el yeso

Los síntomas	Symptoms
la alergia	allergy
la cortada	cut
la diarrea	diarrhea
el dolor (de)	pain (in)
la presión baja/alta	low/high blood pressure

Algunas enfermedades	
el cáncer	cancer
la diabetes	diabetes
la gripe	flu
la hipertensión	high blood pressure
el insomnio	insomnia
el resfriado	cold

Tratamientos	Treatments
la aspirina	aspirin
la cirugía	surgery

la curita	small adhesive bandage
las gotas	drops
la inyección	shot
el jarabe	(cough) syrup
la pastilla	pill
la vacuna	vaccination
el vendaje	bandage

Verbos	
dejar de fumar	to quit smoking
descansar	to rest
desmayarse	to faint
doler (ue)	to hurt
enfermarse	to get sick
estar congestionado(a)	to be congested
estar mareado (a)	to be dizzy
estornudar	to sneeze
examinar	to examine
fracturarse	to fracture
recuperarse	to recover

respirar	to breathe
sentir náuseas	to feel nauseous
toser	to cough

Palabras adicionales	
los primeros auxilios	first aid
la salud	health
la sangre	blood
la silla de ruedas	wheelchair
el seguro	insurance

A practicar

14.1 **Escucha y responde** En un papel escribe "síntoma" y en otro "tratamiento". Vas a escuchar una serie de palabras del vocabulario. Levanta el papel correspondiente si la palabra que escuchas es un síntoma o un tratamiento.

14-1

14.2 La salud Escribe la palabra más lógica para completar cada idea.

1. El _____ ayuda a llevar sangre a todo el cuerpo.

2. Un síntoma de los resfriados es _____.

3. Le recomiendo tomar vitaminas si usted _____ con frecuencia.

4. El doctor _____ al paciente y le sugiere un tratamiento.

5. El _____ de un adulto tiene 206 huesos.

6. Los paramédicos llevan en una _____ a un hombre que se rompió la pierna.

7. El paciente se sentó un momento porque estaba muy _____.

8. A veces las mujeres embarazadas sienten _____ en la mañana.

14.3 Asociaciones Trabaja con un compañero para relacionar las palabras de la primera columna con una opción de la segunda columna y expliquen la relación. Hay varias posibilidades.

Modelo   toser   el jarabe
El doctor le recomienda tomar jarabe a un paciente que tose mucho.

1. la inyección   **a.** el yeso

2. respirar   **b.** los pulmones

3. la presión alta   **c.** el hueso

4. la diabetes   **d.** el vendaje

5. la cortada   **e.** estornudar

6. la radiografía   **f.** la vacuna

7. la fractura   **g.** el cáncer

8. el resfriado   **h.** la hipertensión

14.4 Encuesta Trabajen en grupos de cuatro o cinco estudiantes para averiguar quiénes han tenido las experiencias de la lista. Acuérdense de hacer las preguntas adicionales y de tomar notas para después reportarle la información a la clase.

1. Pasar una noche en el hospital (¿Por qué?)

2. Tener gripe recientemente (¿Qué tratamiento siguió?)

3. Recibir una inyección (¿Cuándo?)

4. Fracturarse un hueso (¿Cómo?)

5. Administrar los primeros auxilios alguna vez (¿Por qué?)

6. Desmayarse alguna vez (¿Por qué?)

INVESTIGUEMOS LA MÚSICA

Listen to Puerto Rican singer Daddy Yankee's song "Llamado de emergencia." What is his illness?

14.5 Diferencias Trabaja con un compañero. Uno debe ver el dibujo en esta página y el otro debe ver el dibujo en el Apéndice B. Túrnense para describir sus dibujos y encontrar las cinco diferencias.

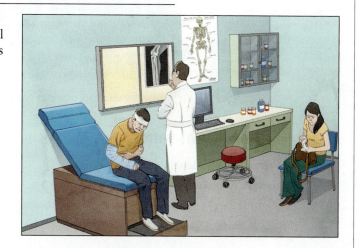

Piensa en el tema

1. ¿Crees que hay enfermedades que pueden curarse con tratamientos completamente naturales? Explica tu respuesta.

2. ¿Cómo se curaba la gente antes de que hubiera médicos y hospitales?

La medicina alternativa

Hoy en día hay problemas de salud que son comunes en todas las regiones del mundo. Ejemplos de estos problemas son las enfermedades del corazón, el cáncer y la diabetes. Sin embargo, no todas las personas siguen un tratamiento de medicina moderna.

Algunas personas no confían *(trust)* en estos tratamientos, o sufren de alergias que no les permiten tomar ciertas medicinas. Otras personas no tienen acceso a servicios de salud, o no han tenido buenos resultados y tienen más confianza en otros métodos que han ayudado a sus ancestros o conocidos a curarse. En algunas comunidades remotas de varios países, y aún en las grandes ciudades, hay quienes prefieren seguir las recomendaciones de curanderos. Los curanderos son generalmente personas mayores que saben curar a base de remedios naturales que aprendieron de sus ancestros, como el uso de hierbas. Los remedios de los curanderos van más allá del uso de plantas medicinales, e incluyen tratamientos terapéuticos como el uso de ciertos productos animales y minerales, masajes, limpias *(cleansings)* y otros ritos.

En el caso de México, la medicina tradicional indígena está reconocida en la Constitución Política del país como un derecho cultural de los pueblos indígenas, y este reconocimiento incluye el respeto a la cosmovisión (concepto del mundo) indígena, la cual reconoce al universo como una totalidad interconectada, y al cuerpo humano como la combinación de mente *(mind)* y espíritu.

En la actualidad existe un movimiento para rescatar *(recover)* el conocimiento prehispánico acerca del uso de plantas para curar a la gente. El movimiento está apoyado *(supported)* por el gobierno mexicano y gracias a este apoyo se han abierto centros en donde se enseñan las bases de la medicina indígena.

Baldwin/Shutterstock.com

¿Hay ciencia en los remedios populares?

👥 Hablemos del tema

1. ¿Qué remedios o tratamientos naturales conoces?

2. ¿Alguna vez has conocido a algún curandero o chamán?

3. ¿Piensas que los remedios naturales son tan efectivos como la medicina tradicional de los hospitales? Explica.

Piensa en el tema

1. Cuando vas al mercado o al supermercado, ¿cómo decides qué comprar?
2. ¿Te importa comprar comida saludable? ¿Por qué?

La salud y la comida

No es secreto que la dieta de una persona tiene un efecto profundo en su salud. Tampoco es secreto que los cambios en nuestra sociedad han afectado la manera en la que las personas se alimentan, y estos cambios han provocado nuevos retos a la salud pública. En muchos países industrializados la dieta es rica en alimentos procesados que han afectado el índice de obesidad y todos los problemas de salud relacionados con ella. Por otra parte, en regiones menos industrializadas es posible que las personas carezcan *(lack)* de ciertos alimentos y, en consecuencia, de ciertas proteínas o vitaminas.

La tabla muestra cómo se comparan algunos elementos de la dieta en varios países.

	Calorías*	Azúcar** (en gramos)	Grasas *(fats)* (en gramos)	Proteínas (en gramos)
Argentina	3030	72.7	108	94
Bolivia	2100	–	42	56
Chile	3420	58.6	90	88
España	3260	70.1	151	108
Estados Unidos	3800	126.4	65.5	114
Guatemala	2150	–	55	57
México	3260	92.5	95	92
Panamá	2450	–	64	71
Perú	2410	55.7	41	67
Uruguay	2840	–	77	80

* La recomendación para adultos hombres es de 2400, y de 2000 calorías para las mujeres.
** La recomendación de *World Health Organization* es de 25 gramos diarios.

Sources: Naciones Unidas, FAO, World Health Organization

Hablemos del tema

Observa las fotografías de dos platos típicos de Cuba y de Bolivia.

1. En tu opinión, ¿cuál es mejor y por qué?
2. ¿Qué significa "comer bien"?
3. ¿Cuál se parece más a tu dieta?

Lisa F. Young/Alamy Stock Photo

Cuba: Puerco asado con plátanos, frijoles y arroz

Ildi Food/Alamy Stock Photo

Bolivia: carne empanizada *(breaded)* y frita, arroz, huevo, papas y verduras

A analizar

Nicolás se siente mal y le pide consejos a Rosa. Después de ver el video, lee parte de su conversación y observa los verbos en negritas. Luego contesta las preguntas que siguen.

Nicolás: ¡No puedo estar enfermo! Tengo un examen en la clase de Literatura hispanoamericana el viernes. ¿Qué hago?

Rosa: Yo **me quedaría** en casa y **dormiría** todo lo posible. **Tomaría** aspirina y **bebería** muchos líquidos. Si quieres, yo te llevo una sopa que mi madre siempre me preparaba cuando me sentía mal.

Nicolás: ¡Gracias, Rosita! ¿Qué **haría** sin ti?

Rosa: De nada, amigo.

1. The verbs in bold are in the conditional. How are they formed?
2. What is the infinitive of the irregular verb form **haría**?

A comprobar

Conditional

1. The conditional allows speakers to express possible outcomes or actions in response to events. To form the conditional, add the following endings to the infinitive. Notice that all verbs take the same endings.

	hablar	volver	ir
yo	hablaría	volvería	iría
tú	hablarías	volverías	irías
él, ella, usted	hablaría	volvería	iría
nosotros(as)	hablaríamos	volveríamos	iríamos
vosotros(as)	hablaríais	volveríais	iríais
ellos, ellas, ustedes	hablarían	volverían	irían

2. Irregular verbs have the same stems in the conditional as they do in the future tense. The endings are the same as those for regular verbs.

decir	**dir-**	yo diría
hacer	**har-**	tú harías
poder	**podr-**	él podría
poner	**pondr-**	ella pondría
querer	**querr-**	ellos querrían

saber	**sabr-**	ellas sabrían
salir	**saldr-**	usted saldría
tener	**tendr-**	nosotros tendríamos
venir	**vendr-**	vosotros vendríais

3. The conditional is similar to the English construction *would* + verb.

> Yo **no tomaría** esa pastilla sin hablar con un médico.
> I *wouldn't take* that pill without talking with a doctor.

> Me dijo que **estaría** en la sala de emergencias.
> He told me he **would be** in the emergency room.

4. The conditional form of **haber** is **habría.** Remember that there is only one form of the verb regardless of whether it is followed by a singular or plural noun.

> Pensé que **habría** más enfermeras.
> I thought there **would be** more nurses.

5. The conditional is often used to demonstrate politeness or to soften a request.

> **Me gustaría** ver las radiografías.
> I *would like* to see the X-rays.

> ¿**Irías** al hospital conmigo?
> *Would you go* to the hospital with me?

A practicar

14.6 **Remedios** Imagina que tienes un hijo de cinco años. ¿Qué harías en los siguientes casos?

1. Tu hijo tiene un resfriado.

   a. Le prepararía comidas con vitamina C.

   b. Lo llevaría inmediatamente a la sala de emergencias.

2. Tu hijo se quema *(burns)* la mano en la estufa.

   a. Le pondría una curita.

   b. Sumergiría la mano en agua fresca.

3. Tu hijo tiene una cortada muy profunda.

   a. La limpiaría con jabón y un cepillo.

   b. Le aplicaría presión con un vendaje.

4. Tu hijo tiene mucha fiebre.

   a. Le daría agua o jugo.

   b. Le daría un baño caliente.

5. Tu hijo se rompe un brazo mientras juega en el parque.

   a. Le pondría hielo en el brazo.

   b. Movería el brazo para saber si le duele mucho.

6. A tu hijo le duele la garganta.

   a. Le daría antibióticos que tengo en casa.

   b. Le haría un té con limón y miel *(honey)*.

gcpics/Shutterstock.com

14.7 **¿Es lógico?** Primero completa la oración con la forma apropiada del condicional. Después indica si la oración es lógica o no.

1. Tú _____ (poner) un vendaje en una cortada.

2. El doctor _____ (sacar) radiografías del hueso roto.

3. Una persona con diabetes _____ (estornudar) mucho.

4. Nosotros _____ (tomar) una aspirina para curar un dolor de estómago.

5. Las enfermeras _____ (poder) desmayarse al dar una inyección.

6. Yo _____ (venir) a la clase con una fiebre de 39 grados.

14.8 **En busca de…** Pregúntales a diferentes compañeros si harían las siguientes actividades si ganaran *(if they won)* la lotería. Pide información adicional para reportársela a la clase después. Recuerda que necesitas buscar a personas que contesten afirmativamente.

Modelo comprar un coche nuevo (¿Por qué?)
   Estudiante 1: *¿Comprarías un coche nuevo?*
   Estudiante 2: *Sí, compraría un coche nuevo.*
   Estudiante 1: *¿Por qué?*
   Estudiante 2: *Porque mi auto se descompone con frecuencia.*

1. trabajar (¿Dónde?)

2. comprarles regalos a tus amigos (¿A quiénes?)

3. donar dinero (¿Para qué causas?)

4. seguir estudiando (¿Por qué?)

5. hacer un viaje (¿Adónde?)

6. salir a restaurantes muy caros (¿Qué comerías?)

7. tener una gran fiesta para todos tus amigos (¿Qué harían?)

8. poner parte del dinero en el banco (¿Cuánto?)

14.9 **¿Qué harías?** Trabaja con un compañero y hablen de lo que harían en las siguientes situaciones.

Modelo Tu doctor habla muy poco y no hace preguntas.
Estudiante 1: *Le haría muchas preguntas.*
Estudiante 2: *Yo buscaría otro doctor.*

1. Te sientes mareado.

2. Un amigo te pide que le regales pastillas para el dolor.

3. Tienes insomnio.

4. Un amigo tiene un resfriado.

5. Estás con una amiga cuando de repente se desmaya.

6. Te rompes una pierna y tienes que llevar un yeso.

7. El médico te dice que tienes la presión alta.

8. Es la temporada de gripe.

9. Te duele mucho la cabeza.

10. Eres médico y tienes un paciente hipocondríaco.

14.10 **¿Qué pasaría?** Mira los dibujos y explica lo que pasó. Después usa el condicional para explicar cómo te sentirías y lo que harías en la situación.

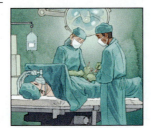

Modelo *Los médicos operaron al paciente. Yo tendría mucho miedo y haría muchas preguntas antes de la cirugía.*

1.

2.

3.

4.

5.
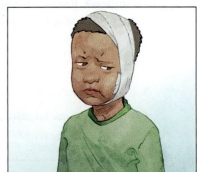

6.

A analizar ▶

Ve el video otra vez. Después lee lo que Nicolás dijo y observa los verbos en negritas.

Acaba de llamar *(just called)* mi madre e hice el error de decirle que no me siento bien. Me dijo que estaba preocupada de que **tuviera** una enfermedad grave y que era importante que un médico me **examinara**. Recomendó que **fuera** inmediatamente. Creo que exagera un poco.

1. The verbs in bold are in the imperfect subjunctive. What is the stem for each of the verbs?

2. You have studied a variety of uses of the subjunctive. Look at each of the sentences, and explain why the subjunctive is required.

A comprobar

Imperfect subjunctive

1. In the last three chapters, you learned to use the present subjunctive. When using the present subjunctive, the verb in the main clause is in the present tense and the verb in the dependent clause is in the present subjunctive.

Main clause	Dependent clause
Espero	que Clara **se recupere** pronto.
Es una lástima	que **tenga** un resfriado.

2. When the verb in the main clause is in the past (preterite or imperfect), the verb in the dependent clause must be in the imperfect subjunctive.

Main clause	Dependent clause
El médico le **recomendó**	que **tomara** unas pastillas.
Era necesario	que **usara** muletas.

3. The imperfect subjunctive is formed using the third-person plural (**ellos, ellas, ustedes**) of the preterite. Eliminate the **-on** and add the endings as indicated. The endings are the same, regardless of whether the verb ends in **-ar**, **-er**, or **-ir**. Verbs that are irregular in the preterite are also irregular in the imperfect subjunctive.

> **INVESTIGUEMOS LA GRAMÁTICA**
>
> Verbs that end in **-cir**, such as **conducir**, **decir**, and **traducir** have slightly different forms in the imperfect subjunctive. The base ending is **-era** rather than **-iera**. The verb **decir** would be conjugated in the following manner: **dijera, dijeras, dijera, dijéramos, dijerais, dijeran**.

	hablar	tener	dormir
yo	hablara	tuviera	durmiera
tú	hablaras	tuvieras	durmieras
él, ella, usted	hablara	tuviera	durmiera
nosotros(as)	habláramos	tuviéramos	durmiéramos
vosotros(as)	hablarais	tuvierais	durmierais
ellos, ellas, ustedes	hablaran	tuvieran	durmieran

*Notice that it is necessary to add an accent in the **nosotros** form.

4. The imperfect subjunctive form of **haber** is **hubiera**.

> No me gustó que **hubiera** tantas personas en la sala de espera.
> *I didn't like that **there were** so many people in the waiting room.*

5. In general, the same rules that apply to the usage of the present subjunctive also apply to the past subjunctive.

To express an opinion using impersonal expressions:

> Era importante que **habláramos** con el médico.
> ***It was important** that **we talk** with the doctor.*

To express doubt:

> El médico **dudaba** que **fuera** necesario operar.
> *The doctor **doubted it would be necessary** to operate.*

To express desire:

> El paciente **esperaba** que no le **pusieran** una inyección.
> *The patient **hoped they would not give** him a shot.*

To talk about the unknown using adjective clauses:

> Leo **buscaba** un medicamento que no **causara** náusea.
> *Leo **was looking for** medication that **wouldn't make** him nauseous.*

To express an emotion:

> A Juana **le preocupaba** que su hijo **tuviera** gripe.
> *Juana **was worried** that her son **had** the flu.*

6. When using the "if clause" to express what would happen in a hypothetical situation or a situation that is not likely or impossible, it is necessary to use the imperfect subjunctive and the conditional.

> **si** + imperfect subjunctive + conditional
> **dependent clause** **main clause**

> Si **tuviera** tiempo iría al doctor.
> *If **I had** time, I'd go to the doctor.*

A practicar

14.11 Una visita al médico Lee las siguientes oraciones y ponlas en un orden lógico.

1. _____ El doctor le dijo que tenía gripe y sugirió que tomara unas pastillas.

2. _____ Era necesario que pasara por la farmacia camino a la casa.

3. _____ Sandra no creía que tuviera nada serio, pero decidió ver al médico.

4. _____ Le sorprendió que el medicamento costara tanto.

5. _____ Buscó una clínica que estuviera cerca de su casa.

6. _____ Sandra se sentía mal y su esposo le recomendó que fuera al médico.

14.12 Recomendaciones Completa las oraciones con la forma apropiada del imperfecto del subjuntivo del verbo entre paréntesis.

1. Fui al médico ayer porque tenía la presión alta. Él me recomendó que (tomar) unas pastillas.

2. Mis hermanos quieren perder peso. Yo les sugerí que (comer) menos dulces.

3. Mi esposo y yo queremos dejar de fumar. Un amigo nos recomendó que no (salir) a lugares donde muchas personas fuman.

4. Mis hijos tienen fiebre. Yo les dije que (acostarse).

5. Mi amiga está embarazada. Su esposo le sugirió que (dejar) de trabajar.

6. Mi esposo tiene insomnio. Yo le recomendé que (leer) antes de acostarse.

14.13 Todos opinan Lee las situaciones y completa las oraciones de una forma lógica para indicar las reacciones y sugerencias de los amigos y familiares. **¡OJO!** Tendrás que usar el imperfecto del subjuntivo.

Modelo Virginia tuvo una entrevista de trabajo en el hospital.
Su esposo le sugirió que… *llevara un traje.*

1. Cecilia estaba muy enferma.
   a. Su médico le aconsejó que…
   b. Su madre temía que…
   c. Sus amigas esperaban que…

2. Donato tuvo un accidente de coche.
   a. El policía le pidió que…
   b. Sus padres preferían que…
   c. Su amigo le recomendó que…

14.14 **Consejos médicos** Los pacientes del doctor Orozco no llevaban una vida muy saludable. Trabaja con un compañero y túrnense para decir lo que el doctor les recomendó a sus pacientes. Usen el imperfecto del subjuntivo.

Modelo Paulina siempre tenía mucho estrés en el trabajo.
Estudiante 1: *El doctor le recomendó que descansara más.*
Estudiante 2: *También le recomendó que buscara otro trabajo.*

1. José Luis y su esposa fumaban.

2. Magdalena comía muchos dulces.

3. Claudia y su hermano miraban la televisión seis horas al día.

4. Jaime usaba drogas.

5. Esmeralda bebía dos litros de soda todos los días.

6. Bety y Rosaura no hacían ejercicio.

7. Vicente solo dormía cinco horas cada noche.

8. Edwin y Nelson tomaban mucho alcohol.

14.15 **Se sienten mal** Trabaja con un compañero. Miren las fotos y después túrnense para completar las oraciones correspondientes. **¡OJO!** Algunas oraciones requieren el subjuntivo y otras el indicativo.

Monkey Business Images/Shutterstock.com

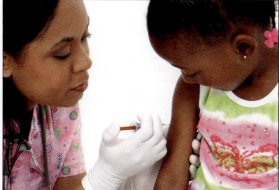
Duplass/Shutterstock.com

a. Era necesario que…

b. La paciente esperaba que…

c. La enfermera creía que…

a. La niña tenía miedo de que…

b. La enfermera le recomendó que…

c. La niña le pidió que…

Lisa S./Shutterstock.com

pathdoc/Shutterstock.com

a. Era obvio que…

b. Le frustró que…

c. No conocía a nadie que…

a. La pareja quería que…

b. El doctor les dijo que…

c. Era importante que…

14.16 Si fuera así Completa las oraciones de forma original usando cada forma del imperfecto del subjuntivo.

1. Si tuviera el colesterol alto,

    a. comería…   **b.** tomaría…   **c.** debería…

2. Si un amigo estuviera muy enfermo, (yo)

    a. estaría…   **b.** lo llevaría…   **c.** iría…

3. Si yo fuera médico,

    a. sería…   **b.** tendría…   **c.** podría…

14.17 ¿Qué pasaría? Completa las oraciones con la forma apropiada del verbo entre paréntesis. Usa el imperfecto del subjuntivo y el condicional.

1. Algunas personas _____ (comprar) medicinas que no necesitan si los pacientes no _____ (necesitar) una receta médica para conseguirlas.

2. Si tú no _____ (sufrir) de alergias _____ (respirar) mejor.

3. Más personas _____ (poder) tener atención médica si el cuidado médico no _____ (ser) tan caro.

4. Si yo nunca _____ (enfermarse), no _____ (necesitar) gastar *(to spend)* dinero en medicinas.

5. Menos gente _____ (morir) si los científicos _____ (poder) encontrar una cura para el cáncer.

6. Si nosotros _____ (cuidarse) más, _____ (enfermarse) menos.

7. Si no _____ (haber) tantas personas en la sala de espera, yo no _____ (tener) que esperar mucho tiempo.

14.18 Lo que yo haría Trabaja con un compañero para hablar de lo que harían en las siguientes situaciones. Den muchos detalles.

Modelo ganar la lotería

    Si ganara la lotería, iría de vacaciones a la República Dominicana porque tienen playas muy bonitas.

1. no tener que trabajar

2. vivir en otro lugar

3. ser famoso

4. poder viajar por el tiempo

5. encontrar una lámpara mágica y pedir un deseo

6. ser otra persona por un día

7. poder comer solo un tipo de comida

8. vivir hasta los 120 años

¿Qué harías si pudieras pedir un deseo?

Fer Gregory/Shutterstock.com

En vivo ◀))

Entrando en materia

¿Conoces la guía nutricional Mi Plato, del USDA? En pocas palabras, ¿qué es lo que recomienda?

Guías para la alimentación *(diet)*

◀)) Vas a escuchar un segmento de un documental sobre las acciones de varios países
14-2 latinoamericanos para mantener a su población sana.

Vocabulario útil

a largo plazo	*in the long run*	**destacarse**	*to stand out*	**fomentar**	*to encourage*
acorde a	*appropriate for*	**disponible**	*available*	**la grasa**	*fat (in food)*
el alimento	*food*	**el esfuerzo**	*effort*	**hacer daño**	*to harm*

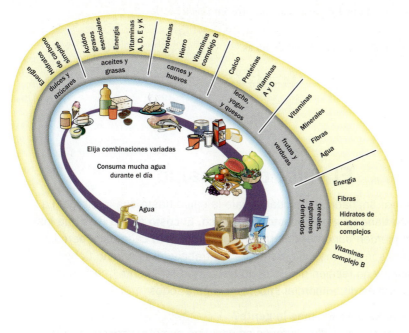

Adapted from: Asociación Argentina de Dietistas y Nutricionistas Dietistas

Comprensión

Escucha el segmento y responde las preguntas.

1. ¿Qué están haciendo algunos países latinoamericanos para mejorar la salud de sus habitantes?
2. ¿Cuáles son dos ejemplos de lo que recomienda la guía cubana?
3. ¿Cuál es el objetivo a largo plazo de la guía de la alimentación que se hizo en Cuba?
4. ¿Cuál es el nombre que se le dio a la guía de la alimentación argentina?
5. ¿Cuál es una diferencia entre el modelo argentino y la guía nutricional estadounidense?
6. ¿Cuál es un mensaje que propone el modelo argentino?

 Más allá

Trabaja con un compañero para diseñar un modelo sencillo y realista para ayudar a estudiantes universitarios a tener una mejor alimentación. Traten de ser *(Try to be)* realistas sobre la comida que se puede comprar donde viven y sobre los precios. Compartan su modelo con la clase y explíquenlo.

Lectura

Antes de leer

1. ¿Qué crees que significa "ofrecer servicios de salud universal"? ¿Qué países hispanos piensas que tienen servicios de salud universal para sus ciudadanos?

2. ¿Crees que estos países gastan más en salud que los países que no ofrecen servicios de salud universal? ¿Por qué?

3. ¿De qué piensas que va a tratar el artículo? Anticipa un par de ideas.

A leer

El valor de la salud

Como dice el refrán, nadie sabe cuánto vale la salud hasta que la pierde. La salud también tiene un gran impacto económico. El costo de los días que los trabajadores pierden por estar enfermos es enorme para cada país, pero las consecuencias son aún más grandes para los trabajadores que no tienen esta **prestación** y no reciben dinero si no trabajan. Claramente, mantener una buena salud es de primordial importancia para todos.

benefit

¿En qué países se enferma más la gente?

En un estudio de la comunidad europea se encontró que el número de **días tomados por enfermedad** varía de país a país. La conclusión más evidente fue que en los países del norte la gente toma muchos más días que en los países del sur de Europa. Por ejemplo, el 24% de los finlandeses y el 21.8% de los holandeses dijeron haber tomado al menos un día por enfermedad durante el último año, en contraste con el 6.7% de los **griegos**, el 8.5% de los italianos y el 11.8% de los españoles. Los hombres tomaron más días que las mujeres. ¿Será que las mujeres tienen mejor salud que los hombres?

sick days

Greeks

> [nadie sabe cuánto vale la salud hasta que la pierde]

Es posible argumentar que en los países en donde es más fácil conseguir un documento de incapacidad, un día con **goce** de sueldo sin ir a trabajar, la gente toma más de estos días.

benefit

En México si una persona está enferma por más de tres días debe ir a una clínica del Seguro Social y conseguir de su médico el documento de incapacidad. El médico especifica cuántos días se necesitan para recuperarse, y es **indispensable** presentar este papel para recibir el sueldo de los días que se faltó al trabajo. La compañía pagará el 75% del sueldo y el Seguro Social pagará el 25%. Desafortunadamente, este servicio de salud se le ofrece solamente a una parte de la población.

essential

En varios países hispanos como Argentina, Chile, Costa Rica, Cuba, España y Uruguay, existe un programa universal de salud. Uruguay tiene uno de los mejores sistemas con servicios de Salud Pública para las personas que no pueden pagar y de Salud Privada para los que quieren comprar seguros. Los dos sistemas incluyen asistencia hospitalaria, cirugías y servicios de emergencia. Con este acceso se ha mejorado notablemente el servicio para las clases más pobres.

Un hospital en la ciudad de Guadalajara, Jalisco, en México

Courtesy of Fernando Casas for the 2nd edition and future editions.

Ofrecer servicios de salud adecuados es uno de los grandes **retos** que enfrentan casi todos los países del mundo, y probablemente no haya una solución que funcione para todas las naciones.

challenges

Source: http://www.afterhotel.com.uy/es/blog/95-el-sistema-de-salud-en-uruguay / http://internationalliving.com/2014/01/best-places-retire-overseas-affordable-efficient-health-care/

Comprensión

Lee las siguientes afirmaciones e indica si son ciertas o falsas, según la información del texto. Corrige las oraciones falsas.

1. Según un estudio, los europeos del sur toman más días por enfermedad que los europeos del norte.
2. En Europa los españoles son los que menos días faltan al trabajo por enfermedad.
3. Los hombres toman más días por enfermedad que las mujeres.
4. En México una incapacidad permite al empleado faltar el trabajo por enfermedad y recibir su sueldo.
5. En todos los países hispanos existe el servicio de salud universal.

Después de leer

Habla con un compañero y escriban una lista de ideas sobre cómo se puede mejorar la salud de las personas en su país. Después compartan sus ideas con la clase.

El español es un idioma que une a veintiún países.

Argentina (argentino/a)

Bolivia (boliviano/a)

Chile (chileno/a)

Colombia (colombiano/a)

Costa Rica (costarricense)

Cuba (cubano/a)

Ecuador (ecuatoriano/a)

El Salvador (salvadoreño/a)

España (español/a)

Guatemala (guatemalteco/a)

Guinea Ecuatorial (ecuatoguineano/a)

Honduras (hondureño/a)

México (mexicano/a)

Nicaragua (nicaragüense)

Panamá (panameño/a)

Paraguay (paraguayo/a)

Perú (peruano/a)

Puerto Rico (puertorriqueño/a)

República Dominicana (dominicano/a)

Uruguay (uruguayo/a)

Venezuela (venezolano/a)

La comunidad internacional

la beca	scholarship
el choque cultural	culture shock
el (la) ciudadano(a)	citizen
la embajada	embassy
el gobierno	government
el idioma	language
los organismos internacionales	international organizations
el país	country
el pasaporte	passport

Adjetivos

bilingüe	bilingual
extranjero(a)	foreign
hispanohablante	Spanish-speaking

Verbos

acostumbrarse (a)	to get accustomed (to)
asimilarse	to assimilate
emigrar	emigrate
establecerse	to establish oneself
extrañar	to miss (someone or something)
inmigrar	immigrate
mejorar	to improve
migrar	to migrate
mudarse	to move (to another place)

INVESTIGUEMOS EL VOCABULARIO

Migrar refers to moving from one place of residence to another, while **emigrar** (to move from one's country) and **inmigrar** (to move into another country) are more specific.

Extranjero(a) and **hispanohablante** can also be used as nouns when referring to people.

El extranjero quiere conocer las costumbres del país.

The foreigner wants to get to know the customs of the country.

A practicar

14.19 **Escucha y responde** Vas a escuchar una serie de ideas. Señala con el pulgar hacia arriba si la idea es lógica y hacia abajo si es ilógica.

14-3

14.20 **Nacionalidades** Escribe la nacionalidad de las siguientes personas según la información. **¡OJO!** Si no recuerdas en qué países están las ciudades, usa los mapas al final del libro.

Modelo Nayeli y Mario nacieron en La Habana. Son *cubanos*.

1. Sonia y su hijo son de Bogotá. Son _____.
2. Leticia y su madre nacieron en Tegucigalpa. Son _____.
3. Miguel ha vivido siempre en Panamá, donde nació. Es _____.
4. Mi familia y yo somos de Santo Domingo. Somos _____.
5. Tú naciste en Paraguay. Eres _____.
6. Mi esposa es de Quito. Ella es _____.
7. Marcela y todos sus abuelos nacieron en Guinea Ecuatorial. Son _____.
8. ¿Naciste en La Paz? Entonces eres _____, ¿no?

14.21 **Famosos** Observa la siguiente lista de personalidades hispanohablantes. Trabajen en grupos de tres para identificar la nacionalidad de cada persona y decir lo que saben de ellos.

1. Rigoberta Menchú
2. José Martí
3. Óscar Romero
4. Pablo Neruda
5. Franklin Díaz-Chang
6. Eva Perón
7. Carolina Herrera
8. David Ortiz
9. Rubén Blades

14.22 **Hablemos** Trabaja con un compañero para expresar sus experiencias y opiniones sobre las siguientes preguntas.

1. ¿Qué países conoces? ¿Qué países te gustaría visitar? ¿Por qué?
2. ¿Cuáles son algunas ventajas de pasar tiempo en otro país?
3. ¿Conoces a alguien que vino de otro país? ¿De dónde es? ¿Por qué está en los Estados Unidos?
4. ¿A qué aspectos culturales puede ser difícil acostumbrarse cuando se migra?
5. ¿Hay inmigrantes en la historia de tu familia? ¿De dónde vinieron? ¿Por qué?

14.23 **El Mundial** Un amigo y tú quieren sorprender a todos sus amigos con fiestas para ver los juegos del Mundial de Fútbol. Uno de ustedes debe mirar la información en esta página y el otro debe mirar la información en el Apéndice B. Túrnense para completar las nacionalidades de sus amigos y el horario de los partidos. Al final indiquen cuáles son los cinco partidos que van a ver y cuándo los verán.

Preguntas posibles: *¿Cuál es la nacionalidad de Juan José?*
¿Cuándo es el juego número uno? / ¿Quiénes juegan el juego número uno?

Amigos

NOMBRE	Mundo	Jazmín	Marco	Pío		Marcelo	Yolanda
PAÍS	Argentina		Chile	Costa Rica			

Horario de juegos

Juego 1	Brasil vs. Alemania		Juego 5		18 de junio
Juego 2		14 de junio	Juego 6	Perú vs. Costa Rica	
Juego 3		15 de junio	Juego 7		22 de junio
Juego 4	Honduras vs. Holanda		Juego 8	Ecuador vs. Francia	

Conexiones culturales
Comparaciones

Piensa en el tema

Si pudieras estudiar en otro país, ¿adónde te gustaría ir? ¿Por qué?

Estudiar en el extranjero

Una razón común para estudiar en otro país es mejorar el dominio de un idioma. Según cifras *(figures)* de Duolingo, el inglés es el idioma que más se estudia en el mundo como lengua extranjera, seguido por el francés y el español. Para aprender un idioma en otro país lo más lógico es ir a un lugar en donde se hable. En el 2014 los Estados Unidos recibió el 19% de los estudiantes de inglés de todo el mundo. Gran Bretaña quedó en segundo lugar con el 10%, y Australia con 6%. Sin embargo, estos números han estado disminuyendo para los Estados Unidos recientemente.

Estudiar en otro país es divertido.

¿Adónde prefieren estudiar los jóvenes españoles? En general prefieren estudiar en Inglaterra debido a su cercanía. Por la misma razón, los jóvenes mexicanos preferían estudiar en Estados Unidos, pero en los últimos años la demanda ha disminuido significativamente y los mexicanos están eligiendo más y más a Canadá como su destino.

Por otra parte, no todos los estudiantes internacionales siguen cursos de idiomas. Hay un gran número de estudiantes internacionales matriculados en cursos de intercambio con universidades, así como en maestrías y doctorados. De acuerdo al CONACYT (Consejo Nacional para la Ciencia y Tecnología) Gran Bretaña es el destino más popular entre los estudiantes mexicanos a nivel de maestría que han recibido becas de esta institución. España está en tercer lugar, después de los Estados Unidos. Es posible que los Estados Unidos regrese a la primera posición debido a un ambicioso proyecto de México llamado Proyecta 100 000, cuyo objetivo es tener 100 000 estudiantes mexicanos en las universidades de Estados Unidos. Obviamente, el gobierno de México entiende los grandes beneficios de estudiar en otro país y hacerse ciudadano del mundo.

Sources: El país, Conacyt, Huffington Post, Universia

♟♟ Hablemos del tema

1. ¿Cuáles crees que sean las ventajas de estudiar en el extranjero?
2. ¿Cuáles son algunas dificultades que un estudiante puede encontrar para estudiar en otro país?

Comunidad

La inmigración es un fenómeno humano natural. Encuentra a una persona que haya inmigrado a los Estados Unidos y entrevístala: ¿De qué país es? ¿Por qué inmigró? ¿Hace cuánto tiempo vino? ¿Qué es lo más difícil de ser inmigrante?

Piensa en el tema

¿Qué idiomas se hablan en tu familia extendida?

Lenguas en peligro

Se dice que una de las consecuencias más graves de la globalización es la desaparición de culturas. Esta consecuencia afecta en particular los idiomas en nuestro planeta. Los diferentes idiomas que existen son una forma palpable de las culturas que las hablan. Con la desaparición de idiomas desaparece también gran parte de la diversidad cultural de los seres humanos. Se calcula que en el mundo existen unas seis mil lenguas, pero dentro de menos de cincuenta años el número se habrá reducido a la mitad (*half*).

Aunque hay quienes dicen que un idioma está en peligro cuando el número de hablantes se reduce a menos de 50 000, algunos estudiosos consideran que un idioma está realmente en peligro cuando se observa que las nuevas generaciones dejan de usarlo. En contraste, un idioma hablado por unos cuantos cientos de personas podría no estar en peligro si es el único idioma hablado por una comunidad entera y es necesario para su subsistencia.

Con la expansión de los medios de comunicación se ha acelerado el dominio de algunos idiomas sobre todos los demás. De acuerdo a *Ethnologue*, el 94% de la población habla 389 idiomas (el 6% del total). El otro 6% de la población habla el restante 94% de las lenguas. Los tres idiomas más hablados en el mundo son chino, español e inglés.

Paul Springett C/Alamy Stock Photo

Hay muchos grupos indígenas en Latinoamérica y sus lenguas están amenazadas.

ᴉᴉ Hablemos del tema

1. ¿Por qué piensas que algunos idiomas estén haciéndose más dominantes mientras otros desaparecen?

2. El artículo dice que cuando un idioma desaparece, también desaparece su cultura. ¿Cuáles son ejemplos de palabras en inglés o en español que reflejan la cultura?

3. ¿Crees que la tecnología puede ayudar a salvar (*to save*) las lenguas o, por el contrario, está contribuyendo a su extinción? Explica.

A analizar

Rodrigo y Óscar hablan sobre sus razones para venir a los Estados Unidos. Ve el video y lee el párrafo que sigue. Observa las expresiones en negritas y los verbos que las siguen.

> **Óscar:** ¿Alguna vez has vuelto a Colombia?
>
> **Rodrigo:** Sí. **Cuando** tenía veinticinco años se murió mi abuela y regresé para el funeral. Fue entonces **cuando** conocí a Camila… Seguimos en contacto y al final ella decidió venir a estudiar aquí para estar más cerca. Desde entonces no hemos vuelto a Colombia, pero queremos regresar este año. **Cuando** ella termine el año escolar vamos a viajar a Colombia para ver a nuestras familias. Yo solo tengo dos semanas de vacaciones, pero ella piensa quedarse **hasta que** tenga que regresar a la escuela.

1. Each of the expressions in bold is related to time. Identify the expressions followed by the subjunctive. Considering what you know about the use of the subjunctive, why do you think the subjunctive was needed after these expressions?

2. Why do you think the others are followed by the indicative?

A comprobar

Subjunctive with adverbial clauses and conjunctions

1. An adverb tells when or how something is done. The following adverbial conjunctions of time require the subjunctive when referring to actions that have not yet occurred. With the exception of **antes (de) que,** which always requires the subjunctive, when referring to actions that have are already taken place or are habitual, they require the indicative.

antes (de) que	*before*	**en cuanto**	*as soon as*
cuando	*when*	**hasta que**	*until*
después (de) que	*after*	**tan pronto (como)**	*as soon as*

Indicative

> **Cuando se viaja** por avión se tiene que mostrar la identificación.
> *When one travels by plane, one has to show ID.*

> Se mudaron **tan pronto vendieron** su casa.
> *They moved as soon as they sold their house.*

Subjunctive

> **Cuando salgas** de viaje mañana, no olvides tu identificación.
> *When you leave for your trip tomorrow, don't forget your ID.*

> Nos mudaremos **tan pronto como vendamos** nuestra casa.
> *We will move as soon as we sell our house.*

2. **Antes de, después de,** and **hasta** are often used with the infinitive if there is no change of subject. Notice that the **que** is not necessary.

> **Antes de poder** hacerse ciudadano, Raimundo tiene que vivir en el país por tres años.
> ***Before being able** to become a citizen, Raimundo has to live in the country for three years.*

3. The following adverbs require the indicative when referring to something that is known or is definite. However, when referring to something that is unknown or indefinite, they require the subjunctive.

aunque	*although, even though, even if*
como	*as, how, however*
(a)donde	*where, wherever*

> Quiero ir a África **aunque es** caro.
> *I want to go to Africa **even though it is** expensive.*

> Quiero ir a África **aunque sea** caro.
> *I want to go to Africa **even if it is** expensive.*

4. The following conjunctions always require the subjunctive. Because they indicate that the action is contingent upon another action, the outcome is unknown.

a fin de que	*in order that, so that*
a menos que	*unless*
con tal (de) que	*as long as; in order that, so that*
en caso de que	*in case*
mientras (que)	*as long as; provided that*
para que	*in order that, so that*
siempre y cuando	*as long as, provided that*
sin que	*without*

No es posible entrar en el país **a menos que tengas** una visa.
*It is not possible to enter the country **unless** you **have** a visa.*

5. With the exception of **a menos que, mientras (que),** and **siempre y cuando,** the expressions in 4 are often used with the infinitive if there is no change of subject. The **que** is not necessary.

Es difícil hablar español muy bien **sin estudiar** en un país hispano.
*It is difficult to speak Spanish really well **without studying** in a Hispanic country.*

> **INVESTIGUEMOS EL VOCABULARIO**
>
> The expressions **con tal de que, mientras que,** and **siempre y cuando** have similar translations in English, but their uses are slightly different. **Mientras que** generally refers to a situation that currently exists. **Con tal de que** and **siempre y cuando** both communicate that a condition must be met in order to obtain a positive result; however, **con tal de que** generally implies that the subject is reluctant to do something but is willing to do it because of the end result.
>
> Rafa se mudó **con tal de que** sus hijos pudieran ver a sus abuelos.
> *Rafa moved (reluctantly) **so that** his children could see their grandparents.*
> Puedes trabajar **siempre y cuando** tengas un permiso.
> *You can work **provided that** you have a permit.*

A practicar

14.24 **¿Quién sabe?** Estos estudiantes quieren estudiar en otro país, pero no todos saben **dónde**. Lee la información y contesta las preguntas. Después explica tus respuestas.

1. ¿Quién sabe cuánto cuesta estudiar en otro país, Belinda o Walter?

   a. Belinda prefiere estudiar en otro país aunque <u>cuesta</u> mucho dinero.

   b. Walter prefiere estudiar en otro país aunque <u>cueste</u> mucho dinero.

2. ¿Quién sabe dónde va a estudiar, Ernesto o Pedro?

   a. Ernesto quiere estudiar donde <u>es</u> posible vivir con una familia.

   b. Pedro quiere estudiar donde <u>sea</u> posible vivir con una familia.

3. ¿Quién sabe que su novio no quiere que estudie en otro país, Bárbara o Rita?

   a. Bárbara va a estudiar en otro país aunque su novio no <u>quiere</u> que vaya.

   b. Rita va a estudiar en otro país aunque su novio no <u>quiera</u> que vaya.

14.25 **Antes y después** Completa las oraciones con la forma apropiada del indicativo o del subjuntivo del verbo entre paréntesis. **¡OJO!** Presta atención a los tiempos verbales.

1. **a.** En cuanto _____ (encontrar) mi primer trabajo salí para celebrar con mis amigos.

   b. En cuanto _____ (encontrar) un buen trabajo voy a mudarme.

2. **a.** Cuando _____ (tener) diez años me gustaba jugar al fútbol.

   b. Cuando _____ (ser) mayor quiero tener hijos.

3. **a.** Después de que yo _____ (graduarse) de la escuela secundaria mi familia me hizo una fiesta.

   b. Mi familia estará muy feliz después de que yo _____ (graduarse) de la universidad.

4. **a.** Antes de que yo _____ (hacer) mi primer viaje tuve que trabajar para ganar el dinero necesario.

   b. Antes de que yo _____ (hacer) otro viaje es importante terminar mis estudios.

5. **a.** Tan pronto como _____ (terminar) el semestre pasado salí de vacaciones a la playa.

   b. Tan pronto como _____ (terminar) este semestre buscaré un trabajo.

14.26 Estudios en el extranjero Completa las oraciones con la expresión apropiada y conjuga el verbo en la forma apropiada del presente del subjuntivo.

1. Los padres de Silvia quieren que estudie en otro país...
   a. (antes de que / en caso de que) ella (graduarse) de la universidad.
   b. (a fin de que / sin que) ella (aprender) sobre otra cultura.

2. La universidad les da becas a todos los estudiantes que estudian en el extranjero...
   a. (a menos que / siempre y cuando) los recipientes (tener) buenas notas.
   b. (después de que / mientras que) ellos (terminar) un año en la universidad.

3. Rolando quiere estudiar en Guatemala...
   a. (para que / sin que) sus padres (pagar) el programa.
   b. (a menos que / en caso de que) el programa (costar) demasiado.

14.27 ¿Cuándo? Trabaja con un compañero para completar las oraciones usando una de las siguientes expresiones adverbiales: **cuando, después de que, en cuanto, hasta que, tan pronto como. ¡OJO!** Presten atención al uso del indicativo y del subjuntivo. Intenten usar algunas de las expresiones conversacionales que aprendieron en el **Capítulo 13**.

Modelo Esta noche voy a acostarme...
> Estudiante 1: *Esta noche voy a acostarme después de que mis hijos se duerman.*
> Estudiante 2: *¿De veras? Yo voy a acostarme tan pronto como pueda.*

1. a. Siempre estudio...   b. Hoy pienso estudiar...
2. a. Esta mañana me levanté...   b. Mañana me levantaré...
3. a. Me gusta cenar...   b. Esta noche voy a cenar...
4. a. Compré mi primer coche...   b. Voy a comprar un coche nuevo...
5. a. Conseguí mi primer trabajo...   b. Buscaré un nuevo trabajo...

14.28 Destino España Rodolfo es argentino y quiere viajar a España. Usa algunas de las expresiones adverbiales (**a fin de que, en caso de que, para que**) para explicar por qué necesita los artículos de la lista.

Modelo la dirección de la embajada argentina
> *Lleva la dirección de la embajada argentina en caso de que tengas alguna emergencia.*

1. una visa de turista   3. su currículum *(resumé)*   5. un traje
2. un par de zapatos cómodos 4. una maleta grande   6. yerba mate

---

14.29 Descripción de fotos Trabaja con un compañero. Imaginen que van a viajar a uno de estos lugares. Hablen de lo que necesitan hacer antes de viajar y mientras están allí. Usen algunas de las expresiones adverbiales y decidan si se requiere el indicativo o el subjuntivo.

a fin de (que)   a menos (que)   antes de (que)   para (que)   sin (que)
en caso de (que)   hasta (que)   aunque   cuando   después de (que)

El glaciar Perito Moreno, Argentina

Machu Picchu, Perú

Un bosque lluvioso, Costa Rica

Exploraciones **gramaticales**

A analizar

Después de ver el video otra vez lee parte de la conversación y observa los verbos en negritas y los verbos que las siguen.

Rodrigo:	Ya **había decidido** estudiar en Bogotá cuando un amigo me contó de una beca para poder estudiar en Nueva York. Me pareció una oportunidad interesante, solicité la beca… ¡y aquí estoy! […] ¿Y tú? ¿Por qué viniste a los Estados Unidos?
Óscar:	Cuando tenía diez años, mi padre perdió su trabajo. Él tenía un amigo que dos años antes **se había mudado** a los Estados Unidos para trabajar en una compañía internacional. Se puso en contacto con su amigo y con su ayuda pudo conseguir un trabajo aquí.

1. You learned the present perfect in **Capítulo 12.** The verbs in bold are in the past perfect. How are these verbs formed?

2. These verbs are used to talk about specific times in the past. Does Rodrigo decide to study in Bogotá before or after finding out about the scholarship? Did the friend of Oscar's father move to the United States before or after his father lost his job? What can you determine about the past perfect from your answers?

A comprobar

Past perfect

1. Similar to the present perfect, the past perfect (also known as the **pluscuamperfecto**) combines the imperfect form of the verb **haber** with the past participle.

yo	había	nosotros(as)	habíamos
tú	habías	vosotros(as)	habíais
él, ella, usted	había	ellos, ellas, ustedes	habían

Habían inmigrado a México.
They had immigrated to Mexico.

¿**Habías viajado** a Europa antes?
Had you traveled to Europe before?

2. The past perfect is used to express a past action that already took place before another past action.

Camilo ya **había aprendido** inglés cuando se mudó a los Estados Unidos.
Camilo had already learned English when he moved to the United States.

Antes de hacerse ciudadano él **había establecido** la residencia.
Before becoming a citizen, he had established residency.

3. Remember the irregular past participles from **Capítulo 12:**

abrir	**abierto**	romper	**roto**
cubrir	**cubierto**	poner	**puesto**
decir	**dicho**	ver	**visto**
escribir	**escrito**	volver	**vuelto**
hacer	**hecho**	devolver	**devuelto**
morir	**muerto**		

4. As with the present perfect, when using direct object, indirect object, or reflexive pronouns, they are placed in front of the conjugated form of **haber.**

No **se** habían mudado antes.
They hadn't moved before.

Ya **lo** habíamos visto.
We had already seen it.

A practicar

14.30 ¿Qué habían hecho? Muchos latinos famosos han tenido una vida muy interesante. Relaciona el evento en la primera columna con el evento que había ocurrido primero en la segunda columna.

1. _____ Gerard Piqué volvió a España para jugar fútbol con el Barça.

2. _____ Desi Arnaz hizo el papel de músico en el programa de televisión *I Love Lucy.*

3. _____ Carlos Santana empezó a tocar la guitarra a los ocho años.

4. _____ Shakira escribió su primera canción a los ocho años.

5. _____ Benicio del Toro tuvo su primer papel en la película *Big Top Pee-wee.*

6. _____ Óscar de la Renta trabajó para Elizabeth Arden por dos años.

a. Había escrito poesía desde los cuatro años.

b. Había dibujado para unas casas de moda en España.

c. Había jugado con Manchester United por cuatro años

d. Antes ya había tocado el violín.

e. Había dejado sus estudios de negocios para estudiar actuación.

f. Había tenido un grupo musical exitoso.

14.31 Un poco de historia Completa las oraciones con la forma apropiada del pluscuamperfecto del verbo indicado.

1. Antes de que Hernán Cortés llegara a México, él _____ (estar) en Cuba y en La Hispaniola.

2. Antes de que comenzara la Revolución cubana en 1956, el Che Guevara _____ (llegar) a la Isla.

3. Antes de que Puerto Rico llegara a ser un Estado Libre Asociado de los Estados Unidos en 1952, _____ (ser) una colonia española.

4. Antes de que el Canal de Panamá pasara a ser la responsabilidad de Panamá en 1999, los Estados Unidos lo _____ (controlar).

5. Antes de que Napoleón y sus tropas invadieran España en 1808, el rey Carlos IV y su hijo _____ (ir) a Francia a causa de una mentira de Napoleón.

6. Antes de que empezara la Guerra entre México y los Estados Unidos en 1846, Texas _____ (separarse) de México y _____ (formar) su propia república independiente.

7. Antes de que Guatemala, El Salvador, Nicaragua, Honduras y Costa Rica se establecieran como países, _____ (establecer) la República Federal de Centroamérica.

14.32 Entrevista Trabaja con un compañero y túrnense para preguntar si habían hecho las siguientes actividades antes de graduarse de la escuela secundaria. Añade *(Add)* detalles al contestarle a tu compañero.

Modelo viajar a Nueva York
> Estudiante 1: *Antes de graduarte de la escuela secundaria, ¿habías viajado a Nueva York?*
> Estudiante 2: *Sí, había viajado a Nueva York. Fui con mi familia un verano. / No, no había viajado a Nueva York. Nunca he ido allí.*

1. comprar su primer coche
2. hacer un viaje solo
3. estudiar en otro país
4. tener un accidente

5. asistir a una clase de español
6. empezar a trabajar
7. tomar un curso universitario
8. participar en algún equipo deportivo

14.33 **Una catástrofe** Trabaja con un compañero y observen la ilustración de un accidente que ocurrió en la calle. Digan todos los eventos que habían pasado antes del accidente.

Modelo *Antes de que ocurriera el accidente Marco había comprado un periódico.*

Antes de que ocurriera el accidente…

14.34 **Un mal viaje** Norma salió de viaje ayer, pero tuvo un muy mal día. Túrnate con un compañero para explicar lo que causó los eventos. Usen el pluscuamperfecto.

Modelo Norma llegó tarde al aeropuerto.
      Estudiante 1: *Se había despertado tarde.*
      Estudiante 2: *Se le habían perdido sus llaves.*

1. Norma no tenía su pasaporte cuando llegó al aeropuerto.
2. Norma llegó y no pudo abordar su vuelo.
3. Tomó otro vuelo después y su compañero de asiento se enojó con ella.
4. Cuando finalmente llegó a su destino, el agente de inmigración la detuvo *(detained)* por dos horas.
5. Tuvo que ir a comprar ropa inmediatamente.
6. No comió nada en todo el día.
7. Cancelaron la conferencia a la que iba a asistir.
8. No tenía dinero para pagar la cuenta del hotel.
9. En el viaje de regreso no pudo dormir.
10. Cuando por fin llegó a casa, no encontró ningún mueble ni su televisión.

Lectura

Antes de leer

1. ¿Por qué emigra la gente? Menciona al menos cuatro razones.
2. ¿Conoces a alguien que emigró a otro país? ¿De dónde es? ¿Adónde fue? ¿Por qué dejó su país?
3. ¿Qué países crees que reciben más inmigrantes en el mundo? ¿Por qué?
4. ¿Qué se necesita para inmigrar legalmente a los Estados Unidos?

A leer

Latinoamérica y la inmigración

Cuando se habla de inmigración, muchos piensan en los trabajadores agrícolas que inmigran a países como los Estados Unidos. Sin embargo, la inmigración ha ocurrido en todas las etapas de la historia, ha afectado a todos los sectores de la sociedad y no se ha limitado a trabajadores.

Monumento al emigrante, en Tenerife, España

En países como Argentina, Chile y Uruguay, gran parte de la población desciende de inmigrantes europeos que llegaron a estas tierras en los siglos XVIII y XIX, buscando mejorar su vida. En el caso de Argentina, la inmigración europea **se promovió** activamente porque se percibía como una forma de hacer progresar al país. Entre 1870 y 1914 llegaron al país alrededor de seis millones de extranjeros. Los nuevos inmigrantes se establecieron y **mezclaron** su idioma y sus costumbres con las de la población, creando los diferentes **sabores** culturales de cada región que conocemos hoy.

Otro país que recibió un número significativo de inmigrantes fue Cuba, adonde llegaron aproximadamente 124 000 chinos entre 1853 y 1874 para trabajar en el **campo**. Esta inmigración se sumó a la de los españoles que se establecieron en la isla, y a la presencia de africanos que habían sido llevados en masa contra su voluntad para trabajar como **esclavos**.

A principios del siglo XX la Guerra Civil Española y la Primera y la Segunda Guerra Mundial trajeron como consecuencia una nueva **ola** de inmigrantes que

was promoted

mixed

flavors

countryside

slaves

wave

huían de la violencia y de la pobreza que la guerra llevó a Europa. A Argentina llegaron numerosos grupos de **judíos.** México y Chile recibieron un gran número de exiliados políticos españoles, muchos de ellos intelectuales que se establecieron, y fundaron escuelas y tuvieron impacto en

[la inmigración europea se promovió activamente]

la literatura, la educación y la cinematografía. Más tarde, en la década de los 70, las **dictaduras** militares de Argentina, Chile, Uruguay y Paraguay forzaron a miles de personas a abandonar su país y a buscar asilo político en otros países hispanohablantes, en particular en España y México. Históricamente, muchos latinoamericanos han preferido establecerse en países cuya cultura perciben como más cercana, y donde el idioma es un **vínculo** cultural.

Los grupos que huyeron a causa de guerras y persecución política buscaban más seguridad para ellos y sus familias. Afortunadamente, hoy en día hay varios países latinoamericanos con índices de seguridad entre los más altos del mundo, como Chile y Uruguay. Según el índice de la **Paz** Global establecido por el Instituto para Economía y Paz, otros países hispanos que se encuentran entre los 50 más seguros del mundo son Costa Rica, Argentina, España y Panamá.

Aunque no es posible hablar en este reducido espacio de todos los grupos que han inmigrado y de sus razones para hacerlo, los ejemplos citados hacen evidente el impacto de la inmigración en las sociedades latinoamericanas. La migración es un fenómeno económico y social que continúa transformando la **faz** de todos los países del planeta.

were fleeing

Jews

dictatorships

link

Peace

cara

Comprensión

Indica si las afirmaciones son ciertas o falsas. Corrige las oraciones falsas.

1. En los siglos XVIII y XIX Argentina quiso aumentar la inmigración de Europa.
2. Los inmigrantes a Argentina no tuvieron efecto en la cultura del país.
3. Cuba es un país de gran diversidad cultural, debido a los numerosos inmigrantes.
4. La Guerra Civil Española creó una nueva ola de inmigración hacia Latinoamérica.
5. Las personas que emigraron a México huyendo de la Guerra Civil Española eran principalmente trabajadores sin mucha educación.
6. Muchas personas inmigraron a Chile, Argentina, Paraguay y Uruguay para escapar de las dictaduras.
7. Según el índice de la Paz Global, España no se considera un país seguro.
8. La inmigración es un fenómeno social que sigue cambiando la cultura de los países hispanohablantes.

Después de leer

España es uno de los países que recibe a muchos inmigrantes. Investiga de dónde llegan estos inmigrantes y lo que hace el gobierno español para ayudarlos y fomentar la asimilación.

Redacción

Imagine that you are studying abroad and have a medical emergency. Write an email home telling your family what happened.

Paso 1 Decide what medical emergency you want to write about and write a list of words and phrases you would need to discuss the emergency. Think about the injury, the symptoms, and the necessary treatment.

Paso 2 Begin your email home by greeting your family members. Then write a statement telling them what medical emergency you have had.

Paso 3 Write a paragraph in which you explain what happened and the treatment you received.

Paso 4 Write a second paragraph in which you tell them the effects of your emergency (do you have to stay in the hospital, who is taking care of you, will you miss activities, etc.).

Paso 5 Edit your email:

1. Is the information clearly organized in a logical sequence?
2. Do all of the sentences in each of the paragraphs support their topic sentences?
3. Did you include ample details?
4. Do you have verb and adjective agreement?
5. Did you use the past tenses (preterite, imperfect, past perfect) accurately?
6. Did you use subjunctive where necessary?

LWA/Sharie Kennedy/Blend Images/Getty Images

En vivo

Entrando en materia

1. ¿Cuáles crees que sean las ventajas de estudiar en otro país?
2. ¿Por qué a las universidades de los Estados Unidos les gusta tener estudiantes internacionales?

Información para estudiar en el extranjero

Vas a leer una página web para estudiantes que estén interesados en estudiar en otros países.

¡Conoce el mundo mientras estudias!

Mundo estudiantil es una compañía con más de veinte años ayudando a estudiantes a realizar sus sueños de viajar y conocer otros países mientras estudian en el extranjero.

Los beneficios de esta experiencia son muchos:

- Ampliar tu visión y conocimientos del mundo y de otras culturas
- Encontrar nuevas oportunidades de negocios
- Obtener un certificado Internacional para tu currículum vitae
- Dependiendo del país, mejorar tu fluidez en otros idiomas
- Conocer a nuevos amigos
- Viajar a otros países cercanos con tarifas de estudiante

Programas de estudio

Elige cursos de entre 25 países y más de 100 universidades.

Cursos de idiomas

Inglés, francés, italiano, alemán y portugués

Programas de idiomas y turismo para universitarios

Cursos de idiomas combinados con actividades turísticas y culturales.

Programas para profesionales

Cursos de lenguas combinados con actividades turísticas y culturales, con alojamiento de lujo.

Carreras universitarias en el extranjero

Te ayudamos y asesoramos con toda la documentación necesaria para ser admitido en una universidad, así como con la visa o el permiso de estudiante.

Cursos de verano

Estos programas para adolescentes (14 a 17 años) combinan actividades divertidas con cursos de idiomas y una semana de viaje en el país anfitrión, todo bajo la tutela de profesores y guías experimentados.

Preparación para exámenes de inglés y exámenes de admisión a universidades

TOEFL, CAMBRIDGE, TESOL, GMAT, GRE

Preparación para maestrías y doctorados

Te asesoramos[1] para ser admitido en el programa que elijas. Además, te ayudamos a perfeccionar tu inglés/francés/alemán académico con cursos por Internet.

¡No esperes más! El mundo entero está a tu alcance. Envíanos un formulario de asesoría y uno de nuestros expertos te contactará y responderá todas las preguntas que tengas.

Para encontrar las universidades y ciudades disponibles, haz clic en el país en el que quieras estudiar.

[1]*advise*

Comprensión

Indica si las siguientes afirmaciones son ciertas o falsas. Corrige las falsas.

1. Todos los cursos son para estudiantes universitarios.
2. Se ofrecen cursos de inglés, árabe y alemán, entre otros.
3. Mundo Estudiantil tiene cursos que combinan viajes y estudios.
4. Mundo Estudiantil no asesora para obtener visas de estudiantes.
5. Los programas para profesionales ayudan a los estudiantes de maestrías a mejorar el uso del idioma en un contexto académico.

Más allá

Trabaja con un compañero. Imaginen que quieren estudiar en el extranjero y decidan qué curso prefieren. Después preparen una lista de preguntas lógicas que tendrían.

14.35 **¿Por qué?** El asistente del doctor Álvarez le hace muchas preguntas sobre los pacientes. Contesta las preguntas usando el pluscuamperfecto del verbo entre paréntesis.

Modelo ¿Por qué operó a Leonor? (tener un accidente)
Porque había tenido un accidente.

1. ¿Por qué le puso un yeso en la pierna a Jaime? (romperse)
2. ¿Por qué le sacó radiografías del brazo a Gaby? (caerse)
3. ¿Por qué le puso una curita en la mano a Chuy? (cortarse)
4. ¿Por qué le hicieron una prueba de embarazo a la señora Núñez? (desmayarse)
5. ¿Por qué le recetó medicina a Sabino? (resfriarse)
6. ¿Por qué le examinó los ojos a Ernesto? (comenzar a perder la vista)

14.36 **Hablemos de doctores** Combina la primera y la segunda columna para completar las ideas lógicamente. Cambia el verbo en paréntesis a la forma necesaria del presente del indicativo o del subjuntivo, según se necesite.

1. Cada mañana hablo con los primeros pacientes en cuanto …
2. Ana toma medicamentos sin que …
3. Visitaré Panamá antes de que …
4. Mis primos visitan una clínica en La Habana para que …
5. Inés va a llamar al hospital a fin de que …
6. Iremos al hospital tan pronto como …

a. la recepcionista le (dar) una cita.
b. los doctores me (operar).
c. un experto les (examinar) los ojos.
d. yo (llegar) al hospital.
e. la ambulancia (llegar) a nuestra casa.
f. su doctor se los (recetar).

14.37 **El pasado y el presente** Completa los siguientes comentarios con la forma apropiada del verbo entre paréntesis. Necesitarás usar el subjuntivo, el indicativo y el infinitivo. **¡OJO!** Algunos están en el presente y otros en el pasado.

1. En el pasado no había tantas personas que (a.) _____ (considerarse) obesas, pero hoy en día es un problema serio. Es posible que nuestra vida sedentaria (b.) _____ (ser) uno de los grandes factores, pero es obvio que la comida (c.) _____ (tener) un papel importante también. Ojalá (nosotros) (d.) _____ (poder) remediar este problema pronto.

2. No hay duda que hoy en día la gente (a.) _____ (vivir) con mucho estrés y no dudo que el estrés (b.) _____ (ser) una de las causas de nuestros problemas médicos. Es evidente que la mayor parte del estrés (c.) _____ (venir) de nuestros trabajos porque muchos jefes esperan que los empleados (d.) _____ (hacer) más. En el pasado la gente no se quejaba *(didn't used to complain)* del estrés en el trabajo a menos que uno (e.) _____ (ser) jefe y que (f.) _____ (tener) muchas responsabilidades.

3. En el siglo XVII no había nadie que (a.) _____ (imaginarse) la posibilidad de exponer a la gente a una enfermedad para que (la gente) no (b.) _____ (enfermarse). Después de que Edward Jenner (c.) _____ (descubrir) que las personas podían inmunizarse contra la viruela *(smallpox)*, empezaron a investigar las posibilidades. Hoy en día la mayoría de los niños reciben vacunas aunque (d.) _____ (haber) personas que prefieren que sus hijos no las (e.) _____ (recibir).

14.38 **Los idiomas** En grupos de tres o cuatro estudiantes respondan las siguientes preguntas.

1. ¿Por qué decidiste estudiar español?
2. ¿Habías estudiado español antes de entrar a la universidad? ¿Por cuánto tiempo?
3. ¿Era necesario que estudiaras un idioma para graduarte de la escuela secundaria?
4. ¿Piensas seguir con tus estudios de español cuando termine el semestre? ¿Por qué (no)?
5. ¿Te gustaría aprender otro idioma aparte del español? ¿Cuál?
6. ¿Cuáles son las ventajas y las desventajas de aprender otro idioma?
7. ¿Has estudiado en un país hispanohablante o te gustaría estudiar en uno? ¿Qué país? ¿Por qué ese país?
8. En tu opinión, ¿por qué es importante estudiar en otro país?

14.39 **Un diagnóstico** Imagínate que eres médico y que vas a consultar con otro médico sobre algunos pacientes. Trabaja con un compañero para completar la información. Uno va a mirar la información en esta página y el otro va a mirar la información en el Apéndice B.

Modelo Olivia Aragón   estornudos, ojos irritados
Estudiante 1: *Olivia Aragón estornuda mucho y tiene los ojos irritados.*
Estudiante 2: *Debe tomar pastillas para las alergias y no salir al jardín en la primavera.*

Nombre	Síntomas	Remedio
Bruno Medina	la presión alta	
Lourdes Montes		hacer ejercicio
Saúl Reyes	tos, dolor de garganta (*throat*)	
Aranza Rivera		tomar un examen de embarazo
Ileana Castro	dolor de estómago, vómito	
Esteban Peña		tomar aspirina, descansar

14.40 **Un evento** La clase de español va a organizar un evento para recaudar fondos (*fundraising*) para una organización que busca la cura de una enfermedad grave.

Paso 1 Escribe una lista de ideas para el tipo de evento que pueden tener. Después comparte tus ideas con un compañero de clase y decidan lo que quieran proponer.

Paso 2 Con tu compañero planeen los detalles del evento: ¿Cuándo lo van a tener y dónde? ¿Cómo lo van a promocionar? ¿Cómo van a conseguir el dinero para donar?

Paso 3 Compartan sus ideas y los detalles con el resto de la clase. Después la clase va a votar por el evento que más le guste.

🔊 Vocabulario 1
14-4

En el hospital

el corazón	*heart*		los pulmones	*lungs*
el esqueleto	*skeleton*		la radiografía	*x-ray*
el hígado	*liver*		la sala de emergencias	*emergency room*
el hueso	*bone*			
las muletas	*crutches*		la salud	*health*
el órgano vital	*vital organ*		la sangre	*blood*
el (la) paciente	*patient*		el seguro	*insurance*
los primeros auxilios	*first aid*		la silla de ruedas	*wheelchair*
			el yeso	*cast*

Los síntomas

la alergia	*allergy*		el dolor (de)	*pain (in)*
la cortada	*cut*		la presión baja/ alta	*low/high blood pressure*
la diarrea	*diarrhea*			

Algunas enfermedades

el cáncer	*cancer*		la hipertensión	*high blood pressure*
la diabetes	*diabetes*		el insomnio	*insomnia*
la gripe	*flu*		el resfriado	*cold*

Los tratamientos   *treatments*

la aspirina	*aspirin*		el jarabe	*(cough) syrup*
la cirugía	*surgery*		la receta médica	*prescription*
la curita	*small adhesive bandage*		la pastilla	*pill*
las gotas	*drops*		la vacuna	*vaccination*
la inyección	*injection, shot*		el vendaje	*bandage*

Verbos

dejar de fumar	*to quit smoking*		fracturarse	*to fracture*
descansar	*to rest*		recuperarse	*to recover*
desmayarse	*to faint*		respirar	*to breathe*
doler (ue)	*to hurt*		sangrar	*to bleed*
enfermarse	*to get sick*		sentir náuseas	*to feel nauseous*
estar mareado(a)	*to be dizzy*		tomar la presión	*to take someone's blood pressure*
estar congestionado(a)	*to be congested*			
estornudar	*to sneeze*		toser	*to cough*
examinar	*to examine*		vomitar	*to vomit*

🔊 Vocabulario 2

Nacionalidades

argentino(a)	*Argentinean*		hondureño(a)	*Honduran*
boliviano(a)	*Bolivian*		mexicano(a)	*Mexican*
chileno(a)	*Chilean*		nicaragüense	*Nicaraguan*
colombiano(a)	*Colombian*		panameño(a)	*Panamanian*
costarricense	*Costa Rican*		paraguayo(a)	*Paraguayan*
cubano(a)	*Cuban*		peruano(a)	*Peruvian*
dominicano(a)	*Dominican*		puertorriqueño(a)	*Puerto Rican*
ecuatoguineano(a)	*Equatorial Guinean*		salvadoreño(a)	*Salvadoran*
ecuatoriano(a)	*Ecuadorian*		uruguayo(a)	*Uruguayan*
español(a)	*Spanish*		venezolano(a)	*Venezuelan*
guatemalteco(a)	*Guatemalan*			

La comunidad internacional

la beca	*scholarship*		el idioma	*language*
el choque cultural	*culture shock*		el organismo internacional	*international organization*
el (la) ciudadano(a)	*citizen*		el país	*country*
la embajada	*embassy*		el pasaporte	*passport*
el gobierno	*government*			

Verbos

acostumbrarse (a)	*to get used to*		inmigrar	*immigrate*
asimilarse	*to assimilate*		mejorar	*to improve*
emigrar	*emigrate*		migrar	*to migrate*
establecerse	*to establish oneself*		mudarse	*to move (to another location)*
extrañar	*to miss (someone or something)*			

Adjetivos

bilingüe	*bilingual*		hispanohablante	*Spanish-speaking*
extranjero(a)	*foreign*			

Adverbios

a fin de que	*in order that, so that*		en cuanto	*as soon as*
a menos que	*unless*		hasta que	*until*
antes (de) que	*before*		para que	*in order that, so that*
aunque	*although, even if*		siempre y cuando	*as long as*
con tal (de) que	*provided that*		sin que	*without*
después (de) que	*after*		tan pronto (como)	*as soon as*
en caso de que	*in case*			

Diccionario personal

_____

_____

Used by permission of Donato Ndongo.

Donato Ndongo
Nota biográfica

Donato Ndongo-Bidyogo (1950–) es un escritor, político y periodista de Guinea Ecuatorial. Trabajó más de diez años para la agencia de noticias EFE en África central y también como director adjunto del Centro Cultural Hispano-Guineano en Malabo. Dentro de su labor política, fundó el Partido del Progreso de Guinea Ecuatorial en 1984. Diez años más tarde Ndongo se exilió a España debido a su oposición al gobierno de Teodoro Obiang.

  Su trabajo profesional ha incluido varios puestos en universidades españolas y un puesto de profesor visitante en la Universidad de Missouri. Ndongo es autor de libros de ficción, ensayos y poesía. Algunas de sus obras más destacadas incluyen *Historia y Tragedia de Guinea Ecuatorial* (1977), y la antología de literatura ecuatoguineana titulada *Las tinieblas de tu memoria negra*.

Antes de leer

1. El título del poema que vas a leer es "Cántico". ¿Qué piensas que significa esta palabra?
2. El poema habla de lo que un poeta debe hacer. En tu opinión ¿cuáles son las obligaciones ú objetivos de un poeta?

Investiguemos la literatura: La negritud y el negrismo

La negritud fue un movimiento literario que nació a principios *(beginning)* del siglo XX en Paris entre los escritores francohablantes de África y el Caribe. La idea principal fue la afirmación de sus raíces *(roots)* africanas, y el valor de su cultura y su identidad. Este movimiento se conoce en los países hispanohablantes como el negrismo y fue más prominente en el Caribe. Algunos de los escritores más conocidos fueron los cubanos Nicolás Guillén y Emilio Ballagas, y Luis Palés Matos de Puerto Rico.

Cántico

Yo no quiero ser poeta para
cantar a África.
Yo no quiero ser poeta para
glosar lo negro.
5 Yo no quiero ser poeta así.

El poeta no es cantor de
beautiful things **bellezas**.
flaunts El poeta no **luce** la brillante
piel negra.
10 El poeta, este poeta no tiene voz
undulating gait para **andares ondulantes** de
hermosas damas
curly / hips de pelos **rizados** y **caderas**
redondas.

Anton_Ivanov/Shutterstock.com

15 El poeta **llora** su tierra *cries*
inmensa y pequeña
dura y frágil
luminosa y oscura
rica y pobre.
20 Este poeta tiene su mano
atada *tied*
a las **cadenas** que atan a *chains*
su gente.

Este poeta no siente
nostalgia
de glorias pasadas.
Yo no canto al sexo
exultante
que huele a jardín de rosas.
thick lips 30 Yo no adoro **labios gruesos**
que saben a mango fresco.
Yo no pienso en la mujer
stooped **encorvada**
basket bajo su **cesto** cargado de
wood 35 **leña**
con un niño chupando la
empty breast **teta vacía.**
Yo describo la triste historia
de un mundo poblado de
40 blancos
negros
rojos y
amarillos
puddle que saltan de **charca** en
45 charca
sin hablarse ni mirarse.
El poeta llora a los muertos
kill que **matan** manos negras
en nombre de la Negritud.

50 Yo canto con mi pueblo
una vida pasada bajo
el cacaotero *cacao tree*
para que ellos **merienden** *have a snack*
cho-co-la-te.
55 Si su pueblo está triste,
el poeta está triste.
Yo no soy poeta por
voluntad divina. *will*
El poeta es poeta por
60 voluntad humana.
Yo no quiero la poesía
que solo deleita los oídos
de los poetas.
Yo no quiero la poesía
65 que se lee en noches de
vino tinto
y mujeres **embelesadas**. *spellbound*
Poesía, sí.
Poetas, sí.
70 Pero que sepan lo que es el
hombre
y por qué sufre el hombre
y por qué **gime** el hombre. *groans*

Courtesy of the author, Donato Ndongo.

Después de leer

A. Comprensión

1. Según la voz narrativa, ¿qué es importante decir en las poesías?

2. ¿Cuál es la crítica de la voz narrativa?

3. ¿Cuál es el tono? ¿Por qué?

4. ¿Cuál es el tema?

5. Encuentra en el poema dos descripciones que hablan de la realidad que el poeta ve. ¿Qué emoción te producen?

B. Conversemos

1. En tu opinión, ¿se debe mezclar *(to mix)* la poesía con la política y los problemas sociales? ¿Por qué?

2. ¿Conoces otros autores que piensen que la poesía debe tener un elemento social? ¿Quién?

3. Escribe una lista de temas políticos o sociales que piensas que son buen tema para una poesía.

Investiguemos la literatura: El tema

The theme of a literary text refers to the underlying ideas, what the piece is really about. To find it, look for patterns and ideas that are restated in different parts of the work. It is not the subject of the work, but more of a view of the human experience and attitude. Some common themes are often related growing up, love, death and nature, good versus evil.

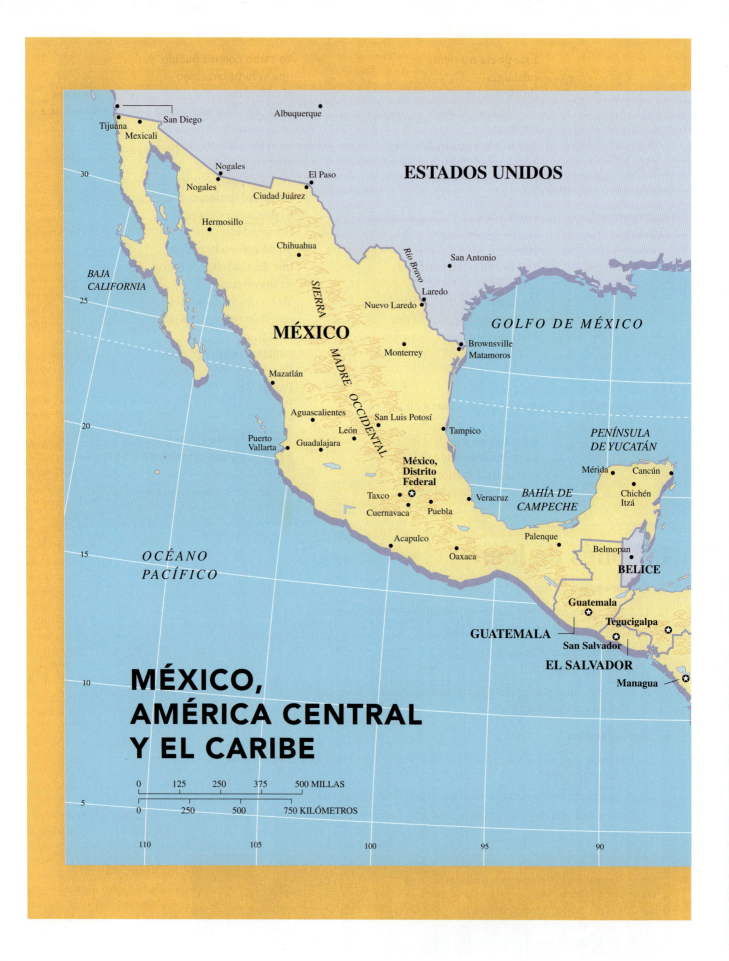

MÉXICO, AMÉRICA CENTRAL Y EL CARIBE

ESTADOS UNIDOS

San Diego
Tijuana
Mexicali
Albuquerque
Nogales
Nogales
El Paso
Ciudad Juárez
Hermosillo
Chihuahua
San Antonio
BAJA CALIFORNIA
Río Bravo
Laredo
Nuevo Laredo
MÉXICO
GOLFO DE MÉXICO
Monterrey
Brownsville
Matamoros
SIERRA
Mazatlán
MADRE OCCIDENTAL
Aguascalientes
San Luis Potosí
León
Tampico
Puerto Vallarta
Guadalajara
PENÍNSULA DE YUCATÁN
México, Distrito Federal
Mérida
Cancún
Chichén Itzá
Taxco
Veracruz
BAHÍA DE CAMPECHE
Cuernavaca
Puebla
Acapulco
Palenque
Belmopan
OCÉANO PACÍFICO
Oaxaca
BELICE
Guatemala
Tegucigalpa
GUATEMALA
San Salvador
EL SALVADOR
Managua

0   125   250   375   500 MILLAS
0   250   500   750 KILÓMETROS

110   105   100   95   90

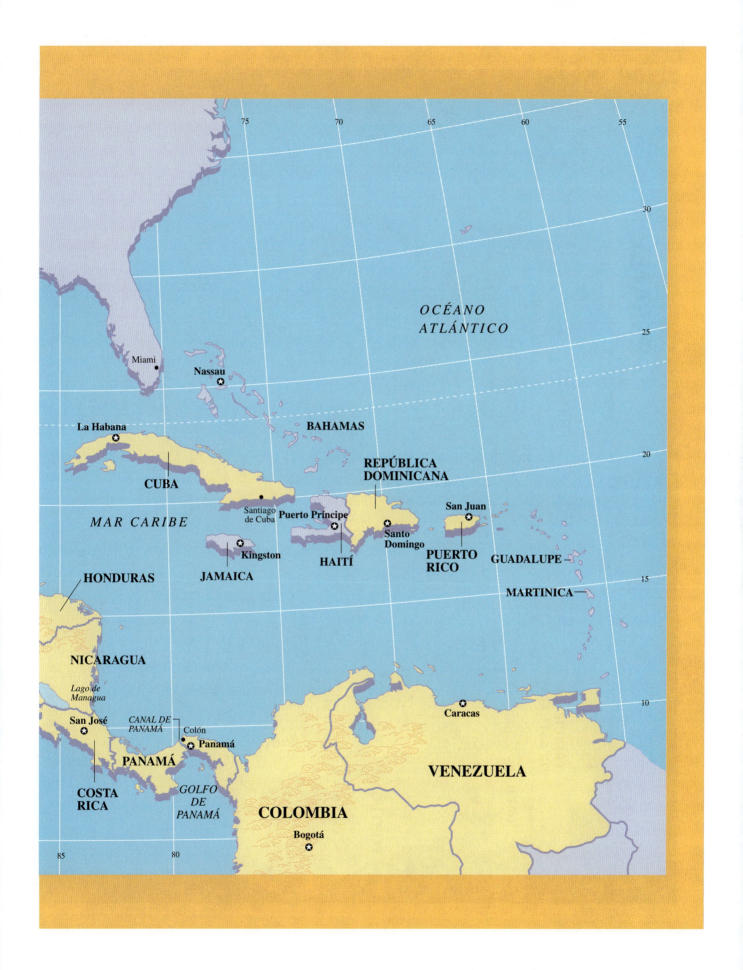

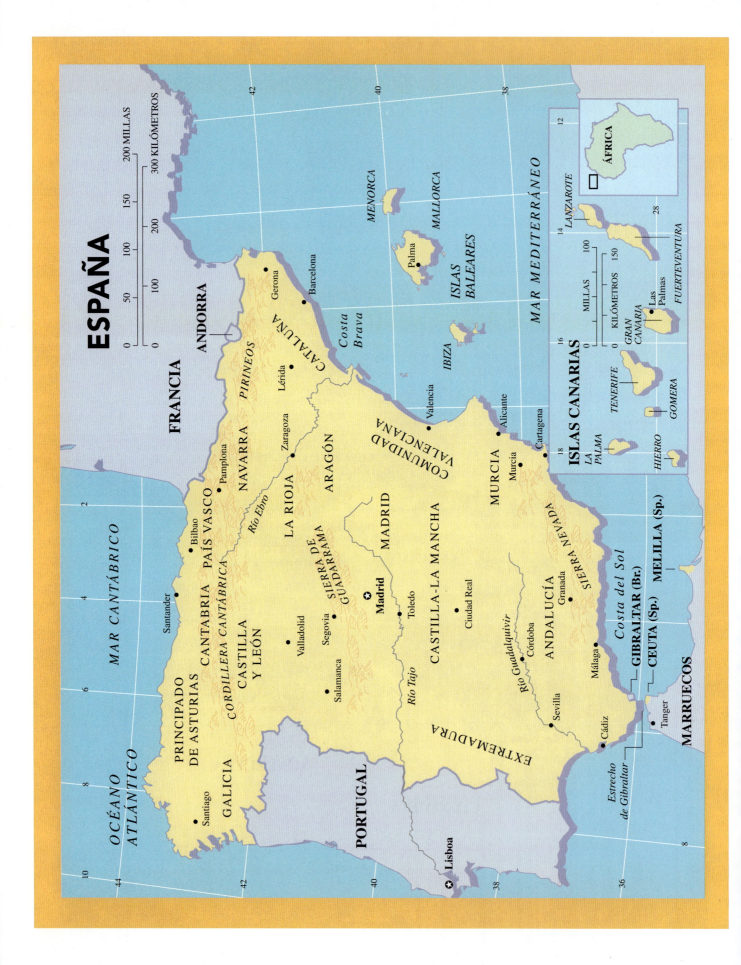

ESPAÑA

OCÉANO ATLÁNTICO

MAR CANTÁBRICO

FRANCIA

ANDORRA

FRANCIA

PRINCIPADO DE ASTURIAS

GALICIA

Santiago •

Santander •

CANTABRIA

CORDILLERA CANTÁBRICA

PAÍS VASCO

Bilbao •

PIRINEOS

NAVARRA

Pamplona •

CATALUÑA

Gerona •

Barcelona •

Lérida •

Costa Brava

CASTILLA Y LEÓN

Valladolid •

Salamanca •

Segovia •

SIERRA DE GUADARRAMA

LA RIOJA

ARAGÓN

Zaragoza •

Río Ebro

MADRID

⊕ Madrid

Toledo •

CASTILLA-LA MANCHA

Ciudad Real •

COMUNIDAD VALENCIANA

Valencia •

Alicante •

MURCIA

Murcia •

Cartagena •

EXTREMADURA

Río Tajo

ANDALUCÍA

Río Guadalquivir

Córdoba •

Sevilla •

SIERRA NEVADA

Granada •

Málaga •

Costa del Sol

Cádiz •

Estrecho de Gibraltar

GIBRALTAR (Br.)

CEUTA (Sp.)

MELILLA (Sp.)

MARRUECOS

PORTUGAL

⊕ Lisboa

Tanger •

MENORCA

MALLORCA

Palma •

ISLAS BALEARES

IBIZA

MAR MEDITERRÁNEO

200 MILLAS

300 KILÓMETROS

0 50 100 150 200

0 100 200 300

ISLAS CANARIAS

LANZAROTE

FUERTEVENTURA

GRAN CANARIA

Las Palmas •

TENERIFE

GOMERA

LA PALMA

HIERRO

ÁFRICA

MILLAS

KILÓMETROS

0 100 150

0 50 100

12 14 16 18

28

MAR CARIBE

OCÉANO ATLÁNTICO

Maracaibo   Caracas

Lago de
Managua   Barranquilla
            Cartagena
EL
SALVADOR
GUATEMALA   PANAMÁ
    COSTA RICA

Lago de
Maracaibo
San Cristóbal   VENEZUELA   Georgetown
                            Paramaribo
                    GUAYANA
Medellín   SURINAM   Cayena
                Boa Vista
    Cali   ☆ Bogotá
COLOMBIA   GUAYANA
                                FRANCESA

ISLAS
GALÁPAGOS   ☆ Quito
        ECUADOR
Guayaquil   Cuenca   Iquitos

                                ECUADOR
                Río Amazonas
            A M A Z O N A S

            PERÚ   BRASIL

    Lima ☆   Machu
            Picchu
    Ayacucho Cuzco   BOLIVIA   Brasilia
        Lago
        Titicaca   ☆ La Paz
                        Santa Cruz
                    Sucre
                    Potosí   Río de Janeiro
                                São Paulo
        CHILE   PARAGUAY
                    Asunción
                            Iguazú

OCÉANO
PACÍFICO   Río Uruguay

                    Córdoba   OCÉANO
Viña del Mar   ATLÁNTICO
Valparaíso   URUGUAY
    Santiago   Buenos Aires Montevideo
Concepción   ARGENTINA   Río de
            Bahía Blanca   la Plata   NIGERIA
                                            ÁFRICA
AMÉRICA
DEL SUR   Viedma   Malabo
                                        GUINEA   CAMERÚN
                                        ECUATORIAL
0   250   500   750 1,000 MILLAS   GABÓN
0   500   1,000   1,500 KILÓMETROS   ÁFRICA

ISLAS
MALVINAS (Br.)
Estrecho
de Magallanes
TIERRA DEL FUEGO

LOS ANDES

MILLAS
KILÓMETROS

Argentina

INFORMACIÓN GENERAL

Nombre oficial: República Argentina

Nacionalidad: argentino(a)

Área: 2 780 400 km² (el país de habla hispana más grande del mundo, aproximadamente 2 veces el tamaño de Alaska)

Población: 44 688 864

Capital: Buenos Aires (f. 1580)

Otras ciudades importantes: Córdoba, Rosario, Mar del Plata

Moneda: peso (argentino)

Idiomas: español (oficial), guaraní, inglés, italiano, alemán, francés

DEMOGRAFÍA

Alfabetismo: 98,1%

Religiones: católicos (92%), protestantes (2%), judíos (2%), otros (4%)

ARGENTINOS CÉLEBRES

Eva Perón
primera dama (1919–1952)

Jorge Luis Borges
escritor (1899–1986)

Julio Cortázar
escritor (1914–1984)

Adolfo Pérez Esquivel
activista, Premio Nobel de la Paz (1931–)

Diego Maradona
futbolista (1960–)

Charly García
músico (1951–)

Joaquín "Quino" Salvador Lavado
caricaturista (1932–)

Ernesto "Che" Guevara
revolucionario (1928–1967)

Cristina Fernández
primera mujer presidente (1953–)

Puerto Madero es el antiguo puerto de la ciudad. Fue remodelado y ahora es un barrio moderno y popular entre los porteños.

© Pablo H Caridad/Shutterstock

Investiga en Internet

La geografía: las cataratas de Iguazú, la Patagonia, las islas Malvinas, las pampas

La historia: la inmigración, los gauchos, la Guerra Sucia, la Guerra de las Islas Malvinas, Carlos Gardel, Mercedes Sosa, José de San Martín

Películas: *Valentín*, *La historia oficial*, *Quién toca a mi puerta*, *El secreto de sus ojos*, *Cinco amigas*, *Relatos salvajes*

Música: el tango, la milonga, la zamba, la chacarera, Fito Páez, Soda Stereo

Comidas y bebidas: el asado, los alfajores, las empanadas, el mate, los vinos cuyanos

Fiestas: Día de la Revolución (25 de mayo), Día de la Independencia (9 de julio)

Goran Bogicevic/Shutterstock.com

Músico en una calle de San Telmo, en Buenos Aires

© Alfredo Cerra/Shutterstock

El Glaciar Perito Moreno, en la Patagonia argentina, es el más visitado del país.

CURIOSIDADES

- Argentina es un país de inmigrantes europeos. A finales del siglo XIX hubo una fuerte inmigración, especialmente de Italia, España e Inglaterra. Estas culturas se mezclaron (*mixed*) y ayudaron a crear la identidad argentina.

- Argentina se caracteriza por la calidad de su carne vacuna (*cattle*) y por ser uno de los principales exportadores de carne (*beef*) en el mundo.

- El instrumento musical característico del tango, la música tradicional argentina, se llama *bandoneón* y es de origen alemán.

Bolivia

INFORMACIÓN GENERAL

Nombre oficial: Estado Plurinacional de Bolivia

Nacionalidad: boliviano(a)

Área: 1 098 581 km² (aproximadamente 4 veces el área de Wyoming, o la mitad de México)

Población: 11 215 674

Capital: Sucre (poder judicial) y La Paz (sede del gobierno) (f. 1548)

Otras ciudades importantes: Santa Cruz de la Sierra, Cochabamba, El Alto

Moneda: peso (boliviano)

Idiomas: español (oficial), quechua, aymará

DEMOGRAFÍA

Alfabetismo: 95,7%

Religiones: católicos (95%), protestantes (5%)

BOLIVIANOS CÉLEBRES

María Luisa Pacheco
pintora (1919–1982)

Jaime Escalante
ingeniero y profesor de matemáticas
(1930–2010)

Evo Morales
primer indígena elegido presidente
de Bolivia (1959–)

Edmundo Paz Soldán
escritor (1967–)

El altiplano de Bolivia

Shanti Hesse/Shutterstock.com

Investiga en internet

La geografía: el lago Titicaca, Tihuanaco, el salar de Uyuni

La historia: los incas, los aymará, la hoja de coca, Simón Bolívar

Música: la música andina, las peñas, la lambada, Los Kjarkas, Ana Cristina Céspedes

Comidas y bebidas: las llauchas, la papa (más de mil papas nativas de Bolivia), la chicha

Fiestas: Día de la Independencia (6 de agosto), Carnaval de Oruro (febrero o marzo), Festival de la Virgen de Urkupiña (14 de agosto)

Una mujer indígena con su llama en La Paz

© Daniele Caputo/Shutterstock

El Salar de Uyuni

CURIOSIDADES

- Bolivia tiene dos capitales. Una de ellas, La Paz, es la más alta del mundo a 3640 metros sobre el nivel del mar.
- El lago Titicaca es el lago navegable más alto del mundo con una altura de más de 3800 metros (12 500 pies) sobre el nivel del mar.
- El Salar de Uyuni es el desierto de sal más grande del mundo.
- En Bolivia se consumen las hojas secas de la coca para soportar mejor los efectos de la altura extrema.
- Bolivia es uno de los dos países de Sudamérica que no tiene costa marina.

Chile

INFORMACIÓN GENERAL

Nombre oficial: República de Chile

Nacionalidad: chileno(a)

Área: 756 102 km^2 (un poco más grande que Texas)

Población: 18 433 065

Capital: Santiago (f. 1541)

Otras ciudades importantes: Valparaíso, Viña del Mar, Concepción

Moneda: peso (chileno)

Idiomas: español (oficial), mapuche, mapudungun, alemán, inglés

DEMOGRAFÍA

Alfabetismo: 97,3%

Religiones: católicos (70%), evangélicos (15%), testigos de Jehová (1%), otros (14%)

CHILENOS CÉLEBRES

Pablo Neruda
poeta, Premio Nobel de Literatura
(1904–1973)

Gabriela Mistral
poetisa, Premio Nobel de Literatura
(1889–1957)

Isabel Allende
escritora (1942–)

Michelle Bachelet
primera mujer presidente de Chile (1951–)

Violeta Parra
poetisa, cantautora (1917–1967)

Santiago está situada muy cerca de los Andes.

© Tifonimages./Shutterstock

Investiga en internet

La geografía: Antofagasta, el desierto de Atacama, la isla de Pascua, Tierra del Fuego, el estrecho de Magallanes, los pasos andinos

La historia: los indígenas mapuches, Salvador Allende, Augusto Pinochet, Bernardo O'Higgins, Pedro de Valdivia

Películas: *Obstinate Memory, La nana, No, Neruda, Una mujer fantástica, El Club*

Música: el Festival de Viña del Mar, Víctor Jara, Quilapayún, La Ley, Inti Illimani, Francisca Valenzuela

Comidas y bebidas: las empanadas, los pescados y mariscos, el pastel de choclo, los vinos chilenos

Fiestas: Día de la Independencia (18 de septiembre), Carnaval Andino Con la Fuerza del Sol (enero o febrero)

Los famosos moais de la Isla de Pascua

CURIOSIDADES

- Chile es uno de los países más largos del mundo, pero también es muy angosto *(narrow)*. En algunas partes del país se necesitan solo 90 km para atravesarlo *(cross it)*. Gracias a su longitud, en el sur de Chile hay glaciares y fiordos, mientras que en el norte está el desierto más seco *(dry)* del mundo: el desierto de Atacama. La cordillera de los Andes también contribuye a la gran variedad de zonas climáticas y geográficas de este país.

- Es un país muy rico en minerales, en particular el cobre *(copper)*, que se exporta a nivel mundial.

- En febrero del 2010 Chile sufrió uno de los terremotos *(earthquakes)* más fuertes registrados en el mundo, con una magnitud de 8,8. En 1960 Chile también sufrió del terremoto más violento en la historia del planeta, con una magnitud de 9,4.

Colombia

INFORMACIÓN GENERAL

Nombre oficial: República de Colombia

Nacionalidad: colombiano(a)

Área: 1 139 914 km² (aproximadamente 4 veces el área de Arizona)

Población: 49 464 683

Capital: Bogotá D.C. (f. 1538)

Otras ciudades importantes: Medellín, Cali, Barranquilla

Moneda: peso (colombiano)

Idiomas: español (oficial), chibcha, guajiro y apróximadamente 90 lenguas indígenas

DEMOGRAFÍA

Alfabetismo: 94,7%

Religiones: católicos (90%), otros (10%)

COLOMBIANOS CÉLEBRES

Gabriel García Márquez
escritor, Premio Nobel de Literatura (1928–2014)

Fernando Botero
pintor y escultor (1932–)

Lucho Herrera
ciclista y ganador del Tour de Francia y la
Vuelta de España (1961–)

Shakira
cantante y benefactora (1977–)

Tatiana Calderón Noguera
automovilista (1994–)

Sofía Vergara
actriz (1972–)

Colombia tiene playas en el Caribe y en el océano Pacífico.

Investiga en internet

La geografía: los Andes, el Amazonas, las playas de Santa Marta y Cartagena

La historia: los araucanos, Simón Bolívar, la leyenda de El Dorado, el Museo del Oro, las FARC

Películas: *María llena de gracia*, *Rosario Tijeras*, *Mi abuelo, mi papá y yo*, *El abrazo de la serpiente*

Música: la cumbia, el vallenato, Juanes, Carlos Vives, Aterciopelados, Ana Tijoux, J Balvin, Maluma

Comidas y bebidas: el ajiaco, las arepas, la picada, el arequipe, las cocadas, el café, el aguardiente

Fiestas: Día de la Independencia (20 de julio), Carnaval de Blancos y Negros en Pasto (enero), Carnaval del Diablo en Riosucio (enero, cada año impar)

Una mujer vende frutas en Cartagena.

Bogotá, capital de Colombia

CURIOSIDADES

- El 95% de la producción mundial de esmeraldas se extrae del subsuelo colombiano. Sin embargo, la mayor riqueza del país es su diversidad, ya que incluye culturas del Caribe, del Pacífico, del Amazonas y de los Andes.
- Colombia, junto con Costa Rica y Brasil, es uno de los principales productores de café en Latinoamérica.
- Colombia tiene una gran diversidad de especies de flores. Es el primer productor de claveles *(carnations)* y el segundo exportador mundial de flores después de Holanda.
- Colombia es uno de los países con mayor biodiversidad del mundo.

Costa Rica

INFORMACIÓN GENERAL

Nombre oficial: República de Costa Rica

Nacionalidad: costarricense

Área: 51 100 km² (aproximadamente 2 veces el área de Vermont)

Población: 4 953 199

Capital: San José (f. 1521)

Otras ciudades importantes: Alajuela, Cartago

Moneda: colón

Idiomas: español (oficial), inglés

DEMOGRAFÍA

Alfabetismo: 97,8%

Religiones: católicos (76,3%), evangélicos y otros protestantes (15,7%), otros (4,8%), ninguna (3,2%)

COSTARRICENCES CÉLEBRES

Óscar Arias
político y presidente, Premio Nobel de la Paz (1949–)

Carmen Naranjo
escritora (1928–2012)

Claudia Poll
atleta olímpica (1972–)

Laura Chinchilla
primera mujer presidente (1959–)

Franklin Chang Díaz
astronauta (1950–)

El Teatro Nacional en San José es uno de los edificios más famosos de la capital.

© Joe Ferrer / Shutterstock

Investiga en internet

La geografía: Monteverde, Tortuguero, el Bosque de los Niños, el volcán Poás, los Parques Nacionales

La historia: las plantaciones de café, Juan Mora Fernández, Juan Santamaría

Música: El Café Chorale, Escats, Akasha

Comidas y bebidas: el gallo pinto, el casado, el café

Fiestas: Día de la Independencia (15 de septiembre), Fiesta de los Diablitos (febrero)

Costa Rica se conoce por su biodiversidad y por su respeto al medio ambiente.

El Volcán Poás es un volcán activo de fácil acceso para el visitante.

CURIOSIDADES

- Costa Rica es uno de los pocos países del mundo que no tiene ejército *(army)*. En noviembre de 1949, 18 meses después de la Guerra *(War)* Civil, abolieron el ejército en la nueva constitución.

- Se conoce como un país progresista gracias a su apoyo *(support)* a la democracia, al alto nivel de vida de los costarricenses y a la protección de su medio ambiente *(environment)*. A partir del *(As of)* año 2021, Costa Rica se hace el primer país del mundo en prohibir el uso de artículos de plástico que solo se usan una vez.

- Costa Rica posee una fauna y flora sumamente ricas. Aproximadamente una cuarta parte del territorio costarricense está protegido como reserva o parque natural.

- Costa Rica produce y exporta grandes cantidades de café, por lo que este producto es muy importante para su economía. Además, el café costarricense es de calidad reconocida *(recognized)* en todo el mundo.

Cuba

INFORMACIÓN GENERAL

Nombre oficial: República de Cuba

Nacionalidad: cubano(a)

Área: 110 860 km² (aproximadamente el área de Tennessee)

Población: 11 489 082

Capital: La Habana (f. 1511)

Otras ciudades importantes: Santiago, Camagüey

Moneda: peso (cubano)

Idiomas: español (oficial)

DEMOGRAFÍA

Alfabetismo: 99,7%

Religiones: católicos (85%), santería y otras religiones (15%)

CUBANOS CÉLEBRES

José Martí
político, periodista, poeta
(1853–1895)

Alejo Carpentier
escritor (1904–1980)

Wifredo Lam
pintor (1902–1982)

Alicia Alonso
bailarina, fundadora del Ballet
Nacional de Cuba (1920–)

Silvio Rodríguez
poeta, cantautor (1946–)

Nicolás Guillén
poeta (1902–1989)

© Kamira/Shutterstock

Catedral de la Habana

Investiga en internet

La geografía: las cavernas de Bellamar, la Ciénaga de Zapata, la península de Guanahacabibes

La historia: los taínos, los ciboneyes, Fulgencio Batista, Bahía de Cochinos, la Revolución cubana, Fidel Castro

Películas: *Vampiros en La Habana, Fresa y chocolate, La última espera, Azúcar amargo, Viva Cuba, La lista de espera*

Música: el son, Buena Vista Social Club, Celia Cruz, Pablo Milanés, Santiago Feliú, Alex Cuba

Comidas y bebidas: la ropa vieja, los moros y cristianos, el ron

Fiestas: Día de la Independencia (10 de diciembre), Día de la Revolución (1° de enero)

Un hombre pasea a unos turistas en su carreta, en Trinidad, Cuba.

gg-foto/Shutterstock.com

© Kamira/Shutterstock

El Morro fue construído en 1589 para proteger la isla de invasores.

CURIOSIDADES

- Cuba se distingue por tener uno de los mejores sistemas de educación del mundo, por su sistema de salud *(health)* y por su apoyo *(support)* a las artes.

- La población de la isla es una mezcla de los pobladores nativos (taínos), y de descendientes de esclavos africanos y europeos, mezcla que produce una cultura única.

- A principios de la década de 1980, un movimiento musical conocido como la Nueva Trova cubana presentó al mundo entero la música testimonial.

- La santería es una religión que se originó en las islas del Caribe, especialmente en Cuba, y mezcla *(mixes)* elementos religiosos de la religión yorubá (traída de África por los esclavos), y elementos de la religión católica. El nombre de "santería" viene de un truco *(trick)* que los esclavos utilizaron para seguir adorando a los dioses *(gods)* en los que creían, burlando *(outsmarting)* la prohibición de los españoles. Así los esclavos fingían *(pretended)* que adoraban a los santos católicos, pero en realidad les rezaban a los dioses africanos. Hoy en día hay muchos cubanos que practican la santería y que también son católicos.

Ecuador

INFORMACIÓN GENERAL

Nombre oficial: República del Ecuador

Nacionalidad: ecuatoriano(a)

Área: 283 561 km² (aproximadamente el área de Colorado)

Población: 16 863 425

Capital: Quito (f. 1556)

Otras ciudades importantes: Guayaquil, Cuenca

Moneda: dólar (estadounidense)

Idiomas: español (oficial), quechua

DEMOGRAFÍA

Alfabetismo: 94,5%

Religiones: católicos (95%), otros (5%)

ECUATORIANOS CÉLEBRES

Jorge Carrera Andrade
escritor (1903–1978)

Rosalía Arteaga
abogada, política, ex vicepresidenta (1956–)

Oswaldo Guayasamín
pintor (1919–1999)

Jorge Icaza
escritor (1906–1978)

iStock.com/Markpittimages

Una calle en la ciudad de Cuenca

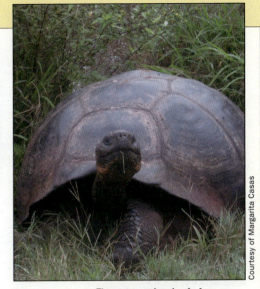

El parque nacional más famoso de Ecuador es el de las Islas Galápagos.

La Basílica en Quito

Investiga en internet

La geografía: La selva amazónica, las islas Galápagos, el volcán Cotopaxi

La historia: José de Sucre, la Gran Colombia, los indígenas tagaeri

Música: música andina, la quena, la zampoña, Fausto Miño, Daniel Betancourt, Michelle Cordero

Comida: la papa, el plátano frito, el ceviche, la fanesca

Fiestas: Día de la Independencia (10 de agosto), Fiestas de Quito (6 de diciembre)

CURIOSIDADES

- Este país tiene una gran diversidad de zonas geográficas como costas, montañas y selva *(jungle)*. Las famosas islas Galápagos le pertenecen y presentan una gran diversidad biológica. A principios *(At the beginning)* del siglo XX, estas islas fueron utilizadas como prisión.

- Ecuador toma su nombre de la línea ecuatorial, que divide el globo en dos hemisferios: norte y sur.

- La música andina es tradicional en Ecuador, con instrumentos indígenas como el charango, el rondador y el bombo.

- Ecuador es famoso por sus tejidos *(weavings)* de lana *(wool)* de llama y alpaca, dos animales de la región andina.

El Salvador

INFORMACIÓN GENERAL

Nombre oficial: República de El Salvador

Nacionalidad: salvadoreño(a)

Área: 21 041 km² (un poco más grande que Nueva Jersey)

Población: 6 411 558

Capital: San Salvador (f. 1524)

Otras ciudades importantes: San Miguel, Santa Ana

Moneda: dólar (estadounidense)

Idiomas: español (oficial), náhuatl, otras lenguas amerindias

DEMOGRAFÍA

Alfabetismo: 88,4%

Religiones: católicos (57%), protestantes (21%), otros (22%)

SALVADOREÑOS CÉLEBRES

Óscar Arnulfo Romero
arzobispo, defensor de los derechos
humanos (1917–1980)

Claribel Alegría
escritora (nació en Nicaragua pero se considera
salvadoreña) (1924–2018)

Alfredo Espino
poeta (1900–1928)

Cristina López
atleta, medallista olímpica (1982–)

El volcán de San Vicente

© moxelotte/iStockphoto

Investiga en internet

La geografía: el bosque lluvioso (Parque Nacional Montecristo), el puerto de Acajutla, el volcán Izalco, los planes de Renderos

La historia: Tazumal, Acuerdos de Paz de Chapultepec, José Matías Delgado, FMLN, Ana María

Películas: *Romero, Voces inocentes*

Música: Taltipac, la salsa y la cumbia (fusión), Shaka y Dres

Comidas y bebidas: las pupusas, los tamales, la semita, el atole

Fiestas: Día del Divino Salvador del Mundo (6 de agosto), Día de la Independencia (15 de septiembre)

Una mujer trabaja en el mercado en Santa Ana.

Una calle en Santa Ana

CURIOSIDADES

- El Salvador es el país más pequeño de Centroamérica, pero el más denso en población.
- Hay más de veinte volcanes y algunos están activos.
- El Salvador está en una zona sísmica, por lo que ocurren terremotos (*earthquakes*) con frecuencia. En el pasado, varios sismos le causaron muchos daños (*damage*) al país.
- Entre 1979 y 1992, El Salvador vivió una guerra civil. Durante esos años, muchos salvadoreños emigraron a los Estados Unidos.
- La canción de U2 "Bullet the Blue Sky" fue inspirada por el viaje a El Salvador que hizo el cantante Bono en los tiempos de la Guerra Civil.

España

INFORMACIÓN GENERAL

Nombre oficial: Reino de España

Nacionalidad: español(a)

Área: 505 370 km² (aproximadamente 2 veces el área de Oregón)

Población: 46 397 452

Capital: Madrid (f. siglo X)

Otras ciudades importantes: Barcelona, Valencia, Sevilla, Toledo

Moneda: euro

Idiomas: español (oficial), catalán, vasco, gallego

DEMOGRAFÍA

Alfabetismo: 98,1%

Religiones: católicos (94%), otros (6%)

ESPAÑOLES CÉLEBRES

Miguel de Cervantes Saavedra
escritor (1547–1616)

Federico García Lorca
poeta (1898–1936)

Rosalía de Castro
escritora (1837–1885)

Pedro Almodóvar
director de cine (1949–)

Antonio Gaudí
arquitecto (1852–1926)

Rafael Nadal
tenista (1986–)

Penélope Cruz
actriz (1974–)

Pablo Picasso
pintor y escultor (1881–1973)

Lola Flores
cantante y bailarina de flamenco (1923–1995)

Vinicius Tupinamba/Shutterstock

La Plaza Mayor es un lugar lleno de historia en el centro de Madrid.

Un hombre cosecha uvas en Valencia.

Investiga en internet

La geografía: las islas Canarias, las islas Baleares

La historia: la conquista de América, la Guerra Civil, el rey Fernando y la reina Isabel, la Guerra de la Independencia Española, Carlos V, Francisco Franco

Películas: *Ay, Carmela*, *Mala educación*, *Hable con ella*, *Mar adentro*, *Volver*, *El orfanato*

Música: las tunas, el flamenco, Paco de Lucía, David Bisbal, Rosario, Joaquín Sabina, Ana Belén, La Oreja de Van Gogh, Plácido Domingo

Comidas y bebidas: paella valenciana, tapas, tortilla española, crema catalana, vinos, sangría, horchata

Fiestas: Festival de la Tomatina (agosto), San Fermín (7 de julio), Semana Santa (marzo o abril)

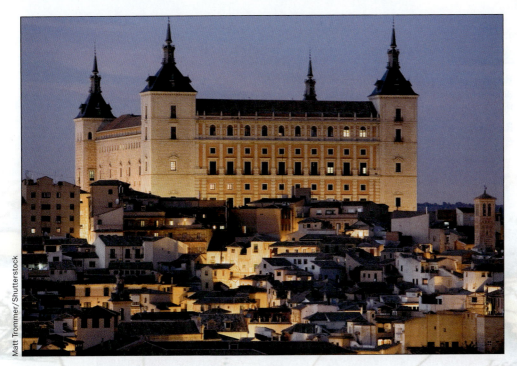

El Alcázar en la ciudad de Toledo

CURIOSIDADES

- España se distingue por tener una gran cantidad de pintores y escritores. En el siglo XX se destacaron *(stood out)* los pintores Pablo Picasso, Salvador Dalí y Joan Miró. Entre los clásicos figuran Velázquez, El Greco y Goya.

- El Palacio Real de Madrid presenta una arquitectura hermosa *(beautiful)*. Contiene pinturas de algunos de los artistas mencionados arriba. Originalmente fue un fuerte *(fortress)* construido por los musulmanes en el siglo IX. Más tarde, los reyes de Castilla construyeron allí el Alcázar. En 1738 el rey Felipe V ordenó la construcción del Palacio Real, que fue residencia de la familia real hasta 1941.

- Aunque el español se habla en todo el país, varias regiones de España mantienen vivo su propio *(own)* idioma. De todos, el más interesante quizás sea el vasco, que es el único idioma que no deriva del latín y cuyo origen no se conoce.

- En la ciudad de Toledo se fundó la primera escuela de traductores en el año 1126.

- En Andalucía, región al sur de España, se ve una gran influencia árabe por los moros que la habitaron desde 711 a 1492, cuando finalmente los Reyes Católicos los expulsaron durante la Reconquista.

Guatemala

INFORMACIÓN GENERAL

Nombre oficial: República de Guatemala

Nacionalidad: guatemalteco(a)

Área: 108 890 km^2 (un poco más grande que el área de Ohio)

Población: 17 245 346

Capital: Guatemala (f. 1524)

Otras ciudades importantes: Mixco, Villa Nueva

Moneda: quetzal

Idiomas: español (oficial), lenguas mayas y otras lenguas amerindias

DEMOGRAFÍA

Alfabetismo: 79,3%

Religiones: católicos (60%), protestantes (36%), otros (4%)

GUATEMALTECOS CÉLEBRES

Augusto Monterroso
escritor (1921–2003)

Miguel Ángel Asturias
escritor (1899–1974)

Carlos Mérida
pintor (1891–1984)

Rigoberta Menchú
activista por los derechos humanos,
Premio Nobel de la Paz (1959–)

Ricardo Arjona
cantautor (1964–)

SUETONE Emilio/age fotostock

Mujer tejiendo en la región del departamento de Sololá

 Investiga en internet

La geografía: el lago Atitlán, Antigua

La historia: los mayas, Efraín Ríos Mont, la matanza de indígenas durante la dictadura, quiché, el Popul Vuh, Tecun Uman

Películas: *El norte*

Música: punta, Gaby Moreno

Comida: los tamales, la sopa de pepino, fiambre, pipián

Fiestas: Día de la Independencia (15 de septiembre), Semana Santa (marzo o abril), Día de los Muertos (1 de noviembre)

Tikal, ciudad construida por los mayas

Vista del lago Atitlán

CURIOSIDADES

- Guatemala es famosa por la gran cantidad de ruinas mayas y por las tradiciones indígenas, especialmente los tejidos *(weavings)* de vivos colores.

- Guatemala es el quinto *(fifth)* exportador de plátanos en el mundo.

- Antigua es una famosa ciudad que sirvió como la tercera capital de Guatemala. Es reconocida *(recognized)* mundialmente por su bien preservada arquitectura renacentista *(Renaissance)* y barroca. También es reconocida como un lugar excelente para ir a estudiar español.

- En Guatemala se encuentra Tikal, uno de los más importantes conjuntos arqueológicos *(archaeological complexes)* mayas.

Guinea Ecuatorial

INFORMACIÓN GENERAL

Nombre oficial: República de Guinea Ecuatorial

Nacionalidad: ecuatoguineano(a)

Área: 28 051 km² (aproximadamente el área de Maryland)

Población: 1 313 894

Capital: Malabo (f. 1827)

Otras ciudades importantes: Bata, Ebebiyín

Moneda: franco CFA

Idiomas: español y francés (oficiales), lenguas bantúes (fang, bubi)

DEMOGRAFÍA

Alfabetismo: 95,3%

Religiones: católicos y otros cristianos (95%), prácticas paganas (5%)

ECUATOGUINEANOS CÉLEBRES

Eric Moussambani
nadador olímpico (1978–)

Leoncio Evita
escritor del primer libro guineano y primera
novela africana en español (1929–1996)

María Nsué Angüe
escritora (1945–)

Leandro Mbomio Nsue
escultor (1938–2012)

Donato Ndongo-Bidyogo
escritor (1950–)

Niños jugando frente a una iglesia en Malabo

Christine Nesbitt/AP Images

Mujeres pescando en la playa

 Investiga en internet

La geografía: la isla de Bioko, el río Muni

La historia: los Bantú, los Igbo, los Fang

Música: Las Hijas del Sol, Betty Akna, Anfibio

Comidas y bebidas: la sopa banga, el pescado a la plancha, el puercoespín, el antílope, los vinos de palma, la malamba

Fiestas: Día de la Independencia (12 de octubre)

Un río en un bosque de la isla de Bioko

CURIOSIDADES

- Se piensa que los primeros habitantes de esta región fueron pigmeos.

- Guinea Ecuatorial obtuvo su independencia de España en 1968 y es el único país de África en donde el español es un idioma oficial.

- Parte de su territorio fue colonizado por los portugueses y por los ingleses.

- Guinea Ecuatorial celebró sus únicas elecciones en 1968 y Macías Nguema fue elegido presidente. En 1973 creó un documento que le dio el control total y fue dictador hasta 1979 cuando Teodoro Obiang tomó control.

- El país cuenta con una universidad, la Universidad Nacional de Guinea Ecuatorial, situada en la capital.

- Con el descubrimiento de reservas de petróleo y gas en la década de los años 90 se fortaleció *(strengthened)* considerablemente la economía.

- Guinea Ecuatorial tiene el más alto ingreso per cápita en África: 19,998 dólares. Sin embargo *(Nevertheless)*, la distribución del dinero se concentra en unas pocas familias.

Honduras

INFORMACIÓN GENERAL

Nombre oficial: República de Honduras

Nacionalidad: hondureño(a)

Área: 112 090 km² (aproximadamente el área de Pennsylvania)

Población: 9 417 167

Capital: Tegucigalpa (f. 1762)

Otras ciudades importantes: San Pedro Sula, El Progreso

Moneda: lempira

Idiomas: español (oficial), garífuna, lenguas amerindias

DEMOGRAFÍA

Alfabetismo: 88,5%

Religiones: católicos (97%), protestantes (3%)

HONDUREÑOS CÉLEBRES

Lempira
héroe indígena (1499–1537)

José Antonio Velásquez
pintor (1906–1983)

Ramón Amaya Amador
escritor (1916–1966)

David Suazo
futbolista (1979–)

Carlos Mencia
comediante (1967–)

Copán, declarado Patrimonio Universal por la UNESCO

Investiga en internet

La geografía: islas de la Bahía, Copán

La historia: los mayas, los garífunas, los misquitos, Ramón Villedas Morales, José Trinidad Cabañas

Películas: Yo soy negra

Música: punta, Café Guancasco, Delirium, Yerbaklan

Comidas y bebidas: el arroz con leche, los tamales, las pupusas, el atol de elote, la chicha, el ponche de leche

Fiestas: Día de la Independencia (15 de septiembre)

Hondureños transportan su pesca.

El snorkel es popular en Honduras.

CURIOSIDADES

- Los hondureños reciben el apodo *(nickname)* de "catrachos", palabra derivada del apellido Xatruch, un famoso general que combatió en Nicaragua contra el filibustero William Walker.

- El nombre original del país fue Comayagua, el mismo nombre que su capital. A mediados del siglo XIX adoptó el nombre República de Honduras, y en 1880 la capital se trasladó *(moved)* a Tegucigalpa.

- Honduras basa su economía en la agricultura, especialmente en las plantaciones de plátanos, cuya comercialización empezó en 1889 con la fundación de la Standard Fruit Company.

- Se dice que en la región de Yoro ocurre el fenómeno de la lluvia *(rain)* de peces, es decir que, literalmente, los peces caen del cielo *(fall from the sky)*. Por esta razón, desde 1998 se celebra en el Yoro el Festival de Lluvia de Peces.

- En 1998 el huracán Mitch golpeó *(hit)* severamente la economía nacional, destruyendo gran parte de la infraestructura del país y de los cultivos. Se calcula que el país retrocedió 25 años a causa del huracán.

México

INFORMACIÓN GENERAL

Nombre oficial: Estados Unidos Mexicanos

Nacionalidad: mexicano(a)

Área: 1 964 375 km² (aproximadamente 4 1/2 veces el área de California)

Población: 130 759 074

Capital: México D.F. (f. 1521)

Otras ciudades importantes: Guadalajara, Monterrey, Puebla

Moneda: peso (mexicano)

Idiomas: español (oficial), náhuatl, maya, zapoteco, mixteco, otomi, totonaca y aproximadamente 280 otras lenguas amerindias

DEMOGRAFÍA

Alfabetismo: 94,4%

Religiones: católicos (90,4%), protestantes (3,8%), otros (5,8%)

MEXICANOS CÉLEBRES

Octavio Paz
escritor, Premio Nobel de Literatura (1914–1998)

Diego Rivera
pintor (1886–1957)

Frida Kahlo
pintora (1907–1954)

Emiliano Zapata
revolucionario (1879–1919)

Armando Manzanero
cantautor (1935–)

Rafa Márquez
futbolista (1979–)

Gael García Bernal
actor (1978–)

Elena Poniatowska
periodista y escritora (1932–)

Carmen Aristegui
periodista (1964–)

Guillermo del Toro
cineasta (1964–)

© f9photos/Shutterstock

Teotihuacán es una ciudad precolombina declarada Patrimonio de la Humanidad por la UNESCO.

Unos jóvenes celebran la victoria de su equipo nacional en la Ciudad de México.

Investiga en internet

La geografía: el cañón del Cobre, el volcán Popocatépetl, las lagunas de Montebello, la sierra Tarahumara, Acapulco

La historia: mayas, aztecas, toltecas, la conquista, la colonia, Pancho Villa, Porfirio Díaz, Hernán Cortés, Miguel Hidalgo, los Zapatistas, Benito Juárez

Películas: *Amores perros, Frida, Y tu mamá también, Babel, El laberinto del fauno, La misma luna, Nosotros los nobles, Biutiful*

Música: mariachis, ranchera, Pedro Infante, Vicente Fernández, Luis Miguel, Maná, Jaguares, Thalía, Lucero, Julieta Venegas

Comidas y bebidas: los chiles en nogada, el mole poblano, el pozole, los huevos rancheros, el tequila, alimentos originarios de México (chocolate, tomate, vainilla)

Fiestas: Día de la Independencia (16 de septiembre), Día de los Muertos (1 y 2 de noviembre)

© karamysh/Shutterstock

Puerto Vallarta

CURIOSIDADES

- La Ciudad de México es la segunda ciudad más poblada del mundo, después de Tokio. Los predecesores de los aztecas fundaron una ciudad sobre el lago *(lake)* de Texcoco. La ciudad recibió el nombre de Tenochtitlán, y era más grande que cualquier *(any)* capital europea cuando ocurrió la Conquista en 1521.

- Millones de mariposas *(butterflies)* monarcas migran todos los años de los Estados Unidos y Canadá a México, en particular al estado de Michoacán.

- La Pirámide de Chichén Itzá fue nombrada una de las siete maravillas del mundo moderno.

- Los olmecas (1200 a.C-400 a.C) desarrollaron *(developed)* el primer sistema de escritura en las Américas.

- El Cañón del Cobre, en el estado de Chihuahua, es más grande y profundo *(deep)* que el Gran Cañón (Grand Canyon) de los Estados Unidos.

Nicaragua

INFORMACIÓN GENERAL

Nombre oficial: República de Nicaragua

Nacionalidad: nicaragüense

Área: 130 370 km² (aproximadamente el área del estado de Nueva York)

Población: 6 284 757

Capital: Managua (f. 1522)

Otras ciudades importantes: León, Chinandega

Moneda: córdoba

Idiomas: español (oficial), misquito, inglés y lenguas indígenas en la costa atlántica

DEMOGRAFÍA

Alfabetismo: 82,8%

Religiones: católicos (58%), evangélicos (22%), otros (20%)

NICARAGÜENSES CÉLEBRES

Rubén Darío
poeta, padre del Modernismo (1867–1916)

Ernesto Cardenal
sacerdote, poeta (1925–)

Violeta Chamorro
periodista, presidenta (1929–)

Bianca Jagger
activista de derechos humanos (1945–)

© rchphoto/iStockphoto

Ometepe, isla formada por dos volcanes

Catedral de Granada

El centro histórico de León

 Investiga en internet

La geografía: el lago Nicaragua, la isla Ometepe

La historia: los misquitos, Anastasio Somoza, Augusto Sandino, Revolución sandinista, José Dolores Estrada

Películas: *Ernesto Cardenal*

Música: polca, mazurca, Camilo Zapata, Carlos Mejía Godoy, Salvador Cardenal, Luis Enrique Mejía Godoy, Perrozompopo

Comidas y bebidas: los tamales, la sopa de pepino, el triste, el tibio, la chicha

Fiestas: Día de la Independencia (15 de septiembre)

CURIOSIDADES

- Nicaragua se conoce como tierra *(land)* de poetas y volcanes.
- La capital, Managua, fue destruída por un terremoto *(earthquake)* en 1972. A causa de la actividad sísmica no se construyen edificios altos.
- Las ruinas de León Viejo fueron declaradas Patrimonio de la Humanidad en el año 2000. Es la ciudad más antigua de América Central.
- Es el país más grande de Centroamérica, y también tiene el lago *(lake)* más grande de la región, el lago Nicaragua, con más de 370 islas. La isla más grande, Ometepe, tiene dos volcanes.

Panamá

INFORMACIÓN GENERAL

Nombre oficial: República de Panamá

Nacionalidad: panameño(a)

Área: 75 420 km² (aproximadamente la mitad del área de Florida)

Población: 4 162 618

Capital: Panamá (f. 1519)

Otras ciudades importantes: San Miguelito, David

Moneda: balboa, dólar (estadounidense)

Idiomas: español (oficial), inglés

DEMOGRAFÍA

Alfabetismo: 95%

Religiones: católicos (85%), protestantes (15%)

PANAMEÑOS CÉLEBRES

Rubén Blades
cantautor, actor, abogado, político (1948–)

Omar Torrijos
militar, presidente (1929–1981)

Roberto Durán
boxeador (1951–)

Joaquín Beleño
escritor y periodista (1922–1988)

Ricardo Miró
escritor (1883-1940)

El canal de Panamá es una de las principales fuentes de ingresos para el país.

Una isla en el archipiélago de San Blas, lugar donde habitan los kuna yala

 Investiga en internet

La geografía: el canal de Panamá

La historia: los kuna yala, la construcción del canal de Panamá, la dictadura de Manuel Noriega, Victoriano Lorenzo

Películas: *El plomero, Los puños de una nación*

Música: salsa, Danilo Pérez, Edgardo Franco "El General", Nando Boom

Comidas y bebidas: el chocao panameño, el sancocho de gallina, las carimaolas, la ropa vieja, los jugos de fruta, el chicheme

Fiestas: Día de la Independencia (3 de noviembre)

La Ciudad de Panamá es famosa por sus rascacielos.

CURIOSIDADES

- El canal de Panamá se construyó entre 1904 y 1914. Mide *(Measures)* 84 kilómetros de longitud y funciona con un sistema de esclusas *(locks)* que elevan y bajan los barcos *(boats)* porque los océanos Atlántico y Pacífico tienen diferentes elevaciones. Cada año cruzan unos 14 000 barcos o botes por el canal, el cual estuvo bajo control de los Estados Unidos hasta el 31 de diciembre de 1999. En promedio *(average)*, cada embarcación paga 54 000 dólares por cruzar el canal. La tarifa más baja la pagó un aventurero estadounidense, quien pagó 36 centavos por cruzar nadando en 1928.

- Recientemente se hizo una ampliación al canal que permite que transiten por él barcos hasta tres veces más grandes que la máxima capacidad del canal original.

- El territorio de los kuna yala se considera independiente. Para entrar a su territorio es necesario pagar una cuota *(fee)* y mostrar su pasaporte.

Paraguay

INFORMACIÓN GENERAL

Nombre oficial: República del Paraguay

Nacionalidad: paraguayo(a)

Área: 406 750 km^2 (aproximadamente el área de California)

Población: 6 896 908

Capital: Asunción (f. 1537)

Otras ciudades importantes: Ciudad del Este, San Lorenzo

Moneda: guaraní

Idiomas: español y guaraní (oficiales)

DEMOGRAFÍA

Alfabetismo: 95,6%

Religiones: católicos (90%), protestantes (6%), otros (4%)

PARAGUAYOS CÉLEBRES

Augusto Roa Bastos
escritor, Premio Cervantes de
Literatura (1917–2005)

Olga Blinder
pintora (1921–2008)

Julieta Granada
jugadora de golf (1986–)

Arsenio Erico
futbolista (1915–1977)

Berta Rojas
guitarrista (1966–)

Ruinas de Misiones Jesuitas en Trinidad

© Lukasz Kurbiel/Shutterstock

El palacio presidencial en Asunción

La presa de Itaipú es la central hidroeléctrica más grande del mundo.

CURIOSIDADES

- Por diversas razones históricas, Paraguay es un país bilingüe. Se calcula que el 90% de sus habitantes hablan español y guaraní, el idioma de sus habitantes antes de la llegada de los españoles. En particular, la llegada de los jesuitas tuvo importancia en la preservación del idioma guaraní. Actualmente se producen novelas y programas de radio. Por otra parte, el guaraní ha influenciado notablemente el español de la región.

- Paraguay, igual que Bolivia, no tiene salida al mar.

- La presa *(dam)* de Itaipú es la mayor del mundo en cuanto a producción de energía. Está sobre el río Paraná y abastace *(provides)* el 90% del consumo de energía eléctrica de Paraguay y el 19% de Brasil.

Perú

INFORMACIÓN GENERAL

Nombre oficial: República del Perú

Nacionalidad: peruano(a)

Área: 1 285 216 km^2 (aproximadamente 2 veces el área de Texas)

Población: 32 551 815

Capital: Lima (f. 1535)

Otras ciudades importantes: Callao, Arequipa, Trujillo

Moneda: nuevo sol

Idiomas: español y quechua (oficiales), aymará y otras lenguas indígenas

DEMOGRAFÍA

Alfabetismo: 94,5%

Religiones: católicos (82%), evangélicos (13%), otros (5%)

PERUANOS CÉLEBRES

Mario Vargas Llosa
escritor, político, Premio
Nobel de Literatura (1936–)

César Vallejo
poeta (1892–1938)

Javier Pérez de Cuellar
secretario general de las
Naciones Unidas (1920–)

Tania Libertad
cantante (1952–)

Alberto Fujimori
político y presidente (1938–)

María Julia Mantilla
empresaria y presentadora de
TV, ex Miss Universo (1984–)

Mario Testino
fotógrafo (1954–)

Claudia Llosa
cineasta (1976–)

**Fernando de
Szyszlo**
pintor (1925–2017)

Machu Picchu

Investiga en internet

La geografía: los Andes, el Amazonas, Machu Picchu, el lago Titicaca, Nazca

La historia: los incas, los aymará, el Inti Raymi, los uros, José de San Martín

Películas: *Todos somos estrellas, Madeinusa, La teta asustada*

Música: música andina, valses peruanos, jaranas, Gian Marco

Comidas y bebidas: la papa (más de 2000 variedades), la yuca, la quinoa, el ceviche, el pisco, anticuchos, el cuy

Fiestas: Día de la Independencia (28 de julio)

Una mujer de una cooperativa de tejedoras en Chinchero

© Neale Cousland/Shutterstock

La Plaza de Armas en Lima

CURIOSIDADES

- En Perú vivieron muchas civilizaciones diferentes que se desarrollaron *(developed)* entre el año 4000 a.C hasta principios *(beginnings)* del siglo XVI. La más importante fue la civilización de los incas, que dominaba la región a la llegada de los españoles.

- Otra civilización importante fueron los nazcas, quienes trazaron figuras de animales que solo se pueden ver desde el aire. Hay más de 2000 km de líneas. Su origen es un misterio y no se sabe por qué las hicieron.

- Perú es el país del mundo que cuenta con más platos típicos: 491.

- Probablemente la canción folclórica más conocida del Perú es "El Cóndor Pasa".

Puerto Rico

INFORMACIÓN GENERAL

Nombre oficial: Estado Libre Asociado de Puerto Rico
(*Commonwealth of Puerto Rico*)

Nacionalidad: puertorriqueño(a)

Área: 13.790 km² (un poco menos que el área de Connecticut)

Población: 3 663 131

Capital: San Juan (f. 1521)

Otras ciudades importantes: Ponce, Caguas

Moneda: dólar (estadounidense)

Idiomas: español, inglés (oficiales)

DEMOGRAFÍA

Alfabetismo: 94,1%

Religiones: católicos (85%), protestantes y otros (15%)

PUERTORRIQUEÑOS CÉLEBRES

Francisco Oller y Cestero
pintor (1833–1917)

Esmeralda Santiago
escritora (1948–)

Rosario Ferré
escritora (1938–2016)

Rita Moreno
actriz (1931–)

Raúl Juliá
actor (1940–1994)

Ricky Martin
cantante, benefactor (1971–)

Roberto Clemente
beisbolista (1934–1972)

Eugene Moerman/Shutterstock.com

Vista del fuerte del Morro en San Juan

Colin D. Young/Shutterstock

La gente va de compras en San Juan.

Investiga en internet

La geografía: el Yunque, Vieques, El Morro

La historia: los taínos, Juan Ponce de León, la Guerra Hispanoamericana, Pedro Albizu Campos

Películas: *Lo que le pasó a Santiago, 12 horas, Talento de barrio*

Música: salsa, bomba y plena, Gilberto Santa Rosa, Olga Tañón, Daddy Yankee, Tito Puente, Calle 13, Carlos Ponce, Ivy Queen

Comidas y bebidas: el lechón asado, el arroz con gandules, el mofongo, los bacalaítos, la champola de guayaba, el coquito, la horchata de ajonjolí

Fiestas: Día de la Independencia de EE.UU. (4 de julio), Día de la Constitución de Puerto Rico (25 de julio)

Tinapat Kotumrongsak/Shutterstock.com

El Parque Nacional El Yunque

CURIOSIDADES

- A los puertorriqueños también se les conoce como "boricuas", ya que antes de la llegada de los europeos la isla se llamaba Borinquen.

- A diferencia de otros países, los puertorriqueños también son ciudadanos *(citizens)* estadounidenses, con la excepción de que no pueden votar en elecciones presidenciales de los Estados Unidos, a menos que sean residentes de un estado.

- El gobierno de Puerto Rico está encabezado por un gobernador.

- El fuerte *(fort)* de El Morro fue construido en el siglo XVI para defender el puerto de los piratas. Gracias a esta construcción, San Juan fue el lugar mejor defendido del Caribe.

- En el año 2017 el huracán María causó muchas muertes y daños *(damages)* a la isla, y causó un éxodo masivo. Además de los daños a las ciudades, destruyó más del 30% de los árboles.

República Dominicana

INFORMACIÓN GENERAL

Nombre oficial: República Dominicana

Nacionalidad: dominicano(a)

Área: 48 670 km² (aproximadamente 2 veces el área de Vermont)

Población: 10 882 996

Capital: Santo Domingo (f. 1492)

Otras ciudades importantes: Santiago de los Caballeros, La Romana

Moneda: peso (dominicano)

Idiomas: español

DEMOGRAFÍA

Alfabetismo: 91,8%

Religiones: católicos (95%), otros (5%)

DOMINICANOS CÉLEBRES

Juan Pablo Duarte
héroe de la independencia (1808–1876)

Juan Bosch
escritor (1909–2001)

David Ortiz
beisbolista (1975–)

Juan Luis Guerra
músico (1957–)

Charytín
cantante y conductora (1949–)

Óscar de la Renta
diseñador (1932–2014)

La plaza principal en Santo Domingo

Investiga en internet

La geografía: Puerto Plata, Pico Duarte, Sierra de Samaná

La historia: los taínos, los arawak, la dictadura de Trujillo, las hermanas Mirabal, Juan Pablo Duarte

Películas: *Nueba Yol, Cuatro hombres y un ataúd, La fiesta del chivo*

Música: merengue, bachata, Wilfrido Vargas, Johnny Ventura, Milly Quezada

Comidas y bebidas: el mangú, el sancocho, el asopao, el refresco rojo, la mamajuana

Fiestas: Día de la Independencia (27 de febrero), Día de la Señora de la Altagracia (21 de enero)

Un vendedor de cocos en Boca Chica

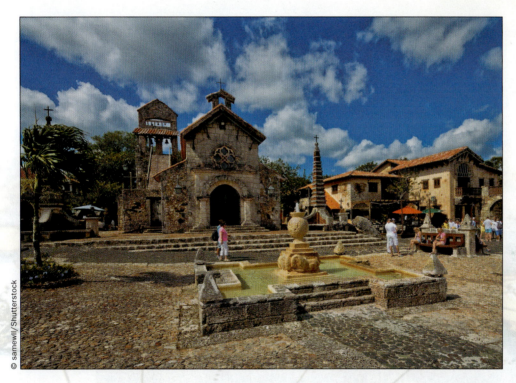

Construido en 1976, Altos de Chavón es una recreación de un pueblo medieval de Europa.

CURIOSIDADES

- La isla que comparten *(share)* la República Dominicana y Haití, La Española, estuvo bajo control español hasta 1697, cuando la parte oeste *(west)* pasó a ser territorio francés.

- La República Dominicana tiene algunas de las construcciones más antiguas dejadas *(left)* por los españoles.

- Se piensa que los restos de Cristóbal Colón están enterrados en Santo Domingo, pero Colón también tiene una tumba en Sevilla, España.

- En Santo Domingo se construyeron la primera catedral, el primer hospital, la primera aduana *(customs)* y la primera universidad del Nuevo Mundo.

- Santo Domingo fue declarada Patrimonio de la Humanidad por la UNESCO.

Uruguay

INFORMACIÓN GENERAL

Nombre oficial: República Oriental del Uruguay

Nacionalidad: uruguayo(a)

Área: 176 215 km² (casi exactamente igual al estado de Washington)

Población: 3 469 551

Capital: Montevideo (f. 1726)

Otras ciudades importantes: Salto, Paysandú

Moneda: peso (uruguayo)

Idiomas: español

DEMOGRAFÍA

Alfabetismo: 98,4%

Religiones: católicos (47%), protestantes (11%), otros (42%)

URUGUAYOS CÉLEBRES

Horacio Quiroga
escritor (1878–1937)

Mario Benedetti
escritor (1920–2009)

Alfredo Zitarrosa
compositor (1936–1989)

Jorge Drexler
músico, actor, doctor (1964–)

Julio Sosa
cantor de tango (1926–1964)

Diego Forlán
futbolista (1979–)

Delmira Agustini
poetisa (1886–1914)

Plaza Independencia, Montevideo (Palacio Salvo)

© VojtechVlk/Shutterstock

Carnaval de Montevideo

© Kobby Dagan/Shutterstock

© Bertrandb/Dreamstime.com

Colonia del Sacramento

CURIOSIDADES

- En guaraní, "Uruguay" significa "río de las gallinetas". La gallineta es un pájaro de esta región.

- La industria ganadera *(cattle)* es una de las más importantes del país. La bebida más popular es el mate. Es muy común ver a los uruguayos caminando con un termo bajo el brazo, listos para tomar mate en cualquier lugar.

- Los descendientes de esclavos africanos que vivieron en esa zona dieron origen a la música típica de Uruguay: el candombe.

- Uruguay fue el anfitrión *(host)* y el primer campeón de la Copa Mundial de Fútbol en 1930.

- Uruguay es uno de los países con mejor nivel de vida para sus ciudadanos.

Venezuela

INFORMACIÓN GENERAL

Nombre oficial: República Bolivariana de Venezuela

Nacionalidad: venezolano(a)

Área: 912 050 km² (2800 km de costas) (aproximadamente 6 veces el área de Florida)

Población: 32 381 221

Capital: Caracas (f. 1567)

Otras ciudades importantes: Maracaibo, Valencia, Maracay

Moneda: bolívar

Idiomas: español (oficial), araucano, caribe, guajiro

DEMOGRAFÍA

Alfabetismo: 95,4%

Religiones: católicos (96%), protestantes (2%), otros (2%)

VENEZOLANOS CÉLEBRES

Simón Bolívar
libertador (1783–1830)

Rómulo Gallegos
escritor (1884–1969)

Andrés Eloy Blanco
escritor (1897–1955)

Gustavo Dudamel
músico y director de orquesta (1981–)

Carolina Herrera
diseñadora (1939–)

Lupita Ferrer
actriz (1947–)

Hugo Chávez
militar y presidente (1954–2013)

Vadim Petrakov/Shutterstock

El Salto Ángel, la catarata más alta del mundo

Pescadores trabajando en Morrocoy

Isla Margarita, popular destino turístico

CURIOSIDADES

- Hay dos versiones del origen del nombre de este país. Algunos dicen que el nombre de Venezuela ("pequeña Venecia") se debe a los exploradores Américo Vespucio y Alonso de Ojeda, quienes llamaron así a una de las islas costeras en 1499, debido a su aspecto veneciano. Otros dicen que viene de una palabra indígena que significa "agua grande".

- La isla Margarita es un lugar turístico muy popular. Cuando los españoles llegaron hace más de 500 años (*more than 500 hundred years ago*), los indígenas de la isla, los guaiqueríes, pensaron que eran dioses y les dieron regalos y una ceremonia de bienvenida. Gracias a esto, los guaiqueríes fueron los únicos indígenas del Caribe que tuvieron el estatus de "vasallos libres".

- En Venezuela hay tres sitios considerados Patrimonio de la Humanidad por la UNESCO: Coro y su puerto, el Parque Nacional de Canaima, y la Ciudad Universitaria de Caracas.

- En Venezuela habita un roedor (*rodent*) llamado chigüire, que llega a pesar hasta 60 kilos.

Los latinos en los Estados Unidos

INFORMACIÓN GENERAL

Nombre oficial: Estados Unidos de América

Nacionalidad: estadounidense

Área: 9 826 675 km² (aproximadamente el área de China o 3,5 veces el área de Argentina)

Población: 328 277 500 (aproximadamente el 15% son hispanos)

Capital: Washington, D.C. (f. 1791)

Otras ciudades importantes: Nueva York, Los Ángeles, Chicago, Miami

Moneda: dólar (estadounidense)

Idiomas: inglés, español y otros

DEMOGRAFÍA

Alfabetismo: 97% (Sources from the U.S. Department of Education)

Religiones: protestantes (51,3%), católicos (23,9%), mormones (1,7%), judíos (1,7%), budistas (0,7%), musulmanes (0,6%), otros (14%), no religiosos (4%)

LATINOS CÉLEBRES DE ESTADOS UNIDOS

Ellen Ochoa
astronauta (1958–)

César Chávez
activista por los derechos de los trabajadores (1927–1993)

Eva Longoria
actriz (1975–)

Sandra Cisneros
escritora (1954–)

Edward James Olmos
actor (1947–)

Marc Anthony
cantante (1969–)

Christina Aguilera
cantante (1980–)

Sonia Sotomayor
Juez Asociada de la Corte Suprema de Justicia de EE.UU. (1954–)

Soledad O'Brien
periodista y presentadora (1966–)

Julia Álvarez
escritora (1950–)

La Pequeña Habana en Miami, Florida

© Jeff Greenberg/The Image Works

Investiga en internet

La geografía: regiones que pertenecieron a México, lugares con arquitectura de estilo español, Plaza Olvera, Calle 8, La Pequeña Habana

La historia: el Álamo, la Guerra México-Americana, la Guerra Hispanoamericana, Antonio López de Santa Anna

Películas: *A Day without Mexicans, My Family, Stand and Deliver, Tortilla Soup, McFarland USA*

Música: salsa, tejano (Tex-Mex), merengue, hip hop en español, Jennifer López, Selena

Comidas y bebidas: los tacos, las enchiladas, los burritos, los plátanos fritos, los frijoles, el arroz con gandules, la cerveza con limón

Fiestas: el Cinco de Mayo (Día de la Batalla de Puebla) (5 de mayo)

Un mural de Benito Juárez en Chicago, Illinois

© Brandon Seidel/Shutterstock

El Álamo, donde Santa Anna derrotó *(defeated)* a los tejanos en una batalla por la independencia de Texas

CURIOSIDADES

- Los hispanos son la primera minoría de Estados Unidos (más de 52 millones). Este grupo incluye personas que provienen de los veintiún países de habla hispana y a sus descendientes. Muchos hablan español perfectamente y otros no lo hablan para nada. El grupo más grande de latinos es el de mexicanoamericanos, ya que territorios como Texas, Nuevo México, Utah, Nevada, California, Colorado y Oregón eran parte de México.

- Actualmente casi toda la cultura latinoamericana está presente en los Estados Unidos. Las tradiciones dominicanas son notables en la zona de Nueva Inglaterra. Los países sudamericanos, cuya presencia no era tan notable hace algunos años *(a few years ago)*, tienen comunidades destacadas *(prominent)*, como es el caso de la Pequeña Buenos Aires, una fuerte comunidad argentina en South Beach, Miami.

Partner Activities

Capítulo 1

1.5 **Correo electrónico** You and your partner are in charge of your school's **Club Internacional**. You have information for half of the new members on this page and your partner has the other half on page 5. Ask each other questions to complete the tables. You will need the following words: **arroba** (@) and **punto** (dot).

Modelo Estudiante 1: *¿Cuál es el correo electrónico de Pilar?*
Estudiante 2: *pilybonita@uden.es → p-i-l-y-b-o-n-i-t-a, arroba, u-d-e-n, punto, e-s*

Nombre	Correo electrónico
1. Marina	marichiqui@ubbi.ar
2. Gabriel	
3. Alejandro	elmeroale@claro.mex
4. Valeria	

1.22 **La fila** Work with a partner to figure out the names of the people in the stands. One of you will look at this page, and the other will look at the picture on page 19. Take turns giving the name of a person and a description, so your partner will know who it is.

1.37 **Diferencias** Working with a partner, one of you will look at the picture on this page, and the other will look at the picture on page 33. Take turns describing the pictures using the expression **hay,** numbers, and the classroom vocabulary. Find the eight differences.

Modelo Estudiante 1: *Hay una computadora.*
Estudiante 2: *Sí, y hay una silla.*
Estudiante 1: *No, no hay una silla.*

Capítulo 2

2.5 **Una familia** You and your partner each have half of the information about the Navarro family. One of you will look at the drawing on this page, the other one will look at the drawing on page 39. Take turns asking the names of the different people.

Modelo Estudiante 1: *¿Cómo se llama el hermano de Sofía?*
Estudiante 2: *Se llama Miguel.*

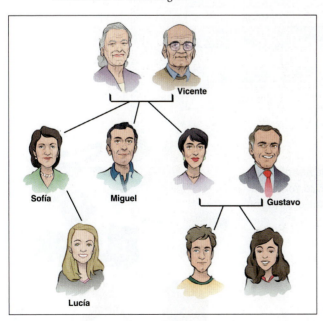

2.23 **En la Universidad** Work with a partner and help each other to complete the crossword by explaining the words without saying them. One of you will look at the puzzle on this page with the vertical words across and your partner will look at the puzzle on page 53 with horizontal words.

> **Modelo** Estudiante 1: Vertical 1: *Es un lugar en la universidad. Compro libros aquí (here).*
> Estudiante 2: *Es la librería.*
> Estudiante 2: Horizontal 5: *Es una clase. Estudio a Sócrates.*
> Estudiante 1: *Es filosofía.*

Crossword puzzle with the following filled letters:
- 1 vertical: q u i m i c a
- 2 vertical: p s i c o l o g í a
- 3 vertical: a r t e
- 4 vertical: a u d i t o r i o
- 5 vertical: a l e m á n
- 6, 8, 7, 9, 10: horizontal words

2.41 **Datos personales** Working with a partner, look at the chart below while your partner looks at the chart on page 67. Take turns asking questions to fill in the missing information.

> **Modelo** ¿Cuántos años tiene Diego?   Diego tiene veinte años.
> ¿Qué parientes hay en la familia de Diego?   Diego tiene dos hermanos.
> ¿Qué clase tiene Diego?   Diego tiene informática.

Nombre	Edad	Familia	Clase
Diego	20	dos hermanos	informática
Alonso		una sobrina	
Magdalena			esquia
Cristina	30	cinco primos	
Pablo	62		
Gabriel	25		cálculo
Rufina		un esposo	alemán

Capítulo 3

3.5 **Los regalos** A friend sent a care package for the rest of your friends but forgot to label who everything was for, so you and a classmate need to clarify. One of you will look at the drawing on this page, and the other at the drawing on page 75.

> **Modelo** Estudiante 1: ¿*Para quién (For whom) son los calcetines rojos?*
> Estudiante 2: *Los calcetines rojos son para Emilia.*

JORGE
MIGUEL
JUAN CARLOS
JULIETA
ALFREDO

3.25 **Horarios** Trabaja con un compañero. Uno de ustedes va a usar el horario en esta página, y el otro va a usar el horario en la página 89. Imaginen que estos son sus horarios y quieren encontrar una hora para estudiar juntos. *(Work with a partner. One of you will use the schedule on this page, and the other will use the schedule on page 89. Imagine that these are your schedules and that you want to find an hour to study together.)*

Modelo Estudiante 1: *¿Qué haces los lunes a las diez de la mañana?*
Estudiante 2: *Tomo una clase de Economía. ¿Qué haces tú los martes a las 3:30 de la tarde?*

	lunes	martes	miércoles	jueves	viernes
9:00–9:50		Arte		Arte	
10:00–10:50	Economía		Economía		Economía
11:00–11:50	Francés	Francés	Francés	Francés	Francés
12:00–12:50		Geografía		Geografía	
13:00–13:50	Cálculo	Cálculo	Cálculo	Cálculo	Cálculo
14:00–15:30		Practicar voleibol		Comer con la familia	
16:00–17:40	Biología	Ir al concierto con Lucas	Biología		Tutor (30 min.)

3.41 **Ocho diferencias** Trabaja con un compañero. Uno debe observar la ilustración aquí y el otro debe observar la ilustración en la página 103. Túrnense para describir su ilustración y buscar las ocho diferencias. *(Work with a partner. One of you should look at the illustration on this page and the other should look at the illustration on page 103. Take turns describing the illustrations to find the eight differences.)*

Capítulo 4

4.5 **Planes para el fin de semana** Trabaja con un compañero para descubrir cuáles son las actividades de Jazmín, Lila y Arturo durante el fin de semana y dónde las hacen. Uno de ustedes va a ver la información en esta página, y el otro va a ver la información en la página 109.

Modelo Estudiante 1: *¿Qué hace Lila el sábado por la mañana?*
Estudiante 2: *Lila corre.*
Estudiante 1: *¿Dónde corre?*
Estudiante 2: *En el gimnasio.*

	Jazmín	Lila	Arturo
sábado por la mañana		correr (el gimnasio)	
sábado por la tarde	caminar (el parque)		tomar fotos (el zoológico)
sábado por la noche	bailar (un club)	comer (un café)	
domingo por la mañana			buscar libros (la librería)

4.23 **Comparemos** Trabaja con un compañero. Uno de ustedes debe observar la casa de Laura en esta página mientras el otro mira la casa de Alberto en la página 123. Túrnense para describir las casas y encontrar las seis diferencias.

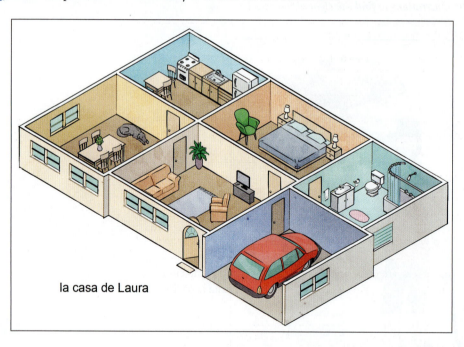

la casa de Laura

4.37 **Seis diferencias** Trabaja con un compañero. Uno mira el dibujo aquí y el otro mira el dibujo en la página 137. Túrnense para describirlos y encontrar las seis diferencias.

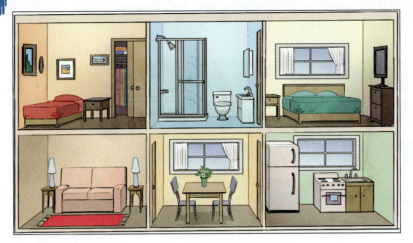

Capítulo 5

5.6 **Los chismes *(gossip)*** Imagina que tu compañero y tú están intercambiando información sobre cómo están todos sus amigos. Pregúntense para completar la información. Uno de ustedes va a ver la tabla en esta página, y el otro va a ver la página 145. **¡OJO!** ¡Presta atención a la concordancia *(agreement)*!

Modelo Estudiante 1: *¿Cómo está Ramira?*
Estudiante 2: *Está contenta.*
Estudiante 1: *¿Por qué?*
Estudiante 2: *Porque va a ir de vacaciones a Venezuela.*

Nombre	¿Cómo está(n)?	¿Por qué?
Ramira	contento	Va a ir de vacaciones a Venezuela.
Emanuel y Arturo		
Gisela		
Alex	avergonzado	Su hijo es agresivo con otros niños de su escuela.
Karina e Iliana	enamorado	Sus novios son perfectos.
Gerardo		
Javier y Manuel	aburrido	No tienen actividades para el fin de semana.

5.23 **Personas famosas** Trabaja con un compañero para completar la información. Uno de ustedes debe ver la tabla en esta página y el otro debe ver la tabla en la página 159. Túrnense para preguntar y responder.

Nombre	Profesión	País de origen
Alicia Alonso		Cuba
Óscar de la Renta	diseñador	
Andrea Serna		
Baruj Benacerraf	médico	Venezuela
Gabriela Mistral		Chile
Luis Federico Leloir	científico	

5.40 **Información, por favor** Trabaja con un compañero para completar la información. Uno debe mirar la tabla en esta página y el otro debe mirar la tabla en la página 173. Túrnense para preguntarse y completar el gráfico con la información necesaria. Necesitan identificar sus profesiones, de dónde son, dónde están ahora y cómo están. Atención al uso de **ser** y **estar.**

Nombre	Profesión	Origen	Localización	Emoción
Carlota	pintora			alegre
Éric	arquitecto	Bogotá		
César			el café	
Paloma		Santiago		nerviosa
Samuel	escritor			ocupado
Camila		Montevideo	el teatro	

Capítulo 6

6.6 **Unos monstruos** Trabaja con un compañero. Uno debe mirar el dibujo aquí y el otro va a mirar el dibujo en la página 179. Túrnense para describir los monstruos y encontrar las cinco diferencias.

6.25 **Actividades de verano** Los organizadores de los eventos de verano para una pequeña ciudad están intercambiando información sobre el equipo que necesitan y las actividades que tienen planeadas. Trabaja con un compañero para completar la información. Uno de ustedes debe ver la información en esta página y el otro debe ver la información en la página 193.

Evento	Lugar del evento	Equipo que tienen	Equipo / recursos que necesitan
Torneo de fútbol	la universidad		
Excursión a la playa		sacos de dormir	tiendas de campaña
Clases de natación		la piscina	
Torneo de ping-pong	el gimnasio de la preparatoria		raquetas
Torneo de voleibol			pelotas

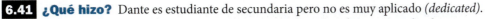

6.41 **¿Qué hizo?** Dante es estudiante de secundaria pero no es muy aplicado *(dedicated)*. Trabaja con un compañero y túrnense para completar la información sobre lo que hizo *(what he did)* esta mañana. Uno de ustedes va a mirar la información en esta página y el otro va a mirar la página 207.

> **Modelo** Estudiante 1: *¿Qué hizo a medianoche?*
> Estudiante 2: *Se acostó.*

12:00	acostarse
7:00	levantarse
7:30	
7:40	
8:00	cepillarse los dientes
8:55	
9:35	dormirse en clase
9:58	despertarse y correr a otra clase
10:10	
10:30	volver a clase
11:00	

Capítulo 7

7.6 **¿Cuánto cuesta?** Trabaja con un compañero. Uno de ustedes va a ver la información en esta página, y el otro debe ver la página 215. Imagínense que están en dos supermercados diferentes en Chile y quieren comparar el precio *(price)* de varias frutas y verduras para decidir en dónde deben comprarlas. Llámense por teléfono para preguntar cuánto cuestan los productos y decidan quién los va a comprar.

> **Modelo** Estudiante 1: *En Cruz del Sur un kilo de pepinos cuesta 850 pesos. ¿Cuánto cuesta en tu supermercado?*
> Estudiante 2: *En el Supermercado Líder cuesta 820 pesos. Yo voy a comprar los pepinos.*

Supermercado Líder

7.24 **Comparemos** Trabaja con un compañero. Uno va a mirar el dibujo en esta página y el otro va a mirar el dibujo en la página 229. Túrnense para describir los dibujos y encontrar las cinco diferencias.

7.41 La fiesta Tu compañero y tú están planeando una cena para unos amigos, pero los invitados tienen algunas restricciones en su dieta. Uno de ustedes debe ver la información en esta página y el otro va a ver la información en la página 243. Compartan la información sobre sus dietas y luego decidan qué van a servir del menú abajo.

> **aperitivo:** queso, totopos con salsa
>
> **primer plato:** ensalada con vinagreta, sopa de fideos (*noodles*)
>
> **segundo plato:** carne asada con papas fritas, fajitas con tortillas de maíz y verduras asadas
>
> **postre:** ensalada de frutas, pastel de chocolate
>
> **bebida:** té helado, limonada

Invitado	Restricción
Angélica	Es vegetariana.
Lucas	
Mateo	No puede consumir cafeína.
Regina	
Javier	Es intolerante a la lactosa.
Gisa	

Capítulo 8

8.6 Compañeros de casa Javier, Marcos y Emanuel decidieron vivir juntos y quieren organizarse para hacer los quehaceres de la casa que les gustan. Trabaja con un compañero para completar la tabla. Uno de ustedes va a ver la información en esta página, y el otro debe ver la información en la página 249. Primero completen el gráfico y después decidan quién va a hacer cada quehacer. Cada persona debe tener dos obligaciones.

Quehacer	Javier	Marcos	Emanuel	¿Quién va a hacerlo?
Lavar los platos	Le gusta.		No le gusta.	
Limpiar los baños		No le gusta.		
Trapear la cocina			No le gusta.	
Pasar la aspiradora	Le gusta.	No le gusta.	No le gusta.	
Cortar el césped	No le gusta.			
Regar las plantas		Le gusta.		

8.25 **Las actividades favoritas** Irma y Mario tienen que cuidar a varios niños todo el sábado. Irma quiere ir de excursión con la mitad de los niños, pero Mario quiere cuidarlos desde su casa porque tiene que trabajar. Trabaja con un compañero para saber qué actividades les gustan a los niños y después decidir cuáles son los tres niños que van a ir con Irma y quiénes se van a quedar con Mario. Un compañero debe ver la información en esta página, y el otro va a ver la tabla en la página 263.

> **Modelo** *¿Cuál es la actividad favorita de Manuela?*
> *¿A quién le gusta volar cometas?*

Niño	Actividad favorita	¿Con quién debe pasar el sábado?
Manuela	volar cometas	
	ir de paseo	
Nadia	nadar	
Alejandro	navegar por Internet	
	dibujar	
	trepar árboles	
Humberto	jugar juegos de mesa	

8.41 **Regalos** Tu compañero necesita comprar regalos para el cumpleaños de los hijos gemelos *(twins)* de un amigo (un niño y una niña). Imagina que tú trabajas en la compañía. Tu compañero llama y pregunta cuánto cuestan los juguetes para decidir qué les va a comprar. Mira la lista de precios y contesta sus preguntas.

> **Modelo** *¿Cuánto cuesta el muñeco azul?*
> *Cuesta $32.*

Capítulo 9

9.5 **Las tradiciones** Hay muchas tradiciones interesantes con las que las personas reciben el año nuevo. Trabaja con un compañero. Uno de ustedes va a ver la ilustración en esta página y el otro va a describir la ilustración en página 285. Describan sus ilustraciones (sin ver la otra) para encontrar las seis diferencias.

9.22 **Contradicciones** Tu compañero y tú son testigos de un accidente, pero hay diferencias entre sus dos versiones. Uno de ustedes va a observar la ilustración en esta página y el otro va a observar la ilustración en la página 299. Encuentren las cinco diferencias.

9.39 **El periodista** Un periodista habla con un testigo sobre el accidente que vio. Trabaja con un compañero. Uno de ustedes es el periodista y hace las preguntas en la página 313, prestando atención al uso del pretérito y del imperfecto. El otro es el testigo y mira los dibujos en esta página para responder las preguntas.

Capítulo 10

10.6 **¿Vamos por tren o por avión?** Imagina que tu compañero y tú están estudiando en Quito, Ecuador y quieren viajar este fin de semana. Deben decidir si van a viajar por avión a Cuenca, o por tren a Latacunga. Uno de ustedes puede ver la información para viajar por tren en esta página y el otro va a ver la información para viajar por avión en la página 319. Intercambien la información y decidan cómo van a viajar y a qué hora. Compartan toda la información antes de decidir.

TREN ECUADOR.COM

Ruta "Avenida de los volcanes", Quito–Machachi–El Boliche–Latacunga–Quito

Salida	Llegada	Regreso*	Precio por pasajero
4:20 AM	12:00 PM	3:30 PM	$38,00
8:00 AM	1:00 PM	3:30 PM	$40,00
10:00 AM	2:45 PM	5:45 PM	$44,95

*Regreso el mismo día

10.24 **¿Qué hotel elegir?** Imagina que tu compañero y tú están planeando unas vacaciones en Costa Rica y hablan por teléfono para decidir qué hotel elegir *(choose)*. Hay solamente dos hoteles que tienen habitaciones disponibles. Uno de ustedes va a mirar la información en esta página y el otro debe mirar la página 333. Pregúntense sobre los servicios y decidan al final en qué hotel van a quedarse.

Hotel Bellavista Monteverde

Descripción: 40 habitaciones, localizado en el centro de Monteverde, cerca de bancos y restaurantes

Servicios: baño privado, televisor, Internet inalámbrico, cafetería abierta de 6:00 AM a 10:00 PM.

Precio: 115.000 colones (habitación doble / triple)

10.42 **En la agencia de viajes** Trabaja con un compañero. Uno de ustedes es el agente de viajes y mira la información en la página 347. El otro es el cliente y mira la información en esta página. El cliente llama al agente de viajes para comprar un boleto. El agente de viajes debe intentar encontrar el mejor boleto para el cliente y conseguir su información (nombre, teléfono, etcétera) y su tarjeta de crédito.

El cliente
Necesitas viajar a Santiago, Chile para una reunión el viernes por la mañana.

- Quieres viajar el jueves.
- Prefieres viajar por la tarde.
- No quieres tener escalas.
- Te gusta sentarte al lado de la ventanilla.
- No quieres pagar más de $750.

Capítulo 11

11.5 **Diferencias** Trabaja con un compañero para encontrar las ocho diferencias. Uno de ustedes va a mirar la ilustración en esta página y el otro va a mirar el dibujo en la página 355. Túrnense para describir la escena y encontrar las diferencias.

11.23 **Una exhibición de arte** Un museo local quiere montar una exhibición con obras de diferentes artistas hispanos, pero solo tiene el presupuesto *(budget)* para tres artistas diferentes. Uno de ustedes va a ver la información en esta página y el otro va a ver la página 369. Compartan la información sobre los artistas y después decidan qué artistas presentar. Estén preparados para explicar por qué.

Artista	Medio	País	Año	Nombre del cuadro y estilo
1. Oswaldo Guayasamín		Ecuador		*El Presidente,* cubista
2. Mario Carreño			1981	*Mascarón de Proa,* surrealista
3. Joan Miró	pintura, escultura			
4. Marisol Escobar	escultura		2006	*El Padre Damian,* ecléctico
5. Diego Rivera		México	1928	
6. Roberto Matta	pintura	Chile		

11.39 **Un pedido** Trabaja con un compañero. Uno de ustedes es el vendedor y el otro es el cliente. El cliente necesita ropa para un viaje a la playa y debe ver la información del catálogo en la página 383 y llamar para hacer un pedido. Debes comprar tres prendas. El vendedor necesita ver esta página para contestar las preguntas del cliente y conseguir su información (nombre, teléfono, etcétera) y su tarjeta de crédito.

Modelo Estudiante 1: *Buenas tardes.*

Estudiante 2: *Buenas tardes. Necesito una camiseta de algodón azul en talla extra grande.*

Estudiante 1: *Lo siento. No la tenemos en talla extra grande.*

Estudiante 2: *¿Qué colores tienen en talla extra grande?*

INFORMACIÓN DEL INVENTARIO:

C1050 Camiseta de algodón
Colores: azul (P, M, G), amarillo (P, M, G, XG), negro (agotado *sold out*), beige (M, G, XG)
Precio: 25 € (Rebajado a 20 €)

C4325 Camisa con estampado hawaiano
Colores: azul (agotado), verde (M, G, XG), rojo (P, XG)
Precio: 35 €

B2219 Blusa de lunares
Colores: blanco/negro (P, G, XG); negro/rosado (P, M, XG), rojo/blanco (P, M, G, XG)
Precio: 42 €

P6750 Pantalones cortos a rayas
Colores: blanco/azul (P, M, G), blanco/verde (P, M, G, XG), gris/negro (agotado), café/beige (M, G)
Precio: 55 €

P7382 Pantalones cortos a cuadros
Colores: azul/verde (P, M, G, XG), negro/rojo (P, G, XG), rosado/gris (P, M)
Precio: 48 €

F9124 Falda con estampado de flores
Colores: blanco/rosado (P, G, XG), azul marino/rojo (P, M, XG), anaranjado/amarillo (P, M, G, XG)
Tallas: P, M, G, XG
Precio: 57 €

S5320 Sandalias de cuero
Colores: café (35, 37, 39, 41, 43), negro (36, 38, 40, 42)
Precio: 70 €

Capítulo 12

12.5 **Las descripciones** Trabaja con un compañero.

Uno de ustedes (Estudiante 1) va a describirle el dibujo en la página 389 a su compañero (Estudiante 2), quien debe dibujar lo que escucha sin ver la ilustración. Al terminar comparen el original y el nuevo dibujo. Después el Estudiante 2 debe describir el dibujo en esta página, y el Estudiante 1 va a dibujarlo.

12.25 **Donaciones** Imagina que un compañero y tú trabajan para el *World Wildlife Fund*. Uno de ustedes va a trabajar con la tabla en esta página, y el otro va a completar la tabla en la página 403. Compartan la información para saber qué animales han recibido más donaciones y después decidan para qué animal deben hacer la siguiente campaña (para el animal que tiene menos donaciones).

ESPECIE	DONACIONES	PAÍS / REGIÓN
1. Pingüino imperial		
2. El orangután		Indonesia
3. El jaguar		Latinoamérica
4. El oso frontino	$129.467,00	
5. El cóndor andino	$871.034,00	
6. El oso polar	$1.209.654,00	El ártico

12.41 **La granja** Mira uno de los dibujos y tu compañero va a mirar el otro en la página 417. Túrnense para describir las granjas y encontrar las cinco diferencias.

Capítulo 13

13.6 **Una relación** La siguiente es una historia ilustrada de cómo evolucionó la relación entre Mercedes y Juan Sebastián. Trabaja con un compañero y túrnense para describir sus dibujos (numerados del 1 al 8) y completar la historia. Uno de ustedes va a describir las imágenes en esta página, y el otro las de la página 425.

13.24 **En familia** Trabaja con un compañero para descubrir las diferencias. Uno de ustedes debe ver este dibujo y el otro debe ver el dibujo en la página 439. Túrnense para describirlos y encontrar las cinco diferencias.

13.41 **¿Cuál es la pregunta?** Trabaja con un compañero. Uno de ustedes debe ver las preguntas en esta página, y el otro debe verlas en la página 453. Esta actividad es una competencia y para obtener puntos debes adivinar *(guess)* la pregunta <u>exacta</u> que tiene tu compañero. Para ayudarte, tu compañero te va a decir la respuesta a la pregunta. Tienes tres oportunidades para adivinar cada pregunta.

Modelo ¿Qué es extrañar?

    Estudiante 1: *Es cuando no estás con una persona y estás triste. Piensas mucho en la persona.*

    Estudiante 2: *¿Qué es extrañar?*

Puntos	Preguntas
10	¿Qué es el noviazgo?
20	¿Qué hay en una recepción?
30	¿Qué es la unión libre?
40	¿Qué hacemos en la vejez?
50	¿Quién es la prometida?
100	¿Qué es comprometerse?

Capítulo 14

 14.5 **Diferencias** Trabaja con un compañero.
Uno debe ver el dibujo en esta página y el otro
debe ver el dibujo en la página 459. Túrnense
para describir sus dibujos y encontrar las
cinco diferencias.

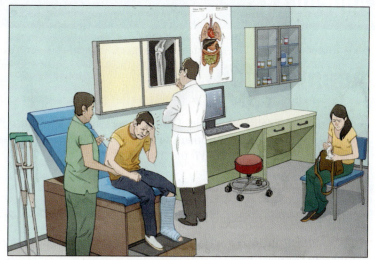

14.23 **El Mundial** Un amigo y tú quieren sorprender a todos sus amigos con fiestas para
ver los juegos del Mundial de Fútbol. Tu compañero debe mirar la información en la
página 473. Túrnense para completar las nacionalidades de sus amigos y el horario
de los partidos. Al final indiquen cuáles son los cinco partidos que van a ver y
cuándo los verán.

Preguntas posibles: *¿Cuál es la nacionalidad de Juan José?*

¿Cuándo es el juego número uno? / ¿Quiénes juegan el juego número uno?

Amigos:

NOMBRE	Mundo	Jazmín	Marco	Pío	Marcelo	Yolanda
PAÍS		Colombia			Ecuador	Paraguay

Horario de juegos:

Juego 1		10 de junio	Juego 5	España vs. EEUU	
Juego 2	Colombia vs. México		Juego 6		19 de junio
Juego 3	Argentina vs. Chile		Juego 7	Bélgica vs. Paraguay	
Juego 4		16 de junio	Juego 8		24 de junio

14.39 **Un diagnóstico** Imagínate que eres médico y que vas a consultar con otro médico
sobre algunos pacientes. Trabaja con un compañero para completar la información.
Uno va a mirar la información en esta página y el otro va a mirar la información en
la página 487.

Modelo Olivia Aragón estornudos, ojos irritados
Estudiante 1: *Olivia Aragón estornuda mucho y tiene ojos irritados.*
Estudiante 2: *Debe tomar pastillas para las alergias y no salir al jardín en la primavera.*

Nombre	Síntomas	Remedio
Bruno Medina		tomar pastillas, reducir el sodio
Lourdes Montes	falta de energía, insomnio	
Saúl Reyes		tomar jarabe para el resfriado
Aranza Rivera	náusea, mareos	
Ileana Castro		tomar antibióticos, quedarse en cama
Esteban Peña	dolor de cabeza, mareos	

Acentuación

In Spanish, as in English, all words of two or more syllables have one syllable that is stressed more forcibly than the others. In Spanish, written accents are frequently used to show which syllable in a word is the stressed one.

Words without written accents

Words without written accents are pronounced according to the following rules:

A. Words that end in a vowel (**a, e, i, o, u**) or the consonants **n** or **s** are stressed on the next to last syllable.

tardes	ca**pi**tales	**gran**de	es**tu**dia	**no**ches	**co**men

B. Words that end in a consonant other than **n** or **s** are stressed on the last syllable.

bus**car**	ac**triz**	espa**ñol**	liber**tad**	ani**mal**	come**dor**

Words with written accents

C. Words that do not follow the two preceding rules require a written accent to indicate where the stress is placed.

ca**fé**	sim**pá**tico	fran**cés**	na**ción**	Jo**sé Pé**rez

Words with a strong vowel (a, o, u) next to a weak vowel (e, i)

D. Diphthongs, the combination of a weak vowel (**i, u**) and a strong vowel (**e, o, a**), or two weak vowels, next to each other, form a single syllable. A written accent is required to separate diphthongs into two syllables. Note that the written accent is placed on the weak vowel.

seis	estu**dia**	inter**ior**	**ai**re	**au**to	**ciu**dad
re**ír**	**dí**a	**rí**o	ma**íz**	ba**úl**	veinti**ún**

Monosyllable words

E. Words with only one syllable never have a written accent unless there is a need to differentiate a word from another word spelled exactly the same. The following are some of the most common words in this category.

Unaccented	Accented	Unaccented	Accented
como (*like, as*)	cómo (*how*)	que (*that*)	qué (*what*)
de (*of*)	dé (*give*)	si (*if*)	sí (*yes*)
el (*the*)	él (*he*)	te (*you D.O., to you*)	té (*tea*)
mas (*but*)	más (*more*)	tu (*your*)	tú (*you informal*)
mi (*my*)	mí (*me*)		

F. Keep in mind that in Spanish, the written accents are an extremely important part of spelling since they not only change the pronunciation of a word, but may change its meaning and/or its tense.

publico (*I publish*)	**público** (*public*)	**publicó** (*he/she/you published*)

Los verbos regulares

Simple tenses

	Present Indicative	Imperfect	Preterite	Future	Conditional	Present Subjunctive	Past Subjunctive	Commands
hablar (to speak)	hablo	hablaba	hablé	hablaré	hablaría	hable	hablara	
	hablas	hablabas	hablaste	hablarás	hablarías	hables	hablaras	habla (no hables)
	habla	hablaba	habló	hablará	hablaría	hable	hablara	hable
	hablamos	hablábamos	hablamos	hablaremos	hablaríamos	hablemos	habláramos	hablemos
	habláis	hablabais	hablasteis	hablaréis	hablaríais	habléis	hablarais	hablad (no habléis)
	hablan	hablaban	hablaron	hablarán	hablarían	hablen	hablaran	hablen
aprender (to learn)	aprendo	aprendía	aprendí	aprenderé	aprendería	aprenda	aprendiera	
	aprendes	aprendías	aprendiste	aprenderás	aprenderías	aprendas	aprendieras	aprende (no aprendas)
	aprende	aprendía	aprendió	aprenderá	aprendería	aprenda	aprendiera	aprenda
	aprendemos	aprendíamos	aprendimos	aprenderemos	aprenderíamos	aprendamos	aprendiéramos	aprendamos
	aprendéis	aprendíais	aprendisteis	aprenderéis	aprenderíais	aprendáis	aprendierais	aprended (no aprendáis)
	aprenden	aprendían	aprendieron	aprenderán	aprenderían	aprendan	aprendieran	aprendan
vivir (to live)	vivo	vivía	viví	viviré	viviría	viva	viviera	
	vives	vivías	viviste	vivirás	vivirías	vivas	vivieras	vive (no vivas)
	vive	vivía	vivió	vivirá	viviría	viva	viviera	viva
	vivimos	vivíamos	vivimos	viviremos	viviríamos	vivamos	viviéramos	vivamos
	vivís	vivíais	vivisteis	viviréis	viviríais	viváis	vivierais	vivid (no viváis)
	viven	vivían	vivieron	vivirán	vivirían	vivan	vivieran	vivan

Compound tenses

Present progressive	estoy / estás / está / estamos / estáis / están	hablando	aprendiendo	viviendo
Present perfect indicative	he / has / ha / hemos / habéis / han	hablado	aprendido	vivido
Past perfect indicative	había / habías / había / habíamos / habíais / habían	hablado	aprendido	vivido

Los verbos con cambios en la raíz

Infinitive / Present Participle / Past Participle	Present Indicative	Imperfect	Preterite	Future	Conditional	Present Subjunctive	Past Subjunctive	Commands
pensar *to think* e → ie pensando pensado	pienso piensas piensa pensamos pensáis piensan	pensaba pensabas pensaba pensábamos pensabais pensaban	pensé pensaste pensó pensamos pensasteis pensaron	pensaré pensarás pensará pensaremos pensaréis pensarán	pensaría pensarías pensaría pensaríamos pensaríais pensarían	piense pienses piense pensemos penséis piensen	pensara pensaras pensara pensáramos pensarais pensaran	piensa (no pienses) piense pensemos pensad (no penséis) piensen
acostarse *to go to bed* o → ue acostándose acostado	me acuesto te acuestas se acuesta nos acostamos os acostáis se acuestan	me acostaba te acostabas se acostaba nos acostábamos os acostabais se acostaban	me acosté te acostaste se acostó nos acostamos os acostasteis se acostaron	me acostaré te acostarás se acostará nos acostaremos os acostaréis se acostarán	me acostaría te acostarías se acostaría nos acostaríamos os acostaríais se acostarían	me acueste te acuestes se acueste nos acostemos os acostéis se acuesten	me acostara te acostaras se acostara nos acostáramos os acostarais se acostaran	acuéstate (no te acuestes) acuéstese acostémonos acostaos (no os acostéis) acuéstense
sentir *to feel* e → ie, i sintiendo sentido	siento sientes siente sentimos sentís sienten	sentía sentías sentía sentíamos sentíais sentían	sentí sentiste sintió sentimos sentisteis sintieron	sentiré sentirás sentirá sentiremos sentiréis sentirán	sentiría sentirías sentiría sentiríamos sentiríais sentirían	sienta sientas sienta sintamos sintáis sientan	sintiera sintieras sintiera sintiéramos sintierais sintieran	siente (no sientas) sienta sintamos (no sintáis) sentid sientan
pedir *to ask for* e → i, i pidiendo pedido	pido pides pide pedimos pedís piden	pedía pedías pedía pedíamos pedíais pedían	pedí pediste pidió pedimos pedisteis pidieron	pediré pedirás pedirá pediremos pediréis pedirán	pediría pedirías pediría pediríamos pediríais pedirían	pida pidas pida pidamos pidáis pidan	pidiera pidieras pidiera pidiéramos pidierais pidieran	pide (no pidas) pida pidamos pedid (no pidáis) pidan
dormir *to sleep* o → ue, u durmiendo dormido	duermo duermes duerme dormimos dormís duermen	dormía dormías dormía dormíamos dormíais dormían	dormí dormiste durmió dormimos dormisteis durmieron	dormiré dormirás dormirá dormiremos dormiréis dormirán	dormiría dormirías dormiría dormiríamos dormiríais dormirían	duerma duermas duerma durmamos durmáis duerman	durmiera durmieras durmiera durmiéramos durmierais durmieran	duerme (no duermas) duerma durmamos dormid (no durmáis) duerman

Los verbos con cambios de ortografía

Infinitive / Present Participle / Past Participle	Present Indicative	Imperfect	Preterite	Future	Conditional	Present Subjunctive	Past Subjunctive	Commands
comenzar (e → ie) to begin; z → c before e; comenzando; comenzado	comienzo comienzas comienza comenzamos comenzáis comienzan	comenzaba comenzabas comenzaba comenzábamos comenzabais comenzaban	**comencé** comenzaste comenzó comenzamos comenzasteis comenzaron	comenzaré comenzarás comenzará comenzaremos comenzaréis comenzarán	comenzaría comenzarías comenzaría comenzaríamos comenzaríais comenzarían	**comience** **comiences** **comience** **comencemos** **comencéis** **comiencen**	comenzara comenzaras comenzara comenzáramos comenzarais comenzaran	comienza (**no comiences**) **comience** **comencemos** comenzad (**no comencéis**) **comiencen**
conocer to know; c → zc before a, o; conociendo; conocido	**conozco** conoces conoce conocemos conocéis conocen	conocía conocías conocía conocíamos conocíais conocían	conocí conociste conoció conocimos conocisteis conocieron	conoceré conocerás conocerá conoceremos conoceréis conocerán	conocería conocerías conocería conoceríamos conoceríais conocerían	**conozca** **conozcas** **conozca** **conozcamos** **conozcáis** **conozcan**	conociera conocieras conociera conociéramos conocierais conocieran	conoce (**no conozcas**) **conozca** **conozcamos** conoced (**no conozcáis**) **conozcan**
pagar to pay; g → gu before e; pagando; pagado	pago pagas paga pagamos pagáis pagan	pagaba pagabas pagaba pagábamos pagabais pagaban	**pagué** pagaste pagó pagamos pagasteis pagaron	pagaré pagarás pagará pagaremos pagaréis pagarán	pagaría pagarías pagaría pagaríamos pagaríais pagarían	**pague** **pagues** **pague** **paguemos** **paguéis** **paguen**	pagara pagaras pagara pagáramos pagarais pagaran	paga (**no pagues**) **pague** **paguemos** pagad (**no paguéis**) **paguen**
seguir (e → i, i) to follow; gu → g before a, o; siguiendo; seguido	**sigo** **sigues** **sigue** seguimos seguís **siguen**	seguía seguías seguía seguíamos seguíais seguían	seguí seguiste **siguió** seguimos seguisteis **siguieron**	seguiré seguirás seguirá seguiremos seguiréis seguirán	seguiría seguirías seguiría seguiríamos seguiríais seguirían	**siga** **sigas** **siga** **sigamos** **sigáis** **sigan**	**siguiera** **siguieras** **siguiera** **siguiéramos** **siguierais** **siguieran**	sigue (**no sigas**) **siga** **sigamos** seguid (**no sigáis**) **sigan**
tocar to play, to touch; c → qu before e; tocando; tocado	toco tocas toca tocamos tocáis tocan	tocaba tocabas tocaba tocábamos tocabais tocaban	**toqué** tocaste tocó tocamos tocasteis tocaron	tocaré tocarás tocará tocaremos tocaréis tocarán	tocaría tocarías tocaría tocaríamos tocaríais tocarían	**toque** **toques** **toque** **toquemos** **toquéis** **toquen**	tocara tocaras tocara tocáramos tocarais tocaran	toca (**no toques**) **toque** **toquemos** tocad (**no toquéis**) **toquen**

Los verbos irregulares

Infinitive / Present Participle / Past Participle	Present Indicative	Imperfect	Preterite	Future	Conditional	Present Subjunctive	Past Subjunctive	Commands
andar *to walk* andando andado	ando andas anda andamos andáis andan	andaba andabas andaba andábamos andabais andaban	**anduve anduviste anduvo anduvimos anduvisteis anduvieron**	andaré andarás andará andaremos andaréis andarán	andaría andarías andaría andaríamos andaríais andarían	ande andes ande andemos andéis anden	anduviera anduvieras anduviera anduviéramos anduvierais anduvieran	anda (no andes) ande andemos andad (no andéis) anden
*dar *to give* dando dado	**doy** das da damos dais dan	daba dabas daba dábamos dabais daban	**di diste dio dimos disteis dieron**	daré darás dará daremos daréis darán	daría darías daría daríamos daríais darían	**dé** des **dé** demos deis den	diera dieras diera diéramos dierais dieran	da (no des) **dé** demos dad (no deis) den
*decir *to say, tell* **diciendo dicho**	**digo dices dice** decimos decís **dicen**	decía decías decía decíamos decíais decían	**dije dijiste dijo dijimos dijisteis dijeron**	**diré dirás dirá diremos diréis dirán**	**diría dirías diría diríamos diríais dirían**	**diga digas diga digamos digáis digan**	dijera dijeras dijera dijéramos dijerais dijeran	**di (no digas) diga digamos** decid (no digáis) **digan**
*estar *to be* estando estado	**estoy estás está** estamos estáis **están**	estaba estabas estaba estábamos estabais estaban	**estuve estuviste estuvo estuvimos estuvisteis estuvieron**	estaré estarás estará estaremos estaréis estarán	estaría estarías estaría estaríamos estaríais estarían	**esté estés esté estemos estéis estén**	estuviera estuvieras estuviera estuviéramos estuvierais estuvieran	**está (no estés) esté estemos** estad (no estéis) **estén**
haber *to have* habiendo habido	**he has ha [hay] hemos habéis han**	había habías había habíamos habíais habían	**hube hubiste hubo hubimos hubisteis hubieron**	**habré habrás habrá habremos habréis habrán**	**habría habrías habría habríamos habríais habrían**	**haya hayas haya hayamos hayáis hayan**	**hubiera hubieras hubiera hubiéramos hubierais hubieran**	**he (no hayas) haya hayamos** habed (no hayáis) **hayan**
*hacer *to make, to do* haciendo **hecho**	**hago** haces hace hacemos hacéis hacen	hacía hacías hacía hacíamos hacíais hacían	**hice hiciste hizo hicimos hicisteis hicieron**	**haré harás hará haremos haréis harán**	**haría harías haría haríamos haríais harían**	**haga hagas haga hagamos hagáis hagan**	hiciera hicieras hiciera hiciéramos hicierais hicieran	**haz (no hagas) haga hagamos** haced (no hagáis) **hagan**

*Verbs with irregular *yo* forms in the present indicative

(continued)

Infinitive / Present Participle / Past Participle	Present Indicative	Imperfect	Preterite	Future	Conditional	Present Subjunctive	Past Subjunctive	Commands
ir *to go* / yendo / ido	voy vas va vamos vais van	iba ibas iba íbamos ibais iban	fui fuiste fue fuimos fuisteis fueron	iré irás irá iremos iréis irán	iría irías iría iríamos iríais irían	vaya vayas vaya vayamos vayáis vayan	fuera fueras fuera fuéramos fuerais fueran	ve (no vayas) vaya vamos (no vayamos) id (no vayáis) vayan
*oír *to hear* / oyendo / oído	oigo oyes oye oímos oís oyen	oía oías oía oíamos oíais oían	oí oíste oyó oímos oísteis oyeron	oiré oirás oirá oiremos oiréis oirán	oiría oirías oiría oiríamos oiríais oirían	oiga oigas oiga oigamos oigáis oigan	oyera oyeras oyera oyéramos oyerais oyeran	oye (no oigas) oiga oigamos oíd (no oigáis) oigan
poder (o → ue) *can, to be able* / pudiendo / podido	puedo puedes puede podemos podéis pueden	podía podías podía podíamos podíais podían	pude pudiste pudo pudimos pudisteis pudieron	podré podrás podrá podremos podréis podrán	podría podrías podría podríamos podríais podrían	pueda puedas pueda podamos podáis puedan	pudiera pudieras pudiera pudiéramos pudierais pudieran	puede (no puedas) pueda podamos poded (no podáis) puedan
*poner *to place, to put* / poniendo / puesto	pongo pones pone ponemos ponéis ponen	ponía ponías ponía poníamos poníais ponían	puse pusiste puso pusimos pusisteis pusieron	pondré pondrás pondrá pondremos pondréis pondrán	pondría pondrías pondría pondríamos pondríais pondrían	ponga pongas ponga pongamos pongáis pongan	pusiera pusieras pusiera pusiéramos pusierais pusieran	pon (no pongas) ponga pongamos poned (no pongáis) pongan
querer (e → ie) *to like* / queriendo / querido	quiero quieres quiere queremos queréis quieren	quería querías quería queríamos queríais querían	quise quisiste quiso quisimos quisisteis quisieron	querré querrás querrá querremos querréis querrán	querría querrías querría querríamos querríais querrían	quiera quieras quiera queramos queráis quieran	quisiera quisieras quisiera quisiéramos quisierais quisieran	quiere (no quieras) quiera queramos quered (no queráis) quieran
*saber *to know* / sabiendo / sabido	sé sabes sabe sabemos sabéis saben	sabía sabías sabía sabíamos sabíais sabían	supe supiste supo supimos supisteis supieron	sabré sabrás sabrá sabremos sabréis sabrán	sabría sabrías sabría sabríamos sabríais sabrían	sepa sepas sepa sepamos sepáis sepan	supiera supieras supiera supiéramos supierais supieran	sabe (no sep… sepa sepamos sabed (no s… sepan

*Verbs with irregular *yo* forms in the present indicative

(continued)

Infinitive Present Participle Past Participle	Present Indicative	Imperfect	Preterite	Future	Conditional	Present Subjunctive	Past Subjunctive	Commands
*salir	salgo	salía	salí	saldré	saldría	salga	saliera	sal (no salgas)
to go out	sales	salías	saliste	saldrás	saldrías	salgas	salieras	salga
saliendo	sale	salía	salió	saldrá	saldría	salga	saliera	salgamos
salido	salimos	salíamos	salimos	saldremos	saldríamos	salgamos	saliéramos	salid (no salgáis)
	salís	salíais	salisteis	saldréis	saldríais	salgáis	salierais	salgan
	salen	salían	salieron	saldrán	saldrían	salgan	salieran	
ser	soy	era	fui	seré	sería	sea	fuera	sé (no seas)
to be	eres	eras	fuiste	serás	serías	seas	fueras	sea
siendo	es	era	fue	será	sería	sea	fuera	seamos
sido	somos	éramos	fuimos	seremos	seríamos	seamos	fuéramos	sed (no seáis)
	sois	erais	fuisteis	seréis	seríais	seáis	fuerais	sean
	son	eran	fueron	serán	serían	sean	fueran	
*tener	tengo	tenía	tuve	tendré	tendría	tenga	tuviera	ten (no tengas)
(e → ie)	tienes	tenías	tuviste	tendrás	tendrías	tengas	tuvieras	tenga
to have	tiene	tenía	tuvo	tendrá	tendría	tenga	tuviera	tengamos
teniendo	tenemos	teníamos	tuvimos	tendremos	tendríamos	tengamos	tuviéramos	tened (no tengáis)
tenido	tenéis	teníais	tuvisteis	tendréis	tendríais	tengáis	tuvierais	tengan
	tienen	tenían	tuvieron	tendrán	tendrían	tengan	tuvieran	
*traer	traigo	traía	traje	traeré	traería	traiga	trajera	trae (no traigas)
to bring	traes	traías	trajiste	traerás	traerías	traigas	trajeras	traiga
trayendo	trae	traía	trajo	traerá	traería	traiga	trajera	traigamos
traído	traemos	traíamos	trajimos	traeremos	traeríamos	traigamos	trajéramos	traed (no traigáis)
	traéis	traíais	trajisteis	traeréis	traeríais	traigáis	trajerais	traigan
	traen	traían	trajeron	traerán	traerían	traigan	trajeran	
*venir	vengo	venía	vine	vendré	vendría	venga	viniera	ven (no vengas)
(e → ie, i)	vienes	venías	viniste	vendrás	vendrías	vengas	vinieras	venga
to come	viene	venía	vino	vendrá	vendría	venga	viniera	vengamos
viniendo	venimos	veníamos	vinimos	vendremos	vendríamos	vengamos	viniéramos	venid (no vengáis)
venido	venís	veníais	vinisteis	vendréis	vendríais	vengáis	vinierais	vengan
	vienen	venían	vinieron	vendrán	vendrían	vengan	vinieran	
ver	veo	veía	vi	veré	vería	vea	viera	ve (no veas)
to see	ves	veías	viste	verás	verías	veas	vieras	vea
viendo	ve	veía	vio	verá	vería	vea	viera	veamos
visto	vemos	veíamos	vimos	veremos	veríamos	veamos	viéramos	ved (no veáis)
	veis	veíais	visteis	veréis	veríais	veáis	vierais	vean
	ven	veían	vieron	verán	verían	vean	vieran	

*Verbs with irregular *yo* forms in the present indicative

Grammar reference

1. Past progressive tense

In **Capítulo 5,** you learned that the present progressive tense is formed with the present indicative of **estar** and a present participle. The past progressive tense is formed with the imperfect of **estar** and a present participle.

The past progressive tense is used to express or describe an action that was in progress at a particular moment in the past.

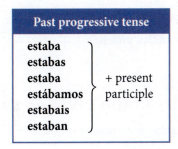

Past progressive tense	
estaba	
estabas	
estaba	+ present
estábamos	participle
estabais	
estaban	

Estábamos comiendo cuando llamaste. *We were eating when you called.*
¿Quién **estaba hablando** por teléfono? *Who was talking on the phone?*

Another past progressive tense can also be formed with the preterite of **estar** and the present participle. However, its use is of much lower frequency in Spanish.

2. Present subjunctive of stem-changing verbs

A. Stem-changing **-ar** and **-er** verbs follow the same stem changes in the present subjunctive as in the present indicative. Note that the stems of the **nosotros** and **vosotros** forms do not change.

contar (ue)	
cuente	contemos
cuentes	contéis
cuente	**cue**nten

perder (ie)	
pierda	perdamos
pierdas	perdáis
pierda	**pie**rdan

B. Stem-changing **-ir** verbs follow the same pattern in the present subjunctive, except for the **nosotros** and **vosotros** forms. These change **e → i** or **o → u.**

morir (ue)	
muera	m**u**ramos
mueras	m**u**ráis
muera	**mue**ran

preferir (ie)	
prefiera	pref**i**ramos
prefieras	pref**i**ráis
prefiera	**prefie**ran

pedir (i)	
pida	p**i**damos
pidas	p**i**dáis
pida	**pi**dan

3. Present subjunctive of verbs with spelling changes

As in the preterite, verbs that end in **-car, -gar,** and **-zar** undergo a spelling change in the present subjunctive in order to maintain the consonant sound of the infinitive.

A. -car: **c** changes to **qu** in front of **e**

    buscar: bus**que,** bus**ques,** bus**que...**

B. -zar: **z** changes to **c** in front of **e**

    almorzar: almuer**ce,** almuer**ces,** almuer**ce...**

C. -gar: **g** changes to **gu** in front of **e**

    jugar: jue**gue,** jue**gues,** jue**gue...**

D. -ger: **g** changes to **j** in front of **a**

    proteger: prote**ja,** prote**jas,** prote**ja...**

4. Irregular verbs in the present subjunctive

The following verbs are irregular in the present subjunctive:

dar	dé, des, dé, demos, deis, den
haber	haya, hayas, haya, hayamos, hayáis, hayan
ir	vaya, vayas, vaya, vayamos, vayáis, vayan
saber	sepa, sepas, sepa, sepamos, sepáis, sepan
ser	sea, seas, sea, seamos, seáis, sean

Grammar Guide

For more detailed explanations of these grammar points, consult the Index at the end of the book to find the places where these concepts are presented.

ACTIVE VOICE (La voz activa) A sentence written in the active voice identifies a subject that performs the action of the verb.

Juan	cantó	la canción.
Juan	*sang*	*the song.*
subject	verb	direct object

In the sentence above, Juan is the performer of the verb **cantar**.

(*See also* **Passive Voice.**)

ADJECTIVES (Los adjetivos) are words that modify or describe **nouns** or **pronouns** and agree in **number** and often in **gender** with the nouns they modify.

Las casas **azules** son **bonitas.**
*The **blue** houses are **pretty.***

Esas mujeres **mexicanas** son mis **nuevas** amigas.
*Those **Mexican** women are my **new** friends.*

- **Demonstrative adjectives (Los adjetivos demostrativos)** point out persons, places, or things relative to the position of the speaker. They always agree in **number** and **gender** with the **noun** they modify. The forms are: **este, esta, estos, estas / ese, esa, esos, esas / aquel, aquella, aquellos, aquellas.** There are also neuter forms that refer to generic ideas or things, and hence have no gender: **esto, eso, aquello.**

Este libro es fácil.	***This** book is easy.*
Esos libros son difíciles.	***Those** books are hard.*
Aquellos libros son pesados.	***Those** books (**over there**) are boring.*
Eso es impotante.	***That** is important.*

Demonstratives may also function as **pronouns**, replacing the **noun** but still agreeing with it in **number** and **gender**:

Me gustan esas blusas verdes.	*I like those green blouses.*
¿Cuáles, **estas**?	*Which ones, **these**?*
No. Me gustan **esas**.	*No. I like **those**.*

- **Stressed possessive adjectives (Los adjetivos posesivos tónicos)** are used for emphasis and follow the noun that they modifiy. These adjectives may also function as pronouns and always agree in **number** and in **gender**. The forms are: **mío, tuyo, suyo, nuestro, vuestro, suyo.** Unless they are directly preceded by the verb **ser**, stressed possessives must be preceded by the **definite article.**

Ese perro pequeño es **mío**.	*That little dog is **mine**.*
Dame el **tuyo**; el **nuestro** no funciona.	*Give me **yours**; **ours** doesn't work.*

- **Possessive adjectives (Los adjetivos posesivos)** demonstrate ownership and always precede the **noun** that they modify.

La señora Elman es **mi** profesora.	*Mrs. Elman is **my** professor.*
Debemos llevar **nuestros** libros a clase.	*We should take **our** books to class.*

ADVERBS (Los adverbios) are words that modify **verbs, adjectives,** or other adverbs and, unlike **adjectives,** do not have **gender** or **number.** Here are examples of different classes of adverbs:

Practicamos **diariamente.**	*We practice **daily.** (adverb of frequency)*
Ellos van a salir **pronto.**	*They will leave **soon.** (adverb of time)*
Jennifer está **afuera.**	*Jennifer is **outside.** (adverb of place)*
No quiero ir **tampoco.**	*I don't want to go **either.** (adverb of negation)*
Paco habla **demasiado.**	*Paco talks **too much.** (adverb of quantity)*
Esta clase es **extremadamente** difícil.	*This class is **extremely** difficult. (modifies adjective)*
Ella habla **muy** poco.	*She speaks **very** little. (modifies adverb)*

AGREEMENT (La concordancia) refers to the correspondence between parts of speech in terms of **number, gender,** and **person.** Subjects agree with their verbs; articles and adjectives agree with the nouns they modify, etc.

Toda**s** la**s** lengua**s** son interesante**s.**	*All languages are interesting.* (number)
Ella es bonit**a.**	*She is pretty.* (gender)
Nosotros somos de España.	*We are from Spain.* (person)

ARTICLES (Los artículos) precede nouns and indicate whether they are definite or indefinite persons, places, or things.

- **Definite articles (Los artículos definidos)** refer to particular members of a group and are the equivalent of *the* in English. The definite articles are: **el, la, los, las.**

El hombre guapo es mi padre.	*The handsome man is my father.*
Las mujeres de esta clase son inteligentes.	*The women in this class are intelligent.*

- **Indefinite articles (Los artículos indefinidos)** refer to any unspecified member(s) of a group and are the equivalent of *a(n)* and *some.* The indefinite articles are: **un, una, unos, unas.**

Un hombre vino a nuestra casa anoche.	*A man came to our house last night.*
Unas niñas jugaban en el parque.	*Some girls were playing in the park.*

CLAUSES (Las cláusulas) are subject and verb combinations; for a sentence to be complete it must have at least one main clause.

- **Main clauses** (Independent clauses) **(Las cláusulas principales)** communicate a complete idea or thought.

Mi hermana va al hospital.	*My sister goes to the hospital.*

- **Subordinate clauses** (Dependent clauses) **(Las cláusulas subordinadas)** depend upon a main clause for their meaning to be complete.

Mi hermana va al hospital	cuando está enferma.
My sister goes to the hospital	*when she is ill.*
main clause	**subordinate clause**

In the sentence above, *when she is ill* is not a complete idea without the information supplied by the main clause.

COMMANDS (Los mandatos) (*See* **Imperatives.**)

COMPARISONS (Las comparaciones) are statements that describe one person, place, or thing relative to another in terms of quantity, quality, or manner.

- **Comparisons of equality (Las formas comparativas de igualdad)** demonstrate an equal share of a quantity or degree of a particular characteristic. These statements use a form of **tan** or **tanto(a)(s)** and **como.**

Ella tiene **tanto** dinero **como** Elena.	*She has **as much** money **as** Elena.*
Fernando trabaja **tanto como** Felipe.	*Fernando works **as much as** Felipe.*
Jim baila **tan** bien **como** Anne.	*Jim dances **as well as** Anne.*

- **Comparisons of inequality (Las formas comparativas de desigualdad)** indicate a difference in quantity, quality, or manner between the compared subjects. These statements use **más/menos... que** or comparative **adjectives** such as **mejor/peor, mayor/menor.**

México tiene **más** playas **que** España.	*Mexico has **more** beaches **than** Spain.*
Tú hablas español **mejor que** yo.	*You speak Spanish **better than** I.*

(*See also* **Superlative statements.**)

CONJUGATIONS (Las conjugaciones) are the forms of the verb as they agree with a particular subject or person.

Yo bailo los sábados.	*I dance on Saturdays.* (1st-person singular)
Tú bailas los sábados.	*You dance on Saturdays.* (2nd-person singular)
Ella baila los sábados.	*She dances on Saturdays.* (3rd-person singular)
Nosotros bailamos los sábados.	*We dance on Saturdays.* (1st-person plural)
Vosotros bailáis los sábados.	*You dance on Saturdays.* (2nd-person plural)
Ellos bailan los sábados.	*They dance on Saturdays.* (3rd-person plural)

CONJUNCTIONS (Las conjunciones) are linking words that join two independent clauses together.

Fuimos al centro **y** mis amigos compraron muchas cosas.
*We went downtown, **and** my friends bought a lot of things.*

Yo quiero ir a la fiesta, **pero** tengo que estudiar.
*I want to go to the party, **but** I have to study.*

CONTRACTIONS (Las contracciones) in Spanish are limited to the preposition/article combinations **de + el = del** and **a + el = al,** and the preposition/pronoun combinations **con + mí = conmigo** and **con + ti = contigo.**

DIRECT OBJECTS (Los objetos directos) in sentences are the direct recipients of the action of the verb. Direct objects answer the questions *What?* or *Whom?*

¿Qué hizo?	*What did she do?*
Ella hizo **la tarea.**	*She did her **homework.***
Y luego llamó **a su amiga.**	*And then called **her friend.***

(*See also* **Pronoun, Indirect Object, Personal *a.***)

EXCLAMATORY WORDS (Las palabras exclamativas) communicate surprise or strong emotion. Like interrogative words, exclamatory words also carry accents.

¡**Qué** sorpresa!	***What** a surprise!*
¡**Cómo** canta Miguel!	***How well** Miguel sings!*

(*See also* **Interrogatives.**)

GERUNDS (Los gerundios) in Spanish refer to the present participle. In English, gerunds are verbals (based on a verb and expressing an action or a state of being) that function as nouns. In most instances where the gerund is used in English, the infinitive is used in Spanish.

(El) **Ser** cortés no cuesta nada.	***Being** polite is not hard.*
Mi pasatiempo favorito es **viajar.**	*My favorite pasttime is **traveling.***
Después de **desayunar,** salió de la casa.	*After **eating** breakfast, he left the house.*

(*See also* **Present Participle.**)

IDIOMATIC EXPRESSIONS (Las frases idiomáticas) are phrases in Spanish that do not have a literal English equivalent.

Hace mucho frío.   *It is very cold. (Literally, It makes a lot of cold.)*

IMPERATIVES (Los imperativos) represent the mood used to express requests or commands. It is more direct than the **subjunctive** mood. Imperatives are commonly called commands and fall into two categories: affirmative and negative. Spanish speakers must also choose between using formal commands and informal commands based upon whether one is addressed as **usted** (formal) or **tú** (informal).

Habla conmigo.	**Talk** to me. (informal, singular, affirmative)
No me hables.	**Don't talk** to me. (informal, singular, negative)
Hable con la policía.	**Talk** to the police. (formal, singular, affirmative)
No hable con la policía.	**Don't talk** to the police. (formal, singular, negative)
Hablen con la policía.	**Talk** to the police. (formal, plural, affirmative)
No hablen con la policía	**Don't talk** to the police. (formal, plural, negative)
Hablad con la policía.	**Talk** to the police. (informal [Spain], plural, affirmative)
No habléis con la policía.	**Don't talk** to the police. (informal [Spain], plural, negative)

(*See also* **Mood.**)

IMPERFECT (El imperfecto) The imperfect tense is used to make statements about the past when the speaker wants to convey the idea of 1) habitual or repeated action, 2) two actions in progress simultaneously, or 3) an event that was in progress when another action interrupted. The imperfect tense is also used to emphasize the ongoing nature in the middle of the event, as opposed to its beginning or end. Age and clock time are always expressed using the imperfect.

Cuando María **era** joven, ella **cantaba** en el coro.
*When María **was** young, she **used to sing** in the choir.*

Aquel día **llovía** mucho y el cielo **estaba** oscuro.
*That day **it was raining** a lot and the sky **was** dark.*

Juan **dormía** cuando sonó el teléfono.
*Juan **was sleeping** when the phone rang.*

(*See also* **Preterite.**)

IMPERSONAL EXPRESSIONS (Las expresiones impersonales) are statements that contain the impersonal subjects of *it* or *one*.

Es necesario estudiar.	*It is necessary to study.*
Se necesita estudiar.	*One needs to study.*

(*See also* **Passive Voice.**)

INDEFINITE WORDS (Las palabras indefinidas) are **articles, adjectives, nouns** or **pronouns** that refer to unspecified members of a group.

Un hombre vino.	*A man came.* (indefinite article)
Alguien vino.	*Someone came.* (indefinite noun)
Algunas personas vinieron.	*Some people came.* (indefinite adjective)
Algunas vinieron.	*Some came.* (indefinite pronoun)

(*See also* **Articles.**)

INDICATIVE (El indicativo) The indicative is a mood, rather than a tense. The indicative is used to express ideas that are considered factual or certain and, therefore, not subject to speculation, doubt, or negation.

Josefina **es** española. (present indicative)	*Josefina **is** Spanish.*
Ella **vivió** en Argentina. (preterite indicative)	*She **lived** in Argentina.*

(*See also* **Mood.**)

INDIRECT OBJECTS (Los objetos indirectos) are the indirect recipients of an action in a sentence and answer the questions *To whom?* or *For whom?* In Spanish it is common to include an indirect object **pronoun** along with the indirect object.

Yo **le** di el libro **a Sofía.**	*I gave the book **to Sofía.***
Sofía **les** guardó el libro **a sus padres.**	*Sofía kept the book **for her parents.***

(*See also* **Direct Objects** *and* **Pronouns.**)

INFINITIVES (Los infinitivos) are verb forms that are uninflected or **not conjugated** according to a specific **person.** In English, infinitives are preceded by *to: to talk, to eat, to live.* Infinitives in Spanish end in **-ar (hablar)**, **-er (comer)**, and **-ir (vivir).**

INTERROGATIVES (Las formas interrogativas) are used to pose questions and carry accent marks to distinguish them from other uses. Basic interrogative words include: **quién(es), qué, cómo, cuánto(a)(s), cuándo, por qué, dónde, cuál(es).**

¿Qué quieres?	***What** do you want?*
¿Cuándo llegó ella?	***When** did she arrive?*
¿De dónde eres?	***Where** are you from?*

(*See also* **Exclamatory Words.**)

MOOD (El modo) is like the word *mode*, meaning *manner* or *way.* It indicates the way in which the speaker views an action, or his/her attitude toward the action. Besides the **imperative** mood, which is simply giving commands, there are two moods in Spanish: the **subjunctive** and the **indicative.** Basically, the subjunctive mood communicates an attitude of uncertainty toward the action, while the indicative indicates that the action is certain or factual. Within each of these moods there are many **tenses.** Hence you have the present indicative and the present subjunctive, the present perfect indicative and the present perfect subjunctive, etc.

- **Indicative mood (El indicativo)** is used to talk about actions that are regarded as certain or as facts: things that happen all the time, have happened, or will happen.

Yo **quiero** ir a la fiesta.	*I **want** to go to the party.*
¿Quieres ir conmigo?	***Do you want** to go with me?*

- **Subjunctive mood (El subjuntivo)** communicates uncertainty. It is used in situations where the speaker is voicing an opinion, an emotional reaction, doubt, or a desire.

Yo recomiendo que tú **vayas** a la fiesta.	*I recommend that **you go** to the party.*
Dudo que **vayas** a la fiesta.	*I doubt that **you'll go** to the party.*
No creo que **vayas** a la fiesta.	*I don't believe that **you'll go** to the party.*
Si **fueras** a la fiesta, te divertirías.	*If **you were to go** to the party, you would have a good time.*

- **Imperative mood (El imperativo)** is used to make a command or request.

¡**Ven** conmigo a la fiesta!	***Come** with me to the party!*

(*See also* **Mood, Indicative, Imperative,** *and* **Subjunctive.**)

NEGATION (La negación) takes place when a negative word, such as **no,** is placed before an affirmative sentence. In Spanish, double negatives are common.

Yolanda va a cantar esta noche.	*Yolanda will sing tonight.* (affirmative)
Yolanda **no** va a cantar esta noche.	*Yolanda will **not** sing tonight.* (negative)
Ramón quiere algo.	*Ramón wants something.* (affirmative)
Ramón **no** quiere **nada.**	*Ramón **doesn't** want **anything.*** (negative)

NOUNS (Los sustantivos) are persons, places, things, or ideas. Names of people, countries, and cities are proper nouns and are capitalized.

Alberto	*Albert* (person)
el pueblo	*town* (place)
el diccionario	*dictionary* (thing)

ORTHOGRAPHY (La ortografía) refers to the spelling of a word or anything related to spelling, such as accentuation.

PASSIVE VOICE (La voz pasiva), as compared to **active voice (la voz activa),** places emphasis on the action itself rather than the subject (the person or thing that is responsible for doing the action). The passive **se** is used when there is no apparent subject.

Luis vende los coches.	*Luis sells the cars.* (active voice)
Los coches **son vendidos por** Luis.	*The cars **are sold by** Luis.* (passive voice)
Se venden los coches.	*The cars **are sold.*** (passive voice)

(*See also* **Active Voice.**)

PAST PARTICIPLES (Los participios pasados) are verb forms used in compound tenses such as the **present perfect.** Regular past participles are formed by dropping the **-ar** or **-er/-ir** from the **infinitive** and adding **-ado** or **-ido.** Past participles are generally the equivalent of verb forms ending in *-ed* in English. They may also be used as **adjectives,** in which case they agree in **number** and **gender** with their nouns. Some of the more common irregular past participles include: **escrito (escribir), roto (romper), dicho (decir), hecho (hacer), puesto (poner), vuelto (volver), muerto (morir).**

Marta ha **subido** la montaña.	*Marta has **climbed** the mountain.*
Hemos **hablado** mucho por teléfono.	*We have **talked** a lot on the phone.*
La novela **publicada** en 1995 es su mejor novela.	*The novel **published** in 1995 is her best novel.*

PERFECT TENSES (Los tiempos perfectos) communicate the idea that an action has taken place before now (present perfect) or before a moment in the past (past perfect). The perfect tenses are compound tenses consisting of the auxiliary verb **haber** plus the **past participle** of a second verb.

Yo **he comido.**	***I have eaten.*** (present perfect indicative)
Antes de la fiesta, yo ya **había comido.**	*Before the party **I had already eaten.*** (past perfect indicative)
Yo espero que **hayas comido.**	*I hope that **you have eaten.*** (present perfect subjunctive)
Yo esperaba que **hubieras comido.**	*I hoped that **you had eaten.*** (past perfect subjunctive)

PERSON (La persona) refers to changes in the subject pronouns that indicate if one is speaking (first person), if one spoken to (second person), or if one is spoken about (third person).

Yo hablo.	*I speak.* (1st-person singular)
Tú hablas.	*You speak.* (2nd-person singular)
Ud./Él/Ella habla.	*You/He/She speak(s).* (3rd-person singular)
Nosotros(as) hablamos.	*We speak.* (1st-person plural)
Vosotros(as) habláis.	*You speak.* (2nd-person plural)
Uds./Ellos/Ellas hablan.	*They speak.* (3rd-person plural)

PERSONAL A (La _a_ personal) The personal **a** refers to the placement of the preposition **a** before a person or a pet when it is the **direct object** of the sentence.

Voy a llamar **a** María.	_I'm going to call María._
El veterinario curó **al** perro.	_The veterinarian treated the dog._

PREPOSITIONS (Las preposiciones) are linking words indicating spatial or temporal relations between two words.

Ella nadaba **en** la piscina.	_She was swimming **in** the pool._
Yo llamé **antes de** las nueve.	_I called **before** nine o'clock._
El libro es **para** ti.	_The book is **for** you._
Voy **a** la oficina.	_I'm going **to** the office._
Jorge es **de** Paraguay.	_Jorge is **from** Paraguay._

PRESENT PARTICIPLE (El participio del presente) is the Spanish equivalent of the _-ing_ verb form in English. Regular participles are created by replacing the infinitive endings (**-ar, -er/-ir**) with **-ando** or **-iendo.** They are often used with the verb **estar** to form the present progressive tense. The present progressive tense places emphasis on the continuing or progressive nature of an action. In Spanish, the participle form is referred to as a gerund.

Miguel está **cantando** en la ducha.	_Miguel is **singing** in the shower._
Los niños están **durmiendo** ahora.	_The children are **sleeping** now._

(_See also_ **Gerunds**)

PRETERITE (El pretérito) The preterite tense, as compared to the **imperfect tense,** is used to talk about past events with specific emphasis on the beginning or the end of the action, or emphasis on the completed nature of the action as a whole.

Anoche yo **empecé** a estudiar a las once y **terminé** a la una.
Last night I **began** to study at eleven o'clock and **finished** at one o'clock.

Esta mañana **me desperté** a las siete, **desayuné, me duché** y **vine** al campus para las ocho.
This morning **I woke up** at seven, **I ate breakfast, I showered,** and **I came** to campus by eight.

PRONOUNS (Los pronombres) are words that substitute for **nouns** in a sentence.

Yo quiero **este.**	_I want **this one.**_ (demonstrative—points out a specific person, place, or thing)
¿Quién es tu amigo?	_**Who** is your friend?_ (interrogative—used to ask questions)
Yo voy a llamar**la.**	_I'm going to call **her.**_ (direct object—replaces the direct object of the sentence)
Ella va a dar**le** el reloj.	_She is going to give **him** the watch._ (indirect object—replaces the indirect object of the sentence)
Juan **se** baña por la mañana.	_Juan bathes **himself** in the morning._ (reflexive—used with reflexive verbs to show that the agent of the action is also the recipient)
Es la mujer **que** conozco.	_She is the woman **that** I know._ (relative—used to introduce a clause that describes a noun)
Nosotros somos listos.	_**We** are clever._ (subject—replaces the noun that performs the action or state of a verb)

SUBJECTS (Los sujetos) are the persons, places, or things which perform the action of a verb, or which are connected to a description by a verb. The **conjugated** verb always agrees with its subject.

Carlos siempre baila solo.	_**Carlos** always dances alone._
Colorado y **California** son mis estados preferidos.	_**Colorado** and **California** are my favorite states._
La cafetera produce el café.	_The **coffee pot** makes the coffee._

(_See also_ **Active Voice.**)

SUBJUNCTIVE (El subjuntivo) The subjunctive mood is used to express speculative, doubtful, or hypothetical situations. It also communicates a degree of subjectivity or influence of the main clause over the subordinate clause.

No creo que **tengas** razón.	_I don't think that **you're** right._
Si yo **fuera** el jefe, les pagaría más a mis empleados.	_If I **were** the boss, I would pay my employees more._
Quiero que **estudies** más.	_I want **you to study** more._

(_See also_ **Mood, Indicative.**)

SUPERLATIVE STATEMENTS (Las frases superlativas) are formed by adjectives or adverbs to make comparisons among three or more members of a group. To form superlatives, add a definite article (**el, la, los, las**) before the comparative form.

Juan es **el más alto** de los tres.	*Juan is **the tallest** of the three.*
Este coche es **el más rápido** de todos.	*This car is **the fastest** of them all.*
En mi opinión, ella es **la mejor** cantante.	*In my opinion, she is **the best** singer.*

(*See also* **Comparisons.**)

TENSES (Los tiempos) refer to the manner in which time is expressed through the verb of a sentence.

Yo estudio.	*I study.* (present tense)
Yo estoy estudiando.	*I am studying.* (present progressive)
Yo he estudiado.	*I have studied.* (present perfect)
Yo había estudiado.	*I had studied.* (past perfect)
Yo estudié.	*I studied.* (preterite tense)
Yo estudiaba.	*I was studying.* (imperfect tense)
Yo estudiaré.	*I will study.* (future tense)

VERBS (Los verbos) are the words in a sentence that communicate an action or state of being.

Helen **es** mi amiga y ella **lee** muchas novelas.	*Helen **is** my friend and she **reads** a lot of novels.*

- **Auxiliary verbs (Los verbos auxiliares)** or helping verbs **haber, ser,** and **estar** are used to form the passive voice, compound tenses, and verbal periphrases.

Estamos estudiando mucho para el examen mañana.	*We are studying a lot for the exam tomorrow.* (*verbal periphrases*)
Helen **ha** trabajado mucho en este proyecto.	*Helen **has** worked a lot on this project.* (*compound tense*)
La ropa **fue** hecha en Guatemala.	*The clothing **was** made in Guatemala.* (*passive voice*)

- **Reflexive verbs (Los verbos reflexivos)** use reflexive **pronouns** to indicate that the person initiating the action is also the recipient of the action.

Yo **me afeito** por la mañana.	*I shave (**myself**) in the morning.*

- **Stem-changing verbs (Los verbos con cambios de raíz)** undergo a change in the main part of the verb when conjugated. To find the stem, drop the **-ar, -er,** or **-ir** from the **infinitive: dorm-, empez-, ped-.** There are three types of stem-changing verbs: **o** to **ue, e** to **ie** and **e** to **i.**

dormir: Yo d**ue**rmo en el parque.	*I sleep in the park.* (**o** to **ue**)
empezar: Ella siempre emp**ie**za su trabajo temprano.	*She always starts her work early.* (**e** to **ie**)
pedir: ¿Por qué no p**i**des ayuda?	*Why don't you ask for help?* (**e** to **i**)

Spanish-English Vocabulary

This vocabulary includes all the words and expressions listed as active vocabulary in *Exploraciones*. The number following the definition refers to the chapter where the word or phrase was first used actively. For example, an entry followed by (13) is first used actively in Capítulo 13. Nouns that end in -o are masculine and in -a are feminine unless otherwise indicated.

All words are alphabetized according to the 1994 changes made by the Real Academia: **ch** and **ll** are no longer considered separate letters of the alphabet.

Stem-changing verbs appear with the vowel change in parentheses after the infinitive: **(ie)**, **(ue)**, **(i)**, **(ie, i)**, **(e, i)**, **(ue, u)**, or **(i, i)**. Most cognates, conjugated verb forms, and proper nouns used as passive vocabulary in the text are not included in this glossary.

The following abbreviations are used:

adj. **adjective**	*n.* **noun**	*dem.* **demonstrative**	*prep.* **preposition**	*form.* **formal**	*s.* **singular**
adv. **adverb**	*pl.* **plural**	*dir. obj.* **direct object**	*pron.* **pronoun**	*indir. obj.* **indirect object**	*subj.* **subject**
art. **article**	*pp.* **past participle**	*f.* **feminine**	*refl.* **reflexive**	*interj.* **interjection**	*v.* **verb**
conj. **conjunction**	*poss.* **possessive**			*m.* **masculine**	

A

a to, at; **a causa de** on account of; **a cuadros** checkered; plaid (11); **a fin de que** so that (14); in order that (14); **a la derecha de** to the right of (4); **a la izquierda de** to the left of (4); **a lo largo (de)** along; **a menos que** unless (14); **a menudo** frequently, often; **a pesar de** in spite of; **a propósito** by the way; **a rayas** striped (11); **a tiempo completo** full-time; **a tiempo** on time (10); **al horno** baked (7); **al igual que** like; **al lado (de)** alongside (of); beside, next to (4); **al mes** per month

abajo *adv.* below; **abajo de** under

abogado(a) lawyer (5); attorney

abordar to board (10); **pase** *m.* **de abordar** boarding pass (10)

abrazar (c) to hug (13)

abrigo coat (3)

abril *m.* April (3)

abrir to open (3)

abstracto(a) abstract (11); **arte** *m.* **abstracto** abstract art (11)

abuelo(a) grandfather/grandmother (2)

aburrido(a) bored (5); boring (1)

aburrir to bore (8); **aburrirse** to become bored (9)

acabar to finish (11); **acabar de** (+ *inf.*) to have just (*done something*)

acampar to go camping

acaso perhaps

acción *f.* action

aceite *m.* oil

aceituna olive

aceptar to accept

acera sidewalk (9)

acercarse (qu) to approach

acompañar to accompany

acondicionado(a): aire acondicionado *m.* air-conditioning

acontecimiento event

acostarse (ue) to lie down (6); to go to bed (6)

acostumbrarse (a) to get used to (14)

actividad activity

actor *m.* actor (5)

actriz *f.* actress (5)

actual current

acuerdo agreement; **de acuerdo** agreed, all right; **estar de acuerdo** to agree

adelgazar (c) to lose weight

además besides; furthermore; in addition

adiós goodbye (1)

adolescencia adolescence (13)

adolescente *m. f.* adolescent (13)

¿adónde? to where? (4)

aduana customs (10)

adulto/adulta *m./f.* adult (13)

aéreo(a) *adj.* air; **línea aérea** airline

aeropuerto (internacional) airport (4); (international) airport (10)

afeitarse to shave (6)

aficionado(a) fan (6)

afuera *adv.* outside

agente *m. f.* agent; **agente de aduana** customs official; **agente de seguridad** security agent (10); **agente de viajes** travel agent (5)

agosto August (3)

agradecido(a) grateful

agresivo(a) aggressive (1)

agua *f.* (*but* **el agua**) water; **agua embotellada** bottled water (7)

aguacate *m.* avocado

águila *f.* (*but* **el águila**) eagle

ahí there

ahora now (3) (6); **hasta ahora** up to now, so far

ahorrar to save (11)

ajedrez *m.* chess (8)

ajo garlic

alberca swimming pool

albergue estudiantil *m.* youth hostel

alegrarse to become happy (9)

alegre happy (5)

alemán *m.* German (*language*) (2)

alergia allergy (14)

alfombra carpet (4); rug

algo something

algodón *m.* cotton (11)

alguien someone, somebody

alimento food (7)

aliviar to relieve, alleviate

allá over there

allí there

almacén *m.* department store

almohada pillow

almorzar (ue) (c) to have lunch (4)

almuerzo lunch (7)

aló hello (*telephone response in some countries*)

alojamiento lodging (10)

alojarse to lodge, to stay (*in a hotel*) (10)

alpinismo mountain climbing; **hacer alpinismo** to climb mountains (6)

alquilar to rent (2)

alto(a) high; tall (1); **presión** *f.* **alta** high blood pressure (14)

amable kind (1)

amar to love (13)

amarillo(a) yellow (3)

ambiente *m.* atmosphere, environment

ambulancia ambulance (9)

amigo(a) friend (2)

amo(a) de casa homemaker (5)

anaranjado(a) orange (3)

ándale there you go

andar to walk; **andar en** to ride (8); **andar en bicicleta** to ride a bike (6)

andén *m.* platform (10)

anfibio amphibian (12)

anfitrión(-ona) host

anillo ring (13)

animado(a) excited; **dibujos animados** cartoons (13)

aniversario (wedding) anniversary (9)

anoche last night (6)

ante todo first of all, first and foremost

anteayer the day before yesterday

anterior before, prior

antes previously; **antes de** (+ *inf.*) before (*doing something*) (6); **antes (de) que** before (14)

antipático(a) unfriendly (1)

anuncio comercial commercial (13)

añadir to add

año year; **Año Nuevo** New Year (3); **el año pasado** last year; **los quince años** girl's fifteenth birthday celebration (9); **tener... años** to be . . . years old (2)

apagar (gu) to turn off (11)

aparcamiento parking lot

apartamento apartment (4)

aplicación *f.* app (13)

aplicarse (qu) to apply

apreciar to appreciate; to enjoy (11)

aprender (a +*inf.***)** to learn (*to do something*) (3)

apretado(a) tight (11)

aprobar (ue) to approve

aquel(la) *adj.* that (over there); *pron.* that (one) (over there)

aquello *pron.* that (one)

aquellos(as) *adj.* those (over there); *pron.* those (over there)

aquí here; hasta aquí up to now, so far

árbol *m.* tree (12); trepar un árbol to climb a tree (8)

ardilla squirrel (12)

arena sand (12)

argentino(a) Argentine (14)

armario closet, armoire (4)

arquitecto(a) architect (5)

arreglar to arrange; arreglarse to fix one-self up (6); to get ready (6)

arriba up (with)

arroz *m.* rice (7)

arte *m.* art (2); arte abstracto abstract art (11); arte dramático theater; artes marciales *f. pl.* martial arts; bellas artes *f. pl.* fine arts

arterial: presión *f.* arterial blood pressure

artesanías handicrafts

artículo article; artículos de limpieza cleaning materials

artista *m. f.* artist (11)

asado(a) grilled (7)

ascensor *m.* elevator (10)

así like this, thus, in this manner; así es that's so; así que thus, therefore; ¿no es así? isn't that so?

asiento seat (10)

asimilarse to assimilate (14)

asistente *m. f.* de vuelo flight attendant (5)

asistir (a) to attend (3)

aspiradora vacuum cleaner; pasar la aspiradora to vacuum (8)

aspirante *m. f.* job candidate

aspirina aspirin (14)

asustado(a) scared (5)

asustarse to become frightened (9)

atender (ie) a to wait on; to attend to; to pay attention to (*other people*)

aterrizar (c) to land (10)

ático small attic apartment

atlético(a) athletic (1)

atletismo track and field (6)

atracción *f.* attraction; parque *m.* de atracciones amusement park

atrasado(a) late; estar atrasado(a) to be late

atravesar (ie) to cross (9)

atropellar to run over (9)

atún *m.* tuna

audiencia audience (13)

audífonos headphones (13)

auditorio auditorium (2)

aumento increase

aunque although, though

auto car

autorretrato self-portrait (11)

auxilio help; primeros auxilios first aid (14)

ave *f.* (*but* el ave) poultry; bird (12)

avergonzado(a) embarrassed (5)

avión *m.* plane

ayer yesterday (6)

ayudar to help (2)

ayuntamiento city hall

azafata *f.* flight attendant

azúcar *m.* sugar (7)

azul blue (3)

B

bádminton *m.* badminton (6)

bahía bay (12)

bailar to dance (2)

bailarín/bailarina dancer

bajar de to get out of (*a vehicle*) (9)

bajo(a) short (1); presión *f.* baja low blood pressure (14)

ballena whale (12)

balneario spa

balón *m.* ball

baloncesto basketball

banco bank (4)

bandera flag (1)

banderines streamers (9)

bañarse to bathe, to take a bath; to shower (*Mex.*) (6)

bañera bathtub (4)

baño bath; bathtub; bathroom (4); traje de baño bathing suit

bar *m.* bar (4)

barato(a) inexpensive, cheap (11)

barbilla chin

barco ship, boat

barrer to sweep (8)

básquetbol *m.* basketball (6)

bastante rather

basura trash, garbage, litter (8); bote *m.* de basura trashcan (8); sacar (qu) la basura to take the trash out (8)

batido(a) whipped

bautizo baptism (9)

beber to drink (3)

bebida drink (7)

beca scholarship (14)

béisbol *m.* baseball (6)

bellas artes *f. pl.* fine arts

beneficios benefits

besar to kiss (9)

biblioteca library (2)

bibliotecario(a) librarian

bicicleta bicycle; andar en bicicleta to ride a bike (6)

bien fine (1); well; llevarse bien to get along well (13); (muy) bien (very) well (1); pasarlo bien to have a good time; ¡qué bien te queda esa falda! that skirt really fits you well! (11); sentirse bien to feel well

billete *m.* ticket

biología biology (2)

birth nacimiento (13)

bisabuela great grandmother

bisabuelo great grandfather

blanco(a) white (3); vino blanco white wine (7)

blusa blouse (3)

bluyíns *m., pl.* blue jeans (3)

boca mouth (6)

bocadillo snack (9)

boda wedding (9); bodas de oro 50th wed-ding anniversary (13); bodas de plata 25th wedding anniversary (13) boleto ticket (10)

bolígrafo pen (1)

boliviano(a) Bolivian (14)

bolsa bag; purse; handbag (3)

bolso bag; beach bag; purse; handbag

bombero(a) firefighter; estación *f.* de bomberos fire station

bonito(a) pretty, cute (1); ¡qué color tan bonito! what a pretty color! (11)

borracho(a) drunk (5)

borrador *m.* (chalk) eraser

bosque *m.* forest (12); wood(s)

bota boot (3)

bote *m.* de basura trashcan (8)

botella bottle

botones *m. f., sing. pl.* bellhop (10)

brazo arm (6)

brindar to toast (9)

brindis *m.* toast (*with a drink*) (9)

brócoli *m.* broccoli (7)

bucear con tubo de respiración to snorkel

bucear to scuba dive (6)

buen/bueno(a) good (1); buen provecho enjoy your meal; buenas noches good night (1); buenas tardes good afternoon (1); buenos días good morn-ing (1); hace buen tiempo it's nice weather (3); ¡que tengas un buen día! have a nice day! (1)

bufanda scarf (3)

buscador *m.* search engine (13)

buscar (qu) to look for (2)

butaca seat (*theater*) (13)

C

caballero gentleman

caballo horse (2); montar a caballo to ride horseback

cabello hair

caber to fit; no cabe duda there can be no doubt

cabeza head (6); me duele la cabeza I have a headache

cabo: al fin y al cabo after all; when all is said and done

cada each, every

cadera hip

caer(se) to fall (11); caer bien (mal) to like (dislike) a person (8); caer(se) to fall (down) (9)

café *m.* coffee (7); café (4); brown (3); tomar café to drink coffee

cafetera coffee maker (4)

cafetería cafeteria (2)

caja cash register (11)

calabacita zucchini

calabaza squash; pumpkin

calcetines *m. pl.* socks (3)

calefacción *f.* heat

caliente warm, hot

calle *f.* street (4)

calor *m.* warmth; heat; hace calor it's hot; tener (mucho) calor to be (very) hot (2)

calvo(a) bald (1)

cama bed (4); cama matrimonial double bed; coche *m.* cama sleeping car (10); hacer la cama to make the bed (8)

camarero(a) (hotel) maid (10)

camarón *m.* shrimp (7)

cambiar to change

cambio change; en cambio on the other hand; cambio climático climate change (12)

camilla stretcher (9)

caminar to walk (2)

camisa shirt (3)

camiseta T-shirt (3)

campo field (6)

canal *m.* channel (13)

cáncer *m.* cancer (14)

cancha court (*sports*) (6)

cansado(a) tired (5)

cantante *m. f.* singer (5)

cantar to sing (2)

cara face (6)

¡caray! oh!; oh, no!

cariñoso(a) loving (1)

carne *f.* meat (7); carne de res beef; carne de vacuno beef

carnicería butcher shop

caro(a) expensive (11); ¡qué caro(a)! how expensive! (11)

carrera major (2)
carretera highway (9)
carrito toy car (8)
carta letter (4); menu; *pl.* playing cards (8)
cartel *m.* poster (1)
cartera billfold, wallet
casa house
casarse (con) to get married to (9)
cascada waterfall (*small*) (12)
caso: en caso (de) (que) in case (that) (14)
catarata waterfall (12)
catorce fourteen (1)
catsup *f.* ketchup (7)
causa cause; **a causa de** on account of
causar to cause
caza hunting (12)
cazar (c) to hunt (12)
CD *m.* CD; **reproductor de CDs** CD
  player (13)
cebolla onion (7)
cebra zebra (12)
ceja eyebrow
celebrar to celebrate (9)
celos *m. pl.* jealousy; **tener celos** to be jealous
celoso(a) jealous (5)
cena dinner (7)
cenar to eat dinner (7)
censurar to censor (13)
centro center; **centro comercial** shopping
  center; **centro estudiantil** student
  center (2); **centro de negocios** business
  center (10)
cepillarse to brush (6)
cepillo (de dientes) (tooth)brush (6)
cerca (de) close (to) (4)
cerdo pork (7); pig (12)
ceremonia ceremony (13)
cereza cherry
cero zero (1)
cerrar (ie) to close (4); to shut
cerro hill
certeza certainty
cerveza beer (7)
césped *m.* lawn; **cortar el césped** to mow
  the lawn (8)
ceviche (cebiche) *m. raw fish marinated in
  lime juice*
chalet *m.* villa
champán *m.* champagne (9)
champú *m.* shampoo (6)
chao bye, goodbye (*informal*) (1)
chaqueta jacket (3)
charlar to chat
charlatán(-ana) gossipy
chatear to chat (*online*) (8)
cheque *m.* check; **cheque de viaje** traveler's
  check; **cheque de viajero** traveler's check
chico(a) child; *adj.* small (11)
chileno(a) Chilean (14)
chimenea fireplace
chismear to gossip
chiste *m.* joke (8)
chocar (qu) (con) to crash (*into something*)
  (9)
chocolate *m.* chocolate (7)
ciclista *m. f.* cyclist (9)
cielo sky (12)
cien/ciento one hundred (1) (7); **cien mil**
  (one) hundred thousand; **cien millones**
  (one) hundred million; **ciento uno**
  one hundred one (1) (7); **por ciento**
  percent (11)
ciencias *f. pl.* science; **ciencias naturales**
  natural science (2); **ciencias políticas**
  political science (2); **ciencias sociales**
  social science (2)

científico(a) scientist (5)
cierto(a) *adj.* sure, certain, true; *adv.*
  certainly, surely; **¿cierto?** right?
cinco five (1)
cincuenta fifty (1)
cine *m.* movie theater (4); cinema
cintura waist
cinturón *m.* belt; **cinturón de seguridad**
  safety (seat) belt (10)
cirugía surgery (14)
cita date (13)
ciudadano(a) citizen (14)
claro(a) *adj.* sure; clear; light, pale (11);
  adv. certainly, surely; **claro que no** of
  course not; **claro que sí** certainly, surely,
  of course
clase *f.* class; **compañero(a) de clase** classmate (2); **primera clase** first class (10);
  salón *m.* **de clases** classroom (1); **clase
  turista** *m.* economy class (10)
clasificación *f.* rating (13)
clic: hacer clic (en) to click on (13)
cliente *m. f.* client
clínica clinic
club *m.* club, nightclub (4)
coche *m.* car (9); **coche cama** sleeping car (10)
cochera garage (4)
cocina kitchen (4); **papel de cocina** paper
  towel
cocinar to cook (2)
cocinero(a) cook
cocodrilo crocodile (12)
coctel *m.* cocktail (7)
codo elbow (6)
cognado cognate
cola line, queue; **hacer cola** to stand in line
coleccionar to collect
colegio school (*secondary*)
colgar (ue) to hang (8)
colina hill (12)
collar *m.* necklace
colmo height; **¡esto es el colmo!** this is the
  last straw!
colombiano(a) Colombian (14)
color *m.* color; **¡qué color tan bonito!** what
  a pretty color! (11)
columna vertebral spinal column
comedia comedy (13)
comedor *m.* dining room (4)
comenzar (ie) (c) to begin (4); to start
comer to eat (3)
comercial: anuncio comercial commercial
  (13); **centro comercial** shopping center (4)
comerciante *m. f.* merchant
comercio: tratado de comercio trade
  agreement (14)
comestibles *m. pl.* groceries
cometa kite (8)
cómico(a) funny (1); **tira cómica** comic
  strip (8)
comida meal; food (4)
como like, as; **como consecuencia** as a
  consequence; **como resultado** as a
  result
¿cómo? how? (4); what?; **¿Cómo está
  usted?** how are you? (*form.*) (1); **¿Cómo
  estás?** how are you? (*fam.*) (1); **cómo no**
  of course; **¿Cómo se escribe…?** How
  do you spell? (1); **¿Cómo te llamas?**
  What is your name? (1)
cómoda chest of drawers; bureau
cómodo(a) comfortable (11)
compañero(a) companion, significant
  other, partner; **compañero(a) de clase**
  classmate (2); **compañero(a) de cuarto**
  roommate

comparad
compartir
competen
competir
completar to complete; to fill out
completo(a) complete; **a tiempo completo**
  full-time; **pensión** *f.* **completa** full
  board
complicado(a) complex (11)
comprar to buy (2)
comprender to understand (3)
comprobante *m.* voucher, credit slip
comprometerse (con) to get engaged (to) (13)
compromiso engagement (13)
computación: ciencias de la computación
  computer science
computadora computer (1)
con with; **con mucho gusto** with pleasure;
  con tal (de) que provided (that) (14)
concluir (y) to conclude
concurso contest; game show (13)
conducir (zc) to drive (5)
conductor(a) driver (9); TV host (13)
conejo rabbit (12)
conexión *f.* connection (10)
conferencia lecture; **sala de conferencias**
  conference center (10)
confundido(a) confused (5)
conjunto outfit
conmigo with me
conocer (zc) to know; to be acquainted
  with (5)
conocimiento knowledge
consecuencia consequence; **como
  consecuencia** as a consequence
conseguir (i, i) to get, obtain
consejero(a) adviser
conserje *m. f.* concierge
conservador(a) conservative (1)
construir (y) to build, construct
consultar to look up (a webpage, a text,
  etc.); to consult
consultorio doctor's office
contabilidad *f.* accounting
contable *m. f.* accountant
contador(a) accountant (5)
contaminación pollution; contamination (12)
contar (ue) to count; to tell (a story) (8)
contener (*like* **tener**) to contain
contento(a) happy (5)
contestar to answer
contra against
contradecir to contradict
contrario(a) opposite, contrary; **al
  contrario** on the contrary; **al contrario
  de** unlike
control *m.* control; **control de pasaporte**
  passport control; **control de seguridad**
  security check; **control remoto** remote
  control (13)
copa wine glass (7)
corazón *m.* heart (14)
corbata tie (3)
cordero lamb
cordillera mountain range
correcto(a) that's right
correo mail; post office (4); **oficina de
  correos** post office
correr to run (3); **pista de correr** track
cortacésped *m.* lawnmower (8)
cortar to cut (7); **cortarse** to cut (oneself);
  cortar el césped to cut, to mow the
  lawn (10)
cortina curtain (4)
corto(a) short (1); **pantalones** *m. pl.* **cortos**
  shorts

cosa thing
costa coast (12)
costar (ue) to cost (4)
costarricense *m. f.* Costa Rican (14)
costoso(a) expensive
crédito credit; **tarjeta de crédito** credit card (11)
creer to believe (3); to think
crema cream (7); **crema batida** whipped cream
cremoso(a) creamy
criminología criminology (2)
cruce *m.* crosswalk (9)
crucigrama *m.* crossword puzzle
cruel cruel (1)
cruzar (c) to cross (9)
cuaderno notebook (1)
cuadro square; painting (4); picture (4); **a cuadros** checkered; plaid (11)
¿cuál(es)? which? (4)
cuando when
¿cuándo? when? (1)
cuanto: en cuanto as soon as (14)
¿cuánto(a)? how much? (4)
¿cuántos(as)? how many? (4)
cuarenta forty (1)
cuarto quarter (*of an hour*); room; **cuarto de baño** bathroom; **cuarto oscuro** darkroom
cuarto(a) *adj.* fourth (4)
cuatro four (1)
cuatrocientos(as) four hundred (7)
cubano(a) Cuban (14)
cubierto(a) covered
cubiertos *m. pl.* table setting; cutlery
cubista *m. f.* cubist (11)
cuchara soupspoon (7)
cucharita teaspoon
cuchillo knife (7)
cuello neck (6)
cuenta bill (*restaurant*) (7); check
cuento (short) story (8)
cuerda jumping rope (8)
cuero leather
cuerpo body (6)
cuidado care; **tener (mucho) cuidado** to be (very) careful (2)
cuidar a a (niños) to care for (children) (8)
culpa fault
cultivar el jardín to garden (*flowers*)
cumpleañero(a) birthday boy (girl)
cumpleaños *m. sing., pl.* birthday (3) (9); **fiesta de cumpleaños** birthday party
curita small adhesive bandage (14)
cuyo(a), cuyos(as) whose

D

dama lady; *pl.* checkers (8)
dañado(a) damaged; **estar dañado(a)** to be damaged (9)
dañar to damage (9)
dar to give (5); **dar a luz** to give birth (13); **darse cuenta de** to realize; **dar la vuelta** to take a walk or a ride
de of, from; **de acuerdo** agreed, all right; **¿de dónde eres tú?** where are you (*fam.*) from? (1); **¿de dónde?** from where? (4); **de lunares** with polka dots (11); **de moda** fashionable (11); **de nuevo** new; again; **de paso** by the way; **de repente** suddenly (9); **¿de veras?** really, is that so?; **de verdad** really; **del mismo modo** similarly
debajo (de) below; under (4)

deber (+ *inf.*) should/ought to (*do something*) (3)
décimo(a) tenth (4)
decir to say, to tell (5); **querer decir** to mean
declarar to declare; **algo que declarar** something to declare
decoraciones *f., pl.* decorations (9)
decorar to decorate (9)
dedo finger (6); **dedo del pie** toe (6)
definido(a) definite
deforestación *f.* deforestation (12)
dejar to leave; **dejar de fumar** to quit smoking (14); **dejar una propina** to leave a tip (7)
delante (de) in front (of)
delantero(a) front
delgado(a) thin (1)
demasiado(a) too, too much
dentro (de) inside (of) (4)
dependiente(a) clerk (5)
deportes *m. pl.* sports; **practicar (qu) deportes** to play sports (2)
deportivo(a) related to sports, sporting
deprimido(a) depressed (5)
derecha right; **a la derecha (de)** to the right (of) (4)
derecho law; right; **derechos humanos** human rights (14); **seguir (i) derecho** to go straight (10)
desacuerdo disagreement
desayunar to eat breakfast (7)
desayuno breakfast (7)
descansar to rest (14)
descomponer to break down (*a machine*) (11)
descuento discount (11)
desear to wish (2) (13); to desire (13); to want
desechos industriales industrial waste (12)
desembarcar (qu) to deplane
desempleado(a) unemployed
desempleo unemployment (14)
desfile *m.* parade (9)
deshacer la maleta to unpack one's suitcase
desierto desert (12)
desmayarse to faint (14)
despacio slowly
desordenado(a) disorganized (8)
despedida farewell; **despedida de soltera** bridal shower; **despedida de soltero** bachelor party
despedir (i, i) to fire; **despedirse** to say goodbye
despegar (gu) to take off (10)
despejado(a) clear (*weather*) (3)
despertador *m.* alarm clock (6)
despertarse (ie) to wake up (6)
después then, next; **después de (que)** after (14); **después de** (+ *inf.*) after (*doing something*) (6)
destino destination
destruir (y) to destroy (12)
desván *m.* attic
detergente *m.* **para platos** dish detergent
detrás (de) in back (of); behind (4)
devolver (ue) to return (*something*) (4)
día *m.* day (3); **al día** per day; **día de santo** saint's day; **día feriado** holiday (3); **¡que tengas un buen día!** have a nice day! (1); **todos los días** every day (3)
diabetes *f.* diabetes (14)
diario(a) daily
diarrea diarrhea (14)
dibujar to draw (8)
dibujos animados cartoons (13)
diccionario dictionary (1)
diciembre *m.* December (3)
dictadura dictatorship (14)

diecinueve nineteen (1)
dieciocho eighteen (1)
dieciséis sixteen (1)
diecisiete seventeen (1)
diente *m.* tooth (6)
diez ten (1)
diferencia difference; **a diferencia de** unlike; in contrast to
diferente different; **diferente de** unlike
dinero money (4); **el dinero en efectivo** cash (11)
Dios *m.* God; **Dios mío** oh, my goodness
dirección *f.* direction; address (4)
disculparse to excuse oneself
diseñador(a) designer (5)
diseñar to design (11)
disfrutar to enjoy (9)
disponible available (10)
distraerse to get distracted (9)
diversión *f.* entertainment; hobby, pastime
divertido(a) funny (5); fun
divertirse (ie, i) to have fun (6)
divorciarse (de) to divorce (13)
divorcio divorce (13)
doblar to bend; to turn (10)
doble double (10); **habitación doble** double room
doce twelve (1)
docena dozen
documental *m.* documentary (13)
doler (ue) to hurt (14); **me duele la cabeza** I have a headache
dolor (de) *m.* pain (in) (14); ache
domesticado(a) domesticated (12)
doméstico(a) domestic, household
domingo *m.* Sunday (3)
dominicano(a) Dominican (14)
dominó *sing.* dominos (8)
donde where
¿dónde? where? (1) (4); **¿de dónde?** from where? (4); **¿de dónde eres tú?** where are you (*fam.*) from? (1)
dormir (ue, u) to sleep (4); **dormirse (ue, u)** to fall asleep (6); **saco de dormir** sleeping bag (6)
dormitorio bedroom (4)
dos two (1)
doscientos(as) two hundred (7)
drama *m.* drama (13)
dramático(a) dramatic; **arte** *m.* **dramático** theater
ducha shower (4)
ducharse to shower (6)
duda doubt; **no cabe duda** there can be no doubt
dudar to doubt (12)
dudoso(a) doubtful
dulce sweet; **salsa de tomate dulce** tomato sauce; ketchup; *n. pl.* candies (9)
durazno peach (7)
duro(a) tough, hard

E

ecología ecology (12)
economía economics; economy (2)
económico(a) *adj.* economical; inexpensive; **ciencias económicas** economics; **hotel** *m.* **económico** inexpensive hotel
ecuatoguineano(a) Equatorial Guinean (14)
ecuatoriano(a) Ecuadorian (14)
edificio building (4)
efectivo cash (11); **el dinero en efectivo** cash (11)
eficiente efficient

egoísta selfish (1)
ejemplo example; **por ejemplo** for example
ejercicio exercise; **ejercicios aeróbicos** aerobics
el *def. art. m.* the; **el cual(es)** which, whom; **el que** that, which, whom, the one
él *sub. pron.* he
elefante *m.* elephant (12)
elegante elegant; **¡qué pantalones tan elegantes!** what elegant pants! (11)
elegir (i, i) (j) to elect; to choose (11)
ella she
embajada Embassy (14)
embarazada pregnant; **estar embarazada** to be pregnant (13)
embargo: sin embargo nevertheless; however
emergencia: sala de emergencias emergency room (14)
emigración *f.* emigration (14)
emigrar to emigrate (14)
emisora de radio radio station
empatar to tie (*score*)
empezar (ie) (c) to begin (4); **empezar a** to begin to do something (4); to start; **para empezar** to begin with
empresa firm, business; **administración** *f.* **de empresas** business and management
en in; on; at; **en cambio** on the other hand; **en caso (de) (que)** in case (that) (14); **en conclusión** in conclusion; **en particular** in particular; **en principio** in principle; **en resumen** in summary; **en suma** in conclusion; **en venta** on sale; **en voz alta** aloud
enamorado(a) (de) in love (*with*) (5)
encantado(a) delighted; nice to meet you (1)
encantador(a) enchanting
encantar to love, to be delighted (8)
encender (ie) to turn on (4)
encerrar (ie) to lock up
encima (de) on top (of) (4)
encontrar (ue) to find (4)
enero January (3)
enfermero(a) nurse (5)
enfermo(a) sick (5)
enfrente de in front of; facing (4)
engordar to gain weight
enojado(a) angry (5)
enojarse to become angry (9)
ensalada salad (7)
enseñar to teach (2)
entender (ie) to understand (4)
entonces then, next
entrada entrance; cover charge; ticket (6)
entrar to enter
entre among; between (4)
entregar (gu) to hand in, hand over
entremés *m.* appetizer (7)
entrenador(a) coach
entrenar to train, to coach
entreplanta loft
entrevista interview (5)
entusiasta enthusiastic
envolver (ue) to wrap
equipaje *m.* luggage (10); **equipaje de mano** *m.* carry-on bag (10), **facturar equipaje** to check luggage (10); **reclamo de equipaje** baggage claim (10); **revisión** *f.* **de equipaje** luggage screening (10)
equipo team (6); equipment (6); **equipo escolar** school supplies
equivocado(a) wrong (5)
equivocarse (qu) to make a mistake

escala layover (10); **hacer escala** to make a stop, layover
escalera stairs (7)
escoba broom (8)
escoger to choose (9)
escolar *adj.* school; **equipo escolar** school supplies
escondidas *f.* hide and seek (8)
escribir (un mensaje) to write (a message) (3)
escritor(a) writer (5)
escritorio desk; teacher's desk (1)
escuchar to listen (2)
escuela school (4)
esculpir to sculpt (11)
escultura sculpture (11)
ese(a) *adj.* that; *pron.* that (one)
esmog *m.* smog (12)
eso *pron.* that (one); **por eso** therefore
esos(as) *adj.* those; *pron.* those
espalda back (6)
espanto fright
España Spain
español *m.* Spanish (*language*)
español(a) *m.* (*f.*) native of Spain; *adj.* Spanish (14)
espejo mirror
espera: sala de espera waiting room (10)
esperar to hope (for) (13); to expect; to wait (9)
espinaca spinach
esponja sponge
esposo(a) husband/wife; spouse (2)
esqueleto skeleton (14)
esquí acuático *m.* water-skiing
esquiar to ski (2); **esquiar en el agua** to water ski (6); **esquiar en tabla** to snowboard (6)
esquina corner (9)
estación *f.* station; season; **estación de autobuses** bus station (10); **estación de bomberos** fire station; **estación de ferrocarril** train station; **estación de policía** police station
estacionarse to park (9)
estadio stadium (2)
estado civil *m.* civil status (13)
Estados Unidos United States
estadounidense *m. f.* citizen of the United States
estampado(a) patterned (11)
estante *m.* shelf
estar to be (4); **¿cómo está usted?** how are you (*form.*)? (1); **¿cómo estás?** how are you (*fam.*)? (1); **estar embarazada** to be pregnant (13); **estar atrasado(a)** to be late; **estar congestionado(a)** to be congested (14); **estar dañado(a)** to be damaged (9); **estar de acuerdo** to agree; **estar de moda** to be in style; **estar en peligro de extinción** to be endangered (12); **estar herido(a)** to be injured (9); **estar listo(a)** to be ready (5); **estar loco(a)** to be crazy (5); **estar mareado(a)** to be dizzy (14); **está lloviendo** it's raining; **está nevando** it's snowing; **está nublado** it is cloudy (3); **está despejado** it is clear (3); **fuera de** outside of (4)
estatura height
este(a) *adj.* this; *pron.* this (one)
estilográfico(a): pluma estilográfica fountain pen
estirarse to stretch (6)
esto *pron.* this (one); **¡esto es el colmo!** this is the last straw!

estómago stomach (6)
estornudar to sneeze (14)
estornudo sneeze (14)
estos(as) *adj.* these
éstos(as) *pron.* these
estrecho strait
estreñimiento constipation
estudiante *m. f.* student (1)
estudiantil *adj.* student; **albergue estudiantil** *m.* youth hostel; **centro estudiantil** student center (2)
estudiar to study (2)
estudio efficiency apartment, studio
estufa stove (4)
exacto(a) exactly
examen *m.* exam (2); **examen médico** medical examination
examinar to examine (14)
excursión: ir de excursión to hike (6)
excusarse to make an excuse
exhibición *f.* exhibition (11)
exhibir to exhibit (11)
éxito success; **éxito de taquilla** box office hit (13); **tener (mucho) éxito** to be (very) successful (2)
expresión *f.* expression; **expresión oral** speech (2)
extinción: peligro de extinción danger of extinction (12)
extranjero: al extranjero abroad
extranjero(a) foreigner
extrañar a to miss (a person) (13)
extraño strange, odd (11)
extremidad *f.* extremity
extrovertido(a) extrovert

F

fábrica factory
fácil easy (1)
facturar equipaje to check luggage (10)
facultad *f.* school, college
falda skirt (3); **¡qué bien te queda esa falda!** that skirt really fits you well! (11)
falta lack
famoso(a) famous (1)
farmacéutico(a) pharmacist
farmacia pharmacy (4)
fascinante fascinating
fascinar to fascinate, be fascinated by (8)
favor *m.* favor; **por favor** please
febrero February (3)
fecha date (*calendar*) (3)
felicitar to congratulate (7)
feliz happy (5); **ponerse feliz** to become happy
feo(a) ugly (1)
ferrocarril *m.* railroad; **estación** *f.* **de ferrocarril** train station
festejado(a) guest of honor
festejar to entertain, to celebrate
festejo party, celebration (9)
festival *m.* festival
festivo: día *m.* **festivo** holiday
fiambre *m.* luncheon meat, cold cut
fiebre *f.* fever, temperature (14)
fiesta party; **fiesta de canastilla** baby shower; **fiesta de cumpleaños** birthday party; **fiesta sorpresa** surprise party
filosofía philosophy (2); **filosofía y letras** liberal arts
fin *m.* end; **fin de semana** weekend (3); **a fin de que** so (that), in order that (14); **al fin y al cabo** after all; when all is said and done; **por fin** finally
final *m.* end; **al final** in the end

finalmente finally
física physics (2)
físico(a) physical
flan *m.* flan (7)
flojo(a) loose
flor *f.* flower (4); **de flores** floral, flowered
forma shape; **mantenerse** (*like* **tener**) **en forma** to stay fit, keep in shape
foto *f.* photo(graph); **revelar fotos** to develop photos; **sacar (qu) fotos** to take photos
fotógrafo(a) photographer (5)
fracturarse to fracture (14)
francés *m.* French (*language*) (2)
frase *f.* phrase
fregadero kitchen sink (4)
fregar (ie) (gu) to mop; to scrub
frente a facing
frente *f.* forehead
fresa strawberry (7)
fresco(a) fresh, cool; **hace fresco** it's cool (*weather*)
frijol *m.* bean
frío(a) cold; **hace frío** it's cold (*weather*); **tener (mucho) frío** to be (very) cold (2)
frito(a) fried (7)
frustrado(a) frustrated (5)
frustrarse to become frustrated (9)
fruta fruit
frutería fruit store
fuego fire; **fuegos artificiales** fireworks (9)
fuera (de) outside (of) (4)
fútbol *m.* soccer (6); **fútbol americano** football
futbolista *m. f.* football (soccer) player

G

gafas *pl.* glasses; **gafas de sol** sunglasses
galería gallery (11)
gallina hen (12)
gallo rooster (12)
gamba shrimp
gana desire, wish; **tener ganas de** (+ *inf.*) to feel like (*doing something*) (2)
ganar to earn (5); to win
ganga bargain
garganta throat; **dolor** *m.* **de garganta** sore throat; **inflamación** *f.* **de la garganta** strep throat
gastar to spend (11)
gato(a) cat (2)
gemelo(a) twin
general: por lo general generally
generalmente generally
generoso(a) generous (1)
gente *f.* people
geografía geography (2)
geometría geometry (2)
gerente *m. f.* manager
gimnasio gym(nasium) (2)
gis *m.* chalk
globalización *f.* globalization (14)
globo balloon (9)
gobierno government (14)
golf *m.* golf (6)
golfo gulf
golosina candy (13)
goma (pencil) eraser
gordo(a) fat (1); plump
gorila gorilla (12)
gorra cap
gorro cap (3)
gota drop (14)
grabado engraving (11); print (11)
grabadora tape recorder

gracias thanks, thank you
gracioso(a) funny; charming
graduación *f.* graduation (9)
gran/grande great; big (1); large (11)
granja farm (12)
gripe *f.* flu (14)
grupo group; **grupo de música** music group (9); band (9)
guante *m.* glove (3)
guapo(a) handsome (1)
guardar to keep; to put away (8)
guatemalteco(a) Guatemalan (14)
guerra war (14)
guisante *m.* pea
gustar to like; to please; to be pleasing; **me gusta** I like (3); **le gusta** he/she likes (3); **te gusta** you (*fam. sing.*) like (3); **me gustaría** I would like (7)
gusto pleasure; taste; **con mucho gusto** with pleasure; **mucho gusto** nice to meet you (1)

H

habitación *f.* room (4); **habitación doble** double room (10); **habitación sencilla** single room (10); **servicio a la habitación** room service (10); **(habitación) triple** *f.* (triple) room (10)
hablar to talk (2); to speak; **hablar por teléfono** to talk on the phone (2)
hacer to do (5); to make (5); **hace buen tiempo** the weather is nice (3); **hace calor** it's hot (3); **hace fresco** it's cool (*weather*) (3); **hace frío** it's cold (*weather*) (3); **hace mal tiempo** the weather is bad (3); **hace sol** it's sunny (3); **hace viento** it's windy (3); **hacer alpinismo** to climb mountains (6); **hacer clic (en)** to click on (13); **hacer ejercicio** to exercise (5); **hacer el** *check out* to check out (10); **hacer erupción** to erupt (12); **hacer una fiesta** to give a party (5); **hacer juego** to match (11); **hacer la cama** to make the bed (5); **hacer la maleta** to pack one's suitcase; **hacer una pregunta** to ask a question (5); **hacer streaming** streaming (13); **hacer la tarea** to do homework (5); **hacer un viaje** to take a trip (5); **¿qué tiempo hace?** what's the weather like?
hambre *f.* hunger; **tener (mucha) hambre** to be (very) hungry (2)
hamburguesa hamburger (7)
hasta until; **hasta ahora** up to now, so far; **hasta aquí** up to now, so far; **hasta hace poco** until a little while ago; **hasta luego** see you later (1); **hasta mañana** see you tomorrow (1); **hasta pronto** see you soon (1); **hasta que** until
hay there is/are (1); **hay que** (+ *inf.*) one should (+ *verb*); it's necessary to (+ *verb*); **¿qué hay de nuevo?** what's new? (1)
helada frost
helado ice cream (7)
hembra female (12)
herida wound
herido(a): estar herido(a) to be injured (9)
hermanastro(a) stepbrother/stepsister
hermano(a) brother/sister (2); **medio(a) hermano** half brother/half sister (2)
hermoso(a) beautiful
hielo ice; **patinar sobre hielo** to ice skate
hierba grass

hijastro(a) stepson/stepdaughter
hijo(a) son/daughter (2)
hipertensión *f.* hypertension; high blood pressure (14)
historia history (2); **historia médica** medical history
hogar *m.* home
hoja de papel piece of paper
hola hello (1)
holandés(esa) Dutch
hombre *m.* man (1)
hombro shoulder (6)
hondureño(a) Honduran (14)
honesto(a) honest (1)
hora time (*of day*)
hornear to bake (7)
horno oven (4); **al horno** baked (7)
hospital *m.* hospital (4)
hostal *m.* hostel
hotel *m.* hotel (4); **hotel económico** inexpensive hotel; **hotel de lujo** luxury hotel; **hotel de primera clase** first-class hotel
hoy today (3) (6)
huelga strike
hueso bone (14)
huésped *m. f.* guest (10)
huevo egg (7)
humanidades *f.* humanities (2)

I

ida: de ida one-way; **de ida y vuelta** round-trip
idealista idealist (1)
identificación *f.* identification
idioma *m.* language (14)
iglesia church (4)
igual equal; **al igual que** like
igualmente likewise
impaciente impatient (1)
impermeable *m.* raincoat (3)
importancia importance
importante important
importar to be important (8)
imposible impossible
imprescindible indispensable
impresionante impressive
impresionista impressionist (11)
impresora printer
impuesto tax
incluido(a) included
incluir (y) to include
incorrecto(a) not right, incorrect
infantil childish, for children (13)
inferior lower
infinitivo infinitive
inflamación *f.* **de la garganta** strep throat
informática computer science (2)
ingeniería engineering (2)
ingeniero(a) engineer
inglés *m.* English (*language*)
inicialmente initially
inmigración *f.* immigration (14)
inmigrar to immigrate (14)
inodoro toilet (4)
insistir (en + *inf.***)** to insist (*on*) (13)
insomnio insomnia (14)
inteligente intelligent (1)
interesado(a) interested (5)
interesante interesting (1)
interesar to interest, be interested in (8)
internacional international; **aeropuerto internacional** international airport (10); **organismo internacional** international organization (14)

Internet inalámbrico *m.* wireless Internet (10)

interno(a) internal

introvertido(a) introvert

invierno winter (3)

invitación *f.* invitation (9)

invitado(a) guest (9)

inyección *f.* injection (14); shot; **poner(le) una inyección** to give (him/her) an injection

ir to go (3); **irse** to leave, go away (6); **ir de compras** to go shopping (3); **ir de excursión** to hike (3); **ir de paseo** to go for a walk (3); **ir de pesca** to go fishing (6); **ir de vacaciones** to go on vacation (3)

isla island (12)

italiano Italian

izquierda left; **a la izquierda (de)** to the left (of) (4)

J

jabón *m.* soap (6); **jabón para platos** dish soap (8)

jade *m.* jade; **objeto de jade** jade object

jaguar *m.* jaguar (12)

jamás never (6)

jamón *m.* ham (7)

jarabe *m.* cough syrup (14)

jardín *m.* yard; garden (4); **jardín botánico** botanical garden; **cultivar el jardín** to garden (*flowers*)

jardinería gardening; **hacer jardinería** to do yardwork (8)

jaula cage (12)

jirafa giraffe (12)

joven (*pl.* **jóvenes**) young (1)

jubilado(a) retired

judía verde green bean

juego game; **juego de mesa** board game (8); **hacer** *irreg.* **juego** to match (11)

jueves *m.* Thursday (3)

jugador(a) *n.* player (6)

jugar (ue, u) (gu) to play (4); **jugar a los bolos** to go bowling (8)

jugo juice (7)

juguete *m.* toy (8)

juicio judgment

julio July (3)

junio June (3)

junto a beside, next to

jurar to swear, give one's word

justo(a) fair

juventud *f.* youth (13)

K

kiosco kiosk, stand

L

la *f.* the; *d.o.* her/it/you (*form. sing.*)

labio lip

laboratorio laboratory (2)

lácteos *m.* dairy products (7)

lado side; **al lado (de)** alongside (of); beside, next to (4)

lago lake (6)

lámpara lamp (4)

lana wool (11)

langosta lobster

lápiz *m.* (*pl.* **lápices**) pencil(s) (1)

largo(a) long (1); **a lo largo (de)** along

las *f. pl.* the; *d.o. pron.* you (*form. pl.*) them

lástima pity

lavabo bathroom sink (4)

lavadora washing machine (4)

lavandería laundry, laundry room

lavaplatos *m. sing., pl.* dishwasher (4)

lavar(se) to wash (6); **lavar platos** to do dishes (8); **lavar ropa** to do laundry (8)

le *i.o.* you (*form. sing.*); to/for him, her, it; **le presento a...** I'd like to introduce you (*form.*) to . . . (1)

leal loyal

lección *f.* lesson

leche *f.* milk (7)

lechería dairy store

lechuga lettuce (7)

leer to read (3)

lejos (de) far (from) (4)

lengua language (2); tongue; **lenguas modernas** modern languages; **sacar (qu) la lengua** to stick out one's tongue

lentes *m. pl.* glasses (3)

león *m.* lion

les *i.o. pron.* to, for you (*form. pl.*), them

letras: filosofía y letras liberal arts

levantar to lift; **levantarse** to get up (6); **levantar pesas** to lift weights (6)

ley *f.* law (14)

liberal liberal (1)

libra pound

libre free; **unión** *f.* **libre** common-law union (13)

librería bookstore (2)

libro book (1)

licuado smoothie made with fruits, juices, and ice

limitar to limit (13)

límite *m.* **de velocidad** speed limit (9)

limón *m.* lemon; lime

limpiador *m.* liquid cleaner; **limpiador para el hogar** all-purpose cleaner

limpiar to clean (2)

limpieza: artículos de limpieza cleaning materials

limpio(a) clean

lindo(a) pretty; **¡qué lindos zapatos!** what pretty shoes! (11)

línea aérea airline

lino linen

liquidación *f.* sale

liso(a) solid (*color*) (11)

lista list

litera bunk (bed)

literatura literature (2)

litro liter

llama llama (12)

llamar to call (2); **llamarse** to be called/named; **me llamo...** my name is . . . (1)

llano plains (12)

llave *f.* key (10)

llegada arrival (10)

llegar (a) to arrive (at) (2)

lleno(a) full

llevar to take (3); to carry (3); to wear (3); to take along (7); **llevar puesto** to be wearing (3)

llevarse bien/mal to (not) get along (well/poorly) (13)

llover (ue) to rain (4); **está lloviendo** it's raining; **llueve** it is raining, it rains (3)

lluvia rain

lo *m. d.o.* you (*form. sing.*); him,/it; **lo cual** which; **lo que** what, which; **lo siento (mucho)** I'm (very) sorry

loco(a) crazy (5); **volverse loco(a)** to go crazy

locutor(a) announcer (13)

los *def. art. m. pl.* the; *d.o.* them/you (*form. pl.*)

lucha fight, struggle

luchar to fight, struggle

lucir (zc) to wear; to show off, sport (*wear*)

luego then, next (6); **hasta luego** see you later (1)

lugar *m.* place; **tener lugar** to take place

lujo luxury; **de lujo** luxurious (10); **hotel** *m.* **de lujo** luxury hotel

luna de miel honeymoon (13)

lunar: de lunares polka-dotted (11)

lunes *m.* Monday (3)

luz *f.* (*pl.* **luces**) light (11); **dar a luz** to give birth (13)

M

macho male (12)

madrastra stepmother

madre *f.* mother (2)

madrina godmother (13)

maestro(a) teacher; **maestro(a) de ceremonias** master of ceremony

maíz *m.* corn (7); **palomitas de maíz** popcorn (13)

mal *adv.* badly; bad (1), not well; **hace mal tiempo** the weather is bad (3); **llevarse mal** to not get along (13); **sentirse mal** to feel bad, ill

mal, malo(a) bad (1)

maleta suitcase (10); **deshacer la maleta** to unpack one's suitcase; **hacer la maleta** to pack one's suitcase

maletero porter

mamá mother (2)

mamífero mammal (12)

manantial *m.* spring (of water)

mandar to order (13); **mandar una carta / un paquete** to send a letter / a package (4); **mandar (un -mensaje)** to send (a message) (2)

mandato command

manejar to drive (2)

manera way

manguera hose (8)

mano *f.* hand (6); **equipaje** *m.* **de mano** hand luggage (10); **hecho(a) a mano** handmade (11)

mantel *m.* tablecloth

mantenerse (*like* **tener**) **en forma** to stay fit, keep in shape

mantequilla butter (7)

manzana apple (7)

mañana tomorrow (3) (6); morning; **de la mañana** a.m.; **hasta mañana** see you tomorrow (1); **por la mañana** in the morning (3)

mapa *m.* map (1)

maquillarse to put on make-up (6)

mar *m.* sea (12)

maravilla marvel, wonder

marca: de marca name brand (11)

marcador *m.* marker

marcharse to leave, to go away

marcial: artes marciales *f. pl.* martial arts

mareado dizzy; **estar mareado(a)** to be dizzy (14)

marearse to feel dizzy

mareo dizziness; **tener mareos** to be dizzy

mariscal *m. raw shellfish marinated in lime juice*

mariscos shellfish

marrón brown

martes *m.* Tuesday (3)

marzo March (3)

más more; plus (*in mathematical functions*); **más que** more than; **más tarde** later (6)

máscara mask (11)
masticar (qu) to chew
matemáticas *pl.* mathematics (2)
materia course, subject
matrimonial: cama matrimonial double bed
matrimonio: marriage **proponer matrimonio** to propose marriage (13)
mayo May (3)
mayonesa mayonnaise (7)
mayor older (11); **el/la mayor** the oldest
me *d.o., i.o. pron.* me
mecánico(a) mechanic (5)
media stocking
mediano(a) medium (11)
medianoche *f.* midnight (3)
medias *pl.* panty hose
medicamento medication
médico(a) *adj.* medical; **examen** *m.* **médico** medical examination; **historia médica** medical history; **receta médica** prescription (14)
médico(a) *n.* doctor (5)
medio(a) half; **medio(a) hermano(a)** half brother/half sister (2); **media pensión** half board (*breakfast and one other meal*)
mediodía *m.* noon (3)
mejilla cheek
mejillón *m.* mussel
mejor better (11); **el/la mejor** the best
melón *m.* melon (7)
menor younger (11); **el/la menor** the youngest
menos less; minus (*in mathematical functions*); **menos que** less than; **a menos que** unless (14)
mentir (ie, i) to lie (4)
menudo: a menudo frequently, often (6)
mercado market
merecer (zc) to deserve
merendar (ie) to eat a snack
merienda snack
mermelada jam
mes *m.* month
mesa table; **poner la mesa** to set the table (8); **recoger (j) la mesa** to pick up the table (8); to clear the table (8)
mesero(a) (*Mex.*) (*restaurant*) waitperson, server; waiter (5)
meseta plateau
mesita coffee table (4); end table; **mesita de noche** night table
metro subway
mexicano(a) Mexican (14)
mezclilla denim (11)
mezquita mosque (4)
mi my
microondas *m.* microwave (4)
miedo fear; **tenerle miedo a** to be afraid of (*person*); **tener (mucho) miedo** to be (very) afraid (2)
miel *f.* honey; **luna de miel** honeymoon (13)
miembro member
mientras while (6)
miércoles *m.* Wednesday (3)
mil one thousand (7); **cien mil** (one) hundred thousand; **dos mil** two thousand (7)
millón *m.* million (7); **cien millones** (one) hundred million
mío(a) mine
mirar (la tele) to watch (TV) (2); to look (at) (2)
misa Mass

mismo(a) same; **del mismo modo** similarly
mochila backpack (1)
moda fashion, style; **de moda** fashionable (11); **estar de moda** to be in style (11); **pasado(a) de moda** out of style
modelo *m. f.* model (1)
moderno(a) modern; **lenguas modernas** modern languages
modista dressmaker
modo way; **del mismo modo** similarly
molestar to bother (8), be bothered by
mono monkey (12)
montaña mountain (12)
montañoso(a) mountainous
montar to climb; get on; **montar a** to ride (an animal) (6)
morado(a) purple (3)
moreno(a) dark-skinned/dark-haired (1), brunette
morir (ue, u) to die (4)
mostaza mustard (7)
mostrador *m.* counter (10)
mostrar (ue) to show (8)
moto(cicleta) motorcycle (8)
mover (ue) to move (*something*)
MP3 *m.* MP3 (13)
mucho(a) much; many; a lot (2); **lo siento (mucho)** I'm (very) sorry; **mucho gusto** nice to meet you (1)
mudarse to move (14)
muebles *m. pl.* furniture
muerte *f.* death (13)
muerto(a) dead; **naturaleza muerta** still life (11)
mujer *f.* woman (1); **mujer policía** police officer (5)
muletas crutches (14)
multa fine (9); ticket (9)
municipalidad *f.* city hall
muñeca wrist
muñeco(a) doll (8)
mural *m.* mural (11)
muscular muscular; **dolor** *m.* **muscular** muscle ache
museo museum (4)
música music (2)
músico(a) musician (5)
muslo thigh (6)
muy very (1)

N

nacer (zc) to be born (13)
nacionalidad *f.* nationality
nada nothing (1)
nadar to swim (2)
nadie no one, nobody
naipes *m. pl.* (playing) cards
naranja orange (7) (8)
nariz *f.* nose (6)
natación swimming (6)
natural natural; **recursos naturales** natural resources (12)
naturaleza nature (12); **naturaleza muerta** still life (11)
navegar (gu) a la vela to sail; **navegar en Internet** to surf the web / the Internet (8)
Navidad Christmas (3)
necesario(a) necessary
necesitar to need (2)
negar (ie) (gu) to deny, to negate
negocio business (4); **negocios** *pl.* business (2); **centro de negocios** business center (10)

negro(a) black (3)
nevar (ie) to snow (4); **está nevando** it's snowing; **nieva** it is snowing, it snows (3)
ni... ni neither . . . nor
nicaragüense *m. f.* Nicaraguan (14)
niebla fog
nieto(a) grandson/granddaughter (2)
nieve *f.* snow
nilón *m.* nylon
ningún/ninguno(a) none, not any
niñera babysitter (8)
niñez *f.* childhood (13)
no no; **¿no?** isn't that so?; **¿no es así?** isn't that right?; **no obstante** however
noche *f.* night; **de la noche** P.M.; **mesita de noche** night table; **por la noche** in the evening (3)
nombre *m.* name
noreste *m.* northeast
normalmente normally (6)
noroeste *m.* northwest
norte *m.* north
norteamericano(a) North American
nos *d.o.* us; *i.o.* to/for us; *refl. pron.* ourselves; **nos vemos** see you later (1)
nosotros(as) *subj. pron.* we
nota grade (2); **nota adhesiva** sticky note; **sacar (qu) una buena/mala nota** to get a good/bad grade
noticiario news (13)
novecientos(as) nine hundred (7)
novelista *m. f.* novelist
noventa ninety (1)
noviazgo engagement (13); relationship (13)
noviembre *m.* November (3)
novio(a) groom/bride; fiancé(e); boyfriend/girlfriend (2); *pl.* bride and groom (9)
nube *f.* cloud (12)
nublado(a) cloudy; **está nublado** it is cloudy (3)
nuboso(a) cloudy
nuera daughter-in-law
nuestro(a) *poss.* our
nueve nine (1)
nuevo(a) new (1); **Año Nuevo** New Year (3); **de nuevo** new; again; **¿Qué hay de nuevo?** What's new? (1)
número number; size (*shoe*) (11)
nunca never (6)

O

o or; **o...o** either . . . or
obesidad *f.* obesity
objeto object; **objeto directo** direct object; **objeto indirecto** indirect object
obligación *f.* obligation
obra work (*of art, literature, theater, etc.*) (11)
obscuro(a) dark (11)
obstante: no obstante however
obstinado(a) obstinate, stubborn
obtener to get
obvio(a) obvious
océano ocean
ochenta eighty (1)
ocho eight (1)
ochocientos(as) eight hundred (7)
octubre *m.* October (3)
ocupado(a) busy (5)
ocurrir to occur
odiar to hate (13)
oferta offer; sale (event, reduction of prices) (11)

oficina office (4); **oficina de correos** post office
oficio occupation
oído inner ear
oír to hear (5)
ojalá (que) I hope (that)
ojo eye
ola wave (12)
óleo oil painting (11)
oler (ue) to smell
olfato sense of smell
olla de cerámica ceramic pot
olvidar to forget (11)
once eleven (1)
onomástico saint's day
opinar to give one's opinion
opinión *f.* opinion
optimista *m., f.* optimistic (1)
oración *f.* sentence
orden *f.* order (7)
ordenado(a) organized (8)
ordenador *m.* computer
ordenar to tidy up (8); to straighten up (8)
oreja (*outer*) ear (6)
organismo internacional international organization (14)
organizar (c) to organize, to tidy up
órgano organ; **órgano vital** vital organ (14)
orgulloso(a) (de) proud (of)
origen *m.* origin
oro gold
os *d.o.* (*Sp.*) you (*fam. pl.*); *i.o.* (*Sp.*) to/for you (*fam. pl.*); *refl. pron.* (*Sp.*) yourselves (*fam. pl.*)
oscuro(a) dark; **cuarto oscuro** darkroom
osito de peluche teddy bear (8)
oso bear (12)
otoño autumn (3)
otro(a) other; **otra vez** again; **por otra parte** moreover; on the other hand
oveja sheep (12)

P

pachanga (rowdy) party
paciente patient (1) (14)
padrastro stepfather (2)
padre *m.* father (2); *pl.* parents
padrino best man, godfather (13)
pagar (gu) to pay
página page
país *m.* country (14)
paisaje *m.* landscape (11)
pájaro bird
palabra word
palacio palace
paleta pallette (11)
palmera palm tree (12)
palomitas de maíz popcorn (13)
pampa grasslands (12)
pan *m.* bread (7)
panadería bakery
panameño(a) Panamanian (14)
pantalla screen (13)
pantalones *m. pl.* pants (3); **pantalones cortos** shorts (3)
papá *m.* father (2)
papa potato (7)
papel *m.* paper (1); **hoja de papel** piece of paper; **papel de cocina** paper towel
paperas mumps
paquete package (4)
para for; in order to; to (*in the direction of*); **para empezar** to begin with; **para que** so (that) (14); **¿para qué?** for what reason?

parada stop (10)
paraguas *m. sing., pl.* umbrella (3)
paraguayo(a) Paraguayan (14)
paramédico paramedic (9)
pararse to stop (9)
parcial partial; **a tiempo parcial** part-time
PARE: pasarse una señal de PARE to run a STOP sign (9)
parecer (zc) to seem
parecerse a to look like; to be similar/like
pared *f.* wall
pareja pair; couple (2) (13); partner (2)
pariente *m. f.* relative (2)
párpado eyelid
parque *m.* park (4); **parque de atracciones** amusement park
parquímetro parking meter (9)
parte *f.* part; **por otra parte** moreover; on the other hand
particular: en particular in particular
partido match; game (*sports*) (6)
pasa raisin
pasado(a) past; last; **el año pasado** last year; **la semana pasada** last week (6); **pasado(a) de moda** out of style
pasaje *m.* ticket (*transportation*)
pasajero(a) passenger (10)
pasaporte *m.* passport (10); **control de pasaporte** passport control
pasar to pass; to happen; **pasar la aspiradora** to vacuum (8); **pasarlo bien** to have a good time; **pasar por seguridad** to go through security (10); **pasar tiempo con** to spend time with (8); **pasarse un semáforo en rojo** to run a red light (9); **pasarse una señal de pare** to run a stop sign (9); **¿qué pasa?** what's going on? (1)
pasaporte *m.* passport (14)
pase: pase *m.* **de abordar** boarding pass (10)
pasear to walk
paseo: ir de paseo to go for a walk (8)
pasillo hallway; aisle (10)
paso: de paso by the way
pasta de dientes toothpaste (6)
pastel *m.* pastry; cake (7) (9)
pastelería pastry shop
pastilla pill (14)
pasto grass, pasture (12)
patín *m.* skate
patinar to skate (6); **patinar en hielo** to ice skate (6); **patinar sobre ruedas** to roller-skate, roller-blade
patines *m.* skates (6)
patineta skateboard (8)
patio patio (4); courtyard; yard; flower garden
pato duck (12)
patrulla police car (9)
pavo turkey (7) (12)
paz *f.* peace (14)
pecho chest (6)
pedagogía pedagogy; **ciencias de la pedagogía** education
pedir (i, i) to ask for (4); to request
peinarse to comb/style one's hair (6)
pelear to fight (8); to argue (8)
película movie (4); film
peligro (de extinción) danger (of extinction) (12)
pelirrojo(a) red-haired (1)
pelo hair (6)
pelota ball (6)
península peninsula (12)
pensar (ie) to think (4); to intend

peor worse (11); **el/la peor** the worst
pepinillo pickle (8)
pepino cucumber (7)
pequeño(a) small (1)
pera pear
perder (ie) to lose (11); to miss (a flight, a train) (10)
perdón *m.* pardon
perdonarse to excuse oneself
perezoso(a) lazy (1)
periodismo journalism (2)
periodista *m. f.* journalist (5)
permiso permission (8)
pero *conj.* but
perro dog (2)
persona person
peruano(a) Peruvian (14)
pesa weight; **levantar pesas** to lift weights (6)
pesadilla nightmare
pésame *m. sing.* condolences
pesar to weigh
pesar: a pesar de in spite of
pesca: ir de pesca to go fishing (6)
pescadería fish store, fish market
pescado fish (*food*) (7)
pescar (qu) to fish (6)
pesimista *adj. m. f.* pessimistic (1)
pestaña eyelash
petróleo oil (12)
pez *m.* (*pl.* **peces**) fish (2)
piano piano (8); **tocar (qu) el piano** to play the piano
picar (qu) to snack
pico mountain peak
pie *m.* foot (6)
piel *f.* skin; leather (11)
pierna leg (6)
pijama *m. f.* pajamas (3)
piloto *m. f.* pilot (5)
pimienta pepper (7)
pincel *m.* paintbrush (11)
ping-pong *m.* ping-pong; **jugar al ping-pong** to play ping-pong (6)
pingüino penguin (12)
pintar to paint (11)
pintor(a) painter (5)
pintura paint
piña pineapple (7)
piñata piñata (9)
Pirineos Pyrenees
piscina swimming pool (4)
piso apartment; floor (*of a building*) (4)
pista (de correr) track
pizarra chalkboard (1)
plancha iron (8)
planchar to iron (8); **tabla de planchar** ironing board (8)
planta plant (4); floor (*building*)
plata silver
plátano banana (7)
platillo saucer
plato plate; dish; **detergente** *m.* **para platos** dish detergent; **jabón** *m.* **para platos** dish soap (8); **lavar platos** to wash the dishes (8); **plato principal** main dish (7)
playa beach (4)
plaza city square (4)
pluma (estilográfica) (fountain) pen
pobre poor (1)
pobreza poverty (14)
poco(a) little, few (2); **hasta hace poco** until a little while ago
poder to be able to (4)
policía *f.* police (*force*); **estación** *f.* **de policía** police station

policía *m.* police officer (5); **mujer** *f.* **policía** police officer (5)

poliéster *m.* polyester

político(a) *n.* politician (5); *adj.* political; **ciencias políticas** political science (2)

pollo chicken (7); chick (12)

pomada cream; ointment

poner to put, place; to put on; to put up; **poner la mesa** to set the table (8); **poner(le) una inyección** to give (him/her) an injection; **ponerse** to get (+ *adj.*); to become (+ *adj.*); **ponerse feliz** to become happy; **ponerse la ropa** to put on clothing (6); **ponerse triste** to become sad

por by; through; because of; due to; on account of; times (*in mathematical functions*); **por adelantado** in advance; **por ciento** percent (11); **por ejemplo** for example; **por eso** therefore; **por favor** please; **por fin** finally; **por lo general** generally; **por otra parte** moreover; on the other hand; **por otro lado** on the other hand; **¿por qué?** why? (1); **por supuesto** of course; **por último** lastly, finally

porque because

portero door attendant

posada inn; *pl.* nine-day celebration before Christmas

posar to pose (11)

posesivo(a) possessive

postre *m.* dessert (7)

postura posture

práctica activity; practice

practicar (qu) to practice; **practicar deportes** to play sports (2)

prado meadow

precio price

precioso(a) precious; lovely; beautiful

preferible preferable

preferir (ie, i) to prefer (4)

pregunta question

preguntar to ask (2)

preguntón(-ona) inquisitive

prenda garment (11); article of clothing

preocupación *f.* worry

preocupado(a) worried (5)

preocuparse to worry

preposición *f.* preposition

presentar to introduce; **le presento a...** I'd like to introduce you (*form.*) to . . . (1); **te presento a...** I'd like to introduce you (*fam.*) to . . . (1)

preservar to preserve (12)

presidente *m. f.* president

presión *f.* **arterial** blood pressure; **presión alta/baja** high/low blood pressure (14); **tomar la presión** to take someone's blood pressure (14)

prestar to lend (8)

pretérito preterite

previamente previously

primavera spring (3)

primer, primero(a) first; **hotel** *m.* **de primera clase** first-class hotel; **primera clase** first class (10); **Primera Comunión** *f.* First Communion; **primeros auxilios** first aid (14)

primo(a) cousin (2)

principal main; **plato principal** main dish (7)

principio beginning; principle; **al principio** at the beginning; **en principio** in principle

prisa hurry, haste; **tener (mucha) prisa** to be in a (big) hurry (2)

privado(a) private

probablemente probably

probador *m.* dressing room (11); fitting room

probar(se) (ue) to try (on) (11); to test

problema *m.* problem

problemático(a) problematic

profesión *f.* profession

profesor(a) professor (1)

profundo(a) deep

programa de concursos *m.* game show (13); **programa...** *m.* __ **de horror** horror show; __ **de misterio** mystery show; __ **deportivo** sports show; __ **de telerrealidad** reality show (13)

programas de televisión *m.* television shows (13)

programación *f.* programming

programador(a) programmer

prohibir to prohibit

prometer to promise

prometido(a) fiancé(e) (13)

pronombre *m.* pronoun

pronto soon (6); **hasta pronto** see you soon (1); **tan pronto como** as soon as (14)

propina tip; **dejar una propina** to leave a tip (7)

proponer (matrimonio) to propose (marriage) (13)

propósito: a propósito by the way

propuesta proposal

proteger (j) to protect (12)

protesta protest

provecho: buen provecho enjoy your meal

prueba test

psicología psychology (2)

psicólogo(a) psychologist (5)

público(a) public; **funcionario(a) público(a)** public official

puerta door (1); **puerta (de salida)** gate (10)

puerto port, harbor

puertorriqueño(a) Puerto Rican (14)

puesto de trabajo position, job

pulgar *m.* thumb

pulmón *m.* lung (14)

pulpo octopus

pulsera bracelet

punto point

pupitre *m.* student desk (1)

Q

que that, which; than; **¡que tengas un buen día!** have a nice day (1)

¡qué! what!; **¡qué bien te queda esa falda!** that skirt really fits you well! (11); **¡qué caro(a)!** how expensive! (11); **¡qué color tan bonito!** what a pretty color! (11); **¡qué lindos zapatos!** what pretty shoes! (11); **¡qué pantalones tan elegantes!** what elegant pants! (11)

¿qué? what? (1); **¿qué hay de nuevo?** what's new? (1); **¿qué pasa?** what's going on? (1); **¿qué tal?** how's it going? (1); **¿qué tiempo hace?** what's the weather like?

quedar to remain (11); to fit (11); **quedarse** to stay (10); **¡qué bien te queda esa falda!** that skirt really fits you well! (11)

quedarle to fit

quehacer *m.* chore (8); **quehaceres** *m., pl.* chores

quejarse to complain

quemadura de sol sunburn

querer to want (4); to love (7) (13); **querer decir** to mean; **quisiera** I would like

quesadilla quesadilla (7)

queso cheese (7)

quien(es) who, whom

¿quién(es)? who? (1) (4)

química chemistry (2)

quince fifteen (1); **los quince años** girl's fifteenth birthday celebration (9)

quinceañera girl celebrating her fifteenth birthday (9)

quinientos(as) five hundred (7)

quitarse to take off (*clothing*)

quizá(s) perhaps

R

racional rational

radio: emisora de radio radio station

radiografía X-ray (14)

raíz *f.* (*pl.* **raíces**) root

rana frog (12)

rápido fast

raqueta racket (6)

ráquetbol *m.* racquetball

raro(a) strange

ratón *m.* mouse (2)

raya stripe; **a rayas** striped (11)

rayos X X-rays; **sacar (qu) rayos X** to take X-rays

razón *f.* reason; **no tener razón** to be wrong; **tener razón** to be right (2)

realista realist (1)

rebajado(a) on sale (11); **estar rebajado(a)** to be on sale (11)

recepción *f.* reception (desk) (10); wedding reception (13)

recepcionista *m. f.* desk clerk; receptionist (10)

receta médica prescription (14)

rechazar (c) to decline, reject

recibir to receive (3); **recibir un regalo** to receive a gift (3)

recibo receipt

reciclaje *m.* recycling (12)

reciclar to recycle (12)

recién casado(a) newlywed (13)

recinto campus

reclamo de equipaje baggage claim (10)

recoger (j) la mesa to clear the table (8); to pick up the table (8)

recomendación *f.* recommendation

recomendar (ie) to recommend

recordar (ue) to remember (4)

recreación *f.* recreation; **sala de recreación** rec room

recuperarse to recover (14)

recursos naturales natural resources (12)

red *f.* net

redacción *f.* writing (2)

redes *f. pl.* **sociales** social networks (13)

refresco soda (7)

refrigerador *m.* refrigerator (4)

refugiado(a) refugee (14)

regalo gift (3); **recibir un regalo** to receive a gift (3)

regar (ie) (gu) to water (8)

regatear to bargain

registrarse to register, to check in (10)

regla ruler

regresar (a casa) to return (home) (2)

regular so-so (1); okay

reír (i, i) to laugh (4)

relación *f.* relationship

relacionado(a) related

relámpago lightning

rellenar to fill out
reloj *m.* clock (1); watch
remediar to remedy
remedio remedy
remoto: control *m.* **remoto** remote control (13)
renunciar to resign
reparar to repair
repente: de repente suddenly (9)
repetir (i, i) to repeat (4)
representante *m. f.* representative
reproductor: reproductor de CDs CD player (13); **reproductor de DVDs** DVD player (13)
reptil *m.* reptile (12)
res: carne de res beef
resaca hangover
reservación *f.* reservation
resfriado cold (*illness*) (14)
resguardo voucher; credit slip
residencia residence hall (2)
resistir to resist
resolución *f.* resolution
resolver (**ue**) to solve
respiración *f.* breathing; **bucear con tubo de respiración** to snorkel
respirar to breathe (14)
responder to respond
responsabilizar (**c**) to make (someone) responsible
responsable responsible
respuesta reply, answer
restaurante *m.* restaurant (4)
resultado result; **como resultado** as a result
resultar (**de/en**) to result (in)
resumen *m.* summary
retrasado(a) delayed (10)
retrato portrait (11)
revelar fotos to develop photographs
revisar to inspect
revisión *f.* **de equipaje** luggage screening (10)
revisor *m.* controller
revista magazine (13)
rezar (**c**) to pray (4)
rico(a) rich (1); delicious
riñón *m* . kidney
río river (12)
riqueza wealth (14)
rocoso(a) rocky
rodeado(a) por surrounded by (12)
rodilla knee (6)
rojo(a) red (3); **pasarse un semáforo en rojo** to run a red light (9)
romántico(a) romantic
rompecabezas *m.* puzzle (8)
romper(se) to break (9) (11); **romper con** to break up with (relationship) (13)
ropa clothes; clothing; **lavar ropa** to do laundry (8)
ropero closet
rosado(a) pink (3); **vino rosado** rosé wine
rotulador *m.* marker
rubio(a) blond(e) (1)
rueda wheel; **patinar sobre ruedas** to roller-skate, roller-blade
rutina routine

S

sábado *m.* Saturday (3)
saber to know (*facts, how to do something*) (5)
sabroso(a) delicious
sacar (**qu**) to take (out); **sacar fotos** to take photographs; **sacar la basura** to

take the trash out (8); **sacar la lengua** to stick out one's tongue; **sacar una buena/mala nota** to get a good/bad grade; **sacar rayos X** to take x-rays
saco suit coat; sport coat; **saco de dormir** sleeping bag
sacudidor *m.* duster (8)
sacudir to dust (8)
sal *f.* salt (7)
sala living room (4); **sala de conferencias** conference center (10); **sala de emergencias** emergency room (14); **sala de espera** waiting room (10); **sala de recreación** rec room; **sala de recreo** rec room
salado(a) salty
salchicha sausage
salida departure (10); **puerta de salida** gate (10)
salir to leave, to go out; **salir** (**a** + *inf.*) to go out (to do something) (8)
salmón *m.* salmon
salón *m.* living room; sitting room; hall; **salón de clases** classroom (1)
salsa de tomate (dulce) tomato sauce; ketchup
saltar la cuerda to jump rope (8)
salud *f.* health (5) (14)
saludar to greet (7)
saludo greeting
salvadoreño(a) Salvadorian (14)
salvaje wild
sandalia sandal (3)
sandía watermelon
sándwich *m.* sandwich (7)
sangre *f.* blood
sano(a) healthy
santo saint; saint's day (9); **día** *m.* **del santo** saint's day
sastre *m.* tailor
satisfacción *f.* satisfaction
satisfecho(a) full (*stomach*); satisfied
sauna *m.* sauna (10)
secadora dryer (4)
secar(se) (**qu**) to dry (oneself) (6); to dry (8)
secretario(a) secretary (5)
sed *f.* thirst; **tener (mucha) sed** to be (very) thirsty (2)
seda silk (11)
seguir (**i,**) to follow, to continue (5); **seguir** (**i**) **derecho** to go straight (10)
segundo(a) second; **segunda clase** second class (10)
seguridad *f.* security; **agente de seguridad** security agent (10); **cinturón** *m.* **de seguridad** safety (seat) belt (10); **control de seguridad** security check; **pasar por seguridad** to go through security (10)
seguro *m.* insurance (14)
seguro(a) *adj.* sure (5); *adv.* certainly; surely
seis six (1)
seiscientos(as) six hundred (7)
selva jungle (12); **selva tropical** tropical rain forest
semáforo stoplight; **pasarse un semáforo en rojo** to run a red light (9)
semana week (3); **fin de semana** weekend (3); **semana pasada** last week (6)
semestre semester (2)
sencillo(a) single (*room*) (10); simple (11); **habitación** *f.* **sencilla** single room
sensacional sensational
sensible sensitive
sentarse (**ie**) to sit (down)

sentido sense
sentir (**ie, i**) to feel; **lo siento (mucho)** I'm (very) sorry; **sentirse bien** to feel well; **sentirse mal** to feel bad, ill; **sentir náuseas** to be nauseous (14)
señal *f.* sign; **pasarse una señal de pare** to run a stop sign (9)
separarse (**de**) to separate (from) (13)
septiembre *m.* September (3)
ser *m.* **humano** human being
ser to be (1); **¿de dónde eres tú?** where are you (*fam.*) from? (1); **yo soy de...** I'm from . . . (1)
serenata serenade (9)
serio(a) serious (1)
serpiente *f.* snake (12)
servicio a la habitación room service (10)
servicios utilities
servilleta napkin (7)
servir (**i, i**) to serve (4)
sesenta sixty (1)
setecientos(as) seven hundred (7)
setenta seventy (1)
si if, whether
sí yes
sicología psychology
sicólogo(a) psychologist
SIDA *m. sing.* AIDS
siempre always (6); **casi siempre** almost always (6); **siempre y cuando** as long as (14)
sierra mountain range
siete seven (1)
silla chair (1); **silla de ruedas** wheelchair (14)
sillón *m.* armchair (4)
sin without; **sin embargo** nevertheless; however; **sin que** without (14)
sino but (rather), instead; **sino (que)** *conj.* but
sobre on; on top of; over; about
sobremesa after-dinner conversation
sobrino(a) nephew/niece (2)
social social; **redes** *f. pl.* **sociales** social networks (13)
sociología sociology
sofá *m.* couch (4)
sol *m.* sun; **gafas de sol** sunglasses; **hace sol** it's sunny; **quemadura de sol** sunburn
solicitar to apply
solicitud *f.* application (5); want ad (5)
solidaridad *f.* solidarity
solo only
soltero(a) single person; unmarried person (13); **despedida de soltera** bridal shower; **despedida de soltero** bachelor party
solución *f.* solution
solucionar to solve
sombrero hat (3)
sombrilla beach umbrella
sonreír (**í, i**) to smile (4)
soñar (**ue**) to dream (*about*) (4)
sopa soup (7)
sorprenderse to be surprised (9)
sorprendido(a) surprised (5)
sorpresa surprise; **fiesta sorpresa** surprise party
sostener to support
sótano basement
su *poss.* your (*form. sing., pl.*); his; her; its; their
subir to go up, to take something up (10); **subir a** to get into (*a vehicle*) (9)
sucio(a) dirty (8)

suegro(a) father-in-law/mother-in-law (2)
sueldo salary (5)
suelo floor
sueño dream; sleep; **tener (mucho) sueño** to be (very) sleepy (2)
suerte *f.* luck; **tener (mucha) suerte** to be (very) lucky (2)
suéter *m.* sweater (3)
sugerencia suggestion
sugerir (ie, i) to suggest (13)
suma sum; summary; **en suma** in conclusion
súper super (*used as prefix*)
superar to overcome
superior superior; upper
supermercado supermarket (4)
supersticioso(a) superstitious
supuesto: por supuesto of course
sur *m.* south
sureste *m.* southeast
suroeste *m.* southwest
surrealista *m. f.* surrealist (11)
suspender to fail

T

tabla: esquiar en tabla to snowboard (6); **tabla de planchar** ironing board (8)
tablero keyboard (13)
tacto touch
tal vez perhaps
tal: ¿qué tal? how's it going? (1); **con tal (de) que** provided that (14)
taller *m.* workshop; garage
también also (1); in addition
tan so; **tan... como** as . . . as; **tan pronto como** as soon as (14); **¡qué color tan bonito!** what a pretty color! (11); **¡qué pantalones tan elegantes!** what elegant pants! (11)
tanto(a) *adj.* so much; *pl.* so many; **tanto(s)/tanta(s)... como** as many . . . as
tapete *m.* throw rug
taquilla ticket window (10); box office; **éxito de taquilla** box office hit (13)
tarde *adv.* late (6)
tarde *f.* afternoon; **de la tarde** P.M.; **más tarde** later (6); **por la tarde** in the afternoon (3)
tarea homework (2)
tarjeta de crédito credit card (11)
tarta pie
taza cup
tazón *m.* soup bowl (7)
te *d.o.* you (*fam. sing.*); *i.o.* to/for you (*fam. sing.*); *refl.* yourself; **te presento a...** I'd like to introduce you (*fam.*) to . . . (1)
té *m.* tea, afternoon tea
teatro theater (2) (4)
techo ceiling
técnico(a) technician
tejer to knit (8)
tela fabric
teléfono telephone; **teléfono celular** cell phone (8)
telenovela soap opera (13)
televidente *m. f.* television viewer (13)
televisión *f.* television (*medium*); **televisión por satélite** satellite television
televisor *m.* television set (1)
temblar (ie) to shake; **me tiemblan las manos** my hands are shaking
temer to fear
temperatura temperature
templo temple (4)
temprano early (6)

tenedor *m.* fork (7)
tener to have; **tener que** (+ *inf.*) to have to (+ *verb*) (2); **no tener razón** to be wrong; **¡que tengas un buen día!** have a nice day (1); **tener (mucha) hambre** to be (very) hungry (2); **tener (mucha) prisa** to be in a (big) hurry (2); **tener (mucha) sed** to be (very) thirsty (2); **tener (mucha) suerte** to be (very) lucky (2); **tener (mucho) calor** to be (very) hot (2); **tener (mucho) cuidado** to be (very) careful (2); **tener (mucho) éxito** to be (very) successful (2); **tener (mucho) frío** to be (very) cold (2); **tener (mucho) miedo** to be afraid of (2); **tener (mucho) sueño** to be (very) sleepy (2); **tener celos** to be jealous; **tener ganas de** (+ *inf.*) to feel like (*doing something*) (2); **tener lugar** to take place; **tener mareos** to be dizzy; **tener razón** to be right (2); **tener... años** to be . . . years old (2); **tenerle miedo a** to be afraid of (*person*)
tenis *m.* tennis (6); tennis shoes (3)
terminar to finish (3) (9)
ternera veal
terraza terrace
testigo *m. f.* witness
textura texture
tiburón *m.* shark (12)
tiempo time; weather; **a tiempo** on time (10); **a tiempo completo** full-time; **a tiempo parcial** part-time; **hace buen tiempo** the weather is nice (3); **hace mal tiempo** the weather is bad (3); **pasar tiempo** to spend time (8); **¿Qué tiempo hace?** What's the weather like?
tienda shop; store (4); **tienda de campaña** camping tent (6)
tierno(a) tender
Tierra Earth (*planet*) (12)
tierra land, earth
tigre *m.* tiger (12)
tinta ink (11)
tinto: vino tinto red wine (7)
tintorería dry cleaners
tío(a) uncle/aunt (2)
tiza chalk
toalla towel (6); **toalla de papel** paper towel
tobillo ankle (6)
tocador *m.* dressing table
tocar (qu) to touch; **tocar (el piano)** to play (*the piano*) (8); to touch
tocino bacon
todavía still (6)
todo(a) all, every; **todos los días** every day (6)
tomar to take (2); **tomar (café)** to drink (coffee) (2); **tomar la presión** to take someone's blood pressure (14)
tomate *m.* tomato (7); **salsa de tomate (dulce)** tomato sauce; ketchup
tonto(a) dumb (1)
topografía topography
torcerse (ue) (z) to twist
tormenta storm
toro bull (12)
toronja grapefruit
torre *f.* tower
tortuga turtle (12)
toser to cough (14)
totopos *pl.* tortilla chips (7)
trabajador(a) *adj.* hardworking (1)
trabajador(a) social social worker (5)
trabajar to work (2)

trabajo work; job (5); **solicitud** *f.* **de trabajo** job application
tradicional traditional (11)
traductor(a) translator
traer to bring (5)
traidor(a) traitorous
traje *m.* suit (3); **traje de baño** swimming suit (3)
tranquilo(a) tranquil; calm
transicional transitional
transmitir to broadcast (13); **transmitir en directo** to stream (13)
transporte *m.* transportation (10)
trapeador *m.* mop (8)
trapear to mop (8)
trapo dust cloth; rag (8); cleaning cloth (8)
tratado de comercio trade treaty (14)
tratamientos treatments (14)
trece thirteen (1)
treinta thirty (1)
tren *m.* train
trepar (un árbol) to climb (a tree) (8)
tres three (1)
trescientos(as) three hundred (7)
trimestre quarter, trimester (2)
triple triple (10)
triste sad (5); **ponerse triste** to become sad
tronco trunk
tropezar (ie) (c) to trip (9)
tropical tropical; **selva tropical** tropical rain forest
trucha trout
trueno thunder
tú *subj. pron.* you (*fam. sing.*); **¿de dónde eres tú?** where are you (*fam.*) from? (1); **¿y tú?** and you (*fam.*)? (1)
tu(s) *poss.* your (*fam. sing.*)
tubo: bucear con tubo de respiración to snorkel
tuna cactus fruit
turista *m. f.* tourist (10)

U

ubicación *f.* location
último(a) final; last; **por último** lastly; finally
un/uno(a) a, an, one (1)
único(a) unique; only
unión *f.* **libre** common-law union (13)
universidad *f.* university
unos(as) some
urgente urgent
uruguayo(a) Uruguayan (14)
usado(a) used
usar to use (2)
usted *subj. pron.* you (*form. sing.*); **¿cómo está usted?** how are you (*form.*)? (1); **¿y usted?** and you (*form.*)? (1)
usualmente usually
uva grape (7)

V

vaca cow (12)
vacaciones *f. pl.* vacation
vacuna vaccination (14)
vacunar to vaccinate
vacuno: carne de vacuno beef
vagón *m.* car, wagon (10)
vainilla vanilla (7)
valer to be worth; to cost; **¿vale?** okay?
valiente valiant, courageous
valle *m.* valley (12)
valor *m.* value

vanguardista *m. f.* revolutionary (11); avant-garde (11)

varicela chicken pox

varios several (2)

vaso glass

veinte twenty (1)

veinticinco twenty-five (1)

veinticuatro twenty-four (1)

veintidós twenty-two (1)

veintinueve twenty-nine (1)

veintiocho twenty-eight (1)

veintiséis twenty-six (1)

veintisiete twenty-seven (1)

veintitrés twenty-three (1)

veintiuno twenty-one (1)

vejez *f.* old-age (13)

vela candle (9)

velocidad: límite *m.* **de velocidad** speed limit (9)

vena vein

venado deer (12)

venda bandage

vendaje *m.* bandage (14)

vendedor(a) salesperson (5)

vender to sell (3)

venezolano(a) Venezuelan (14)

venir to come (5)

venta sale (transaction) (11); **en venta** on sale

ventana window (1); **limpiador para ventanas** window cleaner

ventanilla window (10)

ver to see (5); **verse** to see oneself (6); **a ver** let's see; **nos vemos** see you later (1)

verano summer (3)

verbo verb

verdad *f.* truth; **¿verdad?** right?; **de verdad** really

verde green (3)

verduras *f. pl.* vegetables

vestido dress (3)

vestirse (i, i) to get dressed (6)

veterinaria veterinary medicine

veterinario(a) veterinarian (5)

vez *f.* time; **a veces** sometimes (6); **de vez en cuando** from time to time; **dos veces** two times, twice

viajar (a) to travel (to) (2)

viaje *m.* trip; **agente de viajes** travel agent (5); **cheque** *m.* **de viaje** traveler's check; **viaje todo pagado** all-inclusive trip

viajero(a) traveler; **cheque** *m.* **de viajero** traveler's check

videojuego videogame (8)

viejo(a) old (1)

viento wind; **hace viento** it's windy

viernes *m.* Friday (3)

VIH *m.* HIV

vinagre *m.* vinegar

vino wine; **vino blanco** white wine (7); **vino rosado** rosé wine; **vino tinto** red wine (7)

visa visa (10)

visitar to visit

vista view; sight

viudo(a) widower/widow (13)

vivienda housing

vivir to live (3)

volar (ue) to fly (8); **volar una cometa** to fly a kite (8)

volcán *m.* volcano (12)

voleibol *m.* volleyball (6)

voleibolista *m. f.* volleyball player

volver (ue) to return; to come back (4); **volverse loco(a)** to go crazy

vomitar to vomit

vosotros(as) *subj. pron.* you (*fam. pl.*) (*Sp.*)

votar to vote (14)

voz *f.* voice; **en voz alta** aloud

vuelo flight (10); **asistente** *m. f.* **de vuelo** flight attendant

vuestro(a) *poss.* your (*fam. sing.*) (*Sp.*)

Y

y and; **¿y tú?** and you (*fam.*)? (1); **¿y usted?** and you (*form.*)? (1)

ya already (6); **ya no** no longer (6)

yerno son-in-law

yeso cast (14)

yo I; **yo soy de...** I'm from . . . (1)

yogur yogurt (7)

Z

zanahoria carrot (7)

zapatilla slipper

zapato shoe (3); **¡qué lindos zapatos!** what pretty shoes! (11)

zona area

zoológico zoo (4)

zorro fox (12)

Index